杨翼骧◎著
乔治忠 杨柳◎整理

楊翼驤先生

中国史学史手稿存真

下册

國家圖書館出版社

第五编 封建社会史学发展的第四阶段

——隋唐五代宋辽金元时期的史学

第一章 封建政权加强对于史学的控制

公元589年（隋文帝开皇九年），隋朝灭陈朝，统一了全中国，结束了北方的与南方的长期分裂割据局面，对于政治经济和文化的发展起了重大的促进作用。

隋朝在统一中国之后，鉴于史书之维护其统治的重要工具，便加强了对于史学的控制。在统一中国四年之后，即隋文帝开皇十三年（公元593年），就下诏禁私人编写本朝的史，令："人间有撰集国史、臧否人物者，皆令禁绝。"（《隋书·高祖纪》）这表现了对于修史特别是当代历史的撰修必须由政府主持，私人没有采辑资料、评论人物（政治）、编写基本[illegible]的自由。

隋朝以后，直到元朝，控制史学主要表现在以下几方面：1.改变过去的史官制度，2.撰修前代史 3.私人撰修的历史必须经由政府审定，才能问世。

封建政权加强对于史学的控制后的恶劣影响（官修各史）（对于史学发展的阻碍作用）：

①官史修成，私史令废。②私人所著之史书，如无皇帝许可或大臣支持，只能刊印流传。③私人修史，易被告加罪。私人有史学才能不能得到充分发挥。（参加官修史书者有史才者不多）④官史质量不高。

秦始皇禁私史：
建元以来朝野
[illegible]
嘉泰禁私史

1.

第一节 隋唐五代宋辽金元的史官制度

隋朝于秘书省设著作曹，掌著述典校之任。（隋书百官志）~~又有撰史学~~

唐朝初年开始设置史馆，掌修史之事。唐太宗贞观三年（629），移史馆于禁中，宰相监修。

据《唐会典》，唐初史馆原"因隋旧制，隶秘书省著作局。贞观三年闰十二月，移史馆于门下省北，宰相监修。自是著作局始罢此职。及大明宫初成，置门下省之南。""开元十五年（727）三月一日，宰相李林甫监史馆，以中书地切枢密，记事者宜其附近，史官谏议大夫尹愔遂奏移于中书省北。"

史通史官建置篇："暨皇家之建国也，乃别置史馆，通籍禁门，西京则与鸾渚为邻，东都则与凤池相接。馆宇华丽，酒馔丰厚，得厕其流者，实一时之美事。"

史官员数，唐书百官志以为有史馆修撰四人，掌修国史。此当为定额之极限。据唐会要，"太和六年（832）二月，以谏议大夫王彦威，户部郎中杨汉公，祠部员外郎苏涤，右补阙裴休，并充史馆修撰。故事修撰不过三员或止两员，今四人并命，论者非之。"可证。修撰之外，其以他职来兼理史事或馆务者，尚甚多。唐会要载："咸亨元年（670）十一月二十一日，诏修撰国史，义存典实，自今以

稿纸(A)25×20=500

隋书百官志中："秘书省……又领著作省郎二人，佐郎八人。"

百官志下："秘书省……领著作、太史二曹。著作曹置郎二人，佐郎八人。"

百官志下："炀帝即位，多所改革。……内史省……加置起居舍人，员二人（从六品）。"

史通史官建置篇："炀帝以为古有内史外史，今既有著作，宜立起居，遂置起居舍人二员，职隶中书省，如庾自直、崔濬祖、虞世南、蔡允恭等咸居其职，时谓得人。"

史通卷十一史官建置篇：又隶著令：著作郎掌起居集注、撰录诸言行勋伐旧载史籍者。至隋，以史部散在……又秘书正字用于述论修之，纳言监领其事。"

新唐书百官志："著作局：郎二人，从五品上；著作佐郎二人，从六品上；校书郎二人，正九品上；正字二人，正九品下。著作郎掌撰碑志、祝文、祭文，与佐郎分判局事。"原注："武德四年，改著作曹曰局。"

唐会要卷63："武德四年十一月，起居舍人令狐德棻尝从容言于高祖曰：'近代已来，多无正史。梁陈及齐犹有文籍，至于周隋多有遗阙。当今耳目犹接，尚有可凭；如更十数年后，恐事迹湮没。'"（移下节）

新唐书百官志："贞观初，以给事中、谏议大夫兼知起居注或知起居事。每仗下议政事，起居郎一人执笔记录于前，史官随之。其后复置起居舍人，分侍左右，秉笔随宰相入殿。若仗在紫宸内阁，则夹香案分立殿下，直第二螭首，和墨濡笔，皆即坳处，时号螭头。"

唐会要卷63："武德初，［史馆］因隋旧制，隶秘书省著作局。"

旧唐书职官志二："史馆：历代史馆隶秘书省著作局，皆著作郎掌修国史。武德因隋旧制。"

新唐书百官志："开元二十年，李林甫以宰相监修国史，建议以为中书切密之地，史官记事，宜附近，于是谏议大夫史官修撰尹愔奏徙于中书省。"

唐会要卷63："贞观三年闰十二月，移史馆于门下省北，宰相监修，自是著作局始罢此职。及大明宫初成，置史馆于门下省之南。"

旧唐书职官志二："史馆：……贞观三年闰十二月，始移史馆于禁中，在门下省北，宰相监修国史。自是著作郎始罢史职。"

同上："史官：……贞观年修五代史，移史馆于禁中。史官无常员，如有修撰大事，则召他官兼之，事毕日停。"

同上："监修国史：贞观已后，多以宰相监修国史，遂成故事也。"

旧唐书职官志二："著作局（龙朔为司文局）：著作郎二人（从五品上。龙朔为司文郎中，咸亨复也。）佐郎四人（从六品上）。……著作郎、佐郎掌修撰碑志、祝文、祭文，与佐郎分判局事也。"

唐会要65："著作郎本四员，开元二十六年正月二十八日减两员，专修史。"

新唐书百官志："史馆修撰四人，掌修国史。"原注："贞观三年，置史馆于门下省，以他官兼领，或卑位有才者亦以直馆称。以宰相涖修撰。"

旧唐书职官志二："修撰直馆：天宝已后，他官兼领史职者谓之史馆修撰，初入为直馆也。"

新唐书百官志："天宝后，它官兼史职者曰史馆修撰，初入为直馆。"

唐会要63："（唐文宗）太和六年二月，以……并充史馆修撰。故事：修撰不过三员，或止两员。今四人并命，论者非之。"

2.

后，宜令两司于史官内简择堪修人编名进内；自余居史职，不得辄阅见所修史及引用国史等事。"唐会要卷63："元和六年（811）六月，宰臣集贤院大学士裴垍奏：'史馆请登朝官入馆者并为修撰，非登朝者并为直馆。修撰中以一人官高者判馆事。其余名目，并请不置。仍永为常式。'从之。"可见在史馆修职之人之多。

旧唐书职官志二："修撰直馆：……元和六年宰相裴垍奏：'登朝官领史职者并为修撰，未登朝官入馆者并为直馆修撰，中以一人官高者判馆事，其余名目并请不置。'从之。"

史官职守，端在撰修，唯撰修首贵史料。今据史通忤时篇，则史馆中史料殊感缺乏。"史官编录，唯自询采。而左右二史阙注起居。衣冠百家，罕通行状。求风俗于州郡，视听不该；讨沿革于台阁，簿籍难见。"则史馆官衔搜集史料之困难情形，可以想见。其后唐廷为力矫此弊，乃有"诸司应送史馆事例"之颁行，唐会要中曾详为开列。但官府习例，日久则玩生，当时似有不遵条例报送者。唐会要载："建中元年（780）十一月二十八日，史馆奏：'前件事条，虽标格式，因循不举，日月已深。伏请申明旧制，令下本司。'从之。"

"诸司应送史馆事例"见唐会要卷63，见编年稿贞观[illegible]。

在史馆史官之外，有起居郎及起居舍人之设。"[隋炀帝]置起居舍人二员。……唐氏因之，又加置起居郎二员，职与舍人同。"每天子临轩，侍立于玉阶之下，郎居其左，舍人居其右。人主有命，则逼阶延首而听之，退而编录，以为起居注。"（史通史官建置）此种起居注，为直接之史料，甚有益于史官。

新唐书百官志："贞观二年，置起居郎，废舍人。"

旧唐书职官志二："显庆中，又置起居舍人，始与起居郎分左右。"

旧唐书职官志二："天授元年，[起居郎]又改为左史。"

稿紙(A)25×20=500

旧唐书职官志二："起居舍人二员。（原注：从六品上）……起居舍人掌修记言之史，录天子之制诰德音，如记事之制，以纪时政之损益。季终则授之于国史。"（新唐书百官志略同）

新唐书百官志："起居郎二人，从六品上，掌录天子起居法度。天子御正殿，则郎居左、舍人居右。有命，俯陛以听，退而书之。季终以授史官。"

旧唐书职官志二："起居郎二员。（原注：从六品上，古无其名，隋始置起居舍人二员。贞观二年省起居舍人，移其职于门下，置起居郎二员。）……起居郎掌起居注，录天子之言动法度，以修记事之史。凡记事之制，以事系日，以日系月，以月系时，以时系年，必书其朔日甲乙，以纪历数，典礼文物以考制度，迁拜旌赏以劝善，诛伐黜免以惩恶。季终则授之国史焉。（原注：自汉献帝后，历代帝王有起居注，著作编之，每季为卷，送史馆也。）"

新唐书百官志：“开元初，复诏修史官非供奉者皆随仗而入，位于起居郎、舍人之次。及李林甫专权，又废。”

刘知几极称之（史通史官建置篇），谓“夫起居注者，论次甲子之书，至于策命章奏，封拜薨免，莫不随事记录，言惟详审。凡欲撰帝纪者，皆因之以成功。即今为载笔之别曹，立言之贰职。”~~（同上）~~

长寿以后，史馆中又多宰相所送之时政记。旧唐书卷89姚璹传载，长寿二年（694），璹“迁文昌左丞同凤阁鸾台平章事。自永徽（650）以后，左右史（即起居郎、起居舍人之改名）虽得对仗承旨，仗下后谋议皆不预闻。璹以为帝王谟训不可暂无记述，若不宣自宰相，史官无从得书，乃表请仗下所言军国政要，宰相一人专知撰录，号为时政记，每月封送史馆。宰相之撰时政记，自璹始。”于是史馆中之史料，更为丰富矣。

又见旧唐书148李吉甫传。唐会要卷63。新唐书百官志。

李吉甫谈时政记：唐宪宗元和八年（813）：“上御延英殿问时政记记何事？时吉甫监修国史，先对曰：……”（旧唐书148李吉甫传。）见编年辑813年。

时政记一见编年辑唐穆宗长庆元年（821）。长庆三年一编年辑。

史馆既典藏诸司所送之事例，左右史之起居注、宰相之时政记矣，进此便为修史。修史之对象有二，一为前代史，一为国史实录。国史实录，事在当时，故多为史官所专责。前代史则以史官人数有限，而工作繁重，故每参加以他官。如当时参修前代史之魏征、令狐德棻、姚思廉、李百药、岑文本、许敬宗诸人，皆非史官。此种制度——国史实录为史官专责，前代史以他官参加，自唐迄清，沿而不改。

至于国史实录之修纂，则范围颇有不同。实录专纪世

实录见编年辑[illegible]年。

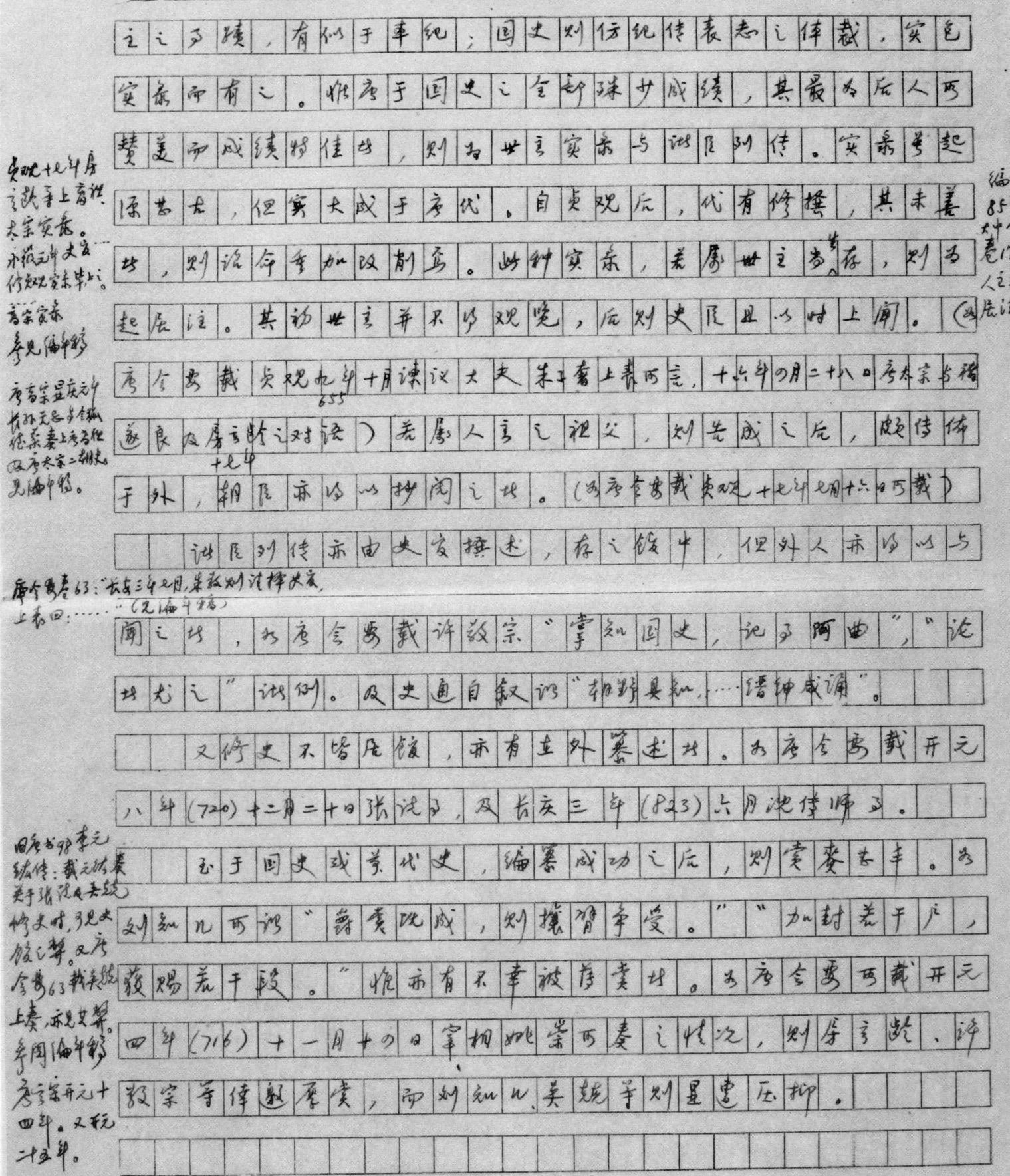

旧唐书职官志二：“史官专修国史，……皆本于起居注、时政记，以为实录。……”

范[illegible]史略："唐中修实录国史，皆当代名手，其见于本纪、列传及艺文志者二十种，（宣懿、德昭、哀无实录）总辞为实录，多孤勒成一家言，则又别成天下有国史。唐时修国史，前后凡四次：……"

唐会要卷64："元和七年六月，上读肃宗实录，见大臣传多浮词虚美，因宣与史官：记事每要指实，不得虚饰。"

主之言行，有似于本纪；国史则仿纪传表志之体裁，实包实录而有之。惟唐于国史之全部殊少成绩，其最为后人所赞美而成绩特佳者，则为世主实录与诸臣列传。实录虽起源甚古，但实大成于唐代。自贞观后，代有修撰，其未善者，则诏令重加改削焉。此种实录，若属世主当世存，则为起居注。其初世主并不得观览，后则史臣且以时上闻。（如唐会要载贞观九年655十月谏议大夫朱子奢上表所言，十六年四月二十八日唐太宗与褚遂良及房玄龄之对话）若属人主之祖父，则告成之后，既传布于外，十七年朝臣亦得以抄阅之也。（如唐会要载贞观十七年七月十六日所载）

贞观十七年房玄龄等上高祖、太宗实录。永徽元年史官……修敬宗实录毕上之。高宗实录参见编年稿

唐高宗显庆元年长孙无忌与令狐德棻等上唐高祖及唐太宗二朝史。见编年稿。

编年稿854年（唐宣宗大中八年：旧唐书卷176魏謩传：人主不得观起居注。

诸臣列传亦由史官撰述，存之馆中，但外人亦得以与闻之也，如唐会要载许敬宗"掌知国史，记事阿曲"，"论者尤之"诸例。及史通自叙谓"朝野具知，……搢绅咸诵"。

唐会要卷63："长安三年七月，朱敬则请择史官，上表曰：……"（见编年稿）

又修史不皆居馆，亦有在外纂述者。如唐会要载开元八年（720）十二月二十日张说，及长庆三年（823）六月沈传师事。

至于国史或前代史，编纂成功之后，则受赉甚丰。如刘知几所谓"史篇既成，则擢赏争受。""加封若干户，获赐若干段。"惟亦有不幸被降黜者。如唐会要所载开元四年（716）十一月十四日宰相姚崇所奏之情况，则房玄龄、许敬宗等俱邀厚赏，而刘知几、吴兢等则是遭压抑。

旧唐书98李元纮传：载元纮奏关于张说与吴兢修史时，引见史馆之事。又唐会要63载吴兢上奏，亦见史馆。参阅编年稿唐玄宗开元十四年。又玩二十五年。

稿紙(A)25×20=500

唐会要卷64："元和十二年九月诏：'记事记言，史官是职。……'时起居舍人庾敬休上疏请所以事，因有是诏。既而宰相以事关机密，不可发言，事竟不行。……"见编年稿。

5.

唐会要64："元和十四年四月，史官李翱奏：……"见编年稿。

编年稿843年（唐武宗会昌三年）：唐会要64："会昌三年十月，中书门下奏时政记、起居注记、修国史体例等……"

柳宗元《与韩愈论史官书》。（唐宪宗元和九年作）
韩愈何实录了详情（见傅1835-唐文宗太和九年
转隋唐卷）

五代修实录：后唐明宗927年引册府元龟

五代上接李唐，故史官建置，一仍唐制。有史馆修撰及直馆之分。每遇纂修前代史，亦以宰臣监修。其史馆职守，亦在于保藏史料与编纂史书。王溥《五代会要》载后唐同光二年(924)史馆所奏行之《诸司送史馆事例》，较唐代所颁之《诸司应送史馆事例》为详。其时政记及起居注即为唐代所未列。

唐代史馆史官，于工作似未有严格之审核，故每不能计日责功。观刘知几所谓“或当官卒岁，竟无刊述，而人莫之知也；或辄不自揆，轻弄笔端，而人莫之见也。”“虽地处禁中而人同方外，可以养拙，可以藏愚，终衣直指所不能绳，强项申威所不能及。”（史通自叙）“每欲记一事载一言，皆阁笔相视，含毫不断，故首白可期，汗青无日。”“今监之者既不指授，修之者又无遵奉，用使争学苟且，务相推避，坐变炎凉，徒延岁月。”（史通忤时）则史馆史官之多不职可见。而五代对于史馆，乃有考绩之举。《五代会要》载，后唐长兴四年(933)史馆奏定考课规程，略谓“当馆承前修史事例，应令编录文书分配在馆修撰直馆官员，逐人纪述。”“其间勤惰者著述不闲，怠惰者自因循度日，祇藉馆中虚历，以资身之进趋。或别除官，或因出使，便将自己分合撰史稿送付后人，后人致尤，依此惰慢积叠，不了公事，为弊滋多。须设规程，庶无旷败。请具起

稿紙(A)25×20=500

请於左：自判馆修撰以下，见充职及此后充职，请以二周年为限，据在职馆中文书繁简，逐季分配纂修。……其旷职累时，仍请量予殿罚。若据所分配文书修撰外，别能采访得当后功臣之实，及诸色合编集之著撰以史传堪入国史者，请量其课绩，别加酬奖。……”综其所定，对勤奋有奖，旷惰有罚，诚称考校之良法。

五代史官除保藏史料外，亦一面纂修实录国史，一面纂修前代史。而纂修前代史时，且曾广征史料于朝野上下，以期完备。其征集方法，亦足供后人之借镜。（详见五代会要修前代史条）

宋从唐制，亦置史馆，设修撰、直馆、检讨等官；取修撰最上一员，判馆事。（宋会要辑稿）李攸宋朝事实说，宋以“史馆集贤院昭文馆，合称崇文院三馆。”宋史职官志秘书省条下载，“著作郎掌修撰日历，秘书郎掌三馆及秘阁图籍，以甲乙丙丁为部。”又载“日历所隶秘书省著作郎，以掌执时政记左右史起居注两书，合集修撰，为一代之典。”观此，则史馆与日历所关系至深，而史馆之图籍且属于秘书郎矣。此外复有会要所，亦隶于秘书省，继续修纂，与史馆日历所关系密切。（亦见职官志）南宋置史馆，于是有实录院国史院之设。宋会要载，“绍兴初，实录国史皆

稿紙(A)25×20=500

刘咸炘：史学述林·记注论："记注之体，自东汉以来日详，而莫备于宋，其体凡六：一曰起居注，二曰时政记，此皆可得当时之真。三曰日历，又删并二者而成，其时犹后于二者，然不远于当时，三者皆编年之书。四曰实录，则一朝既终，后朝整齐其事，用日历为本，而加以臣下之事。五曰国史，则史官所作本纪列传或作表志，而不必全，亦成于当代。六则吾书以降前修之史，则一代既亡，后代整齐其事，用纪传表志之体者也。"本表亦注书志实悉律纪序例所举未明，今略述之，见图于下：

起居注、时政记 → 日历 → 实录 → 本代或前代之史

国史之纪传表志

刘咸炘史学述林记注论：王明清挥麈录曰："国史官纪事所因者，例有四：一曰时政记，则宰执朝夕议政、君臣之间奏对之语也。二曰起居注，则左右史所记言动也；三曰日历，则因时政记、起居注润色而为之者，旧属史馆，元丰官制属秘书省国史案（秘书省所属之国史案），亦依仿前记；四曰臣僚墓碑行状，则其家之所上也。"文献通考引宋三朝艺文志曰：……

玉海引汪藻奏曰：……"

同上："实录之体，非编年非纪传。……"

同上："国史之所本仅为……"

离史馆，后置史馆（据宋史高宗本纪为绍兴二十九年），遇修实录则置实录院，遇修国史即置国史院。"即其明证。非若李攸宋朝事实，则国史实录两院或分或併，颇不一定。大约北宋三馆之制，经划分明，史馆一职，实总纂修，国史实录多同一体；元祐已后，始有实录国史遇修置院之议。（此据宋史职官志）及南宋绍兴末而史馆罢，于是国史实录两院各自成立。此其大较也。今观宋陈骙《南宋馆阁录》及不著名氏之《续录》，绍兴初年，有监修国史、提举国史院、提举实录院、史馆修撰、直史馆、史馆校勘、史馆检讨、国史院编修官、国史院检讨、实录院修撰、实录院同修撰、实录院检讨官，及绍兴末年，史馆修撰、直史馆、史馆校勘、史馆检讨诸职皆无，而增入修国史与同修国史，殊显明。则与诸书详略互见，可证上说之确。

宋初史官多专任，后每以他官兼职，间有专任者，但亦不久其职。今考李心传建炎以来朝野杂记史馆长官条下有载，"自嘉祐以来，史馆无长官。……"则专任史官之不常设，及国史实录修撰每沿称史官之称亦可证。

实录国史纂修之不易成，而成后每有重修之举，自唐已然，及宋尤烈。除前述诸例外（见朝野杂记史馆专官条下），若乾道中（1165—1173）李焘上言，有"伏见四朝正史开院已逾十年，

稿紙(A)25×20=500

8.

及留员编修，亦二年有余。”及“正史之成，殆未可期。”“神宗实录三次重修”，“哲宗实录亦两次重修”等语，（详见宋会要）亦可互见。

惟宋代纂修实录国史，有一可注意之点，即实录国史之草稿，须于完成之日，缴进禁中焚毁，且未留存一本于史馆。如宋会要载，“嘉祐四年（1059），史馆修撰欧阳修言，‘史之为书，以纪朝廷政事得失及臣下善恶功过，宜存之有司。往时史官以本朝正史进入禁中而焚其草，今史院惟守空司而已。乞诏龙图阁别写一本，下编修院以备讨阅故事。’从之。”及“熙宁二年（1069）翰林学士司马光言，‘近领史馆修撰，乃有龙图阁抄写国史一部，欲乞依仁宗时所降指挥，本院修写；并新修仁宗英宗实录亦写一本留本院。’从之。”则知当时若无欧阳修司马光之奏请，将一本亦不得留也。

辽国史院有监修国史、史馆学士、史馆修撰、修国史之设。（详见辽史职官志）惟废置不常，且似无若何成绩。如辽史耶律孟简传称：“太康中（辽道宗年号，1075—1100）孟简诣阙上表，曰：‘本朝之兴几二百年，宜有国史以垂后世。’乃编耶律曷鲁、屋质、休哥三人行事以进。”可证。

金国史院有监修国史，掌监修国史事，修国史，掌修国史，判院事，同修国史（二员），编修官（女直汉人各四员），检阅官之设。及修辽史又置辽史刊修官一员，编修官一员。（金史百官志）

辽金国史院皆无甚可纪，惟有一事殊可注意，则辽金以外族入居中国，文字言语多不相同。而种族之见又深，故史官设置于用汉人外并用其本族之人。史文亦以本族文字与汉文分纪，或互译。金代并兼用辽人，而史书亦兼写辽之文字，其后始罢。如金史章宗本纪所载，"明昌二年(1191)夏四月癸巳，谕有司自今女直字译为汉字，国史院专写契丹字者罢之。"是也。

自唐开史馆，于是史馆史官之设历五代宋而不改。及元乃以史馆附属于翰林国史院，于是明清继之，皆以修史之责归于翰林院。史官之制又一变矣。

按元史世祖本纪所载，中统二年(1261)从王鹗之请，初立翰林国史院。惟草创伊始，颇为简陋。及至元(1264—1294)之后迁都燕京，于是规模始备，而成绩亦佳。

元翰林国史院，有承旨学士、侍读学士、侍讲学士、直学士、新字学士、待制修撰、应奉翰林文字、编修、检阅典籍、经历、译史通事等之设。（元史百官志）则元典章吏部条下职品，列有正三品"翰林学士知制诰同修国史"，与百官志颇能详略互见。

其间曾分置一蒙古翰林院，专主蒙古文字。而翰林国史院，则仍专纂修，其职责亦加重。仁宗时且提升其品秩，认"国史院为万世公论"，不可不与以推崇。（元史仁宗本纪）又元代百官奏事，以给事中专掌之，以授国史院纂修，亦有古代起居注及唐代《诸司应送史馆事例》之遗意。（元史顺帝本纪）

元代所修之前代史为辽金宋三朝，辽金先修，而宋史继之。而实录亦每代递有编纂。其后明修元史，当乱离之初，史料阙佚，所取资者即元朝所遗之实录。

第二节　隋唐时期所修的断代史

隋朝年祚虽短，但历史著作却有数种。隋朝政府也对修史也有一定鼓励。

一、隋朝修史

1. 魏澹著魏书

史通·古今正史篇："至隋开皇，敕著作郎魏澹与颜之推、辛德源，更撰魏书，矫正收失。澹以西魏为真，东魏为伪，故文、恭列纪，孝靖称传，合纪传论例，总九十二篇。炀帝以澹书犹未能尽善，又敕左仆射杨素别撰，学士潘徽、褚亮、欧阳询等佐之，会素薨而止。今世称魏史者，犹以收本为主焉。"

隋书卷76潘徽传："潘徽字伯彦，吴郡人也。……炀帝嗣位，诏徽与著作佐郎陆从典、太常博士褚亮、欧阳询等助越公杨素撰魏书，会素薨而止。"

隋书卷58魏澹传："魏澹字彦深，钜鹿下曲阳人也。……父季景，齐大司农卿。……澹年十五而孤，专精好学，博涉经史，善属文，词采赡逸。……及（隋）高祖受禅，……数年迁著作郎，仍为太子学士。高祖以魏收所撰书褒贬失实，平绘为中兴书，事不伦序，诏澹别成魏史。澹自道武下及恭帝，为十二纪、七十八传，别为史论及例一卷，并目录合九十二卷。澹之义例与魏收多所不同。……澹所著魏书甚简要，大矫收、绘之失，上览而善之。"

魏澹约生于公元530年（北魏孝庄帝永安三年），卒于公元594年（隋文帝开皇十四年），六十五岁。

助魏澹修魏史的有薛德音。隋书57薛道衡传："（道衡）从子德音，有隽才，起家为游骑尉。佐魏澹修魏史，史成，迁著作佐郎。"

北齐书23魏兰根传："（魏）澹学识有词藻。武平初，殿中御史，迁中书舍人，待诏文林馆。隋开皇中，太子舍人、著作郎，撰后魏书九十二卷，依旧史体，时称其善云。"

隋书经籍志正史类："后魏书一百卷，著作郎魏彦深撰。"

2. 王劭著齐志

史通古今正史篇：“隋秘书监王劭……乃凭述起居注，广以异闻，造编年书，号曰齐志，十有六卷。”原注：“其序云二十卷，今世间传者唯十六卷焉。”

隋书卷69王劭传：“王劭字君懋，太原晋阳人也。……劭少沉默，好读书。弱冠，齐尚书仆射魏收辟参开府军事，累迁太子舍人，待诏文林馆。时祖孝徵、魏收、阳休之等尝论古事，有所遗忘，讨阅不能得，因呼劭问之。劭具论所出，取书验之，一无舛误。自是大为时人所许，称其博物。后迁中书舍人。齐灭入周，不得调。高祖受禅，授著作佐郎。以母忧去职，在家著齐书。时制禁私撰史，为内史侍郎李元操所奏。上怒，遣使收其书，览而悦之，于是起为员外散骑侍郎，修起居注。……拜著作郎。”

隋书经籍志古史类：“齐志十卷，后齐事，王劭撰。”

稿紙(A)25×20=500

3. 牛弘著周纪

史通古今正史篇："宇文周史：大统年秘书丞柳虬兼领著作，直辞正色，多有可称。至隋开皇中，秘书监牛弘追撰周纪十有八篇。略叙纪纲，仍皆牴牾。"

隋书卷49牛弘传："牛弘字里仁，安定鹑觚人也。……在周起家中外府记室、内史上士。俄转纳言上士，专掌文翰，甚有美称。加威烈将军、员外散骑侍郎，修起居注。……开皇初，迁授散骑常侍、秘书监。……三年，拜礼部尚书，奉敕修撰五礼，勒成百卷，行于当世。……炀后，……拜吏部尚书。……[大业]六年，从幸江都，其年十一月卒于江都郡，时年六十六。"

隋书经籍志正史类："周史十八卷，未成，吏部尚书牛弘撰。"

稿纸(A)25×20=500

4、王劭著隋书

史通六家篇："至隋秘书监太原王劭，又录开皇、仁寿时事，编而次之，以类相从，各为其目，勒成隋书八十卷。寻其义例，皆准尚书。"

史通古今正史篇："隋史：当开皇、仁寿时，王劭为书八十卷，以类相从，定其篇目，至于编年纪传，并阙其体。"

隋书经籍志杂史类："隋书六十卷，未成，秘书监王劭撰。"

隋书75刘炫传："刘炫字光伯，河间景城人也。……奉敕与著作郎王劭同修国史。"

隋书75王孝籍传："平原王孝籍……与河间刘炫同志友善，开皇中召入秘书，助王劭修国史。"

册府元龟卷554："刘焯以儒学知名，举秀才，射策甲科，与著作郎王劭同修国史。"

隋书58辛德源传："辛德源，字孝基，陇西狄道人也。……高祖受禅。……秘书监牛弘以德源才学显著，奏与著作郎王劭同修国史。"

隋书69王劭传："炀帝嗣位，……迁秘书少监，数载卒官。劭在著作将二十年，专典国史，撰隋书八十卷，多录口敕，又采迂怪不经之语及委巷之言，以类相从，为其题目，辞义繁杂，无足称者。遂使隋代文武名臣列将善恶之迹，堙没无闻。……此其采摘经史谬误，为读书记三十卷，时人服其精博。"

同上："史臣曰：王劭爰自幼童，迄乎白首，好学不倦，究极群书，搢绅洽闻之士无不推其博物。雅好著述，久在史官，既撰齐书，兼修隋典，好诡怪之说，尚委巷之谈，

稿紙(A)25×20=500

文词鄙秽，体统繁杂，直愧南董，才无班固。徒烦翰墨，不足观采。"

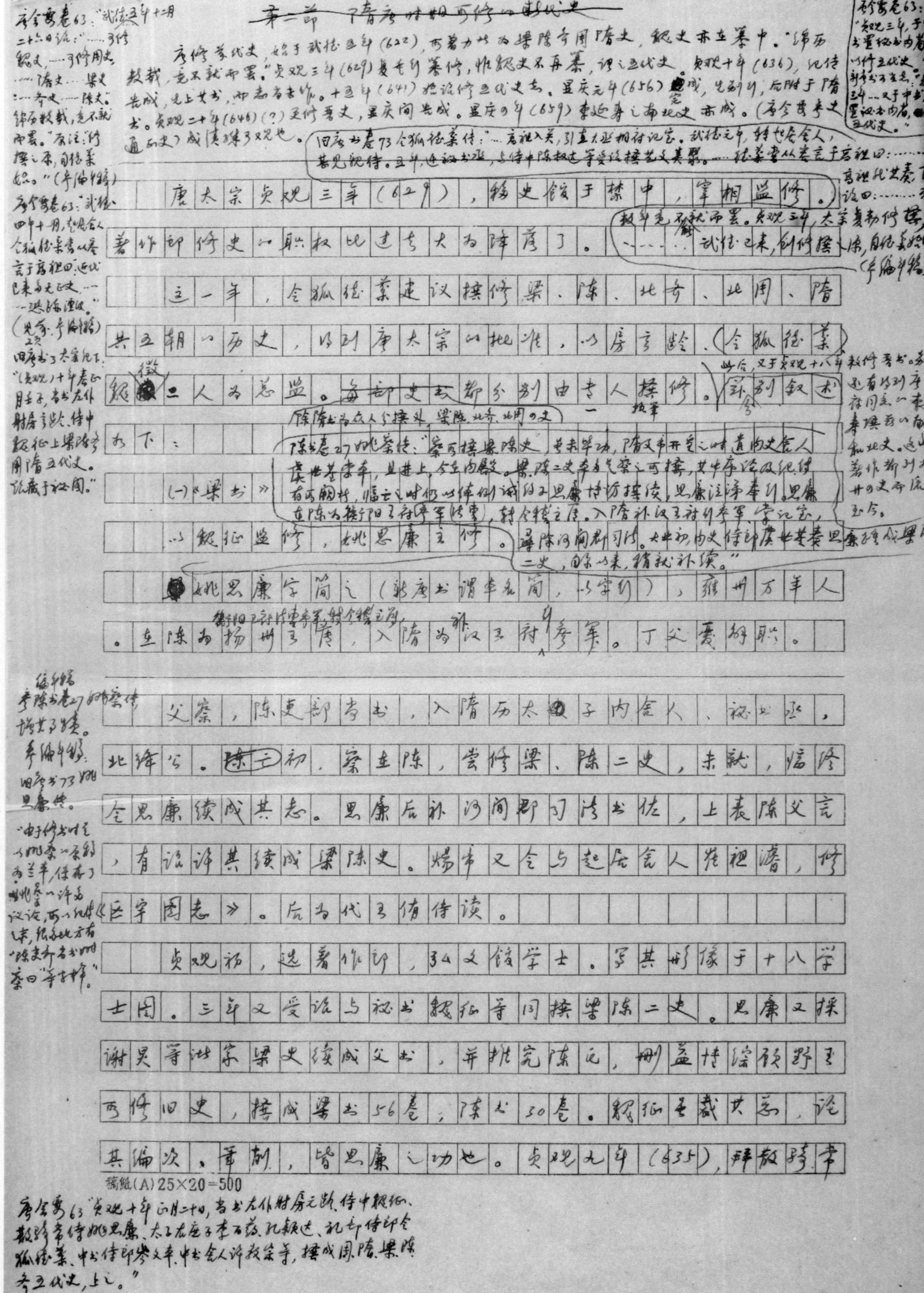

~~第二节 隋唐时期所修的断代史~~

唐修前代史，始于武德五年（622），而著力的为梁陈齐周隋史，魏史亦在其中。"终历数载，竟不就而罢。"贞观三年（629）复令修纂，惟魏史不再纂，谓之五代史。贞观十年（636），纪传告成，上之史书，而志书未作。十五年（641）始诏修五代史志，至显庆元年（656）完成，先刻行，后附于隋书。贞观二十年（646）（？）更修晋史，显庆间告成。显庆四年（659）李延寿之南北史亦成。（唐会要参史通正史）成绩殊可观也。

唐太宗贞观三年（629），移史馆于禁中，掌相监修。著作郎修史之职权比过去大为降落了。……

这一年，令狐德棻建议撰修梁、陈、北齐、北周、隋共五朝之历史，得到唐太宗的批准，以房玄龄、魏徵二人为总监。~~各部史书都~~分别由专人撰修。（分别叙述如下：）

（一）《梁书》

以魏征监修，姚思廉主修。

姚思廉字简之（新唐书谓本名简，以字行），雍州万年人。在陈为扬州主簿，入隋为汉王府参军。丁父忧解职。

父察，陈吏部尚书，入隋历太子内舍人、秘书丞，北绛公。~~察~~初，察在陈，尝修梁、陈二史，未就，临终令思廉续成其志。思廉后补河间郡司法书佐，上表陈父言，有诏许其续成梁陈史。炀帝又令与起居舍人崔祖濬，修《区宇图志》。后为代王侑侍读。

贞观初，迁著作郎，弘文馆学士。写其形像于十八学士图。三年又受诏与秘书魏征等同撰梁陈二史。思廉又採谢炅等诸家梁史续成父书，并推究陈元，删益博综顾野王所修旧史，撰成梁书56卷，陈书30卷。魏征虽裁其总论，其编次、笔削，皆思廉之功也。贞观九年（635），拜散骑常

稿纸(A)25×20=500

唐会要63"贞观十年正月二十日，尚书左仆射房玄龄、侍中魏征、散骑常侍姚思廉、太子右庶子李百药、孔颖达、礼部侍郎令狐德棻、中书侍郎岑文本、中书舍人许敬宗等，撰成周隋梁陈齐五代史，上之。"

12.

钱大昕疑年录卷一："姚简之（思廉）：史不详其寿算，考贞观丁酉距陈亡已五十年，而思廉尝仕陈为会稽王主簿，计其寿亦必在七十以外。"

史通正史篇："梁史：武帝时……陈姚察……其书不就。"

郡斋读书志："唐贞观三年……徵非著论而已。"

四库提要："思廉……其用力亦勤矣。"

陔余丛考："新唐书姚思廉传……非确论也。"

梁书序："梁书六本纪、五十列传，合五十六篇。唐贞观三年，诏右散骑常侍姚思廉撰。思廉者，梁史官察之子，推其父意，又颇采诸儒谢吴等所记，以成此书。"

史通正史篇："皇家贞观初，其子思廉为著作郎，奉诏撰成一史为梁五十六卷。"

传，炀爵丰城县男，十一年（637）卒。

据思廉传："其父察在陈尝修梁陈二史未就，以属思廉。思廉入隋，表父遗言，有诏听续。至唐贞观三年，又奉诏修梁陈二史，乃採谢炅、顾野王诸书以成之。"贞观二年以前，思廉早已从事编纂，及诏入秘书省论撰之后，又越七年，其用力之勤笃可知矣。

梁书每卷之后，题陈吏部尚书姚察者二十五篇，题史官陈吏部尚书姚察者一篇，盖仿汉书卷后题班彪之例。其专称史官者，殆思廉所自撰。（陔余丛考、四库提要）

梁书本纪凡四，以武帝本纪分三卷，故成六卷；列传五十卷，其分类传有《孝行》、《儒林》、《文学》、《处士》、《止足》、《良吏》六种，共五十六卷。（旧唐书经籍志、姚思廉传俱云五十卷，盖误脱一"六"字。）

"新旧传目，有止足一款。余则改孝义为孝行，改隐逸、高逸为处士。"

梁书有不必立传而为之立传者，如《止足传》是。处士之外，另辟止足一门，其序谓鱼豢魏略有知足传，谢灵运晋书有知足传，宋书徐爰旧本亦有知足传，故梁书亦存此门。然所谓止足者，不过言成身退，稍异乎钟鸣漏尽夜行不休者耳。传中如顾宪之政绩，自可入良吏传，其馀陶季直、萧眎素辈，则传之不胜传也。

此外又有应立传，而梁书不立传者，如方伎是。据方

稿紙(A)25×20=500

13.

廿二史劄记又云："梁书虽全据国史，而行文则自出炉锤，直欲远追班马。……则姚察父子为不可及也。世但知……岂知姚察父子已振于陈末唐初也哉！"

伎一门，累代所不废，且南北朝为佛道最极盛行之时代，如沙门释宝志，不惟为时人所敬信，并人主亦崇拜之，此岂可无传！而梁书竟缺方伎一门。（廿二史劄记）梁书岁月参差矛盾，错误失检亦多。如简文帝纪载大宝二年四月丙子，侯景袭郢州；而元帝纪则作闰四月丙午，两卷之内，月日参差。又侯景传上云：张彪起义，下云彪寇钱塘，则数行之间，书法乖舛。又于江革传中称何敬容掌选序用多非其人；于敬容传则称其铨序明审，号为称职，尤是非矛盾。其余事迹之复互者，前后错见，证以南史，亦往往抵牾。然持论多平允，排整次第，犹具汉晋以来直传之史法，要异乎取成众手，编次失伦者矣。"（四库提要）

"论梁书之失者，谓其芜冗，多载诏策表疏。为多大臣传，多有饰美之词，篇篇一律，殊觉可厌，大可删除，以省繁复。此外时日叙事，亦多舛差矛盾之处。如四库提要云："如简文帝纪载有……"

梁书为治交通史之绝好资源，因梁武帝好佛，一时印度僧人往来者甚夥也。

梁书因著作时距史事已远，可无禁忌避讳。然以其多据梁之国史，故有美必书，有恶必讳。且书中有两种文体，一为六朝风行之骈体，是乃史料原文；一为散文，乃姚察父子之手笔，诸传论皆以散文行之。世但知六朝之后，古文自韩愈始，而岂知姚察父子已振于陈末唐初矣。

稿紙(A)25×20=500

14

参看余嘉锡四库提要辨证

（二）《陈书》

姚思廉撰梁陈二史，"弥历九载，方始毕功。"（史通）

陈书序："陈书六本纪、三十列传，凡三十六篇，唐散骑常侍姚思廉撰。始，思廉父察，梁陈之史官也。

曾巩校上序说："姚察录梁陈之事，其书未就。察子思廉继其业。"而陈亡，隋文帝见察，甚重之，每就察访梁陈故事。察因以所论载，每一篇成，辄奏之。而文帝亦遣虞世基就察求其书，又未就而察死。察之将死，属思廉以继其业。唐兴，武德五年，高祖以自魏以来二百余岁，世统数更，史事放逸，乃诏撰次，而思廉遂受诏为陈书，久之犹不就。贞观三年，遂诏论撰于秘书内省，十年正月壬子始上之。观察等之为此书，历三世，传父子，更数十岁而后乃成。盖其难如此。

唐高祖武德五年（622），思廉受诏为陈书，太宗贞观三年（629）诏撰于秘书内省，十年（636）正月壬子始上之。是思廉编撰之功，固不止于九载矣。况据姚察传，隋炀帝大业初，有思廉撰成二史之记载。

史通古今正史篇："陈史初，有吴郡顾野王、北地傅縡各为撰史学士，（其武文二帝纪即顾、傅所修。）陈宣帝太建（569—585）初，中书郎陆琼续撰诸篇，（事伤烦杂，）姚察就加删改。粗有条贯。及江东不守，持以入关。隋文帝尝索梁陈事迹，察具以所成每篇续奏，而依违荏苒，竟未绝笔。皇家贞观初，其子思廉为著作郎，奉诏撰成二史，于是凭其旧稿，加以新采，弥历九载，方始毕功，定为梁书五十六卷，陈书三十六卷，今并行世焉。"是察之修史，实兼採三家。今考隋书经籍志有顾野王陈书三卷，傅縡陈书三卷，陆琼陈书共四十二卷，即察所据之本。而思廉为傅縡、陆琼传，详述撰著，独不言其修史篇第，殊为疏略。至顾野王传称其撰国史纪传二百卷，与隋志卷帙不符，则疑隋志舛误，思廉所记为其真也。（？恐思廉记误）陈书惟二卷、三卷题陈吏部尚书姚察，他卷则俱称史臣，盖察先纂梁书，陈书仅成二卷，其余皆思廉所补撰。（四库提要）

陈书计本纪六卷，列传三十卷，共三十六卷。陈书凡五本纪，高祖本纪分上下二卷，故为六卷，（参阅陈书序、旧唐书姚思廉传）或称六本纪，微误。列传之分类者有五：即皇后、宗室、孝行、儒林、

"今读其列传，体例秩然，出于一手，不似梁书之参差，殆亦有所综核。"论陈书时执世瑗论史德点云："……得核其体例，思廉固未可以称良史才也。……"

稿紙(A)25×20=500

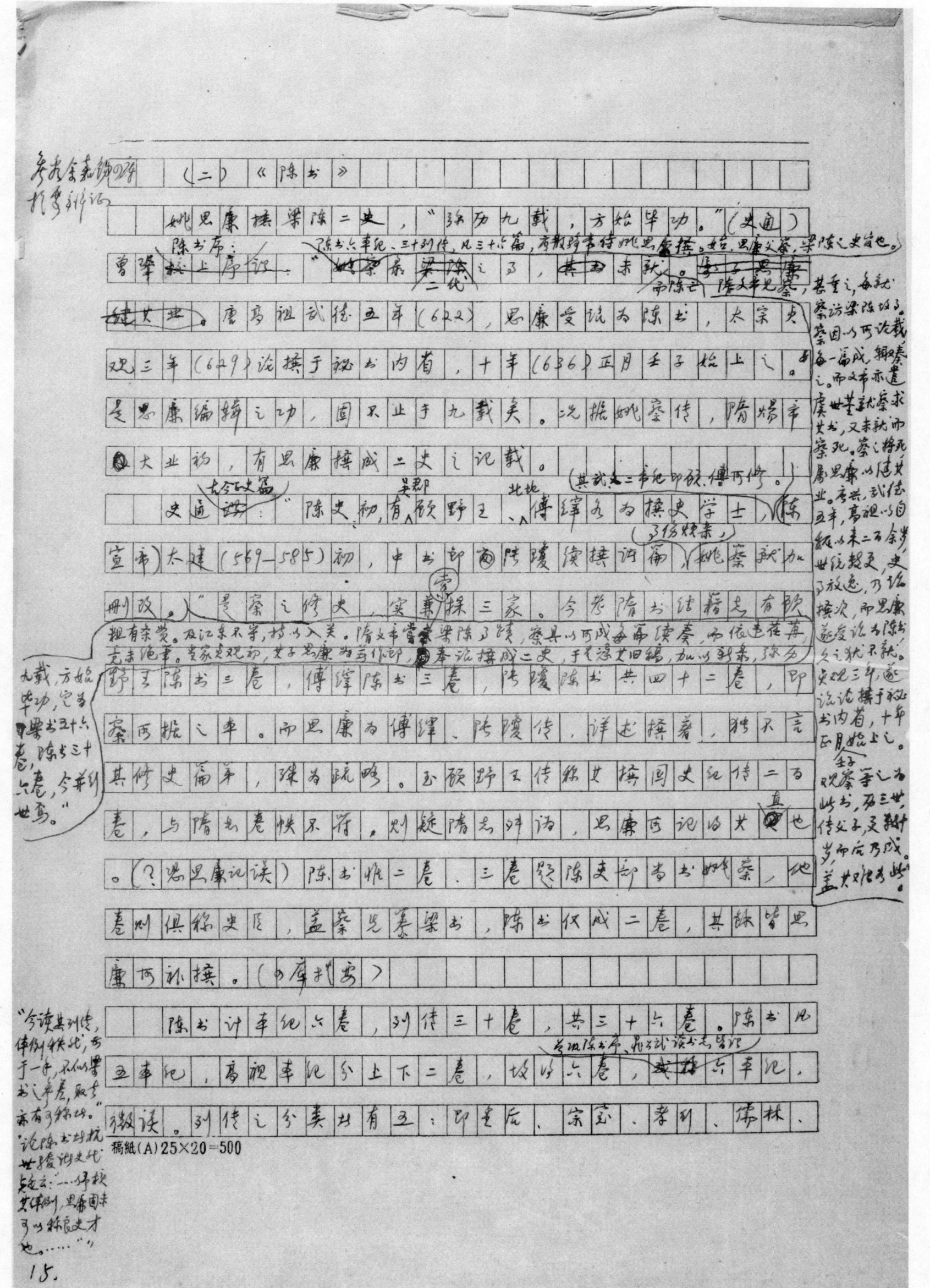

文学者也。本书姚高祖、世祖两本纪，末有"陈吏部尚书姚察曰"，其余纪传之末则称"史臣曰"，可知乃姚察所撰，余皆思廉补撰。~~乃姚察所撰，余皆思廉笔。~~

陈书大部出于思廉一人手笔，故体例统一，不似梁书之参差。惟其中纪传年月，间有抵牾，不能不谓之疵累。陈书为姚察立传，有失断限。盖察陈亡入隋，历职华秩，列于陈书实非所宜。盖思廉未预修隋书，恐湮没父志，故列于陈书，而颇有序传之意。

"陈书编次，不循梁书之例，传多缺失，言亦挂去此，避讳处太多，可实为可忽略，委曲回护，尤可不免。"

参考孟锡の序、赵（？）翼等评论

（三）《北齐书》

李百药撰。

殿本北齐书校刊跋："按高齐史，天统初，太常少卿祖珽述献武起居注，名曰黄初传。天保时，中书侍郎陆元规从文宣征讨，纪一时行师赴战之绩，著皇帝实录；而魏收、阳休之、杜台卿、祖崇儒、崔子发等并广续注记。隋代秘书监王劭，内史令李德林俱少仕邺中，多识故事。王乃凭述起居注，广以异闻，作齐志十六卷。李在齐预修国史，创纪传二十七卷。开皇时奉诏续撰，增多三十八篇，送官，藏之秘府。"

李百药字重规，定州安平人。隋文帝时历任东宫通事舍人、太子舍人兼东宫学士、礼部员外郎，隋炀帝时为桂州司马。唐太宗贞观元年（627）召拜中书舍人，二年任礼部侍郎，十年以撰齐史成加散骑常侍，行太子左庶子，赐物四百段。（旧唐书72李百药传）后以年老致仕，贞观二十二年（648）卒，年八十四。

"齐武平初，君祖咸令[illegible]纂之史，始诏修梁陈纪，而太子舍人[illegible]、吏部郎中祖孝征、秘书监[illegible]之等，论[illegible]年，书未就，卷累。贞观三年复诏撰之，时犹依以元规之详于魏收北齐二家之书，惟隋纪之史事之。李百药，依其父[illegible]中书舍人百药次齐史，至贞观十年，五史始具。……唐刘知几等史通，颇称王劭齐志，宋李之[illegible]而于李氏书数言其评。"

百药父德林，在北齐预修国史，创纪传书二十七卷；至隋开皇初奉诏续撰，增多齐史三十八篇，以上送官，藏之秘府。唐贞观元年（627）敕其子中书舍人李百药仍其旧录，杂采他书，演为五十卷（史通古今正史篇）。原名齐书，至宋始加"北"字，以别于南朝之萧齐。

史通古今正史篇："隋内史令李德林在齐预修国史，创纪传书二十七卷。至开皇初，奉诏续撰，增多齐史三十八篇，以上送官，藏之秘府。皇家贞观初，敕其子中书舍人百药，仍其旧录，杂采它书，演为五十卷。今之言齐史者，惟王（劭）、李二家云。"

旧唐书李百药传：贞观元年李百药受诏撰齐书，十年成。

稿紙(A)25×20=500

16.

北齐书计有本纪八卷，列传四十二卷，共五十卷。大致仿后汉书体例，卷后多系论赞。惜此书自北宋后渐残散逸，今所刊本乃后人杂取北史、高氏（峻）小史等书以补之。据钱大昕廿二史考异审定，百药原本仅存十八篇。故现刊所谓百药北齐书无甚价值。

杭世骏诸史然疑："文襄后虽追崇庙，魏孝静帝尚在，不得作本纪也。后人以北史及魏齐两书杂凑成篇，殊乖史体，此当作传，冠于诸王之首。"

本纪八卷，惟文宣帝纪与北史繁简互殊，盖为百药原书，其余七纪皆缘亡佚，而后人补以北史者。百药史论皆称"史臣曰"，其称"论者曰"皆北史之文。而文宣纪后史论，亦未著"史臣曰"，当係后人所改。

"列传四十二，其中类传有七：儒林、文苑、循吏、酷吏、外戚、方伎、恩倖。例目仍旧，无新创者。

列传原书存者惟十七卷，即赵郡王琛等列传，篇后论赞皆备，乃仅为百药原著。此外尚有《皇后》、《高祖十一王》等列传十卷，篇后论赞俱无。又《元坦》等列传一篇，有赞无论。又薛琡等传三篇与北史异。又文宣四王等列传五篇，或有论无赞，或论赞皆缺，而有序，文亦与北史异。诸篇盖后人取高氏小史以补之者。

史通引李百药齐书论魏收云："若使子孙有灵，窃恐未挹高论。"又云："足以入相如之室，游尼父之门，志存实录，诋讦阴私。"今本齐书魏收传无此语，皆搜捡者有所未及也。

北齐书仿后汉之例，卷后多系论赞，论称史臣曰，故传后有无论赞，可定为是否百药原书。

稿纸(A)25×20=500

今列传四十二卷中，可据为四类，即一为论赞皆备（计十七篇，当为百药原书），一为论赞俱无（计十九篇，全取北史补阙），一为有论无赞（一卷：卷12列传4），一为有赞无论（一卷：卷28，列传20）。"

17.

程树德《国故谈苑》卷二：南北朝诸史惟周书最非实录：“令狐德棻修史，惟因旧史草创而成书，遂令周氏一代之史，多非实录。史通亦言今俗所行周史是令狐德棻等所撰，其书文而不实，雅而无检，真迹甚寡，客气尤烦，诚确论也。余读周书，尝发生一二疑问，为柳子厚所无之，稍见或犹收同之。求之周史，竟未记载，其他缺略者更不少。……宇文氏之际，据史通记多见于王劭齐志、隋书及蔡允恭后梁春秋，其[illegible]庾信等了，又多见于萧韶太清记、萧大圜淮海乱离志、裴政太清实录、杜台卿齐记，而令狐德棻了不兼采，以广其书，盖以其中有鄙言，故致遗略。……周齐之祖俱云阴与[illegible]……文质之辨断然可知，……其书言鄙野，皆此类也。四库提要乃以为周代既文华推雅，循文制言，载笔者势不能易彼妍辞，改从俚语。曲为德棻辩护，非笃论也。”

旧唐书70岑文本传：“岑文本，字景仁，南阳棘阳人。……与令狐德棻撰周史，其史论多出于文本。……十年史成。”

旧唐书73令狐德棻传：“（贞观）十年，以修周史，赐绢四百匹。”

参余嘉锡《四库提要辨证》

（四）《周书》

殿本周书校刊识：“当周隋时，柳虬、牛弘等有撰，德棻等撰次，不外柳、牛两家，然其中或有可议者，如书周末……弘入隋后，以文隋史。至虬……等……之嫌。德棻等身居异代而史不直书，其失甚矣。宇文氏建国，仿周礼而六官存其制，并唐一代官法，而史书不为记载，使后人无从考索，谬亦甚矣，然此其大者。”

令狐德棻撰。

令狐德棻，宜州华原人。隋炀帝大业（605—617）末，为药城长，以世乱不就职。唐高祖入关，引值大丞相府记室。武德五年（622）迁秘书丞，受诏与撰《艺文类聚》。尝进言高祖，修周隋各代史。高祖从其奏，分命诸臣修史，德棻与陈叔达、崔仁师、岑文本等修周书。十年（627），又修新礼，撰氏族志。永徽元年（650）监修国史及五代史志，又修贞观十三年以后实录及高宗实录。乾封元年（666）卒，年八十四。

周书本纪八卷，列传四十二卷，共五十卷。同修者虽有数人，而德棻总领其事，可谓为一手所成。北周诏令皆用尚书体，德棻手笔皆用散文，惟原有史料则存骈体。周书记各国事，述兴废，使读者一目了然，剪裁颇净。周书至北宋时尚全，其后亦渐亡佚，后人以北史补之，且多窜乱。周书为研究当时各种文体之重要史料，盖其时有尚书文体及骈体、散文、白话等异也。

陔余丛考云：“后周时……此书诸记载[illegible]也。”

陔余丛考：“周书叙事，繁简得宜……为时所宗矣。”

陔余丛考：“列传……之卷帙。”

周书纪传皆极整洁，分类列传仅五，即皇后、儒林、孝义、艺术、异域是也。惜残缺殊甚，且多窜乱。其中李贤传等五卷，传文多同北史，或传后无论，盖以北史补者。王庆传连书（周）大象元年（隋）开皇元年，尤为剿取北史之显证。（四库提要）

四库提要：“今案其书多残阙殊甚……”

“异域传分上下二卷，上卷传高丽、百济等，下卷传突厥、吐谷浑及西域诸国，远及波斯，记其朝聘往来，至道路远近、物产风俗颇悉。”

稿纸(A)25×20=500

“论周书者，刘知几史通颇有讥词，其言曰：……‘所言未必迹其，文饰写论。’赵翼陔余丛考称其叙事繁简得宜，文笔简劲，其言曰：……。四库提要亦称：……‘德棻于唐时修史诸人中，号为博学，而史体例颇具可观，而又总纂其文，独成周书，即李延寿之南北史亦多所取于德棻，盖非无实而仅有虚声者比。惜其书残阙不全，后人……盖又脱简，不可校补。加以后周宇文国日浅，多修明法制，间有是称，北寇宇内，……文教人物，不能与盛世颉颃，故略及其文才耳。至若皇后传，每后必载其世系之详，而父子兄弟亦为之各卷，对取舍又不免失当，多赘笔矣。”

18.

宋刊隋书跋："隋书自开皇仁寿时王劭纂书八十卷，以类相从，定为篇次，至于编年纪传并阙其体。唐武德五年，起居舍人令狐德棻奏请修五代史。（梁陈齐周隋）十二月诏中书令封德彝、舍人颜师古修隋史，缔历数载，不就而罢。贞观三年续诏秘书监魏徵修隋史，左仆射房乔总监。徵又奏于中书省置秘书内省，令前中书侍郎颜师古、给事中孔颖达、著作郎许敬宗撰隋史，徵总知其务，多所损益，务存简正，序论皆徵所作，凡成帝纪五，列传五十。十年正月壬子徵等诣阙上之。十五年，又诏左仆射于志宁、太史令李淳风、著作郎韦安仁、符玺郎李延寿同修五代史志，凡勒成十志三十卷。显庆元年五月己卯，太尉长孙无忌等诣朝堂上进，诏藏秘阁。后，又编第入隋书，其实别行，亦呼为五代史志。"

旧唐书71魏征传："魏征字玄成，钜鹿曲城人也。……（贞观）……薨，时年六十四。"详编年稿。七（贞观）

魏征与……等撰群书政要，参见编年稿。

"今综会五代而为之志，不但可见历代典章制度损益，亦可观其会通作史良法，莫过于此。故郑樵氏评之曰：'按隋志极有条理，而本末兼明，可以无憾，迁固以来所不及也。……观隋志所以该五代南北两朝，纷然淆乱，岂易贯穿，而读其书则了然如在目，良由当时区处各当其才，颜（师古）通古今而不明天文地理之序，故只令修纪传，而以十志付之志宁、淳风，所以粲然具举也。'"

旧唐书73孔颖达传："孔颖达字仲达，冀州衡水人也。……（贞观）六年，累除国子司业。岁余，迁太子右庶子，仍兼国子司业。……又与魏征撰成隋史，加位散骑常侍。……二十二年卒。"

(五)《隋书》

唐太宗贞观三年（629）诏魏征等修隋史，十年（635）成帝纪五，列传五十，共五十五卷。十五年（641），又诏修梁陈周齐隋五代史志。高宗显庆元年（656）修成三十卷，长孙无忌上进。据刘知几史通所载，撰纪传者为颜师古、孔颖达，撰志者为于志宁、李淳风、韦安仁、李延寿、令狐德棻。案宋刊《隋书》之后，有宋仁宗天圣（1023—1032）中《校正旧跋》，称同修纪传者尚有许敬宗，同修志者尚有敬播。至每卷分题，旧本十志内，惟经籍志题侍中郑国公魏征撰，五行志序或云褚遂良作，纪传亦有题太子少师许敬宗撰者。今本所载，纪传题以征，志题以无忌云云。是隋书每卷所题撰人姓名，在宋代已不能划一。至仁宗天圣中重刊，始定以领修者为主，分题征及无忌。其纪传成于众手，卷帙浩繁，纰缪在所不免。十志原为梁陈周齐隋五史而作，后各史单行，十志遂专称隋志。唐太宗崩后，将志三十卷编入隋书。（亦称《五代史志》）（俗称五代史志）

参见上通下史篇十七及甫撰。

钱大昕隋书经籍志跋："考隋书十志，向称五代史志，有单行本，今已不可得见。"

隋书分类传凡十五，即后妃、诚节、孝义、循吏、酷吏、儒林、文学、隐逸、艺术、外戚、列女、东夷、南蛮、西域、北狄是也。分类之多，在诸史为最。十志共三十卷，即礼仪、音乐、律历、天文、五行、食货、刑法、百官、地理、经籍，为研究南北朝文化史之宝藏。经籍志最有价值，可考见后汉以下艺文之源流，辨别其真伪，虽有小疵，仍不失为名著。

隋书无叛逆传之标目。

"以列国无所创始，仅改忠义为诚节，孝行为孝义，余皆与前史同。"

（陔余丛考）（"隋书最为简练……列传亦未为直笔。"（陔余丛考））

"论隋书者，以纪传不出于一人之手，间有异同，纰缪在所不免，此赵翼陔余丛考称

史通古今正史篇："皇家贞观中，有诏以前后晋史十有八家，制作虽多，未能尽善，乃敕史官更加纂录，採正典与杂说数十余部，兼引伪史十六国书，为纪十、志二十、列传七十、载记三十，并叙例目录，合为百三十二卷。自是言晋史者，皆弃其旧本，竞从新撰者焉。"

唐修晋书为官修者，成于众手，以史料易採，有十八家可资参考，又依臧荣绪晋书为蓝本，故二年即成。惟多引杂说，非为良史。列十六国于载记，盖本于班固之撰新市平林，以标述载记也。

旧唐书房玄龄传："房乔，字玄龄，齐州临淄人。……贞观十八年……与中书侍郎褚遂良受诏重撰晋书，于是奏取许敬宗、来济、陆元仕、刘子翼、令狐德棻、李义府、薛元超、上官仪等（十）八人分功撰录，以臧荣绪晋书为主，参考诸家，甚为详洽。然史官多是文咏之士，好採诡谬碎事以广异闻，又所评论竞为绮艳，不求笃实，由是颇为学者所讥。惟李淳风深明星历，善于著述，所修天文、律历、五行三志最可观採。太宗自著宣武二帝及陆机王羲之四论，于是总题云御撰，至二十年书成，凡一百三十卷。"

~~（六）《晋书》~~到了贞观十八年(644)，唐太宗以过去虽有很多人编撰晋史，但都不能令人满意，遂下令宰相房玄龄重新组织人员撰写。过去所修之晋史，（所谓晋史十八家者，浦起龙曰：）《隋唐二志》，正史部凡八家，其撰人则王隐（晋书）、虞预（晋书）、朱凤（晋书）、何法盛（晋中兴书）、谢灵运（晋书）、臧荣绪（晋书）、萧子云（晋书）、萧子显（晋书）也。编年部凡十一家，其撰人则陆机（晋纪）、干宝（晋纪）、曹嘉之（晋纪）、习凿齿（汉晋春秋）、邓粲（晋元明纪）、孙盛（晋阳秋）、刘谦之（晋纪）、王韶之（晋安帝阳秋）、徐广（晋纪）、檀道鸾（续晋阳秋）、郭季产（晋续纪）也。据志盖有十九家。岂缘习凿齿书独主汉不魏，以为异议，遂屏不用欤？某晋史著作可考者不下三十余种，所谓十八家者，其尤著者也。其书名具见廿二史劄记晋书及十七史商榷。

另有谢沈晋书，傅畅晋诸公叙赞，[illegible]，荀绰晋后书，束皙晋书帝纪十志，沈约晋书，张缅晋钞，萧景畅晋史草等。

案旧唐书房玄龄传："贞观十八年(644)玄龄与褚遂良受诏重撰晋书。于是奏请许敬宗、来济、陆元仕、刘子翼、令狐德棻、李义府、薛元超、上官仪等八人，分功撰录，以臧荣绪晋书为主，参考详洽。……太宗自著宣、武、陆机、王羲之四论，于是总题曰御撰，凡一百三十卷。"据《令狐德棻传》，当时同修者一十八人，并推德棻为首。王鸣盛十七史商榷称德棻传"一十"二字为衍文。新唐书盖仍误本旧唐书，而未及正也。然案《直斋书录解题》，则谓"唐艺文志修晋书者有房玄龄等二十人，其凡例则敬播云。"考新唐书艺文志，预修晋书者有房玄龄、褚遂良、许敬宗、来济、陆元仕、刘子翼、令狐德棻、李义府、

晋书研究（上）李培栋（上海师范学院学报社版1984.2）："晋书实应始修于贞观二十年，而非十八年。……余嘉锡四库提要辨证中对晋书始撰于贞观二十年多作了精审考辨（卷三，130页）。……册府元龟采撰二（卷556国史部）云：'后敕史官……，藏之秘府。……以赐皇太子及新罗使者各一部焉。'……贞观二十二年七月癸卯房玄龄死于玉华宫。……这年十二月癸未，'新罗王遣其相伊赞干金春秋及其子文王来朝'（旧唐书太宗本纪下），那末，所说'赐新罗'晋书之使当是这次随伴新罗王之相和王子了。据此，我们可以判断晋书实际纂撰于贞观二十年闰三月四日至二十二年七月癸卯，即公元646年4月24日至648年8月18日之间，十二月即用以赏赐外宾而有了最早的读者了。"

李培栋：晋书研究（上）："晋书的编撰人员，文献记载颇有不同。……实则，八人说固误，十八人说也不确。据册府元龟卷556国史部采撰二和唐会要卷六十三史馆上以及新唐书艺文志三书所列晋书编撰人员名单，则分别是十九、二十一人。……其说，唐会要为确。……以唐会要为准，则晋书编撰人员为二十一人，其中房、褚、许三人主编，来济等十四人撰录，令狐等四人则审定之。这一名单应该可信，征诸令狐德棻传……敬播传之……当略有差异而大体一致。从这一名单看，晋书写作班底是相当强大的。二十一人都是当时著名文史之士，李淳风是天文律历专家。晋书之所以在二年内得以完成，和这个坚强阵营是分不开的。……他们之中……除[illegible]文史以外，又多有才能，或作史，或文或武，或诗与书法，或深通民间，在唐初文化界他们确是一个颇具代表性的高水平的修史集团。他们编撰晋书充分反映唐初'史学水平'和特色，无论在观点上、资料上，还是在编纂方法上。"

稿紙(A)25×20=500

20.

钱大昕云："晋书纪志列传载记百三十卷之外，别有叙例一卷、目录一卷。（据史通正史篇）今目录犹存，而敬播所撰叙例久不传矣。其见于史通者，一云'凡天子庙号惟书于卷末。'一云'班汉皇后除王吕之外，不为作传，并编叙列国，附于外戚篇。'一云：'坤道卑柔，中宫不可为纪，今编同列传，以戒牝鸡之晨。'"

参编中有令狐德棻，二十年引唐会要。文王国卷46令狐德棻二十年间三月论。

薛元超、上官仪、崔行功、李淳风、辛邱驭、刘引之、阳仁卿、李延寿、张文恭、敬播、李安期、李怀俨、赵弘智等二十一人。直斋书录解题当是误脱"一"字。晋史既有数十家，则当时修史者可依据之书，自不止臧荣绪晋史，而为兼采诸家成之无疑。

《晋书》共分纪十卷，志二十卷，列传七十卷，载记三十卷，共一百三十卷。司马懿及子师、昭，身为魏臣，有同曹操，司马炎始实行篡魏，晋书依陈寿三国志例，皆追尊为帝，均为作纪。志分十种，共二十卷，即天文三卷，地理二卷，律历三卷，礼三卷，乐二卷，职官一卷，舆服一卷，食货一卷，五行三卷，刑法一卷。天文、律历、五行三卷，为天文家李淳风所作，最为可观。地理志纰缪极多。盖地理志仅详武帝之泰始、太康时代，怀帝永嘉以后，则仅掇数语，而东晋则更无预焉。东晋有侨州郡县之设，每与实土相混，地异名同，总非故土。沈休文所谓千易百改，巧术不解算者也。故清毕沅作晋书地理志新补正五卷，洪亮吉撰东晋疆域志四卷，钱仪吉补晋书兵志一卷，近人马与龙著晋书地理志注二册以补正之也。

晋书列传之编订，颇有斟酌，亦颇有缺失。其分类列传，计共十三，即后妃、宗室、孝友、忠义、良吏、儒林、

稿紙(A)25×20=500

文苑、外戚、隐逸、艺术、列女、四夷、叛逆是也。

唐修晋书，对于农民起义、底层起义之领袖如张昌、王如、杜弢、孙恩、卢循等都未列为叛逆。列为叛逆者为王敦与桓温。

21.

三十载记，实十四国，计①前赵（三卷，刘渊等）②后赵（四卷，石勒等）③前燕（四卷，慕容廆等）④前秦（四卷，苻洪等）⑤后秦（四卷，姚弋仲等）⑥后蜀（二卷，李特等）⑦后凉（一卷，吕光等）⑧后燕（二卷，慕容垂等）⑨西秦、北燕合一卷，乞伏国仁等、冯跋）⑩南凉（一卷，秃发乌孤等）⑪南燕（二卷，慕容德等）⑫北凉（一卷，沮渠蒙逊）⑬夏（一卷，赫连勃勃）。 前凉张轨、西凉李暠（暠为唐室之祖，故晋书称其字玄盛）立列传不入载记。

晋书记载神话、前后矛盾之处也不少，如冯跋传说'跋兄弟嫔，自有传'，而实际上并没有冯嫔传；李重传说'重议之，见百官志'，其实本书没有百官志，只有职官志，其中也不载李重奏议。又如地理志仅详述事一朝，对东晋时代的建置和演变缺乏记载。又缺艺文志及史表。……"

李培栋晋书研究上：“历来对晋书评价不高，并且不断下降。……最初的评价……刘知几……在史通中直接论及晋书约凡十三处。其中论赞、序例、正朔、杂说、略载中评东晋六朝晋书之第一纪传体评，不涉全体；而题目、叙事、采撰、古今正史中涉条则就晋书之价值、体例及流布情况作评，最值得注意，无论赞或指责皆影响后代学者。尤为精辟的论述为后世所不断引用论衰，史通曰：'晋世杂书，谅非一族。……持此嗤于君子矣。'这一个严厉的批评。”

旧唐书房玄龄传中对晋书的评论（有新的）

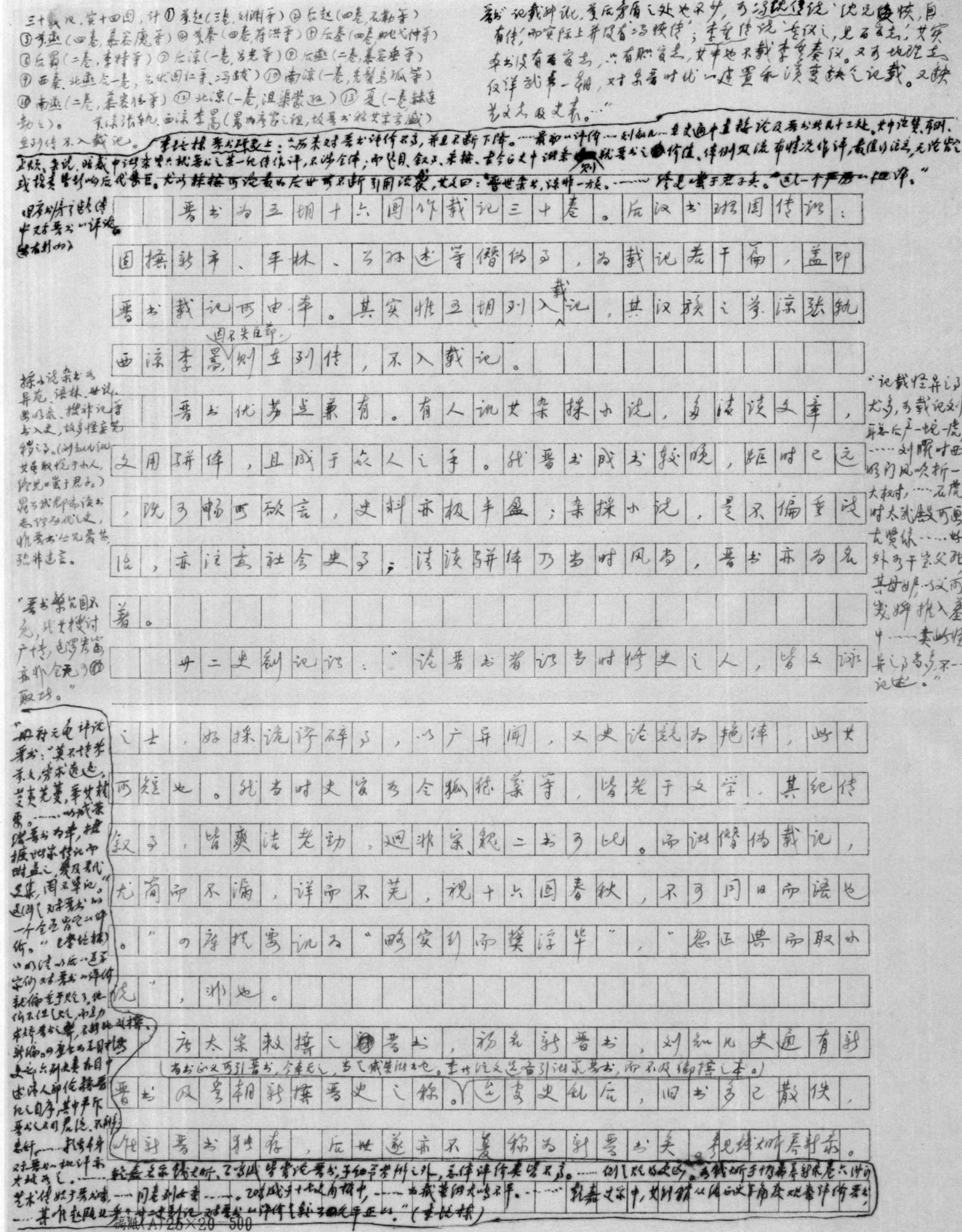

晋书为五胡十六国作载记三十卷。后汉书班固传说：固撰功臣、平林、新市、公孙述等僭伪事，为载记若干篇，盖即晋书载记所由本。其实非五胡列入载记，其汉族之前凉张轨、西凉李暠（因不失臣节）则立列传，不入载记。

採小说杂书如异苑、语林、世说、幽明录、搜神记等书入史，故多怪异荒诞之事。（如刘知几说其专取悦于小人，终见嗤于君子。）晁公武郡斋读书志评为代之史，晚晋书但完备其强非虚言。

"记载怪异之事尤多，如载记刘聪传后产一蛇一虎，……刘曜时西明门风吹折一大树时，……石虎时太武殿画古贤像……此外如干宝父死，其母妒，以父所宠婢推入墓中……类此怪异之事多，不一一记述。"

晋书优劣点兼有。有人说其杂採小说，多淫侈文章，文用骈体，且成于众人之手。然晋书成书较晚，距时已远，既可畅所欲言，史料亦极丰盈；杂採小说，是不偏重政治，亦注意社会史了；淫侈骈体乃当时风尚，晋书亦为名著。

"晋书繁简固不免，然其搜讨广博，包罗甚富，亦非全无可取者。"

廿二史劄记说："论晋书者谓当时修史之人，皆文咏之士，好採诡谬碎事，以广异闻，又史论竞为艳体，此其所短也。然当时史官如令狐德棻等，皆老于文学，其纪传叙事，皆爽洁老劲，迥非宋、魏二书可比。而诸僭伪载记，尤简而不漏，详而不芜，视十六国春秋，不可同日而语也。"四库提要说为"略实行而奖浮华"，"忽正典而取小说"，非也。

"如郝元龟评论晋书：'莫不博学兼文，旁求遗逸，芟夷芜蔓，举其精要。……以臧荣绪晋书为本，捃摭诸家传记而附益之，爰及晋代文集，罔不毕记。'这代表了对晋书的一个全面肯定的评价。"（李培栋）以时注的以后以迄宋代对晋书的评价就偏重于贬了。他们不但不注意，而且力求指晋书之弊，不断地批评。新编的四库全书总目提要史部正史类及赵翼目中述清人部份赫晋纪之自序，其中所作晋书之不同意见，不断新出……我觉得手对晋书的批评亦太过分了。……艺术传好于晋公爵……其中赵翼廿二史劄记对晋书的评价是较为公允平正的。"（李培栋）

唐太宗敕撰之晋书，初名新晋书，刘知几史通有新晋书及臧荣绪新撰晋史之称。（唐书正文所引晋书，今本无之，当是臧荣绪书也。其他注文之所引诸家晋书，而不及御撰之本。）这些史书出后，旧书多已散佚，惟新晋书独存，后世遂亦不复称为新晋书矣。（见钱大昕养新录。）

乾嘉史家钱大昕、王鸣盛等虽对晋书，于细节考辨之外，在体例评价上皆不高。……但门外的史学……而钱大昕于十驾斋养新录卷六评该艺术传好于晋公爵……门巷刻本书……王鸣盛十七史商榷中……如载事极为冗不平。……乾嘉史家中，更能从纪传史学角度对晋书评价晋书，……其中赵翼廿二史劄记对晋书的评价是较为公允平正的。"（李培栋）

殿本北史校刊识语："宋齐梁陈后魏北齐周隋八书，各成一家，且当时南北分隔，南谓北为索虏，北谓南为岛夷，往往迭美溢恶，未尝核实。李延寿父大师欲为改正，……未就而卒。延寿既修晋隋书，因究悉旧事，更依司马迁体，芟序八代，北起魏尽隋，二百四十二年；南起宋尽陈，百七十年。删烦补阙，为南北二史，所谓合于一人之手成于一家之学者也。司马光曰：李延寿书亦近世之佳史也，虽于禨祥诙嘲小事无所不载，然叙事简径，比于南北正史，无烦冗芜秽之辞，切（窃）谓陈寿之后，惟延寿可以亚之也。"臣等奉命编校，总揽八代之事，实本诸十史之记载，其烦简异同，与自为书，而二史则仅南北两朝综述诸家之事，总括贯穿，择辨有体，诚哉司马光之言匪诬也。"

北史卷100序传："大师，字君威……少好学，无所不窥，善缀文。尤知前代故事，若指诸掌。……大师少有著述之志，常以宋齐梁陈齐周隋南北分隔，南书谓北为索虏，北书指南为岛夷，又各以其本国周悉，书别国并不能备，亦往往失实。常欲改正，将拟吴越春秋编年，以备南北。……贞观二年五月，终于郑州荥阳县野舍，时年五十九。既所撰未毕，以为没齿之恨焉。"

唐代除以上官修八部断代史外，尚有李延寿私修的两部断代史，即南史与北史。二书虽属私修，但均经唐朝政府同意后始行于世。~~今分别叙述于下：~~

~~（一）《南史》~~

参疑年录。

李延寿，字遐龄，本陇西着姓，而世居相州。唐太宗贞观中累补太子典膳丞，崇贤馆学士，尝受诏与著作郎敬播同修五代史志，又预撰晋书，以修撰劳转御史台主簿，兼直国史。初、延寿父大师多识前世旧事，常以宋齐梁陈魏齐周隋，南北分隔，南方谓北为索虏，北方指南为岛夷，其史于本国详，他国略，往往訾美失传，思所以改正，拟吴越春秋编年，刊究南北，未成而殁。延寿既数与论撰，所见益广，乃追终先志，本魏道武帝登国元年（386），尽隋恭帝义宁二年（618），共二百四十四年，作本纪十二，列传八十八，谓之北史。本宋武帝永初元年（420），尽陈后主祯明三年（589），共一百七十年，作本纪十，列传七十，谓之南史。凡八代，合二书，百八十篇上之。其书颇有条理，删落酿辞，过本书远甚。迁符玺郎兼修国史，寻卒。尝撰太宗政典三十卷，表上之。（旧新唐书令狐德棻传附本传）延寿修南北史时约年三四十岁，死时在高宗仪凤（676—679）之末，年约六十七。

钱大昕疑年录卷一："李延寿：史不载何年卒，无从得其年纪。考贞观初修齐周隋五代史，延寿已预删削，若少亦当二三十岁矣。高宗调露二年，以所撰政典进御，诏赐其家帛，其时延寿已亡，殆卒于仪凤之世，其寿当不减六十也。"

延寿手抄梁陈周齐隋五代史，又手抄宋史一千余卷，前后凡十六年，南北史始告完成。延寿删落酿辞，专叙事实，较原书多文省，洵称良史。

延寿父子改作南北史，于八书有增有删，亦有互异处。

稿紙(A)25×20=500

"南北史大概就各朝正史量为删减，魏书宋书所删较多，北齐书者不过删十之二三，宋书则删十之五六。"（范氏著略）

23.

范氏参略：南北二史虽出一人之手，然详略传未免；又南史有残阙，惟北多耳。"

南北史皆无志。延寿係北方人，且先作北史，故北史较南史精善。"南北史共四百二卷，实通为一家之著述……"见范氏参略。

今将二书分别叙述如下：

（一）南史

"初，李延寿父大师有著述之志，常以宋齐梁陈齐周隋南北分隔，南书谓北为索虏，北书指南为岛夷，又各以其本国周悉，书别国并不能备，亦往往失实，常欲改正，未成而殁。延寿追终先志，自宋武帝永初元年（420）尽陈后主祯明三年（589），作本纪十，列传七十，凡八十卷，谓之南史。"

赵氏廿二史劄记及陔余丛考有载南史删增的书处。参范氏参略。

南史本纪十卷，内宋本纪三卷，齐本纪二卷，梁本纪三卷，陈本纪二卷。列传七十卷。共八十卷。其类列传计有八种，即循吏、儒林、文学、孝义、隐逸、恩倖、夷貊、贼臣是也。南史贼臣传为侯景等，非农民起义领袖。

南史于宋书删削最多，约去十之六七。盖宋书所载诏诰符檄表文，一字不遗，南史则只存九锡一策，登极告天一策，其余皆删。宋书列传备录议疏表书，南史一概删削。南史于齐书，不惟不删，且大增补，今以两书相校，惟豫章王嶷及竟陵王子良二传，多所删削，其他则多有所增。南史于梁书亦增多删少，所增者多为琐碎，以显其博综，所删者为诏檄，以达其简洁。而其所增者，往往为琐言碎事无关重要。南史于陈书，增删均鲜，盖以延寿作二史，共阅十七年，至是已精疲力竭，不能广为收辑，多所剪裁矣。（廿二史劄记）（再参阅十七史商榷）

"论南史者，新唐书褒誉之，王鸣盛痛诋之。新唐书本传谓："其书颇有条理，删落酿辞，过本书远甚。"王鸣盛十七史商榷则谓"其书疵病百出……"旧唐书亦有同一论调，以延寿传附入令狐德棻传后，且云"李延寿者"，除一二字，意存轻之，叙述粗略，无所称美云。司马光亦尝称之，有云："光少时惟得高氏小史读之……陈寿之后，惟延寿可以亚之也。"（贻刘道原书）综上所述，王鸣盛之说不足置信，司马光之评当属平允。南史删烦补阙，意存简要，于本纪删其连篇诏策，列传多删辞赋，专务相因袭之文，符命之说，告天之词，仍沿袭虚言，而当书简陵，竟亦刊削未全。又因其参考杂史至千余卷，故好述妖异符瑞、谣谶，特为繁猥，采杂史为实录，亦是一弊。然自宋略、齐春秋、梁典诸书今亡，始宋齐梁陈四史之并行者，独赖此书之存，则又何可废也。"

稿紙(A)25×20=500

"北史自文帝宝炬以下，即继以西魏，以此为正统，此本纪沿魏书之例，而与魏收《魏书》异也。魏书以东魏孝静为正，因收为齐臣，孝静为高欢所立故也。孝文帝奔长安后，则目为出帝。宇文泰弑之，又立文帝，不为立纪，仅附见孝静帝纪中。及文帝崩后之废帝钦、恭帝廓，并不见于纪。北史则先立西魏各帝纪后，仍附见东魏，史例似为允当。"

参余嘉锡四库提要辨证

（二）北史

北史本纪十二卷（计魏本纪五卷，齐本纪三，周二，隋二。），列传八十八卷。分类列传凡十二，即外戚、儒林、文苑、孝行、节义、循吏、酷吏、隐逸、艺术、列女、恩幸、僭伪附庸是也。最末为序传一卷。

北史无贼臣叛逆传。

北史序传进书表云："起魏道武帝登国元年（386），尽隋恭帝义宁二年（618），凡三代，二百四十四年；兼自东魏孝静帝天平元年（534），尽齐后主隆化二年（577），又四十四年行事，总编为本纪十二卷，列传八十八卷，谓之北史。"

延寿先作北史，后撰南史，于北史用力独深。故北史叙事详密，首尾典赡，极有剪裁，视南史之多仍旧本者，迥若两手。

北史载魏齐周隋四代事，与四书有密切之关系。延寿自谓除其冗长，捃其精华，若文之所安，则因而不改，不敢苟申私见。北史于四书增删俱有，亦多互异处。

北史于魏书，多依据之，但删繁就简。北史与魏书，同者多，异者少，似全据魏收书，惟略有删削；亦有删削过多，致失之太简者。关于南北交兵之事，尤为简略。

北史于北齐书，增多删少。北史所增者，或为传真，或为新奇。其所删者，多为繁冗，也有失之过简处。

北史于周书大概全依据之，增删均少。北史于隋书，

稿紙(A)25×20=500

几全录之，略有删节，并无订正，且仍多迴护。

25.

“列传与本纪叙述，体例错然。细考之亦只无可议之处，已多残十七史商榷云：“……”北史编次各传，亦有与正史异者，据赵翼廿二史劄记所举，有如下述：……“北史所载魏齐周隋四代之人，大概袭本旧史，延寿自谓除其冗长，捃其菁华，赵翼亦陔余丛考及廿二史劄记，多比较其增损异同。”

“论北史者，四库提要云：“延寿既与史家世家，……不当施于国史哉。”杭世骏诸史然疑亦病其牵引割裂。……钱大昕潜研堂文集跋南北史云：“……”近人瑞安宋慈抱撰续史通书中论南北史云：“盖南北史无他技，但以删削迁移为务，删削不向其子之有关係否，但以减省名号字句为工。迁移不问其人之应离合与否，但以编家传、志以众为先。不知省名减则职掌不明，字句裂则文义残漏，家传多则朝代难分，以众志则褒贬相互。……”此论亦颇精当。赵翼陔余丛考云：“延寿修史时……询称良史。””

南北史仿魏书例，一传内附子孙若干人，似代人作家谱，致断限不清。魏书一传数十人，尚只是元魏一朝之人。南北史则并其子孙之仕于列朝者，俱附此一人之后。遂使一传之中，南朝则有仕于宋者，又有仕于齐、梁及陈者；北朝则有仕于魏者，又有仕于齐、周、隋者。每阅一传，即当检阅数朝之事，转觉眉目不清。且史既分南北，而南北又分各朝，今既以子孙附祖父，则魏史内又有齐周隋之人，成何魏史乎；宋史内又有齐梁陈之人，成何宋史乎？又为褚渊、王俭为萧齐开国文臣之首，而渊附于宋代褚裕传内，俭附于宋代王昙首传内，遂觉萧齐少此二人，而宋又多此二人。此究是作史者之弄巧成拙。其后宋祁修唐书，反奉为成例，究非史法。（廿二史劄记）

明季李清尝有南北史合注一百九十一卷，以八书之异于二史者，分注于正文之下，……一书，与前书同检出八书之旁。其书前有……序，后以李清撰诸史同异录，内称清世祖与明崇祯四事相同，以为抄非史体，触犯清廷忌讳，遂将其余书毁，……惟故宫博物院……柱史内廷所藏附书，则南北史合注尚在，且有提要冠其端，今遂录以供参考如下：……”

十七史商榷亦讥北史附传，使“国史变为家谱。”“南史併合宋齐梁陈，似成一代为非，又以家为限断，一家之人，必聚于一篇，以一人提头，而昆弟子孙后裔咸聚连之，使国史变为家谱，最为谬妄。北史亦用此例。”

北史“列传中多有以姓为类，且越越子孙附传范围，故多卷无传，多遗后学讥讽。南史北史複传亦多，实非所宜。北宋后，魏书、北齐书、周书皆残阙不全，惟此书仅李铁杖传有阙文，荀济传脱去数行，其余皆卷帙整齐，始末完具，征北朝之故实者，终以是书为依据。故虽八书具在，而南北二史仍并行焉。”

稿紙(A)25×20=500

（四库提要）

自宋以后，魏书北齐书周书皆残阙不全，徵北朝之故实者，北史最为完备。

“惟此书自宋以来，间有残缺，据钱大昕廿二史考异考订其残缺者为：……”盖北朝各书，除隋书外均有残阙，后人取北史以补之，故北史最为完备，其残阙者亦仅此耳。”

26、

唐宣宗大中五年(851)，姚康复撰通史(统史)上之。见编年稿。

唐许嵩著建康实录二十卷　(别史)

新唐书艺文志杂史类："许嵩建康实录二十卷(六朝所都)。"

书中备记六朝事迹，起吴大帝，迄陈后主，凡四百年，而以后梁附之。六朝皆都建康，故以为名。虽为例不纯，然用实不烦，约而无失。又于刘宋一代，全据裴子野宋略为蓝本，并子野论赞之词，尚存什一。宋略良史，今已不传，有是书[illegible]可为参证窥佚也。

郡斋读书志卷二上实录类："建康实录二十卷，唐许嵩撰。始自吴，起汉兴平元年，终于陈末祯明三年，南朝六代四百年间君臣行事及土地、山川、城池、宫苑、制置兴坏，用存古迹。其有异事则注之，以异见闻。建康者，六朝所都地名也。"

直斋书录解题卷五杂史类："建康实录二十卷，唐许嵩撰。载吴、晋、宋、齐、梁、陈六朝都建康者，编年附传，大略用实录体。"

四库提要别史类："建康实录二十卷，唐许嵩撰。嵩自署曰高阳，盖其郡望，其始末则不可考。书中备记六朝事迹，起吴大帝，迄陈后主，凡四百年，而以后梁附之。六朝皆都建康，故以为名。其称从年数迄唐至德元年丙申而止，则肃宗时人也。前有自序，谓今质正传，旁采遗文，具君臣行事，事有详简，文有机要，不必备举；若土地、山川、城池、宫苑，当时处所，用存古迹；其异事别闻，辞不相属，则皆注记以益见知，使周览而不烦，约而无失云云。盖其义例主于类叙兴废大端，编年纪事，而尤加意于古迹。……引据广博，多出正史之外，唐以来考六朝遗事者，多援以为徵。……新唐书志载入杂史类，盖以所载非一代之事，又不立纪传之名，为稍近理。郡斋读书志载入实录类，已不免循名失实；马端临经籍考载入起居注类，则乖舛弥甚；至郑樵艺文略编年一类，本案代分编，乃以此书冠诸刘宋之下，与宋春秋、宋纪并列，尤为纰缪。今考所载，惟吴为僭国，然三国志已列正史，故隶之于别史类焉。"

（明）重刊唐书序：“按唐兴，令狐德棻等始撰武德、贞观两朝国史八十卷，至吴兢合前后为书百卷，而柳芳、韦述删缉之，起义宁讫开元，仅百余年；而于休烈、令狐峘以次增缉，讫于建中而止，而大历元和以后则成于崔龟从，厥后韦澳诸人又增缉之，凡为书百四十有六卷，而芳等又有唐历四十卷，续历二十二篇，皆当时纪载之言，非成书也。晋宰相刘昫等始因旧史绪成此书，然五代史昫传不载此事，岂其书亦一时史馆，而昫特以宰相领其事耶，然不可考已。或谓五代抢攘，文气卑弱，而是书纪次无法，详略失中，不足传远。”

唐朝编唐史者有吴兢、韦述、柳芳（参见编年稿，唐玄宗天宝八年、肃宗乾元二年，上元二年。）唐宣宗大中五年崔龟从等撰续唐历三十卷，见编年稿。（此条材料可列入下面编史“发展一节”）

“刘昫等所表上之……旧唐书，久已遂废。明嘉靖十七年，闻人诠等重刊成，其序云：‘……’是闻人据宋版校刻，甚有功于旧唐书，不然亦将与旧五代史之湮没也。”此据王鸣盛十七史商榷旧唐书多种本不同条。

史通古今正史篇：“[唐史]……贞观初，姚思廉始撰纪传，粗成三十卷。”

第三节 五代北宋时所修的唐史与五代史

（一）旧唐书

张昭有史学一见编年稿928年

宋史、东都事略均有传，见编年稿。张昭又参与……凡二通五卷。见编年稿963年。

参考……札记

撰修经过：

后晋高祖天福五年（940），诏张昭远、贾纬、赵熙、郑受益、李为光同修唐史，宰相赵莹监修。（晋纪）莹以唐代故事残阙，署能者居职，募补实录及正史。（莹传）贾纬丁忧归，莹又奏以刑部员外郎吕琦、侍御史尹拙同修。（晋纪）莹又奏请据史馆所缺唐书实录，及其他公私史料，下敕购求。（五代会要）是知赵莹监修旧唐书，综理规画周密。故莹本传谓唐书二百卷，莹首有力焉。唐昭宗一朝全无纪注，天福中张昭远重修唐史，始有昭宗本纪，是张昭远于此搜集亦最勤。（晋纪）贾纬长于史学，以武宗已后无实录，採次传闻为唐年补录六十五卷，入史馆与修唐书。（纬传）今旧书会昌以后纪传，盖纬所纂。又赵熙以修唐书成，授谏议大夫，赏其笔削之功。（熙传）是则旧唐书之成，监修则赵莹，纂修则张昭远、贾纬、赵熙等。后晋出帝开运二年（945）六月，监修国史刘昫，史官张昭远，以新修唐书纪志列传並目录，凡二百三卷上之，赐器帛有差。（晋纪）此旧唐书所以首列昫名。然薛欧二五代史刘昫传俱不载其有功于唐书之处，但书其官衔，监修国史而已。盖昫为相时，唐书适讫功，遂由昫表上，其实非昫修也。四库提要谓为五代史漏略，非也。

旧五代史131贾纬传：“贾纬，真定获鹿人也。……唐天成中，以唐代诸帝实录自武宗以下阙而不纪，乃采撷近代传闻之事及诸家小说，第其年月，编为唐年补录，凡六十五卷，识者赏之。”

“旧史本纪，前后繁简不均，钱大昕廿二史考异云：……”王鸣盛十七史商榷则以为……

稿紙(A)25×20=500

27.

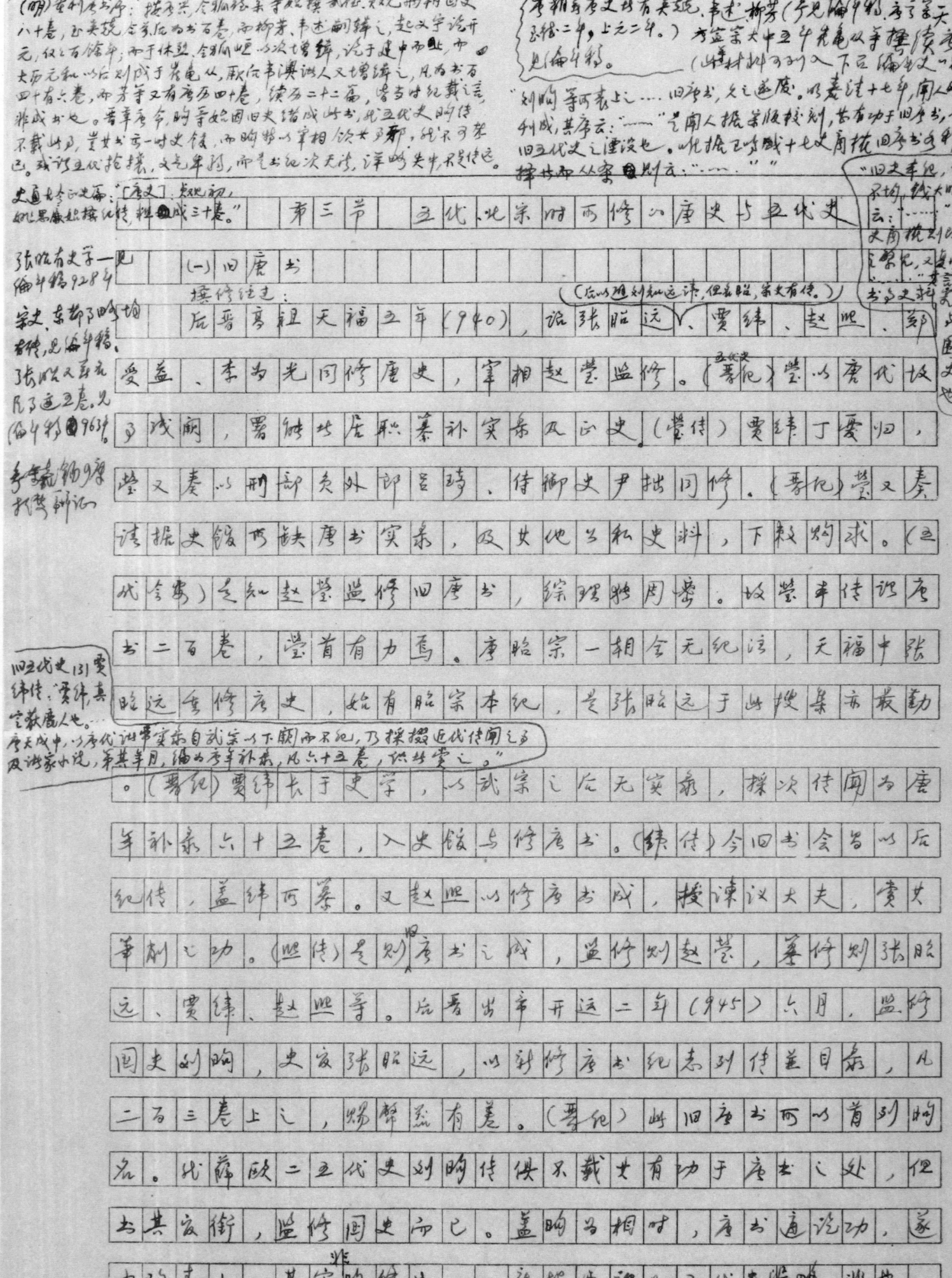

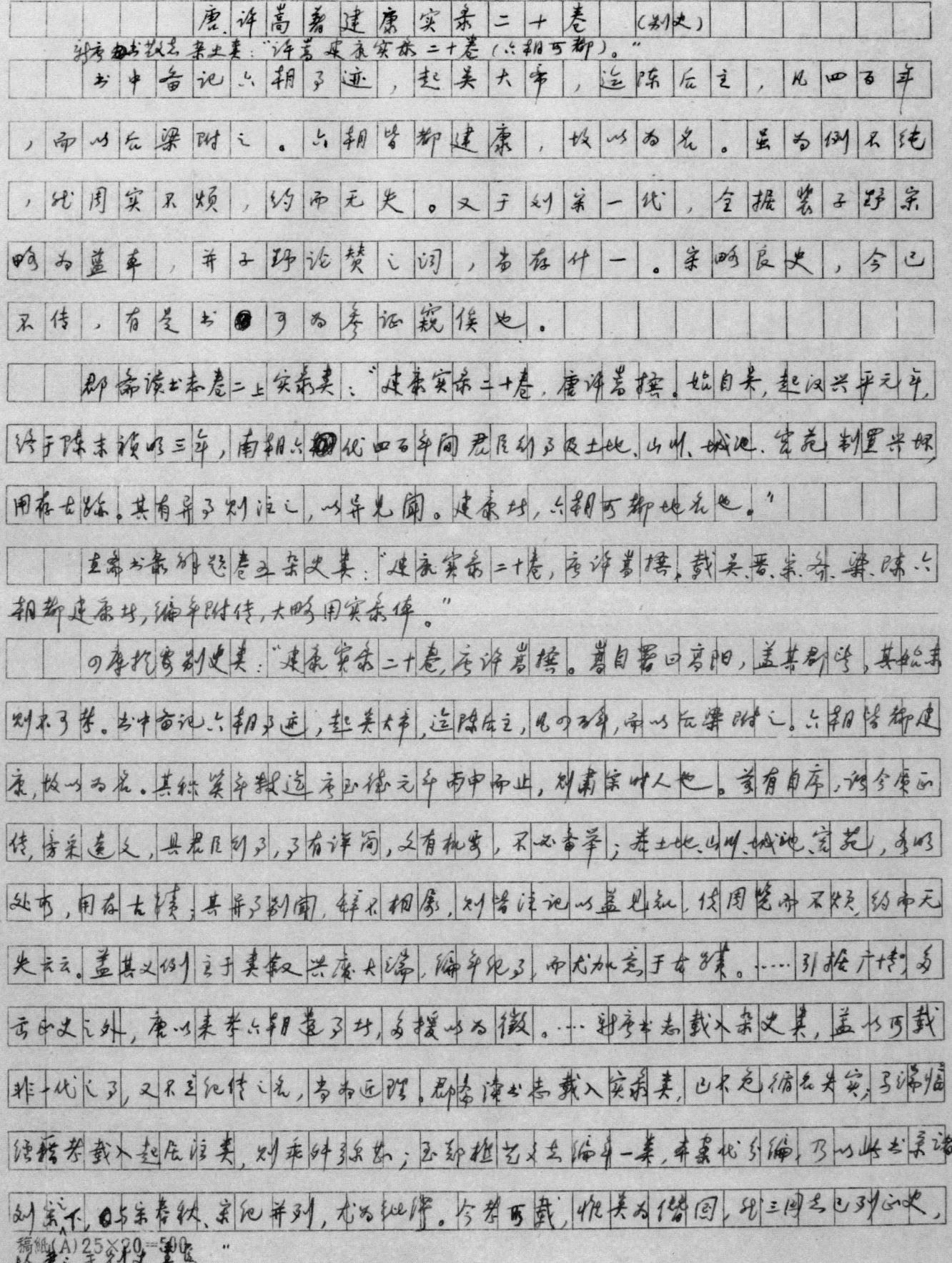

内容及评论：

旧唐书本纪二十，志三十，列传一百五十，共二百卷。旧唐书之名，至宋已有，以与新书区别。旧唐书一百九十万字。

本纪二十卷，内二十帝、一皇后。其第六卷为则天皇后本纪。

志共三十卷，为目凡十一，即礼仪、音乐、历、天文、五行、地理、职官、舆服、经籍、食货、刑法是也。

列传一百五十卷，分类传凡十二种，即后妃、外戚、宦官、良吏、酷吏、忠义、孝友、儒学、文苑、方伎、隐逸、列女是也。列传一人一卷者，惟李密、魏征、郭子仪、陆贽、裴度等数人而已。其余一传少者二三人，多者至三十二人。附传如刘文静传多至十六人，窦威传亦十余人。或讥旧书列传分卷纰缪，比类失伦。然其分类实皆比次先后，各具深意。如颜师古、孔颖达合为一卷，以著唐初修明经史之功。韩愈传后连及于张籍、孟郊、李翱、柳宗元诸人，以著古文复兴之盛。文献通考以良吏次宦官，忠义次酷吏，为旧书病。然诸分类传，各自以类相从，与他类绝无关系。其一人两见之复传，则为失检矣。如杨朝晟、王求礼、萧颖士，皆一人两见，其他草率处亦多。（陔余丛考、南江书录、四库提要）

旧唐书，其唐中叶以前之上半（前半）全用实录国史旧本，

五代会要……
廿二史札记……
廿二史考异……
陔余丛考……
[illegible]……
十七史商榷……

又有突厥、吐蕃、回纥、南蛮西南蛮、西戎、东夷、北狄等传。

未暇订正，故多回护。宣、懿而后，既无实录可稽，采访史料，意在求多，故卷帙滋繁。穆宗长庆（821—824）以后则繁多支蔓。盖唐中叶后丧乱屡有，史官失职，书籍散亡，採缀成篇，故动乖体例。长庆以前史料完整，故本纪惟书大事，简而有体，列传叙述详明，赡而不秽，颇能存班范之旧法。长庆以后，本纪则诗话书序婚状狱词，委悉具书，颇涉支蔓。列传则多叙官资，曾无事实，或但载宠遇，不具载首尾，繁略不均。盖唐中叶以前之事，有令狐德棻、吴兢、韦述诸人所撰国史为蓝本，故一切体制，均具有典型。

北宋仁宗嘉祐后，欧阳修、宋祁等重撰新唐书，旧书遂废，然其本流传不绝。至清乾隆时又以之与新书并列于正史中。旧唐书实有其特殊价值在，且可谓为优于新书。（廿二史劄记，四库提要）

殿本旧唐书校刊跋："盖二书之成，互有短长。新书语多僻涩，而义存笔削，具有裁断；旧书则事迹繁芜而首尾该赡，叙次详明，故并行于世。"

"论唐书者，闻人诠唐书序言中则兼鉴之，其言曰："晋史臣刘昫也……秦隋以下，罕有其俪。"四库提要则谓"旧书所述，大抵穆宗长庆以前……诚为宋人所议。"

稿紙(A)25×20=500

29

宋史319欧阳修传：欧阳修字永叔，庐陵（今江西庐陵）人，……参知政事。……熙宁四年，以太子少师致仕。五年卒，赠太子太师，谥曰文忠。……好古嗜学，凡周汉以降金石遗文，断编残简，一切掇拾，研稽异同，立说于左，的的可表证，谓之集古录。奉诏修唐书纪志表，自撰五代史记，法严词约，多取春秋遗旨。苏轼叙其文曰："论大道似韩愈，论事似陆贽，记事似司马迁，诗赋似李白。"识者以为知言。

宋祁（998—1061）字子京，雍丘人（今河南杞县），官至工部尚书。"祁奉诏修唐书十余年，出入卧内，尝以稿自随。为列传百五十卷。"（宋史卷284附庠传）

曾公亮进新唐书表：臣公亮言……乃因迩臣之有言，适契上心之所閔，于是刊修官翰林学士兼龙图阁学士给事中知制诰臣欧阳修，端明殿学士兼翰林侍读学士龙图阁学士尚书吏部侍郎臣宋祁，与编修官礼部郎中知制诰臣范镇，刑部郎中知制诰臣王畴，太常博士集贤校理臣宋敏求，秘书丞臣吕夏卿，著作佐郎臣刘羲叟等并膺儒学之选，悉发秘府之藏，俾之讨论，共加删定，凡十有七年，成二百二十五卷。其事则增于前，其文则省于旧。至于名篇著目，有革有因，立传纪实，或增或损，义类凡例，皆有据依，纤悉纲条，具载别录。臣公亮典司事领，徒费日月，诚不足以成大典，称明诏。……嘉祐五年六月（御）曾公亮上表。

曾公亮字明仲，晋江（今福建晋江）人，官至户部尚书，同中书门下平章事。

欧阳修生于宋真宗景德四年（1007），卒于宋神宗熙宁五年，66岁。

参阅胡柯年谱。

钱大昕疑年录："宋子京六十（四），生咸平元年戊戌，卒嘉祐六年辛丑。（史不言卒于何年，今据薛应旂续通鉴。）"

（二）新唐书　本纪十，志五十，表十五，列传一百五十，共二百二十五卷。仁宗嘉祐五年进上。

新唐书一百七十五万九百三十字。

新唐书，宋欧阳修、宋祁等奉敕撰。监修者则曾公亮，故书首进表以公亮为首。旧例修书，止书官高一人名衔。欧阳修以宋祁为先辈，且于是书用力久，不可泯没，遂于纪传各著之。列传题祁名，本纪志表题修名。若隋书已有此先例。特宰相世系表乃吕夏卿所撰，而题以修名，则仍以官高者为主，特谓史多用一人，此用二人为异耳。

按宋史欧阳修传："宋仁宗以刘昫等所撰唐书，卑弱浅陋，命欧阳修、宋祁刊修。曾公亮提举其事，十七年而成，凡二百二十五卷。修撰纪志表，祁撰列传。故事：每书首只用官尊者一人，修以祁先进，且于唐书功多，故各署以进。"宋祁传则称："祁奉诏修唐书十余年，出入卧内，尝以稿自随，为列传一百五十卷。"按进书表，同修新书者尚有吕夏卿、宋敏求、刘羲叟、王畴、范镇等。宋史吕夏卿传谓夏卿长于唐事，博采传记杂说数百家；又通谱学，创为世系诸表，于新唐书最有功。宋敏求传称敏求尝补唐武宗以下六世实录百四十卷。王尧臣修唐书以敏求长于唐事，奏为编修官。观此诸传，新唐书纪志表题名，当称欧阳修等撰方合。"据新唐书刘羲叟传，修志表者又有刘羲叟其人。"

新唐书本纪仅十卷，惟高祖、太宗、高宗三本纪多为

稿紙(A)25×20=500

志目凡十三，择要论之：礼乐志：礼志详述五礼仪物名数，次序曲折无不备，各家议论兴废，亦具见焉。乐以声容歌奏为重，故详述八音钟磬、鼓吹铙歌，各家乐志，以存义训。又唐世盛行夷乐，举凡东夷之高丽、百济，北狄之鲜卑、吐谷浑、部落稽，南蛮之扶南、天竺、南诏、骠国，西戎之高昌、龟兹、疏勒、康国、安国：凡十四国之乐，八国之伎，均列于十部乐。地理志叙各道疆域，以开元十五道为正，因开元为唐之全盛期，前此武德、贞观，后多开拓，未有定论。肃代以下，则疆域分割，另则丑壹盗偿，天下大乱，冰碎瓦裂，更无可据也。述户口则据天宝，叙州郡建置沿革则以天祐为主，虽郡县多歧，亦可见其考酌之苦心。故新地理志较旧志为胜。选举志则详言取士之制。……兵之有志，始自新唐书，其首所论述一朝兵制之大要，而论之云，若乃将卒营阵，车旗器械，征防守卫，凡兵之事不可以悉记，记其废置得失终始治乱兴灭之迹，以为后世戒。其实征防守卫，乃兵之大者，正当详记。食货志较旧新加详数倍，详述授田及租庸调法。艺文志较旧书经籍志为详，旧志载唐人文集仅百余家，新志约六百余家，且略存撰人之处，此则又较旧志为优。

一卷，其诸帝后则卷併合成卷。旧书主于详明，故本纪共二十卷，凡三十万字；新书主简括，故纪只十卷，九万字。然旧书本纪凡重要事实之事，皆略见其所由，而新书则必一一考之列传而后见。（陔余丛考）新书全部以简为胜，本纪尤然。春夏秋冬时一字耳，亦皆删削无遗。若遇一年数次改元，新书亦只书其一，旧书则皆从实。纪年亦有不同，新书恒用初年、中叶等，旧书则用准确数目。新书本纪较旧书减去十之七。其尤不满人意者，将诏令全删而不登。德宗出奔奉天，全赖陆贽草诏罪己以激励将士，而新纪全削不载。所谓武人悍卒感动流涕者，竟不一见于史，实为阙失。

（明）重刊唐书序："宋庆历中诏翰林儒臣刊修之，自庆历甲申至嘉祐庚子，历十有七年，成新书二百二十五卷，视旧史削六十一传，增传三百三十有一。读增仪卫、选举及兵及艺文四志，别增宰相、方镇及宗室世系、宰相世系四表，……而笔贵削词，或涉诗什丛蕞，度越诸子，良以宋景文、欧阳文忠皆当时大手笔，而其书实更二公之手，故朝野尊信，而旧书遂废不行。然说者则以用字奇涩为失体，删削诏令为太略，固不若旧书之为备也。司马氏修通鉴悉据旧史，而于新书无取焉。"

志五十卷，为目凡十三，即礼乐、仪卫、车服、历、天文、五行、地理、选举、百官、兵、食货、刑法、艺文是也。艺文志略存撰人之处，较旧史经籍志为精优。

"例目新创者三：仪卫、选举、兵志，自新书创立后，后之作史者均取法焉。"

表十五卷，为目凡四，即宰相、方镇、宗室世系、宰相世系是也。新书有表，旧书无，是新书一特长。（方镇）之建置分割移徙最为纷纭，既无定制，又加以变更不一，阅史者苦无眉目，有方镇表则开卷了然。

"自新唐书后，表皆在志下。宰相表仿史记汉兴以来将相名臣年表及百官公卿表之例而作。唐代方镇……惜但表其地，未表其人。方镇一代兴亡所系，若能以年为经，地与人为纬而表之，则尤佳。……自陈寿三国志作俑，始不立表，范书继之，其后作史者因以为例。……欧阳修等上接班马之规，创撰四表，不仅补旧书之失，亦启后来之渐，后之修史者又以为则。"

列传一百五十卷，颇有次序。其分类传凡二十六，即后妃、宗室、诸帝子、诸帝公主、诸夷蕃将、宗室宰相、忠义、卓行、孝友、隐逸、循吏、儒学、文艺、方技、列女、外戚、宦者、酷吏、藩镇、北狄、东夷、西域、南蛮、奸臣、叛臣、逆臣是也。欧宋刊修唐书，废传六十一，增

稿紙(A)25×20=500

传三百一十，与旧书出入甚多。（廿二史考异）"案传例目新增者有三：藩镇、奸臣三目。逆臣又分叛臣、逆臣为二。""子京撰列传，文体务华采，又于旧书各传无不改窜，惟古是求。然以过求简雅之故，反令字义晦涩者甚多，为日知录评之所云：新唐书欧阳永叔所作，颇有裁断……"又子京喜古文而都不知，凡遇诏令奏议中遇有四六叙者，必易之改作古文……有类翻译……此外选语用字，尤多新奇又晦解。……或子京傲古过甚，其为文或字同语，或字古僻，或仿史汉，故欧阳亦服其用功深也。又其书中多采韩柳古文入传，除韩愈本传载进学解、佛骨表、潮州谢表、祭鳄鱼文外……。"文有载而当者，亦有以其古文而列入者。"

31.

廿六

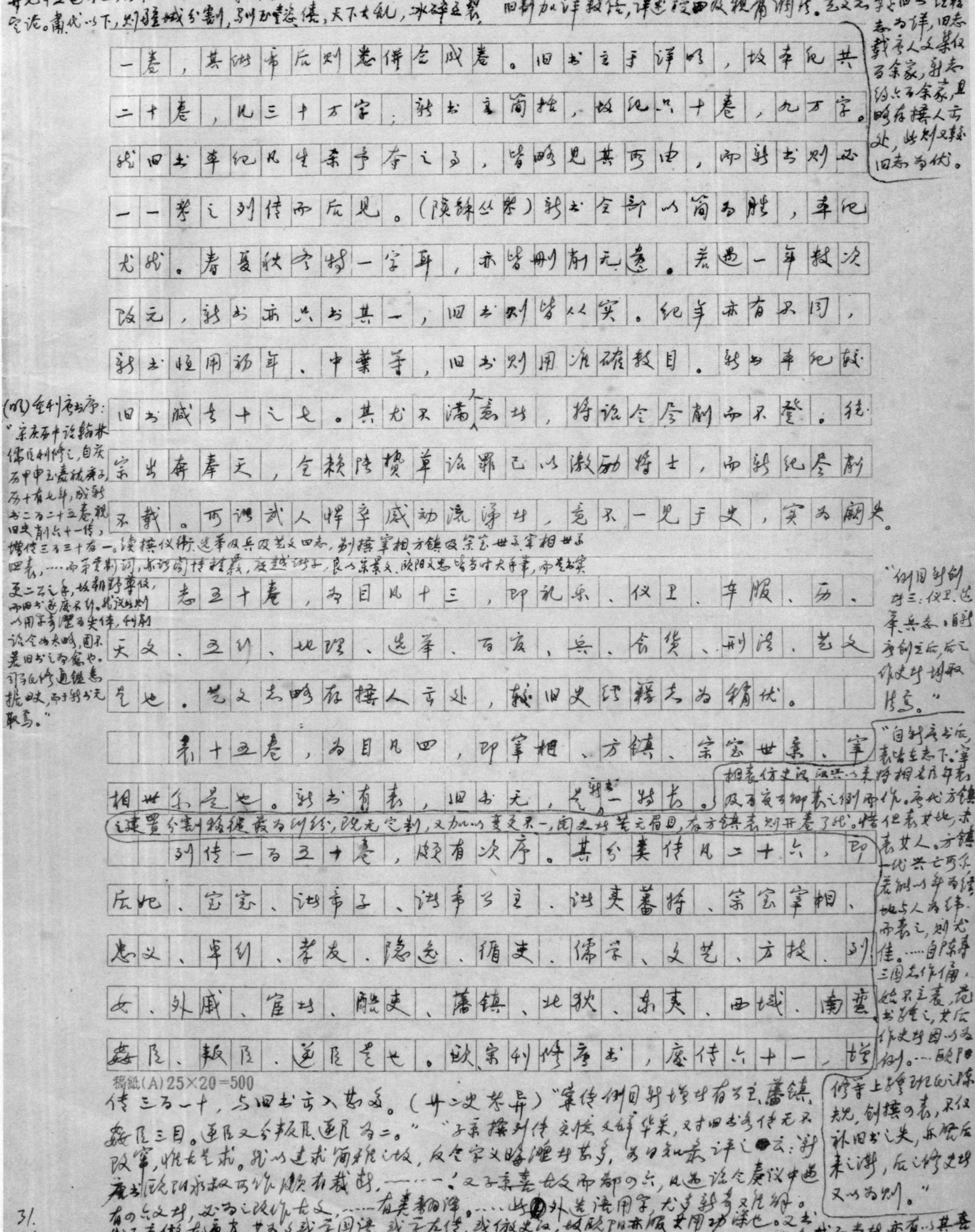

殿本新唐书校刊跋："今试精心察之，新书可议，非独传中喜用僻涩，时类虫篆之弊，又刊改奏疏改易本文，尽失唐代体裁，不无遗议。若夫明君辨、臣得失，叙次简严，时寓笔削，或纪志未备，详见于列传之中；或彼传兩略，互见于此传之中，较之旧书，实得史法。盖旧书以完善胜，故司马氏作通鑑，往往取之；新书以识见胜，故朱子作纲目，往往取之。此可采所长，不得谓新书之转逊于旧书也。"（沈德潜谨言）

东都事略卷65宋祁传说："臣祁曰：唐有天下几三百年，其兴衰治乱之迹，足以戒后于史，而旧书则纪次无律，褒劝不明，不可以训。祁与诸儒博采旧闻，作为新史，于是一代之典粲然大备。然其为书，事增于前而失之冗，文省于旧而失之略，此未免有是非轻议之讥。……"

邵二云新唐书提要："新书之失，在增所不当增，省所不当省。夫唐之大诰、唐之六典，为一代典章所係，今纪传既尽去其制诰之辞，而志志又不能兼撮六典之制度，徒剩取言小说以为新奇，于文则美矣！若除字句，或改失其本意，只称文义之蹇涩也。""平情论之：新书删定旧史，唐传六十一篇，为……此删併之功也。新添传三百一十篇，……此搜罗遗佚而有裨于旧史者也。且旧史于咸通以后，纪传疏略，新书则……具书于传，一代兴废之迹备焉。岂得谓其无补于旧史欤？即其删存旧文诸传，为……皆合史裁，非深于此者益也。宰相世系表与方镇表合华胄，又能合征信，皆足备考人之谱学。艺文志所存云处撰人，较旧史为精优。综其大略，删繁补阙，亦所谓后起者易为功耳。……""今新旧书并列学官，集长去短，各有取裁，学者亦无庸过为轩轾矣。"

新唐书本以补正旧唐书之纰漏，自称"事增于前，文省于旧"。而刘安世《元城语录》则谓"事增文省，正新书之失"。盖史官纪录具载旧书，必欲广所未备，势必兼及小说，而涉于猥杂矣。同修者亦多不满意新书，故宋祁别撰志纪，吕夏卿私撰兵志。新书甫颁行，吴缜即作新唐书纠谬二十卷，专用本证法，攻驳新书，凡分二十门，共四百六十二事，深中其病，有裨史学。盖欧阳修意主文章，疏于考证，抵牾参差，自所难免。且书出众手，体裁互异，重複违舛，脱误失序，尤属难免。新旧二书各有其短长，不可存一隅之见。（四库概要）

吴缜新唐书纠谬自序云："唐书，志表则欧阳公主之，传则宋公主之，所主既异，而不务通知其事，故纪有失而传不知，传有误而纪不见。"又云："其始也，修纪志者则专以褒贬笔削自任，修传者则独以文辞华采为先，不相通知，各从所好。其终也，遂合为一书而上之。"王鸣盛则谓欧宋修书并不同时。欧阳公修书凡历六七年之功，书成，上距祁稿成约又二十余年。（十七史商榷）欧公学春秋每务褒贬，宋公通小学，惟刻意文章，采杂说既多，往往抵牾，有失实之处。新书修撰历时甚久，务求精美，考校之功固不少，而刻意于文章褒贬，未免徒劳心力。

稿紙(A)25×20=500

22

宋仁宗时孙甫著唐史记，见编年録1056页。

新唐书虽因不满意旧唐书而作，然皆记唐代事，故有密切关系，新书特对于旧书大加增删耳。新书之增于旧书，凡二千余条，可略分为二种：一为有关于当日之事势，古来之政要，及本人之贤否，不可不载者，如房玄龄传增太宗问："创业守成孰难？征谓守成难。"等是。一为琐言碎事，但资博雅而已。新书所删削者为诏令、奏疏、文章，或删去多赘，简约记事，减损字句。旧史家多谓新书优于旧书，其实旧优于新。盖史学贵"存真"，旧书之记改元、年数，皆从实记载，某人文章整篇录入。新书之纪年、改元则多失实，改唐诏之骈体为古文，皆失真矣。文章固不能合史学之体例也。

——

晁公武郡斋读书志："议者颇谓永叔学春秋每务褒贬，子京通小学惟刻意文章。采杂说既多，往往抵牾，有失实之叹焉。"

"新旧二书，各有短长。新书表志不备，旧书并表而无之。旧书无兵志，则有唐一代府兵彍骑等制，于何记载。无选举志，则明经进士诸科之沿革，一代选举之规模，于何稽考。新书增之，是矣。新书增公主传，则柴绍妻之佐成帝业，安乐公主之弑逆，太平公主之谋变，亦可略见。增奸臣传，则李林甫、卢杞、崔昭纬、崔胤、柳璨之奸邪，诚足示诫。增藩镇传，则各镇传袭本末，一览了然。此则不仅取材既富，亦创例之可嘉者也。"

稿纸(A)25×20=500

王应麟玉海46引中兴书目云："开宝六年(973)四月二十五日戊申诏梁唐晋汉周五代史宜令参政薛居正监修，卢多逊等同修。七年(974)闰十月甲子书成，凡百五十卷，目录二卷，其子凡记十四帝五十三年。"王氏自注云："其书取建隆实录为本，细以为褒贬失实。"玉海48："建隆五代通录65卷，建隆中昭文馆大学士范质撰，以五代实录共三百六十卷为繁，遂总为一部，命曰通录。起自梁开平，迄于周显德，~~凡五十三年~~"据此知居正之史，本于范质，故一年之内即告成功。其果翻实录仅备参考而已。

旧五代史提要："至金章宗泰和七年诏学官止用欧阳史，于是薛史遂微。元明以来，罕有援引其书者，传本亦渐就湮没，惟明内府有之，见于文渊阁书目，故永乐大典多载其文。然割裂淆乱，已非居正等篇第之旧。……臣等谨就永乐大典各韵中所引薛史，甄录条系，排纂先后，检其篇第，尚得十之八九。又考宋人书之征引薛史者，每条采录以补其阙，遂得依原书卷数，勒成一编。……欧阳修文章远出居正等上，其笔削体例亦特谨严。然自宋时论二史者即互有所主，司马光作通鉴，胡三省作通鉴注，皆专据薛史而不取欧史。沈括、洪迈、王应麟辈为一代博洽之士，其所著述于薛欧二史亦多兼采，而未尝有所轩轾。盖修所作，皆刊削旧史之文，意主断制，不肯以记载丛碎，自贬其体，故其词极工，而于情事或不能详备。至居正等奏进之书，本在宋初，其时秉笔之臣，尚多逮事五代，见闻较近，纪传皆首尾完具，可以征信。故异同所在，较核事迹，往往以此书为长。虽其文体卑弱，不免叙次烦冗之病，而遗文琐事反藉以获传，实足为考古者参稽之助。又欧史止述司天、职方二考，而诸志俱阙，凡礼乐、职官之制度，选举、刑法之沿革，上承唐典，下开宋制，一概无征，亦不及薛史诸志为有裨于文献。盖二书繁简，各有体裁，学识兼资，难于偏废。"

"李致薛史之价值，优于欧史者有三：一曰见闻较近……一曰事实较详……一曰诸志有裨文献。"一言

(三) 旧五代史

宋太祖开宝六年(973)四月诏修梁唐晋汉周书，薛居正等监修，卢多逊、扈蒙、张澹、李昉、刘兼、李穆、李九龄同修。七年(974)闰十月书成，凡百五十卷，计梁书24卷，唐书50卷，晋书24卷，汉书11卷，周书22卷，世袭列传3卷，外国列传2卷，志12卷。凡为纪六十一卷，志十二卷，传七十七卷。记五代五十三年间事，多据累朝实录及范质五代通录为稿本。宋太祖初年范质著五代通录，薛居正等以撰五代史。

五代修实录——见编年稿

修五代史，见编年稿。

范质著五代通录，见编年稿964年。

张昭卒于972年，见编年稿。

参见邵二云先生年谱（黄云眉书）45–46页

旧五代史于宋初原名梁唐晋汉周书，其曰五代史者，乃后人总括名之也。

旧五代史之名，为与后日欧阳修之新五代史相区别。欧史本称五代史记，陈振孙书录解题已有新五代史之目，则旧五代史之名，当亦起于宋代矣。

旧五代史第一至二十四卷为梁书，计本纪十卷，后妃列传一卷，宗室列传一卷，诸臣列传十二卷。本纪俱全，惟梁太祖纪原帙已缺，今本乃据册府元龟诸书征引薛史，补缀而成。后妃传皆残缺，今本乃采五代会要、通鉴、契丹国志、北梦琐言诸书补成，用双行分注，不使与本文相混。

唐书为二十五至七十四卷，内分本纪二十四卷，《后妃列传》一卷，《宗室列传》二卷，《诸臣列传》二十三卷。

晋书为七十五至九十八卷，计本纪十一卷，《后妃列传》

稿纸(A)25×20=500

34.

陶岳（宋真宗时人）撰五代史补五卷，百余条。
史编年始1012年。
约据郡斋读书志，史编年终1014年。又见1064年。

一卷，《宗室列传》一卷。晋后妃传永乐大典已佚，四库馆臣採五代会要、通鉴、契丹国志、通考所载晋后妃事，分注以补其缺。晋宗室传永乐大典仅有四篇，馀多残缺。

汉书为九十九至一百九卷，内分本纪五卷，《后妃列传》一卷，《宗室列传》一卷，《诸臣列传》四卷。

周书为一百十至一百三十卷，计本纪十一卷，《后妃列传》一卷，《宗室列传》一卷，《诸臣列传》九卷。

此外《世袭列传》二卷载李茂贞、高万兴、高季兴、马殷、钱镠等七人，附传十五人。又《僭伪列传》三卷，记杨行密、李昪、王审知、刘陟、刘崇、王建、孟知祥等八人，附传十二人。又《外国列传》二卷，载契丹、吐蕃等十二国。

志共十二卷，分为十类：即天文、历、五行、礼、乐、食货、刑法、选举、职官、郡县是也。《食货志序》原本阙佚，惟盐法载之较详。其田赋杂税诸门，仅存大略，盖明初已残阙。今本食货志序仍採《容斋三笔》所载薛史文。历、礼、刑法、郡县诸志，亦多有缺，以永乐大典及太平御览所增补。（《旧五代史编定凡例》）

自欧阳修五代史记问世后，学者始不专习薛史，然二书犹并行于世。至金章宗泰和七年（1207），诏学者止用欧史后，于是薛史遂微。元明以来罕有援引其书者，传本亦渐就湮没。惟明内府有之，故永乐大典多载其文，然割裂淆乱，已非居正等篇第之旧。清乾隆时修四库全书，馆臣就永乐大典及其他宋人书之征引薛史者，每条採录，以补其缺，遂依原书卷数，勒成一编，引用书籍共百馀种，乾隆四十年七月书成进上。考补颇费气力，略复旧观。列名编辑者有邵晋涵、纪昀、陈锡道三人，邵功居多。薛史胜于欧史，惜原书未能保全至今耳。（四库提要及凡例）

稿紙(A)25×20=500

35.

（四）新五代史

新五代史七十四卷，计本纪十二卷，列传四十五卷，考三卷，世家十卷，十国世家年谱一卷，四夷附录三卷，北宋欧阳修撰。唐以后所修诸史，惟是书为私撰，故当时未上于朝，修没之后，始诏取其书付国子监开雕，遂至今列为正史。原名五代史记，陆游南唐书称修始作新五代史。今名称本题为五代史记。

欧阳修字永叔，庐陵人。举进士，试南宫第一，擢甲科，调西京推官，旋入朝为馆阁校勘。以范仲淹事，贬於夷陵令。久之，复校勘，进集贤院校理。庆历三年（1043），知谏院。出知滁州，徙扬州、颍州，复学士留守南京，以母忧去。服除，召判流内铨，时在外已十二年矣。迁翰林学士，俾修唐书，唐书成，拜礼部侍郎，兼翰林侍读学士，在翰林八年。神宗即位后，官观文殿学士，刑部尚书，知亳州，迁兵部侍郎，知青州，徙蔡州。熙宁四年（1071）致仕，五年（1072）卒。

新五代史依南北史体例，梁唐晋汉周五代各本纪，总叙在前。欧公于新五代史自负甚深，谓"极有义类，须要好人商量，此书不可使俗人见，不可使好人不见"。盖欧公修新唐书时，积有若干五代史料，因以薛史烦猥失实，故另作新史。是书盖为未竟之作，有徐无党为之注。

稿紙(A)25×20=500

四朝国史本传："（欧阳修）自撰五代史记，法严词约，多取春秋遗旨。"
徐无党注可释本纪之书法（一字为褒贬）：用兵四例：两相攻曰攻，以大加小曰伐，有罪曰讨，天子自往曰征。得地二例：易得曰取，难得曰克。
欧阳修"春秋论"："《春秋》谨一言而信万世。"
同一归附，以身归曰降，以地归曰附。

本纪十二卷，计《梁本纪》三卷，唐本纪四卷，晋本纪二卷，汉本纪一卷，周本纪二卷。法严词约，多取春秋之旨隐寓褒贬。于梁太祖、唐庄宗皆被弑，故不书葬。两相攻曰攻。以大加小曰伐。有罪曰讨。赵翼誉欧史"本纪书法，一字不苟"。王鸣盛则讥之，谓"欧公手笔诚高，学春秋则是一病，春秋……岂可学哉？且意主褒贬，将事实一意删削，岂非旧史复出，几叹无征？"

欧史列传共四十五卷，卷为分类传，计分十种，即家人传、梁唐晋汉周臣传、死节传、死事传、一行传、唐六臣传、义儿传、伶官传、宦者传、杂传是也。钱大昕谓史家之病，在乎多立名目，名目既多，则去取出入，必有不得其平者。（潜研堂文集）欧史之病，则正坐此。

欧史列传，分为晋臣、周臣等，体例不一。王鸣盛谓："五代各自为代，乃错综记载，并合为一代书法，此何说乎？即如晋臣止三人，周臣止三人，大觉寂寥，已为可笑。……若五代仍薛史之旧规可矣，何必改作！"

司天考即天文志。职方考即地理州郡。

欧史无志表，但作司天考二卷，职方考一卷。司天考出刘羲叟，欧公略加删削。职方考每列分六格，横列之即表也。章学诚谓"欧阳新五代史记，题为考，实欧氏之志，五代典制荒略，不足为法，故存司天、职方俾有稽考而已。

稿纸(A)25×20=500

璋按：宋慕乾续史通中论五代史："薛史据列朝实录，多所缺详，欧公仿马迁遗文，体例尤谨。薛史病于丛脞，欧史失之阔远，二书盖不可偏废。若迄笔削之体，礼乐职方之要，上继唐录，下开宋史，则于薛史无弃乎？"

唐书有志，知其称参非为好事。"（文史通义）四库提要则谓"修作是书，仅司天、职方二考，寥寥数页，余皆从删，当以世衰祚短，文献无徵，然考王溥五代会要苞辑遗编，尚裒然得三十卷，何以续修编录，乃至全付阙如？此由信史通之误谈，成兹偏见。此书之失，此为最大。"

十国世家十卷，即吴世家、南唐世家、前蜀世家、后蜀世家、南汉世家、楚世家、吴越世家、闽世家、南平世家、北汉世家是也。李茂贞、王岐与杨行密、王建略等。据拔李氏世有夏、绥、银、宥、静五州，亦南平之亚也，皆当列世家之数，不宜放入杂传。此外有十国世家年谱一卷，四夷附录三卷。

四库提要："褒贬祖春秋，故义例谨严；叙述祖史记，故文章高简，而事实则不甚经意。"故诸家攻驳者甚多。如宋吴缜之五代史纂误，列其舛谬二百余事。清代有吴兰庭之五代史记纂误补，杨陆荣之五代史记志疑等。

后世学者，对于新五代史毁誉兼有。四库提要称："薛史如左氏之纪事，本末赅具，而断制多疏；欧史如公穀之发例，褒贬分明，而传闻多谬。两家之并立，当如三传之俱存。"章学诚谓："五代史文笔尚有可观，至云极有义法，正是三家村学究技俩，全不可语于著作之林。其云不可传信人史，其实不可传通史见……五代史只是一部吊祭哀挽文集，如何可称史才也？"盖欧史序论通用"呜呼"为发端，以古无此体也。

（左侧批注）每篇之后评论冠以"呜呼"，曰：此乱世之书也。

高似孙史略："神宗尝问欧阳修所为五代史如何？王安石曰：臣方读数册，然辞多不合文理。"

钱氏十驾斋养新录卷六五代史条："欧阳子五代史，自谓窃取春秋之义，然其病正在乎学春秋。晋本纪：'清泰三年十一月丁酉，契丹立晋。'案春秋书人立晋，晋者，公子晋也。立者，立其人也。此纪不应书国，当云契丹立石敬塘为晋帝，方合史法，今乃袭用立晋之文，此史通所讥貌同而心异也。"

（右侧批注）直斋书录解题："欧阳修自述其作书之旨曰：'昔孔子作春秋，因乱世而立治；余为本纪，以治法而正乱君。'发论必以'呜呼'，曰：'此乱世之书也。'诸臣止事一朝曰某臣传，其更事五代者曰杂传，尤足以为世训。"

吴兰庭五代史记纂误三卷。

缪之五代史记注……（见东方图书）

稿紙(A)25×20=500

38.

元人陶宗仪辍耕录："至正三年(1343)奉命纂修三史，越二年春进辽史，冬进金史，明年进宋史。"

第四节　元朝所修的宋辽金三史

元顺帝至正三年(1343)，中书右丞相脱脱(一作托克托)等奉敕撰修宋辽金三史，是年三月开局，五年(1345)十月三史皆告成，历时仅二年半。当初书名曾有争议，托克托传云："以义例未定，或欲以宋为世纪，辽金为载记；或以辽立国在宋先，欲以辽金为北史，宋太祖至靖康为宋史，建炎以后为南宋史，各持论不决。至顺帝时诏宋辽金各为一史。"

宋辽金三史，同为一局所修，而优劣不同：金史最优，辽史次之，宋史最劣。

今分述之如下：

经横陆回故读花卷二："宋元二史为修者修"："宋史为元脱脱所修，芜杂，既自不识了，其草率亦少通才。仅一代之史，而卷帙几至五百，且种证百出……"

(一)宋史

邵二云宋史提要：……(见章云眉批)

宋史于元顺帝至正三年(1343)开始撰修，由脱脱为总裁，纂修官二十三人，以张起岩、欧阳玄、贺惟一、铁木儿塔识四人为最重要。至至正五年(1345)十月修成，历时仅二年半，修成四百九十六卷，为廿五史中卷帙最多者。宋代(960—1280)仅三百二十年，又有南宋(1127—1280)一百五十三年之偏安时期，卷帙何不至若是之浩繁。是以明代学者多认宋史为繁芜。而清代学者则认为疏略，因宋史多根据国史及文集中之神道碑、墓志铭、行状等，故疏略屡有。

宋史虽有旧史为依据，而脱落疏漏，隐讳失实，编次不善，纰误矛盾，所在多有。有一人两传者，无传而谓有传者，数人共一事而传文不相及者，不必立传而立传者，宜附见而立专传者，不必书而详书者等是也。

四库提要谓："其书仅一代之史，而卷帙几盈五百，检校既已难周，又大旨以表章道学为宗，余事皆不甚措意。故纰缪不能详数。"

宋史有本纪四十七卷，志一百六十二卷，表三十二卷，列传二百五十五卷，共四百九十六卷。

本纪四十七，自卷一至卷四十七。宁宗以后诸纪，多繁简无法，而度宗、瀛国公两纪尤冗杂。若度宗咸淳四年(1268)黄镛言守边急务，非兵农合一不可事，当入兵志。德祐元年(1275)六月，王应麟言理宗开庆之祸，始于丁大全，请凡大全之党在谪籍者，皆夺官，从之。等事当入应麟传是也。(廿二史考异)

志一百六十二卷，分为十五种，即天文、五行、律历、地理、河渠、礼、乐、仪卫、舆服、选举、职官、食货、兵、刑法、艺文是也。艺文志讹误特多。(参廿二史考异)

表三十二卷，宰辅表五卷，宗室世系表廿七卷。

列传二百五十五卷，共分为二十三类，即后妃、宗室、公主、诸臣(北宋)、诸臣(南宋)、循吏、道学、儒林、文苑、

稿纸(A)25×20=500

40.

"论宋史者，每讥其草率从事，依旧史签录，而无剪裁损益之功，病其繁芜。南宋理、度二朝，又失之疏略。编次失当，前后矛盾。
一、立传失当——1.一人两传 2.不必立传而立传 3.宜附见而立专传 4.无传而谓有传 5.立传编次体例失当 6.立传自非失当 7.数人共事传为专功。
二、叙事丢杂繁冗——1.一事屡见 2.多载无用之文 3.传叙先代官资 4.查举籍贯等事，尤举不胜举。三、事迹遗误。四、回护失实。五、事实谬矛。

"宋史以表章道学为主，乃创道学传，此例为前史所无。……凡言性理者，别为道学；谈经术者，入之儒林。"

忠义、孝义、隐逸、卓行、列女、方技、外戚、宦者、佞幸、奸臣、叛臣、世家、周三臣、外国、蛮夷等也。诸臣列传凡一百七十七卷，共一千三百余人，附传尚不在内，故每讥为繁冗。然循吏传竟无南宋一人；文苑传仅周邦彦等数人，又简略若此。

四库提要以为宋史依据国史，宋人好述东都之事，故北宋史事较详，建炎以后则稍略，理、度两朝宋人罕所记载，故宋史亦不具首尾。修宋史者以表章朱子一派之道学为宗旨，余事皆不甚措意。

宋史讹误极多。因列传人物太多，修之者又非一人，不暇彼此审订，遂有一人两传者；有无传而谓有传者；一事屡见者亦多；又有数人共一事，而立传时则亦其事分系之，若各为其事而不相同者；亦有不必立传而摭案列入者。故列传有二千余人之多，其事无关系者大可删削。

宋史列传有若干当合而不合，亦有不必书而详书者，或重举籍贯及先世，或传叙先代世阀。此外或载无用之文。

宋史卷帙虽繁，可删削者甚多，而遗漏者亦不少。南宋七朝事尤简略。既有应立传而不立者，亦有应记之事而不记，亦有官位失书者。

亦有应详而不详者，更有年寿失记者，有应附传而另

稿纸(A)25×20=500

之处。

列传编次时代错误处，立传之体例自乱者亦有。

宋史记事纰谬亦多，其纪志传矛盾互异者，所在多有。列传前后矛盾互异者亦多。且宋史度宗以前多本国史，国史多据行状碑铭，故多讳恶扬善，有不可尽信者。（廿二史考异，廿二史札记）

宋史世家仿五代史记体例，而未加详审，误置于列传之中，殆有画虎不成之诮。盖欧史四夷称附录，故世家可与并列。宋史外国既称列传，则世家插入列传中，实为失检。

宋代史学，记载既为详慎。有一帝必有一帝之日历，日历之外又有实录，实录之外又有正史。如太祖实录、太宗实录、仁宗实录、先朝国史、朱墨史、神哲徽三朝正史、神哲徽钦四朝国史志、高孝光宁四朝国史、中兴四朝志传等是也。大概度宗以前之史，皆依宋旧史，德祐、景炎、祥兴之史，则元代中统、至元及延祐、天历所辑。

稿纸(A)25×20=500

42.

《辽史纂修发窥》（舒焚，武汉师范学院学报，哲社版，1984.5）：
「辽太宗耶律德光时期，已经"诏有司编始祖奇首可汗事迹"；圣宗耶律隆绪时期，已经有起居注、日历和实录，室昉等写成的实录有二十卷；兴宗耶律宗真时期，耶律谷欲等写成遥辇氏以来事迹二十卷；道宗耶律洪基时期，史臣写成太祖耶律阿保机以下《七朝实录》；天祚帝耶律延禧时期，耶律俨写出《皇朝实录》七十卷。」「在金朝，编修辽朝历史一事，受到了义例问题，即金朝是继辽而兴还是继宋而兴，或辽与宋谁为正统问题的干扰。金熙宗完颜亶时期，萧永祺继移剌固未竟之功，修成辽朝历史七十五卷；章宗完颜璟时期，又命移剌履、党怀英等重行编修，"凡民间辽时碑铭、墓志及诸家文集，或记忆辽旧事，悉上送官。"（金史125党怀英传）这次的史稿，由陈大任完成。但是，仍然未能刊行，没有行世。」「金朝没有完成的编定辽朝历史的任务，留给了元朝。这时，尽管移剌固、萧永祺的史稿已经散佚无存，但是，耶律俨的实录、陈大任的史稿和叶隆礼的契丹国志等都还存在，此外，其他有关的史料也还可以找到。元朝的人们应该能够比较多地写出辽朝的历史。……可是，当时并没有较好地写出辽朝历史，也没有注意保存西辽史料。」

（二）辽史

编年1344

元顺帝至正三年（1343）三月，诏修辽史，在总裁官脱脱之下，修辽史者有张起岩、欧阳玄、贺惟一、铁木儿塔识、吕思诚、揭傒斯等，四年（1344）三月辽史书成，为本纪三十卷，志三十二卷，表八卷，列传四十六卷，国语解一卷，共一百十六卷。

辽俗尚朴野，记载本鲜。其置局修国史，始于兴宗朝。主其事者有耶律谷欲、耶律庶成、萧韩家奴等，撰成诸帝实录二十卷上之。天祚帝乾统三年（1103），诏监修国史耶律俨纂太祖以下诸帝实录，共成七十卷。于是辽世事迹粗备。辽代国史惟此本最为完善。金熙宗尝于宫中阅辽史，即此本也。

1148年，萧永祺辽史成，见编年纲。

辽史卷27天祚皇帝纪一："乾统三年……十一月……召监修国史耶律俨纂太祖诸帝实录。"

金章宗时命伊剌履刊修辽史，党怀英等充刊修官，伊剌益、赵佩等七人为编修官，同修者又有贾铉、陈大任等。泰和元年（1201）又增三员。怀英致仕后，诏大任续成之。元修辽史时，耶律俨及陈大任二本俱存，故辽史多依据耶律俨、陈大任所纂之国史实录，多有曲笔避忌。

参编年纲1206年以后

金史卷12章宗纪四："泰和六年……七月……丁亥，敕翰林直学士陈大任妨本职专修辽史。"

金史卷105萧贡传："萧贡，字真卿，京兆咸阳人。……迁国子祭酒，兼太常少卿，与陈大任刊修辽史。"

辽史本纪凡九，而分为三十卷，而关于辽之先世记述过简。开卷即作《太祖本纪》，而其祖宗应传之处，反附见于本纪赞内，故所叙太简。肃祖、懿祖、玄祖、德祖四代，其妻已立传于后妃内，其夫反无本纪，而附于赞内，岂非

舒焚：《辽史纂修发窥》：「元世祖时期，命王鹗编修辽金二史，没有完成；到顺帝时期，才又命脱脱为总裁，编修辽、宋、金三史。这时，不再纠缠于"正统"，对三朝都给以正统，这是这次修史的一大进步。三史之中，金史修得最好，辽史修得最差。由于时间短促，草草完成，辽史虽然记载了一定史实，但简略、错讹、遗漏、重复之处，是其明显的缺点。同为三百年的历史，辽史的篇幅却只有宋史的八分之一。辽的时期比金朝时期长一倍半，辽史的篇幅却只有金史的一半稍多一点。西辽时期为辽时期的四分之一强，篇幅却只占辽史的几页。」

43.

详略两失乎？推原其故，盖以辽制书禁甚严，史料散出国外极少，且辽起朔方，未遑文教，记述本甚寥寥。其先世事迹，至兴宗、道宗时，始裒辑成书，圣宗以前事，皆是时所追述，故简略若此。（廿二史劄记）

“新创者为营卫、兵卫二志。此各志所载，均极简略”。

辽史为志凡十，即营卫、兵卫、地理、历象、百官、礼、乐、仪卫、食货、刑法是也。共分为三十二卷。脱脱进辽史表、辽史目录、四库总目提要均谓“志三十一卷”。盖百官志本应合为一篇，而分成上下两卷，志第十七上、志第十七下，误篇为卷，故称三十一。

辽史立表最多。

辽史表之目凡八，即世表、皇子表、公主表、皇族表、外戚表、游幸表、部族表、属国表是也。赵翼谓辽史最简略，二百年人物，列传仅百余篇，其脱漏必多矣。此史体例亦有最善者，在乎立表之多，表多则传自可少。如皇子、皇族、外戚之类，有功罪大者，自当另为立专传，其余则传之不胜传。若必一一传之，此史之所以繁也。惟列之于表，既著明其世系官位，而功罪亦附书焉，实足省无限笔墨。又如内而各部族，外而各属国，亦列之于表；凡朝贡叛服征讨胜负之事，皆附书其中，又省却多少外国等传。故辽列传虽少，而一代之事迹亦略备。惟与宋和战交际之事，则书于本纪，而不复立表，是一缺失，应仿金史列国之

稿紙(A)25×20=500

NK. 44.

交聘表，凡与宋交涉之事，可一览瞭然。（廿二史劄记）

分类传记载人物亦可观。

辽史列传共四十五卷，分类传凡十一，即后妃、宗室、文学、能吏、卓行、列女、方技、宦官、伶官、姦臣、逆臣、外纪是也。辽史人名本于译音，故有名同人异者三名，即耶律挞不也、萧斡家奴、萧挞烈葛是也。辽氏皇后皆姓萧氏。诸臣列传，除附传不计外，共二百三十余人，而姓耶律之宗室竟达一百十余人，姓萧之后族又六十余人。所谓辽史者，特耶律及萧氏二族之家史耳。

国语解一卷，体例最善。其序曰：史之所载官制、宫卫、部族、地理，率以国语为之称号，不加注释以辨之，则世何从而知，后何从而考哉？今即本史参加研究，撰次辽国语解以附其后，庶几读者无龃龉之患云。

辽史较宋史为优，因辽史料太少，宋史料太多。辽制书禁甚严，凡国人著述，惟听刊行于境内，有传于邻境者罪至死。盖国之虚实，不以示敌，用意至深。然其时不流播于中国。迨五京兵燹之后，遂至旧本散失渐灭无遗。辽兴于唐末至钦宗时亡，共经二百余年，现存辽著述，仅……三书而已。况契丹文字现已不存，非若女真文、蒙古文之遗留至今，可供稽考。以中国人作外国史，史料又极寥寥，故辽史实系佳作。其体裁与普通正史不同，乃用複写法，

稿紙(A)25×20=500

45.

，谓为"辽史史料通检"可也。

四库提要谓辽代载籍，可备修史之资者，寥寥无几，又成功于一年之内，无暇旁搜，潦草成编，实多疏略。其间左右支绌，痕迹灼然。如每年游幸，既具书于本纪矣，复为游幸表一卷；部族之分合，既详述于营卫志矣，复为部族表一卷；属国之贡使，亦具见于本纪矣，复为属国表一卷；义宗之奔唐，章、萧之争国，既屡见于纪志表矣，复屡书于列传；文学仅六人，而分为两卷；伶官、宦官本无可纪载，而强缀三人。此其重复琐碎，在史臣非不自知，特以无米之炊，足穷巧妇。故不得已而缕割分隶，以求卷帙之盈。其实辽史之特殊价值，即因其用复写法。~~国语解一卷，体例尤善~~。

"辽史材料缺乏，修订草率。"

辽史颇有讹误，与唐书、五代史、宋史、金史多有不合。疏略亦多。如辽太宗建国大辽，圣宗改称大契丹，道宗又改为大辽，辽史俱失载。圣宗统和二十四年（1006）出皇太妃胡辇于怀州，囚夫人夷懒于南京，后妃传既不为立传，亦不见其人。萧塔剌葛乃太祖、太宗时人，不应编于道宗朝臣萧陶隗等之下。（廿二史劄记）

稿紙(A)25×20=500

46.

“元人王恽《玉堂嘉话》载王鹗所拟金史大纲，备有太祖、太宗、熙宗、海陵庶人、世宗、章宗、卫绍王、宣宗、哀宗，九帝纪，天文、地理、礼乐、刑法、食货、百官、兵卫七志，诸王、后妃、开国功臣、忠义、隐逸、儒林、文艺、列女、方技、逆臣诸列传。恽又记鹗亲笔作史大略付恽，为帝纪列传志表卷帙皆有定体，是见对金史之劳绩，故金史材料虽不如宋史之繁富，亦不似辽史之缺略，既有实录可资依据，又有元好问、刘祁之作可供参考，宜其远出宋辽二史之上也。”

编年1344

（三）金史

金史亦元脱脱等奉敕撰，凡纪十九卷，志三十九卷，表四卷，列传七十三卷，共一百三十五卷。此书首尾完密，条例整齐，约而不疏，赡而不芜，在三史中独为最善。盖以金人肇基东海，奄有中原，制度典章，彬彬为盛，征文考献，具有所资。金自开国之初，即已遗闻不坠，所有国书诏诰，册表文状，指挥牒檄，以载于故府案牍者，具有年月，得以编次成书（如大金吊伐录）。况文艺传称元好问晚年以著作自任。时金国实录在张万户家，乃言于张，愿为撰述，既因有阻而止，乃构野史亭，著述其上。凡金源君臣遗言往行，采摭所闻，有所得辄以片纸细字为记录，至百余万言。其《中州集》乃选辑名人诗，而为著者各作小传，借诗以存人。纂修金史，多本其所著。又称刘祁撰归潜志，于金末之事，多有足征。此脱脱等进书表称张柔归金史于其先，王鹗辑金史于其后。是元人之于此书经营已久，与宋辽二史取办仓卒者不同。（见四库提要）

本纪十九卷。第一卷为《世纪》，叙世祖以下世次（太祖以前十一君），及缔造功业；第十九卷为《世纪补》，以叙熙宗父宗峻、世宗父宗辅、章宗父允恭。皆以子登极，追尊为帝者也。

志三十九卷，分为十四类，即天文、历、五行、地理、

稿紙(A)25×20=500

27.

河渠、礼、乐、仪卫、舆服、兵、刑、食货、选举、百官志也。历志、礼志、河渠志、百官志皆本本元元，具有条理。食货志、选举志所论皆切中事机，意存殷鉴，卓然有良史之风。（四库提要）

表四卷，为目二：一为《宗室表》，一为《交聘表》。交聘表多误，所载使宋贺正旦生辰诸臣，以宋史对校，往往姓同名异。盖金人多二名：一从本国名，一从汉语，史家不能悉载耳。交聘表亦有误。（廿二史考异）

列传七十三卷，分类传凡十四，即后妃、世戚、忠义、文艺、孝友、隐逸、循吏、酷吏、佞幸、列女、宦者、方技、逆臣、叛臣、外国是也。辽金元三朝皆以外族入据中土，其人名均系译音，或改汉字，往往记载互异。故金史有名同人异者，有一人异名者，亦有名字不画一者。地名亦多参差。（廿二史考异）

金之年代不及辽之半，地域不及辽五之一，又不及宋。而金史文笔胜宋史，完备胜辽史。此亦有可议处，清施国祁撰金源劄记二卷，金史详校十卷，校出金史讹误四千余条。

赵翼称金史叙事最详核，文笔亦极老洁，迥出宋元二史之上。（廿二史劄记）施国祁称金源一代，年祀不及契丹，舆地不及蒙古，文采风流不及南宋。此若其史裁大体，文笔甚简，非宋史之烦芜；载述精备，非辽金之缺略；叙次得实，非

稿紙(A)25×20=500

元史之讹误。此亦有讹误十二种。（金史详校序例）

此则论金史之长有三：即文笔甚简，载述精备，叙次得实。此其失亦有可述者：一、记……二、避讳回护——三、记载误处；……四、人名不划一；……

"近人钱基博对金史文笔尤多誉词，云：'元修宋辽金三史，论者所不贵，然余谓文章放笔直干，赡而能老，约而能肆，得太史公之意者，二十四史中当以金史为最，不为宋子京私载可议者……茁为古，亦异欧五代之摇曳多姿，其实长以合传列传尤佳，以取材之好同手笔为多也。'"

48.

在刘知几死后一百七十六年，柳璨著成史通析微。郡斋读书志（后志）史评类："史通析微十卷，唐柳璨炤之撰。璨以刘子玄史通妄诬圣哲，评汤之德为伪迹，论桀之恶为厚诬，谤周公云不臣，褒武庚以徇节，其甚至于弹劾仲尼，因讨论其舛谬，共成五十篇。萧统云论则析理精微，故以为名。乾宁四年（唐昭宗897）书成。唐史云璨字炤之，少孤贫，好学，著史通析微。时成綸已起布衣至为相才四岁，按唐纪柳璨自天祐改元，则书成时犹未仕也。"

唐会要卷63："光化三年（唐昭宗900），直史馆柳璨以刘子玄所撰史通议驳经史过当，纪子玄之失，别纂成十卷，号柳氏释史，又号史通析微。"

第二章 刘知几的史学（陈莹）

第一节 刘知几的生平及著作

刘知几，字子玄，后以避唐玄宗讳，改以字行。故旧新唐书列传均称刘子玄。唐朝徐州彭城人，生于唐高宗龙朔元年（661年），卒于唐玄宗开元九年（721年），享年六十一岁，是我国封建时代杰出的史学家之一，是我国史学史上最重要的人物之一。

刘知几出身于世代官僚并以文词知名的家庭，自幼即对历史发生了兴趣，十七岁时已把《左传》、《史记》、《汉书》等基本史籍读完。但他这时因准备科举考试，还不能专心研究历史。

他在二十岁时考中了进士，被任为获嘉（今河南获嘉）县主簿。从这时起，他才对历史进行广博的阅读与深入的研究。据他自述："洎年登弱冠，射策登朝，于是思有余闲，获遂本愿。旅游京洛，颇积岁年，公私借书，恣情披阅。至如一代之史，分为数家，其间杂记小书又竞为异说，莫不钻研穿凿，尽其利害。"（《史通·自叙》）可见他对史学兴趣之浓厚与用功之精勤了。

他在读书时一向善于独立思考，时常有精到的心得与卓越的见解，如他自述："自小观书，喜谈名理，其所悟者皆得之襟腑，非由染习。故始在总角，读班、谢两汉，便怪前书不应有《古今人表》，后书宜为更始立纪。当时闻

稿纸(A) 25×20=500

49.

者共责，以为"童子何知？而敢轻议前哲！"于是赧然自失，无辞以对。其后见张衡、范晔集，果以二史为非。其有暗合于古人者，盖不可胜纪。始知流俗之士难与之言，凡有异同，蓄诸方寸。及年过而立，言悟日多。"（史通·自叙）从二十岁到三十九岁，他一直在刻苦读书。县主簿是一个九品小官，他在这个职位上一连十九年没有升迁，但在学术研究上却因这一长时期的不断钻研而有了很大的进展。

他在任获嘉县主簿期间，尽其努力钻研史学，但对当时的政治还是很关心的。他曾于武则天天授二年（691年）及证圣元年（695年）两次上书，提出四项政治改革的建议，都切中时弊。（见唐会要）但武则天看了他的上书，却只是"嘉其直"而"不能用"。（《旧唐书·刘子玄传》）《旧唐书》本传云："是时官爵僭滥，而法网严密；士类竞为趋进，而多陷刑戮。知几乃著《思慎赋》以刺时，且以见意。"他在《思慎赋》的序文里说要"慎言语，节饮食，知止足，避嫌疑"，以"全父母之发肤，保先人之丘墓"。（文苑英华卷92《人事》三，又见《全唐文》卷274。）可见他对当时的政治既怀不满，又怕被卷入统治阶级内部斗争的漩涡，遂即抱着明哲保身的态度以求免祸了。

他在三十九岁时（武则天圣历二年 699），由获嘉县调到京城长安任定王府仓曹。仓曹本是掌管一般事务的官，但他却

稿纸(A)25×20=500

被派去参加《三教珠英》的编纂工作。《三教珠英》是一部关于儒佛道三教典故的类书，从这年开始编纂，由麟台监张昌宗领衔，实际担任编纂工作的有李峤、徐彦伯、徐坚、张说、刘知几等二十六人，经过两年的时间，于长安元年（701）成书一千三百卷。

在《三教珠英》编成后，刘知几于长安二年（702年）开始担任史官。这时他四十二岁，已有三十年的史学修养，可谓史官的佳选了。他先任著作佐郎，兼修国史。不久又迁为左史，撰起居注。次年，奉命与李峤、朱敬则、徐彦伯、徐坚、吴兢等撰修唐史，成《唐书》八十卷。

长安四年（704年），他因改任凤阁舍人（即中书舍人，武则天时改称凤阁舍人）暂停史职。这时他又从事于本家族历史的研究，撰成《刘氏家史》十五卷及《刘氏谱考》三卷。次年，武则天死，唐中宗即位之后，又任著作郎、太子中允、率更令等官，并兼修国史。在中宗神龙二年（706），他与徐坚、吴兢等修成了《则天实录》三十卷。景龙二年（708），又被任命专掌修史之事，并升官为秘书少监。可是不久，他竟几次请求辞职。

刘知几为什么要辞职呢？因为那时的史馆是在当权大臣的控制之下的，他们往往以"监修国史"的头衔来干预修史的工作。刘知几虽身任史官，却不能按照自己的见解进行撰写，时常由于与他们的意见不合、自己的主张不能实现而深怀不满。在这种情况下，他日渐消极，遂写信给监修国史、中书侍郎萧至忠等，请求辞去史官的职务。辞去史职之后，他被调为太子中舍人，旋又被任命为修文馆大学士。

当刘知几担任史官感到抑郁不得志的时候，便发愤从事于个人的著作——《史通》。及至辞去史职之后，更集中精力来进行撰写并加以整理。到了景龙四年（710），正当他五十岁的时候，《史通》的著作完成了，这部书汇集了他数十年研究史学的心得，发表了许多精辟卓越的见解。他的友人徐坚看过后非常称赞推崇，说："居史职者，宜置此书于座右。"（旧唐书·刘子玄传）

在《史通》著成后，他迁官为太子中庶子兼崇文馆学士，加银青光禄大夫，并又担任修史的工作。唐睿宗先天元年（712），他奉命与柳冲、徐坚等撰《姓族系录》，于次年成书二百卷。唐玄宗开元三年（715），他又迁官为散骑常侍，仍任修史之务。次年，与吴兢共同删定《则天实录》三十卷、撰修《中宗实录》及《睿宗实录》二十卷。其后，又与吴兢续修《高宗实录》三十卷，并自撰《睿宗实录》十卷。

稿纸(A)25×20=500

52.

开元九年（721），刘知几六十一岁。这年他的长子刘贶任太乐令，因犯罪被流放边城。他上诉辩理，竟触唐玄宗之怒，被贬为安州都督府别驾。他怀着愤懑抑郁的心情，经过长途跋涉，到了安州（今湖北安陆）之后，不久就死去了。

刘知几的儿子们的情况及著作参见编年谱有关条后

总观刘知几的一生，致力于历史的学习与研究有五十年，担任史官从事修史的工作近二十年（刘知几自四十二岁起为史官，到六十一岁逝世，担任史职不过二十年。而旧唐书本传云："子玄掌知国史首尾二十余年。"新唐书本传云："子玄领国史且三十年。"均虚益年数，不符事实。又：新唐书之三十，恐係二十之误。），可说与史学有深厚密切的关系。他的著作，除上面已述及者外，尚有《刘子玄集》三十卷，当系后人编集其诗、赋、文章而成。但其著作已大多亡佚，我们现在所能看到的，除《史通》一书外，只有几篇文章、三篇赋和一首诗了。兹分列于下：

论时政得失的表文——分别载于唐会要卷40、67、68、81，又载全唐文卷274。

衣冠乘马议——载旧唐书本传，又载唐文粹卷40（名相服乘车议）、文苑英华卷766、全唐文卷274。

昭成皇太后哀册文——载文苑英华卷837，全唐文卷274。

孝经老子注易传议——载唐会要卷77、文苑英华卷766、全唐文卷274。

重论孝经老子注议——载全唐文卷274。

思慎赋（并序）、韦弦赋、京兆试慎所好赋——这三篇赋均载文苑英华卷92人事门三，全唐文卷274。

仪坤庙乐章——载全唐诗卷94。

稿纸(A)25×20=500

第二节　史通的内容

《史通》二十卷为刘知几的代表作，包括内篇、外篇两部分，各十卷。前有《序录》，为刘氏撰成全书时写的小序。内篇有三十九篇，外篇有十三篇，共五十二篇。但内篇中的《体统》、《纰缪》、《弛张》三篇早在北宋时已亡佚，流传下来的只有四十九篇。在这四十九篇中，所包括的内容颇为丰富，而且其间相互牵涉关联之处很多，难以清晰地划分各篇所论述的范围，仅能大体上分类介绍其主要论点如下。

一、叙述历代史书的著作情况并分析其源流、体例、类别的，有《古今正史》、《六家》、《二体》、《杂述》四篇。

刘氏将唐代以前的历史著作分为正史与杂史两大类。在正史中，按其著作的源流分为六家——尚书家、春秋家、左传家、国语家、史记家、汉书家；按其主要的体例分为二体——编年体、纪传体。在杂史中，按其内容分为十种，即偏记、小录、逸事、琐言、郡书、家史、别传、杂记、地理书、都邑簿。

刘氏对史书分类的方法，与封建时代一般的典籍分类方法比较起来，有几个重要的特点：(1)对于《尚书》、《春秋》、《左传》三书，除《汉书·艺文志》中以《春秋》、《左传》与其他

稿纸(A)25×20=500

54.

谢保成：《隋书·经籍志对史通的影响》："……在史通刘知几列为春秋家、左传家的史著，在它（隋志）那里都属古史类；在刘知几列为史记家、汉书家者，它均属正史类。……刘知几所列尚书家之史，都并未在隋志史部杂史类内。……刘知几所举国语家之史除春秋后语，亦全都在于隋志史部杂史类内。……史通古今正史叙查书亦同于隋志（经部序）。……两种体裁的划分（纪传、编年），乃隋志开创在先，史通继承在后。……史通内篇杂述所举四十史，三种属古史，四种属杂史，一种属霸史，一种属旧事，十二种属杂传，三种属地理，四种属子部小说，十二种未著录。……总起来看，史通中……杂流分为十类与隋志史部的分类不同基本，而且没有为后世沿用。相反，隋志史部的分类，确一直影响着整个后期封建社会的学术界。……隋志史部在这一方面的历史作用，无疑已胜过史通的。……史通在系统总结封建史学的过程中，参考了隋志的做法。通过上述几个问题的剖析对比，明了刘知几'三为史臣，再入东观'的经历，可以认为：（一）刘知几当时所见最完整的图书系目乃隋志。其对史学的总结必然借助于这份书目见的目录。（二）刘知几撰写史通确实有不少地方继承了隋志史部对史籍的总结、评论。（三）史通对史著类别、源流和体裁等方面的总结，更是直接承袭隋志，经过自己的加工而进一步阐说开的。"

史书同列为"春秋家"外，一般都列为经部；而刘氏则将三书纳入史部。(2)对于纪传史与编年史，除刘氏以前的阮孝绪《七录》以二者并列为"国史部"、以后的《明史·艺文志》以二者并列为"正史类"外，一般都专以纪传史列为"正史类"，将编年史另列一类（称"编年类"或"古史类"）；而刘氏则以二者均为正史。(3)对于起居注、职官、仪注、刑法等类典籍，一般都列入史部；而刘氏则未列为历史著作，盖仅视为资料而已。

二、论述历代史官建置的沿革、史官的才具及人选、官修史的弊病的，有《史官建置》、《覈才》、《辨职》、《忤时》四篇。

刘氏从封建史家的立场出发，肯定了设官修史的重要，他说："苟史官不绝，竹帛长存，……用使后之学者坐披囊箧而神交万古，不出户庭而穷览千载，见贤而思齐，见不贤而内自省。……则史之为用，其利甚博，乃生人之急务，为国家之要道。有国有家者，其可缺之哉！"（《史官建置》）至于史官的作用，刘氏认为可以分为三种："彰善贬恶，不避强御，若晋之董狐、齐之南史，此其上也；编次勒成，郁为不朽，若鲁之丘明、汉之子长，此其次也；高才博学，名重一时，若周之史佚、楚之倚相，此其下也。"（《辨职》）史官既然担负着如此巨大的任务，对其人选自当异常

稿纸(A)25×20=500

慎重，"苟非其才，则不可以居史任。（《核才》）"然而，在刘氏看来，历代的史官能以称职胜任者却不多，尤其自汉魏以降，史官"多窃虚号，有声无实"；（《史官建置》）"或当官卒岁，竟无刊述"；"或辄不自揆，轻弄笔端"；以致史馆成为"素餐之窟宅，尸禄之渊薮"，（《辨职》）这就完全乖违设官修史的意义了。

刘氏长期担任史官的职务，对于唐朝官修史的弊病更是洞识深晓。在《忤时》篇里具录了他于景龙二年（708年）请求辞职的信，信里揭露了官修史的五个主要弊病：一是史官众多，互相观望。他说："人自以为荀、袁，家自称为政、骏，每欲记一事，载一言，皆阁笔相视，含毫不断。故头白可期，汗青无日。"二是史料缺乏，难以编撰。他说："前汉郡国计书，先上太史，副上丞相；后汉公卿所撰，始集公府，乃上兰台。由是史官所修，载事为博。爰自近古，此道不行，史官编录，唯自询采。而左右二史阙注起居，衣冠百家罕通行状。求风俗于州郡，视听不该；讨沿革于台阁，簿籍难见。"三是权贵干涉，不敢直书。他说："今馆中作者，多士如林，皆欲长喙，无闻齰舌。倘有五始初成，一字加贬，言未绝口而朝野具知，笔未栖毫而缙绅咸诵。夫孙盛实录，取嫉权门；王劭直书，见雠贵族。

稿紙(A)25×20=500

56.

韩愈(为史馆修撰时)答刘秀才论史书："巧造言语，凿空构立善恶事迹，于今何所承受取信，而可草草作传记？"

万斯同："官修之史，仓卒而成于众人，不暇择其材之宜与事之习，是犹招市人而与谋室中之事也。"

人之情也，能无畏乎？"四是监修掣肘，无从下笔。他说："史官注记，多取禀监修。杨令公则云'必须直词'，宗尚书则云'宜多隐恶'。十羊九牧，其令难行；一国三公，适从何在？"五是缺乏制度，职责不明。他说："凡创纪编年则年有断限，草传叙事则事有丰约，或可略而不略，或应书而不书，此刊削之务也；属词比事，劳逸宜均，挥铅奋墨，勤惰须等，某袠某篇付之此职，某传某志归之彼官，此铨配之理也。斯并宜明立科条，审定区域。倘人思自勉，则书可立成。今监之者既不指授，修之者又无遵奉，用使争学苟且，务相推避，坐变炎凉，徒延岁月。"

在这些弊病之下，怎能完成修史的任务？又怎能不使象刘氏这样忠于史学的人义愤填膺呢？

三、评论纪传史与编年史的体例、内容及编纂方法的，有《本纪》、《世家》、《列传》、《表历》、《书志》、《论赞》、《序传》、《断限》、《编次》、《题目》、《称谓》、《载言》、《载文》、《书事》、《烦省》十六篇。

这一类在全书中占最大的篇幅，而在这十六篇中，又以论纪传史的居多。刘氏的评论牵涉很广，意见繁杂，而且体例、内容及编纂方法三方面又互相联系，不易区分，故难以一一叙述，仅能撮其要略而已。

稿纸(A)25×20=500

57.

在体例方面，刘氏认为体例必须谨严，并与内容要名实相符。以编年体与纪传体比较来说，纪传体更须特别注意。因为纪传体包括几个部分，每个部分有其各自的要求，如不遵守体例的规定，很容易参错混乱。如他在评论本纪与列传的区别时说："……"（《体例》）以通史与断代史比较来说，断代史更须特别注意。因为断代史与前后相连，如不明其上下时限，也容易参错混乱。如……。

在内容方面，刘氏认为史书并不是记载社会历史的一切现象，而只应记载重要的、有用的事迹。其范围如何规定呢？他主张应根据《汉纪》作者荀悦所说的"五志"（达道义、彰法式、通古今、著功勋、表贤能。），再加上他所补充的"三科"（叙沿革、明罪恶、旌怪异）。史书的内容若是越出"五志"、"三科"的范围，那就是他所时常讥刺的烦芜之作了。此外，他对于纪传体史书的内容还有一些具体的意见，如认为天文星象常是千古不变的，无需代代撰《天文志》；断代史中的《艺文志》只应著录当代的典籍，不必仰追前代，以免重复；一些无关人事的所谓灾异祥瑞现象，不应载入《五行志》；又如主张增加《都邑志》，以记载京城的地理形势、建筑规模、宫阙制度、朝廷轨仪等；增加《方物志》，以记载中国内外各方的特产异物；增加《民族志》，以记载历

稿纸(A)25×20=500

58.

代帝王公卿及世家大族的宗支世系。

在编纂方法方面，刘氏认为首先要叙次明晰严整，不能致杂凌乱。就这一点来讲，纪传体终之是不如编年体的。因编年体"以日月为远近，年世为前后，用使阅之者雁行鱼贯，皎然可寻。"而纪传体则"错综成篇，区分类聚"，"则有统体不一，名目相违，朱紫以之混淆，冠履于焉颠倒，盖可得而言者矣。"（《编次》）再者，取材要烦省适当，详略得宜。他认为一部历史著作的价值高低，不决定于文字分量的多少，而在于内容质量是否合乎客观的要求。不能说写得越多越详细就好，也不能说写得越少越简略就好。必须要烦省和详、略处理得当才好。所以他说："夫论史之烦省者，但当要其事有妄载，苦于榛芜；言有阙书，伤于简略，斯则可矣。必量世事之厚薄，限篇第以多少，理则不然！"（《烦省》）又说："夫记事之体，欲简而且详，疏而不漏。若烦则尽取，省则多捐，此乃忘折中之宜，失均平之理，惟夫博雅君子知其利害者焉。"（《书事》）

四、论史料的搜集与选择的，有《采撰》一篇。

从事历史编纂工作之前，必须广博地搜集史料，在这个基础上，才能写出有价值的作品。刘氏在《采撰》篇中首先明确肯定了这一点。认为，广博地搜集了史料，并使有

稿纸(A)25×20=500

完成史料工作的任务，更重要的还在于对所搜集的史料进行慎重的选择，细致的鉴别。所以刘氏又指出史料的性质和来源不一，往往是"讹言难信，传闻多失"。对于不符合事实的材料，必须"别加研覈"，以"详其是非"。如果"务多为美，聚博为功，虽取悦于小人，终见嗤于君子矣。"不过，这个道理虽然容易理解，但这种鉴别与选择的能力并非人人都能掌握的，故他在《杂说中》篇里所说："夫学未该博，鉴非详正，凡所修撰，多聚异闻，其为踳驳，难以觉悟。"因此，一个从事历史著作的人，不断加深自己的学识修养，提高鉴别与选择史料的能力，就是非常必要的了。

五、评论叙述方法与写作技巧的，有《叙事》、《浮词》、《模拟》、《言语》、《因习上》（一作《因习》）、《因习下》（一作《邑里》）六篇。

在这一类的文章里，刘氏所论非常细致，有些问题谈得也相当深刻，其中最重要的论点有以下几个：

1. 要讲求叙事的方法和技巧。

刘氏认为叙事是撰写历史的主要任务，在《叙事》篇里详细谈论了有关这方面的问题。他主张叙事以简要为主。什么是简要呢？就是用最少的文字叙述最多的事实，所谓"文约而事丰，此述作之尤美者也。"不但简练文字，还要

稿纸(A)25×20=500

进一步提高叙事的技巧，这种技巧他称为"用晦"。他阐释说："章句之言，有显有晦。显也者，繁词缛说，理尽于篇中；晦也者，省字约文，事溢于句外。然则晦之将显，优劣不同，较可知矣。夫能略小存大，举重明轻，一言而巨细咸该，片语而洪纤靡漏，此皆用晦之道也。"

2、不要妄为雕饰文彩而掩没史实。

自魏晋以来，有些作者受了文学中骈体文的影响，刻意讲究词藻的雕饰，因而淹没了史实的叙述。刘氏在"叙事"篇中指责这种作风说："作者芜音累句，云蒸泉涌。其为文也，大抵编字不只，捶句皆双，修短取均，奇偶相配。故应以一言蔽之者辄足为二言，应以三句成文者必分为四句，弥漫重沓，不知所裁。""或虚加练饰，轻事雕彩；或体兼赋颂，词类俳优。文非文，史非史。"这种作风也就必然违反了叙事简要的原则，而陷于繁芜累赘。这对于历史著作的质量有严重的损害，即在今天我们仍然应当引以为戒的。

3、不要只在形式上机械地模拟古人的笔法。

历史著作有其发展的传统，后人修史往往模拟前代的名著，这也是容易理解的事。然而，模拟古人的笔法旨在吸取其优点而提高自己著作的质量，不能为模拟而模拟。

稿纸(A)25×20=500

在《模拟》篇里详细讨论了这个问题。根据刘氏的归纳，模拟古人的笔法可分为两种：一曰貌同而心异，一曰貌异而心同。前者是机械地模拟古人而不能吸取其长处，后者是善于吸取古人的长处运用于著作，当然以后者为正确。

4.记述言语要用当时的口语和方言

撰写历史时不免要记述人物的言语，但如何用文字来表达言语呢？在刘氏以前，刘宋人裴松之曾提出意见说："凡记言之体，当使若出其口。辞胜而违实，固君子所不取；况复不胜，而徒长虚妄哉？"（《三国志·魏志·陈群传附陈泰传注》）刘氏在《言语》篇中又根据裴氏的意见进一步详细讨论了这个问题。他也主张"记其当世口语"应当"从实而书"，"使方言世语，由此毕彰"。这不但能反映历史的实际情况，而且也可从历代言语的变化中，"足以验氓俗之递改，知岁时之不同"。然而，有些作者却喜欢袭用古人的词句来记述后世的言语，"妄益文采，虚加风物，援引诗、书，宪章史、汉"。他责备这些作者"通无远识"，若都象这样来撰写历史，那就必然抹煞了从人物言语中所表现的历史的变化和发展，使读者产生古今为一的错误感觉，所以他又说："苟记言则约附五经，载语则依凭三史，是春秋之俗，战国之风，亘两仪而并存，经千载其如一，奚以今来古

稿纸(A)25×20=500

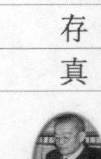

结、质文之宜变也哉？”

六、论对于历史人物的记载和品评的，有《人物》、《品藻》二篇。

在史书中一定要记载人物，但历史人物繁多，不能而且无需尽载，必须有所选择。那末，什么样的人物可写而什么样的不可写呢？刘氏在《人物》篇中谈论了这个问题。他认为，记载人物应以其是否在社会历史上起了重要作用为准则，而重要作用又包括善与恶两方面，凡是“其恶可以诫世，其善可以示后”的人物，都“不可阙书”。至于在社会历史上没有起什么作用与作用很微小的善人和恶人，“阙之不足为少，书之唯益其累”，就毋庸记载了。

刘氏又谈到历史家不仅应该善于记载人物，还要善于品评人物，指出他们在历史上的地位与作用，以便于后世读者的了解。但是，有些作者虽然记载了人物，却不能区分善恶，予以品评，“用使兰艾相杂，朱紫不分”；也有些作者虽然品评而不得其当，甚至“是非瞀乱，善恶纷拏”。刘氏认为这都没有尽到撰写历史的责任。

七、论历史家的品质及著作态度的，有《直书》、《曲笔》二篇。

刘氏认为撰写历史是关系于千古后世的庄严任务，“

稿纸(A)25×20=500

记功司过，彰善瘅恶，得失一朝，荣辱千载”（《曲笔》）。历史家应当认真求实地记载史事。在过去的历史家中，有的能够忠实于自己的任务，写出了“实录”；但更多的是抹煞、歪曲或捏造了事实。刘氏对这两种不同的情况作了深入的分析与严正的评论。

在《直书》篇里，刘氏特别赞扬了那些为了记载真实的历史而不惜牺牲自己生命的人，“若齐史之书崔弑，马迁之述汉非，韦昭仗正于吴朝，崔浩犯讳于魏国”，“或身膏斧钺”，“或书填坑窖”。他们为什么会有这样强烈不屈的表现呢？刘氏认为是由于他们的品质高尚，态度正直，“所以敢于仗气直书，不避强御”。他们虽然遭受了统治者的残酷迫害，但其“遗芳余烈”，终博得后世的景仰与钦敬，成为良史实录的典型。若与“王沈《魏书》，假回邪以窃位；董统《燕史》，持谄媚以偷荣”之类的相比，真不啻霄壤之别了。

在《曲笔》篇里，刘氏特别批评了任意歪曲事实、颠倒是非的人，说他们“舞词弄札，饰非文过”、或“高自标举”、“曲加排抑”，或“曲笔阿时”、“谀言媚主”，于是“用舍由乎臆说，威福行于笔端”。这样品质恶劣、记了邪曲的作者所表现的“丑行”，实“人伦所同疾”。至于对那些尤为恶劣的，如"或假人之美，藉为私惠；或诬人之恶，持报己仇"，刘氏更以无比的愤怒声讨痛斥，说："此又记言之奸贼，载笔之凶人，虽肆诸市朝，投畀豺虎可也！"

八、论史书的注文的，有《补注》一篇。

刘氏将过去的史书的注文分为两大类，一类是解释文字的，一类是补充事迹的。而补充事迹的又可分为两种，一种是在自己的著作中所加的"细书"或"子注"，一种是对前人著作的补注。但刘氏对于这些注文是不重视的，他认为："大抵撰史加注者，或因人成事，或自我作故，记录无限，规检不存，难以成一家之格言、千载之楷则。"

就是说，为史书作注，不能成为自具体例的著作。若以这两类的注文相比，刘氏则较推许解释文字的注，以为这一类"以训诂为主"，能"开导后学，发明先义"，是注家的正体。对于补充事迹的注，刘氏几乎完全否定，认为注自己的著作是"虽志存该博，而才阙伦叙。除烦则意有所吝，毕载则言有所妨，遂乃定彼榛楛，列为子注"，往往失之于"琐杂"和"鄙碎"。注前人的著作是"好事之子思广异闻，而才短力微不能自达，庶凭骥尾，千里绝群，遂乃掇众史之异辞，补前书之所阙。"其结果或是"喜聚异同，不加刊定，恣其击难，坐长烦芜"；或是择寒言伦语"

采摘成注，标为异说，有昏耳目，难为披览”；或是掇拾前人所摒弃的材料，“言尽非要，事皆不急”；或是“留情于委巷小说，锐思于流俗短书，可谓劳而无功，费而无益。”刘氏的这种论点，是由于把史注与其他历史著作一样看待，要求它也有一定的体例和系统的内容，而忽略了它本身的特点，及其增广史料以留益后人的作用。这种看法自然是很片面的。

九、论评论史书时应注意的问题的，有《鉴识》、《探赜》二篇。

刘氏在许多篇中都屡次阐明只有丰富的知识而没有鉴定是非善恶、批判利害得失的能力，还是没有多大用处的。如何提高鉴别、批判的能力，从而得出正确的结论呢？在《鉴识》、《探赜》二篇里讨论了这个问题。

刘氏认为，辨识事物本有一定的准则，而每人对事物的看法往往不同；若要求对事物的看法合适，必须对事物有精到的研究，并不是轻而易举的事。至于评论史书更是如此。因为史书的内容丰富，事理复杂，若不精研深思，就很难予以正确的评价。

刘氏又进一步指出，在研究前人著作的时候，必须注意不要歪曲作者的原意，切忌以主观片面的想法妄加推断。

稿纸(A)25×20=500

《探赜》篇说："夫前哲所作，后来是观，苟失其指归，则难以传授。而或有妄生穿凿，轻究本源，是乖作者之深旨，误生人之后学，其为谬也不亦甚乎？"他列举了许多例子，说明有人在评论史书的时候，"或出自胸怀，枉申探赜；或妄加向背，辄有异同"。结果歪曲了古人的意旨，得出了错误的结论，因而不能切实地判断其得失。然而一些没有鉴别、批判能力的人却认为其说新奇，随声附和，以致讹误相传，那就为害非浅了。

十、专论某些著作的优劣并杂评某些具体记载的得失的，有《疑古》、《惑经》、《申左》、《杂说上》、《杂说中》、《杂说下》、《暗惑》、《汉书五行志错误》、《五行志杂驳》九篇。

这一类的文章中，最重要的是在《疑古》、《惑经》二篇指责了孔子著作中的错误和缺点。孔子在封建社会中为统治阶级极力推崇，占有至高无上的学术地位，他的著作被奉为经典，一般人是不敢有所怀疑，更不敢提出批评的。而刘氏则在《疑古》篇对《尚书》、《论语》二书的记叙提出十条批评，在《惑经》篇对《春秋》一书的记载提出十二条批评，其中最尖锐的为说："……"并在批评了孔子之后，又指责了左丘明、孟子、司马迁、班固对孔子的"虚美"

稿纸(A)25×20=500

之处，也是一般人所不敢发的议论。

在《申左》篇中，评论所谓"《春秋》三传"的优劣，刘氏认为"左氏之义有三长，而二传之义有五短"。其主要意旨在于表扬《左传》而贬抑《公羊传》和《谷梁传》。

在《杂说》上、中、下三篇及《暗惑》篇里，条评诸书中某些具体记载的得失若干条，并附带发表了许多关于史书的体例、内容、编纂方法以及读史、评史等方面的意见。

《汉书五行志错误》篇专评班固所撰《汉书五行志》的缺失，分为四"科"（类），共包括二十"流"（目）。《五行志杂驳》篇专评关于春秋时代五行的记载的得失。

十一、删改某些史书中的烦文的，有《点烦》一篇。

这一篇本系于其录各书原文之后，用朱粉雌黄等色笔点去烦文或加以侧注的，篇首云："钞自古史传文有烦者，皆以笔点其上，（原注：'其点用朱粉雌黄并得'。）凡字经点者，尽宜去之；如其间有文字亏缺者，细书侧注于其右（原注：'其侧书亦用朱粉雌黄等。如本行用粉，则侧注者用朱黄，以此为别。'），或回易数字，或加足片言。"但因刊版时将所点、注者脱失，后人已不能见其本来面目了。（吕思勉著《史通评》，曾试以己意揣测刘氏原作，为之点烦，可以参阅。）

十二、自述学习和研究历史的经过及撰著《史通》的动

稿纸(A)25×20=500

机、意旨和感想的，有《自叙》一篇。

这一篇不仅使我们知道刘氏治学及著作的情况，而且还了解到他的为人和抱负。他有高深的史学修养与特殊独到的识见，但在当时却落落寡合，知己不多；他本来有一个伟大的计划，要把过去的纪传体史书重加修改，但因恐怕“致惊愚俗，取咎时人，徒有其劳而莫之见赏”，以致未能实现；他要把本朝的历史写好，但因受到监修大臣的干阻而不能如意。在这些因素之下，他发愤写出了《史通》，阐明撰著历史的准则，以供后世的取法。但是，他又惟恐此书不得流传，以致“与粪土同捐，烟烬俱灭，后之识者无得而观”。因而“抚卷涟洏，泪尽而继之以血”。可见他对于史学是如何忠心热情，而在当时封建统治下又是如何不能充分发挥其才能与作用了。

第三节　《史通》在撰著上的几个优点

《史通》是一部评论史学的专著，所评论的中心在于历史编纂学。刘知几撰为此书，在史学史上可说是独树一帜的创作，对后来的研究和编纂工作大有裨益。直到现在，这部在一千二百五十多年前写成的《史通》仍为我们所重视，认为是我国宝贵的史学遗产。其所以如此，大概由于在撰著上具有以下几个比较突出的方面。

稿纸(A)25×20=500

一是评论有据。

《史通》在评论任何有关史学的问题时，都举出具体的例作为其论述的根据，而不是徒托空言。随便举两个例，如在《因习上》篇里评论因袭前人著作而不知变通的弊病时说："……"又如在《模拟》篇里评论只在形式上机械地模拟古人著作的弊病时说："……"这样的评论，就能使读者感到切实生动，很有说服力。虽然在所举的例中有些是不恰当或是错误的，如把李延寿的《南史》和《北史》列为通史一类的著作，以《科录》为元晖业所撰，（《六家》）但为数不多，不足为全书之累。

二是兼指得失。

《史通》一书中对于历代史籍与史家的评论，能以比较客观的态度，既指出其优点，也指出其缺点，不凭主观的爱憎任意褒贬。如对于史籍的体例及内容的评论，在《二体》篇中将编年史与纪传史的长处与短处都分别说明，并加以"考兹胜负，互有得失"的结语；在《杂述》篇中将偏记、小录等十种杂史的优点与缺点都分别说明，并加以"得失纷糅，善恶相兼"的结语。对于史家及其著作的评论，都分别指出其得失利病。如对孔子的《春秋》，在《六家》篇中至为推崇，但在《惑经》篇中则指出其缺点十二条。又如对左丘明的《左传》，在许多篇中都对之倍加赞扬，但在《杂说上》篇中则数次予以批评。至对司马迁的《史记》、班固的《汉书》、陈寿的《三国志》、范晔的《后汉书》以及其他的著作，在《史通》一书中也都根据实际情况分别评论其优劣，兼指其得失，没有怀抱成见和感情用事而作片面的赞扬或贬抑。

过去往往有人鉴于在《六家》篇中论"史记家"时仅言其缺点，而论"汉书家"时则仅言其优点，遂认为刘知几极意"尊班而抑马"（郑樵：《通志·总叙》），故"訶马迁而没其长"（郭延年：《史通评释序》），这都是误解。因为此处所论，主要在于比较二家（即纪传体的通史断代史）著作的难易，他的原意是认为通史所包括的"疆域辽阔，年月遐长"，难以写得好，故云"劳而无功，述者所宜深诫也"。而断代史"包举一代，撰成一书"，容易写得好，故云"学者寻讨，易为其功。"并非对司马迁、班固二人的总评价。实际上，在《史通》中虽指责了司马迁不少的缺点，但并没有"抑"而"没其长"，他的地位还是在班固之上的。如《二体》篇云："既而丘明传《春秋》，子长（司马迁字）著《史记》，载笔之体于斯备矣。……盖荀悦、张璠，丘明之党也。班固、华峤，子长之流也。"《杂说下》篇云：

"盖左丘明、司马迁，君子之史也。"在《辨职》篇也以"鲁之丘明，汉之子长"为史家"编次勒成，郁为不朽"的典型。大家都知道刘知几是最推崇左丘明的，而屡次以司马迁与左丘明相提并列，岂有贬抑之意？何况在《二体》篇里还驳斥了干宝"盛誉丘明而深抑子长"的错误呢？至于班固，虽然在《史通》中受到了不少的赞扬，但被指责的缺点却比司马迁更多。除散见于各篇（如《载言》、《表历》、《志书》、《论赞》、《题目》、《断限》、《编次》、《因习上》、《浮词》、《叙事》、《品藻》、《曲笔》、《人物》、《序传》、《杂说上》、《杂说下》）者外，且有《汉书五行志错误》专论其事，可见刘知几也绝非偏袒班固。又何况在《曲笔》篇里更提"班固受金而始书"的传闻，而责其"假人之美，借为私惠"，甚至斥为"记言之奸贼，载笔之凶人"呢？

在刘知几以前，一般人对于宋孝王的《关东风俗传》与王劭的《齐志》是不重视的，而且王劭的著作曾深受唐朝史臣的讥斥（见《隋书·王劭传》）。但是在《史通》中则对宋、王二人的优点屡加表彰。如《言语》篇称二人"抗词正笔，务存直道。方言世语，由此毕彰。"《直书》篇称二人"叙述当时，亦务在审实。……而二子书其所讳，曾无惮色。刚亦不吐，其斯人欤！"而对王劭更为赞扬（

稿纸(A)25×20=500

见于《论赞》、《载文》、《叙事》、《曲笔》、《模拟》、《杂说中》、《杂说下》、《忤时》等篇），尤以在《杂说中》篇，不但称许其叙事可与《左传》比美，而且极力赞叹说："劭之所录，其为弘益多矣！足以开后进之蒙蔽，广来者之耳目，微君懋，吾几面墙于近事矣！"因此，后人乃认为刘知几忘情用事，偏爱宋、王，讥以"爱王劭而忘其佞"（郭延年：《史通评释序》）。实际上，在《史通》里仍然是指责其缺点的，如在《杂说下》篇云："宋孝王、王劭之徒，其所记也，喜论人帷薄不修，言貌鄙事，讦以为直，吾无取焉。"在《补注》篇又责其所撰的子注失之于"鄙碎"，系"言殊拣金，事比鸡肋"之类。可见刘氏对于宋孝王与王劭也是就事实立论，而不是任意翻案，故作危言以褒奖。

刘知几曾经指出，史家记人载事应当"爱而知其丑，憎而知其善。善恶必书，斯为实录"（《惑经》）。他也把这个原则运用于对史家与史籍的论述，进行比较全面的分析，兼指其得失长短，因而也就能有助于读者增进对历史著作的了解。

三是批评尖锐。

在《史通》一书中，对前人著作进行了不但是广泛的而且是尖锐的批评，封建时代已有很多学者谈到，如北宋的宋祁说他"工诃古人"（《新唐书·刘子玄传赞》）；清朝的黄叔琳称其"舌长而笔辣"（《史通训故补·序》）。我们现在读它的时候，也很容易发现这一点。

《史通》尖锐的批评，不但施之于一般的作者，即使被尊奉为"圣人"的孔子，被称誉为"良史"的司马迁、班固、陈寿、范晔，以及其他著名的史家，也都不能幸免。如在《疑古》篇里批评孔子"刊书"、"定礼"、"删诗"、"论语"的时候说："斯验圣人之饰智矜愚、爱憎由己者多矣！"在《惑经》篇批评孔子所修《春秋》记载他国事迹的错误时，一则说"用使巨细不均，繁省失中"，再则说"遂使真伪莫分，是非相乱"。像这样对孔子的批评，在封建时代所谓正统派的的儒者看来，简直是"非圣无法，大逆不道"了。所以清朝官撰的《四库全书总目》说："《疑古》、《惑经》诸篇，世所共诟，不待言矣。"（史部史评类《史通》提要）又如在《本纪》与《世家》两篇中批评司马迁自乱体例，说他首先创立了纪传体，但"区域既定而疆理不分"，"自我作故而名实无准。"在《品藻》篇批评班固《汉书·古今人表》品评人物不当，说他是"是非瞀乱，善恶纷拏"。在《论赞》篇批评班固、陈寿、范晔、魏收等四人"与夺乖宜，是非失中。"在《杂说中》篇批评臧荣绪《晋书》记述错误，说："夫识事未

稿纸(A)25×20=500

精而辑为专述，此其不知量也！”在《杂说下》篇批评沈约，说：“夫故立异端，喜造奇说，汉有刘向，晋有葛洪，近者沈约又其甚也！”在《浮词》篇批评魏收、牛弘、李百药、令狐德棻说：“鉴识非远，智识不周，而轻弄笔端，肆情高下。”而且，除了个人著作之外，即对于唐初官修的《晋书》，刘氏也一样予以严厉的责斥，并不因本朝大臣之作而有所忌惮，如在《杂说中》篇说：“以此书事，奚为厚颜！”“为史若此，复何所取哉？”

刘氏最痛恨的，是那些故意歪曲事实的作者，因而对他们的批评也最尖锐。在《曲笔》篇里有一段话说：“其有舞词弄札，饰非文过，若王隐、虞预，毁辱相凌；子野（裴子野）、休文（沈约），释纷相谢。用舍由乎臆说，威福行乎笔端，斯乃作者之丑行，人伦所同疾也。亦有事每凭虚，词多乌有，或假人之美借为私惠，或诬人之恶持报己仇。若王沈《魏录》，滥述贬甄之诏；陆机《晋史》，虚张拒葛之锋；班固受金而始书；陈寿借米而方传。此又记言之奸贼，载笔之凶人，虽肆诸市朝，投畀豺虎可也！”这些被批评的都是著名的史家，足见刘氏的笔锋在对待前人的过失也绝不宽容的。

《史通》对前人著作的尖锐批评，当然有的不见得恰当，在文词上也有不少过激之处，但主要是表现了对史家的严格要求，无情地揭发了著作中的不良现象，对于提高后世著作的质量，促进史学的发展有积极的作用。

四是主张明确。

刘知几不仅在《史通》中批评了别人的著作，还提出了自己的主张。他所提出的许多主张大都表达得非常明确，而不是依违莫定，模棱两可，因此，也就使读者感到印象深刻。如在《载文》篇指出魏晋以来史书载录文章的五个缺点及比较得失之后，结尾说："……"在《史官建置》篇提出他对于史料与著作的关系的看法，说："……"在《杂说上》篇中，论到历代政权成败兴亡的原因是天命还是人事的问题，说："……"如此种种，不胜举证，都明确地发表了他的主张。

但是，由于全书所论述的范围很广，其中许多方面都有互相牵涉关联之处；而在各篇中触及某一方面时，往往是从不同的角度出发，或者是所讨论的对象与意旨不同，因而其主张也不免令人初读时感到莫衷一是或自相矛盾的地方，而必须仔细探索才能了解的。最明显的例子是关于纪传体的表的问题。在《表历》篇说："……"这里基本上反对在纪传史中作表的；如不得已，只有分裂割据时代

稿纸(A)25×20=500

以列国年表，还可因需要核比其年世而制作。此外，在《杂说上》篇却又说："……"这样说来，表又是很有用处的了。好象与《表历》篇所述完全抵牾。于是过去以及现代的学者大都以此指责刘氏自相矛盾；虽有立意为刘氏解释的，也只是说"大抵内外篇非成一时，互有未定之说。两存参取，折衷用之，不为无助。"（浦起龙：《史通通释·表历》）实际上，既非自相矛盾，也非未定之说，而是两篇中所讨论的对象与意旨不同。在《表历》篇中，所讨论的是纪传体史书应不应当有表的问题，由于刘氏以纪传史中既有本纪、世家和列传，而表的内容往往与之重複，所以认为无用。在《杂说下》篇所云，则是对比于《史记》诸表来评论班固《汉书·古今人表》的内容，係小标题"诸汉史十条"中的一条。他指出"若班氏之《古今人表》者，惟以品藻贤愚、激扬善恶为务尔。既非国家遞袭，禄位相承，而亦复界重行，狭书细字，比于他表殆非其类欤？"可以看出，《表历》篇所讨论的是纪传史应不应当有表的问题，而《杂说下》篇所讨论的是纪传史中已有的表的优劣问题，两处并不是一个论题，因而不能说是自相矛盾。

其他如在《载文》篇说："文之将史，其流一焉。"而在《覈才》篇则说："文之与史，皎然异辙。"又如在

稿纸(A)25×20=500

77.

《探赜》篇说司马迁《史记》以伯夷、叔齐为列传之首，"斯则理之常也，乌足怪乎？"而在《人物》篇则说："而断以夷、叔居首，何龃龉之甚乎！"也很容易使人感到两处的主张抵牾。但细加研究，则知《载文》篇所说的是指文与史的内容都应当"不虚美，不隐恶"；而《覈才》篇所说的是指一般的文士写不好历史，一般的史家又写不好文章。《探赜》篇所说，旨在反驳葛洪的"伯夷居列传之首，以为善而无报也"的论点；而《人物》篇所说，旨在批评司马迁只有编纂伯夷以前的重要历史人物写出列传。所以这也是由于从不同的角度出发，或是所讨论的问题不同，而不是自相矛盾。

《史通》除上述几个特点外，还有一个文字形式上的特点，就是基本上是用骈体文写成的。在这以前，南朝梁人刘勰用骈体文写了一部评论文学的专书——《文心雕龙》，因二书都是关于学术评论的著作，在学术史上的意义与价值也类似，又都是用骈体文写的；所以后人常以二书相匹。更有人认为《文心雕龙》用骈体文写来还较容易，因为它所发挥的道理多，便于雕琢词藻；而《史通》每一篇都有许多具体的人名、书名及历史事实，难以写得工美，正如《文心雕龙·神思》篇所说"意翻空而易奇，言征实而

稿纸(A)25×20=500

难巧也”。但刘知几本来是很有文学修养的，他自己曾说：“余初好文笔，颇获誉于当时。”（《自叙》）尽管他以骈体撰著评论史学的书，还是写得流畅自然，没有晦涩生硬的弊病。然而，终因文字对偶的限制，不得不“修短取均，奇偶相配”，以致变司马迁为“马迁”，诸葛亮为“葛亮”，《后汉书》为《汉书》，《三国志》为《国志》；又不得不“编字不只，捶句皆双”，以致“应以一言蔽之者，辄足为二言；应以三句成文者，必分为四句”。他在《叙事》篇里批评前人的这些话，反而套在自己身上了。

第四节 刘知几对于史学的贡献

刘知几对于史学有重要的贡献，历来是大家所公认的。封建时代的学者议论他的著作时，除个别故意诬蔑者外，尽管曾经有不少人指责了其中的一些缺点，但对他的总评价还是很高的。如黄叔琳《史通训诂补序》云：“观其议论，如老吏断狱，难更平反。……间有过执己见以裁量往古，泥定体而少变通，如谓《尚书》为例不纯，史论淡薄无味之类。然其荟萃搜择，钩釽排击，上下数千年，贯穿数万卷，心细而眼明，舌长而笔辣，虽马、班亦有不能自解免者，何况其余？书在文史类中，允与刘彦和之《雕龙》相

稿纸(A)25×20=500

正。徐坚谓史氏宜置座右，信也。”又如《四库全书总目》（史部史评类《史通》提要）列举了他的若干缺点，并责以“诋诃太甚”、“示殊谬妄”、“偏駮殊甚”、“琐屑支离”、“小小疏漏更所不免”等语，而在总的方面则认为“其贯穿今古，洞悉利病，实非后人之所能及。”“其缕析条分，如别黑白，一经抉摘，虽马迁、班固几无词以自解免，亦可云载笔之法家、著书之监史矣。”近代资产阶级学者对于刘知几的评论，除刘咸炘《史学述林》一书屡言其非，并且其中专有《史通驳议》一篇予以指责外，一般也是多所赞扬。如梁启超在《中国历史研究法》第二章云：“刘氏事理缜密，识力锐敏。其勇于怀疑，勤于综核，王充以来，一人而已。其书中《疑古》、《惑经》诸篇，虽于孔子亦不曲徇，可谓最严正的批评态度也。章（学诚）氏谓其所议，仅及馆局纂修，斯固然也。然鉴别史料之法，刘氏言之最精，非郑（樵）章（学诚）所能逮也。”封建学者和资产阶级学者的论断，虽然也有其中肯之处，但都不过只重视刘氏在批评前人著作方面的成就，而未能从史学发展上全面阐述其贡献。我们现在认为，刘氏对于史学的贡献，约可分为以下几项来说。

（一）第一次为中国史学作了比较全面而详细的总结。

稿纸(A)25×20=500

80.

在刘知几以前，曾经有两个人为史学写过总结性的文章。先是东汉初年的班彪，曾对过去的重要史籍作了一篇论述，见于《后汉书·班彪传》。但这篇文章只有五百七十字，除评论司马迁《史记》的文字较多外，对《史记》以前的著作仅简单叙述其沿革而未有评论。再是南朝梁人刘勰，在他所著《文心雕龙》一书写有《史传》一篇，叙述了历史记载及著作的沿革，评论了自孔子以来到东晋时代的史家，并探讨了史籍的体例、内容及编纂方法。但这篇文章也只有一千二百七十字，所论述的既不全面又太简单，如对于史家及其著作的评论，多者不过数语，少者仅有二字。所以，这两篇文章只能说是史学总结的萌芽。

到了刘知几写出《史通》一书，才有了比较全面而详细的史学总结。如在《六家》、《杂述》、《二体》等篇总结了历史著作的类别、源流和体例；在《史官建置》、《覈才》、《辨职》、《忤时》等篇总结了设置史官及官修史书的经验及教训；在《本纪》、《世家》、《列传》、《表历》、《书志》、《断限》、《编次》、《载言》、《载文》、《书事》、《烦省》等篇总结了纪传史与编年史的体例、内容及编纂方法；在《叙事》、《浮词》、《模拟》、《言语》、《因习上》、《因习下》等篇总结了历史的叙事方法和写作技巧；在《人物》、《品藻》等篇总结了记载和品评历史人物的标准；在《直书》、《曲笔》等篇总结了历史家的品质及著作态度；在《补注》篇总结了史书的注文等等。在这些有关史学各方面的总结中，都分别论述其情况，指出其得失利害，以供后人阅读和研究历史及从事历史著作的参考取资，对于促进史学的发展确实具有重要的意义与作用。

分析

刘氏所以能够写出这样内容比较丰富的总结，除了他自己的努力外，还由于客观的历史条件。我国史学自商周以来虽然日益发展，但在西汉以前，史学水平终究不高，所写出的历史著作不仅数量有限，而且大都内容简略；又由于种种原因，许多著作陆续散佚，得以流传世上的史书是很少的。班固《汉书·艺文志》著录从上古到西汉末年的历史记载与著作，列为"春秋家"，其总数不过"二十三家，九百四十八篇"（《尚书》与《周书》列入"书家"，不在其内）。后来经过东汉、三国、两晋、南北朝、隋诸代六百年左右的发展，有关历史的记载与著作才有显著的增多而蔚为大观。唐初官修的《隋书·经籍志》史部分十三类，共著录八百一十七部，一万三千二百六十四卷。（通计亡书，合八百七十四部，一万六千五百五十八卷。又《尚书》、《春秋》、

稿纸(A)25×20=500

82.

《左传》均列入经部，不在史部数内。）随着历史记载与著作的增多，历史编纂学日益发展，对史学有研究兴趣的人逐渐提出了多方面的许多问题，并发表了不同的意见。于是，刘氏在前人著作与研究的基础上，通过自己的刻苦钻研与辛勤劳动，才能写出内容比较丰富的总结。

当然，我们现在看来，刘氏的总结还远远不够全面和深刻，但就那时的历史条件和史学水平而论，这个总结已非常难得，不愧为有创造性的贡献了。

（二）提倡"直书"、"实录"，揭发并斥责了历史的歪曲和捏造者。

在封建社会中，如果有人能够比较真实地记录一事或撰写一书，就会被视为难能可贵而受到后人的赞扬。如《左传·宣公二年》云："孔子曰：董狐，古之良史也，书法不隐。"《汉书·司马迁传赞》云："自刘向、扬雄博极群书，皆称迁有良史之材，服其善序事理，辨而不华，质而不俚。其文直，其事核，不虚美，不隐恶，故谓之实录。"于是，董狐被认为是史官记事的好榜样，司马迁被认为是史家著作的好典型。不过，能做到这样"直书"、"实录"的人毕竟是很少的，尤其在三国两晋南北朝时代，由于长期处于分裂割据，多次改朝换代的政治局面之下，另史家往往为其所依附的政权服务，对本朝则饰善讳恶，对敌国则诬蔑诋詈，甚至有些史官认为任意歪曲、捏造是他的特权。这种恶风邪气，到了隋唐统一时代仍然继续存在。刘知几为了维护历史记载的真实性，遂大声疾呼，提倡“直书”、“实录”，并无情揭发和严厉斥责了歪曲、捏造历史的人。

刘氏不仅在《直书》和《曲笔》两篇里集中地表扬了比较正直的史家，痛斥了邪曲的丑行，在其他各篇也随时发挥了这方面的言论，他这种“彰善疾恶”的精神可以说贯穿在全书之中。

尤其值得注意的是，刘氏对于那些歪曲或捏造事实的记载，曾细心探索其原因，并作了深入的分析。因为“良史”、“实录”能够受到后世的称赞，是人所共知的，历史家谁不愿意写出“实录”以博得“良史”的美名呢？但是，为什么又会有人歪曲或捏造事实呢？综观刘氏在《史通》一书中所论，主要有以下几种原因：

一是由于统治者的威胁。历代统治者为了自己的利益，往往指使史家歪曲或捏造事实，史家如不听命，往往受到种种威胁，以免遭受杀身之祸，所以史家“宁顺从以保吉，不违忤以受害。”（《直书》）由此，不顾统治者的威胁而据事直书的史家是有的，但在

稿纸(A)25×20=500

统治者的威胁下，若要求一般人都不顾生命的危险而忠于史实的记载，也是非常困难的。所以他发出慨叹说："至若齐史之书崔弑，马迁之述汉非，韦昭仗正于吴朝，崔浩犯讳于魏国，或身膏斧钺，取笑当时；或书填坑窖，无闻后代。夫世事如此，而责史臣不能申其强项之风，励其匪躬之节，盖亦难矣！"（《直书》）这里虽然在文字上对曲笔的人有所原谅，而实际的意思还在于揭发统治者的罪恶。

一是由于史家对统治者的阿谀奉承（谄媚）。有些史家为了自己的荣华富贵，借着修史的机会向统治者阿谀奉承，遂不惜褒曲或捏造事实。如刘氏举例所说："案《后汉书·更始（刘玄）传》称其懦弱也：'其初即位，南面立，朝群臣，羞愧流汗，刮席不敢视。'夫以圣公身在微贱，已能结客报雠，避难绿林，名为豪杰。安有贵为人主，而反至于斯者乎？将作者曲笔阿时，独成光武之美；谀言媚主，用雪伯升之怨也。且中兴之史，出自东观，或明皇所定，或马后攸刊，而炙輠更长，简书莫改，遂使他姓追撰，空传伪录者矣。"（《曲笔》）这种情况，到了三国两晋南北朝时代更多，如"王沈《魏书》，假回邪以窃位；董统《燕史》，持谄媚以偷荣"（《直书》），魏收"论齐则轻抑关右，党魏则深诬江外"（《称谓》）等等，就不胜枚举了。

以上一段例子可以不要

稿纸(A)25×20=500

85

一是由于史家的政治偏见。史家在记述改朝易代之际的事迹时，因本朝政权系自前朝夺取而来，往往有所隐讳和歪曲。前朝的忠臣，在他们看来则成了叛逆。（刘氏说：）“若汉末之董承、耿纪，晋初之诸葛、毋丘；齐兴而有刘秉、袁粲，周灭而有王谦、尉迥。斯皆破家殉国，视死犹生，而历代诸史皆书之曰逆。”（《曲笔》）而在分裂割据的时期，史家又往往标榜本朝而诬蔑他国，如“魏收以元氏出于边裔，见侮诸华，遂高自标举，比桑干于姬汉之国；曲加排抑，同建邺于陌貊之邦。”（《曲笔》）于是，本朝的统治者是喜欢这样记载的。如刘氏所说：“但古来唯闻以直笔见诛，不闻以曲笔获罪。是以隐侯《宋书》多妄，萧武知而无尤；伯起《魏史》不平，齐宣览而无谴。故令史臣得爱憎由己，高下在心，进不惮于公宪，退无愧于私室。欲求实录，不亦难乎！”（《曲笔》）

一是由于作者好立异端，喜造奇说。在某些历史著作里，往往有一些怪诞不经的记载，连作者自己也并不相信，于是他们或为了耸人听闻，而“苟出异端，虚益新事”（《采撰》），“全构虚词，用惊愚俗”（《杂述》）；或为了追求谐趣，“使读之者为之解颐，闻之者为之抚掌”（《书事》），遂予采录。甚至又辗转相抄，以广流传，如“沈约《晋书》，喜造奇说，称元帝牛金之子，以应牛继马后之征。……而魏收深嫉南国，幸书其短，著《司马叡传》，遂具录休文所言"（《杂说中》）。象这样的作法，刘氏认为是史家最严重的罪过，责以向声背实，舍真从伪。知而故为，罪之甚者！"（《杂说中》）并进一步评论说："广陈虚事，多构伪辞，非其识不周而才不足，盖以世人多可欺故也。呜呼！后生可畏，何代无人？而辄轻忽若斯者哉？夫传闻失真，书事失实盖事有不获已，人所不能免也。至于故为异说，以惑后来，则过之尤甚者矣！"（《杂说下》）

刘氏指出这些原因，揭露了歪曲和捏造历史的人的真面目，既可以警诫将来的史官和史家，又为后世的读者提供了审查历史著作是否"直书"、"实录"的线索和方法，是有重要意义与作用的。当然，刘氏所提倡的"直书"、"实录"，只不过是以封建伦理为标准而对封建统治阶级学者的要求，并不能完全合乎历史的真实情况。

（三）批判了盲目崇拜古代、迷信"圣人"的观念。

自从汉武帝时期儒家思想在封建社会占据了统治地位后，一般人因受儒家学者宣传的影响，大都盲目地崇拜古代和迷信"圣人"，这不仅不能真实地了解古代情况，还阻碍了史学的进步和发展。刘知几对此作了作了具体的分析

稿纸(A)25×20=500

和平正的批判。

刘氏指出，上古的史书都是"轻事重言"的，"加以古文载事，其词简约，推者难详，缺漏无补。遂令后来学者莫究其源，蒙然靡察，有如聋瞽"（《疑古》）。就孔子所删定的《尚书》来说，"上起唐尧，下终秦穆，其书所录，唯有百篇。而书之所载，以言为主，至于废兴行事，万不记一。语其缺略，可胜道哉？"（《疑古》）且其中又有不少虚言不实之处，如《尚书》记尧禅位于舜，而刘氏根据《汲冢琐语》与《山海经》等记载，证明舜系先废尧而立其子丹朱，继又废丹朱而夺取帝位的。又如《尚书》记夏桀、殷纣都是罪大恶极的人，而刘氏则认为是不合实情的，说："何者？称周之盛也，则云三分有二，商纣为独夫；语殷之败也，又云纣有臣亿万人，其亡流血漂杵。斯则是非无准，向背不同者焉。……"（《疑古》）刘氏总的意见是，根据《尚书》的记载以及其他上古史籍的内容看来，绝对不能认为古代的著作都是好的，其所记载都是对的，而且实际上并不如后代的史书有价值。他说："夫远古之书与近古之史，非唯繁约不类，固亦向背皆殊。何者？近古之史也，言唯详备，事罕甄择，使夫学者睹一邦之政，则善恶相参，观一主之才，而贤愚殆半。至于远古则不然。夫

稿纸(A)25×20=500

其所录也，略举纲维，务存褒讳，寻其终始，隐没者多。……推此而言，则远古之书，其妄甚矣！"（《疑古》）刘氏这种论调，我们现在看来是很容易理解的，但在当时盲目崇拜古代的空气弥漫之下，实为非常大胆的呼声，有震聩启蒙的作用。

孔子是儒家所尊奉的"至圣先师"，在一般儒者的心目中，只能无条件地信仰，不容有任何怀疑而对之进行批判。刘知几虽然也非常推崇孔子，但认为孔子并非没有缺点，不是无可批判之处，说："……"所以他对于孔子的学术工作和言论，都有所指责，如说："观夫子之刊书也，夏桀让汤，武王斩纣，其事如彼，而芟夷不存；观夫子之定礼也，隐闵非命，恶视不终，而奋笔昌言，云鲁无篡弑；观夫子之删诗也，凡诸国风，皆有怨刺，在于鲁国，独无其章；观夫子之论语也，君娶于吴，是谓同姓，而司败发问，对以知礼。斯验世人之饰智矜愚、爱憎由己者多矣！"（《疑古》）对孔子自己撰著的史书《春秋》，提出了更多的质疑和批评，除《惑经》篇集中地列举十二条"未谕"，并说"凡所未谕，其类犹多"外，在其他篇里也间有陈述。

刘知几不但批评了孔子的《春秋》，而且对那些不加思考、一味赞扬《春秋》的著名学者孟子、左丘明、司马迁、班固等，也予以批评，责之曰"虚美"，并说："世人以夫子固天攸纵，将圣多能，便谓所著《春秋》善无不备。而审形者少，随声者多，相与雷同，莫知指实。""征其本源，良由达者相承，儒教传授，既欲神其事，故谈过其实。"（《惑经》）这在封建时代确为非常高明的见解。

刘氏能够摆脱儒家传统思想的束缚，对历来盲目崇拜古代、迷信"圣人"的观念进行勇敢的批判，表现了他的历史进化的观点和实事求是的态度。他在这方面的贡献，是中国古代唯物思想在史学领域内的重大发展。正如他自己所说："昔王充设论，有《问孔》之篇，虽《论语》群言多见指摘，而《春秋》杂义曾未发明。是用广彼旧疑，增其新觉。将来学者，幸为详之。"（《惑经》）他不仅吸取了王充的进步思想，在史学上建立了新观点，还希望将来的史家注意研究，继续推进史学的发展。

刘氏论官修史之弊：
1. 人员众多，互相观望。
2. 材料缺乏，闻见有限。
3. 权贵干涉，不能直书。
4. 多头监修，意见不一。
5. 分工不明，不负责任。

（四）对历史编纂学提出了许多重要的建议。

刘知几在《史通》一书里，不仅对过去的历史著作进行了详细的评论，而且对以后的历史编纂学提出了许多重要的建议。这些建议大部分都是有益于史学的发展的，可概括为几大端来谈。

在史料工作方面，刘氏主张既要广搜博采，又要细心

稿纸(A)25×20=500

鉴别真伪，慎重取舍。如《采撰》篇所讲的，在从事著作时，若不"征求异说，采摭群言"，则内容贫乏，难以"成一家，传诸不朽。"但是，若只"务多为美，聚博为功"，而不"别加研覈"，以"练其得失，明其真伪"，又难以"与五经方驾，三志竞爽"。也就是说，史料不但要丰富，而且要真实。但就实际情况来看，鉴别真伪以决定取舍，要比广搜广采更为重要，因而又是史家应当特别注意的。在其他各篇里，有很多地方也谈到这一类的问题；而在《暗惑》篇末尾，还作了一段总结性的论述，说："……其叙事也，唯记一途，直论一理，而矛盾自显，表里相乖；非复抵牾，直成狂惑者尔！寻兹失所起，良由作者情多忽略，识惟愚滞，或采彼流言，不加铨择；或传诸谬说，即从编次。用使真伪混淆，是非参错。……夫书彼竹帛，事非容易，凡为国史，可不慎诸?!"他在这里给编纂历史的人提出了最基本的要求：必须严肃认真地对待史料工作。否则，就不能写出有价值的史书，甚至不成其为史书。这对于促进后来历史著作内容的充实与质量的提高，是有裨益的。

在史书的体例方面，刘氏不仅指出编年与纪传为两种主要的体例，并予以深入细致的分析评论，使后人对于体刘咸炘《史学述林·史目论》："刘知几主废天文、艺文，皆非也。天文非不变，浦氏已言之。艺文尤不可废。胡元瑞曰：'艺文之为志也，盖以纲乎篇史，实纪述成本于当时。往代之书存没，非此无以考；今代之蓄多寡，非此无以征。'刘知几以为附赘悬疣，当同一律，而大讥隋志之非计，刘疏略之讥，匪综核之论。即后汉一书，艺文无志，而东京一代典籍茫然，他可概矣。"

例的认识大为明确；同时，还提出了许多有关体例问题的建议。（分别见于《载言》、《本纪》、《世家》、《列传》、《表历》、《书志》、《论赞》、《序例》、《题目》、《断限》、《称谓》等篇。）在这些建议中贯穿着一条基本的原则，即体例必须谨严而合理。虽然他各篇里对每一问题的主张并不完全正确，且有近于拘泥或支离之处，而他所提出的基本原则是正确的。因为一部历史著作如果没有谨严而合理的体例，既减低了本身的价值，又会使读者感到混乱而妨碍对史事的了解。刘氏在这方面的许多建议，都是根据实际情况经过细心研究的，很值得后来修史的人参考。

在史书的内容方面，刘氏主张应当记载对社会、国家有用的事迹，不要滥杂烦芜无用的现象。关于这方面的许多具体建议，除《书事》篇有比较集中的说明以外，在其他篇里也屡加阐述。什么是有用的呢？他认为史书的内容能够具有"记功司过，彰善瘅恶"（《书事》）的意义才算有用。什么是无用的呢？凡"厕之不足为少，书之唯益其累"（《人物》）的材料就是无用。当然，他所说有用与无用，都是以封建的政治观点来判分的，我们现在看来是远不足为法的。不过，就封建时代的史家认识所及的范围而论，若能根据他的建议来撰写史书，也确能减少很多冗滥浮费的文字，增加一些即使在我们现在看来也还有用的材料。

在文与史的关系方面，刘氏强调文与史的区别，主张绝不能容许文学的辞藻损害了历史记载的真实。记载史事需要用文字来表达，也需要一定的文学技巧，所谓"史之为务，必借于文"（《叙事》）。然而却不能文史不分，更不能使文学在史学领域中喧宾夺主。在上古时代文与史也许难以划分，可是，随着社会文化的发展，文与史的区别就愈益明显了。刘氏说："昔尼父有言：'文胜质则史'。盖史者，当时之文也。然朴散淳销，时移世异，文之与史，较然异辙。"但自南北朝，"世重文藻，词宗丽淫，于是沮诵失路，灵均当轴。"（《覈才》）史职多由长于文采而缺少史才的文士担任。在文人执掌史笔之下，注意修饰词藻，抹煞了史事的叙述，甚至口语也以骈体文来雕琢润色，弄得完全不合实情。刘氏针对这种反常的现象，予以严正的指斥，说："……而近世作者，撰彼口语，同诸笔文，斯皆以元瑜、孔璋之才，而处丘明、子长之任。文之与史，何相乱之甚乎！"（《杂说下》）所谓文史相乱，就是在记叙上单纯玩弄文辞，无视史事实际，从而使历史著作不成其为历史著作了。这种雕饰词藻、追求华丽的骈体文作风，不但妨碍了史学的发展，即在文学本身也是不健康的现象，

稿纸(A)25×20=500

93

所以后来韩愈提倡古文，被誉为有"文起八代之衰"的功绩。殊不知，早在韩愈一百多年以前，刘知几已在史学方面积极进行"起八代之衰"的工作了。

总之，刘氏所提出的许多建议，都丰富了封建时代历史编纂学的内容，并能以起到革除积弊，推动史学进步的作用。这是对史学的重要贡献。

（五）指出了历史家必须具备的条件。

刘知几曾说："夫史才之难，其难甚矣！"（《覈才》）可见他认为要做一个历史家是不寻常的。但是，究竟难到什么程度呢？在《史通》一书里却没有明确的解释，而是他在和别人的问答中发表了对这个问题的意见。

《旧唐书·刘子玄传》云："礼部尚书郑惟忠尝问子玄曰：'自古以来，文士多而史才少，何也？'对曰：'史才须有三长，世无其人，故史才少也。三长谓才也、学也、识也。夫有学而无才，亦犹有良田百顷、黄金满籯，而使愚者营生，终不能致于货殖者矣。如有才而无学，亦犹思兼匠石、巧若公输，而家无楩柟斧斤，终不果成其宫室者矣。犹须好是正直，善恶必书，使骄主贼臣所以知惧。此则为虎傅翼，善无可加，所向无敌者矣。脱苟非其才，不可叨居史任。自夏古以来，能应斯目者，罕见其人。'

时人以为知言。”（又见《唐会要》卷63及《全唐文》卷274。《新唐书·刘子玄传》虽载此论，然多所删节，不足为据。）

刘氏认为必须具备史才、史学、史识三个条件，才足以称为真正的历史家。可是他对于这三个条件的涵义并没有正面的具体说明，只打了一些比喻，因而又引起了后人的揣测。大概史才是指的搜集、鉴别和组织史料的能力、叙述史实、记载言语和撰写文章的能力，以及运用体例、编次内容的能力，都是属于历史编纂学范围的才具。史学是指的掌握丰富的史料、历史知识及与历史有关的各种知识。至于史识呢？过去和现在都有很多人以为指的见解和观点，但若根据刘氏的原论来看，恐怕不止于此。因为他说除了有才有学之外，“犹须好是正直，善恶必书，使骄主贼臣所以知惧”。这就是说，还要有秉笔直书、忠于史实的高尚品质和勇敢精神。而在他看来，最难得的是史识，其次是史才，再则是史学。他的这个见解在《史通》全书各篇中都可以体会出来，特别是在《辨职》篇里表达得最明白。说：“史之为务，厥途有三焉。何则？彰善贬恶，不避强御，若晋之董狐、齐之南史，此其上也；编次勒成，郁为不朽，若鲁之丘明、汉之子长，此其次也；高才博学，名重一时，若周之史佚、楚之倚相，此其下也。苟三

稿紙(A)25×20=500

若并厕，复何为者哉？"~~云云~~

刘氏所指出的历史家必须具备的三个条件，可说得到后世的公认。虽然清朝人章学诚为之补充了一个"史德"，但"史德"实际上已包括在刘氏所说的史识之内的。

× × × × ×

综上所述，我们肯定了刘知几是古代的杰出的史学家，《史通》是一部不可多得的有价值的著作。然而，还必须指出，刘氏终究是封建主义史学家，是以地主阶级的立场和观点研究历史、评论史学的。他在谈到农民起义领袖时，时常加以诬蔑，如说"陈胜起自群盗"（《世家》），"寇贼则黄巾、赤眉"（《称谓》）。而对于帝王将相则深为崇拜，如说"帝王苗裔，公侯子孙，馀庆所钟，百世无绝"（《书志》）。他认为史书内容所应包括的"五志"（达道义、彰法式、通古今、著功勋、表贤能）和"三科"（叙沿革、明罪恶、旌怪异），也都是为封建政治服务的。他虽有许多论述能够摆脱传统思想的束缚，但终不能完全冲出封建名教观念的窠臼，所以在某些进步主张中还存在着严重的缺陷。如他说："史氏有事涉君亲，必言多隐讳，虽直道不足，而名教存焉。"（《曲笔》）"夫臣子所书，君父是党，虽事乖正直，而理合名教。"（《惑经》）这就表现了他的封建史学的阶级本质，而他所提倡的"直书"、"实录"又因而减色。所以，他对史

稿纸(A)25×20=500

学虽有重要的贡献，但由于他的理论与方法根本上是为封建统治阶级服务的，当然不可避免地带有很大的局限性。

第三章　典章制度史的内容及渊源

第一节　典章制度史的内容及渊源

典章制度史是以典章制度为主要内容的一类史书，它所包括的范围很广，有政治制度、经济制度和经济情况、文化制度和文化情况、自然现象（天文、地理）、行政区划等。也就是说，除了历史事件和历史人物外，其他的一切记载都包罗在内。

我国最古的史书里，已包括这些方面的记载。如《尚书》中的《禹贡》和《洪范》两篇，就是记载典章制度的专篇，也就是最早的典章制度史。《禹贡》里记载地理、物产；《洪范》（洪，大也；范，法也。）里记载五行（水、火、木、金、土）、五纪（岁、月、日、星辰、历数）、八政（食、货、祀、司空、司徒、司寇、宾、师）。

典章制度史在历史著作中有非常重要的地位，因为研究历史不但要知道历史事件和历史人物，还要知道政治制度、经济和文化的制度和情况以及地理沿革、天文、历法等，才能全面了解历史情况。

自司马迁著作《史记》起，便把典章制度作为纪传体史书中的一部分，《史记》的八书是礼书、乐书、律书、历书、天官书、封禅书、河渠书、平准书，包括了政治、

稿纸(A)25×20=500

97.

军事、经济、文化、天文、地理等方面的记载。其后班固著《汉书》，又详细记载了典章制度史的内容，只是把"书"的名称改为"志"。《汉书》有十志，又标目为律历、礼乐、刑法、食货、郊祀、天文、五行、地理、沟洫、艺文。后来的纪传体的断代史，都把典章制度史的记载称为志，如司马彪的《续汉书》有八志：律历、礼仪、祭祀、天文、五行、郡国、百官、舆服；沈约的《宋书》有九志：律、历、礼、乐、天文、符瑞、五行、州郡、百官；萧子显的《南齐书》有八志：礼、乐、天文、五行、州郡、百官、舆服、祥瑞；魏收的《魏书》有十志：礼、乐、律历、天象、食货、刑罚、地形、灵征、官氏、释老；隋书有十志：礼仪、音乐、律历、天文、食货、刑法、五行、地理、经籍、百官；唐朝官修的《晋书》有十志：礼、乐、律历、天文、食货、刑法、五行、地理、职官、舆服。

总观唐朝以前纪传体史书中的志，有八、九、十种不等，而以八种与十种为较多，总计其分目为礼、乐、律、历、天文（亦称天象）、封禅（亦称郊祀）、五行、地理（亦称地形、郡国、州郡）、河渠（亦称沟洫）、百官（亦称职官）、官氏、舆服、艺文（亦称经籍）、符瑞（亦称祥瑞、灵征）、刑法（亦称刑罚）、食货（亦称平准），共有十六种。

上述典章制度之记载，都是纪传体史书之一部分，而且并不是每部纪传体史书都有典章制度之记载，很多纪传体史书并没有"志"，如陈寿之《三国志》，姚思廉之《梁书》、《陈书》，李百药之《北齐书》，令狐德棻等之《周书》，都没有志。因为志在一般人看来是最难作的，南齐时江淹曾说："修史之难，无出于志。"他曾专作《齐史十志》，但这也只是作为齐史中之一部分而写的，还不能算是一部独立的专书。

综合历代典章制度之资料，撰成一部专书的，始于唐朝刘秩所著之《政典》。

刘秩是刘知几之第四子，生于　　，卒于　　。他广搜资料，分门别类，于唐玄宗开元末年（公元740年左右）著成《政典》三十五卷，是第一部典章制度史之专著。（《旧唐书》杜佑传云："开元末，刘秩採经史百家之言，取周礼六官所职，撰分门书三十五卷，号曰政典，大为时贤称赏，房琯以为才过刘更生。"）不过，《政典》之内容偏重于政治制度及军事制度，于经济和文化方面则未叙及。

旧唐书102刘子玄传："[刘]秩，给事中、尚书右丞、国子祭酒。撰政典三十五卷、止戈记七卷。"新唐书132刘子玄传附[刘]秩传："秩字祚卿，……玄宗初，迁给事中。久之，贬为阆州刺史，徙抚州长史，卒。所著政典、止戈记、至德新议等凡数十篇。"

在刘秩之后，杜佑全面地搜集典章制度之资料，著成我国第一部典章制度史之专著，对史学有巨大之贡献，在史学史上有重要之意义。《东坡志林》云："世之言兵者皆取《通典》。《通典》虽杜佑所集，然其源出于刘秩。"由此可见，刘秩在搜集、整理、编纂典章制度史之工作上是下了很大之功夫，虽然其书已失传，但其对史学之贡献是不可埋没的。

稿纸(A)25×20=500

99.

第二节 杜佑著《通典》

一、杜佑的生平

杜佑字君卿，京兆万年（今陕西长安县）人，生于唐玄宗开元二十三年（公元735年），卒于唐宪宗元和七年（公元812年），七十八岁。

杜佑出身于官僚家庭，二十岁以前即"以荫入仕，补济南郡参军、剡县丞。"（《旧唐书》卷147本传）二十岁以后到四十五岁，历任润州司法参军、尚书主客员外郎、工部郎中、江淮青苗使、抚州刺史、御史中丞、容管经略使、金部郎中。四十六岁到六十六岁，历任江淮水陆转运使、度支郎中、户部侍郎、饶州刺史、广州刺史兼岭南节度使、尚书右丞、陕州长史、陕虢观察使、检校礼部尚书、扬州大都督府长史、淮南节度使、刑部尚书、检校右仆射、加同平章事、以淮南节度使兼领徐泗濠节度使。六十九岁以后，历任检校司空同中书门下平章事、检校司徒、册封司徒同平章事，封岐国公。七十八岁，以太保致仕，卒。谥安简，册赠太傅。

杜佑一生做官五十余年，历经玄宗、肃宗、代宗、德宗、顺宗、宪宗六个皇帝，因有较高的行政事务能力，所以官位步步高升，从地方小吏做到中央政府的宰相。他一生的主要活动，是在安史之乱以后，唐朝走向衰落的时期。

杜佑虽一生做官，但勤勉好学。《旧唐书》卷147《杜佑传》云："性

稿纸(A)25×20=500

新唐书166本传："佑资嗜学，虽贵，犹夜分读书。"

嗜学，该涉古今，以富国安人之术为己任。……佑性勤而无倦，虽位极将相，手不释卷。质明视事，接对宾客，夜则灯下读书，孜孜不怠。与宾佐谈论，人惮其辩而伏其博。设有疑误，亦能质正。"

杜佑自述："佑少尝读书，而性且蒙固，不达术数之艺，不好章句之学。"（《通典·自序》）"臣本以门资，幼登宦序，仕非游艺，才不及人，徒怀自强，颇玩坟籍。虽履历叨幸，或职剧务繁，窃惜光阴，未尝辍废。"（旧唐书本传作"务殷"）（《进通典表》，见《全唐文》卷477）。

杜佑于二十岁左右即表现出优异的处理行政才能，为润州刺史韦元甫所赏识。《旧唐书》卷147本传云："佑以荫入仕，补济南郡参军、剡县丞。时润州刺史韦元甫，尝受恩于其父。佑谒见，元甫未之知，以故人子待之。他日，元甫视事，有疑狱不能决。佑时在旁，元甫试讯于佑，佑口对响应，皆得其要（《新唐书》本传作："佑为辨处，契要无不尽。"）。元甫奇之，乃奏为司法参军。"从此作为韦元甫的得意幕僚，直到大历六年（771）韦死，他已三十七岁，计在韦元甫手下充职十七年之久。此后，凭他的行政经验和能力，历任中央和地方的要职，历经六个皇帝，曾主管修建、运输、财政等重要事务，不断升迁，直到宰相，可谓一个善于处人处事的老练的官僚。《旧唐书》本传云："佑性敦厚强力，尤精吏职，虽外示宽和，而持身有术。为政弘易，

稿纸(A)25×20=500

〔他在贞元十九年（803年），编录通典要点，另成理道要诀三十三篇（一说三十二篇），"详古今之要，酌时宜可行。"（杜佑：进理道要诀表，见玉海51）理道要诀可以认为是通典的"简本"或缩写本，杜佑用"理道要诀"名之，可见他撰述通典的旨意在于此。说"通典的精华是'理道'的'要诀'，"（范文澜中国通史第四册，263页，人民出版社1978年6月2版）可谓切中肯綮。杜佑说的"理道"即"治道"，同本篇通典序说的"经邦""致用"是一致的。……余杜佑这样明确地宣布，在历史撰述就是"征诸人事，将施有政"，为现实"治道"服务的，在他以前的史家中，几乎还不曾有过。〕（瞿林东：论通典的方法和旨趣。历史研究1984.5）

杜佑的经世致用的主张，在通典一书各部分内容中都有具体的反映，兹撮述其要点如下：（一）经济思想方面……（二）人才思想方面……（三）吏治思想方面……（四）法制思想方面……（五）军事思想方面……（六）民族思想方面……从以上所举的杜佑几个方面的思想来看，贯串于其中的一个鲜明的特点，是他十分重视把历史经验跟当时的社会现实结合起来，他的评论见解和主张都有相当的准确性和突出的针对性，具有直接为现实服务的作用和价值。——杜佑在通典中不仅反映了他所处的那个时代的特点和问题，而且在一定的程度上回答了这些问题。通典一书的出现，上承了古代史家注重实际的优良传统，下开后世[redacted]史学的先河，在中国史学史上起着继往开来的重要作用。通典的价值，建立在作者的朴素的唯物主义历史哲学的基础上。……还反映了作者的历史进化思想。"（瞿林东）

不尚皦察，掌计治民，物便而济。驭戎应变，即非所长。始终言行，无所玷缺。"《新唐书》卷166本传云："为人平易逊顺，与物不违忤，人皆爱重之，方议胡广，然练达文采不及也。天性精于吏职，为治不皦察，数斡计城，相民利病而上下之，议者称佑治行无缺。"王鸣盛《十七史商榷》卷九十云："综计佑历事六朝，仕宦五十年，出入将相，屡遇戎寇纷纭，为权臣所引而不为所累，为奸臣所忌而不为所害，以功名始终，贵极富溢，而寿跻大耋，未尝以纤毫挂摩。幼则先长阅阅门，老则目睹孙弟诸子并登显位。且著述擅名，传至今千余年，部帙浩繁，裒然为册府之异观。孙牧又以才称，能世其家学。为佑诚可云全福，自古文人罕见其比。"

杜牧

象杜佑这样一生经营引政事务的老官们，但能潜心读书治学，从事著作，数十年如一日，终于在学术上做出卓越的贡献，实在是难能可贵的了。

二、杜佑撰著《通典》的经过与旨意

杜佑好学不倦，尤致力历代政治措施及典章制度的研究。当他读到刘秩所著《政典》之后，认为不够详备，遂广搜史料，扩充内容，着手《通典》之编撰。（章学诚《文史通义·释通》："杜佑以刘秩《政典》为未尽，而上达于三王，典之所以名通也。"可以通典的名称，也就是典章制度的通史的意思。）

（旧唐书147本传："初开元末刘秩采经史百家之言，取周礼六官所职，撰分门书三十五卷，号曰政典，大为时贤称赏，房琯以为才过刘更生。佑得其书，寻味厥旨，以为条目未尽，因而广之，加以开元礼乐，书成二百卷，号曰通典。"）

杜佑于唐代宗大历三年（公元768年）任尚书主客员外郎时开始编撰《通典》，时年三十四岁。经过三十六年的辛勤努力，屡次易稿，全书完成后，于唐德宗贞元十九年二月进上，这时他已六十九岁了。

关于杜佑进上《通典》的年代，有两种不同的记载：

稿纸(A)25×20=500

杜佑除著《通典》外，还著有《理道要诀》十卷。王应麟《玉海》卷51引杜佑自序曰："隋李文博理道集注，唐志诸家治道十卷，多主于规谏，而略于体要。臣颇探政理，窃究始终，遂修同卷，方冀发明，第一、第二、第三食货，四选举命官，五礼教，六封建州郡，七兵五刑，八边防，九十古今异制议。"又注云："杜佑与以为诞章阔议，错综古今，经世立言之旨备焉。末又3篇非古是今之书。"（王应麟困学纪闻卷14考史。翁元圻案：史书见一篇书目，明季犹存，今佚。）

《旧唐书·德宗本纪》云："贞元十七年十月庚戌，淮南节度使杜佑进通典，凡九门，共二百卷。"同书本传亦云杜佑著通典，"贞元十七年自淮南使人诣阙献之。"并载其进书表云："自顷纂修，年逾三纪"。而《唐会要》卷三十六《修撰》则云："贞元十九年二月，淮南节度使杜佑撰通典二百卷上之。"两说相差二年。

李翰《通典序》云："淮南元戎之佐曰尚书主客郎京兆杜公君卿，雅有远度，志于邦典，笃学好古，生而知之。以大历之始，实纂斯典，累年而成。杜公亦自为序引，冠于篇首。"

王鸣盛《十七史商榷》卷　"杜佑作通典"："案佑以大历之始纂斯典，大历元年佑年三十二，贞元十七年进书，佑年六十七，相距恰三十六年，故云三纪。翰作序之时，佑为淮南幕僚，及书成上进，则自为淮南主帅矣。实更三纪，而但云累年而成者，其实宦使府时，但粗就初稿而已，尚未成也。佑入仕甚蚤，亦当弱冠，历佐倅两处方入元甫幕，佑幕之初，大约已近三十，时方草创此书；至幕阅数任方为主客，而初稿乃成，故云累年而成。翰天宝中已以进士知名，代宗初年为侍御史，于佑为先达，佑欲藉皇甫士安重其三都，故以初稿急求为序，厥后改润，大约屡易稿方定。"

稿纸(A)25×20=500

案：杜佑以贞元十九年二月入朝，进献其《通典》，较为合理。唐会要所载当实，旧唐书恐误矣。惟全唐文载此文，以旧书为是。

郑鹤声《杜佑年谱》"大历元年三十二岁""王鸣盛以是年始撰通典说误"条："案佑撰通典，实在元甫为淮南节度使时，元甫以大历初任职，即大历三年也。李翰所云大历之始，当亦指此。大历十有四年，故云始也。唐会要以佑进书在贞元十九年二月，不在十七年，大历三年至贞元十九年，亦适为三纪。王说疑误。"

杜佑著《通典》的旨意，不仅在于综合资料，写出一部典章制度的通史，~~供后人的博览~~以供后人的博览，求得系统的知识，而且是总结自古以来的统治经验，评论其得失，以为当时及后来的封建政治服务。~~而且典章制度先后次序的编纂，他也是经过周密的考虑的。~~他在《通典、自序》~~里写的很明白~~中说："所纂通典，实采群言，征诸人事，将施有政。~~夫理道之先~~"又在《进通典表》（见《旧唐书》卷147本传、《全唐文》卷477）中说："臣闻太上立德，不可庶几；其次立功，遂行当代；其次立言，见志后学。由是往哲递相祖述，将施有政，用乂邦家。……夫孝经、尚书、毛诗、周易、三传，皆父子君臣之要道，十伦五教之宏纲，如日月之下临，天地之大德，百王是式，终古攸遵。然多记言，罕存法制。愚管窥测，莫达高深，辄肆荒虚，诚为僭度，每念懵学，莫探政经。略观历代众贤著论，多陈紊失之弊，或阙匡拯之方，臣既庸浅，宁详损益？未原其始，莫畅其终。尚赖周氏典礼，秦皇荡灭不尽，纵有繁杂，且用准绳。至于往昔是非，可为来今龟镜，布在方册，亦粗研寻。"

~~所纂通典在乎行教化，教化之本，在乎足衣食。《易》称聚人曰财。《洪范》八政，一曰食，二曰货。管子曰："仓廪实知礼节，衣食足知荣辱。"夫子曰："既富而教，斯之谓矣。"夫行教化在乎设职官，设职官在乎审官才，审官才在乎精选举，制礼以端其俗，立乐以和其心，此先哲王致治之大方也。故职官设然后兴礼乐焉，教化隳然后用刑罚焉，列州郡俾分领焉，置边防遏戎狄焉。是以食货为之首，选举次之，职官又次之，礼又次之，乐又次之，刑又次之，州郡又次之，边防末之，或览之者庶知篇第之旨也。（本初纂录，止于天宝之末，其有要须议论者，亦便及以后之事。）~~

稿纸(A)25×20=500

“……长治安之道，……庶知篇第之旨也。”杜佑的这一段话，是用大手笔勾画出封建社会的统治、政治结构及其相互关系。在杜佑看来：应当通过教化方法以实现“致治”的目的，而教化，则应以食货为基础。在这个基础上，制订出一套选举办法和职官制度；礼、乐、兵、刑，乃是职官的职能；州郡边防是这些职能在地域上的具体实施。因此，作者在通典中首先论述经济制度，然后依次论述选举制度和职官制度，礼、乐制度，战争攻防，刑罚制度，最后论述地方政权的建置和边防的重要。……在杜佑之前的所有历史家，都没有象他这样重视前人（指洪范、管子、荀子）的这些思想资料，并把它们作为首先必须研究社会经济制度的理论依据。

仅此而论，杜佑的史学思想和史学方法已经远远超过了他的前辈。……取得了他的前辈们所不曾达到的思想成果。……不论是从宏观方面还是从微观方面来考察，可以说通典都有其自身的逻辑体系。这个逻辑体系，是作者观察和分析历史、特别是观察和分析现实社会所取得的成果。……是那个时代历史家对客观历史之认识所达到的最高成就。（瞿林东：论通典的方法和旨趣，历史研究1984.5.）

李翰《通典序》：“今通典之作，昭昭乎其警学者之群迷欤！以为君子致用在乎经邦，经邦在乎立事，立事在乎师古，师古在乎随时。必参古今之宜，穷终始之要，始可以度其古，终可以行于今。……非圣人之书，乖圣人微旨，不取焉，恶烦杂也；事非经国礼法程制，亦所不录，弃无益也。”

（儒家之流，博而寡要，劳而少功，何哉？其患在于习之不精，知之不明，入而不得其门，行而不由其道。……而学者以多阅为广见，以异端为博闻，是非纷然，澒洞茫昧而无条贯。或举其中（？末）而不知其本，或举其始而不要其终。高谈有余，待问则泥，虽驰（驱）百家，日诵万字，学弥广而志弥惑，闻愈多而识愈疑，此所以勤苦而难成，殆非君子进德修业之意也。）

「李翰可以说是深得通典要旨的第一人。」（宛）

朱子语类卷136：“杜佑可谓有意于世务者。”

文史通义书教中：“杜氏通典为卷二百，而礼典乃八门之一，已占百卷。盖其书本官礼之遗，宜其于礼事加详也。然叙典章制度，不异诸史之文，而礼文疑似，或事变参差，博士经生，折中详议，或取裁而径行，或中格而未用，入于正文则繁複难胜，削而去之则事理未备，杜氏并为采辑其文，附著礼门之后，凡二十余卷，可谓穷天地之际而通古今之变者矣。史迁之书，盖于秦纪之后，存录秦史原文，惜其义例未广，后人亦不复踵行，斯并记言记事之穷，别有变通之法，后之君子所宜参取者也。”又外篇二永清县志文征序例奏议序：“杜佑撰通典，于累朝制度之外，别为礼仪二十余卷。不必其言之见用与否，而谈言有中，存其名理，此则著书之独断，编次之通裁，其旨可以意会，而其说不可得而遽泥者也。”

十七史商榷：“李翰称通典凡有八门。……献书表曰书凡九门，计二百卷，似分门有异。或疑翰作序时门类未定，后复广之，故先后不同耳，非也。观佑自序，以兵刑为一，皆称为刑，与翰说同。所谓大刑用甲兵，其次五刑，故翰序言八门。今其细目，兵刑仍分为二者，合之中又自分也。一食货二选举三职官四礼五乐六兵七刑八州郡九边防。”

三、《通典》的内容与价值

《通典》二百卷，历叙自上古到唐玄宗天宝末年（公元755年）的典章制度，（肃代以后，间有沿革，亦附载注中。）分为九门，计食货十二卷，选举六卷，职官二十二卷，礼一百卷，乐七卷，兵六卷，刑十七卷，（兵刑亦合称刑）州郡十四卷，边防十六卷。每门又分子目，如食货分田制（水利田、屯田）、乡党（土断、版籍并附）、赋税、历代盛衰户口、丁中、钱币、漕运、盐铁、鬻爵、榷酤、算缗、杂税、平准（均输附）、轻重等目，礼分吉礼、嘉礼、宾礼、军礼、凶礼等，边防分东夷、南蛮、西戎、北狄等。其所记载，主要是历代沿革废置及群士议论。其中礼典一百卷，竟占全书一半的卷数。

杜氏博采典籍，叙述沿革，参以考订，成一家言，成为研究典章制度史的必需之名作，贡献甚大。

《通典》所列门类的次序，都是经作者从治道的致用上仔细考虑之后才确定的。《通典·自序》说：“夫理道之先，在乎行教化，教化之本，在乎足衣食。《易》称聚人曰财。洪范八政，一曰食，二曰货。管子曰：‘仓廪实知礼节，衣食足知荣辱。’夫子曰：‘既富而教。’斯之谓矣。夫行教化在乎设职官，设职官在乎审官才，审官才在乎精选举，制礼以端其俗，立乐以和其心，此先哲王致治之大方也。故职官设然后兴礼乐焉，教化堕然后用刑罚焉，列州郡俾分领焉，置边防遏戎狄焉。是以食货为之首（十二卷），选举次之（六卷），职官又次之（二十二卷），礼又次之（百卷），乐又次之（七卷），刑又次之（大刑用甲兵十五卷，其次五刑八卷），州郡又次之（十四卷），边防末之（十六卷），或览之者庶知篇第之旨也。（原注：本初纂录止于天宝之末，其有要须议论者亦便及以后之事。）”

105

杨翼骧先生

中国史学史手稿存真

旧唐书147杜佑传："……书成二百卷，号曰通典。……优诏嘉之，命藏书府。其书大传于时。礼乐刑政之源，千载如指诸掌，大为士君子所称。"

杜佑广泛搜集自古以来典章制度史的资料，加以分门别类的系统整理，给研究历史的人提供了很大的便利，因此得到历代学者的称赞。此

今通典之作，昭昭乎其警学者之群迷欤！……为君子致用在乎经邦，经邦在乎立事，立事在乎师古，师古在乎随时。必参古今之宜，穷终始之要。始可以度其古，终可以行于今。……

李翰《通典序》说："故采五经群史，上自黄帝，至于有唐天宝之末，每事以类相从，举其始终，历代沿革废置及当时群士议论得失，靡不条载，附之于事，如人支脉，散缀于体，凡有八门，号曰通典。非圣人之书，乖圣人之微旨不取焉，恶烦杂也；事非经国礼法程制亦所不录，弃无益也。若使学者得而观之，不出户，知天下；未从政，达人情；罕更事，知时变。为功易而速，为学精而要。其道直而不径，其文甚详而不烦。推而通，放而准，语备而理尽，例明而事中，举而措之，如指诸掌，不假从师聚学而区以别矣。非聪明独见之士，孰能修之？……（杜公君卿，雅有远度，志于邦典，笃学好古，……以大历之始，实纂斯典，累年而成，杜公亦自为序引，今篇首）或旁史有阙，节目之间，未为明备，而烦文杂事，亦无遗憾焉。（近代学士多有撰集，其最备者御览、艺文、玉烛之类，网罗古今，博则博矣，然率多文章之事，记问之学，至于刊列百度，缉熙王猷，至精至粹，其道不杂，比于通典，非其伦也。）盖其中高见发明以示劝戒，用存景行。"

马端临《文献通考序》："有如杜书纲领宏大，考订该洽，固无以议也。然时有古今，述有详略，则夫因田制赋，赋乃米粟之属，非可析于田制之外也。古者任土作贡，贡乃包篚之属，非可杂于税法之中也。乃若叙选举则秀孝与铨选不分，经文与传注相汨；叙兵则尽遗赋调之规，而姑及成败之迹。诸如此类，宁免小疵？至于天文、五行、艺文，历代史各有志，而通典无述焉。马班二史各有诸侯王列侯表，范晔东汉书以后无之，然历代封建王侯未尝废也。王溥作唐及五代会要，首立帝系一门，以叙各帝历年之久近，传授之始末，次及后妃、皇子、公主之名氏封爵，后之编会要者仿之，而唐以前则无其书。凡是二者，盖历代之统纪典章系焉，而杜书亦复不及，亦未为集著述之大成也。"

《四库全书总目提要·史部·政书类》："所载上溯唐虞，讫于唐之天宝。肃代以后，间有沿革，亦附载注中。其中如食货门……（有失载者）；选举门……（有不载者）；职官门……未免间有挂漏；兵门所列诸子目，……未免稍涉繁冗；……州郡门……（有误），又校诋《水经》及郦道元之《水经注》为僻书，诡诞不经，未免过当。边防门所载，多数万里外重译乃通之国，亦有仅传其名，不通朝贡者，既不临边，亦无事于防，题曰边防，名实亦舛。然其博取五经群史及汉魏六朝人文集奏疏之有裨得失者，每事以类相从，

唐会要36修撰："贞元十九年二月，淮南节度使杜佑撰通典二百卷上之。其书凡九门，取食货十二篇，选举六篇，职官二十二篇，礼一百篇，乐七篇，兵六篇，刑十九篇，州郡十四篇，边防十六篇。佑多识洽闻，尤精历代之事，修通典，识者知其必为辅弼之任。其书既奏，遂行于时。"

直斋书录解题："通典二百卷……采五经群史历代沿革废置群士议论，迄于天宝，凡为八门。……"

郡斋读书志："通典……分类叙载，世称该洽。"

宋魏了翁跋通典云："杜氏通典之书，包括古今，该贯精粗，人皆知之不察，例以类书目之。予自成都尝教其书为因相通典，因得之颇复给快。"（鹤山大全集卷64）

稿纸(A)25×20=500

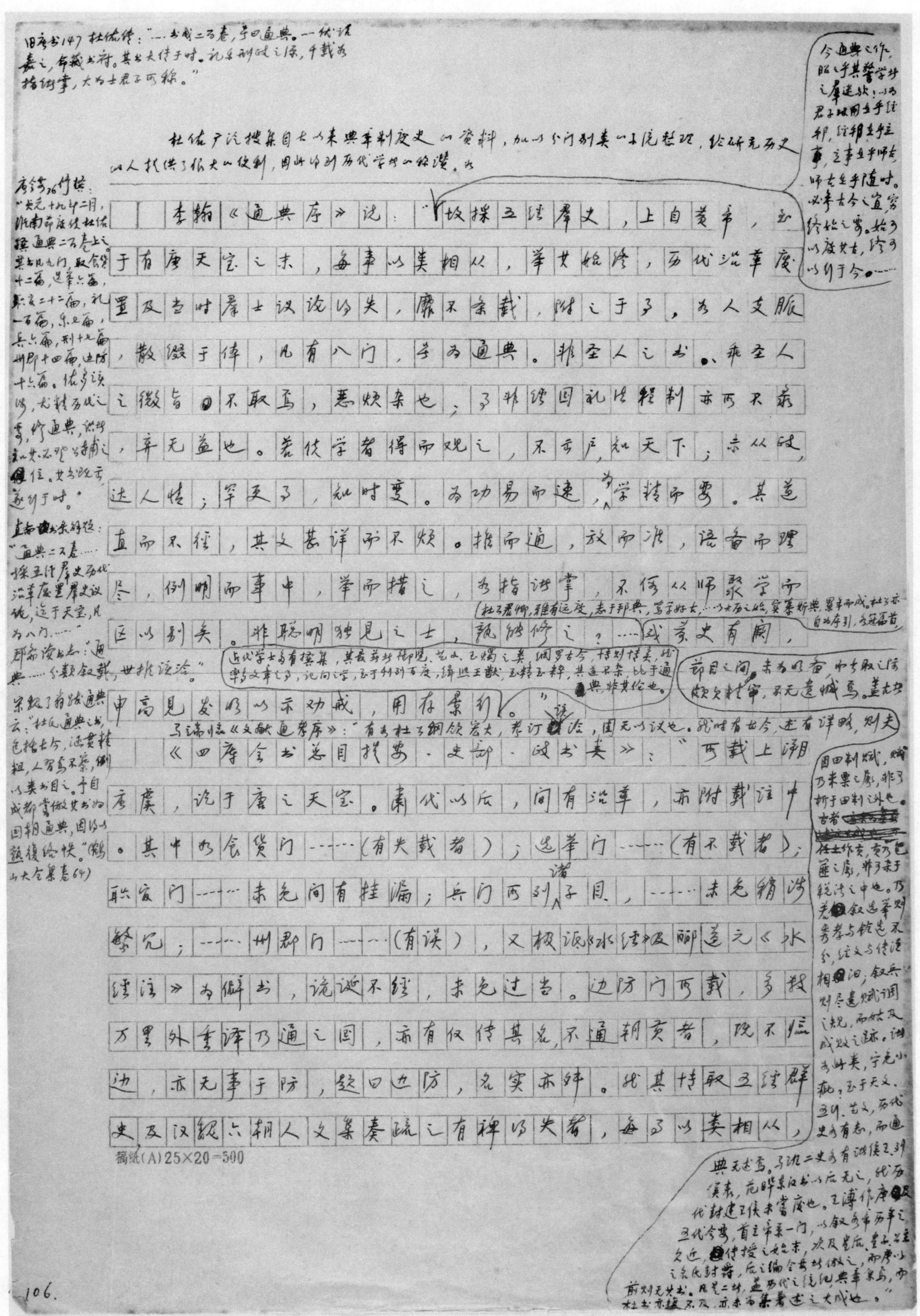

乾隆御制重刻通典序："稽古帝王治天下之大经大法，以及累朝名物制度因革损益之详，纷论浩博，散见典籍，未有统贯。唐宰相杜佑始为此书并厝古记时，始云已意，搜讨若次，勒成一书，名曰通典，为类八，为书二百卷。自唐虞代间上溯唐虞，虽亦精探刘秩政典及开元新礼诸书，要其网罗百代，(集)而会贯之，斯已勤矣。厥后郑樵广之作通志，马端临续之作通考，三书并列于世。……朕惟三书之有文义，郑樵主于考订，故宗及细微，马端临意主精详，故间要论断，此书则佑自言征于人之有施有政，故简而有要，核而不文。观其分门起例，由食货以讫边防，先养而后教，先礼而后刑，设官以治民，安内以驭外，本末次第，具有条理，亦恢恢乎经国之良模矣。……则是书实考镜所必资，岂仅供博览而已哉？"

凡历代沿革悉为记载，详而不烦，简而有要，元元本本，皆为有用之实学，非徒资记问者可比，考唐以前之掌故者，兹编其渊海矣。……宋郑樵作通志，与马端临作文献通考，悉以是书为蓝本。然郑多泛杂无归，马或详略失当，均不及是书之精核也。"

曾涤生圣哲画象记序："司马子长网罗旧闻，贯串三古，而八书颇病其略。班氏志较详矣，而断代为书，无以观其会通。欲周览经世之大法，必自杜氏通典始矣。马端临文献通考，杜氏伯仲之间，郑志非其伦也。"

周中孚《郑堂读书记》卷29："其书包括宏富，义例严整，繁不至冗，简不至漏，为数典之渊海。虽三通并称，终非通志、通考所能及其精核也。"

梁启超《中国新史学》："杜君卿通典之作，不纪事而纪制度，于国民全体之关系有重于事焉者也。前此所无而杜创之，"（虽其完备不及通考，然创作之功，马何敢望杜耶？）又《中国历史研究法》第二章：（纪传体中有书志一门，盖导源于尚书，而旨趣在专纪文物制度，此又与吾侪所要求之新史，较为接近者也。然）"兹事所贵在会通古今，观其沿革。各史既断代为书，乃发生两种困难：苟不追叙前代，则原委不明；追叙太多，则繁复取厌。况各史非皆有志，有志之史，其篇目亦互相出入，遇所阙遗，见斯滞矣，于是乎有统括史志之必要。其卓然成一创作，以应此要求者，则唐杜佑之通典也。……此实史志著作之一进化也。其后元马端临仿之作文献通考，虽篇目较繁备，征引较杂博，然无别识，无通裁，仅便缮检而已。"又曰："有通鉴而政事通，有通典而政制通，正史断代之不便，矫正过半矣。"

参阅金毓黻中国史学史第七章P.202

但杜佑的《通典》在编纂上还是有缺点的，除前述四库提要之说外，又如王鸣盛《十七史商榷》所说："九门中礼居其一，然礼共一百卷，自四十一卷起至一百五卷止，既

「通典是我国史学史上的巨制，也可以说是史学史上的一座丰碑。但是，它也不是没有缺陷的。首先，从历史编纂学来看。通典的二百卷，占全书二分之一的篇幅写礼，其中"沿革礼"六十五卷、"开元礼"三十五卷，不仅失于重複，而尤其失于烦琐。这是它在历史编纂上最突出的缺陷。其次，从历史思想来看，……主要表现为"英雄史观"，而与此相联系的则是对人民群众的作用的漠视，并把人民群众的起来造反斥为"群盗蜂起"。……再次，从社会思想来看，……从根本上为封建统治秩序作辩护，……而他的这种辩护，有时甚至成了对封建统治的粉饰。……」（瞿林东）

杜佑反对天命、迷信，认为王朝兴亡全在人事，是由于"法度以失"，"政理臧否"。他说："盖在人事，岂惟天时？"

杜佑反对是古非今，主张历史进化论的观点。他认为郡县制远比分封制进步，说："汉隋大唐，海内一统，人户滋殖，三代莫俦。"他认为君子应"酌古之要，通今之宜，既弊而思变。"反对"拘守成规，因循不改。"

已历叙吉、嘉、宾、军、凶五礼矣，而于一百六卷以下至一百四十卷，共三十五卷，俱撮取大唐开元礼之文钞誊入之，仍以吉、嘉、宾、军、凶为次，何其繁複乎！既以刘秩书为蓝本，乃自序中隻字不及，後袭取前书，据为己有。以佑之才力，採集非难，而又取之他人者若是之多，则此书之成亦可云易也。"

四、杜佑的历史观点与史学思想

杜佑重视经济，尤注重农业生产的发展。他说："农者，有国之本也。"（食货典评论）又说："谷者，国之司命也。"（《田制上》）他认为经济决定政治和文化的发展，所以在《通典》里首列食货，而在食货中又首列田制（土地制度）。

五、《通典》的影响

自杜佑著《通典》后，引起史学界对典章制度史的研究兴趣，促进了对典章制度史的研究与资料整理，有很大的影响。其中可分为两类：一是断代的典章制度史的撰著，一是续《通典》的续作。~~典章制度史资料的编纂。~~

旧唐书189下苏弁传："[苏]冕缵国朝政事，撰会要四十卷行于时。"

唐会要36修撰："贞元十九年……又杭州刺史苏弁，撰会要四十卷。弁与兄冕缵国朝故事为是书。"

1、断代的典章制度史的撰著

唐朝人开始整理本朝的典章制度史资料，称为"会要"。

~~对断代的典章制度史资料，重新整理的，有如下~~

唐朝人苏冕曾编次唐高祖到唐德宗九朝（618—804）的典章制度史料，成《会要》四十卷。这是把典章制度史名为"会要"的开始。到了宣宗大中七年（853），杨绍复等编次德宗以后的典章制度，成《续会要》四十卷，以崔铉监修。到了北宋初年，王溥又继续编次唐宣宗到唐朝末年的典章制度的资料，新编《唐会要》一百卷。于宋太祖建隆二年（961年）奏上。这部《唐会要》是一部完备的唐朝典章制度史，共分五百一十四目，记载详备确实。有些细琐的典故不能归入定目的，即编为《杂录》，附于各条之后。

~~1、王溥著《唐会要》——四库於史部政书类：~~

~~溥，并州祁（今山西祁县）人。汉乾祐（高祖年号）中登进士~~

"文简事备"（乙编）

词……（[illegible]）

①王溥著唐会要及五代会要

唐会要36："大中七年十月，...上续会要四十卷。修撰官杨绍复、崔瑑、薛逢、郑言等，褐锦有差。"又见旧唐书18下宣宗纪、唐书艺文志。

王溥，982卒，见编4科。宋史本传。

稿纸(A)25×20=500

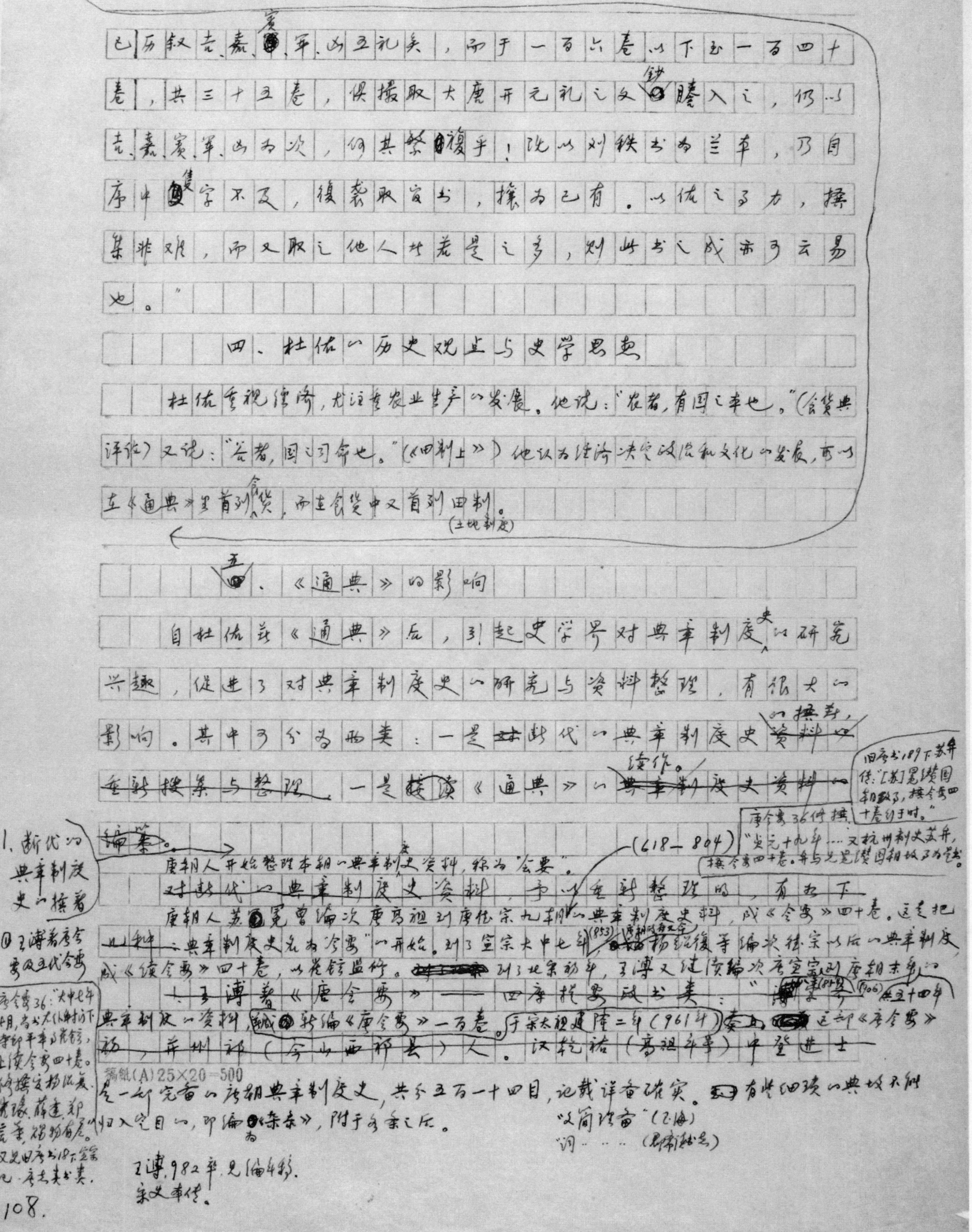

《四库提要》政书类："溥字齐物，并州祁人（今山西祁县）。汉乾祐中（高祖）登进士第一，周广顺初（太祖）拜端明殿学士，兼参知政事，入宋仍故官，进司空同平章事，监修国史，加太子太师，封祁国公，卒谥康定，事迹具宋史本传。初，唐苏冕尝次高祖至德宗九朝之事，为会要四十卷；宣宗大中七年又诏杨绍复等次德宗以来事，为续会要四十卷，以崔铉监修，时号为详尽。后无纪录，溥因复采宣宗至唐末事，为新编唐会要一百卷。建隆二年（961）正月奏御，诏藏史馆。书凡分目五百十有四，于唐代沿革损益之制，极其详核。"

郑堂读书记政书类五代会要："（此书因苏冕、崔铉等）二家原本，补辑宣宗以后至唐末……"

《四库提要》政书类五代会要："宋王溥撰。五代干戈俶扰，百度陵夷，故府遗规，多未暇修举。然五十年间，律制典章，尚略具于累朝实录。溥因检寻旧史，综会条目，类辑成编，于建隆二年与《唐会要》并进，诏藏史馆。……欧阳修作五代史，仅列司天、职方二考，其他均未之及。……盖欧史专法春秋，而溥书则详载典章，为周官之旧例。"

郑堂读书记政书类五代会要："……凡二百五十六条……"

于溥又根据梁、唐、晋、汉、周五代的实录，于建隆二年（961）著成《五代会要》三十卷，共分二百五十六条。（二百七十九目？）其不能归入它目的，也附于《杂录》之中。

② 李攸《宋朝事实》

（北宋末）南宋初，李攸（《文献通考》作李悠，误。），搜集、整理北宋的典章制度，起于宋太祖建隆元年（960年），迄于宋徽宗宣和七年（1125年），共六十卷。其三十卷见闻于时，后以余三十卷上之，因语触秦桧，寝其书不报。故晁、陈二家书目俱作三十卷（与谱相合）。《宋朝事实》惟此书早已失传，原文散见于《永乐大典》各韵之下。清朝四库馆臣根据赵希弁《读书附志》所载的门目，分类编为二十卷。

③ 李心传《建炎以来朝野杂记》

南宋宁宗时，李心传搜集南宋高宗、孝宗、光宗、宁宗四世的典章制度，编纂成为《建炎以来朝野杂记》四十卷，虽然名为杂记，实际上与会要的体例是一样的。此书分为甲乙两集。甲集二十卷，分上德、郊庙、典礼、制作、朝事、时事、故事、杂事、官制、取士、财赋、兵马、边防十三门，写成于宁宗嘉泰二年（1202年），乙集二十卷，也分十三门，惟少郊庙一门，增边事一门，成于宁宗嘉定九年（1216年）。李心传是南宋著名的史学家，此书资料详备，纲目明晰，为研究宋史者必读之书。

记载内容起于宋高宗建炎元年（1127），止于宋宁宗嘉泰二年（1202）。

每门又分子目，共有六百○五事。

著书态度认真，功力深厚。

其所记载，有许多是正史、宋史中所没有的。

稿纸(A)25×20=500

109

④徐天麟的西汉会要及东汉会要

南宋时，徐天麟编纂的《西汉会要》七十卷，采取班固《汉书》的纪、志、表、传中所有关于典章制度的记载，依照《唐会要》的体例，分门别类，分十五门，共三百六十七事，于宁宗嘉定四年(1211)送交宋朝政府。徐氏著成此书后，又根据范晔《后汉书》以及传注、司马彪《续汉书》的八志等，广泛搜采其他记载，编纂东汉一代的典章制度史，于理宗宝庆二年(1226)著成《东汉会要》四十卷，分十五门，共三百八十四事。徐氏所著二书，选取材料精审，铨次谨严，对后人研究两汉的典章制度都很有用。二书所不同的是：一、《西汉会要》的资料仅限于班固《汉书》所载，没有采取其他书籍；而《东汉会要》则兼采范晔、司马彪及其他的记载。二：在《西汉会要》中没有作者的意见(评论)，而在《东汉会要》中则有时附加作者的意见及引录他人的论说。

以上所述，都是私人著作。还有官修的典章制度史，即宋朝政府所修的本朝的《宋会要》，及元朝政府所修本朝的《皇朝经世大典》(编于1330，1331，1332)。

宋朝政府重视本朝典章制度的编纂，于秘书省设置会要所以专其事，与国史、实录两院及日历所相连。从北宋到南宋，集中人力编纂本朝会要，共有十次，成书凡二千二百余卷。

①《庆历国朝会要》——一百五十卷。(直斋书录解题著录八十五卷，当是节本或残本。)总类十五。内容自太祖建隆元年(960)到仁宗庆历三年(1043)，凡八十四年。仁宗天圣八年(1030)七月诏修，

共不使分门得，也据崇宽旧例附于"某类"之内

四库提要西汉会要："天麟官抚州教授时，既奏进西汉会要，后为武学博士时续成此书，于宝庆二年(理宗，1226)复奏进之。其体例略与前书相合，所列亦十五门，分三百八十四事。惟西汉会要不加论断，而此书则间附以案语及参引他人论说，盖亦用苏冕驳议之例也。东汉自光武中兴，修举制作，当时之所章度灿然可观，典章文物视西京为盛，而当时载笔之士，为东观记及华峤、司马彪、袁宏之类，递编断简，亦间有留传。他若汉官仪、汉杂事、汉旧仪诸书为传注所征引者亦颇繁，其可参考东汉一代故事，较西汉尤为详备。天麟既据范书为本，而旁搜诸家，悉加裒次，其分门区目，排比整齐，实深有裨于考证。……又天麟自序中称刘昭因范氏志缺，注补八志，而不知其为司马彪续汉书志，实非范书，……疏之甚，误已讥之，则亦偶然失检。然其大体详赡，可补前书之缺，固不足以为累也。"

四库提要西汉会要："天麟字仲祥，临江人。开禧元年(宁宗，1205)进士，调抚州教授，历武学博士，通判惠潭二州，权知[illegible]，其仕终，子[illegible]，附见宋史徐梦莘传。(梦莘之从子)"又"班固书最称详赡，于一代礼乐刑政，悉综括大端，而琐屑之文繁，[illegible]观其体要。天麟为之区分别白，经纬本末，一一整比，其铨次极为精审。惟所采祇据本史，故于政制之见于他书者，概不采摭，未免失之于隘。……然其贯串详洽，实亦有过之者。"

会要，会要所，见编年部1168。

稿紙(A)25×20=500

110.

庆历四年（1044年）四月奏上。纂修者宋绶、冯元、李淑、王举正、王洙，奏进者章得象。

②《元丰增修五朝会要》（一作《六朝国朝会要》）——三百卷。总类二十一。自仁宗庆历四年（1044年）到神宗熙宁十年（1077年），係新修；餘係增益旧文。凡一百十八年。神宗熙宁三年（1070年）诏修，元丰四年（1081年）九月奏上。纂修者李德刍、陈知彦，奏进者王珪。

③《政和重修会要》——仅成志计一百十卷。内容自神宗熙宁十年（1077年）以后。哲宗元符三年（1100年）十二月诏修，徽宗政和（1111—1117）中奏上。纂修者王觌、曾肇、蔡攸。

④《乾道续四朝会要》（一作《续会要》——二百卷。总类二十一。内容断自神宗之初，迄于钦宗靖康之末，凡六十年。（一云自元丰元年起）高宗绍兴九年（1139年）十二月诏修，孝宗乾道六年（1170年）五月奏上。删定者汪大猷，奏进者陈俊卿、虞允文等。

⑤《乾道中兴会要》——二百卷。内容高宗一朝，凡三十六年。孝宗乾道六年（1170年）诏修，九年（1173年）奏上。陈骙编类，梁克家等奏进。

⑥《淳熙会要》——三百六十八卷。记孝宗一朝，凡二十七年。孝宗淳熙六年（1179年）七月进第一次，十三年（1186年）

稿纸(A)25×20=500

十一月进第二次，光宗绍熙三年（1192年）进第三次。赵雄、王淮对奏进。

⑦《嘉泰孝宗会要》——二百卷。孝宗一朝，凡二十七年。宁宗庆元六年（1200年）闰二月，邵文炳请修。嘉泰元年（1201年）七月奏上。

⑧《庆元光宗会要》——一百卷。总类二十三。光宗一朝，凡六年。宁宗庆元六年（1200）二月奏上。京镗等奏进。

⑨《嘉泰宁宗会要》——设正一百十五卷，续修一百十卷。宁宗一朝，凡三十年。宁宗嘉泰三年（1203）八月进第一次，嘉定六年（1213）闰九月进第二次，十四年（1221）五月进第三次，理宗淳祐二年（1242）进第四次。陈自强、史弥远等奏进。

⑩《嘉定国朝会要》（一作《十三朝会要》）——五百八十八卷。自太祖建隆元年（960）至孝宗淳熙十六年（1189），凡二百三十年。孝宗淳熙七年，赵汝愚请修。宁宗嘉定三年（1210年）奏上。（一云至理宗端平三年（1236年）始成书。李心传编类。）

《宋会要》篇幅繁多，内容丰富，史料价值很高。惜原本久佚于明朝时散，仅有一部分存录于明朝所修《永乐大典》。清朝嘉庆时人徐松自《永乐大典》中辑录约得五百卷。1933年，国立北平图书馆根据徐松所钞于《永乐大典》中的《宋会要》予以影印，装为二百册，分十七门，计《帝系》五册，《后妃》一册，《礼》三十三册，《乐》三册，《舆服》三册，《仪制》六册，《崇儒》四册，《运历》一册，《职官》四十九册，《选举》十四册，《道释》一册，《食货》四十三册，《刑法》八册，《兵》十五册，《方域》九册，《蕃夷》四册。但残缺仍多，仅存其大略而已。解放后，又影印，名为《宋会要辑稿》。

稿纸(A)25×20=500

元官修《皇朝经世大典》八百八十卷，已亡。

~~第一。周广顺初（太祖时），拜端明殿学士，恭帝嗣位，官右仆射，入宋仍故官，进司空同平章事，监修国史，加太子太师，封祁国公，卒谥康定，事迹具宋史本传。~~

根据五代~~会要~~的实录， 于建隆二年（961）著 ~~二百七十九目（？）~~

~~王溥又编次梁唐晋汉周五代的典章制度，共分二百五十六条，~~成《五代会要》~~三十卷~~~~三十卷~~，~~其采摭编入之目的，也归入《实录》之中。~~

又、《通典》的续作

纳编年稿 1001年

北宋真宗时，宋白奉命续撰《通典》，于真宗咸平三年（1000）动笔，次年（1001）九月写成《续通典》二百卷。所叙内容，起于唐肃宗至德元年（756年），止于后周世宗显德六年（959年），共二百零四年。书仿《通典》分九门，王海51：“计凡食货二十（卷），选举十二（卷），职官六十三（卷），礼四十（卷），乐五（卷），兵十二（卷），刑十一（卷），州郡二十六（卷），边防十一（卷）。又目录二卷。时论非其重複，不得传布。”~~但由于~~陈振孙书录解题载王钦若言：“杜佑通典上下数千载为二百卷，而其中四十卷为开元礼，今之所载二百余年，亦如前书卷数，时论非其複重。”（陈振孙书录解题）所以没有广为传布。

南宋时，魏了翁曾著《国朝通典》，以续宋白之书，但未完成。马端临文献通考序云：“唐杜岐公始作通典，肇自上古，以至唐之天宝，凡历代因革靡不悉载。其后宋白尝续其书，至周显德。近代魏了翁又作国朝通典。然宋之书成而传习者少，魏尝属稿而未成书，今行于世者，独杜公之书耳。”

~~到了清朝~~高宗~~乾隆三十二年（1767年），又命人撰《续通典》以续杜佑之书。所叙内容起于唐肃宗至德元年（756），讫于明思宗崇祯末年（1643），~~历时~~八百八十~~八~~年，共一百四十四卷，计选举六卷，职官二十二卷，礼四十一卷，乐七卷，~~

稿纸（A）25×20=500

113.

莆田县志卷21儒林传中有郑厚、郑樵二条。（康熙四十四年修）
福建省志卷188，宋兴化县儒林传。（乾隆二年修）

第三節　郑樵著《通志·略》

一、郑樵的生平及其著作

郑樵，字渔仲，宋朝兴化军莆田（今福建莆田县）人。生于北宋徽宗崇宁三年（1104年），卒于南宋高宗绍兴三十二年（1162年），年五十九岁。

钱大昕疑年录卷二："郑渔仲五十九（樵）。（梁玉绳瞥记引江惠夏荐郑樵状称年踰七十，写字不倦，与史不合。）生崇宁三年甲申，卒绍兴三十二年壬午。（据周益公辛巳亲征录）"

郑樵少年青年时期，与从兄郑厚在夹漈山草堂勤苦读书，"文之乃游名山大川，搜奇访古，遇藏书家必借留，读尽乃去。"（《宋史》卷436《郑樵传》）北宋灭亡时，郑樵二十四岁，怀抱一腔爱国热情，与郑厚一同上书政府，要"甘一死而报国"，以期"据生灵之惨，刷祖宗之辱"。但未被采纳。遂又在夹漈山草堂继续读书研究，自号"溪西遗民"。曾言"本山林之人，欲读古今之书，通百家之学，讨六艺之文，为此一生则无遗恨。忽忽三十年，不与人间流通事。处困穷之极，而寸阴未尝虚度。风晨雪夜，执笔不休；厨无烟火，诵记不绝。"

"郑樵治学的范围，极其广博，而其做工夫，又极深沉。"

郑樵一生治学的范围很广，著作很多，他曾在《献皇帝书》中叙述他治学著书的经过，说："十年为经旨之学，以其所得者作《书考》、《书辨讹》、《诗传》、《诗辨妄》、《春秋传》、《春秋考》、《诸经序》、《刊谬正俗跋》。三年为礼乐之学，以其所得者作《谥法》、……。三年为文字之学，以其所得者作

《象类书》、《续汗简》、《石鼓文考》、《梵书编》、《分音》之类。五六年为天文、地理之学，为虫鱼草木之学，为方书之学。以天文、地理之所得者作《春秋地名》、作《百川源委图》、……。以虫鱼草木之所得者作《尔雅注》、作《诗名物志》、《本草成书》、《本草外类》。以方书之所得者作《食鉴》、《采治录》、……。八九年为讨论之学，为图谱之学，为亡书之学。以讨论之所得者作《群书会记》、《校雠备论》、《书目正讹》。以图谱之所得者作《图书志》、《图书有无记》、《氏族源》。以亡书之所得者作《求书阙记》、《求书外记》、……。此皆已成之书也。其未成之书，在礼乐则有《谥服图》；在文字则有《字书》，有音读之书；在天文则有《天文志》；在地理则有《郡县迁革志》；在虫鱼草木则有《动植志》；在图谱则有《氏族志》；在亡书则有《亡书备载》。"也可见他读书用心之勤，及治学之范畴及其程序。

宋史436郑樵传。见编年1162年。

郑樵在当时学术界是有名学的，曾由侍讲王纶及贺允中的推荐，受到宋高宗的召见。宋高宗称赞他说："闻卿名久矣！敷陈古学，自成一家，何相见之晚耶！"但是，郑樵没有参加过科举考试，没有功名，宋高宗虽然知道他学问渊博，但~~宋高宗并~~不能重用他，只给他一个右迪功郎（从九品）的官衔，管理礼兵部架阁（管理官府文书）。后来又因御史叶义

稿纸(A)25×20=500

问的弹劾，改监潭州南岳庙。又让他回家抄写所著的《通志》。写完后，被任为枢密院编修官，不久又兼摄检详诸房文字。曾求入秘书省缮阅书籍，未成。宋高宗到建康，命他进呈《通志》。不久病死。

郑樵一生的志趣在于从事学术的研究，他曾上书礼部，上书宰相，上书皇帝，阐述他的三大期望：一是家存所流传本人已成的著述，二是愿在秘书省整理天下之图书金石，三是愿在史馆编纂通史，通古今之史为一史，集天下之书为一书。此三种志愿，前二种虽都未实现，但皆先后略有成就。他编纂通史一书，则以皇帝之命，撰成通志二百卷。（据宋史本传）

郑樵一生的著作约五十种左右。他在《献皇帝书》中自陈已成者四十一种，未成者八种。现存的只有《通志》二百卷及《夹漈遗稿》三卷（残本）。

四库提要卷159："樵锐于著述，尝上书自陈，称所作已成者凡四十一种，未成者八种。当时惟以博洽著，而未尝以文章名。……然南北宋间记诵之富，考证之勤，实未有过于樵者，其高自位置，亦非尽无因也。"

稿纸(A)25×20=500

117.

二、《通志》的著作经过

宋高宗绍兴二十五年（1155年）前后，郑樵上书方礼部说："樵欲自今天子中兴，上达秦汉之前，著为一书，曰通史，寻纪法制。呜呼！三馆四库之中，不可谓无书也，然欲有法制，可为历代有国家者之纪纲规模，实未见其作。"（《夹漈遗稿·寄方礼部书》）到了绍兴二十九年（1159年），他在《上宰相书》中说："去年到家，今年料理文字，明年修书。若无病不死，笔札不乏，远则五年，近则三载，可以成书。"（《夹漈遗稿·上宰相书》）但《通志》在绍兴三十一年（1161年）即已写成，实际上还不到两年。《莆田县志·郑樵传》："自监南岳庙，还家论著，阅四年，通志成。"

郑樵原来所定的书名是《通史》，后来又改名为《通志》。他自序说："古者记事之史谓之志。《书大传》曰：'天子有问无以对，责之疑；有志而不志，责之丞。'是以宋、郑之史，皆谓之志。太史公更志为记。今谓之志，本其旧也。"

四库提要别史类通志："通史之例，肇于司马迁。……其例综括千古，归一家言，非学问足以该通，文章足以镕铸，则难以成书。梁武帝作通史六百二十卷，不久即已散佚，故后有作者，率莫敢措意于斯。樵负其淹博，乃网罗旧籍，参以新意，撰为是编。"

樵于春秋有云，有文有字，学者不辨文字。有史有书，学者不辨史书。史者，官籍也；书者，儒生之所作也。自司马以来，凡作史者皆是书，不是史。又谓史家各成一代之书，而无通体。

通志在短期内成。参阅张舜徽91-92页

史家据一代之史，不能通前代之史；本一书而修，不能会天下之书而修。故后代与前代之事不相因依。又谓家之书散落人间，靡所底定，安得为成书乎。……

其书上自羲皇，下终五代，集天下之书为一书。

既虚言之书不足所用。盖由从说而作，凡例殊途，经纬异制，自有成法，不相参附。……以此观之，则知樵之修书断不用诸史旧例，以该其事。……樵……三十年著书，十年搜访图书，竹头木屑之积亦云多矣，将欲一旦而用之可也。"

……乃诣阙请上之。会车驾幸建康，不果，樵未得见。……明年春，高宗还自建康，命以通志缴进，会病卒。"

稿纸(A)25×20=500

118.

三、《通志》的内容与价值

《通志》是一部纪传体的通史，包括纪、世家、传、年谱、略五部分。通志包括帝纪18卷，皇后列传2卷，列传125卷，年谱4卷。纪传自上古至隋。略51卷，自上古至唐。

纪——十八卷。自三皇起到隋恭帝止。

世家——周同姓世家一卷，周异姓世家二卷。共三卷。

列传：

后妃传——二卷。汉高祖吕后起，到隋炀愍萧皇后。

宗室传——八卷。汉至隋。

列传中包括外戚、孝友、独行、循吏、酷吏、儒林、文苑、隐逸、宦者、游侠（附刺客、滑稽、货殖）、艺术、佞幸、列女、载记、四夷（东夷、西戎、南蛮、北狄）。计列传九十八卷，载记八卷，四夷传七卷，共一百一十三卷。

纪、传部分都叙至隋朝，郑樵说："唐书五代史皆本朝大臣所修，微臣所不敢议，故纪传讫隋。"（《通志总序》）

年谱——四卷。三皇至隋。年谱即年表。《通志总序》云："古者纪年别系之书，谓之谱，太史公改而为表。今复表为谱，率从旧也。……今之所谱，自春秋之前称世，谓之世谱；春秋之后称年，谓之年谱。"

略：分二十门，共五十二卷。计氏族略六卷，六书略五卷，七音略二卷，天文略二卷，地理略一卷，都邑略一卷，礼略四卷，谥略一卷，器服略二卷，乐略二卷，职官略七卷，选举略二卷，刑法略一卷，食货略二卷，艺文略八卷，校雠略一卷，图谱略一卷，金石略一卷，灾祥略一卷，昆虫草木略二卷。

（略即志，记述从上古到唐朝末年的典章制度。）

（通志卷21年谱序："为天下者不可以无书，为书者不可以无图谱。图载象，谱载系。为图所以周知远近，为谱所以洞察古今。……表者，一书之谱也，不可无系文；表者，一书之本也，不可记末节。"）

稿纸（A）25×20=500

过去纪传史书中的志，最多分为十门，（杜佑通典只分九门，）郑樵分为二十门，不但扩大了门类，也增加了新的内容。

119.

《通志》虽然是一部纪传体的通史，但是它的纪、传部分基本上钞自旧史，稍有改动，没有什么特点与价值。他自己也说：“纪传者，编年纪事之实迹，自有成规，不为智而增，不为愚而减。故于纪传，即其旧文，从而损益。”（《通志总序》）所以，纪传部分不是郑樵的贡献。四库提要别史类通志：“其纪传删录诸史，稍有移掇，大抵因仍旧目，为例不纯。”

《通志》的主要价值在于记述典章制度的《略》，二十《略》是郑樵自己的研究成果，在典章制度史的发展上有重要的地位与作用。郑樵对于二十略也最为自负，认为是超越前人的著作，他在《通志总序》中说：“江淹有言：‘修史之难，无出于志。’诚以志者，宪章之所系，非老于典故者不能为也。……志之大原起于《尔雅》，司马迁曰书，班固曰志，蔡邕曰意，华峤曰典，张勃曰录，何法盛曰说，余史并承班固，谓之志。皆详于浮言，略于事实，不足以尽《尔雅》之义。臣今总天下之大学术而条其纲目，名之曰略，凡二十略，百代之宪章，学者之能事，尽于此矣。其五略（礼、职官、选举、刑法、食货），汉唐诸儒所得而闻；其十五略，汉唐诸儒所不得而闻也。”又说：“臣之二十略，皆自有所得，不用旧史之文。”

在二十略中，有几个门目是郑樵新增开创的，就是氏族、六书、七音、都邑、草木昆虫五略。但氏族、都邑、昆虫草木三略，是根据刘知几的建议而增设的。（史通书志篇："可以为志者，其道有三：一曰都邑志，二曰氏族志，三曰方物志。）而六书、七音两略，乃属于文字学、音韵学的范围，似不应列于史志之中。《四库提要》尝说："其平生之精力，全帙之菁华，惟在二十略而已。……其氏族、六书、七音、都邑、草木昆虫五略，为旧史之所无。案史通书志篇曰：……樵增氏族、都邑、草木昆虫略，盖窃据议。至于六书、七音，乃小学之支流，非史家之本义，矜奇炫博，泛滥及之，此于例为无所取矣。"

郑樵对于典章制度有独到的研究，而且学识渊博，对于文字、音韵、校雠、图书、金石等学的研究都有自己的贡献，在学术史上也有很高的地位。但是二十略也有其缺点，如《四库提要》所说："缘十五略，虽皆旧史所有，然谥与器服乃礼之子目，校雠、图书、金石乃艺文之子目，析为别类，不亦冗且碎乎！且氏族略多挂漏，六书略多穿凿，天文略祇载丹元子步天歌。地理略则全钞杜佑通典州郡总序一篇，前虽先列水道数行，仅杂取汉书地理志及水经注数十则，即禹贡山川亦未能一一详载。谥略则别立数门，而沈约、扈蒙诸家之谥法悉删不录，即唐会要所载杲字诸谥亦并漏之。器服略，器则所载尊彝爵觯之制，制既不详，又与金石略複出；服则全钞杜佑通典之嘉礼。其礼、乐、职官、食货、选举、刑法六略，亦但删录通典，无所辨证。至职官略中，以通典注所引之典故，悉改为案语大书，尤为草率矣。艺文略则分门太繁，又韩愈论语解，论语类

文献通考卷201（经籍考28）论郑樵通志。见编年稿1162年。

家后两出；张弧素履子，儒家、道家两出；刘安淮南子，道家、杂家两出；荆浩笔法记乃论画之语，而列于法书类；吴兴人物志、河西人物志乃传记之流，而列于名家类；段成式之玉格，乃酉阳杂俎之一篇，而列于宝器类，尤为荒谬。金石略则钟鼎碑碣，核以博古、考古二图，集古、金石二录，脱略至十之七八。灾祥略则悉钞诸史五行志。草木昆虫略，则并诗经、尔雅之疏注亦未能详核。"《四库提要》的作者虽然

总之，郑樵的长处在于知识渊博，~~在学术上~~且有自己独到的见解，二十略的贡献是不容抹杀的。至于通志二十略的缺点，一是由于郑樵涉猎既博，难以考证精审；~~专心致力于考~~

一是由于通志成书太速，无暇仔细修订错误。正如章学诚所说："通志精要在乎义例，盖一家之言，诸子之学识，而寓于诸史之规矩，原不以考据见长也。后人议其疏陋，非也。"（《文史通义·释通》自注）

申郑："自迁固而后，史家既无别识心裁，所求者徒在其事其文。惟郑樵稍有志乎求义。"

吴锐指出郑樵通志二十略的缺点，但接着还指出郑樵的优点，说："盖宋人以义理相高，于考证之学罕能留意。樵恃其该洽，睥睨一世，谅无人起而难之，故高视阔步，不复详检，遂不能一一精要，致后人多所讥弹也。然其采摭既已浩博，议论亦多警辟，虽纯驳互见，而瑕不掩瑜，究非游谈无根者可及。至今资为考镜，与杜佑、马端临书并称三通，亦有以焉。"

由于郑樵的许多缺点，不少人予以指摘批评。惟章学诚对郑樵的主要成就至为推崇，他说："若郑氏通志，卓识名理，独见别裁，古人不能任其先声，后代不能出其规范。虽事实无殊旧录，而辨名正物，诸子之意寓于史裁，终为不朽之业矣。"（文史通义·释通）并在《文史通义》中专有《申郑》一篇（卷五内篇五），阐明郑氏的贡献及遭受批评的原因，说："古人著书之旨，晦而不明。……郑樵生千载而后，慨然有见于古人著述之源，而知作者之旨，不徒以词采为文、考据为学也。于是遂欲匡正史迁，益以博雅；贬损班固，讥其因袭，而独取三千年来遗文故册，运以别识心裁，盖承通史家风，而自为经纬，成一家言者也。学者少见多怪，不究其发凡起例，绝识旷论，所以斟酌群言，为史学要删，而徒摘其援据之疏略，裁剪之未定者，纷纷攻击，势若不共戴天。古人复起，奚足当吹剑之一吷乎？……夫郑氏所振在鸿纲，而末学吹求则在小节，是何异讥韩彭名将不能邹鲁趋跄，绳伏孔钜儒不善作雕虫篆刻耶？……自迁固而后，史家既无别识心裁，所求者徒在其事其文，惟郑樵稍有志乎求义，而缀学之徒嚣然起而争之。……嗟乎，郑君亦不能无遗焉。马班父子传业，终身史官，固无论矣。司马温公资治通鉴，前后一十九年，书局自随，自辟僚属，所与讨论又皆一时名流，故能裁成绝业，为世宗师。郑君区区一身，僻处寒陋，独犯马班以来所不敢为者而为之，立论高远，实不副名；又不幸而与马端临之文献通考

稿纸(A)25×20=500

123.

并骛于时，而通史之陳[illegible]陋转不为是之甚。末学肤受，本无定识，从而抑扬其间，妄相拟议，遂与比类纂辑之业同年而语，而衡短论长，岑楼寸木，且有不敌之势焉，岂不诬哉！”

近代学者梁启超在《中国历史研究法》第二章中也有较中肯的评论，说：“宋郑樵生左、马千岁之后，奋高掌，迈远蹠，以作通志，可谓豪杰之士也！其自序抨击班固以下断代之弊，语语皆中窾要。……虽然，吾侪读通志一书，除二十略外，竟不能发见其有何等价值，意者仍所谓‘宁习本书，怠窥新录’者耶！樵尝抱宏愿，然终是向司马迁圈中讨生活，松柏之下其草不植，樵之失败宜也！然仅二十略，固自足以不朽。史界之有樵，若光芒竟天之一彗星焉。

通志之价值在于义例，实为一种综合性之政治经济文化通史，以一人之功力，能完成此书，足见其博学与见识，后人对之虽有微辞，然其在史学史上之价值固不能泯也。

郑樵之长处在于博学有史识，而编纂、考证之功则非所长。

稿纸(A)25×20=500

124.

四、郑樵的史学思想

1、主张通史，反对断代史

郑樵对于学术研究，主张融会贯通，而观其总纲大要，所以他强调会通的意义与作用。他在《通志总序》一开始就阐明这种见解，他说："百川异趣，必会于海，然后九州无浸淫之患；万国殊途，必通诸夏，然后八荒无壅滞之忧。会通之义大矣哉！自书契以来，立言者虽多，惟仲尼以天纵之圣，故总诗书礼乐而会于一手，然后能同天下之文，贯二帝三王而通为一家，然后能极古今之变。是以其道光明百世之上，百世之下不能及。"这是他在总的学术上会通的观点。

在史学方面，他从会通的宗旨出发，完全主张编写通史。他所称赞的通史，包括时间和空间两方面的会通。时间上的会通，即从古到今的通史；空间上的会通，即包括全中国地域的会通。因此，他对司马迁的史记至为推崇，认为是史学的正宗。他说：

"仲尼既没，百家诸子兴焉，各效《论语》，以空言著书。至于历代实迹，无所纪系。迨汉建元、元封之后，司马氏父子出焉。司马氏世司典籍，工于制作，故能上稽仲尼之意，会诗、书、左传、国语、世本、战国策、楚汉春秋之言，通黄帝、尧、舜至于秦汉之世，勒成一书，分为五体。本纪纪年，世家传代，表以正历，书以类事，传以著人。使百代而下，史官不能易其法，学者不能舍其书。”

由于他推崇通史，认为历史书应该按照司马迁史记那样写下去。

> 所以他对于班彪写史记后传是称赞的。

但是，东汉班固开断代为史之风，后来的历史书都仿效班固，断代史成为主流，写通史的寥寥无几，因而引起郑樵的极大愤怒，他说：

“自春秋之后，惟史记擅制作之规模，不幸班固非其人，遂失会通之旨。司马氏之门户，自此衰矣！

……由其断汉为书，是致周秦不相因，古今成间隔。

……且善学司马迁者莫如班彪，彪续迁书，自孝武至于后汉，欲令后人之续己，如己之续迁，既无衍文，又无绝绪，世世相承，如出一手。善乎其继志也！……

自班固以断代为史，无復相因之义，虽有仲尼之圣亦莫知其损益。会通之道，自此失矣！

那末，断代史是怎么失去会通之道呢？他说：

“谓其同也：则纪而复纪，一帝而有数纪；传而复传，一人而有数传。天文者，千古不易之象，而世世作天文志；洪范五行者，一家之书，而世世序五行

> 張舜徽：这里指出断代史的大弊有三：第一，无论在叙述人事和制度文物方面，都不能避免重複；第二，前后又有隔绝不相联贯之处；第三，修史者可能在本朝统治者的立场说话，没有一定的是非标准。

稿纸(A) 25×20=500

传、志。如此之类，岂胜繁文？语其异也：则前王不列于后王，后王不接于前王；郡县各为区域，而昧迁革之源；礼乐自为更张，遂成殊俗之政。如此之类，岂胜断绠？”

他还指出断代史的另一弊病，是在分裂割据时期同时存在的政权互相诋骂，如

“曹魏指吴蜀为寇，北朝指东晋为僭。南谓北为索虏，北谓南为岛夷。”

再有一个弊病，是易代之际后朝对前朝的诬蔑，如

“齐史称梁军为义军，谋人之国，可以为义乎？隋书称唐兵为义兵，伐人之君，可以为义乎？……晋史党晋而不有魏，……齐史党齐而不有宋……”

如果编写通史，作者就不会站在本朝本国的立场而曲笔记载了。然而，自司马迁以后却少有通史的著作，长期以来，多是仿效班固断代为史。所以他慨叹说：“迁法既失，固弊日滋，自东都至江左，无一人能觉其非。惟梁武帝为此慨然，乃命吴均作通史，上自太初，下终齐室，书未成而均卒。隋杨素又奏令陆从典续史记，讫于隋书，未成而免官。岂天之靳斯文而不传欤？抑非其人而不祐之欤？”

稿纸(A)25×20=500

127.

郑樵："后之作者，在据事书实，则善恶自见。"
司马光：（通鉴魏纪魏文帝黄初二年臣光曰）"臣今所述，止欲叙国家之兴衰，著生民之休戚，使观者自择其善恶得失，以为劝戒，非若《春秋》立褒贬之法，拨乱世反诸正也。"

2、反对作者在史文中进行褒贬

郑樵主张史书作者只要如实地记载事实，就已尽到责任，不必擅自加以褒贬评论。他在《通志总序》中说："且纪传之中既载善恶，足为鉴戒，何必于纪传之后更加褒贬？……史册以详文该事，善恶已彰，无待美刺。读萧、曹之行事，岂不知其忠良？见莽、卓之所为，岂不知其凶逆？夫史者，国之大典也。而当职之人，不知留意于宪章，徒相尚于言语。正犹当家之妇，不事饔飧，专鼓唇舌，纵然以胜，岂能肥家？此臣之所深耻也！"

3、重视图、表、志。

郑樵以前，纪传体史书以纪传为主，忽视表、志，更没有图。郑樵重视图表与志的作用，他说：

"为天下者不可以无书，为书者不可以无图谱。图载象，谱载系。为图所以周知远近，为谱所以洞察古今。故古者记年谓之谱。桓君山曰：'太史公三代世表，旁行邪上，并效周谱。'则知成周纪年之籍，谓之谱也。……夫纪者，袭编年之遗风；传者，记一身之行事。修史之家，莫易于纪传，莫难于表志。太史公括囊一书，全在十表，班固不达其旨，后史因失

稿纸(A)25×20=500

史传。……表者，一书之要也，不可记繁文；表者，一书之本也，不可记末节。自班氏以来，末节多矣，復不识统理。……”（通志卷二十一年谱序）

又说：

“江淹有言：‘修史之难，无出于志。’诚以志者●宪章之所繫，非老于典故者不能为也。不比纪传。纪则以年包事，传则以事系人，儒学之士皆能为之。惟有志难。其次莫如表。所以范晔、陈寿之徒，能为纪传，而不敢作表志。”（通志总序）

又说：“史记一书，功在十表，犹衣裳之有冠冕，木水之有本原。”（通志总序）

4、重视实际考察（实践）（实物考察）

夹漈遗稿·寄方礼部书：“凡书所言者

昆虫草木略序：

天文略序：“一日，得步天歌而诵之。

稿纸(A)25×20=500

129

第四节　马端临著《文献通考》

一、马端临的生平及其著《文献通考》的旨意

编年1317
新元史马端临传

马端临，字贵与，饶州乐平（今江西乐平）人。约生于南宋理宗淳祐年间（1241—1252年），卒于元英宗至治二年（1322年）以后，约七十余岁。

《宋史》、《元史》里都没有给马端临立传，故其生平事迹不详。

马端临是南宋末年宰相马廷鸾的儿子，宋度宗咸淳（1265—1274）中，漕试第一。南宋灭亡后，曾任元朝衢州路柯山书院山长。（柯山，在今浙江衢县）后终于台州儒学教授。

金毓黻著中国史学史第七章（解放前商务版203页）云："据通考卷首所载，有元仁宗延祐六年（1319）王寿衍之进书表，英宗至治二年（1322）之抄白，去宋亡已四十余年，而端临尚健在，度已七八十岁矣。元史亦不为端临立传，故其事迹不甚可考。端临本南宋世家子弟，国亡之后，闭户著书以终老，其志有足悲者。"又注云："四库提要略叙端临行迹，不详所据。又谓端临入元终于台州儒学教授，盖因其著文献通考，又任书院山长，故进书后授以奖励之，而端临固未尝之官也。细读本书卷首之抄白自知。"

马端临著文献通考，不详从何时起，大概在南宋灭亡以后。他著书的旨意，详述于文献通考总序，主要有三点：一是他认为历代的典章制度是"相因"的，必须叙述其沿革、源流，

稿纸(A)25×20=500

131.

也就是说必须有一部典章制度的通史，以供学者研究；二是当时流行于世的典章制度的通史，只有杜佑的通典一部，而且只叙述到唐玄宗天宝末年为止，以后缺少续作；三是杜佑的通典虽"纲领宏大，考订该洽"，有其无可非议的优点，然"时有古今，述有详略，则节目之间，未为明备，而去取之际，颇欠精审。"而且还有许多遗漏之处，需要重新改写。

马氏又自述其作书的内容及命名，说："凡叙事则本之经史，而参之以历代会要以及百家传记之书，信而有征者从之，乖异传疑者不录，所谓文也。凡论事则先取当时臣僚之奏疏，次及近代诸儒之评论，以至名流之燕谈、稗官之纪录，凡一话一言可以订典故之得失，证史传之是非者，则采而录之，所谓献也。其载诸史传之纪录而可疑，稽诸先儒之论辩而未当者，研精覃思，悠然有得，则窃著己意，附其后焉。命其书曰文献通考，为门二十有四，卷三百四十有八。而其每门著述之成规，考订之新意，各以小序详之。"

所谓文，就是典章制度史实的记载，即所谓"文，典籍也。"所谓献，就是当时和后世的人对于典章制度的议论，即所谓"献，贤者也。"再加上作者自己对于史实的考证及对于前人议论的评价，就构成了《文献通考》的总的内容的三个组成部分。

稿纸(A)25×20=500

132

二、《文献通考》的内容与价值

《文献通考》（三百四十八卷）叙述自上古至南宋宁宗嘉定十七年（1224年）的典章制度，分二十四门，其门目如下：

田赋考——七卷。历代田赋之制（上古至宋宁宗），水利田，屯田，官田，籍田。

钱币考——二卷。历代钱币之制（上古至宋）。

户口考——二卷。历代户口丁中赋役，奴婢。

职役考——二卷。历代乡党版籍职役，复除。

征榷考——六卷。征商，盐铁，榷酤，禁酒，榷茶，坑冶，杂征敛（山泽、津渡）。

市籴考——二卷。均输市易和买，常平义仓租税，社仓。

土贡考——一卷。历代土贡（进奉羡余）。

国用考——五卷。历代国用，漕运，赈恤，蠲贷。

选举考——十二卷。举士（周至宋度宗），贤良方正，孝廉，武举，任子，举官，辟举，考课。

学校考——七卷。太学，幸学养老，郡国乡党之学。

职官考——廿一卷。

郊社考——廿三卷。郊，明堂，祀后土，祀五帝，祭日月，祭星辰，祭寒暑，祭社稷，祭山川，封禅，告祭等。

宗庙考——十五卷。天子宗庙，后妃庙，祭祀时享，祫禘，功臣配享，诸侯宗庙等。

王礼考一廿二卷。朝仪，巡狩，田猎，君臣冠冕服章，乘舆车旗卤簿，国恤，山陵。

乐考一廿一卷。历代乐制，律吕制度，度量衡，八音，乐歌，乐舞等。

兵考一十三卷。兵制，禁卫兵，郡国兵，车战，舟师水战，马政，军器等。

刑考一十二卷。刑制，徒流，详谳，赎刑，赦宥。

经籍考一七十六卷。经，史，子，集。

帝系考一十卷。帝号历年，太上皇，太皇太后，皇太后，后妃，皇太子皇子，公主，皇族等。

封建考一十八卷。上古至周封建之制，春秋列国传授本末事跡，王子诸侯王列侯，唐诸王，唐天宝以后藩镇，五代诸王，宋诸王。

象纬考一十七卷。二十八宿，日食，月食，星象。
(即天文)

物异考一二十卷。水灾，火异，木异，草异，金异，
(即五行及图书草木)
玉石之异，雨，风，动植物等。

舆地考一九卷。古冀州兖州等。
(即地理)

四裔考一二十五卷。东夷，西域，南蛮，北狄，匈奴，突厥等。

马氏在通考总序中说，田赋、钱币、户口、职役、征

稿纸(A)25×20=500

134.

榷、市籴、土贡、国用、选举、学校、职官、郊社、宗庙、王礼、乐、兵、刑、舆地、四裔十九门，“俱效通典之成规。自天宝以前，则增益其事迹之所未备，离析其门类之所未详；自天宝以后至宋嘉定之末，则续而成之。”经籍、帝系、封建、象纬、物异五门，“则通典元未有论述，而采摭诸书以成之者也。”

后人对于文献通考的评论，多誉过于贬，如四库提要该书类云：“其书以杜佑通典为兰本，田赋等十九门皆因通典而离析之。经籍、帝系、封建、象纬、物异五门，则广通典所未及也。……大抵门类既多，卷繁帙重，未免取彼失此。然其条分缕析，使稽古者可以案类而考。又其所载宋制最详，多宋史各志所未备，案语亦多能贯穿古今，折衷至当，虽稍逊通典之简严，而详赡实为过之，非郑樵通志所及也。”周中孚郑堂读书记卷二十九云：“其蒐集古今，浩汗该博，殚极精力，用志良勤。凡于治道有关者，无不剖分汇别，井井有条。洵可谓经世之儒，有用之学矣。”

总观文献通考一书的优点，可概括如下：

1. 历叙上古至南宋末年的典章制度，内容丰富，门类分明，实为~~封建时代~~一部完备的典章制度通史，有很高的史料价值。凡研究典章制度之人，无不以通典为宝藏，以其包罗广博也。

2. 对于经济方面有详明的叙述，与杜佑通典~~相较~~一样列至最先，但通典仅列食货一门，而通考则分为八门，且分门别类比较明晰合理。

稿纸(A)25×20=500

135.

3. 通考内容几乎包括了历代史志，而所载宋制最详，多宋史各志所未备。有此一书，可免翻阅群书之劳。

4. 通考备载历代议论及个人见解，对研究者有很高的参考价值。

5. 通考以通典为蓝本，并采纳郑樵通志的门目（四考取自二十略），在内容和编纂形式上都采取二书之长，并加以改进。

三、马端临的史学思想

1、赞成通史，反对断代史。

马端临赞同郑樵的主张，明确赞成通史，反对断代为史。他在《文献通考总序》中说："诗、书、春秋之后，惟太史公号称良史，作为纪、传、书、表。纪、传以述理乱兴衰，八书以述典章经制，后之执笔操简牍者，卒不易其体。然自班孟坚而后，断代为史，无会通因仍之道，读者病之。"

2. 认为政治兴亡可以写断代史，但典章制度必须写通史。

他在通考总序中说："尝以为理乱兴衰，不相因者也。晋之得国异乎汉，隋之丧邦殊乎唐，代各有史，自足以该一代之始终，无以参稽互察为也。典章经制，实相因者也。殷因夏，夏因周，继周之损益百世可知，圣人盖已预言之矣。"

稿纸(A)25×20=500

史学发展至通典通志通考，而另开一新天地，一般人不仅注意人物的活动，并及于典章制度及学术文化之沿革，后来的所谓专史，皆自此等通史中离析而述者。故此等典章制度的通史，又可称为各种专史之总汇。

在唐朝纪传体史书盛行的时候，已有人感觉到纪传体史书文字繁多，不易习读，~~编年史的重要~~应从了编年史的撰著，以应读史者的需要。如唐玄宗时人萧颖士想写一部编年体的通史，名为《历代通典》；裴光庭也曾撰写一部编年体的通史，名为《续春秋传》，接近《左传》的体例，但都未~~成书~~实现。（参阅王应麟困学纪闻卷14《考史》、陈黻宸《中国史学史讲义》）又赵翼陔余丛考15亦提及此事。

第四章　编年史的~~进一步~~高度发展

我国的编年史在春秋以前还是低级阶段，内容极简单，范围只限于一朝一国。战国时期出现了完了兼备的左传，又出现了通史体例的竹书纪年，是编年史的第一次发展。

自司马迁著史记后，纪传体盛行，直到东汉末年以前，无论官方或私人著史，都用纪传体，编年史沈寂数百年。东汉末年荀悦著汉纪，仿效左传，而内容更加丰富，可谓编年史的复兴。

宋真宗时陈彭年著唐纪四十卷，三十万言，为第一部编年史，在孙甫唐纪之前。

自荀悦汉纪问世，显示了编年史的优点，成为世上公认的与纪传体各有其长的体例。三国以来，编年体与纪传体并行不衰，成为不可偏废的体例。~~直到南北朝时期，编年史盛行不衰。~~但因编年史内容简略，不符合研究历史的要求，到了隋唐时期，加以官方的控制，使逐渐不为人重视。

宋太宗淳化间，胡旦著汉春秋一百卷。

隋王通著元经十卷见9条，北宋编年类有金嘉锡的重新评。

隋唐政府控制史学，禁止私人著史，史书唯有官修。间有私人之作，或系官方指令，或得官方准许，方能流行于世。此后无论官修或私修，都一律是纪传史，编年史就湮没无闻了~~又达数百年之久~~。

北宋仁宗时，孙甫以编年体著成《唐纪》七十五卷，是隋唐以来第一部写成的编年史。孙甫，字之翰，阳翟人，举进士，事迹见宋史本传。陈振孙直斋书录解题说：孙甫"以刘昫唐书烦冗遗略，多失体法，乃改用编年体。创始于康定元年（仁宗1040），成于嘉祐元年（1056），勒成唐纪七十五卷。"宋史孙甫传称甫著唐史七十五卷，每言当时治乱，若身履其间，而听者晓然如目见。时人言"终日读史，不如一听孙甫。"其唐史自序称"据实录与书，兼采诸家著录，参验不差，共成某卷，是以传信书，而修唐史记。"可见孙甫广采史料，加以考订，而且融会贯通，叙事切实生动，是优秀作品，惜其书已亡失。

北宋仁宗时，尹洙著五代春秋二卷。四库提要编年类存目："尹洙，字师鲁，河南人，天圣二年（仁宗1024）进士。邵伯温闻见录载，欧阳修作五代史，尝约与洙分撰，此书或即作于此时。此体用编年，与修书例异，岂本约同撰而不果，后乃自撰此书欤，所载始梁太祖开平元年甲子（907），迄周显德七年（960）正月甲辰。……笔削颇为不苟，多得谨严之遗意。"参见编年类北宋末

北宋司马光著资治通鉴，既系编年通史，而内容丰富，叙事确实，体例谨严，~~更加~~大为发挥了编年体例的长处，成为空前的编年史钜著，可谓~~封建时期~~编年史的复兴并高度发展的时期。继之以李焘著续通鉴长编，李心传著建炎以来系年要录，内容愈益丰富，充分发挥了编年体的作用。

稿纸(A)25×20=500

第一节 司马光著《资治通鉴》

一、司马光的生平及史著作

司马光，字君实，北宋陕州夏县（今山西夏县）涑水乡人。生于宋真宗天禧三年（1019年），卒于宋哲宗元祐元年（1086年），六十八岁。

司马光生于官僚家庭。父名池，天章阁待制。

司马光自幼勤于读书。宋史卷三三六本传云："光生七岁，凛然如成人，闻讲左氏春秋，爱之，退为家人讲，即了其大指。自是手不释书，至不知饥渴寒暑。"年刚二十岁（宋仁宗宝元元年，1038），即中进士甲科。仁宗时，历任奉礼郎、签苏州判官事、签书武成军判官事、大理评事，补国子直讲、枢密副使、直秘阁、开封府推官、龙图阁直学士。神宗时，历任翰林学士、代理御史中丞、翰林兼侍读学士、以端明殿学士知永兴军宣抚使。哲宗时，任尚书左仆射兼门下侍郎。死后，赠太师、温国公，谥曰文正。

（旁注：仁宗末年为知谏院。）

（旁注：做了六个月宰相。"王安石一生也比司马光早，司马光生的十岁一样并不很高大。司马光和王安石在一起做官的时间不短，学术上也互相尊重，本来是朋友。到了实行新法以后，关系就不同了。）

（旁注：苏轼作《司马温公行状》（宋史司马光传即据此而写的）。清顾栋高作《司马温公年谱》。）

司马光一生好学，"于学无所不通，惟不喜释老。"（宋史本传）而在各种学术中以史学用功最深最久，自言"性识愚鲁，学术荒疏。凡百事为，皆出人下，独于前史粗尝尽心，自幼至老，嗜之不厌。"（《进资治通鉴表》）

司马光一生著作很多，除散佚者外，著录于四库全书

稿纸(A)25×20=500

嘉祐年间（1056—1063）就曾对刘恕表达过他的这一意愿。刘恕在《通鉴外纪卷末序》中说：“嘉祐中公（指司马光）尝谓恕曰：春秋之后，迄今千余年，史记至五代史一千五百卷，诸生历年莫能尽其篇第，毕世不暇举其大略。厌烦趋易，科将泯绝。予欲托始于周威烈王命韩赵魏为诸侯，下讫五代，因丘明编年之体，仿荀悦简要之文，网罗众说，成一家书。”到了英宗时，司马光为龙图阁直学士兼侍读。英宗喜读历史，司马光认为过去的纪传体史书篇幅太多，一般人尚不能尽读，何况皇帝？遂请求允许他用编年体撰写一部史书，以便皇帝阅览，并将他已经写成的战国到秦朝的编年史八卷送上。英宗看过后觉得很好，遂于治平三年（1066）四月命司马光编次历代君臣事迹（见司马光作《刘道原十国纪年序》）司马光奉命后，又写信给英宗，说：“臣少涉群

~~号为《通志》~~ ~~并让他选择助手，共同修撰~~

年见编中称自英宗也。

者有十六种，其著者为资治通鉴、通鉴释例、通鉴考异、

涑水纪闻等。

历年图、稽古录、百官公卿表、

作

“他最初的书叫历年图，把从周威烈王二十三年至周世宗显德六年的历史编成一个简单的年表，也就是现在通鉴所包括的年代。历年图上于英宗治平元年（1064）的前一年。”（瞿林东：《资治通鉴介绍》，北京出版社1981年10月出版）

意旨

二、司马光编著《资治通鉴》的动机与经过

~~宋英宗于治平三年（1066）四月命龙图直学士侍读司马~~

~~光编集历代君臣事迹~~

〔司马光言撰资治通鉴的目的，不是为修史而修史，不是为了充当自遣，而是为了让皇帝能够方便地“鉴前世之兴衰，考当今之得失”，从历史中吸取经验教训……力图让资治通鉴发起到借古论今，古为今用的作用。〕（张剑群：试论资治通鉴中的民族史，贵阳学刊1985.1.）

写一部

深有修养，早有从战国到五代的编年体通史的意愿。他在宋仁宗

司马光对于史学最有兴趣，~~每患迁固以来，文字繁~~

史，窃见纪传之体文字繁多，虽以衡学专门之士，往往读之不能周浃，况于帝王日有万几，必欲偏知前世

~~多，自布衣之士读之不徧，况于人主日有万机，何~~

得失，诚为未易。窃不自揆，常欲自战国，下至五代，正史之外旁采他书，凡关国家盛衰，係生民之休戚，善可

上　　　　　　上

~~暇周览？”（《进资治通鉴表》）“欲自战国，下迄五季，正史~~

为法，恶可为戒，帝王所宜知者，略依左氏春秋传体，为编年一书，名曰通志。其余浮冗之文，悉删去

~~之外旁采他书，关国家兴衰，係生民休戚，善可为法，恶~~

不载，庶几听览不劳，而闻见甚博。私家区区，力不能办，徒有其志而无所成。顷者以战国时八卷上进，

幸蒙赐览。今所奉诏旨，未审令臣续成此书或别有编集。若续此书，乞亦以通志为名。其书上下

~~可为戒者，依左氏传体，为编年一书，名曰通志。”（《治平~~

贯串千余载，固非愚臣所能独修。伏见翁源县令、广南西路经略安抚司句当公事刘恕，将作监

~~资治通鉴了略》）当时接受了宋英宗所给的任务后，便先把从~~

主簿赵君锡，皆以史学为众所推，欲望特差二人与臣同修，庶使得早成书，不至疏略。”

~~战国到秦二世共约二百五十年的历史，写成八卷，送给宋~~

让他接续原送的八卷编写，

~~英宗。英宗看后觉得很好，便命司马光继续写下去，并手~~

英宗完全答应了司马光的要求，并“命自选辟官属，于

~~置局秘阁，以刘恕、赵君锡同修。”（同上）~~崇文院置局，许

借龙图天章阁三馆秘阁书籍，赐以御府笔墨缯帛及御前钱

以供果饵，”~~又以刘恕、赵君锡为助手~~。至于书的名称，等到全书写成后

（《进资治通鉴表》）

资

时

再由皇帝命名。于是，从这时起，司马光开始编纂资治通鉴，年四十八岁。

继

治平四年（1067）正月，英宗死，神宗即位后，于十月命司马光仍将原例

进读其所著《通志》。神宗正式命名此书为《资治通鉴》，并亲自撰写序文。

稿纸(A)25×20=500

（《石林燕语》云序实为王禹玉所撰，以题为“御制”，不敢编入家集。）

139.

杨翼骧先生
中国史学史手稿存真

自宋神宗即位以后，司马光于治平四年三月晋任为翰林学士，四月任御史中丞，九月又任翰林学士兼侍读学士，直到神宗熙宁三年（1070）。从治平三年到熙宁三年共五年（1066—1070）的时间里，司马光虽然官职数变，但都在京城汴（今河南开封）编著《资治通鉴》，共写成周纪、秦纪、汉纪、魏纪（三国）七十八卷。

在这期间，司马光的助手原为刘恕及赵君锡。但后来赵君锡因父丧去职，又改由刘攽接任。（宋朝事实）熙宁三年（1070）六月，司马光又奏请范祖禹同修。（续通鉴）元丰元年十月，光又奏请差光检阅文字一人，即光之子司马康。

熙宁三年（1070）九月，司马光以端明殿学士出知永兴军宣抚使，四年（1071）判西京御史台，开始在洛阳编著《资治通鉴》。又数年，提举嵩山崇福宫。先后六任冗官，正史不详其职名年代，而皆以书局自随，直到元丰七年（1084）十二月，共十四年的时间，写成了晋、宋、齐、梁、陈、隋、唐、后梁、后唐、后晋、后汉、后周十二朝，共二百一十六卷。于是《资治通鉴》全书完成，共二百九十四卷，约三百万字。司马光这时年已六十六岁了。

李攸宋朝事实云："自治平三年置局，每修一代史毕，上之。"

资治通鉴修成后，"又略举事目，年经国纬，以备检寻，为目录三十卷。又参考群书，评其同异，俾归一涂，为考异三十卷。合三百五十四卷。"（进资治通鉴表）

稿纸(A)25×20=500

资治通鉴奏上后，宋神宗（深为嘉奖，降诏奖谕，赐银帛衣带鞍马。又）对辅臣说："前代未尝有此书，过荀悦汉纪远矣。"迁光为资政殿学士，范祖禹为秘书省正字。时刘恕已卒，刘攽坐废里中，故不及。……元祐元年……九月……司马光卒。十月，国子监奏敕镂版于杭州。七年，通鉴版成，诏杭州官就镂板司，并西京南京各赐通鉴一部，又诏以一部赐刘恕家。绍圣初，章惇柄用，议追夺司马光赠谥，从之又将加追贬，范祖禹亦迁永州安置。随有欲请毁资治通鉴版者，太学博士陈瓘因策士题引神宗所制序文以问，言者沮退，乃不毁。（治绩通鉴）

司马光在编著《资治通鉴》的十九年中，是花费了巨大的功力的，（尤其在洛阳的十五年中，更是全力以赴，一丝不苟。）他在《进资治通鉴表》中说："臣既得以研精极虑，穷竭所有，日力不足，继之以夜。遍阅旧史，旁采小说，简牍盈积，浩如渊海。抉摘幽隐，校计毫厘。……臣之精力尽于此书。"

（其后，新派章惇为相时，有人欲毁其书（版），赖有人以神宗所制序文以问，遂得不毁。）

后人见此书草稿在洛阳者盈两屋。黄庭坚尝阅数百卷，讫无一字草书。"（通鉴引李巽岩集）"元初余姚徐氏藏有温公修永昌元年（东晋元帝年号，322，又唐睿宗年号，689）通鉴草一纸，柳贯见而跋之，谓纸上凡四百五十三字，无一笔作草。"（柳待制文集）"黄溍亦有跋云：'作字方整，未尝为纵逸之态。'（黄学士文集）

资治通鉴虽然花费了十九年的漫长岁月，但只有司马光一个人的力量还是远远不够的，还需要有得力的助手。司马光的助手，~~都是当时第一流的史学家~~，他们都花费了巨大的功力，都对资治通鉴的修成有巨大的功劳，他们的功绩是不可泯灭的。

司马光的助手，最早是治平三年（1066）四月选得的刘恕与赵君锡二人，后来赵君锡因父丧去职，又改由刘攽~~填其职~~担任。（宋朝事实）到了熙宁三年（1070）六月，~~司马光~~又~~奏请~~增加范祖禹同修。（续通鉴）到了元丰元年（1078）十月，司马光的儿子司马康担任检阅文字的工作。（玉海47）但司马康只是检阅文字，不参加编写。所以协助司马光撰著的，是刘恕、刘攽、范祖禹三人，这三人都是当时第一流的史学家，在撰著资治通鉴的过程中显示了优异的才学与卓越的能力，没有这三人的协助，资治通鉴的完成不会这样顺利，也达不到这样高的水平。所以司马康曾说："此三公者，天下之豪英也。"（玉海）

现将三人的事迹略述于下：

> "比司马光小十三岁。"

刘恕，字道原，筠州高安（今江西高安）人，生于宋仁宗明道元年（1032），卒于宋神宗元丰元年（1078）九月，年四十七。恕于仁宗皇祐元年（1049）为进士，年仅十八。为司马光助手时年三十五岁。司马光《通鉴外纪序》云："馆阁之士诚多，至于专精史学，臣未得而知，所识者惟和川刘恕一人而已。……即奏召之共修书，凡数年，史事之纷错难治者则以诿之。"刘恕自英宗治平三年（1066）四月为司马光的助手，（到神宗元丰元年九月身死（1078），）为时十三年（十二年半），可惜他未能看到资治通鉴全书的完成就去世了。刘恕除与司马光等同修资治通鉴外，自著有《通鉴外纪》十卷，记事起于周共和元年（前841），止于周威烈王廿二年（前404）。又著有《十国纪年》四十二卷，专记五代时期十国割据的历史。

> 修通鉴时官秘书丞、官县令？

> 全祖望作通鉴分修诸人考云："温公平日服膺道原，其通部义例多从道原商榷，故分修虽止五代，而实系全局副手。"道原卒后，范淳甫又毕其事。故五代部分最后当对范二人任之。

> 资治通鉴书成后，司马光为进劄子，说以刘恕功力最多，不幸早死，不见书成。未死之前，未尝一日稍废不修。今书既成，[illegible]……

> 司马光"刘道原十国纪年序"："……光未成而亡。"

> "至通鉴书成，恕已死了。"

> 也就是自中国有年代可考之时开始，直到通鉴记事以前的历史。

刘攽，字贡父，号公非，临江新喻（今江西新喻县）人。官至中书舍人。学问博洽，词章典雅。于修成资治通鉴四年后死。

> 生于宋真宗乾兴元年(1022)，卒于宋哲宗元祐三年(1088)，年六十七。

> "比司马光小3岁。"
> "后汉书专家"

> 修通鉴时官曹田员外郎、集贤校理

东都事略卷76刘敞传附刘攽传："攽字贡父，……元祐初，召为秘书少监，以疾求外补，除直龙图阁、知蔡州，召拜中书舍人，卒年六十七。……所著文集暨五代春秋、内传国语、经史新议、东汉刊误……汉官仪，凡百卷。"玉海卷47："刘攽编年纪事十一卷。"

宋史319刘敞传附弟攽传："攽字贡父，……哲宗初，……竟以疾不起，年六十七。攽所著书百卷，尤邃史学，作东汉刊误为人所称。预司马光修资治通鉴，专职汉史。"

> "与兄敞同登科，仕州县二十年，始为国子监直讲。熙宁中，判尚书考功，同知太常礼院。尝论安石新法不便，斥通判泰州，以集贤校理判登闻检院、户部判官知曹州。为开封府判官，复出为京东转运使。徙知兖亳二州。黜监衡州盐仓。哲宗初，起知襄州。"以他的经历来看，一直在州郡和京师做官，没有居洛阳。他只能兼做部分一长编，和司马光不可能常在一起商讨通鉴的工作。在初稿作完以后他就不管了。（案）
> 142.

醇夫

李编年稿1086年 1098年

范祖禹，字淳甫，一字梦得，成都华阳（今四川成都）人。 "比司马光小二十二岁"

生于宋仁宗庆历元年（1041），卒于宋哲宗元符元年（1098），年五十八。祖禹于仁宗嘉祐八年（1063）为进士，时年二十三岁。熙宁三年（1070）六月，随司马光编著资治通鉴，时年三十岁。在洛阳十五年，专心著书，不事进取。书成，司马光荐为秘书省正字。哲宗元祐四年（1089）五月，任右谏议大夫兼侍讲。后为翰林学士。哲宗绍圣元年（1094），四月罢翰林学士，十二月被安置永州。绍圣三年（1096）七月，被窜于贺州。元符元年（1098）七月，再窜于化州，寻卒，年五十八。范祖禹精于唐史，自著《唐鉴》十二卷，深明唐三百年治乱，学者尊之，因为唐鉴公。

宋史337范镇传附从孙祖禹传："……哲宗立，……除著作佐郎，修神宗实录检讨，迁著作郎兼侍讲。……以龙图阁学士知陕州，……连贬武安军节度副使、昭州别驾，安置永州、贺州，又徙宾化而卒，年五十八。……祖禹尝进唐鉴十二卷、帝学八卷、仁宗政典六卷，而唐鉴深明唐三百年治乱，学者尊之，目为唐鉴公云。"

"始修通鉴时，司马光四十八岁，刘攽四十四岁，刘恕三十五岁，范祖禹才二十六岁。范祖禹进修时二十九岁。至于校阅文字的司马康方十七岁。这是一个老少结合的写作集体。"

修通鉴时官奉议郎

温国文正公文集45有元丰七年荐范祖禹状》说："自祖禹年未二十为举人时，臣已识之，今年四十余，行义完固，常如一日。……"熙宁三年春祖禹自[illegible]簿知资州龙水县，同修资治通鉴，到今首尾一十五年，由[illegible]固，编集此书久未成，致祖禹淹回沈沦，不得升闻达于朝廷。

张德广："范祖禹在同修书诸人中年龄最小，在书局时间最久，贡献也最大"。

四库提要史评类：范祖禹著唐鉴十二卷："祖禹字淳父，华阳人。嘉祐八年进士，历官龙图阁学士，出知陕州，事迹附载宋史范镇传中。……治平中，司马光奉诏修通鉴，祖禹为编修官，分掌唐史，以其所自得者著成此书。上自高祖，下迄昭宣，撮取大纲，系以论断，为卷十二。元祐初，表上于朝，结衔称著作佐郎，盖进书时所居官也。后吕祖谦为作注，乃分为二十四卷。蔡絛铁围山丛谈曰：祖禹子温游大相国寺，诸贵珰见之，皆指目曰：此唐鉴之子。盖不知祖禹为谁，独习闻有唐鉴也。则是书为当世所重可知矣。"张端义贵耳集，记高宗与讲官言，读资治通鉴知司马光有宰相度量，读唐鉴知范祖禹有台谏手段。

稿纸(A)25×20=500

143.

"关于几位助手的分工，胡三省在《新注资治通鉴序》中说：'修书分属，汉则刘攽，三国讫于南北朝则刘恕，唐则范祖禹，各因其所长属之，皆天下选也。'但是，清朝……全祖望作……《通鉴分修诸子考》。文中提出一个材料，是司马光写给范祖禹的一封信，……全祖望根据……这封信，说胡注序所讲的分工不对。……大家认为全祖望的说法不对。……司马光最初有这样的规定，但这只是开始的，但那只是收集材料、做长编的时候，后来没有这样做。……我们写了一本《司马光通鉴稿》，前面写了一篇文章，关于分工是按照胡三省的说法。……说明我们还是按照胡三省的说法。""通鉴的体例成于司马光，……和司马光这个主编的认真负责态度更有关系。参加修书的刘恕等同时代的人……全书议例一贯，文字在大体一律，这是要作为个人负责把握全的要是。"（据……）

通鉴前期参考："从战国至三国一段，……并没有发现什么新材料，……西汉也没有什么新的，……东汉部分有些见到而我们见不到的史料，但不算很多。……从晋到隋，……有很多新材料，……我们今天见不到的，司马光见到了。……比如……十八家晋书……崔鸿的十六国春秋……萧方等的三十国春秋……宋书艺文志以后把萧方等的等字去掉，变成了萧方。……用了一个佛经上的名字。……还有裴子野的宋略、孙盛的晋阳秋、习凿齿的汉晋春秋……这些材料今天都已经亡了，……至于唐五代一段就不用说了，……司马光看见了唐代的实录，……唐朝通代的实录，……五代的实录……通鉴是根据实录来写的……。……只有韩愈写的一部顺宗实录……司马光特别重视柳芳的唐历，……通鉴写五代的部分多取旧五代史，今本旧五代史已残缺，……也没有了。至于小书就更多了。……史料价值……唐、五代部分……这就是后人重视的材料的可贵。……战国至三国前三……"（据：《[illegible]》）

三、《资治通鉴》的编纂方法

编纂一部历经一千三百多年的通史，不是一个人的力量所能完成的，必须集数人之力，分工合作。司马光也自云如此，所以在英宗准其编集之后，即请求助手同修。司马光及其助手三人分工的情况是：三位助手分别负责搜集、整理史料及撰写初稿的工作。其具体分工是：~~西汉、东汉部分~~ ~~从战国到东汉~~ 西汉到隋，由刘攽~~担任~~撰写；~~三国两晋南北朝隋~~ ~~由刘恕担任~~ 唐代由范祖禹~~担任~~撰写（初稿）；五代由刘恕~~担任~~撰写，后来刘恕去世，由范祖禹~~担任~~继续撰写担任。~~而由司马光总其成~~ 另外，司马康专管检阅文字（校对）的工作。

司马光负总责及删定稿；

刘攽—战国秦汉，刘恕—魏晋南北朝隋五代，范祖禹—唐五代。

刘恕分工虽然限于五代，但全书内容及义例，司马光多与刘恕商讨定夺，所以刘恕"分修虽止五代，而实系全局副手。"（全祖望通鉴分修诸子考）

长历—年月日的考订。将每年的节气、朔望、闰月等排定，作成长历，由天文学家刘羲叟担任。

司马光及刘攽等编纂资治通鉴，可分为三个步骤：

1. 搜集、整理史料，按年月日编成"丛目"。也就是资料汇编。

四库全书总目史部总叙："今以此书，如涑水成稿之论，则采及飞燕外传；张彖冰山之语，则采及开元天宝遗事，是小说亦不遗也。"

首先要求助手在广泛阅读资料时，"采摭异闻，以年月日为丛目"。即把所有的资料~~编排起来~~，不论其内容同异，都按年月日编排起来，以备撰写长编之用。也就是首先全面掌握史料。有的用三四处凑成的。

司马光编纂资治通鉴，取材是非常广博的。通考载高似孙《纬略》云："通鉴采正史之外，其用杂史诸书，凡三百二十二家。"据近人张须统计，通鉴所采书籍，除正史以外，得书二百七十六种（共三百○一种），又除~~助手虽然有分工，但在编写丛目时也要把本人负责以外的资料抄录下来，交付别人采用。如司马光曾给范祖禹一手帖云："从唐高祖初起兵修长编，至哀帝禅位"~~ 诸子，得书二百六十七种。尚有五十余种，今不可指为何书，既不可尽求，更无庸臆补。"

今查北宋这通鉴引用了三百二十二种书。这个说法已被推翻了……经过统计司马光的通鉴考异所载书名，有二百七十二种。这个数字……只能说成绝对的数字。……而考异上有许多……不一一列举。考异可能有几部书……一定还不少。……最多的数字是多少？还无法弄清楚。这说明通鉴史料之丰富。还有许多……，通鉴可采用的史料，今天也保存的很少，大约一半以上……，有些通鉴可采而后人看不到的，我们也不知道那些书中是什么内容了。

文献通考卷一百九十三，载(1168)乾道四年李焘进续通鉴长编表曰："臣闻司马光之作资治通鉴也，先使其寮采摭异闻，以年月日为丛目，丛目既成，乃修长编。唐三百年，范祖禹实掌之。光谓祖禹：长编宁失于繁，无失于略。今唐纪取祖禹之六百卷删为八十一卷是也。"

"丛目—原料品。长编—粗制品。定稿—精制品。"

2. 撰写"长编"。

长编即初稿（或草稿）。刘攽、刘恕、范祖禹三人按分工的范围各自写成长编，以备司马光修改（删）定稿。撰写长编的原则是司马光所说的"宁失于繁，无失于略。"还对范祖禹说："诗赋若止为文章，诏诰若止为除官，……便请直删不妨。或诗赋有所讥讽，诏诰有所戒谕，……并告存之。"

"关于司马光编制长编，司马光在答范梦得书中说的极为明白。"可引其文。

《司马光长编法与李焘长编》（裴汝诚。华东师大学报（哲社版）1984.5）："司马光给制作长编所制订了极有条理的体例，长编法的基本点是对丛目下的各种资料进行鉴别、选择，取材的标准是围绕着'益宗系和治史'的精神定立的。……在历史编纂学上给后世以重要的影响。"

144

初，温公尝与范淳甫手帖，论修书体再。宋乾道间，温公曾孙伋得浙三衢学宫，梓而行之，中有一帖云："从唐高祖初起兵修长编，至哀帝禅位止。其起兵以前、禅位以后事，于今来所看书中见者，亦请令书吏别用草纸录出，每一事中间空一行许，以备剪粘。隋以前与贡父，梁以后与道原，令各修入长编中。盖缘二君更不看此书。若足下止修武德以后，天祐以前，则此等事迹尽成遗弃也。"

「长编」对每条目下资料进行鉴别和论述。因此，制作长编时必须有个取舍标准，达到一定要求。倘使条目下的资料全盘保存下来，则长编与丛目无异；倘使要求对丛目内的各种歧异都得出结论，而不允许并存，也会使长编与定稿不分。合乎实际而又可能做到的要求是：既做考异求是工作，又允许在经过努力之后而未能得出可靠结论时两存之或并存之，以待最后笔削定稿时再作判断。」（裴汝诚：《司马光长编法与李焘长编》，东北师大学报（哲社版）1984.5.）

以范祖禹撰写的唐纪长编为例，范祖禹写了六百卷，经过司马光一再删削，只剩下八十一卷。司马光在《与宋次道书》中曾详述其事。

"某自到洛以来，专以修资治通鉴为事，仅了得晋宋齐梁陈隋六代以来奏御。唐文字尤多，托范梦得将诸书依年月编次为草卷，每四丈截为一卷。自课三日删一卷，有事故妨废则追补。自前秋始删，到今已二百余卷，至大历末年耳。向后卷数又须倍此，共计不减六七百卷，更须三年，方可粗成编。又须细删，所存不过数十卷而已。"

这里所说的草卷，就是指的长编，仅唐代的长编，司马光删削为定稿就用了五年的时间，可见司马光是如何费尽心力了。至于其他部分的长编，也是由司马光删削之后定稿，如刘恕的儿子刘羲仲也说："先人在书局，止类事迹，勒成长编。其是非予夺之际，一出君实笔削。"（《通鉴问疑》）

"战国至三国六百四十六年共七十八卷，晋至隋三百三十三年共一〇六卷，唐、五代三百四十三年共一一〇卷。从上面的卷数比较中可以看出，通鉴的史料是后多于前，越到后面越丰富，当然，论史料的价值也是后胜于前了。"（紫）

3. 定稿

对通鉴的定稿，若没有渊博的学问、高明的识见和深厚的功力，是难以完成的。近人章太炎说："通鉴成书较表纪更难。若纪事载不过二百年者，表纪不及二百年，通鉴则综贯一千三百六十余年之事……此一千三百六十余年中，事迹纷乱，整齐不易……温公则兼收并蓄，不遗钜细……又若五胡十六国，事迹最为纷乱，而通鉴所叙，条理秩然，皆可以见其书功力之深也。"

稿纸(A)25×20=500

145.

通鉴除正文之外，另编有通鉴目录三十卷及通鉴考异三十卷，（创造性，在编纂学上有重要的贡献，）对读者阅读通鉴有很大的便利，也可见司马光编书认真负责的态度。

通鉴目录三十卷：（此书亦与通鉴同奏上，即进书表所谓略举事目，以备检阅者也。）

四库提要："其法年经国纬，著其岁阳岁名于上，而各标（通鉴）卷数于下；又以刘羲叟长历气朔闰月及列史所载七政之变，著于上方；复撮书中精要之语散于其间，次第整比，具有条理。盖通鉴一书，包括宏富而篇帙浩繁，光恐读者倦于披寻，故于编纂之时，提纲挈要，俾成斯编，使相辅而行，端绪易于循览。其体全仿年表，用史记汉书旧例；其标明卷数，使知某事在某年，某年在某卷，兼用目录之体，则光之创例。通鉴为纪志传之总会，此书又通鉴之总会矣。"

"把每年的重要事件标记列举，至于按目录检寻比较方便。……实际上是通鉴的索引。……三卷目录上，有关历法朔闰和甲子，都是根据刘羲叟的长历而成。刘羲叟是宋代天文历法专家，……所以历法方面之错误极少。"（学）

通鉴考异三十卷（此书于元丰七年随同通鉴同奏上。）

司马光进资治通鉴表："又参考群书，评其同异，俾归一途，为考异三十卷。"

四库提要："高似孙纬略载光编集通鉴，有一事用三四出处纂成者。……其间传闻异词，稗官既喜造虚言，正史亦不皆实录。光既择可信者从之，复参考同异，别为此书，辨正谬误，以祛将来之惑。昔陈寿作三国志，裴松之注之，详引诸书错互之文，折衷以归一是，其例最善。而修史之家，未有自撰一书明所以去取之故者，有之实自光始。……其书原与通鉴别行，胡三省作音注，始散入各文之下，然亦颇有漏略。"

"史料本身有异同，需加以选择，加以鉴别，这就是考异的工作。……凡是材料有异同的，他一经过反复研究，选择比较可靠的材料收入通鉴。他还把各种不同的说法和自己选择的理由全盘托出，逐条加以说明，作成通鉴考异三十卷。……考异这是为研究历史的人用的。……司马光研究历史的方法，比前人进了一步。当然这说明他的比方也难免，但应该说，这材料基本上是正确的，这就实事求是了。通鉴考异是司马光修通鉴的副产物，也是一……在史学上的一种贡献。在三十卷考异中可见也有错误，这是由于当时条件和知识水平等所限制。"（学）

稿纸(A)25×20=500

由此看来，司马光编纂通鉴，是对过去的史料作了全面的审查，所以通鉴记了极少错误。

"通鉴……为什么从周威烈王二十三年写起，……这是司马光的特别见解。如果从古代起，不用说，浑乎有困难。可是从有年代可计的朝代写起，那末，……起于共和元年（前841）。就是从战国写起的话，那末，史记六国年表是从周元王元年写起。周威烈王二十三年距周元王元年已经七十三年，前人从来以这年来划分时代。……他认为周威烈王二十三年是周的严重时期。原来晋……变成了三国，……周天子不承认，……司马光认为这是有意义……到了周威烈王二十三年，……周天子命韩、赵、魏三家为诸侯。司马光认为这是周室衰落的一大关键。……通鉴在这一年一开始就楼插了……做了一篇长论……这篇论反映出了他维护周天子的统治和宗法伦理制度的思想。……这同他以资治通鉴命名是完全一致的。"（崇）

"下限为什么止于五代呢？这是由于宋代自有国史，……这部书上至古代，下至五代，……司马光也是研究现代的。……另外补上从周威烈王二十三年……直到英宗治平四年神宗即位止。……"（崇）

"司马光究竟要什么材料呢？首先是政治史。……通鉴指斥材……等对策，……通鉴写农民起义也很多，……中，最突出的是军事史……通鉴于对内对外战争大小毕书，……除政治史外，关于经济方面的材料，通鉴也有一定的重视。……通鉴里的经济材料也不少。……"

四、资治通鉴的内容及史料价值

资治通鉴记载从战国时期周威烈王二十三年（前403）到五代时期后周世宗显德六年（959），共一千三百六十二年的历史，是一部编年体通史，共二百九十四卷，包括十六纪，计有周纪五卷，秦纪三卷，汉纪六十卷，魏纪十卷，晋纪四十卷，宋纪十六卷，齐纪十卷，梁纪二十二卷，陈纪十卷，隋纪八卷，唐纪81卷，后梁纪六卷，后唐纪八卷，后晋纪六卷，后汉纪四卷，后周纪五卷。

"我们有政治材料那么多，但重要的经济材料都用上了。……只是分量没有政治史、军事史重，并且记载不详备，尤其是记载生产斗争的资料太少。至于文化史，如文学、艺术、宗教等内容，比经济更少。……屈原、陶渊明这些大文学家，通鉴上都没有记到。杜甫也……"

通鉴的内容主要是政治史，但也有典章制度史。胡三省通鉴注（唐纪开元十二年内注）云："温公作通鉴，不特纪治乱之迹而已，至于礼乐历数天文地理，尤致其详。读通鉴者如饮河之鼠，各充其量而已。"

司马光进资治通鉴表中所说"专取关国家盛衰，系生民休戚，善可为法，恶可为戒者。"是其内容的概括。在这个旨意之下，~~包括政治经济文化各方面重要历史事迹~~其内容以政治、军事方面的最多，经济方面较少，文化方面更少。详略不均之处，如"书班固莽汉书，而不书司马迁作史记；书鸠摩罗什译佛经，而不书玄奘译佛经；书张衡作浑天仪、祖冲之作木牛流马，而不书马钧作翻车。"

通鉴不仅叙述政治事件，还附载许多重要文章，如江统的徙戎论，鲁褒的钱神论，范缜的神灭论，裴頠的崇有论，以及贾谊、陆贽的论议，董仲舒、刘蕡的对策等。还附载卓行人物，即不关政治兴衰的人物也有记载。但略于遗漏了一些著名的文学家，如屈原未载（一字），而杜甫仅由于[illegible]吟其诗[illegible]一见。并对这一大诗人在通鉴中连姓名也不见了。

"出师未捷身先死，长使英雄泪满襟"（见通鉴卷236）

"顾亭林《日知录》：'李因笃语予：通鉴不载文人，如屈原之为人，太史公赞之谓与日月争光，而不得书于通鉴。杜子美若非出师未捷一诗为王叔文所吟，则姓名亦不登于简牍矣。'予答之曰：'此书本以资治，何暇录及文人？'……"

通鉴文化史料太略：书班固莽汉书，而不书司马迁作史记；书鸠摩罗什译佛经，而不书玄奘译佛经；书张衡作浑天仪、祖冲之作木牛流马，而不书马钧作翻车。

王叔文 25×20

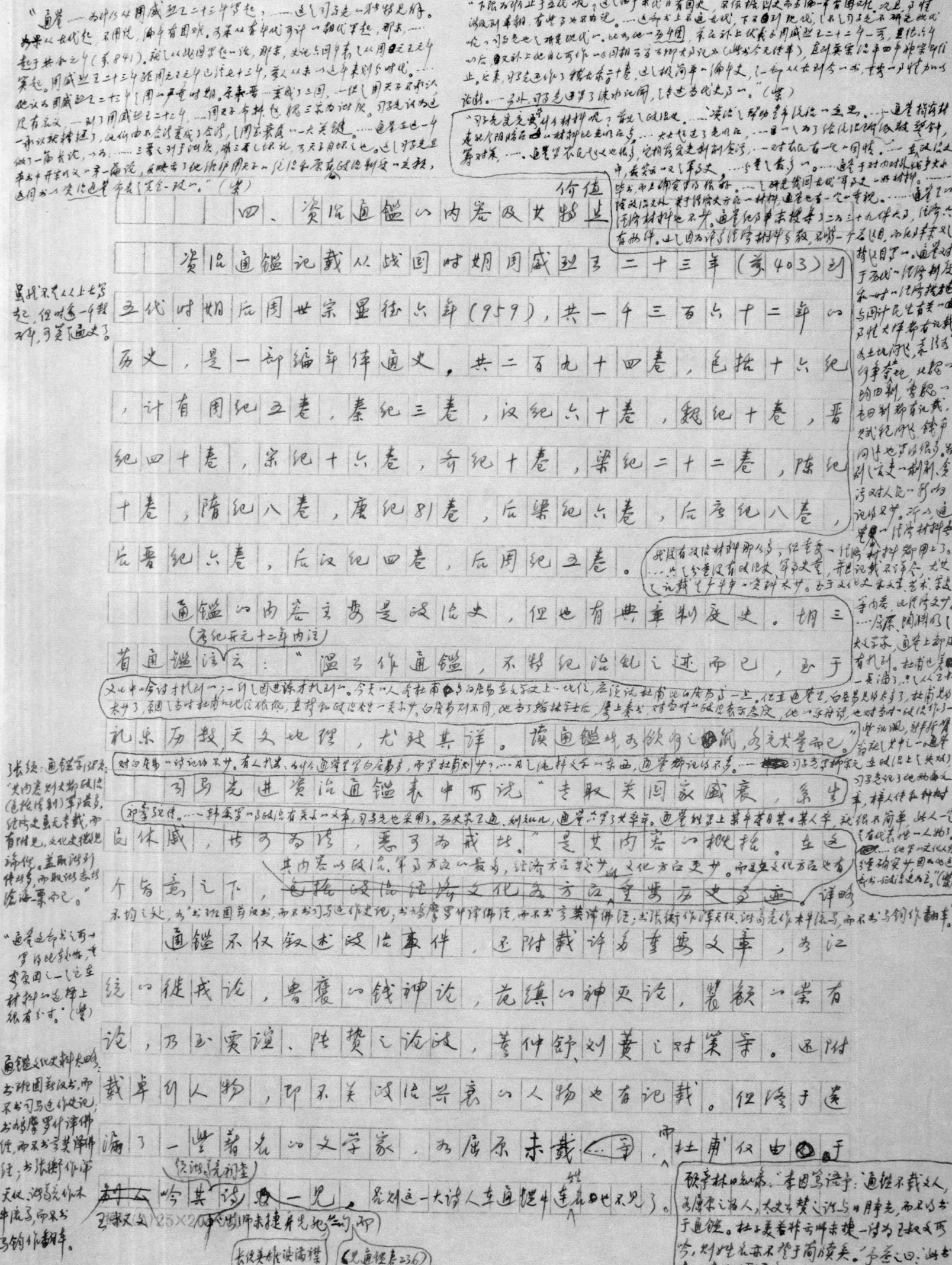

（通鉴选·前言）通鉴的优点：①层次、首尾分明 ②制度沿革亦编入 ③描写方面生动历史人物 ④采摭宏富 ⑤文字平实清爽，具有文学性。⑥载有关政治的重要论文 ⑦删除符瑞、神怪等迷信评说。

"通鉴的史论在中国颇有影响，博古亦也有论，可见司马光是重视评论的。通鉴共有一百八十六篇论，其中分为两类，第一类以"臣光曰"三字开头（他自己的议论），共有一〇二篇。第二类是前史家原有的论赞，他认为对一种作通鉴的论，这样的论有八十四篇，首是贾谊、太史公、扬雄、班固父子、荀悦、仲长统、陈寿、鱼豢、华峤、袁宏、习凿齿、孙盛、干宝、虞喜、徐众、范晔、沈约、裴子野、崔鸿、萧子显、萧方等、颜之推、李延寿、以至柳芳、权德舆、李德裕、欧阳修等的论，他都引过。引得最多的是裴子野的论，有十篇。通鉴的论分布不平衡，最多的一卷中有五篇，也有九卷没有一篇论的。……司马光所论述的多有关治乱之机，以及可法为君之道，为君之道。……其中选前人之论，常要采的论自然很多，但也有平正的，如卷263论唐代宦官这一篇的论。卷291论冯道一篇，并引用了欧阳修的论后再加以发挥。……今天看来，司马光的论基本上是不高明的，有些不大，通鉴评多有重要。古代通鉴对臣光曰一般不重视，往往把它看作封建糟粕。我们读通鉴一般取其事实，不取论点。但如果要研究司马光这人，研究他所以作通鉴的思想，研究他的封建制度观点，那就要读通鉴的论了。"（紫）

梁启超《中国历史研究法》第二章："宋司马光殚毕生之力，作资治通鉴，以续左传。上纪战国，下终五代，千三百六十二年间大事，按年纪载，一气衔接。光本邃于掌故（观所著涑水纪闻可见），其别裁之力又甚强（观通鉴考异可知），其书断制有法度。……其所经纬规制，确为中古以降一大创作。故至今传习之盛，与史汉埒。……光书既讫五代，后人纷纷踵而续之，卒未有能及光者，故吾国史家称前后两司马焉。"

通鉴中有司马光的议论，都以"臣光曰"发之，共计一百零三篇。又采录前人史论之语，以贾子家自荀、扬以至虞喜凡六家；又集自班彪以至颜之推，凡四家，史书论赞，自迁、固、荀、袁以至范晔、欧阳修，凡二十二家。

张须《通鉴学》99—100页："通鉴本身有为而作，其用方纳忠，常引昔人论史之语以见其意。综其所引，……固以为博而具美矣。顾犹有不附自己于言者，则以'臣光曰'发之，凡为论者有三篇。若作之意，伸以备见。"

通鉴的特点（优点）：

1. 体例谨严

~~①时间明确~~。

① 时间明确

通鉴既为编年体史书，必须按年时月日的次序逐条记载。它所记载的年时月日都是经过仔细考证辨定的。对于一些无确实时间可以考查的，则用如下办法：

日子不明的，但知在某月的，则系于"是月"之下。

月分不明的，但知在某时（季）的，则系于是季之下，如"是春"、"是夏"等。

季不明的，但知在某年的，则附于是年的末尾。

需要追叙某事的开始及以前的情况而其时间不明的，用追叙法，则以"初"、"先是"冠之。需要叙述某事的后来而年代不明的，则用附叙法，以"其后"、"终"、"……"、"竟"等字表示之。

司马光有《与范内翰（祖禹）论修书帖》云："……无日者……无月者……无年者……（见通鉴释例）。这是他拟定的一些处理年月日的办法，皆所周详。"（紫）

「司马光……的修史宗旨与目的，不仅体现在资治通鉴全书中，而且突出地体现在资治通鉴的"臣光曰"中。作者……用"臣光曰"来评论历史事件和历史人物等，更能直接地表现作者的政治倾向和政治态度。……成为研究司马光不可缺少的重要史料。」（张新科）

② 记载皇帝年号时，如一年有两个年号以上的，都用最后的年号。开局之始，司马光在给范祖禹的手帖中论及此事，略云："凡年号皆以后来者为定。如武德元年，则从正月便为唐高祖，更不称隋义宁二年；梁开平元年，便不称唐天祐四年。"（实则李渊从五月才做皇帝，这样记载是不合史实的。）但这种书法是有缺点或不妥之处的，除上述外，一年中有两帝以上年号外，就使读者对记载不明了。

洪迈《容斋续笔》卷四"资治通鉴"："凡年号皆以后来者为定……此诚史家之穷，颇有窒而不通之处……"

还有新君不逾年而改元的（如晋武帝太熙元年即晋惠帝永熙元年，290），有一年数次改元的（如晋惠帝永熙二年、永平元年、永康元年同在一年，291）。

③ 帝王称谓：

对于统一皇帝之死称崩，王公称薨。

未统一皇帝之死，如宋齐梁陈，称殂，王公称卒。

用其年号者称曰帝，并峙者称主，如吴主、蜀主。

稿纸(A)25×20=500

148

"对《通鉴》的评论：……（优点）……（一）史料价值很高——就史料来说，《通鉴》的史料绝大多数是可以相信的。当然，错误也不少……（二）编纂方法比前代史书有很大进步……全书体例严谨，前后呼应，脉络分明。擅长于叙事，却又详而不芜。尤其是史料来自众书，文字风格都经过一番裁剪陶铸，如出一人之手。……钱大昕说：'读十七史，不可不兼读《通鉴》。……此《通鉴》所以可贵。'（见文集28跋宋史新编）……（三）文章风格一律……司马迁……班固……范晔……（文章各有风格）……但《通鉴》司马光……整齐书的文字风格又是一致的。……他很少用偏僻难懂的词。对旁人讲的难懂的词，他都改为比较容易懂的词，用了很大的力量来加工。"（荣）

"至于缺点，也可以从两方面讲。（一）用年号编年有缺点……分裂的时代采用年号，应该分别标明。与分裂时代用一个年号有问题，一年有几个年号，他只用最后一个，年号使人弄错了。……（二）《通鉴》的主要缺点是立场、观点问题……司马光维护保守派，他的保守思想在'臣光曰'中也有充分反映。凡是历史上保守的人，他都赞成。……凡采取革命手段、暴力方法的，司马光都反对。……"（荣）

③条理清楚。

通鉴编年记事，在一千三百六十多年中，政治经济文化并陈，叙述的事理是不容易的，尤其在分裂割据之世，如三国十六国及五代十国时期的事迹，最为纷乱，而通鉴所叙井井有条。

②叙事确实。

通鉴叙一千三百六十多年的事情，内容丰富，史料烦杂。但由于司马光的认真负责，小心谨慎，凡是所记载的大都是确实可信的，极少错误。

通鉴不载神怪迷信和诡诞传说，（除有关惩戒者外）不载奇异之事，亦不载陈涉起义时鬼火狐鸣鱼腹藏书之事。又如臣光曰："以子房之明辨达理，足以知神仙之为虚诡矣。然其欲从赤松子游，其智可知也。"

司马光自作考异以明去取之故，便是极其负责的表现。

资治通鉴虽然都是采取过去的资料，但由于它考证精审，叙事确实，后人可以作为原始资料看待。而且经过考证之后，它所记载反而比原始资料更为可信。高似孙纬略曰："不观正史精熟，未易决通鉴之功绩也。"

当然，通鉴还是有一些错误的，如遗漏、重复、位置不当、称谓不一、误二为一、事实叙误等，但为数甚少。

④文章高明

通鉴博采史料，多用旧文，而且长编分经数人写成，但经司马光删削润色以后，如出一人之手。文章美妙，令人读之不厌，可做历史读，也可作文章读。

无一语不用旧文，无一语同于旧文。有高度的文字技巧。

稿纸(A)25×20=500

由以上特点，可说通鉴是达编年史的高峰。

"《通鉴》的版本：……有两类，一类有注，一类没有注。从版本来说，宋本好，错误可能少一些，但没有注。元朝以后的本子，都有注。《通鉴》的祖本（元祐元年杭州刻本），今天已经见不到了。绍兴二年（1132）有余姚重刻本，江安傅增湘影印宋椠百衲本，用七种宋本凑集而成，其中余姚本为主，仅存176卷。北京图书馆所藏绍兴二年本294卷足本。涵芬楼的四部丛刊本，就是余姚本，也实是通行宋本止。
149、此外，明、清，丛刊也有翻宋本刻本。章钰的《通鉴校宋记》，共用九种本子校对。江苏书局本在一般胡注刻本中是比较好的。现在的《通鉴》有注的本子，一般的《通鉴》胡注元刻本，不容易得到。这个胡刻是胡三省（清嘉庆二十一年（1816）鄱阳胡克家复元刊胡注本，这是现存胡注的最好本子。后来，江苏书局、武汉书局石印本都从这个版本出。……胡元常刻《通鉴全书》，刻本并不见得好，只是总括了有关《通鉴》的书大小九种，比较完全而已。后来商务印书馆出的排印本，分订六十册，看的读很方便，流行很广。……现在最好的一本是（标点后古籍出版社印行）的标点本，……当然也错误也难免。……这个本子还引了章钰《通鉴校宋记》的本子，……对读者有很大帮助。但是，当时没有参考印一个胡本，不知不觉之间使遗憾的了。……"（荣·[illegible]）

对于通鉴的评价：光于治平二年受诏撰通鉴，以元丰七年十二月戊辰书成奏上，凡越十九年而后毕。光进表称精力尽于此书。其採用之书，正史之外，杂史至三百二十二种。其残稿在洛阳者尚盈两屋。既非掇拾残賸者可比，又助其事者史记、前后汉书属刘攽，三国南北朝属刘恕，唐五代属范祖禹，又皆通儒硕学，非空谈性命之流。故

四库提要：“其书网罗宏富，体大思精，为前古之所未有。……（胡三省注云）温公作通鉴，不特纪治乱之迹而已，至于礼乐历数天文地理，尤致其详。”不仅在数量上而且在质量上都是空前的，后人亦无能比拟，在封建社会中是首屈一指的编年通史。

通鉴集战国至五代一千三百六十多年的历史于一书，内容丰富，叙事确实，而又条理~~分明~~清楚，文笔高明，为封建史学第一流名著，与前四史同为治史者所必读之书。

读了通鉴，可对战国到五代一千多年的历史有一系统的了解，而所费时间则比阅读纪传史为少。读一遍通鉴，若以平均每日一卷计，则不需一年可以读毕。

通鉴写出一千三百多年历史大势的演变，叙述了封建统治的经验，毛主席甚为重视，让高级干部阅读。

当然，通鉴还是有缺点的。如明朝人严衍作资治通鉴补二百九十四卷，其门人谈允厚作后序，列举史家之失有七：一曰漏（“应该记载的内容，删除太多。”），二曰複（“已经记载的内容，前后重见。”），三曰紊（“叙事先后失次”），四曰杂（“叙事眉目不清”），五曰误（“根本把材料弄错了”），六曰执（“坚持己见以定是非”），七曰诬（“歪曲了的事实还不少”）。而资治通鉴亦不能免。

“最早批评通鉴的为刘恕的儿子刘羲仲，他提出八点，最重要的有五点：①个人的事迹无关政治的不载，但独载蔡邕、苏密而不载屈原。②引孟子、荀子的话而不载其事迹。③不书符瑞而书高祖斩蛇。④不书褒姒过分的事而载荀淑比黄宪于颜回之语。⑤不书传说之事，而载魏冯太后鸩杀显祖。

南宋时纠正通鉴的有容斋随笔及困学纪闻。清初，日知录订正通鉴及胡注错误处有数十条。

清严衍（潜研堂文集有传）补正通鉴，或补其阙文，或补为分注。而分注之中又包含三种：①补充事实的附录 ②补充考异的备参 ③补充胡注的补注。

谈允厚助严氏之作。谈氏指通鉴七病：①有首无尾 ②有尾无首 ③一事两次记载 ④一人误分作两人 ⑤两人误合作一人 ⑥因叙述不明而歪曲了事实 ⑦月日的错误。至于胡注之最大错误在于以有考异通鉴的误字脱字，而传为为之解说。

严氏原稿烦多，不易刊刻，沈没多年不能问世。道光中张敦仁手取所补正的事杂抽出，另编单刻，名为通鉴补正略。后来江夏童氏将严书全部摆印，武进盛氏随之刊板行世。然流传不广。

严氏之补通鉴，是将通鉴所不应遗漏而遗漏的地方指出，根据有关资料补充。整个往往要只补一二字，若与通鉴原文相对勘，就知道通鉴原文不是有误字，就是有脱字，或虽无脱误而意义不完整。

钱氏严衍传举出通鉴的五要缺点。

（通鉴还有之）通鉴的缺点：1.司马光作通鉴于洪厚一派政治思想及司马光保守，不满意于急进的改革，进步的措施，然极一点也。胡三省自序中曾提到。至于商鞅变法与赵武灵王胡服骑射两事中的张改革的言论，有几处重要的被司马光删去。王安石变法改革，不曾出现。2.过于轻视文人。日知录载李因笃的话：子屈原一字不载；杜甫为不世出诗人未曾提到“一句诗在了叔文的中会诵过，连姓名也不能在通鉴中出现。

150.

编年1644 严衍资治通鉴补自序

刘羲仲通鉴问疑后载其与范梦得书疑通鉴八条。

赵希弁读书附志编年类：“通鉴问疑一卷……刘恕……与司马光修通鉴，……每以所疑问焉。恕子羲仲纂集其往复相难者而作此书，十国纪年序附于后。”

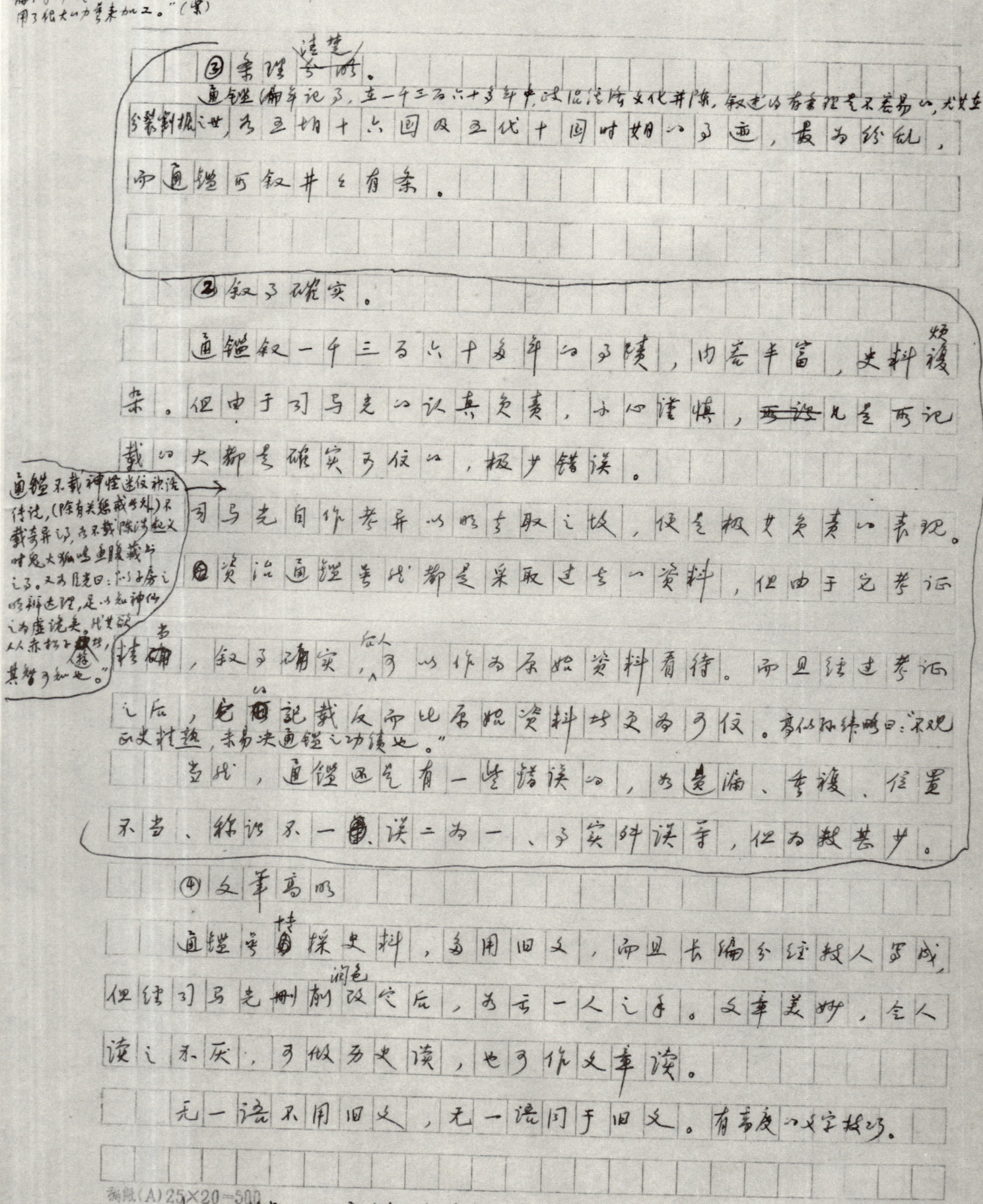

五、司马光的历史观与史学思想

历史观：

1. 历史可以不变论（名分论）

宋史卷336司马光传："迩英进读，至曹参代萧何事，帝（神宗）曰：'汉常守萧何之法不变可乎？'对曰："宁独汉也？使三代之君常守禹汤文武之法，虽至今存可也。汉武取高帝约束纷更，盗贼半天下；元帝改孝宣之政，汉业遂衰。由此言之，祖宗之法不可变也。'"

王安石云："祖宗不足法。"吕惠卿云："先王之法有一年一变者，……有五年一变者……有三十年一变者……。"

司马光认为加强封建统治的力量，巩固封建秩序，历史即可永久不变。怎样才能做此呢？他认为只要维持礼（纪纲），维护君臣的名分，即可永久维护封建统治。

"臣光曰：臣闻天子之职莫大于礼，礼莫大于分，分莫大于名。何谓礼？纪纲是也。何谓分？君臣是也。何谓名？公侯卿大夫是也。……是故天子统三公，三公率诸侯，诸侯制卿大夫，卿大夫治士庶人。贵以临贱，贱以承贵。上之使下，犹心腹之运手足，根本之制支叶；下之事上，犹手足之卫心腹，支叶之庇本根。然后能上下相保，而国家治安。故曰：天子之职莫大于礼也。……君臣之分，当守节伏死而已矣。……呜呼！幽厉失德，周道日衰，纲纪散坏，下陵上替，诸侯专征，大夫擅政，礼之大体什丧七八矣。然文武之祀犹绵绵相属者，盖以周之子孙尚能守其名分故也。"（周纪·周威烈王二十三年）

稿纸(A)25×20=500

2. 才德论

臣光曰："智伯之亡也，才胜德也。夫才与德异，而世俗莫之与辨，通谓之贤，此其所以失人也。夫聪察强毅之谓才，正直中和之谓德。才者，德之资也；德者，才之帅也。……是故才德全尽谓之圣人，才德兼亡谓之愚人，德胜才谓之君子，才胜德谓之小人。凡取人之术，苟不得圣人君子而与之，与其得小人，不若得愚人。何则？君子挟才以为善，小人挟才以为恶。……夫德者人之所严，而才者人之所爱。爱者易亲，严者易疏，是以察者多蔽于才而遗于德。自古昔以来，国之乱臣，家之败子，才有余而德不足，以至于颠覆者多矣。"（周纪·周威烈王二十三年）此暗刺新法诸人

3. 教化—风俗论

臣光曰："教化，国家之急务也，而俗吏慢之；风俗，天下之大事也，而庸君忽之。夫惟明智君子，深识长虑，然后知其为益之大而收功之远也。光武遭汉中衰，……乃始敦尚经术，宾延儒雅，开广学校，修明礼乐。武功既成，文德亦洽。继以孝明孝章，遹追先志，……自公卿大夫至于郡县之吏，咸选用经明行修之人。虎贲卫士皆习孝经，匈奴子弟亦游太学。是以教立于上，俗成于下。……自三代既亡，风俗之美未有若东汉之盛者也。……以魏武之暴戾强伉，加有大功于天下，其蓄无君之心久矣，乃至没身不敢废汉而自立，岂其志之不欲哉？犹畏名义而自抑也。由是观之，教化安可慢，风俗安可忽哉?!"（汉纪·汉献帝建安二十四年）此以儒家的思想来教育人，维护封建秩序，稳定封建统治。

稿纸(A)25×20=500

152.

史学思想：

1. 鉴戒论

进资治通鉴表："专取关国家盛衰，系生民休戚，善可为法，恶可为戒者，为编年一书。……伏望陛下宽其妄作之诛，察其愿忠之意，以清闲之宴，时赐省览。监前世之兴衰，考当今之得失，嘉善矜恶，取是舍非。足以懋稽古之盛德，跻无前之至治，俾四海群生咸蒙其福，则臣虽委骨九泉，志愿永毕矣。"

治平三年奏："臣少涉群史，窃见纪传之体，文字繁多，虽以衡门专学之士，往往读之不能周浃，况于帝王日有万几，必欲遍知前世得失，诚为未易。窃不自揆，常欲上自战国下至五代，正史之外旁采他书，凡关国家盛衰，系生民之休戚，善可为法，恶可为戒，帝王所宜知者，略依左氏春秋传体，为编年一书，名曰通志。其余浮冗之文，悉删去不载，庶几听览不劳而闻见甚博。"

通鉴魏纪魏文帝黄初二年臣光曰："臣今所述，止欲叙国家之兴衰，著生民之休戚，使观者自择其善恶得失，以为劝戒，非若春秋立褒贬之法，拨乱世反诸正也。"

2. 正闰论

（通鉴魏纪魏文帝黄初二年（刘备即皇帝位时））

臣光曰："……及汉室颠覆，三国鼎峙；晋氏失驭，五胡云扰；宋魏以降，南北分治，各有国史，互相排黜，南谓北为索虏，北谓南为岛夷。朱氏代唐，四方幅裂，朱邪入汴，比之穷新，运历年纪，皆弃而不数。此皆私己之偏辞，非大公之通论也。臣愚诚不足以识前代之正闰，窃以为苟不能使九州合为一统，皆有天子之名而无其实者也。虽华夷仁暴，大小强弱，或时不同，要皆与古之列国无异，岂得独尊奖一国谓之正统，而其余皆为僭伪哉！若以自上相授受者为正邪？则陈氏何所授？拓跋氏何所受？若以居中夏者为正邪？则刘、石、慕容、苻、姚、赫连所得之土，皆五帝三王之旧都也。若以有道德者为正邪？则蕞尔之国必有令君，三代之季岂无

僞王，是以正闰之论，自古及今未有能通其义，确然使人不可移夺者也。臣今所述，止欲叙国家之兴衰，著生民之休戚，使观者自择其善恶得失，以为劝戒，非若春秋立褒贬之法，拨乱世反诸正也。正闰之际，非所敢知，但据其功业之实而言之。周秦汉晋隋唐，皆尝混壹九州，传祚于后，……故全用天子之制以临之。其余地丑德齐，莫能相壹，名号不异本非君臣者，皆以列国之制处之，彼此钧敌，无所抑扬，庶几不诬事实，近于至公。然天下离析之际，不可无岁时月日以识事之先后，据汉传于魏而晋受之，晋传于宋以至于陈而隋取之，唐传于梁以至于周而大宋承之，故不得不取魏、宋、齐、梁、陈、后梁、后唐、后晋、后汉、后周年号以纪诸国之事，非尊此而卑彼，有正闰之辨也。昭烈之于汉，虽云中山靖王之后，而族属疏远，不能纪其世数名位，亦犹宋高祖称楚元王后，南唐烈祖称吴王恪后，是非难辨，故不敢以光武及晋元帝为比，使得绍汉氏之遗统也。”

司马文正集65卷《答郭长官纯书》：“借其年以纪事，非有所取舍抑扬也。”

刘羲仲（刘恕子）通鉴问疑后载其与范梦得书，疑通鉴八事：其三曰：“通鉴若言有统，不当分南北朝为帝；若言无统，不当书南北朝为主。”

欧阳修论正统：《正统论》上下：“大抵其可疑之际有三：周秦之际也，东晋后魏之际也，五代之际也。”“以东晋承西晋，则无终；以隋承后魏，则无始。”“自西晋之灭，而南为东晋宋齐梁陈，北为后魏北齐后周隋。私东晋者曰隋以陈灭而天下一，则推其统曰晋宋齐梁陈隋；私后魏者曰统必有所受，则推其统曰唐受之隋，隋受之后周，后周受之后魏。”以北朝为正统则无始，以南朝为正统则无终。

其后南宋朱熹作通鉴纲目，以蜀为正统。萧常作续后汉书，以蜀为本纪，魏吴为载记。元郝经作续后汉书，明谢陛作季汉书，均以蜀为正统。

正统论之意见，有三种：①不好办——欧阳修。不能讲通。②无可说——司马光。不必讲正统与非正统。③要讲正统——朱熹、萧常。

稿纸(A)25×20=500

154

六、《资治通鉴》的影响

通鉴的衍化物：通鉴目录，稽古录，通鉴外纪，通鉴前编，续资治通鉴长编，续资治通鉴，明纪，明通鉴，通鉴辑览，通鉴纪事本末。（通鉴述要）

通鉴的注释：刘安世音义，史炤释文，胡三省音注，通鉴地理通释。（同上）

自资治通鉴著成后，世人争相诵读，推崇备至，因它无论在体例上或内容上都有创造性的贡献，在史学界引起极大的重视与影响，其他著作都黯然失色。"在我国古代史学史上，论其影响与地位，只有司马迁与之相比，故有'史界两司马'之称，因史界称前后两司马。"（梁启超：中国历史研究法第二章）

自资治通鉴著成后，后来史家纷纷仿效其体例及内容之著作，凡编编年史的，很多都以通鉴为书名。其中又可分为下几类：

1. 补通鉴的——如刘恕通鉴外纪，（南宋末年）金履祥著通鉴前编。编号1280，1303

2. 续通鉴的——如明薛应旂宋元资治通鉴，王宗沐宋元资治通鉴，清徐乾学资治通鉴后编，毕沅续资治通鉴等。（南宋李焘著续资治通鉴长编）

3. 改编通鉴者——如南宋袁枢著通鉴纪事本末，朱熹著通鉴纲目等。

编号1644

4. 补正通鉴的——如明末清初严衍著通鉴补。

5. 注通鉴的——如元胡三省通鉴注。

这些著作或在史学上有特殊的成就与贡献，或自成新的体例，将分别于本章与下章叙述。

编号1280

宋王应麟著通鉴地理通释十四卷——以通鉴所载地名，异同沿革，最为纠纷，而险要阨塞所在，其措置得失，亦足为有国者成败之鉴。因为为条例，釐定成编。首历代州域，次历代都邑，次十道山川，次历代形势，而终以唐河湟十一州、石晋十六州、燕云十六州。其中征引浩博，考核明确，而叙列朝分据战攻，尤一一得其要领，于史学最为有功。

「辛弃疾在给李焘之子李壁所写的《归朝欢》一词中，把李焘比做当年发愤以读的苏老泉（洵），写道："一君家右史老泉公，千金费尽勤收拾。一堂真石室。空庭更与添突兀。记当时，长编笔砚，日日云烟湿。"李焘这种持之以恒的精神，足可以和司马光撰写资治通鉴时的惊人毅力相比拟了。」（裴汝诚：司马光长编法与李焘长编，东北师大学报（哲社版）1984.5）

「李焘不但熟悉通鉴，而且尤为注意研究通鉴所载南北对峙时期的六朝史，撰《六朝通鉴博议》，自云"学校之史，而求合之可以济。"（通考·经籍考·续通鉴长编条：李焘知遂宁府上言。）因此，四库全书总目说它"得失兼陈，法戒俱备，主于修人事以自强。"彭元瑞在《知圣道斋读书跋》中更说："仁父此书，为南宋而发，非为六朝也。……欲用襄、蜀以北复中原，故借古事以指今势。"这已是在南宋特定形势下，对司马光的史学精神的运用和发挥。而李焘决慎撰写北宋史，也不无司马光欲续通鉴后纪的影响。（司马光本打算在完成其治朝资鉴后，穷采异闻，作《资治通鉴后纪》，即北宋当代史，但通鉴成书甲元，司马光不久病逝，事只未成。）」（同上）

「所谓长编法甚详者，归纳李焘的主张，主要表现在三方面：嗜好长编必先编好丛目。……"所见所闻与传闻之异，必兼存以求之，此其所长编法也。"（李焘《送上日记状》，见文献通考经籍考24）……"其篇帙或相倍蓰，则长编之体当然。宁失于繁，无失之略云尔。"（李焘：乾道四年进书表）」（同上）

宋史卷388（列传147）本传："李焘……续金坚未报，著反正议十四篇，皆救时大务。绍兴八年，擢进士第，调华阳簿，再调雅州推官，改秩知双流县。……于是以余暇力学，焘耻读王氏书，独博极载籍，搜罗百氏，慨然以史自任，本朝典故尤悉力研核。仿司马光资治通鉴例，断自建隆，迄于靖康，为编年一书，名曰长编。浩大未毕，仍用光例，为百官公卿表，史家之间，诏给札来上。……（乾道）四年，上续通鉴长编，自建隆至治平，凡一百八卷。……五年，迁秘书少监兼权起居舍人，寻兼实录院检讨官。……八年，直宝文阁帅潼川，知泸州。……（淳熙）四年……真拜侍郎，仍兼工部。……起知遂宁府。七年，长编全书成，上之，诏藏秘阁。焘自谓此书宁失之繁，毋失之略，故一祖八宗之事，凡九百七十八卷，卷第总目五卷，依熙宁修三经例损益修换四千四百余册，上谓其书无愧司马迁。……进敷文阁学士，提举佑神观兼侍讲同修国史，荐尤袤、刘清之十人为史官。……（淳熙）十一年……卒，年七十。上闻之嗟悼，赠光禄大夫。他日谓宰相何曰：朕尝许焘大书续资治通鉴长编七字，且用神宗赐司马光故事为序冠篇，不谓其止此。……平生生死文字间，长编一书，用力四十年。……谥文简，累赠太师温国公。"

第二节　李焘著《续资治通鉴长编》

继司马光之后，对于编年史的发展起了积极作用，并作出重大贡献的是南宋初期的李焘。

李焘著《续皇朝百官公卿表》——"……长编之作盖始于此。"——见编年录1157年，1159年。

一、李焘的生平及著作

李焘，字仁甫（一字子真，号巽岩），眉州丹棱（今四川丹棱县）人。生于北宋徽宗政和五年（1115年），卒于南宋孝宗淳熙十一年（1184），七十岁。

李焘在二十岁的时候，就怀抱爱国热情，愤恨南宋政权的腐败无能，不能抵抗金人的进攻，著《反正议》十四篇，内容都是挽救国家危亡的大计。南宋高宗绍兴八年（1138）为进士，时年二十四岁。宋高宗时历任华阳县主簿，雅州推官，双流县令；孝宗时为任秘书少监兼权起居舍人，不久又兼实录院检讨官，直宝文阁帅潼川，知泸州，知荣州，礼部郎，侍郎，知遂宁府，敷文阁学士，提举佑神观兼侍讲同修国史。死后追赠光禄大夫，谥文简，累赠太师温国公。

李焘一生好学，虽然在青年时代已经开始做官，但仍于公余之暇博览群书，喜好史学，于北宋建立以来的史事尤为研究。在三十岁左右，就计划仿照司马光资治通鉴的体例，写一部宋朝的编年史，名为长编。他在孝宗隆兴元年（1163），知荣州时，年四十九岁，先写成宋太祖一朝十七年（在位），凡十七卷，进于朝（同时又进）。到了乾道四年（1168）四月时，年……他为礼部郎，写成从宋太祖建隆元年（960）到宋英宗治平四年（1067）

先写续皇朝百官公卿表142卷。

~~乾道三年（1167）……神宗时~~ 宋孝宗命取焘所为续资治通鉴，自建隆迄元符（哲宗），令有司缮写投进。

156.

周必大：《敷文阁学士李文简公焘神道碑》："（焘）谓司马光修史，先为百官公卿表十五卷，后颇散逸。乃遍求正史、实录，旁采家集、野史，增广门类，起建隆，迄靖康，合新旧官制成一百四十二卷，其长编先修者仅七之一。……长编之书，盖始于此。"

陈傅良：《建隆编·自序》："本朝国书，有日历，有实录，有正史，有会要，有敕令，有御集，又有百司专行指挥、典故之类，三朝以上又有宝训，而百家小说、私史与士大夫行状、志铭之类，不可胜记。自李焘作续通鉴，起建隆元年，尽靖康元年，而一代之书萃见于此。"

闰三月，共五朝一百零八年之事，共计一百零八卷奏上，并言："太祖一朝之事，原已投进，缘后来稍有增益，谨重录。治平以后，文字增多，容臣更加整齐节次投进。臣闻司马光之作资治通鉴也，先使其寮采摭异闻，以年月日为丛目，丛目既成，乃修长编。唐三百年，范祖禹实掌之。光谓祖禹：'长编宁失于繁，毋失于略。'今唐纪取祖禹之六百卷删为八十卷是也。臣今所纂修，义例悉用光所创立，错综铨次，皆有依凭。顾臣此书讵可便谓续资治通鉴？（司光此五字为孝宗下诏征取时所定之名）姑谓续资治通鉴长编，庶几可也。其篇帙或相倍蓰，则长编之体所当然，'宁失于繁'，犹光志云尔。今写成一百七十五册，并目录一册上进。"诏以焘纂述有劳，特转两官。

淳熙元年（1174），焘知泸州时又上言："臣今欲纂辑治平以后六十年事迹，庶几一祖八宗之丰功盛业，粲然无所阙遗。"以治平后至靖康，为二百八十卷上进。

随后于淳熙二年（1175），进神宗、哲宗两朝三百四十册。四年（1177）七月，又进徽宗、钦宗两朝三百二十册。

淳熙九年（1182），李焘任知遂宁府时，重别写进全书，共为九百八十卷，计六百四册；又为目录十卷；复以一百六十八年之事分散九百八十卷之间，文字繁多，率未烦难立见。略存梗概，庶易检寻，因更为举要六十八卷，并卷举总目共五卷。以上四种，通计一千六十三卷，六百八十七册，且言：

"臣网罗收拾，垂四十年，缀葺穿联，逾一千卷。牛氏檐何敢自保，精力几尽此书。非仰凭大臣之品题，惧难逃乎众人之指目。汉孝宣称制决疑，故多长高于甘露；我神考锡名冠序，治鉴莫毁于元符（哲宗）。务豫席恩言，比迹先正，臣死且不朽。"帝甚重之，以其书付秘书省。……此书未经镂版，故世鲜传本。清乾隆中，馆臣从永乐大典校补为五百二十卷，仅佚其徽宗钦宗两朝。今广雅书局有印本行世。

"马端临在文献通考里引他父亲马廷鸾的话，也指出此书'二百六十八年之事，以四十年而成'。"（马廷鸾跋）

李焘一生治学著书，"平生生死文字间，长编一书用力四十年。"（宋史本传）他死后，孝宗曾对宇文价说："朕尝许焘大书续资治通鉴长编七字，且用神宗赐司马光故事为序冠篇，不谓其止此。"

二、《续资治通鉴长编》的内容、价值及其编纂方法

「李焘在编写长编一书时，就以极大的努力从事资料的考异工作。南宋一代书目中都录有续资治通鉴长编，同时还著录有'续长编举要考异'，他把李焘长编的注文称为'考异'，此后多有将其注文视作考异者，可见李焘于此所取得的成功了。」（裴汝诚）

由于它名为长编，根据"宁失于繁，无失于略"的原则，

李氏此书叙北宋一百六十八年的历史，对政治、经济、文化各方面的记载都很详细。如与司马光的资治通鉴比较，通鉴记一千三百六十二年的事迹，仅二百九十四卷，而此书记一百六十八年的事迹，竟达九百八十卷，可说在当时的条件下，李焘已将他所搜集到的资料完全写进去，成为一部空前详备的编年史。而且李焘不但广搜博采，还下了很深的考订功夫，他把考订的结果作为考异，以明其去取之故，即附注于各条之下。郑堂读书记编年类："注与通鉴考异，系本别为一书，而长编之考异即分注于各条之下，以省学者两读，较为直捷了当。"四库提要编年类："据文献通考所载，仅长编一百六十八卷，举要六十八卷，与进状多寡迥殊。考陈振

续资治通鉴长编五百二十卷（永乐大典本），宋李焘撰。焘博极群书，尤究心掌故。以当时学士大夫各信所传，不考诸实录正史，家自为说，因踵司马光通鉴之例，备采一祖八宗事迹，荟粹讨论，作为此书。以光修通鉴时先成长编，焘谦不敢言续通鉴，故但谓之续资治通鉴长编。文献通考载其进书状四篇：一在隆兴元年（1163）知荣州时，先以建隆迄开宝年事一十七卷上进。一在乾道四年（1168）为礼部郎时，以整齐建隆元年至治平四年闰三月五朝事迹，共一百八卷上进。一在淳熙元年（1174）知泸州时，以治平至元符靖康凡二百八十卷上进。一在淳熙九年（1182）知遂宁府时重别写呈，并举要、目录，计一千六十三卷，六百八十七册上进。故周密癸辛杂识称外间有其书，至盈二厨。

158

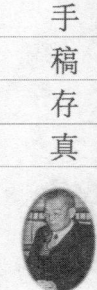

「李焘学习司马光长编法，使长编编纂得以光大，使此成为一种体裁。……长编成而有杨仲良撰作长编纪事本末。他如陈傅良之建隆编，"取长编太祖一朝节略也。"（直斋书录解题·建隆编）陈均作宋九朝编年备要，"其书取司马光、宋朝及李焘续通鉴长编删繁撮要，勒成一书。"作者佚名之宋史全文，"其法亦以焘本于焘之长编，而颇加删节。"直到清徐乾学作通鉴后编、毕沅作续资治通鉴"其北宋九朝之迹，实皆用长编为底本；钱大昕宋辽金史考异、宋辽金元四史朔闰考亦并据长编而作。"（浙江书局版长编卷首校刻长编凡例）长编之深远影响于此亦（舍）略见一斑。长编所以有此影响者，首先，长编记事详赡，资料丰富，多称"一代之书莫先于此"。……为后人……编年史提供了条件。……其次，长编考证异同，精审周密，可称得上为"考证之林"。……叶适说："凡实录、正史、官文书，无不是正，就一律也。而又家录、野记旁互参审，毫发不使遁逸，邪正心迹，随卷自见。"（叶适：水心先生文集卷一二巽岩集序）……再次，元明以来，由于各种原因，宋人的许多记载已经散佚，长编之中则保存了不少已经散佚的资料，……长编可说辑佚宋史之大成。今天存的资料，也可据长编所引材料加以校正。……记载史实较多的长编等史籍，因其记载丰富而更加适合后人的研究。」（裴汝诚：司马光长编法与李焘长编。东北师大学报（哲社版）1984.5）

孙书亦称焘，称其卷数虽多若此，而册数至逾三百，盖逐卷又分子卷，或至十余云云。则所称一千六十三卷者，乃统子卷而计之，故其数较多矣。又据焘进状，其书实止于钦宗，而王明清玉照新志称绍兴元年胡彦修疏，在长编一百五十九卷注后，则似并兼及高宗，或以事相连属，著其归宿附于注末，如左传后经终孔子之例欤。（记载李焘之一事法）癸辛杂识又称焘为长编，以木厨十枚，每厨抽替匣二十枚，每替以甲子志之，凡本年之事，有所闻必归此匣，分日月先后次第之，井然有条云云。则其用力之勤且久，可概见矣。其书卷帙最多，当时艰于传写，书坊所刻本及蜀中旧本已有详略之不同。又神哲徽钦四朝之书，乾道中祇降秘书省依通鉴纸样缮写一部，未经镂版，流播日稀，自元以来世鲜传本。本朝康熙初，昆山徐乾学始获其本于泰兴季氏，凡一百七十五卷，尝具疏进之于朝。副帙流传，无不珍为秘乘。然所载仅至英宗治平而止，神宗以后仍属阙如。检永乐大典宋字韵中，备录斯编，以与徐氏本相校，其英宗以前大概相合，而分注考异往往加详。至熙宁迄元符三十余年事迹，徐氏所阙，而朱彝尊以为失传者，今皆粲然具存，首尾完善，实从来海内所未有。惟徽钦二纪，原本不载，又佚去熙宁、绍圣间七年之事，颇为可惜。然自哲宗以上，年经月纬，遂已详备无遗，以数百年来名儒硕学所欲见而不得者，一旦顿还旧物，视现行诸本增多几四五倍，斯亦艺林之钜观矣。……焘原目无

稿纸(A)25×20=500

159.

通考引叶水心之言：“李氏续通鉴，春秋以后才有此书。通鉴虽幸存，然由千岁之后，追战国秦汉，疑词谬说，久入人心，方将钩索质验，贯殊析同，力诚劳而势难一矣。及公据变复之会，乘岁月之存，断自本朝，凡实录正史官文书，无不是正，以就一律。而又家录野记，旁互参审，毫发不使遗恨，邪正心迹，随卷较然。夫孔子之所以正时日月必取于春秋者，近而书具也。今惟续通鉴为然尔。故余谓春秋之后才有此书，信之所聚也。然公终不敢自成书，第使至约出于至详，至简成于至繁，以待后人而已。”

存，其所分千余卷之次第已不可考。谨参互校正，量其文之繁简，别加整析，定著为五百二十卷。”

郑堂读书记编年类：“续资治通鉴长编五百二十卷（爱日精庐活字版本），宋李焘编。四库全书著录。书录解题、宋志俱作一百六十八卷，盖以一年为一卷也。读书附志作九百四十六卷，盖合所分子卷数之也。……温公通鉴考异，原本别为一书，而是书之考异即分注于各条之下，以省学者两读，较为直捷了当。”

四库提要：“焘作此书，经四十载乃成。自实录正史、官府文书，以逮家录野纪，无不递相稽审，质验异同。虽采摭浩博，或不免虚实并存，疑信互见，未必一一皆衷于至当，——然焘进状自称‘宁失之繁，毋失之略’，盖广蒐博录以待后之作者。其淹贯详赡，固读史者考证之林也。”

癸辛杂识前集：“长编既成，有诏临安给笔札，就其家缮录以进。韩彦古阴戒书吏传录，每一版酬千钱。”

二、《续资治通鉴长编》的编纂方法

周密《癸辛杂识·后集·修史法》条云：“李仁甫为长编，作木厨十枚，每厨抽替匣二十枚，每替以甲子志之。凡本年之事，有所闻必归此匣，分月日先后次第之。井然有条，真可为法也。”

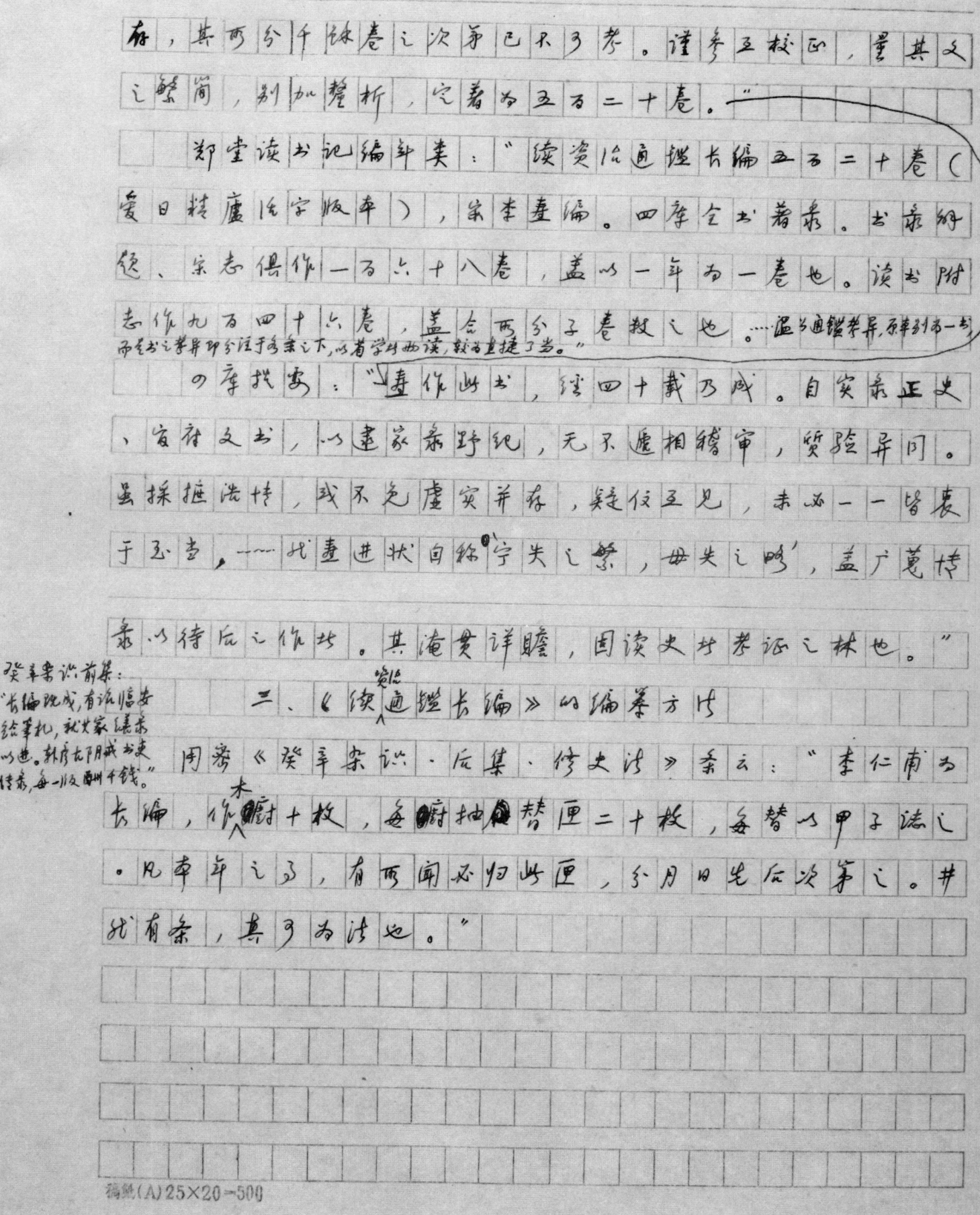

稿纸(A)25×20=500

第三节　李心传著《建炎以来系年要录》

一、李心传的生平及著作

李心传，字微之，隆州井研（今四川井研县）人。生于南宋孝宗乾道二年（1166），卒于南宋理宗淳祐三年（1243），七十八岁。

李心传于宋宁宗庆元元年（1195）乡试落第后，就绝意不再参加科举考试，闭户著书。后来由于崔与之、许奕、魏了翁等前后共二十三人的推荐，到京城临安任史馆校勘，又被赐进士出身，专修中兴四朝帝纪。但因有人说他的坏话，则修成三朝就去职了。后又添差通判成都府，不久又迁著作佐郎兼四川制置司参议官，并让他到安置局继修十三朝会要。到理宗端平三年（1236）修成，又到京城任工部侍郎。（宋史卷438儒林列传197李心传传。④按续编年表记官至礼部侍郎。）未几复以言去奉祠，居湖州……淳祐三年（1243）致仕卒，年七十八。"心传有史才，通故实。然其作吴猎、项安世传，褒贬有愧秉笔之旨，盖其志常重川蜀而薄东南之士云。"

李氏长于史学，精通史实及典章制度，掌握丰富的史料，而且考证精确，为当人所不及。他的著作很多，除《建炎以来系年要录》二百卷外，还有《春秋考》十三卷，《礼辨》二十三卷，《读史考》十二卷，《旧闻证误》十五卷，《建炎以来朝野杂记》四十卷。

二、《建炎以来系年要录》的内容与价值

《建炎以来系年要录》二百卷，记述宋高宗一朝三十六年（建炎四年，绍兴三十二年）的事迹，仿照资治通鉴的体例，编年系月，

稿纸(A)25×20=500

161.

与李焘之资治通鉴长编相续。据陈振孙直斋书录解题识语，李心传“于隆兴（孝宗）以后书，亦尝相继为之。会蜀乱散失，不可复得。”

李氏著作此书，“以国史、日历为主，而参之以稗官野史、家乘、志状、案牍、奏议、百官题名，无不胪采异同，以待后来论定。故文虽繁而不病其冗，论虽歧而不病其杂，在宋人诸野史中最足以资考证。（宋史本传称其重川蜀而薄东南，此……则宋史之病其书者，殊有不尽然矣。）大抵李焘学司马光而或不及光，心传学李焘而无不及焘。其宏博而有典要，非熊克、陈均诸人所能追步也。”（四库提要）

关于此书之流传~~及定名~~，四库提要编年类云：“宁宗时尝被旨取进，永乐大典别载贾似道跋，称宝佑初曾刻之扬州。而元代修宋辽金三史时广购遗书，其目具见袁桷、苏天爵二集，并无此名。是当时流传已绝，故修史诸臣均未之见。至明初始得其遗本，亦惟文渊阁书目载有一部二十册，诸家书目则均不著录。今明代秘府之本又已散亡，其存于世者惟永乐大典所载之本而已。”

清四库馆臣从永乐大典中辑出今本，并加以整理、定名。四库提要云：“其中与宋史互异者，则为之辨证，附注下方，所载金国人名、官名、地名，音译均多舛误，谨遵钦定金史国语解详加订正，别为考证，附载各卷之末。仍依原第，

析为二百卷。至其书名，文献通考作系年要记，宋史本传作高宗要录，互有不同。今据永乐大典所题，与心传朝野杂记自跋，及王应麟玉海相合，故定为系年要录。”

据陈振孙书录解题识语，心传于隆兴（孝宗）以后事，亦尝相继为之，会蜀乱散失，不可复得。案此，则心传于中兴史事，殆复终身为之。

162.

~~析为二百卷。至其书名，文献通考作繫年要记，宋史本传作高宗要录，互有不同。今据永乐大典所题，与心传朝野杂记自跋及王应麟玉海相合，故定为繫年要录。"~~

第四節 宋元时期的其他编年史

按其著作时代次序叙述如下：

一、刘恕著《通鉴外纪》十卷

刘恕是司马光编纂资治通鉴的得力助手，其生平事迹已见前述。

司马光的资治通鉴从战国时代三家分晋开始，在此以前的史事就没有记载，刘恕认为这是缺陷。他曾询问司马光：

"恕尝请于光曰：'书之不始于上古或尧舜，何也？'光曰：'周平王以来，事包春秋，孔子之经不可损益。'曰：'何不始于获麟之岁？'曰：'经不可续也。'"

司马光的答覆没有使刘恕感到满意，他终觉得不从上古写起是一个缺陷，遂自己撰写通鉴外纪以补其缺。他在《通鉴外纪序》中说："尝思司马迁史记始于黄帝，而包犧神农阙漏不录；公为历代书，而不及周威烈王之前。学者考古，当阅小说，取舍乖异，莫知适从。若鲁隐之后，止据左氏、国语、史记、诸子，而增损不及春秋，则无与于圣人之经。包犧至未命三晋为诸侯，比于后事，百无一二，可为前纪。昔何承天、乐资作春秋前后传，亦其比也。将俟书成，本朝一祖四宗一百八年，可请实录国史于朝廷，为后纪。

稿纸(A)25×20=500

请于公而为之。熙宁九年，恕罹家祸，悲哀愤郁，遂中瘫痹。右肢既废，凡欲执笔，口授稚子羲仲书之。尝自念平生事业，无一成就，史局十年，俛仰窃禄。因取诸书，以国语为本，编通鉴前纪。家贫书籍不具，南徼僻陋，士人家不藏书。卧病六百日，无一语及文史，昏乱遗忘，烦简不常，远方不可得国书，绝意于后纪，乃更前纪曰外纪，如国语称春秋外传之义也。”又曰：“他日书成，公为前后纪，则可删前外纪之烦冗而为前纪，以备古今一家之言。恕虽不及见，亦平生之志也。”

通鉴外纪包括《包羲以来纪》一卷，《夏商纪》一卷，《周纪》八卷，共十卷。

张须通鉴学第六章：“其书于春秋后，惟置左氏而取国语，于史实不甚明备；采诸子书尤滥，鲜鉴别之长。惟其识力有不可及者，……”

稿纸(A)25×20=500

164.

孙甫著唐纪七十五卷（编年，书今亡）

孙甫，宋仁宗时人。宋史孙甫传称甫著唐史七十五卷，每言当时治乱，若身履其间，而听者了如目见。时人言"终日读史，不如一听孙甫。"其唐史自序称"据实录与书，兼采诸家著录，参验不差，足以传信者，而修唐史记。"

四库总目史评类"唐史论断三卷"条云："孙甫字子翰，阳翟人，举进士，……事迹具宋史本传。陈振孙书录解题称甫以刘昫唐书烦冗遗略，多失体法，乃改用编年体。创始于康定元年（仁宗1040），蒇事于嘉祐元年（1056），勒成唐纪七十五卷。

尹洙著五代春秋二卷

四库总目编年类存目："尹洙字师鲁，河南人，（仁宗）天圣二年（1024）进士。邵伯温闻见录载，欧阳修作五代史，尝约与洙分撰，此书或即作于此时。其体用编年，与修书例异，岂本约同撰而不果，后乃自为此书欤？所载始梁太祖开平元年丁卯，迄周显德七年正月甲辰。……笔削颇为不苟，多得谨严之遗意。"

稿纸(A)25×20=500

"朱熹——认为通鉴记事实太详，书法不完备，观点不符合其理。……纲目一书，59卷。朱熹从通鉴中节取事实，纲仿春秋，目仿左传，纲是朱熹手定的，目是他的门人赵师渊所作。……纲目尊重周天子，反对王莽，不承认王莽之统治地位。……到了三国，朱熹认为应承认蜀汉作正统，把年一定要列出。……通鉴纲目专重书法，正统观念比通鉴还要强，为统治阶级服务也进了一步，没有史料价值。……专以褒贬上做文章，没有什么意义。……宋明以来，有许多人替纲目附加上许多花样，有尹起莘的发明，刘友益的书法，汪克宽的考异，冯智舒的质实等七八种书，简直把通鉴纲目神秘化了。到了清朝康熙46年，在纲目之上康熙皇帝又加上了"御批"，……强化地主阶级了，当然代一个没有什么价值，更有观点意义了。……观点有一部最简单的书叫《纲鉴易知录》，是《通鉴纲目》的缩减，可惜越来越少。"(紫)

编年体
1172年
1200年

二、朱熹著《通鉴纲目》五十九卷

朱熹，字元晦，一字仲晦，南宋（徽州）婺源（今安徽婺源县）人。生于宋高宗建炎四年（1130），卒于宋宁宗庆元六年（1200），七十一岁。

"所编次有……通鉴纲目、宋名臣言行录，……皆行于世。"（宋史429朱熹传）

朱熹于绍兴十八年（1148）为进士，时年十九岁，在外地为官九年。宁宗初，召为焕章阁待制侍讲，以忤韩侂胄，立朝四十日而罢。朱氏为著名理学家，集宋代理学之大成。

高宗绍兴八年（1138），胡安国因温公遗稿，修成举要历补遗一百卷。孝宗乾道八年（1172），朱子更因两公之书，别为义例，增损隐括，以就此篇。其书，大书者为纲，分注者为目。纲仿春秋，而参取群史之长；目效左氏，而稽合诸儒之粹。自序有曰："表岁以首年，而因年以著统；大书以提要，而分注以备言。"全书例体，合此四语。凡逐年之上行，书其甲子，遇甲子字则朱书以别之。虽或无事，亦依《举要》以备年，所谓表岁以首年也。凡正统之年，为周秦、汉、晋、隋、唐，皆于岁下大书；非正统者，两行分注。所谓因年以著统也。凡大书（即所谓纲），有正例、变例：正例为始终兴废、灾祥沿革及号令征伐生杀拜除之大者；变例为不在此例而善可为法、恶可为戒者，皆特书之，所谓大书以提要也。凡分注（即所谓目），有追原其始者，有遂言其终者，有详陈其事者，有备载其言者，有因始终而见者，有因拜罢

稿纸(A)25×20=500

165.

而见者，有因子类而见者，有因家世而见者，有涅其所主之言、所取之论，有增其可收之说、所并之评，而删其所遗，与夫近世大儒先生折衷之语，亦颇采附其间，所谓分注以备言也。颇以分注冗繁，爰属其事于门人天台赵师渊（讷斋）。

以资治通鉴而作。惟凡例一卷出于手定，其纲皆门人依凡例而修，其目则全以付赵师渊。后疏通其文旨者，有遂昌尹起莘之发明、永新刘友益之书法；笺释其名物者，有望江王幼学之集览、上虞徐昭文之考证、武进陈济之集览正误、建安冯智舒之质实辨正；其传写差互者，有祁门汪克宽之考异。明弘治中莆田黄仲昭，取诸家之书，散入各条之下，是为今本，皆尊崇朱子者也，故大抵循文敷衍，莫敢异同。明末张自勋作纲目续麟，始以春秋旧法，纠凡例之误。清芮长恤作纲目拾遗，以通鉴纠新增之失。陈逢衡作纲目订误，考证纲目之舛误。

朱子没后二十年，门人李方子等刻于泉州。

全祖望书朱子纲目后曰：“黄榦尝谓纲目仅能成编，朱子每以未及修补为恨，李方子亦有晚岁思加更定以归详密之说。然则纲目原系未成之书。其同门贺善争之，以为纲目之成，朱子甫逾四十，而后修书尚九种，非未成者。又力言朱子手著。但观朱子与赵师渊书，则是书全出讷斋，其本之朱子者不过凡例一通，余未尝有所笔削，是左证也。著述之难，即大儒不能无余论，雷同附和之徒遂以为春秋后第一书，可谓耳食。苟或能成朱子之志，重为讨论，不可谓非功臣也。但必为蚍蜉所大骇尔。”

清圣祖欲假纲目之威以统一史论，伸张帝权，爰因明末陈仁锡刊本逐加评定，由是通鉴纲目有御批之本。

三、金履祥《通鉴前编》十八卷，《举要》三卷。

为宋人用通鉴义例而改纂刘氏外纪之书。

金履祥，字吉父，号仁山，兰溪人。师事王柏，同登何基之门。德祐初，徵为史馆编校，不至。入元，隐居教授以终。

元史本传略曰："履祥尝谓司马光作资治通鉴，秘书丞刘恕为外纪以记前事，不本于经而信百家之说，是非谬于圣人，不足传信。自帝尧以前，不经夫子所定，固野而难质。夫子因鲁史以作春秋，王朝列国之事，非有玉帛之使，则鲁史不得而书，非圣人笔削之所加也。况左氏所记，或阙或诬，凡此类皆不得以壁经为辞。乃用邵氏《皇极经世历》、胡氏《皇王大纪》例，损益折衷，一以尚书为主，下及诗礼春秋，旁采旧史诸子，断自唐尧以下，接于通鉴之前，勒为一书，名曰通鉴前编。"

张须通鉴学第六章：案仁山随刘恕之好奇而采多多滥，奋起改纂，诚属有为而作。而观所系年代，乃用邵氏术数家推定之历，大非史家矜慎求真之意。以视道原于共和以前，因众说不同不敢穿凿，统称疑年，孰为得失，殆夫人而可决矣。且以圣人笔削者为真，则置重笔削，务存褒贬，不免援经入史。史当客观，岂其然乎？……一切踵纂通鉴而大失温公之意者，自金履祥始。即以史料言之，刘恕诚好奇矣。而金氏此书，于周昭王二十二年书释氏生，好奇亦不减于恕。……其举要三卷，后序谓"既编年表，例须表题"，故有此作。续通考谓金书"原本凡所引经传子史之文，皆作大书，惟训释及案语则以小字夹注附缀于后。其后浙江重刻之本，则举要为纲，以经传子史之文为目，而训释仍错出其间。又或以此书冠于通鉴纲目之首，题曰通鉴纲目前编，乃后来所改名，并非其旧。"案今之汇刻通鉴纲目者，皆以金氏之书冠于紫阳正编之前，而以纲目前编为题矣。其事起于明季之陈仁锡，其余例亦稍变更，与纲目合。康熙中官刻全书，更以御批加其首焉。

稿紙(A)25×20=500

168.

编年类 11804

四、吕祖谦著《大事记》十二卷，《通释》三卷，《解题》十二卷。

吕祖谦，宋史卷434有传。

吕氏“传通史传，不专言性命，宋史以此黜之，降置儒林传中。”“是书取司马迁年表所书，编年系月，以纪春秋后事，复采辑诸书以广之。始周敬王三十九年（前481，鲁西狩获麟，春秋绝笔），迄汉武帝征和三年（前90），书法皆祖太史公。”“其书作于淳熙七年（孝宗1180），每以一日排比一年之事，本欲起春秋后迄于五代，会疾作而辍，故所成仅此，然亦足见其大凡矣。”

吕氏所学有根柢，“此书亦具有体例，即如每条下多注从某书修云云，一一具载其典，固非臆为笔削者可及也。通释三卷，为诸经家之有纲领，皆采经典中要义格言。解题十二卷，则为经之有传，略具本末而附以己见，凡史汉同异及通鉴得失，皆缕析而详辨之。”（四库提要编年类）

稿纸(A)25×20=500

169.

五、王益之著《西汉年纪》三十卷

据四库提要编集：

王益之，字行甫，金华人，官大理司直。所著有汉官总录、职源等书，见马端临经籍考。益之盖熟于两汉掌故者。今他书散佚，惟此本以载入永乐大典独存。

考益之自序，称年纪三十卷，考异十卷，鉴论若干卷，各自为书。今此本不载鉴论，而考异则散附年纪各条之下，与序不合，殆后人离析其文，如胡三省之于通鉴考异欤？又序称自高祖迄王莽之诛，而此本终于平帝，居摄以后阙焉。且其文或首尾不完，中间已有脱佚，盖编入永乐大典之时已残阙矣。

司马光通鉴所载汉事，皆本班马二书及荀纪为据，其余鲜所采掇。益之独旁取楚汉春秋、说苑诸书，广征博引，排比成书，视通鉴较为详密。至所作考异，于一切年月舛误，纪载异同，名地错出之处，无不参稽互覈，折衷一是，多为二刘刊误、吴仁傑补遗之外，尤通鉴考异所未及，其考证亦可谓精审矣。

稿纸(A)25×20=500

玉海艺文："淳熙十一年十二月四日，知台州熊克上九朝通略一百六十八卷，诏迁一官。仿通鉴之体作编年之书，一载著为一卷。简要不如徐度之纪，详备不如李焘之编。"（玉海卷47）

编年 1184年

参余嘉锡四库提要辨证

六、熊克著《中兴小纪》四十卷（亦找着）

熊克，字子復，建阳人。宋孝宗时官至起居郎，兼直学士院，出知台州，事迹具宋史文苑传。

四库提要编年类："是编纪次南渡以后事迹，首建炎丁未，迄绍兴壬午，年经月纬，勒成一书。宋制，凡累朝国史，先修日纪，其曰小纪，盖以别于官书也。陈振孙书录解题，称克之为书，往往疏略多抵牾，不称良史。……盖以当时之人记当时之事，耳目既有难周，是非亦未论定，自不及李心传书荟粹于记载详备之余。然其上援朝典，下参私记，缀辑联贯，具有伦理。其于心传之书，亦不失先河之导。创始难工，固未可一例论也。"

郑堂读书记编年类："中兴小纪四十卷，（文澜阁传钞本）宋熊克撰。克字子復，建阳人。……四库全书著录。书录解题、通考、宋志俱作中兴小历四十一卷。其书久佚，今馆臣从永乐大典录出，分为四十卷。考解题以下诸书，载其先有九朝通略一百六十八卷，以纪北宋之事。是书所载高宗一朝事迹，自建炎丁未至绍兴壬午止，盖以续九朝通略而作。因其出自私撰，故曰小纪。……惜其九朝通略散见于永乐大典中者，所存不及十之一二，无从辑成全书也。"

七、陈均著宋九朝编年备要三十卷（太祖至钦宗九朝事迹）及中兴备要三十卷（亡）。

始太祖至钦宗，九朝事迹。林駉序谓取司马氏之纲，而时有修饰；取李焘之目，而颇加节文，是亦据其体例。此实为通鉴纲目之式，特据事直书，不加褒於其，观均自序，宗旨可见也。

八、刘时举著续宋编年资治通鉴十五卷（始高宗建炎元年，迄宁宗嘉定十七年。当成于理宗之世。）

稿纸(A)25×20=500

另外，尚有不知作者姓名的靖康要录十六卷（记钦宗在储及靖康一年之事）及两朝纲目备要十六卷（记自光宗绍熙元年迄宁宗嘉定十七年）等。

171.

第五章　纪事本末体的创作

从上古到北宋时期，我国编纂通史及断代史的体例只有编年与纪传两种。到了南宋时期，又出现了一种新的体例，称为纪事本末，于是史书共有三种体例。

编年体以年为主，纪传体以人为主，而纪事本末体则以事为主。纪事本末体的特点是记述史事时以历史事件为主，将每一历史事件写成一篇，每篇有一简明的标题。它与编年、纪传两种体例比较起来，有如下两个优点：

一、能够明确地叙述每一历史事件的全部过程。

二、~~兼编年、纪传二体之长~~，弥补二体之缺点。"纪传之法，或一事而复见数篇，宾主莫辨；编年之法，或一事而隔越数卷，首尾难稽。"（可转引出）"文省于纪传，事豁于编年。"（《文史通义·书教下》）

人们在阅读历史的时候，首先要求了解一些历史事件的全部过程，但在阅读编年体或纪传体史书的时候，是很难立即满足这种要求的。因为编年体按年记述，一个历史事件往往分散在数年或十数年的记载中，检阅起来很不方便。又因纪传体按人记述，一个历史事件往往分散在数人或十数人的列传中，检阅起来也很不方便。而纪事本末体则将每一历史事件的全部过程集中在一篇之中，使读者免去翻检之劳。由于合乎读者的需要，所以这种体例是比编年、纪传都进步的体例，一建立就为人们欢迎，而与编年、纪传成为三大体例了。

稿纸(A)25×20=500

当然，纪事本末体也是有缺点的。缺点是：每事一篇，每篇之间无联系，每篇是孤立的，全书无系统，不能表明各个历史事件之间的联系。

"袁枢……这种作法，看起来容易，似乎就是抄书，但也需有相当的功力。首先，选定这么多题目，就需通悉通鉴的内容，发凡起例，又必须有史学见解。我们对某些袁枢作纪事本末共用了多少年时间，都没法估计他通读通鉴到底花了多少年的时间。——杨万里在通鉴纪事本末的序中说："……"杨序作于淳熙元年（1174）三月，相别不过两年，袁已编成，可见，袁枢编书的时间并不长。又按王应麟玉海云："淳熙三年，参政龚茂良言袁枢所编纪事，有益见闻，诏严州摹印十部。"元年成书，三年便已摹印，足见流传的很快。"（紫）

"通鉴纪事本末的字数，约为通鉴的二分之一。全书共计大小三百〇五件重要事件（239个子目加上66条附录），其中绝大部分为军事、政治，经济方面的只有两条：一是……缺，一是两税之弊。而于文化方面，一条都没有。一般说来，凡是材料多的容易集中起来的，也都集中了，零散的材料或面临不很大的材料，也不集中。当然也有遗漏，也有很重要的材料也没有集中的。……除了材料集中的这个目录周比较方便以外，其余也没有阅读通鉴。通鉴纪事本末不能代替通鉴，不能因为通鉴纪事本末重要而忽视，就忘掉了通鉴中的大量材料。"

"袁氏……的书中对于每一件事都有个动词，而且常用这种动词。……例如：用平字29次，……用讨字23次，……用灭字23次，……用叛字23次，……用乱字20次，……用篡字20次，……用寇字10次，……用伐字9次，……用送字8次，……用讨字7次，……，其余如变故，用子、归字、祸字、亡字、变字、争字等，就不一一举了。"

"通鉴纪事本末这部书，全书42卷，239件事情。明末张溥（字天如，太仓人，著有七录斋集）曾作了些史论，……他在纪事本末每篇后都作了一篇很长的评论。……清朝后期有一种本子为通鉴纪事本末239卷，因为加上了张溥一论。239卷的本子流行后，42卷本反而少了。这两种本子很容易区别，一有论，一无论。后来有人又把张溥的论集中起来，作为一本完，编成一本书，名叫历代史论。"（以上紫）

第一節　袁枢著通鉴纪事本末

一、袁枢的生平

袁枢，字机仲，建安（今福建建瓯县）人。生于宋高宗绍兴元年（1131），卒于宋宁宗开禧元年（1205），七十五岁。

袁枢于宋孝宗乾道七年为礼部试官……出为严州（今浙江建德）教授。著成通鉴纪事本末后，……兼国史院编修官，分修国史传。……权工部郎官，迁吏部郎官……迁军器少监……改知处州。……除吏部员外郎，迁大理少卿。……寻诏权工部侍郎仍兼国子祭酒。……光宗受禅，……知常德府……宁宗登位，擢右文殿修撰，知江陵府。……开禧元年（宁宗，1205）卒。

二、通鉴纪事本末的编纂

宋史本传："枢常喜诵司马光资治通鉴，苦其浩博，乃区别其事而贯通之，号通鉴纪事本末。参知政事龚茂良得其书，奏于上。孝宗读而嘉叹，以赐东宫及分赐江上诸帅，且令熟读，曰：治道尽在是矣！"

王应麟玉海艺文称"淳熙三年（1176）十一月廿四，参政龚茂良言袁枢编通鉴纪事有补治道，或取以赐东宫，增益见闻，诏严州摹印十部，仍先以缮本上之。"

杨万里（字诚斋，庐陵人）于孝宗淳熙元年（1174）三月为通鉴纪事本末作叙。

袁氏编纂此书，当在孝宗乾道年间（1165–1173）为严州教授时，可能是为学生读史方便而编。

稿纸(A)25×20=500

173.

杨翼骧先生

中国史学史手稿存真

郑堂读书记纪事本末篇："机仲喜读通鉴，苦其浩博，乃以通鉴之文，每事为篇，各排比其次第，而详叙其始终，名曰纪事本末。……每篇据数字标题，各编年月为次，自三家分晋迄于世宗征淮南，凡二百三十九事，一事为一篇，使后之学，觉纲目不作亦无害，而此则不可无。故赵节斋序谓通鉴以编年为宗，本末以纪事为体。编年则每一事而岁月间隔，纪事则每一事首尾毕载而脉络贯联。故读通鉴者，如登高山，涉巨海，未易窥其津涯。得本末而阅之，则根干枝叶，绳绳相生，不待反覆他卷而瞭然在目。故本末为通鉴之户牖也。"

三、通鉴纪事本末的内容与价值

袁氏把通鉴所记载的内容分为二百三十九个历史事件，每一个历史事件为一篇，每篇冠以数字标题。每一篇中按年月日叙述史事经过，共四十二卷。使学者对每一历史事件以连贯有清晰的了解。每篇中遇有与其他事件重複或有相关联之处，都注明见某篇，以资参照。

杨万里字诚斋，庐陵人。宋孝宗淳熙元年(1174)三月叙。

杨万里叙云："予每读通鉴之书，见事之肇于斯，则惜其事之不竟于斯。盖事以年隔，年以事析，遭其初莫绎其终，揽其终莫志其初，如山之峨，如海之茫。盖编年系日，其体然也。今读子袁子此书，如生乎其时，亲见乎其事，使人喜，使人悲，使人鼓舞，未既而继之以叹且泣也。……此书也，其入通鉴之户欤！"

四库提要纪事本末类："案唐刘知几作史通，叙述史例，首列六家，总归二体。自汉以来，不过纪传、编年两法，乘除互用。然纪传之法，或一事而複见数篇，宾主莫辨；编年之法，或一事而隔越数卷，首尾难稽。枢乃自出新意，因司马光资治通鉴，区别门目，以类排纂，每事各详起讫，自为标题。每篇各编年月，自为首尾。始于三家之分晋，终于周世宗之征淮南，包括数千年事迹，经纬明晰，节目详具，前后始末，一览了然，遂使纪传、编年贯通为一，实前古之所未见也。……朱子亦称其书部居门目，始终离合之间，皆曲有微意，于以错综温公之书，乃国语之流。盖枢所缀集，虽不出通鉴原文，而去取翦裁，义例极为精密，非通鉴总书割裂檃括者可比。其后如陈邦瞻、谷应泰等递相沿仿，而包括条贯，不漏不冗，则皆出此书下焉。"

稿纸(A)25×20=500

174.

总论编年、纪传、纪事本末：

编年——依时间叙述史事，为历史学之正轨，能以许多史事联系一起，读者可见以明大势（之所趋）。此在史料上言之，此实为排比史料最好之方法。（便于排比史料）

四库提要："编年之法，或一事而隔越数卷，首尾难稽。"

纪传——本纪为编年体。其他为史料之分类纂辑，可较编年体加详，为保存史料之良法，为搜集、整存史料之良法。（便于保存史料）

四库提要："纪传之法，或一事而复见数篇，宾主莫辨。"

纪事本末——近于创作，可明史迹之前因后果，惟较纪传零碎，整个史迹之关系不能表示。为整理史事之良法。（便于整理史事）

四库提要："经纬明晰，节目详具，前后始末一览了然。遂使纪传、编年贯通为一。"

刘咸炘史体论（史学述林）："夫史体虽多，要不外三：一为依年，一为依事，一为依人。编年依年，纪事本末依事，纪传依人，而尚书兼事与人，纪传则兼三者而成矣。……今总诸体而评之：编年本止然为之本相，记注之初型，纵加变化，要不能免于方直。司马虽有镕裁，亦不过为论通鉴，论史之简本，无足称也。此体之长止在排列年月，便于检正，使事有系统。纪传体中之纪、表，已吸此长矣。且时之事亦不止在一年一月一时之间，大事必数年数十年乃成一节次，而纪传、纪事本末之次序亦足达表此节次。故编年一体，后此虽存，亦无足重。……纪事本末虽足明大势，而于较小较完者（如地理、制度、学术）则多遗漏。纪传一人记一团，后世纪传之弊，记一人之事亦多重复，纪事本末于此亦不能救道而说，与增纪传为左右佩剑之失，依事太直与依年太直同弊也。由斯以谈，惟纪传之兼三依者为最宏而最美。因而更加变通，又议立史篇别录，以事为目，而分注纪传之目，以济年人分散之弊，是可谓为最后完备之体，而实不过迁书司马之神而已。"

对于纪事本末体例之评论：

闵萃祥汇刻纪事本末序："学者欲求一事之本末，原始而要终，则编年者患其前后隔越，纪传者患其彼此错陈，自非博观强识，融会于中，有未易明其本末者矣。袁氏枢有见于此，乃取通鉴纪事本末，揭事为题，聚类而条分，首尾详备，钜细无遗，一变编年纪传之例，而实会其通，诚记事之别格，而史学之捷径也。"

刘咸炘史学述林·序史记序跋："编年纪传二体之优劣，自昔多争论。……"

司马光通鉴病纪传之分，合之以编年；袁枢纪事本末又病通鉴之合，而分之以事类。

章学诚文史通义书教下："……本末之为体也，因事命篇，不为常格，非深知古今大体，天下经纶，不能网罗隐括，无遗无滥。文省于纪传，事豁于编年，决断去取，体圆用神，斯真尚书之遗也。在袁氏初无其意，且其学亦未足语此，书亦不尽合于所称。故历代著录诸家次其书于杂史，自属纂录之家便观览耳。但即其成法，沉思冥索，加以神明变化，则古史之原隐然可见。书有作者甚浅，而观者甚深，此类是也。故曰：神奇化臭腐，而臭腐复化为神奇，本一理耳。"

荀悦汉纪而后，又见之于宋袁枢之通鉴纪事本末。编年体以年为经，以事为纬，使读者能明了史迹之时际的关系。此史迹固有连续性，一事或亘数年或亘百数十年，编年体之纪述，无论若何巧妙，其本质总不能离帐簿式。读本年所纪之事，其原因在若干年前者，或已忘其来历；其结果在若干年后者，苦不能得其究竟，非直翻检为劳，抑亦寡味矣。

梁启超中国历史研究法第二章："善钞书者可以成创作。——袁枢钞通鉴，——（以事为起讫，千六百余年之书，约之为二百三十有九事，）其始亦不过感翻检之苦痛，为自己研究此书谋一方便耳。及其既成，则于斯界别辟一蹊径焉。（盖纪传体以人为主，编年体以年为主，而纪事本末体以事为主。）——夫欲求史迹之原因结果以为鉴往知来之用，非以事为主不可。故纪事本末体，于吾侪之理想的新史最为相近，抑亦旧史进化之极轨也。……袁书仅局于政治，其于社会他部分之事项多付阙如；其分目又仍涉琐碎，未极贯通之能事。然彼本以钞通鉴为职志，所述不容出通鉴外，则著书体例宜然。即提要钩玄之功，亦愈后起而愈易致力，未可以吾侪今日之眼光苛责古人也。袁书之后，明清两代踵作颇多，然谓其体裁，亦未有能及袁书者。"

纪事本末之缺点，在于事与事间或篇与篇间没有联系，每一篇所述之一事，与前后各篇所述之事或与同时发生之事的关系不能指出。每一篇都是孤立的。

稿纸(A)25×20=500

过去四库全书把三朝北盟会编、炎徼纪闻、平定金川方略、临清纪略、兰州纪略、台湾纪略、绎史（马骕著）（仅排比史料）等均入纪事本末类，实为不当（？），今概不及之。

第二节　纪事本末史之继作与发展

一、章冲著春秋左氏传事类始末五卷

章冲，字茂深，浦城（今福建浦城县）人。章惇之孙。宋孝宗淳熙中尝知台州。

四库提要纪事本末类："章冲其妻乃叶梦得女，梦得深于春秋，故冲亦颇究心于左传。取诸国之迹，排比年月，各以类从，使节目相承，首尾完具。首有冲自序及谢谔序。考冲与袁枢，俱当孝宗之时。枢排纂资治通鉴，创纪事本末之例，使端绪分明，易于循览，其书刊于淳熙丙申。冲作是书，亦同斯律。据自序刊于淳熙乙巳，在枢书之后九年，殆踵枢之义例而作，虽篇帙无多，不及枢书之淹博，其有裨学者则一也。惟通鉴本属史家，枢不过理其端绪。春秋一书，经则比事属词，义多互发；传文则或先经以始事，或后经以终义，或依经以辨理，或错经以合异，丝牵绳贯，脉络潜通。冲但以事类裒集，遂变经义为史裁，于笔削之文渺不相涉，旧列经部，未见其然。今与枢书同隶史类，庶称其实焉。"

稿纸(A)25×20=500

175.

二、杨仲良著续通鉴长编纪事本末 一百五十卷 345篇

前有宋理宗宝祐五年(1257)欧阳守道序。

杨仲良，

郑堂读书记："原本凡太祖十七篇，太宗十八篇，真宗三十九篇，仁宗八十四篇，英宗十篇，神宗七十四篇，哲宗四十七篇，徽宗五十篇，钦宗六篇，计共三百四十五篇，今本阙其十篇，皆就李氏书以袁氏纪事本末体例钞合成编。第袁氏于通鉴犹有去取，此则大加刊落。盖李氏书杂收草料，以供续通鉴之取材，仲良不据之以续通鉴，而反作纪事本末之书，已大失李氏撰著之本意，且分析太涉琐碎，义例尤未为精密，以视陈氏宋史纪事本末，便觉后来者居上矣。……据宇道序，知是书两经刊刻，而自宋以来流传甚尠，永乐大典亦莫之载，书虽未见出色，实属罕觏之本。"

为宋人最先用袁枢纪事本末之体，以改纂李焘续通鉴长编之书也。四库未采录是书，而阮元所撰四库未收书目提要有之。略称"李焘卷帙最为繁重，仲良乃别为分门编类，以成是书，每类之中，仍以编年纪事，一共一百五十卷，各有子目，目中复有子目。计凡百七十年，礼乐兵刑之沿革制度，政令之兴废，粲然具备，可以按目寻求。而今所传长编是本，徽钦两朝皆已阙失，赖此得以考见崖略，尤可贵也。"

稿纸(A)25×20=500

176.

第六章 其他各种体例与内容的~~私人~~著作

第一节 古代史、先秦史

一、苏辙著《古史》六十卷

苏辙，字子由，眉州眉山（今四川眉山县）人。生于宋仁宗宝元二年（1039），卒于宋徽宗政和二年（1112），七十四岁。"所著诗传、春秋传、古史、老子解、栾城文集并行于世。"（宋史339苏辙传）

四库提要别史类："辙以司马迁史记多不得圣人之意，乃因迁之旧，上自伏羲、神农，下讫秦始皇，为本纪七、世家十六、列传三十七。自谓追录圣贤之遗意，以明示来世，至于得失成败之际，亦备论其故。……平心而论，史至于司马迁，犹诗至于李、杜，……辙乃欲点窜其书，殊不免失于轻妄。至其纠正补缀，……其去取之间亦颇为不苟，存与迁书相参考，固亦无不可矣。"

苏辙此书，用意在于义例之改窜，于史料之功不多。陈著史学史："其意在根据经传诸子，以纠正司马迁史记之谬误，而实为袭史记。虽略有增减，而无新的材料。"

玉海46引书目："古史六十卷，苏辙作。因司马迁史记，上观诗书，下考春秋及秦汉杂录，起伏羲、神农，讫秦始皇帝，为七本纪、十六世家、三十七列传，谓之古史。绍圣二年三月成。子由为注其去取之意。"

直斋书录解题卷四别史类："古史六十卷，门下侍郎眉山苏辙子由撰。因马迁之旧，上观诗书，下考春秋及秦汉杂录，为七世纪、十六世家、三十七列传。盖以世古文经未出，战国诸子多自著书，或增损古事以自伸其说，迁一切信之，故其或采世俗相传之记，以易古文旧说，故为此史以正之。然其称迁浅近而不学，疏略而轻信，迁诚有可议者，而以为不学浅近，则过矣。"

二、罗泌著《路史》四十七卷

罗泌，字长源，南宋庐陵（　　）人。

四库提要别史类："是书成于乾道（孝宗）庚寅，凡前纪九卷，述初三皇至阴康无怀之事；后纪十四卷，述太昊至夏履癸之事；国名纪八卷，述上古至三代诸国姓氏地理，下逮两汉之末；发挥六卷，余论十卷，皆辨难考证之文。……泌自序谓皇甫谧之世纪，谯周之史考，张愔之系谱，马总之通历，诸葛耽之帝录，姚恭年之历帝纪，小司马之补史，刘恕之通鉴外纪，其学浅狭，不足取信；苏辙古史，第发明索隐之旧，未为全书。因著是编。余论之首，释名书之义，引尔雅训路为大，所谓路史，盖曰大史也。……皇古之事本为茫昧，泌多采纬书，已不足据，……殊不免庞杂之讥。……然引据浩博，文采瑰丽。……至其国名纪、发挥、余论，考证辨难，语多精核，亦颇有祛惑持正之论，固未可尽以好异斥矣。"

合叙事与考证评论为一编。

郑堂读书记卷18别史类："（凡前纪九卷，后纪十四卷，国名纪八卷，发挥六卷，余论十卷。……）前纪述邃古之事，多采纬书，皆荒诞不足信。后纪述三皇五帝及夏一代之事，叙述尚纯正，附论亦俱平允，堪与刘氏外纪相辅而行。发挥凡七十二篇，余论凡九十八篇，皆辨论经史疑义之文，标题立义，体近杂家，盖与前后纪相须而备，故不别为一书也。"

陆著史学史："罗泌路史四十七卷，可以述三皇五帝夏商周之史事。罗氏书虽嫌芜杂，内有发挥六卷，余论十卷，皆考证辨难之文，其用力又在苏吕金刘诸家之上。凡补修古史必须辨正前人之错误，及根据后人新发现之材料。宋人无此能力，故成绩不多。"

宋、黄震著古今纪要十九卷

~~苏辙著古史六十卷~~

撮举诸史，拈其纲要，上自三皇，下迄哲宗元符，每载一帝之事，则以一帝之臣附之，其僭窃割据亦随时附见。词约事该，颇有条贯。而叙前代诸臣，多分品目。惟北宋诸臣事迹，较历代稍详，而无品依标题，盖不敢论定之意也。

~~辙以司马迁史记多不得圣人之意，乃因迁之旧，上自伏羲、神农，下讫秦始皇，为本纪七，世家十六，列传三十七。~~

宋、胡宏著皇王大纪八十卷

上起盘古，下迄周末。第二卷粗存名号事迹，帝尧以后，始以编年排采而附以论断。

赵希弁读书附志编年类："……二千有三十年。贯通经典，采摭史传，靡所不载。又因事而为之论，亦以述古昔之原，释疑似之惑者至矣。先生字仁仲，文定公之季子。……"

直斋书录解题卷四编年类："……述三皇五帝，至周赧王。第二卷自盘古至帝喾，年不可考，姑载其事而已。自尧以后，用皇极经世历起甲辰，始著年纪。博采经传，时有论说，自成一家之言。然其取~~罗泌路史四十七卷~~左周宗言之实，及叙远古之初，终于无征不信云尔。"

~~前纪九卷，述初三皇至阴康无怀之事。后纪十四卷，述太昊至夏履癸之事。国名纪八卷，述上古至三代诸国姓氏地理，下逮两汉之末。发挥六卷，馀论十卷，皆辨难考证之文。所谓路史，引系禅训路为大，盖四大史也。~~

四库提要编年类："……宏字仁仲，号五峰，崇安人，安国之季子也。……"

稿纸(A)25×20=500

第二節　三国史

编年鸦1200年 进续后汉书表

一、萧常撰《续后汉书》四十七卷。

四库提要别史类："萧常，庐陵人，乡贡进士。初、常父寿朋病陈寿三国志帝魏黜蜀，欲为更定，未及成书而卒。常因述父志为此书，以昭烈帝为正统，作帝纪二卷，年表二卷，列传十八卷。以吴魏为载记，凡二十卷。又别为音义四卷，义例一卷。~~盖其大旨主于书法，不主于考~~于蜀志增传三十二，废传四，移魏志传入汉十；吴志废传二十，魏志废传八十九。~~实~~多援裴注以入传，其增传亦皆取材于注，间有注所未及者，建安以前多据范书，建安以后则不能复有所益。其书为更定陈寿三国志而作，盖其大旨主于书法，不主于考实也。然义例精审，颇得史法。"

玉海卷四七："续后汉书，庆元间，吉州布衣萧常起昭烈章武元年辛丑，尽少帝炎兴元年癸未，为四十二卷（帝纪、年表各二卷，列传十八卷，吴载记十一卷，魏载记九卷。）吴魏君臣并为载记列于后。（外有音义四卷。周必大为序。）"

二、郝经撰续后汉书

编年鸦1276年—1278年

取陈寿三国志旧文，重为改编，而以裴注之异同，通鉴之去取，参校刊定。升昭烈为本纪，黜吴魏为列传，又别为儒学、文艺、行人、义士、高士、死国、死虐、技术、狂士、叛臣、篡臣、取汉、平吴、列女、四夷诸传。复以寿书无志，作八录以补其阙，每篇皆有序，而终以议赞。别有义例以申明大旨。

郝经字伯常，泽州陵川人。多读并见元史本传。

第三节　五代史

一、路振著九国志

路振，字子发，永州祁阳人。真宗时官左正言、知制诰。读书志、书录解题、通考、宋志俱作五十一卷。陈氏云：九国者，谓吴、唐、二蜀、东南二汉、闽、楚、吴越，各为世家列传，凡四十九卷，末二卷为北楚高季兴事，张唐英所补撰也。按其书十国已备，而不改厥称，盖仍路氏之旧。向无刊本，惟散见永乐大典中，邵二云（晋涵）据以录出，周有香（梦棠）得其底本，重为编次。其各国世家，俱无一篇存者；所存诸传尚首尾完善，共得一百三十六篇，整为十二卷，较之原书仅存十之二三。（郑堂读书记）

二、龙衮著江南野史十卷（二十卷？）

记南唐事，用纪传之体而不立纪传之名。
郡斋读书志卷二下伪史类："江南野史二十卷，皇朝龙衮撰，凡八十四传。"

三、马令著南唐书三十卷

直斋书录解题卷五伪史类："南唐书三十卷，阳羡马令撰。……其书略备纪传体，而亦言徐铉、汤悦之疏略云。"

马令，北宋末宜兴（阳羡）人。马令南唐书自序："……南唐寝灭，史官散逸，虑烬后悔，悉取史草焚之而死。徐铉、汤悦，奉太宗皇帝敕，追录两朝，而忘远取近，率皆疏略。先祖太博元康，世家金陵，多知南唐故事，实搜旧史遗文，并集诸相野之闻，悉其事者。未及撰次，遽捐馆舍。今辄以自料，纂先志而成之，列为三十卷。虽有愧于笔削，而诛乱贼王，亦庶几焉。崇宁乙酉春正月，阳羡马令序。"

四、陆游著南唐书十八卷

陆游字务观，越州山阴人。绍熙元年，迁礼部郎中兼实录院检讨官。嘉泰二年，……召兼（以旧职同修国史实录院同修撰，免奉朝请）秘书监。三年，……升宝章阁待制。

稿纸（A）25×20=500

180.

第四节 宋史

宋人于本朝史事之著作最为详赡丰富，史学传统承袭

一、王偁著东都事略

编年稿1186年 参余嘉锡四库提要辨证

王偁，字季平，眉州（今四川　）人。"偁父赏，绍兴中为实录修撰。偁承其家学，旁搜九朝事迹，采辑成编。洪迈修四朝国史，奏进其书，以承议郎知龙州，特授直秘阁。其书为本纪十二，世家五，列传一百五，附录八。"（四库提要别史类）而无表志。叙北宋九朝之事，起太祖建隆，讫钦宗靖康。叙事简约该要，议论亦皆持平。宋人称汴京为东京，故此书专记北宋之事。

四库提要别史类："叙事约而该，议论亦皆持平。……而南宋诸人乃多不满其书。盖偁闭门著述，不入讲学之宗派，党同伐异，势所必然，未可据为定论也。……虽不免间有抵牾，然宋人私史卓然可传者，唯偁与李焘李心传之书而三，固宜为考宋史者所宝贵矣。"

郑堂读书记别史类："世家所载俱帝后皇子，用史记例；附录所载俱外国，则用新五代史例也。自太祖至于钦宗上下九朝，俱本当时国史而成，其非国史所载而得之于旁搜者，居十之一，皆信而有征，可以据依。元修宋史，疑其未见是书，故记北宋事较此颇多舛误，皆当以是书正之。惜所纪太简略，未得为全善也。前有洪景卢（迈）进书劄子及季平谢表。"

玉海卷46艺文："淳熙（孝宗）十三年八月十六日，知龙州王偁上东都事略一百三十卷，明年春三月除直秘阁，其书特掇取五朝史传及四朝实录附传，而微以野史附益之。"

稿纸(A) 25×20=500

181.

编年稿1180页
叶隆礼进契丹国志表
席世臣校勘契丹国志序

第五节　辽史

一、叶隆礼著《契丹国志》二十七卷

叶隆礼，号渔林，嘉兴（今浙江嘉兴县）人。宋理宗“淳祐七年（1247）进士，由建康府通判历官秘书丞。奉诏撰次辽事为此书。凡帝纪十二卷，列传七卷，晋降表宋辽誓书议书一卷，南北朝及诸国馈贡礼物数一卷，杂载地理及典章制度二卷，行程录及诸杂记四卷。钱曾读书敏求记称其书法谨严，笔力详赡，有良史风。而苏天爵三史质疑则谓隆礼不及见国史，其说多得于传闻，讥其失实甚多。今观其书，大抵取前人纪载原文，分条采摘，排比成编。穆宗以前纪传则本之资治通鉴，穆宗以后纪传及诸杂记则本之李焘长编等书。其胡峤陷北记，则本之欧史四夷附录；诸番记及达锡伊都等传，则本之洪皓松漠纪闻；杂记则本之武圭燕北杂记，皆全袭其词无所更改，间有节录亦多失当。……盖隆礼生南渡后，距辽亡已久，北土载籍，江左亦罕流传，仅据宋人所修史传及诸说部钞撮而成，故本末不能悉具。苏天爵所论，深中其失，钱曾盖未之详核也。特诸家目录所载，若辽庭须知、……契丹疆宇图诸书，隆礼时尚未全佚，故所录亦颇有可据。……惟其体例参差，书法颠舛，忽而内宋，则或称辽帝，或称国主；忽而内辽，则以宋帝年号分注辽帝年号之下，既自相矛盾……”（四库提要别史类）

稿纸（A）25×20=500

郑堂读书记别史类："是编记辽一代二百余年郡邑事迹，凡帝纪十二卷，列传七卷，晋降表、宋辽澶渊关南誓书、议割地界书一卷，南北馈献礼物、外国贡进礼物、契丹回赐物件一卷，地理一卷，制度一卷，王沂公富郑公行程录、余尚书、刁奉使北语诗一卷，张舜民使北记、胡峤陷北记一卷，诸番国杂记一卷，岁时杂记一卷。……王沂公富郑公之书，通考虽载其目而其书已亡，得此为不坠于地。胡峤陷北记，五代史、辽史间一称引之，此独载其全文，尤可宝也。惟书中忽内宋外辽，忽内辽外宋，殊无体例。……"

二、洪皓著松漠纪闻十卷续一卷

见四库提要杂史类

皓字光弼，鄱阳人，政和五年进士。建炎三年，以徽猷阁待制假礼部尚书，为大金通问使。既至金，金人迫使事刘豫，皓不从，流遞冷山，復徙燕京，凡留金十五年方得归。此书乃其所纪金国杂事，始于留金时，随笔纂录，及归惧为金人搜获，悉付诸火。……乃復追述一二，名曰松漠纪闻。……于金事言之颇详。

稿纸(A)25×20=500

第六节　金史

一、宇文懋昭著大金国志四十卷

宇文懋昭进大金国志表、见续编中的1234年在金亡的前夕需辨证

宇文懋昭，本为金人，降宋，不详其里贯。

四库提要别史类：“前有端平元年（理宗，1234）进书表一通，自署淮西归正人，改授承事郎，工部架阁，而不详其里贯。表中有偷生淮浦，少读父书等语，亦不知其父何人也。书中取金太祖至哀宗九主一百十七年之迹，裒集汇次，凡纪二十六卷，开国功臣传一卷，文学翰苑传二卷，杂录三卷，杂载制度七卷，许亢宗奉使行程录一卷，似是杂采诸书排比而成。……详悉检勘，纰漏甚多，如进书表题端平元年正月十五日，而金亡即在是月十日，相距仅五日，岂遽能成书进献？……又懋昭以金人归宋，乃于两国俱直斥其号，而独称元兵为大军，又称元为大朝，转似出自元人之辞，尤不可解。……恐已经后人窜乱，非复懋昭原本，故抵牾若此。然其首尾完具，间有与金史异同之处，皆足资订证。所列制度服色，亦颇与金史各志相参考。……”

郑堂读书记别史类：“凡纪二十六卷，传三卷，杂录三卷，制度四卷，宋金往来誓书一卷，京府州军一卷，风俗冠婚饮食一卷，许亢宗奉使行程录一卷。前亦有金国初兴本末一篇，金国九主年谱一篇，体例略与叶氏契丹国志相同。……盖元初人所撰，其表则后人之好事者为之，而嫁名于懋昭者也。”

稿纸(A)25×20=500

[illegible]1257年

二、元好问著野史

金人元好问，字裕之，号遗山，秀容人（今山西忻县），金亡隐居不仕，专以记述金代史料为己任。搆亭于家，著作其上，因名曰野史。

三、刘祁著归潜志

刘祁字京叔，浑源人，著归潜志十卷，内记金末诸人小传及杂事。后之修金史，多所取材。金史卷126（文艺下）刘从益传附子祁传："刘祁字京叔，为太学生，甚有文名。值金末丧乱，作归潜志，以纪金事。修金史多采用焉。"

稿紙(A)25×20=500

编年于1194
三朝北盟会编
自序
又1196三朝北
盟集编
1205徐卒。

第七节　宋金关系史

一、徐梦莘著《三朝北盟会编》二百五十卷

徐梦莘，字商老，临江（今四川忠县）人。生于宋徽宗宣和六年（1124），卒于宋宁宗开禧元年（1205），八十二岁。

宋史卷438儒林本传："（幼慧，耽经史，下至稗官小说，寓目成诵。）绍兴二十四年（1154）举进士（三十一岁）。……梦莘恬于荣进，每念生于靖康之乱，……思究见颠末，乃网罗旧闻，会粹同异，为三朝北盟会编二(?)百五十卷。自政和七年（1117）海上之盟，讫绍兴三十二年（1162）完颜亮之毙，上下四十五年。凡曰敕曰制、诰诏国书、书疏奏议、记序碑志，登载靡遗。帝闻而嘉之，擢直秘阁。梦莘平生多所著，有集补、有会录，有读书记志，有集医录，有集仙录，皆以儒学冠之。其嗜学博文，盖孜孜焉死而后已者。开禧元年秋八月卒，年八十二。"

四库提要纪事本末类："三朝北盟会编二百五十卷（左都御史张若溎家藏本）……今其书钞本尚存，凡分上中下三帙，上为政宣二十五卷，中为靖康七十五卷，下为炎兴一百五十卷。其起讫年月与史所言合，所引书一百二种，杂考私书八十四种，金国诸录十种，共一百九十六种，而文集之类尚不数焉，史所言殊未合也。凡宋金通和用兵之事，悉为诠次本末，年经月纬，案日胪载，惟靖康中帙之末，有

稿纸(A)25×20=500

185.

诸家杂记五卷，则以无年月可系者别加编次，附之于末。其征引皆全录原文，无所去取，亦无所论断，盖是非并见，同异互存，以备史家之采择，故以会编为名。然自汴都丧败及南渡立国之始，其治乱得失，循文考证，比事推求，已皆可具见其所以然，非徒餖飣琐碎已也。虽其时说部糅杂，所记金人事迹往往传闻失实，不尽可凭；又当日臣僚劄奏，亦多夸张无据之词，梦莘概录全文，均未能持择，要其博赡淹通，南宋诸野史中，自李心传系年要录以外，未有能过之者，固不以繁芜病矣。考梦莘成书后，又以前载不尽者五家续编次于中下二帙，以补其阙，诸家类书多为二十五卷，名曰北盟集补，今此本无之，殆当时二本各行，故久而亡佚欤；”

郑堂读书记纪事本末类：“四库全书著录，读书附志、书录解题、通考俱载之。其书记宋金战和之始末，取诸家所作记叙制诰书疏奏议记传碑状文集杂著，凡有涉于北盟者，悉取铨次。起政和七年登州航海通好之初，终绍兴三十二年金主亮伐宋败盟之日，以政和、宣和为上帙，凡二十五卷；靖康为中帙，凡七十五卷；建炎、绍兴为下帙，凡一百五十卷，故曰三朝北盟会编，合四十六年，总二百五十卷。其体例因原本之旧，其于别集诸家之说，无所去取，亦无所褒贬，以俟后人参考折衷，其义自见，可以备史家之取材也。观其所列书目，

稿纸(A) 25×20=500

计有二百余种，可谓博极群书矣。至南宋诸家，尤堪与李巽岩（焘）李微之（心传）称鼎足焉。”（徐氏著书，当有探求外交失败之真相，以期唤醒世人之意，惜时人读之亦不觉悟。）

陈英史学史：“……此为外交史之祖。……其书本为宋金二国之交涉史，体为纪事本末，自徽钦二宗至高宗，凡宋金二国之和议绪述，无不备具。所引当时宋金记载及公私文件至一百九十余种。……最可注意者，其书中採及金国诸录十余种，此为中国人自著书参考外邦记载之始。凡研究外交和战得失之真相，不能仅依本国文件，必须取敌国记载而比较参证，而后真相乃见。”

金毓史学史（P.190）第七章：“其书亦为编年体，惟每事先立一纲，其下取诸家所记及制诰书疏传记以详其究竟，实为编年体之别派。……心传梦莘二氏，生于同时，年世相仿，要录成书在前，为梦莘所见，故会编一再引用之。及会编成书行世，而要录尚未刊行，故心传又屡引会编之说。且会编所录，虽以宋金交涉为限，而长编所佚之两朝事，亦可藉此考见其梗概。”

二、曹勋著北狩见闻录一卷

勋字功显，阳翟人，宣和五年进士，南渡后官至昭信军节度使。（见[illegible]宋史本传。）此盖建炎二年七月，初至南京时所上。其始于靖康二年二月初七日，则以徽宗之入金营，惟勋及姜尧臣、徐中立、丁孚四人得在左右也。所记北行之事，……以勋身自奉使，较他书得自传闻者节次最详。……纪事大都近实，……实可资史家之考证也。（四库提要杂史类）

三、失名氏大金吊伐录四卷

其书纪金太祖太宗用兵克宋之事，故以吊伐为名，盖当年故府之案牍，编次成帙者也。……讫康王南渡而止，首尾最为该贯。

四、傅雱建炎通问录一卷

建炎元年六月，傅雱充大金通问使，此录即所述奉使之事。

五、失名氏中兴御侮录二卷

是编先追叙金人初起崖略，次自绍兴辛巳海陵南侵，以迄乾道初年（孝宗）和议既成四五年间之端末颇具，中记吴璘、刘锜与金用兵事尤详。

稿紙(A)25×20=500

第八节　年谱与传记

年谱是将编年体例用于记述一人的事迹，为宋人所创。

独立的传记。

一．年谱

见四库存目传记类一。　1. 胡仔著孔子编年五卷　玉海卷47引书目："孔子编年，胡仔撰。（绍兴初）起鲁襄公二十二年，讫哀公十六年。自孔子始生至卒，凡七十三年，五卷。"

胡仔，字元任，新安人，胡舜陟之子。四库题宋胡舜陟撰，误。体例为年谱，其不曰年谱而曰编年，尊圣人也。穿凿猥杂处甚多，犹为滥觞所自也。

直斋书录解题卷七传记类："孔子编年五卷，新安胡仔元任撰，其父待制舜陟命仔采摭注传为之。"

2. 孔传著孔子编年三卷——郡斋读书后志传记类："孔子编年三卷，皇朝孔传取左氏、国语、孔子家语、史记及它书所载孔子事，以年次之，自生至卒。"

3. 赵子栎（音历）著杜工部年谱一卷

鲁訔著杜工部诗年谱一卷——訔字季钦，嘉兴人。（绍兴中人）王士祯谓：杜甫年谱创始于吕大防。

赵子栎，字梦授，太祖六世孙，元祐六年进士。绍兴中，官至宝文阁直学士。

4. 王宗稷著苏东坡年谱一卷

王宗稷，字伯言，五羊人。宋高宗时人。

5. 楼钥著范文正（仲淹）年谱一卷

楼钥，字大防，鄞县人。宋孝宗时人。

6. 魏仲举著韩愈年谱七卷

魏仲举，宋宁宗时。

7. 文安礼著柳子厚年谱一卷

文安礼，宋高宗时。

稿纸(A)25×20=500

188.

二、传记

1. 费枢著廉吏传二卷

费枢，字伯枢，成都人。盖作于徽宗末年。起自列国，讫于隋唐，凡百十有四人。

编年稿1194　2. 杜大珪编名臣碑传琬琰集一百七卷

杜大珪，眉州人。此为光宗时作。共为三集。上集凡二十七卷，中集凡五十五卷，下集凡二十五卷。起自建隆、乾德（太祖），讫于建炎、绍兴（高宗）。大约随得随编，不甚拘时代体制，要其大概，则上集神道碑，中集志铭行状，下集别传为多，多採诸家别集，而亦间及于实录国史，一代钜公之始末，亦约略具是矣。

3. 朱熹撰名臣言行录前集（五朝）十卷，后集（三朝）十四卷。

4. 苏天爵撰元朝名臣事略（编中1329）

稿纸(A)25×20=500

189

直斋书录解题卷四正史类："唐书纠谬二十卷，朝请大夫知蜀州成都吴缜廷珍撰。……绍圣元年上之。世传缜父以不得预修书，故为此。（案挥麈录……）"见论年稿1106页。
四库提要卷四六史类二："新唐书纠谬二十卷，……初名纠谬，后改为辨证，而流传……仍称曰纠谬，故今书从其旧名。"

第九节　史评与史考

1. 吴缜著《新唐书纠谬》二十卷

玉海卷49："吴缜辨证二十卷，驳新书初修之时其失有八，类其舛误二十门，凡四百余事。"

吴缜，字廷珍，成都人。其著此书，专以驳正新唐书的讹误，凡二十门，四百余事。王明清挥麈录称欧阳修重修唐书时，缜尝因范镇请预官属之末，修以其年少轻佻拒之，缜怏怏而去。及新书成，乃指摘瑕疵为此书。今观其书，实不免有意指击，吹毛索瘢。然欧宋之作新书，意主文章，而疏于考证，抵牾踳驳本自不少，缜自序中所举八失，原亦深中其病，不可谓无裨史学也。

2. 吴缜著《五代史记纂误》三卷

玉海卷49："缜又撰五代史纂误五卷，凡二百余事。"

清自永乐大典辑出，约存原书十之五六。欧阳修五代史义存褒贬，疏于考证，此书抉其舛误，无不疏通剖析，切中癥结，故宋代颇推重之。

郡斋读书志卷二下史评类："五代史纂误五卷，皇朝吴缜撰，凡二百余事，皆五代史抵牾阙误也。"

3. 范祖禹撰唐鉴二十四卷（见前）

4. 宋、孙甫撰唐史论断三卷——苏轼、张(周?)敦颐、朱熹皆推重是书。

5. 刘羲仲撰通鉴问疑——羲仲，恕之子。

羲仲此书，即裒录恕与司马光往还论难之词，所论皆三国至南北朝事。凡所辨论皆极精核。通鉴成，朱子修纲目改帝蜀。今观是书，恕尝以蜀比东晋，拟绍正统，与光力争而不从。

稿纸(A)25×20=500

四、胡寅著《读史管见》三十卷

胡寅，字明仲，号致堂，崇安人，官至礼部侍郎。是书乃其谪居之时，读司马光资治通鉴而作。书成于高宗绍兴时。玉海卷49："胡寅晚退居……"书编中约1151年。

五、胡一桂著《十七史纂古今通要十七卷》

胡一桂字庭芳。自三皇以迄五代，裒集史事，附以评断。议论精允，一览令人于古今兴亡理乱，了然胸次。

六、王应麟著《困学纪闻·考史》

稿纸(A)25×20=500

191.

5. 倪思著班马异同三十五卷

倪思，宋孝宗时人。

6. 李心传著旧闻证误

四库提要史评类：

旧闻证误四卷（永乐大典本）。心传尝著建炎以来系年要录，"于诸书同异多随事辨正，故此书所论，北宋之事为多，不复赘也。或及于南宋之事，则要录之所未及，此补其遗也。凡所见私史小说，上自朝廷制度沿革，下及岁月之参差，名姓之错互，皆一一详征博引，以折衷其是非，大致如司马光之通鉴考异，而先列旧文，次为考正，條分缕析，其体例则如孔丛之诘墨，其间决疑定舛，于史学深为有裨，非淹通一代掌故者不能为也。宋史艺文志载此书作十五卷，自明代已无传本。……今从永乐大典中所载，蒐罗裒辑，尚得一百四十余条，谨略依时代先后，编次排纂，析为四卷。虽非心传之全帙，然犹可存其梗概，其资考证者已不为少矣。"

稿纸(A)25×20=500

李心传尚著有读史考十二卷，今佚。

—192.

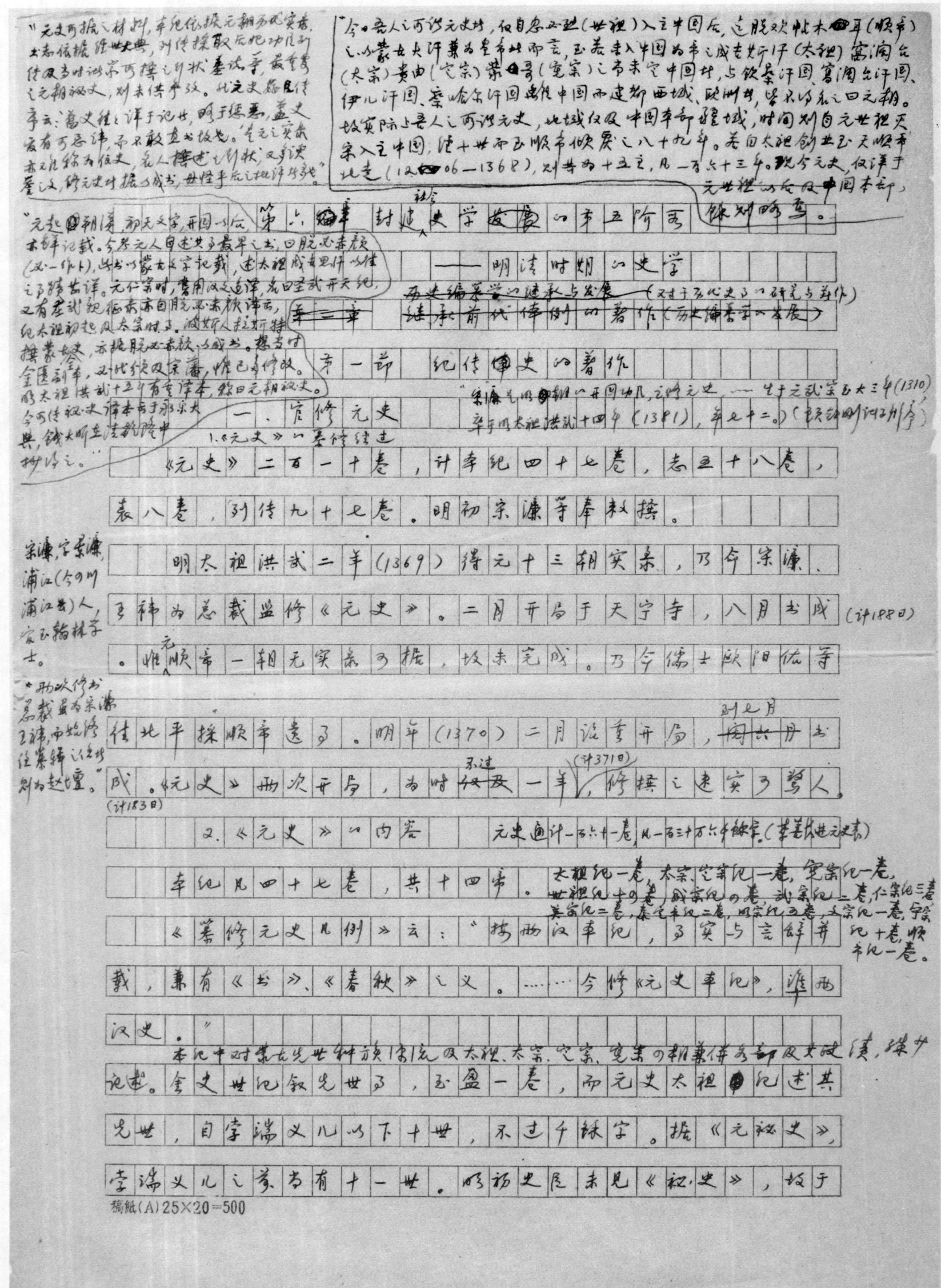

“元史所据之材料，本纪依据元朝历代实录，志书依据《经世大典》，列传採取后妃功臣列传及当时诸家所撰之行状、墓志等，最重要之元朝秘史，则未得参考。此元史最足惜。序云：‘旧史往往详于记事，略于经理，盖史家有所忌讳，而不敢直书故也。’盖元之实录亦不能称为信史，名人撰述之行状，又多谀墓之文，修元史时据以成书，毋怪乎后之批评者多也。”

“今日吾人之所谓元史者，但自忽必烈（世祖）入主中国后，迄脱欢帖木尔（顺帝）之以蒙古大汗兼为皇帝者而言，至若未入中国为帝之成吉思汗（太祖）窝阔台（太宗）贵由（定宗）蒙哥（宪宗）之帝未定中国时，与钦察汗国、窝阔台汗国、伊儿汗国、察哈台汗国与非中国而建都西域、欧洲者，皆不得包之于元朝。故实际上吾人之所谓元史，地域仅及中国本部疆域，时间则自元世祖灭宋入主中国，传十世而至顺帝仅历八十九年。若自太祖创业至天顺帝北走（1206—1368），则共为十五主，凡一百六十三年。现今元史，仅详于元世祖以后及中国本部，余则略焉。”

第六章 封建社会史学发展的第五阶段

——明清时期的史学

~~历史编纂学的继承与发展~~（对于前代史书的研究与著作）

~~第二章 继承前代体例的著作（历史编纂学的发展）~~

第一节 纪传体史的著作

“元起朔漠，初无文字，开国以后未详记载。今考元人自述其事最早之书，曰《脱必赤颜》（必一作卜），此书以蒙古文字记载，述太祖成吉思汗以往之事颇为详。元仁宗时，曾用汉文迻译，名曰《圣武开天纪》，又有《圣武亲征录》亦自《脱必赤颜》译出，纪太祖初起及太宗时事。波斯人拉施特撰《蒙古史》，亦据《脱必赤颜》以成书。据当时《金匮副本》，非他族及宗藩，惟已可修改。明太祖洪武十五年有重译本，称曰《元朝秘史》。今所传《秘史》译本出于《永乐大典》，钱大昕在清乾隆中抄得之。”

宋濂欲修史，为明初开国功臣，主修元史。——生于元武宗至大三年（1310），卒于明太祖洪武十四年（1381），年七十二。（《宋文宪公年谱》序）

一、官修元史

1.《元史》的纂修经过

《元史》二百一十卷，计本纪四十七卷，志五十八卷，表八卷，列传九十七卷。明初宋濂等奉敕撰。

宋濂，字景濂，浦江（今浙江浦江县）人，官至翰林学士。

明太祖洪武二年（1369）得元十三朝实录，乃命宋濂、王祎为总裁监修《元史》。二月开局于天宁寺，八月书成（计188日）。唯元顺帝一朝无实录可据，故未完成。乃命儒士欧阳佑等往北平採顺帝遗事。明年（1370）二月诏重开局，到七月书成（计183日）。《元史》两次开局，为时不过一年（计371日），修撰之速实可惊人。

“两次修书总裁虽为宋濂、王祎，而始终任纂辑之事者则为赵壎。”

2.《元史》的内容

元史通计一百六十一卷，凡一百三十万六千余字。（李善长进元史表）

本纪凡四十七卷，共十四帝。太祖纪一卷，太宗、定宗纪一卷，宪宗纪一卷，世祖纪十四卷，成宗纪四卷，武宗纪二卷，仁宗纪三卷，英宗纪二卷，泰定帝纪二卷，明宗纪一卷，文宗纪一卷，宁宗纪十卷，顺帝纪一卷。

《纂修元史凡例》云：“按两汉本纪，事实与言辞并载，兼有《书》、《春秋》之义。……今修《元史本纪》，准两汉史。”

本纪中对蒙古先世种族传说及太祖、太宗、定宗、宪宗四朝兼併各部及史迹，殊少论述。今史世纪叙先世事，至盈一卷，而元史太祖纪述其先世，自孛端叉儿以下十世，不过千余字。据《元秘史》，孛端叉儿之前尚有十一世。明初史臣未见《秘史》，故于

稿纸(A)25×20=500

1.

元初世系颇漏略。定宗以后，宪宗以前，阙载者三年，未必实录之中竟无一事，其为漏略显然可见。泰定、天历之间，曲笔亦多。

志共五十八卷。《四库提要》及《进元史表》皆称志五十三卷，误。据五行一、二，河渠二、三，祭祀五、六，百官七、八，食货四、五，皆同篇而分为上下，以卷计之，则实各为一卷。

志分十三种，即天文、五行、历、地理、河渠、礼乐、祭祀、舆服、选举、百官、食货、兵、刑法是也。

《日知录》谓诸志皆案牍之文，并无熔范，如河渠志言耿参政、阿里尚书等皆案牍中之称谓。《四库提要》谓是书礼乐合为一志，又分祭祀、舆服为两志，皆不合前史遗规。而删除艺文志，收入列传之中，遂使无传之人所著皆不可考，大为乖违。《廿二史劄记》则谓天文、五行诸志，则有郭守敬所创《简仪》、《仰仪》诸说；职官、兵、刑诸志，又有虞集等所修《经世大典》；水利河渠诸志，则有郭守敬《成法》及欧阳玄《河防记》以为依据。故一朝制度，亦颇为详赡。

表共八卷。四库提要及进元史表谓六卷，误。盖宰相一、二，三公一、二，皆同篇而分上下，以卷计则实为四卷。表目凡六，即后妃、宗室、世系、诸王、公主、三公、宰相是也。

稿紙(A)25×20=500

列传共九十七卷，分类传十三种，即儒学、良吏、忠义、孝友、隐逸、列女、释老、方技、宦者、奸臣、叛臣、逆臣、外国是也。释老立方技之前，不遵前史之规，盖以元代乃宗教社会也。列传首为皇后，次为睿宗、裕宗、显宗、顺宗传，再次为睿宗等四人之后传，盖四帝皆系追尊，故次皇后之下，诸臣之前，位置甚当。

元史列传讹误极多。如一人两传者有速不台、完者都等九人。人名亦多不画一，地名亦多歧互。如速不台，一传作雪不台，又作唆伯台。编次失宜者亦有，其余详略失宜，多实舛误，载多重複，亦不一而足。（廿二史考异、廿二史劄记）

3. 元史的价值

元史修纂时距元亡仅三年，史料甚少；且元无日历、起居注，独中书置时政科，遣一文学掾掌之，以备付史馆，及易一朝，则国史院据所付修实录而已。其于史事，固甚疏略。幸而元文宗天历（1328—1330）间虞集仿唐六典纂经世大典，一代典章文物粗备。是以前局之史既有《十三朝实录》，又有《经世大典》，可以参稽，廑而成书。若元末顺帝二十六年之事，既无实录可据，又无参稽之书，惟凭采访以足成之。此二次所修就逊于前局之史之原因也。当修元史时，已皆洞悉此种情形，详见徐一夔与王祎书。

稿紙(A)25×20=500

元史错误甚多，如一人两传：如速不台即雪不台（又称唆伯台），完者都即完者拔都。……一人两传者共有九人。

遗漏——应立传而无传者。丞相之名见于表者59人，立传者不及半数。

重复——帖木儿不花二立卷117，一立卷132。脱脱一立卷119，一立卷138。伯颜一立卷127，一立卷138，一立卷190。……

"元史因成于仓促，列传谬误尤多。如一、一人两传……二、人名不划一……三、列传中同名之人……四、编次繁而失宜……五、附传重复……。"（记载多实互歧……）"元史繁冗芜杂，后人已有多论。魏源《元史新编》，其凡例中详其失曰：'本纪之敝，世祖以前之朝，失于芜陋；世祖以后之朝，失于繁冗。列传之敝，于开国功臣失之疏，而世祖以后诸臣失之冗。'又曰：'太祖太宗两平漠北西域数十部无一传。'又曰：'列传既疏且重复，而其大臣数篇，则又讳其所短，与他传抵牾。'又曰：'其表志之浮陋，更有出情理外者。'又曰：'人名无传，由修史者不谙翻译，不定体例所致。'章实斋亦云：'元史二百十卷，而纪志占其大半，不待观书，而知其无节裁矣。'""新史论者：第一取材未广……第二范围太隘……第三……"

廿二史劄记虽有论是书之失，然亦多称许之辞，如云："……元史大概亦尚完整……"

元史可訾议之处虽多，然综观大体，尚称完整。盖以元代撰纂实录者，多熟悉国家掌故。如董文用修国史，于元祖宗功德，近戚将相家世勋阀，皆能记忆贯串，使史馆中有所考究，可悉用之而无遗。又拜住监修国史，其于实录皆矜慎从事。其余执笔撰述者，亦多老于文学之人，如姚燧乃有元一代宗工，表揄列名词林，凡勋臣之碑铭，多出其手；欧阳元擅长古文，片言只字亦为时人所珍重。而此诸人，皆参与纂修实录之列。明初修元史诸臣，即据抄之以成书，故各篇列传中尚多老笔，而无臃词之敝。元史论赞均缺，此亦与他史不同处。据说有"据事直书善恶自见"之义，实则修史诸臣敷衍避祸。

元史较宋史为优，因元无冗之官衔，且诸志皆依据经世大典共八百余卷，现已佚；且将列传中之蒙古人、色目人归并一起，汉人、南人另立一处，以一百四十六卷为界。因明初洪武三年即已成书，有关于史料尚未出现，势不能裒合众说，参定异同。又以其名位太大，故颁行未久，即窃议纷纷。（以存札要）

钱树棠·同仪陔余卷二宋元二史书特急件："元史以六月成书，失之草率，舛讹错误，所不免。"

元史疏漏纰缪，自所难免。顾炎武日知录摘出其疏漏甚多。且有重复，一人数传。档案则整篇录入。如泰定帝《登极诏》乃白话文，亦全行抄入。此旧派史家之批评也。至于新派，则又讥元史太缺略，因关于西北三藩之记载太少也。

稿纸(A)25×20=500

4.

鸿绪稿本，遍词臣再加订正。至乾隆四年（1739）七月始进呈，已历时六十二年矣。

明史修撰依据王鸿绪之明史稿，略加增损以成编。而鸿绪之史稿，又出于万斯同之手。

万斯同受史学于黄宗羲，学问渊博，尤嗜文献，熟悉明代掌故，自幼即以著明史自任。

康熙十八年（1679）开明史馆，斯同以布衣参修明史。时顾炎武甥徐乾学任总裁，请纂修官以稿至，皆送斯同校覆。斯同至京师二十余年，士大夫就问无虚日。于著史体例，贯穿精熟，指陈得失。且请阅稿记，于明十五朝之实录，几能成诵。其外邸抄、野史、家乘，无不遍览。

二、官修明史

王鸿绪——编年1714、1723
明史修成——编年1739

1. 纂修经过

"清初自顺治二年（1645）即议修明史，无成而罢（见东华录）。康熙十八年（1679）诏令再修，不久亦中辍。雍正二年（1724）复议续定书稿。至乾隆四年全书告成。"

清康熙十七年（1678）用博学宏词诸臣分纂明史，叶方蔼、张玉书任总裁。继又以汤斌、徐乾学、王鸿绪、陈廷敬、张英先后为总裁。后玉书任志，廷敬任本纪，鸿绪任列传。至五十三年（1714），鸿绪传稿成表上之，而本纪、志、表尚未就。鸿绪又加纂辑，雍正元年（1723）再表上。雍正帝命张廷玉等为总裁，即

~~《明史》三百三十二卷，清张廷玉等奉敕撰。自康熙十七年（1678）用博学宏词诸臣分纂明史，至乾隆四年（1739）成书，历时凡六十二年。自来修史未有如此之日久的。~~

黄宗羲、顾炎武虽未直接参加撰修，对于义例亦曾有所商榷。

参考官修明史纂修略。

2. 明史的内容

~~本纪~~明史三百三十二卷，计本纪二十四卷，志七十五卷，表十三卷，列传二百二十卷，目录四卷。论卷帙之多，则正史中除宋史外，明史居第一。

本纪二十四卷，计十六帝。多据各朝实录、《皇明祖训》、《皇朝本纪》及《御制皇陵碑》、《世德碑》、《西征记》、《平西蜀文》等。本纪与列传参差甚多。

志七十五卷，为目十五，即天文、五行、历、地理、礼乐、仪卫、舆服、选举、职官、食货、河渠、兵、刑法、艺文。诸志一从旧例，而稍变其例者二：《历》志增以图，以历生于数，数生于算，算法之句股与缘，今密于古，非图则分刻不明。《艺文志》惟载明人著述，而前史著录者不载。其例始于宋孝王关中风俗传，刘知几又反覆申明，于义为允，唐以来弗能用，今用之也。（四库提要）然艺文志只载明人之著作，而不举古书有亡之源委，而古书流传至明者究有若干，不可考矣。是乃一大缺失。或谓以明代秘书星亡，无从取征，故失载。

瞿兑之：
"官修明史……其中大部分本皆康熙五十年以前所成，以后特为补缀而已。关于此书之编纂，最主要人物为万季野，……而大儒黄梨洲、顾亭林于义例皆有所商榷，而最初董其事者为叶讱庵及徐健庵之兄弟，收罗网罗人才，故一时绩学能文之士，如朱竹垞、毛西河、潘次耕、吴志伊、施愚山、汪尧峰、黄子鸿、王崑绳、汤荆岘、万贞一……等咸在纂修之列，或间接参定。一时风气所播，助长学者社会对于史学之兴味亦非浅鲜也。"

刘咸炘史学述林史目论："志有书载而后史不载者，……艺文志之去取佚书是也。……明史止记当代之书，以为创例之为，全祖望、杭世骏、彭元瑞皆已言其非矣。"

稿紙(A)25×20=500

梁启超："季野为今本明史关系最深之人……但吾以为明史长处，季野实尸其功；明史短处，季野不任其咎。季野主要之工作，在考证事实以求真是，对于当时史馆原稿既随时纠正，复自撰史稿五百卷，自言：'吾所取者或有可损，而所不取者非必其事之不宜存而不可益。'故明史叙事翔实，不能不谓季野贻谋之善。然此史稿为王鸿绪所攘，窜改不知几几（魏默深有书王横云明史稿后，剖析颇详）。今所采王稿成书，已不能识为万氏之旧。且季野最反对官局分修制度，而史馆沿旧制毕不可革。季野手定众例，岂能令分纂者悉奉其言。况季野卒于康熙四十一年，明史成于乾隆四年，相距几四十年，中间史馆废弛已久，张廷玉辈之奏进时，馆中几无一知名之士，则其草削失当之处，亦概可想。故季野虽视潘载为幸，然仍不幸也。（最不幸者是明史稿不传）然明史能有相当价值，微季野之力固不及此也。"

5

表十三卷，为目凡五，即诸王、功臣、外戚、宰辅、七卿。表从旧例者四，创新例者一。七卿系新创，盖以明废左右丞相，而分其政于六部，而都察院纠核百司，为任亦重，故合为九卿。（四库提要）

列传二百二十卷。第一、第二为后妃列传，第三为兴宗孝康皇帝、睿宗献皇帝列传，盖仿元史裕宗、睿宗列传之例，别为一卷，各以后附焉。第四至第八为诸王列传，第九为公主列传。第十至第十一为郭子兴、陈友谅等传，皆元末起兵称雄之人。自第十三以下为诸臣列传。其以种类为标题者凡十七，即循吏、儒林、文苑、忠义、孝义、隐逸、方伎、外戚、列女、宦官、阉党、佞幸、奸臣、流贼、土司、外国、西域。其中创新例者三：曰阉党，曰流贼，曰土司。盖貂珰之祸，虽汉唐以下皆有，而士大夫趋势附羶，则惟明人为最夥，其流毒天下亦至酷，故作阉党传。闯献二寇，至于亡明，非他小丑可比，亦非群雄割据之比，故别立流贼传。至于土司，不内不外，大抵多建置于元，而滋蔓于明，故自为一类。（四库提要）

明史之修者多为博学鸿词，能古有识之士，如万斯同、张玉书、叶方蔼、汤斌、徐乾学、王鸿绪、陈廷敬、张英等。黄宗羲、顾炎武虽未直接参加修撰，对于义例，亦皆有所商榷。

"明史优点：一、排次得当……二、编纂得当……三、附传得宜……四、立传多存大体……五、考订审慎……六、附载原文……。……比近代诸史为好，列举其矛盾、互异、与误、重出、脱文、互异之处亦不在少。此史之需对照以异族入据，异讳太深，易代之际，曲笔难免。如辽东一隅，建州三卫诸事，讳莫如深。……近人孟森有清初大案及清朝前纪，叙清入关以前事多极详，而明史对此付阙如，此其缺点一也。……南明史……此，明史对此概不载，此其缺点二也。……"

3. 明史的价值

明史多详文简，体例谨严，文笔雅正，堪称良史。赵翼称明史排次得当，编纂得宜，附传得体，用心忠厚，多载奏议原文。篇幅虽多，而几无一字虚设。执笔者不知几经审订，而后成篇。故明史一书，实为近代诸史所不及也。（廿二史劄记、陔余丛考）然明史修于异族入主之时，易代之际，曲笔难免，关于满清多所忌讳，"特别是关于他们祖先未入关时的所作所为，"忌讳尤深。此外简略疏漏，重复纰误之处，亦自不少。"加以后人挖增删节大兴文字狱，当时秉笔修史的人心存观望，讳愈小心，惟恐获罪，一切记载都是仰承统治者的意旨来看来写，自然难得其正。"

清人列明史于正史末尾，并四史、新五代史下即为明史。盖明朝实录俱存，惟缺天启实录（为冯铨窃去），且搜括天下公私著述杂录，故能排撰编次，本末俱备，取之博而择之审，成一代之良史。

然明史务求简洁，致失之简略，以本纪为最。且修撰期过长，亘六十二年之久，无一人始终负修纂之责。出于众人之手，意见亦不尽相同。且明史反对子孙附卷，竟父子分卷；而多相类者则又附卷，孝义传序附孝义数百人。此外避讳疏漏参差谬误之处亦多。明史可补正者，复亦不少。

稿纸(A)25×20=500

查继佐著罪惟录（纪传体明史）——先编年1672年
傅维鳞著明书（…… …… ……）——先编年1679年

7.

万斯同
1702

4. 明史之述作

清初史学之发展，实由少数学者之有志创修明史，而明史馆之开设亦间接助之。其志修明史者，首屈指亭林梨洲，然以毕生精力赴之者，则潘力田万季野戴南山。

三家之中，潘万学风大略相同，专注重审查史实。盖明代向无国史（不如清代国史馆之纲举史职递续修纂），只有一部实录，既为外间所罕见，且有遗缺。（缺建文、天启、崇祯三朝）而……野史如鲫，多从所好恶以颠倒事实，故明史号称难理。潘力田发心作史，其下手工夫即在攻此盘错。其弟次耕序其国史考异云："亡兄博极群书，长于考订，谓著书之法莫善于司马温公，其为通鉴也，先成长编，别著考异，故少抵牾。……于是博访有明一代之书，以实录为纲领，若志乘，若文集，若墓志家传，凡有关史事者一切钞撮荟萃，以类相从，稽其异同，核其虚实。……去取出入，皆有明征。不徇单辞，不逞臆见，信以传信，疑以传疑。……"（遂初堂集卷六）又序其松陵文献曰："亡兄与吴先生（炎）草创明史，先作长编，聚一代之书而分划之，或以事类，或以人类，条分件系，汇群言而骈列之，异同自出，参伍钧稽，归于至当，然后笔之于书。"（同上卷七）力田论史方法，其缜密如此，故顾亭林极相推挹，尽以己所藏书所著稿畀之。其书垂成而遭

"南浔史狱"之难，既失此书，复失此人，实清代史学界第一不幸事也。遗著幸存者仅国史考异之一部分（原书三十余卷，仅存六卷）及松陵文献，读之可见其史才之一斑。

戴南山罹奇冤以死，与潘力田同，而著作之无传于后视力田尤甚。大抵南山考证史迹之乐挚或不及力田、季野，［此亦比较之辞耳。观集中与余生书（即南山致祸之由也）其搜查史料之勤慎为可见，且彼亦与季野有交谊，特其精力不甚专于考证耳。］而史识史才实一时无两。其遗集中史论左氏辨等篇，持论往往与事实相暗合。彼生当明史馆久开之后而不慊于史馆诸公之所为，常欲以独力私撰明史，又常与季野及刘继庄、蔡瞻岷约偕隐旧京，共成一史，然而中年饥驱流徙，晚获一第，卒以史事罹大僇，可哀也。其史书一字未成，然集中有遗文数篇，差见史才之特绝。其可述录一篇……其杨、刘二士合传……其左忠毅公传……，真南山之于文章有天才，善于组织，最能驾驭资料而镕冶之，有浓挚之感情而寓之于所记之事，（不著议论）……有清一代史家作者之林，无可比肩，此一人而已。

潘、万、戴之外有应附记者一人，曰傅维鳞。其人为顺治初年翰林，当明史馆未开以前，独力私撰明书一百七十一卷，书虽平庸不足称，然不能不嘉其志。要之，三君之书或不成或不传，而惟傅书岿然存，适以重吾惜也。

明永乐中，胡粹中著元史续编十六卷，用编年体，大书分注，全仿通鉴纲目。

第二節　编年史的著作

一、薛应旂著宋元资治通鉴一百五十七卷

薛应旂，字仲常，明武进人，嘉靖进士，官至陕西按察司副使。此书志在踵司马温公，又皆于卷首揭举义例，而书成之后，实不副名。其书孤陋寡闻，惟详道学宗派，既见讥于朱彝尊；而素昔疏漏之失，四库提要亦多所列举，仅列其书名于存目中。

张舜徽："……可惜明人在这方面做工作的人（指续通鉴），……像薛应旂……王宗沐……，便是十分孤陋寡闻，连二李（焘、心传）的书，并未寓目，更不必问及其他方面了。"

二、王宗沐著宋元资治通鉴六十四卷

王宗沐，字新甫，明临海人，嘉靖进士，官至刑部左侍郎。其书取资贫乏，尚不及薛应旂之作，益不为学人重视。章学诚云："陈（桱）、王、薛三家续宋元纪，乃于辽金正史束而不观，仅据宋人纪事之书略及辽金继世年月，其为荒陋，不待言矣。"（代毕沅与钱辛楣论续鉴书）

钱大昕疑年录卷三："王新甫六十九（宗沐）：生嘉靖二年癸未，卒万历十九年辛卯。"

稿紙(A)25×20=500

三、徐乾学著资治通鉴后编一百八十四卷

徐乾学，字原一，号健庵，清崑山人，康熙进士，官至刑部尚书。四库提要云："是编以元明人续通鉴者，大都年月参差，事迹脱落，……皆不足继司马光之后，乃与万斯同、阎若璩、胡渭等排比正史，参考诸书，作为是编。草创甫毕，欲进于朝，未果而殁。其书凡事迹有应参订者，皆依司马光例，作考异以折衷之。诸家议论足资阐发者，并采录各条下；间附己意，亦依光书之例，标乾学曰以别之。其时永乐大典尚庋藏故府，故焘、李心传诸书皆未得窥。所辑北宋事迹，大都以(李)焘残帙为稿本，

(李焘续通鉴长编残本一百七十五卷)

援据不能赅博。其宋自嘉定以后，元自至顺以前，尤为简略。至宋末昰昺二王，皆误沿旧史，系年纪号，尤与断限有乖。又意存博赡，颇少剪裁，载元顺帝初生之事，遂及庚申外史，尤涉丛脞。然其裒辑审勘，用力颇深，故订误补遗，时有前人所未及。又是时乾学方领一统志局，多见宋元旧志，而若璩诸人复长于地理之学，故所载舆地尤为精赅。而明人纪事之书，亦并附载，以资考证。年经月纬，犁然可观。要不能遽称完本，而以视陈王薛三书，则过之远矣。"

稿紙(A)25×20=500

编年1797

四、毕沅撰续资治通鉴二百二十卷

毕沅，字纕蘅，一字秋帆，江苏镇洋（今江苏太仓）人，乾隆进士，官至兵部尚书、湖广总督。自号灵岩山人。卒于嘉庆二年（1797），年六十八。

其书承四库告成明备之余，乃因徐氏旧稿而扩充之，经营二？三十余年，一时史家宿学，若王鸣盛、钱大昕、邵晋涵诸人，皆有参订之功。晋涵夙精宋史，曾撰南都事略，词简事增，过正史远甚。以参斯书，尤称得人。并用温公例，别为考异，附于本条下。或不关异同，有美附记，则以双行小字，夹注本文下。故事必详明，论归体要，凡四易稿而成。付刻未及半，以中丞罹没而止，桐乡冯集梧买得全稿补刻之。同治间金陵书局将刊史汉书，问继之何适，莫友芝以通鉴对，续宋元则取毕氏书，遂购得冯刻残存之版，刊补行世。至今正续各刊本皆以毕氏续司马，无间题焉。夫徐书之不得为完本决矣，至毕书之所以称为完本，则亦仅有双流言者。冯集梧曰："盖司马氏资治通鉴系神宗赐名，李焘亦只云自此书讵可便称续资治通鉴？姑称续资治通鉴长编可也。故孝宗于焘卒后，诏朕尝许焘大书续资治通鉴长编七字。然则后人著书，仍祇可云资治通鉴后编或续编，而不当云续资治通鉴也。"此冯论毕书命名未当者也。

章实斋参加？

莫友芝曰："秋帆尚书记四百年事，较温公纪千数百年者，卷帙遂有三之二，续温公书诚不易易。"此以毕氏删削之功不逮涑水而有是言也。"谭献曰："毕氏续通鉴详宋略元，似成书时稍草草。"又曰："毕氏书九十册，宋居五十，元祇十册，详略之间不无可议。"此论谓毕氏详宋略元，……此由宋史有日历、时政记、实录及众家私史，取材繁富，其底本佳；元史资料既寡之，又成书太速，其底本较劣也。（张须通鉴学）

"照情理讲，以清代学者续修通鉴，应该写至明代末年为限，但是由于明清相距太近，清代统治者大兴文字之狱，学者担心触犯忌讳，只得缺而不载，留待后人再补。"（张舜徽）

稿纸(A)25×20=500

10.

"一直到清代末年，禁网渐疏，于是编述明代史实成为编年史的，仅有两家，一为陈鹤《明纪》六十卷；一为夏燮《明通鉴》九十卷。《明纪》早出，又卷帙较简，所以后来苏州书局合刻《续通鉴》时，并取《明纪》付刊，成为一部联接的书籍了。

五、陈鹤著明纪六十卷

陈鹤，字鹤龄，号稽亭，清元和人，嘉庆进士，官工部主事。

陈氏应用考证精神，去取谨严。其书起自洪武，迄于明季三王。清国史馆本传谓凡稗异诡诞之说，悉置不录，有良史风。手辑至五十二卷而卒。后八卷则其孙克家续成之。

谭献有言，"陈稽亭明纪去取简严，命意正大。但微嫌芟削太过，事端不备。君举臣辞，综述生平语过简，似有见于毕氏续鉴之冗散，而情辞不畅。"

六、夏燮著明通鉴九十卷，附记六卷　编年

夏燮，字嗛父，清当涂人，官江西永新令。其书起于洪武，迄于明季三王。揭义例于篇首，自明编集旨趣。其考异散附各本条，于朔闰尤谨严，直为道光以后所仅见。文笔追君实，著为议论，其言往往有中。惟采史料较杂，记载有滥，似不如陈氏明纪之谨严。

七、御批通鉴辑览116卷——乾隆32年敕撰。排辑历朝事迹，起自黄帝，迄于明代，编年纪载，纲目相从。

稿纸(A)25×20=500

陈桱《通鉴续编》廿四卷

陈桱字子经，元奉化人，流寓长洲，入明后为翰林编修。四库提要云："桱世传史学，以司马氏通鉴、朱子纲目并终于五代，其威烈以上，虽有金履祥前编而亦断自陶唐，因著此书。……首述盘古至高辛氏，以补金氏所未备，为第一卷；次摭契丹立国及五代时事，以志其所因之故，为第二卷。其二十二卷皆宋事，始自太祖，终于二王，以继通鉴之后，故以续编为名。然大书分注，全仿纲目之例，当名之为续纲目。仍袭通鉴之名，非其实也。"

严衍资治通鉴补二百九十四卷

编年1644

严衍字永思，一字午庭，浙江嘉定人，明诸生，入清不仕，专心古学，尤究心资治通鉴。以温公之书博大，不能无所阙失，乃取现存之正史，及为温公所采摭者，以勤字校，由此为通鉴全书作拾遗补阙之工作，其有讹误，并加刊正。门人谈允厚志操与同，从而助之，竭三十年之精力，成资治通鉴补二百九十四卷。允厚撰后序，列举史家之失有七：一曰漏，二曰複，三曰紊，四曰杂，五曰误，六曰执，七曰诬。而资治通鉴亦不能免。

谈迁著国榷一百卷——编年1657

学术史

渊源于儒林传，此书多不成系统。

朱熹著伊洛渊源录14卷　四库提要传记类一：“书成于乾道癸巳，记周子以下及程子交游门弟子言行。其身列程门，而言无所表见，甚若邢恕之反相挤害者，亦具录其名氏，以备考。其后宋史道学、儒林诸传，多据此为之。盖宋人谈道学宗派，自此书始；而宋人分道学门户，亦自此书始。”　案：宋程颐讲学于伊川（伊河，在今河南嵩山及伊阳）。程颢、程颐皆洛人，后人称其学为洛学。二程皆周敦颐弟子。

明　冯从吾著元儒考略四卷。　四库提要传记类二：“从吾，字仲好，长安人，万历己丑进士，……事迹具明史本传。是编乃采元代诸儒事实，各为小传，大抵以元史儒学传为主，而旁采志乘附益之，中有大书特传者，亦有细书附传者，皆据其学术之高下以为进退。体例颇为丛脞，又多姓名之舛讹。……然宋儒好附门墙，于渊源最悉；明儒喜争同异，于宗派尤详。语录、学案，动辄災梨，不啻汗牛充栋。惟元儒笃实，不尚近名，故讲学之书，传世者绝少；亦无汇合诸家勒为一帙，以著相传之系者。从吾掇拾残剩，补缀此编，以略见一代儒林之梗概，存之亦足资考证。物有以少见珍者，此之谓欤！”

万斯同著儒林宗派16卷　四库提要传记类二：“是编纪孔子以下，迄于明末诸儒授受源流，各以时代为次。其上无师承、后无弟子者，则别附著之。……其附录一门，旁及老庄申韩之流，……世所传本仅十二卷，此本出自秀城周氏，较多四卷，盖其末年完备之定本云。”

编年1695

黄宗羲

黄宗羲，字太冲，号梨洲，浙江余姚人。生于明神宗万历38年（1610），卒于清圣祖康熙十六年（1695），年八十五。

崇祯十七年，北京陷，福王立于南京，阉党阮大铖柄政，罗兴党狱，名捕刘蕺山及许多正人，他也在其列。他避难亡命日本，经长崎达江户。明年，福王走，南京覆，他和钱肃乐（忠介）起义兵守浙江拒清师。失败后，遁入四明山寨，把余兵交给王翊（完勋），自己跟着鲁王在舟山，和张煌言（苍水）冯京第（跻仲）等力图匡復，仍常潜行往来内地，有所布置。清廷极畏忌他。明统既绝，他才绝意国事，奉母乡居，从事著述。康熙十七年诏征博学鸿儒，许多人要荐他，其门生陈锡嘏阻之，乃止。未几，开明史馆，清廷必欲罗致他，下诏督抚以礼敦聘，他力辞不往。乃由督抚就他家中将他的著述关于史事者钞送馆中，又聘他的儿子百家、他的门生万斯同入馆备顾问。

黄宗羲少时即致力史学。他记诵极博，各门学问都有所探索。他的学问影响后来最大者，在他的史学。现行的明史，大半是万斯同稿本，而斯同之史学实传自宗羲。他虽不应明史馆之聘，然而馆员都是他的后学，每有疑难问题，都咨询他取决，历志则求他审正后才算定稿，地理志则大半采用他所著今水经原文，其余史料经他鉴别的亦多。（全祖望作神道碑铭详举为条）

"黄宗羲是一个史学家和哲学家。他的著作很多，约有四十种，其中重要的有明儒学案、宋元学案和明夷待访录。

明儒学案是中国第一部有系统的成为整部书的哲学史著作。在此以前，例如庄子天下篇也是一篇哲学史性质的著作，但只是一篇论文，不是一部书。

黄宗羲完成了明儒学案以后，又编辑宋元学案，还没有完成，他就死了。他的儿子黄百家继续编辑，也没有完成。后来全祖望继续这个工作，才完成大体的规模，定全书为一百卷，并作了每一卷的叙录。最后又经过王梓材和冯云濠的补充，才成为定本。

明夷待访录是黄宗羲的政治思想的代表作。其中表现了他对于封建专制主义的批判，和对于社会改革的理想。

王梓材和冯云濠在编辑宋元学案的过程中，又收集了很多的材料编成《宋元学案补遗》一百卷。此书以前未有刻本。近来始有木刻本，收在《四明丛书》内。"

「黄宗羲更留心明代史实，尝辑明史案二百四十二卷，又辑明文海四百八十二卷，为明代史料，网罗略备。」

他关于史学的著述，有季修宋史，未成书；有明史案二百四十卷，已佚；有行朝录八种：一.隆武纪年，二.赣州失守记，三.绍武争立纪，四.鲁纪年，五.舟山兴废，六.日本乞师纪，七.四明山寨纪，八.永历纪年。其余如赐姓本末（记郑成功事）、海外恸哭记、思旧录等，今尚存，都是南明极重要史料。而其在学术上千古不磨的功绩，尤在两部学案。

中国有完善的学术史，自黄宗羲之著学案始。明儒学案62卷，他一手著成；宋元学案则他发凡起例，仅成十七卷而卒，经他的儿子百家（主一）及全祖望两次补续而成。

其遗文有南雷文定凡五集，晚年又自删定为南雷文约四卷。又尝辑明代三百年之文为明文海482卷。又续辑宋文鉴、元文钞，皆未成。

黄宗羲著明儒学案62卷：四库提要传记类二："初，周汝登作圣学宗传，孙钟元又作理学宗传，宗羲以其书未粹，且多所阙遗，因搜采明一代讲学诸人文集语录，辨别宗派，辑为此书。……于诸儒源流分合之故，叙述颇详，犹可考见其得失。"

金毓黻史学史208—209页："其叙次之法，先为诸家撰小传，以概其生平；次录其精要语，以明论学之大旨。此可谓体大思精，网罗宏富者矣。此书之佳处有三：一、能分别各家论学之宗旨；二、能道出其人一生之精神；三、于一偏之见、相反之论，尤能着眼理会。已具见于其自撰之发凡矣。书成于清康熙十五年以后。"

又云："大约全书分为三期：初期以程朱为主，中期则以王（阳明）学为主，末期则以修正王学末流之弊为务，而下启清儒考证学及浙东史学之绪。又立诸儒学案，以收诸家以外之讲学诸子。"

稿紙(A)25×20=500

黄宗羲、全祖望等著宋元学案100卷

金著史学史209页："（明儒学案）成后，时宗羲年近七十，犹发凡起例，续纂宋元学案，仅成十七卷而卒。其子百家续之，亦未卒业，其后全祖望乃为续成之。自乾隆十年以至十九年（为全氏卒之前一年）之十年中，全氏无岁不修此书，其所修补者殆居全书十之七。有原本所有而为之增损者，有原本所无而为之特立者，亦有自原本析出而别为一案者。草创甫定而祖望卒，稿本归其门人卢镐，又由宗羲之玄孙稚圭同其子征璋为之整补，写成八十六卷，又经王梓材为之校补，遂成祖望序录百卷之数。书经五六人之手，数久而后付刊。此书之佳处，每一学案之前先立一表，备举其师友弟子，以明学派渊源及其传授；次立小传；次录论学语；后缀附录，载其遗闻逸事及后人评论，其书较明儒学案为更进一步矣。而在宋儒诸学案，应以濂溪、明道、伊川、横渠、晦翁、象山诸学案为主，而二程朱陆之传授尤广，并为学案之中坚。……元儒学案举鲁斋、静修、草庐诸氏略备一格而已。"

稿纸(A)25×20=500

第三节　纪事本末史之著作

一、陈邦瞻著宋史纪事本末二十六卷109篇

陈邦瞻，字德远，明高安（今江西高安）人，神宗万历戊戌进士，官至兵部左侍郎，事迹具明史本传。

四库提要：初、礼部侍郎临朐冯琦，欲仿通鉴纪事本末例，论次宋事，分类相比，以续袁枢之书，未就而殁。御史南昌刘曰梧，得其遗稿，因属邦瞻增订成编。大抵本于琦者十之三，出于邦瞻者十之七。自太祖代周，迄文谢之死，凡分一百九目，于一代兴废治乱之迹，梗概略具。袁枢义例，最为赅博，其镕铸贯串亦极精密，邦瞻能墨守不变，故铨叙颇有条理。诸史之中，宋史最为芜秽，不似资治通鉴本有脉络可寻。此书部列区分，使一一就绪，其书虽稍亚于枢，其寻绎之功乃视枢为倍矣。惟是书中纪事兼及辽金两朝，当时南北分疆，未能统一，自当称宋辽金三史纪事方于体例无乖，乃专用宋史标名，殊涉偏见。至元史纪事本末，邦瞻已别有成书，此内如蒙古诸帝之立，蒙古立国之制诸篇，皆当纪元初之实，即应析归元纪之中，使其首尾相接，乃以临安未破，一概列之宋编，尤失于限断。此外因仍宋史之旧，舛讹疏漏，未及订正者，亦所不免。然于纪载冗杂之内，实有披榛得路之功。读通鉴者不可无袁枢之书，读宋史者亦不可无此一编也。

稿紙(A) 25×20=500

12.

郑堂读书记："（史书自太祖代周迄文谢之死。）凡一百九篇，俱删取宋史以成篇，间采及辽金元三史。宋史最为繁芜，端绪难寻，而能排比棼丝，俾就条理，较之袁氏更为其难。（则即以之续通鉴纪事，又何愧焉！）又按是书专记宋事者八十九篇，兼及辽金元事者十二篇，凡一百一篇，皆宋史所有之事。并记辽金事者一篇，专记金事者一篇，兼记金元事者三篇，专记元事者三篇，凡八篇，则皆辽金元史所有之事也。总之取其多者论之，故专题曰宋史纪事本末云。"

二、陈邦瞻著元史纪事本末

元史纪事本末四卷，自《江南群盗之平》，以迄《洪卿之争》，凡二十七篇。（四库提要：）其中《律令之定》一篇，下注一补字，则归安臧懋循所增也。明修元史，仅八月而成书，潦草殊甚。后商辂等撰续纲目，不能穷微博采，于元事亦多不详。此书採掇不出二书之外，故未能及宋史纪事之赅博。又于元明间事，皆以为应入明国史，遂于徐达破大都、顺帝北遁诸事，皆略而不书。夫元初革创之迹，邦瞻既列于宋编，又以燕京不守，元帝北徂，为当入明史，是一代兴废之大纲，皆缺而不著，揆以史例，未免失当。（又）……曲笔……失实……，特是元代推步之法，科举学校之制，以及漕运河渠诸大政，措置极详，邦瞻于此数端，纪载颇为明晰。其他治乱之迹，亦当能提举大概，揽其指要，固未尝不可以资考镜也。"

稿紙(A)25×20=500

郑堂读书记：元初之事已见宋史纪事，元末之事又以为宜见国史，故卷帙益觉寥寥，非特年代之促、事迹之少也。

13.

三、谷应泰著明史纪事本末八十卷 80篇

谷应泰，字赓虞，清丰润（今河北丰润）人，顺治四年（1647）进士，官至浙江提学佥事。

四库提要：郑堂读书记：

“其书仿袁枢通鉴纪事本末之例，纂次明代典章事迹，凡八十卷，每卷为一目，自太祖起兵，迄甲申殉难，为八十篇。而各系以论断。当应泰成此书时，明史尚未刊定，无所折衷。故纪靖难时事，深信从亡致身诸录，以惠帝逊国为实，于滇黔游迹载之极详；又不知懿安皇后死节，而称其青衣蒙头步入成国公第，俱不免沿野史传闻之误。然其排比纂次，详略得中，首尾秩然，于一代事实极为淹贯。每篇后各附论断，皆仿晋书之体以骈偶行文，而遣词抑扬，隶事亲切，尤为曲折详尽。考邵廷采《思复堂集》《明遗民传》称“山阴张岱尝辑明一代遗事为石匮藏书，应泰作纪事本末，以五百金购请，岱慨然予之。”又称“明季稗史虽多，体裁未备，罕见全书，惟谈迁编年、张岱列传，两家具有本末，应泰并采之，以成纪事。”据此，则应泰是编取材颇备，集众长以成完本，其用力亦可谓勤矣。”

孙志祖读书脞录卷三引姚际恒之说，谓“此书本海昌士人所作，亡后为某以计取，攘为己书，其事后总论一篇，乃募杭人陆圻作，每篇酬以十金。”

稿紙(A)25×20=500

四、高士奇著左传纪事本末五十三卷，53本

编年1704 高士奇，字澹人，号江村，清浙江钱塘人，康熙时官至内阁学士兼礼部侍郎。

四库提要：

"此书因章冲左传事类始末而广之，以列国之事分门件系，凡周四卷，鲁十一卷，齐十卷，晋十一卷，宋三卷，卫四卷，郑四卷，楚四卷，吴三卷，秦二卷，列国一卷，目各如其卷之数。大致亦与冲书相类，然冲书以十二公为记，此则以国为记，义例略殊；又冲书门目太伤繁碎，且于左氏原文颇多裁损，至有节句摘字联合而成者。士奇则大事必书而略其细，部居州次，端绪可寻，与冲书相较，当谓之后来居上可也。"

"其例有四补逸，则杂采诸子史传与左氏相表里者；曰考异，则与左氏异词可备参订者；曰辨误，则纠其传闻失实踳驳不伦者；曰考证，则取其事有依据可为典要者。又时附以己见，谓之发明。"

江村用袁氏通鉴纪事之例，以广章氏左传事类之书。

郑堂读书记："取列国大事，各从其类，不以时序，而以国序。……于左氏传文罕有所遗，或有一传而关涉数事者，其文不得不重见，则随其事之所主为文之详略。"

清史列传73张鉴传："张鉴，字春冶，浙江归安人。嘉庆九年副贡生。……著有西夏纪事本末三十六卷，东南本望纪事三十卷……卒年八十三。"
徐鄀西夏纪事本末序：见编年。

五、张鉴著西夏纪事本末三十六卷 36篇

全书三十六卷，每卷为一目，起"赐姓始末"，迄"夷攻覆亡"，凡三十六目。另有卷首上年表一篇，卷首下西夏堡寨一篇，陕西五路之图、西夏地形图各一幅，历代疆理、节略、职方表各一篇，此数种附列于前端，不在三十六卷之内，为其他纪事本末书所未有，甚可取法。

西夏虽僻处一隅，然自唐末李思恭据土（唐僖宗中和元年，881），迄宋末李睍之亡（宋理宗宝庆三年，1227），三百年间岂竟宁无可述者？顾载籍阙系统之记，文献有不足之叹，张鉴此书，盖足补前人之未备也。（魏应麒史学史第六章）

西夏：李思恭（本姓拓跋，羌族）……仁福……继捧……继迁……德明……元昊……

六、李有棠撰辽史纪事本末四十卷 金史纪事本末五十二卷

李有棠，生于清道光二十三年（1843），卒于光绪二十八年（1902），六十岁。

辽史纪事本末四十卷，起"太祖肇兴"，迄"西辽达实之立"，凡四十目。

金史纪事本末五十二卷，起"帝基肇造"，迄"末造殉节诸臣"，凡五十二目。

二书均以每卷为一目。"其文"以正史为主，间采他史及各传记。其有异同，词有详略，并小注双行分载每条之下，名曰考异。又两国之郡邑沿革、山川分表以及关隘堡镇之建

稿纸(A)25×20=500

置，地理志所未详者，皆博采诸史及方舆纪要诸书，逐一分注。而臣工之名字里居，亦多参考详载；而于一人数名及数人同名者，亦为之缕析条分。至通鉴纲目及各史传记所载辽国地名人名音译互歧间有讹谬者，此书亦一律改从清初重订之辽金国语解新译，仍注旧作某字于其下，以备对照。袁枢通鉴纪事本末不为凡例，故陈邦瞻诸人仍之。惟高士奇始有凡例四则，此书则仿高志，于辽史纪事本末著凡例十二则，于金史纪事本末著凡例十一则，以自明其著书之义例，取便读者，亦良法也。（魏著史教本4章）

七、李铭汉著续资治通鉴纪事本末一百十卷

武威李铭汉为毕氏续鉴撰纪事本末，盖以上续袁枢之书，刊于光绪二十九年癸卯。“清末李铭汉著，李氏武威人，书仿宋刻。”

八、杨陆荣著三藩纪事本末（编年1717）

九、清黄鸿寿著清史纪事本末八十卷

第四节　典章制度史

到了清朝高宗乾隆32年（1767年），又命人撰《续通典》以续杜佑之书。所叙内容起于唐肃宗至德元年（756），讫于明思宗崇祯末年（1643），历时八百八十八年，共一百四十四卷，计选举六卷，职官二十二卷，礼四十一卷，乐七卷，兵十二卷，刑十六卷，州郡十八卷，边防四卷，食货十八卷。（篇目一仍杜氏之旧，惟杜氏以兵制附刑后，今则兵刑各为一篇。）至于材料的去取，因"唐代事记精远，旧典多亡；五代及辽，文献靡征，史书太略：则旁搜图籍以求详。明代见闻最近，案记实繁；宋金及元，著作事多，遗编亦夥：则平校异同以传信。"（见凡例要。）

与修《续通典》的同时，清政府又命修《皇朝通典》，亦即现在所称的《清通典》，共一百卷，分门别类也依杜氏之旧。因记叙本朝的典章制度，又当清朝全盛之时，所以资料较为丰富。

稿紙(A)25×20=500

114

~~五、通志的影响(续作)~~　~~(应移本段，并注于书中叙述)~~

1. 续通志五百二十七卷

清乾隆三十二年(1767年)敕撰。纪、传、谱、略，一仍郑氏之旧。纪传起唐，谱略起五代、宋，而皆讫于明末。其于纪传，定为二例：一曰异者归一，一曰未备者增修。其于诸略，不惟续之而已，于郑略之未载者则补其阙遗，已载者则正其伪误。虽云官修，而大体精当。　参四库提要别史类：

2. 清通志二百卷

清乾隆三十二年(1767年)敕撰。仅有二十略，而无纪传及谱。

稿纸(A)25×20=500

130.

续文献通考之著作

1. 明人王圻撰续文献通考254卷。

上接宋宁宗嘉定，下讫明神宗万历，其于马书门类稍有增易。盖欲于通考之外，兼擅通志之长。四库提要讥其"体例糅杂，颠舛丛生，遂使数典之书，变为兔园之策。"

又有朱奇龄（康熙时）续文献通考补48卷，续万历以后事，讫于明末。

2. 乾隆十二年（1747）敕撰续文献通考252卷

自宋宁宗以后（1224）讫明庄烈帝（1643），採宋辽金元明五朝议论，汇为是书。二十四门，仍从马氏之原目。大抵事迹先征正史而参以说部杂编，议论博取文集而佐以史评语录。其採取王圻旧本者，十不及一。

3. 清文献通考266卷

乾隆十二年敕撰。自是年修起，直至乾隆五十年以后。所录叙自清开国（1616）讫于乾隆五十年（1785）。增为二十六门。"初与五朝续文献通考共为一编，乾隆二十六年遂命别自为书。别立群庙一门，标原目为二十五。"

稿紙(A)25×20=500

4. 续清文献通考400卷

清末刘锦藻撰。起乾隆五十一年（1786），讫宣统三年（1911），凡百二十六年。以时代之需要增外交、邮传、实业、宪政四门，共为三十门。陆润庠序此书谓“网罗考订，一朝典章制度粲然大备，而于新旧蜕嬗之际，尤三致意焉。”（以上魏著史学史）金著史学史云：近人吴兴刘锦藻，以清通考讫于乾隆二十六年，乃取而续之，名续皇朝文献通考。其初稿撰于清光绪末年，故祇续至光绪三十年而止。民国以后，锦藻避乱于大连，又续其书至宣统三年清亡之日止。虽续官书，实为私撰，且甚详赡，诚不易也。

断代会要

“清代学者努力于纂辑断代体会要的却不少，像湘潭孙楷的秦会要二十六卷，黄岩杨晨的三国会要二十二卷，江西龙文彬的明会要八十卷。”（张舜徽）

稿紙(A)25×20=500

第五节 地理沿革史的著作.

沿革史，也称历史地理，即历史上的地理

地理 ~~二、顾祖禹著《读史方舆纪要》~~ 问题，包括疆域、山岳、河流、湖泊、行政区划图、物产……

史书中记载地理最早的是《尚书》中的《禹贡》。其后纪传体史书中有地理志，如史记的河渠书，汉书的地理志，续汉书的郡国志等。方志为一地之史，也包括当地的地理情况及历史情况。

专述总记全国的地理沿革史的专门著作，有唐朝李吉甫著《元和郡县图志》四十卷，以唐宪宗元和之郡县为本，

起京兆府，尽陇右道，凡四十七镇，成四十卷，详载四至八到，及开元、元和之户数，每镇皆有图冠于篇首，故有图志之称。

（且叙述历代沿革，并有图，故称图志。）南宋 ~~时图亡~~，今仅存志。

孝宗淳熙二年，程大昌称图已亡，

又有北宋乐史著《太平寰宇记》二百卷，著于宋太宗太平兴国时，~~记载各地沿革比较详细~~。

而所叙郡县多本唐代之旧。唐宋二代地理之书，自以寰宇记为最赅博，而前此佚书之遗句，亦常藉此得以参见，此又书之所以可贵也。原本为二百卷，今阙。

“沿革地理之成为专门学问，是从北宋学者开始的。”（参见张舜徽书163页以后）

到了明末清初，地理沿革史的著作又有更大的发展。

一、顾祖禹著《读史方舆纪要》一百三十卷

字瑞五，号景范，江苏无锡宛溪人，学者称为宛溪先生。

顾祖禹，生于明崇祯四年（1631），卒于清康熙三十一年（1692），年六十二岁。

卒年不详，山川卷131又屡引钱曾失位，语底不当。祖禹《读史方舆纪要》……创稿时年二十九，及成书年已五十矣。宁都魏禧见之叹曰：‘此数千百年所绝无仅有之书也……’见编年（清后期）

清史列传卷七十（文苑传一）顾景谦传附子祖禹传：“祖禹字景范，（江苏无锡人）……景谦精于史学，尝谓明一统志于战守攻取之要，……

顾氏生当明末清初，明亡后深感亡国之痛，终身不仕，

伏处故里，自搞一书

专力著此书，三十九岁开始著作，经二十年乃成。为前所未有的地理沿革史名著。

顾氏大约于三十岁（顺治十六年）左右开始著作此书，当他36岁（1666，康熙五年）时，这书的《历代州域形势》部分（仅五卷），已有刻本。年近六十岁时全稿始成，但自称“未敢自信为已成之书也”。

《读史方舆纪要》正编130卷，附舆图要览4卷，计二百八十余万字。书前是《历代州域形势》九卷，其次是分省方舆纪要114卷，每省卷首都冠有一篇概论形势的总序，最后七卷是山川源委及分野。

此书记载全国各省、府、州、县的历史事迹，极为详备。包括历史事迹，疆域沿革，山川险要，古今战守攻取

其书首九卷为历代州域形势，后七卷为山川源委及分野，余百十四卷则各省府、州、县分叙。

稿纸(A)25×20=500

梁启超：“景范著此书，二十九岁始属稿，五十岁成，二十余年间未尝一日辍业。……每省首冠以总序一篇，论其地在历史上关于兵事之特点，次则叙其疆域沿革、山川险要，务使全省形势了然。每府亦仿此，而所论更分析详密。每县则纪其辖境内主要之山川关隘桥驿及故城等。全书为一长篇论文，其顶格写者为正文，低格写者为注，夹行写者为注中之注。体裁组织之严整明晰，古今著述中盖罕其匹。观魏禧、熊开元两序，可见其概焉。”

18.

之宜，兴亡成败之迹。凡涉史迹，纤悉靡遗，而首尾联贯为一论文。此外，还有河渠（水利）、食货、屯田、盐铁等有关国计民生之情况。

除广搜文字资料外，并实地考察调查，“至于舟车所经，亦必览城郭，按山川，稽道里，问关津，以及商旅之子，征戍之夫，或与从容谈论，考核异同。”对于疑问处细心考证，组织严整明晰。别白真伪，如视掌中。

“质之而无疑，据之而有用”。用功深，用心细。

此书取材丰富，考订精详，结构谨严，文字生动。

顾氏著书，是为了经世致用。古今相通，古为今用。他说：“古不参之以今，则古实难用；今不考之于古，则今且安恃？……考前人之方略，审从来之要害，因时而发，择利而行。弭灾消患，不患无术乎。”

他著此书，希冀于将来恢复大业时，有所参考裨益。

其同时人刘献廷（继庄）广阳杂记卷二：“方舆纪要诚千古绝作！然详于古而略于今，以之读史，固大资识力，而求今日之情形，尚须历练也。”

顾祖禹读史方舆纪要·凡例：“地道静而有恒，故曰方；博而职载，故曰舆。然其高下险夷，刚柔燥湿之繁变，不胜书也。人事之废兴损益，圮坏穿塞之不齐，不胜书也。名号屡更，新旧错出，事会泯没，昨无今有，故详不胜详者莫过于方舆。是书以古今之方舆，衷之于史，即以古今之史，质之于方舆，史其方舆之乡导乎！苟无当于史，史之所载不尽合于方舆者，不敢滥登也。故曰读史方舆纪要。”

金著史学215页：“舆地之属于古今沿革者，乃为史学之一部……眉目清晰，便于省览。”

同上215页：“祖禹之著此书，盖集历代之成说，……由是言之，其用力之深为何如也！”

稿紙(A)25×20=500

二、洪亮吉著《十六国疆域志》

三、李兆洛著《历代地理志韵编今释》二十卷
〃 〃 〃 制《历代地理沿革图》二十二幅

四、杨守敬著《历代地理沿革总图》

“自从十七世纪西洋绘制地图的技术传入中国以后，清代学者也就在我国固有的绘图技术基础上兼采新法所长，来制绘历史地图，以清末杨守敬做的工作为最有系统而最精。在杨氏之前，曾有李兆洛所制历代地理沿革图二十二幅，用朱墨套印，在当时为创格。杨氏因其图太旧，又加扩充，更加精密，因绘成历代舆地图，1906年至1911年（光绪32年至宣统3年）陆续付刊。朱墨套印，总名为历代舆地图，分为若干册，依朝代先后排列，根据的材料也较可靠，是前所未有的地理图。……”（[illegible]第172页）

稿紙(A)25×20=500

20.

"清代方志发达之前大原因，是由于统治者设令之敦促。康熙十一年(1672)大学士卫周祚，奏请令全天下郡县修辑志书，诏允其请。雍正七年(1729)诏各省重修通志，上之史馆，以备修大清一统志之採择。后又令各州县志书，每六十年一修，著为功令。……省区称'通志'，府、厅、州、县仅只称'志'，综合二县或数县之事成一书，往称'合志'（如安徽之泗虹合志）；自县以下，镇有'镇志'（如乾隆时董世宁所修乌青镇志），里有里志（如嘉庆时徐达源所修黎里志）。……"（张舜徽）

"隋书经籍志史部地理类叙：'隋大业中(605-617)，普诏天下诸郡，条其风俗物产地图，上于尚书，故隋代有诸郡物产土俗记一百三十一卷，区宇图志一百二十九卷，诸州图经集一百卷。'这便是中国历史上统治阶级编纂全国范围的方志图经的开端。后来像唐代李吉甫所修元和郡县志，宋代乐史所修太平寰宇记，以及元、明、清三朝所修一统志，都是沿用这种体例进行编辑的。"（张舜徽）

第六节 方志

自常璩华阳国志后，隋唐五代以前，撰写方志者极少。

宋人宋敏求始撰长安志20卷（附图3卷），河南志20卷（已佚）。其后为范成大之吴郡志，罗濬之宝庆四明志，周应合之景定建康志等。朱长文之吴郡图经，梁克家之三山志，罗愿之新安志，高似孙之剡录，陈耆卿之赤城志，常棠之澉水志。

元人所修志书，为徐硕之至元嘉禾志，张铉之至大金陵新志等。于钦之齐乘。

宋、元时史籍所著不多。明以前方志，今日存其书者二十七种，存目亦数十。

明代所纂益多。省、府、州、县无不有志。其总一省而为志书，多名通志，为弘治八闽通志，嘉靖江西、广西、山东、贵州通志，万历广东通志。亦名总志，为万历湖广、四川总志。或只名志，为成化陕西志。

明代康海之武功县志、韩邦靖之朝邑县志等，都是私修。

清代各省亦无不有志，而皆名为通志。盖通志者，会全省之府、厅、州、县而通志之，非贯通古今之谓也。

方志虽大半成于俗吏之手，然出自名儒硕学主撰或参订者亦甚多。

清代之府、厅、州县志，多由名家主撰，为马骕之康熙邹平县志（顾亭林参订），陆陇其之康熙灵寿县志（陆为知县时独撰），戴震之乾隆汾州府志、汾阳县志，洪亮吉之乾隆怀庆府志，章学诚之乾隆和州志、亳州志、永清县志，段玉裁之乾隆富顺县志（段为知县时独撰），陈澧（兰甫）之同治番禺县志，王闿运之光绪湘潭县志、衡阳县志、桂阳县志，李慈铭（主撰）之光绪绍兴府志……等，或以宦于其地，或以生于是乡，或以受旧延修，或以旅程所至，不必设局置属，多由一手草成。

董方立之长安志、咸宁志，郑珍和莫友芝合撰之遵义志，李兆洛之凤台志。

方志中什之八九，皆由地方长吏倡议，延聘名流，分门修纂，任置冗员，钞撮陈案，殊不足以语于著作之林。吾侪以今日论史眼光所需贵重之，则此二三千种十余万卷之方志，其间可宝之资料乃无尽藏。良者固可宝，即极恶俗者亦未宜厌弃。（梁）

入清，则康熙十一年曾诏各郡县分辑志书，而成者仍不多，佳构尤希。雍正七年因修大清一统志，需省志作资料，因严谕促修，限期蒇事。今之本者，自李卫等监修之畿辅通志起，至鄂尔泰监修之贵州通志止，凡十六种，皆此次明诏之结果也。旋复谕各省府州县志六十年一修之令，虽奉行或力不力，然文化稍高之区，或长吏及士绅有贤而好事者，未尝不以修志为务，旧志未湮，新志踵起，计今所存，总不下二三千种也。（梁启超）

稿紙(A)25×20=500

乾隆历城县志——周永年（书昌）李文藻（南涧）合撰。
乾隆诸……——李文藻独撰。
乾隆宁波府志——万经（九沙）全祖望参与。
〃〃太仓州志——王昶独撰。
〃〃鄞县志——钱大昕参与。
〃〃松江府志、邠州志、三水县志——俱孙星衍（渊如）主撰。

乾隆西宁府志、乌程县志、昌化县志、平阳县志——俱杭世骏主撰。
乾隆宁国府志、怀庆府志、延安府志、泾县志、登封县志、固始县志、澄城县志、淳化县志、长武县志——俱洪亮吉主撰。
嘉庆广西通志——谢启昆（蕴山）为巡抚时主撰。
〃〃浙江通志、道光广东通志——皆阮元主撰。

现存方志有七千四百一十三种，其中大约宋代28种、元代11种，明代860种，清代6514种。其中县志约占百分之七十，州志、府志次之。除部分边疆地区外，我国各省各县几乎都有方志，而尤以河北、山东、江苏、浙江等省为最多。

"夫方志之通患在芜杂。……清志方志之编纂方法，实在乾隆中叶始。李南涧历城、诸城两志，全书皆纂集旧文，不自著一字，以求绝对的征信，后此志家多踵效之。谢蕴山之广西通志，首著叙例二十三则，遍征晋唐宋明诸旧志门类体制，舍短取长，说明所以因革之由，认修志为著述大业，自蕴山始也。故其志为省志模楷。

然其间能认识方志之真价值、说明其真意义者，则莫如章实斋。……方志学之成立，实自实斋始也。"（梁著学术史）

顾颉刚：中国地方志综录序："今之学者，莫不知史书之不足以尽史，故竞力搜求地下遗物、官署档案、私人书牍，以资实证。然而即在史书之中，固尚有未开之山林，未发之金锡在。家谱与方志是已。"又说："夫方志保存史料之繁富……有此浩繁之记载，顾无人焉能充分应用之，岂非学术界一大憾事耶？"

近人瞿宣颖著有方志考稿，在序文中指出了方志的六大功用。见张舜徽书161页。

表志为史之筋干，而诸史多缺，或虽有而其目不备，如艺文仅汉隋唐宋明五史有之，余皆阙如。三国六朝海宇分裂，疆域离合，最难董理，而诸史无一注意及此者，甚可怪也。宋陈子文有补汉兵志一卷，熊方有补后汉书年表若干卷，实为补表志之祖。清儒有见于此者颇多，其书皆极有价值。（梁启超）宋钱文子补汉兵志

第七节　补史之著作

齐召南：历代帝王年表

㈠、万斯同　历代史表59卷。斯同字季野，浙江鄞县人。此书从汉起，至五代止，独无西汉及唐，以汉书、新唐书原有表也。所表皆以人为主。方镇年表各篇最好。惟东汉于表人外，别有大事年表一篇，是其例外。　又季野尚有纪元汇考四卷，历代宰辅汇考八卷，性质亦略同补表。

官楍：历代职官表

~~㈡、顾栋高　春秋大事表~~——係将左传之全部，分为若干标题，综集一类之事实，列而为表。

孙星衍（字渊如，阳湖人）史记天官书补目一卷。

刘文淇（字孟瞻，仪徵人）楚汉诸侯疆域志三卷。

㈢、钱大昭　后汉书补表八卷。此书因熊方旧著而补其阙，分为诸侯王、王子侯、功臣侯、外戚恩泽侯、宦者侯、公卿，凡六表。

（字晦之，嘉定人）

补后汉书艺文志一卷。［"后"旁注："续？"］

杨守敬（字星吾，宜都人）三国郡县表补正八卷。

华湛恩（字孟超，金匮人）后汉书三公年表一卷。

钱仪吉（字衎石，嘉兴人）补晋兵志一卷。

㈣、侯康　补后汉书艺文志四卷。补三国艺文志四卷。

（字君谟，番禺人）

丁国钧（常熟人）补晋书艺文志四卷。

李兆华（字厚斋，嘉兴人）十六国春秋世系表二卷。

吴士鉴（钱塘人）补晋书经籍志四卷。　文廷式（萍乡人）补晋书艺文志五卷。

郝懿行（字兰皋，栖霞人）补宋书刑法志食货志各一卷。

㈤、洪亮吉　补三国疆域志二卷。十六国疆域志十六卷。

（字稚存，阳湖人）东晋疆域志四卷。

徐文范（字仲圃，嘉定人）东晋南北朝舆地表二十八卷——年表十二卷，州郡表八卷，郡县沿革表六卷，世系图表附各国疆域二卷。

洪齮孙（字子龄，阳湖人）补梁疆域志四卷。

㈥、周嘉猷　（补）南北史表七卷——年表一卷，世系表五卷，帝王世系表一卷。

汪士铎（字梅村，江宁人）南北史补志十四卷——原书三十卷，今存十四卷，内天文志四卷，地理志四卷，五行志二卷，礼仪志三卷。其舆服、乐律、刑法、职官、食货、氏族、释老、艺文八志，佚于洪杨之乱。

沈炳震（字东甫，归安人）二十一史四谱54卷。四谱者，一纪元，二封爵，三宰执，四谥法。所谱自汉迄元。

陈芳绩（字亮工，常熟人）历代地理沿革表47卷。此书自汉至明，分十二格，表示州郡县沿革。

洪饴孙（字孟慈，阳湖人）史目表二卷。此书乃表各史篇目，甚便比观。虽非补表，附录于此。又归安钱恂（念劬）亦有史目表一卷，但采洪著，稍有加减，非创作也。

稿纸(A)25×20=500

洪饴孙　三国职官表三卷。

周嘉猷（字两塍，钱唐人）三国纪年表一卷。

21.

钱大昕（字竹汀，嘉定人）：唐书史臣表一卷。唐五代学士表一卷。

周嘉猷：五代纪年表一卷。

顾怀三（江宁人）：补五代史艺文志一卷。

倪灿：宋史艺文志补一卷。

钱大昕：元史艺文志四卷。元史氏族表三卷。宋学士年表一卷。

〃〃：宋辽金元四史朔闰表二卷。

清儒此项工作，在史学界极有价值。盖读史以表志为最要，作史亦以表志为最难。旧史所无之表志，而后人摭拾丛残以补作，则尤难。以上诸书中，如钱衎石之补晋兵志，以极谨严肃括之笔法，寥寥二三千言（书有自注），而一代兵制具见。

如钱晦之之补续汉书艺文志，侯君谟之补三国艺文志……等，从本书各传所记及他书所征引，辛勤搜剔，比隋书经籍志所著录增加数倍，而各书著作来历及书中内容亦时复考证叙述，视隋志体例尤密。如洪北江、刘孟瞻之数种补疆域志，所述者为群雄割据疆场屡迁之时代，能苦心钩稽，按年月以考其疆界，正其异名。如周两塍之南北史世系表，仿唐书宰相世系表之意而扩大之，将六朝门第之阶级的社会能表现其真相。如钱竹汀之元史艺文志及氏族表，可据之资料极贫乏，而能钩索补缀，蔚为大观。……凡此皆清儒绝诣而成绩永不可没者也。（《学术史》）

稿紙(A)25×20=500

第八節 輯佚

姚之骃 后汉书补逸21卷 辑八家后汉书（东观汉记8卷、谢承后汉书4卷、薛莹、张璠、华峤、谢沈、袁山松、司马彪续汉书4卷。各一卷）

汪文台 七家后汉书21卷（谢承8卷、薛莹1卷、司马彪5卷、华峤2卷、谢沈、袁山松2卷、张璠1卷，及失名氏后汉书1卷。）

黄奭 汉学堂辑佚书

汤球 九家旧晋书辑本 两家汉晋春秋（习凿齿、杜延业），两家晋阳秋（孙盛、檀道鸾），五家晋纪（干宝、陆机、曹嘉之、邓粲、刘谦之），十家晋书（臧荣绪、王隐、虞预、朱凤、谢灵运、萧子云、萧子显、沈约、何法盛及晋诸公别传）

十六国春秋纂录

十六国春秋辑补100卷。

武敏之 三十国春秋

史部书辑之目的物，一为古史，一为两晋六朝人所著史。古史中以世本及竹书纪年为主要品。

世本为司马迁所据以作史记者，汉书艺文志著录十五卷，其书盖佚于宋元之交（因郑樵、王应麟尚及征引）。清儒先后辑者有钱大昕、孙冯翼、洪饴孙、雷学淇、秦嘉谟、茆泮林、张澍七家。秦本最丰，凡十卷。余家皆二卷或一卷。此秦将史记世家及左传杜注、国语韦注凡涉及世系之文皆归于世本，原书既无明文，似太涉泛滥。茆、张两家似最翔实。（秦嘉谟辑本乃盗窃洪饴孙者，见洪用勲授经堂未刊书目）

汲冢竹书纪年亦云司马迁尝而为迁未见，在史部中实为鸿宝，明以来刻本既云伪撰，故清儒亟欲求其真。先后辑之者有洪颐煊、陈逢衡、张宗泰、林春溥、朱右曾、王国维诸家，王辑最后最善。

史家著作以两晋六朝为最盛，而其书百不存一，学者憾焉。清儒乃发愤从事蒐辑，其用力最勤者为章逢之（宗源）著有隋书经籍志考证。今所存者仅史部为书十三卷（余三部不知已成否）。书名虽似追袭王应麟之汉书艺文志考证，而内容不同。彼将隋志著录各书，每书详考作者履历及著述始末，与夫后人对于此书之批评。除现存书外，其余有佚文散见群籍者皆备辑之，虽皆零纨残甲，亦可谓宏博也已。

绎史一书，此书搜集古史材料极丰富，纂录上古到秦末的史迹，首列世系图年表，不入卷数。次太古十卷，次三代二十卷，次春秋七十卷，次战国五十卷，次外录十卷，共一百六十卷。每事标题，详其始末，颇与纪事本末体为近。外录十卷中，一为天官，二为律吕通考，三为月令，四为洪范五行传，五为地理志，六为诗谱，七为食货志，八为考工记，九为名物训诂，十为古今人表。凡属研究古史应该注意的问题，这书都涉及无遗了。"（张舜徽）

「马骕网罗三代所有的史料，以及后世稽古的记述，辑成绎史一百六十卷。起自开辟，迄于秦亡，这是关于上古史的一部名著。这书的特点，不在其取材繁博，搜讨详备，而在其编制体裁的特殊。他这部大书，是将古史分成一百多个纪目，依次著述。大体说来，可以说是纪事本末体。不过这书的前面也有三十七篇世系表，又有年表一卷，后边又有天官书等书志，专叙制度，仿佛史记的八书，汉书的十志。书中对于名物制度还有图，又有地图。末附古今人表，表列书中的人物，则又采取了纪传体史的特点，来补充纪事本末的不足。至于书中有图，更是前史所无，可见他的特识。后来章学诚所标榜改革纪传史的方法，他多早已实行了。至于这书叙次的方法，尤和以前的史家不同，在正文里面，他不用自己的话，而将以前的史料，直录原文，加以编排，每条史料皆注明出处。而且他对于史料的辨别去取，也煞费苦心。」（李思纯）

上古史之研究

史记起唐虞三代而实迹可详记者实断自春秋而取材于左氏，通鉴则托始战国，而左传下距战国东迟为三十八年，中间一无史籍，战国策又皆杂记说辞，不著其实发生年代，于是治史学者对此发生两问题：一、春秋以前或春秋以前史迹问题，一、春秋战国间缺漏的史迹及战国史迹年代问题。

第一问题之研究：……清初治此者则有马骕（宛斯）、李锴（廌清）。

编于1673年 宛斯之书曰绎史百十六卷，仿袁枢纪事本末体，盖毕生精力所萃。顾亭林极称之。时人号曰"马三代"。廌清之书曰尚史七十卷，仿正史纪传体。（世系图一卷，本纪五卷，世家十五卷，列传三十四卷，系四卷，表十卷，年表十卷，序传一卷）博赡稍逊马书。（李为铁岭人，关东儒学者）此两书固不愧著作之林，但太史公固云："百家言黄帝，其言不雅驯，搢绅先生难言之。"宛斯辈欲知孔子所不敢知，杂引汉代谶纬神话，泛滥及魏晋以后附会之说，益博则愈益其芜秽耳。然马书以多美备，便其学者。李映碧（清）为作序，称其书特长有四：一、体制之别创，二、谱谍之咸具，三、纪述之靡遗，四、论次之最核。后两项吾未敢轻许，但其体制别创确有足多者。盖彼稍具文化史的雏形，视魏晋以后史家专详朝廷政令者盖有间矣。

宛斯复有左传事纬，用纪事本末治左传。而高江村（士奇）之左传纪事本末，分国编次则復左氏国语之旧矣。"左传事纬十二卷，清马骕撰，此书胜于高士奇左传纪事本末。"

此外则有顾栋高（复初）春秋大事表，为治春秋时代史最善之书。

清史列传卷68"顾栋高字复初，江苏无锡人。……[乾隆]二十四年卒于家，年八十一。……著春秋大事表五十卷，

稿紙(A)25×20=500

舆图一卷，附录一卷。以春秋列国诸事比而为表，又为辨论以订旧说之讹，凡百三十一篇，条理详明，议论精覈，多发前人所未发。" 清史稿儒林传一顾栋高传："顾栋高，字震沧，无锡人。康熙六十年进士。……[乾隆]二十四年卒于家，年八十一。……又著春秋大事表百三十卷，条理详明，议论精覈，多发前人所未发。……其尚书质疑二卷，多杂臆断，不足以言心得。大抵栋高穷经之功，春秋为最，而书则用力少也。" 四库提要经部春秋类四："春秋大事表五十卷……"

考证（可归入考证学）

第九节 注释

~~吴卓信 汉书地理志补注~~史记为第一部史书，其价值无须赘扬。~~一~~然年去未远，传抄者讹，~~王先谦 汉书补注~~班彪所谓"一人之精文重思烦，故其书刊落不尽，多不齐一。"加以冯商、褚少孙以后，~~后汉书集解~~续者十余家，杂为草文，遂为窜乱，实难辨别。又以传本流广，传写讹舛，而至增益，故为史中最难读而亟须整理者莫如史记。

梁玉绳（字曜北）：史记志疑36卷。梁书自序云："百三十篇中，愆违疏略，触处滋疑。加以非才删续，使金锡混淆，镜璞不完，良可闵叹。"书名志疑，实则纠谬补缺者十八九也。

王念孙（字石臞）：读史记杂志6卷。王书体例，略同钱氏考异。

崔適（字觯甫）：史记探源8卷。崔书专辨后人续补窜乱之部分，欲廓清以还史之真相，故名曰探源。

汉书：后汉书：

惠栋（字定宇）：后汉书补注24卷。侯君谟、沈铭彝各续补惠书一卷。

钱大昭（字晦之）：汉书辨疑22卷，后汉书辨疑11卷，续汉书辨疑9卷。

王念孙：读汉书后汉书杂志共17卷。

陈景云（少章）：两汉订误5卷。

沈钦韩（文起）：两汉书疏证共74卷。

周寿昌（荇农）：汉书注校补56卷，后汉书注补正8卷。

王先谦（益吾）：汉书补注100卷，后汉书集解90卷，续汉书志集解30卷。

诸书大率释文考异订误兼用，而汉书则释文方面更多，因其文近古较难读也。后汉书则考异方面较多，以诸家遗书（谢承、华峤、司马彪等）遗文渐出也。王益吾补注、集解最晚出，集全清考订之成，极便学者矣。

稿纸(A)25×20=500

23.

三国志：

杭世骏（大宗）三国志补注6卷。

钱大昕：三国志辨疑3卷。

潘眉：三国志考证8卷。

梁章钜：三国志旁证30卷。

陈景云：三国志举正4卷。

沈钦韩：三国志注补、训故、释地理各8卷。

侯康：三国志补注一卷。

周寿昌：三国志注证遗四卷。

此书裴注全属考异补遗性质，诸家多广其所补，沈则于其所不注意之训故地理方面而补之也。

马班陈范四史最古而最善，有注释之必要及价值，故从事者多。晋书以下则希矣。其间欧公之新五代史最有名而文简最简，于事迹遗漏甚多，故彭元瑞（字掌仍）仿裴注三国例为五代史记注74卷。吴兰庭（胥石）亦有五代史记纂误补四卷（纂误为宋吴缜撰），则纠欧之失也。

辽金元三史最为世所诟病，清儒治辽史者莫勤于厉鹗（樊榭）之辽史拾遗24卷，治金史者莫勤于施国祁（北研）之金史详校十卷。李文田（仲约）之元秘史注15卷，盖以蒙古文原本对译勘正而为之注，华于正注史，附录于此。

注校四史用功最钜而最有益者，厥惟表志等单篇之整理，盖蔚为专门之业，名为校注，其难实等于自著也。最初业此者，则宋王应麟之汉书艺文志考证。清儒仿行者则有：

梁玉绳：汉书人表考九卷。古今人表之注也，从古籍中搜罗诸人典故殆备，可称为三代前人名辞典。

全祖望：汉书地理志稽疑　卷。

钱坫（献之）：新斠注汉书地理志十六卷。

汪远孙（小米）：汉书地理志校本二卷。

吴卓信（顼儒）：汉书地理志补注百零三卷。（顼儒尚有汉三辅考二十四卷，亦地理志之附庸也。）

杨守敬：汉地理志补校二卷。

陈兰甫：汉书地理志水道图说七卷。

徐松（星伯）：汉书地理志集释十六卷。汉书西域传补注二卷。

李光廷（恢垣）：汉西域图考七卷。此书实注汉书西域传也。

毕沅（秋帆）：晋书地理志新补正五卷。

方恺：新校晋书地理志一卷。

张穆（石洲）：延昌地形志　卷。此用延昌时为标准，补正魏书地形志也。

章宗源：隋书经籍志考证十三卷。此书虽注重辑佚，但于书之来历多所考证，亦不失为注释体。

杨守敬（星吾）：隋地理志考证九卷。

以上各史表志专篇之校注，与补志表同一功用。彼则补其所无，此则就其有者或释其文义，或校其讹舛，或补其遗阙也。顾最专注于此者，上所列关于地理者什而八九，次则经籍，次则天文律历皆各有一二，而食货、刑法、乐、舆服等乃绝无。即此一端，亦颇可以看出乾嘉学派之缺点。彼辈最喜研究殭死之学问，不喜研究活变之学问。……彼辈所用方法极精密，所费工作极辛勤，惜其所研究之对象不能副其价值。

稿紙(A)25×20=500

刘咸炘《治史绪论》中篇："若史评则宋温公外，惟王而农读通鉴论颇有精要之识，然议论多偏，又好架空，易启学谈谬。"

第十四节 史学的评论

王夫之 读通鉴论

宋论

编1692

王船山，名夫之，字而农，一号薑斋，湖南衡阳人。因晚年隐居于湘西之石船山，学者称为船山先生。生明万历四十七年（1619），卒清康熙三十一年（1692），年七十四。张献忠到湖南，他不肯从，几乎把命送掉。清师下湖南，他在衡山举义反抗，失败后走桂林。大学士瞿式耜很敬重他，特荐于永历帝，授行人司行人。时永历帝驻肇庆，王化澄当国，纪纲大坏，独给谏金堡等五人志在振刷，不为群小所容，把他们下狱，将杀害。船山奔告少傅严起恒，力救他们，化澄于是参起恒，船山亦三上疏参化澄，化澄怀恨，誓要杀他，有降帅某救他，才免返桂林，依瞿式耜。因母病回衡阳，其后式耜殉节桂林，起恒也在南宁遇害。船山知事不可为，遂不复出。当时清廷严令薙发，不从者死，他誓死抗拒。转徙苗猺山洞中，艰苦备尝，到处拾些破纸或烂帐簿之类充著作稿纸，著书极多。二百年来几乎没有人知道，直到道光、咸丰间邓湘皋（显鹤）才蒐集起来，编成一张书目。同治间曾国荃才刻成船山遗书，共七十七种二百五十卷，此外未刻及已佚的还不少。内中……

"记述王夫之的事迹的，有刘毓崧王船山先生年谱，王之春王船山公年谱，罗正钧船山师友记，张西堂王船山学谱内的师友记等。"

"在反抗清朝的复明运动失败以后，他逃到湘西山里，在极艰难的条件下从事著作，写书一百多种，现在尚存的有八十八种。王夫之的著作经后人汇为船山遗书，除属于哲学文史料范围之内的以外，还有春秋世论五卷，读通鉴论三十卷，宋论十五卷，在其中表现了他的历史观。"

24.

稿紙(A)25×20=500

关于书经者三种（书经稗疏、尚书考异、尚书引义），……关于春秋者四种（春秋稗疏、春秋家说、春秋世论、续春秋左传博议），……其史评之书，则有读通鉴论、宋论；其史料之书，则有永历实录；其杂著则有……。

邓显鹤（湘皋）既述其目，系以叙论曰："先生生当易革，窃自维先世为明世臣，存亡与共，甲申后崎岖岭表，备尝险阻。既知事不可为，乃退而著书。窜伏祁永涟邵山中，流离困苦，一岁数徙其处。……先生窜身猺峒，绝迹人间，席棘饴荼，声影不出林莽，门人故旧又无一有气力者为之推挽，殁后遗书散佚，后生小子至不能举其名姓，可哀也已。"

史剡六卷——明、朱明镐撰。考订诸史书法之谬及其予夺之舛错，上起三国志，下迄元史，每史各为一编，卷首考证，多中肯綮，精核可取者十之六七，亦可谓留心史学者矣。

稿紙(A)25×20=500

李贽

李贽的主要著作是藏书、续藏书、焚书和续焚书四种。

藏书是一部纪传体的史学著作，包括了从战国到元朝八百多个历史人物的传记。

续藏书全部是明朝人的传记。两书的传文本身大都是从各种史书中抄来的，但李贽加上一些案语，从这些案语中，可以看出李贽对许多历史人物和事件的看法与传统的看法以及当时道学家流行的看法都有所不同。书名的意义就是表示这部书"是非颇谬于圣人"，不会为当世人所了解，要"藏之名山，以待后世。"

焚书的书名表示这部书必然要触犯时忌，遭受焚毁的命运。焚书分为六卷。卷一至卷二包括李贽给别人的书札，称为书答。卷三至卷四包括李贽所作的一些论文，称为杂述。卷五包括李贽评论历史人物的文章，称为读史。卷六包括李贽所作的诗。

续焚书分为五卷，是李贽死后他的学生汪本钶编辑的，体例大致和焚书相同。其中卷一书汇部分有十篇已见焚书，收入时文字上有所删节。卷二开国小叙、史阁叙述和卷三读史汇编（附阅古录除外）都是从续藏书摘录出来的。

李贽的著作录（容肇祖·李贽年谱）

一、李氏藏书六十八卷（明万历二十七年金陵刻本；又明翻刻本；明刻陈仁锡评本）

二、李氏续藏书二十七卷（明万历三十七年刻本；明汪修能刻本。）

三、李氏焚书六卷（明刻本；清张氏贝叶山房刻本；国学保存会排印本；陕西教育图书社排印本；上海杂志公司排印本。）

四、李氏续焚书五卷（汪本钶辑，明万历四十六年新安海阳虹玉斋刻本，附潘曾纮辑李温陵外纪五卷。）

第十二章　历史考证学的发展

~~顾炎武　日知录~~

~~章宗源　隋书经籍志考证~~

历史考证学也称历史考据学。由于历史记载繁多，其中真伪相杂，有许多记载不合事实，必须加以考证才能明了其真相。考证历史资料的真伪，是学习与研究历史不可缺少的一项工作。

在清朝以前，历史考证学已逐渐发展，如从三国时起就有谯周著古史考，以纠正司马迁史记的错误；南朝宋裴松之著三国志注，考其异同是其主要内容之一；北宋司马光著资治通鉴，自为考异以明去取之故，以后效法者很多。但是这些考证工作，还只是处于历史著作的附属品。到了清朝尤其是乾嘉时期，随着整个学术界考据风气的盛行（在经学、文字、史学诸方面），历史考证学已发展成为专门的、独立的学问，许多人终身从事于历史考证，以考证为治史的中心工作，历史考证学大为盛行，因而有"乾嘉学派"之称。

考证是研究历史的方法、手段，不是研究历史的目的。但是，在研究历史时必须把史料的真伪弄清楚，才能正确地掌握史料，得出正确的结论。恩格斯说："只有大量的、批判地审查过的、透彻地掌握住了的历史资料，才能解决这样的任务。"（即历史科学研究的任务）（《论马克思的政治经济学批判》）毛主席说：

稿紙(A)25×20=500

"要完全地反映整个的事物，反映事物的本质，反映事物的内部规律性，就必须经过思考作用，将丰富的感觉材料加以去粗取精、去伪存真、由此及彼、由表及里的改造制作工夫，造成概念和理论的系统，就必须从感性认识跃进到理性认识。"（实践论）

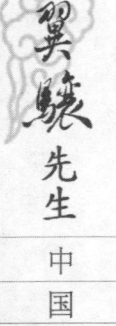

马克思："研究必须搜集丰富的材料，分析材料的种种发展形态，并探求这种形态的内部关系。只有完成这种工作，才对于现实的运动，加以适当的叙述。"（资本论第一卷第二版跋）

王瑶："只有在马克思主义的正确指导下，依据已经认识了的社会历史规律，把某一个别问题放在它与整体的联系中来考察，然后根据大量的可靠的史料，才能更有效地得出正确的论断来。"

在鸦片战争以前，二百年中间（大约十八世纪），我国史学的主要成就，在于历史考证学，许多史学家在整理史料上做出了卓越的贡献。

第一节 历史考证学的内容及清代历史考证学兴盛的原因

1. 版本—版本学、校勘学。
2. 文字—文字学、音韵学、训诂学。
3. 名物—名称、名词的来源及解释，器物的辨识。制度、典故，懂金石学、古器物学。
4. 年代—年代学
5. 地理—历史地理（地理沿革）、地理学
6. 典章制度—官制、兵制、财政制度、土地制度……
7. 历史事件
8. 历史人物
9. 书籍真伪

（一）、历史考证学的内容

1. 校正文字

版本异同—校勘学、版本学

宋本（北宋本、南宋本）

明本

殿本

文字正误—多一字或少一字，错一字，衍一字。

2、解释字义、词义—训诂学

名词、地理、职官、典章制度、器物、名物等。

过去的解释有错误的，经过考证予以纠正。

3、鉴别史料

史料有真伪。有些史料是主观歪曲了事实的。

从同类记载中发现问题，归纳方法论。

4、辨明事实

从事于历史考证，不是容易的事。如顾炎武：“承问日知录又成几卷？……而某自别来一载，早夜诵读，反复寻究，仅得十余条。……”（亭林文集卷四《与人书》）王鸣盛：“大抵予修其劳而使后人受其逸，予居其难而使后人乐其易，不亦善乎！”（《十七史商榷序》）

稿纸(A)25×20=500

王瑶：读清代考据学的一些特点（光明日报文学遗产131期，1956年11月18日）：
"考据学的兴起，本为矫宋明理学的空言心性之弊，而且是与当时民族压迫的时势密切相关的。 他们在考据时比较客观，能够从大量的材料出发，所以它的论断的科学性也就比较大。清代考证学一般多用归纳法这样一种思维形式，他们常常在同类现象的类比中发现问题，而在搜了例中归纳出结论来。"

（二）清代历史考证学兴盛的原因

1. 史学发展的结果

历史记载及历史著作逐渐积累，数量繁多，其中错误、矛盾、分歧之处益多，研究历史的人随处发现有很多问题，必须进行考证，方能辨别真伪、纠正错误，弄清真相。

2. 学术风气的改变

戴震：与姚姬传书："宋人则恃胸臆以为断，故其袭取者多谬，而不谬者在其所弃。"他对于"依于传闻以拟其是，择于众说以裁其优，出于空言以定其论，据于孤证以信其通"等等穿凿附会的东西，都认为是"徒增一惑"，于道无补的。

宋明理学盛行之时，学者空言心性，徒论议论，不切实际，此风亦波及史学界。

清初学者提倡学术应经世致用，反对空发议论，史学界亦起而纠正之，崇尚实学，解决实际的具体问题。如钱大昕所说："求于虚不如求于实"。

3. 清初（康熙、雍正、乾隆）政治的影响

清初为了防止反清复明的运动，对于政治、学术思想严加控制，大兴文字狱，如因私修明史而起的南浔史狱，吴炎、潘柽章等七十多人被诛死；又有戴名世、陆生柟等。又如毕沅因畏时祸，续通鉴至元而止，不敢涉及明朝。

因此，许多学者不敢从事于史书的著作，不敢议论历史事件及历史人物，以免陷于罪戾，遂钻研心于考证之工作中，以终其身。

以上三点共同促进了历史考证学的发展。

稿纸(A)25×20=500

27

二、清代历史考证学的代表人物及其著作

（一）顾炎武

[illegible]1682

顾炎武，原名绛，字宁人，学者称亭林先生。江苏昆山人。生于明神宗万历41年，卒于清圣祖康熙21年，七十一岁。

少年时代在其祖父的教育下，开始重视有关地理、兵农、水土、史学等“实学”，并参加了明末复社的政治活动。

27岁以后，开始著天下郡国利病书及肇域志。

天下郡国利病书，着重记录各地疆域、形胜、水利、兵防、物产、赋税等资料。

肇域志，记述地理形势和山川要塞。

明亡时，炎武32岁。

明亡以后，顾炎武亲身参加了江南人民的抗清斗争。抗清失败以后，1656年春离开江南，开始了长期的亡命生活。他往来于山东、河北、山西、陕西之间，寻求抗清的力量，筹划抗清复业。

炎武从三十多岁以后，读经书、史书，都写有笔记，反复研究，经过长期的思索、改订，写成了著名的日知录，历时三十多年。顾炎武借用“日知”二字，是表明他自己的知识是经过长期刻苦学习以及对山川形势的长期考察才逐步积累起来的。

稿紙(A)25×20=500

顾炎武曾说："凡文之不关于六经之指、当务之急者，一切不为。"（《亭林文集·与人书三》）

"日知录"是一部涉及社会生活各个方面的笔记式历史著作，是为了弄清楚"有关民生国命者"的现实问题，才从事于"穷源溯本"的史学研究的。"

他不做清朝的官，终其一生到各地考察，寻求经世致用的知识，筹划抗清济世，这就是他所说的"当务之急"了。

他说："夫史书之作，鉴往所以训今。"（《答徐甥公肃书》）"把史学研究作为训今的借鉴。"

"日知录"卷13，他研究了"周末风俗"、"两汉风俗"、"宋世风俗"的风，便强调了"清议"（舆论）的重要，并提出"天下无不可变之风俗"的历史进化观点。风俗一词，在日知录中所指范围很广，包括社会生活的许多方面，如吏治、人才、舆论、文化等，相当于风气一词。

日知录卷10，他研究明末江南地区的田赋问题，列举许多具体事例和数字来说明"田税"和"田租"的苛刻状况，而造成"吴中之民，有田者什一，为人佃作者什九。"

顾炎武在音韵学、史学和金石考古方面作过不少开拓之作，他的主要成就在于对"经世致用"之学的提倡，以及基于此对历史和现状问题的大胆探索。而在他的整个史学研究

稿紙(A)25×20=500

工作中，考证也不过是被作为探明古今制度源流演变以及搞清某一史事的手段而已。"

他在史学研究中，除文献资料外，还很重视实地的调查访问，主张调查访问可与文献记载参照比较，结合研究。

四库提要日知录："炎武学有本原，博赡而能贯通，每一事必详其本末，参以证佐，而后笔之于书。故引据浩繁，而牴牾者少。"

亭林文集卷四，与人书："尝谓今之纂辑之书，正如今人之铸钱。古人采铜于山，今人则买旧钱，名之曰废铜，以充铸而已。所铸之钱既已粗恶，而又将古人传世之宝舂剉碎散，不存于后，岂不两失之乎？承问日知录又成几卷，盖期之以废铜。而某自别来一载，早夜诵读，反复寻究，仅得十余条，然庶几采山之铜也。"

稿紙(A)25×20=500

(二) 周光藤 编号1704

王鸣盛考证典故，长于归纳史事，又对于历代"正史"做了比较全面的研究，给后人以很多的启发。

「王氏是先治经后治史的，他用的治经的方法，也就是治史的方法。」

~~第三部~~三、清代历史考证学的派别

（一）依据正史

这一派认为纪传体的正史是可信的或基本上是可信的，考证史事应以正史为依据，凡与正史不合的记载都是错误的。以王鸣盛、赵翼为代表。

1、王鸣盛

王鸣盛，字凤喈，号西庄（沚），嘉定（今江苏嘉定）人，生于康熙六十一年（1722）。乾隆十九年一甲第二名进士，官至内阁学士，降光禄寺卿。嘉庆二年（1797）卒，七十六岁。事迹见清史稿儒林传。

王氏的代表作是《十七史商榷》。此外尚有《蛾术编》。

《十七史商榷》：

郑堂读书记史评类：王氏"取汲古阁所刊十七史，益以旧唐书明闻人诠刊本，旧五代史永乐大典本，……并搜罗诸子百家、文集碑帖，互相检覆，以成是编。计史记六卷，汉书二十二卷，后汉书十卷，三国志四卷，晋书十卷，南史合宋齐梁陈书十二卷，北史合魏齐周隋书四卷，新旧唐书二十四卷，新旧五代史六卷，别论史家义例崖略为缀言二卷。"共一百卷。

王氏《十七史商榷序》云："十七史者，上起史记，下讫五代史，宋时尝汇而刻之者也。商榷者，商度而扬榷之也。海虞毛晋汲古阁所刻，行世已久，而从未有全校之一周者。予为改讹文，补脱文，去衍文；又举其中典制事迹，诠解蒙滞，审覈踳驳，以成是书，故名曰商榷也。旧唐书、旧五代史，毛刻所无，而云十七史者，统言之，仍故名也。若辽宋等史，则予未暇及焉。"

所谓十七史商榷，实为十九史，因合新旧唐书为一、合新旧五代史为一。 陈鸿之跋："其书虽只限于十七部正史（实为十九部），而所用参考比较之书甚多。"

江藩汉学师承记卷三："主于校勘文字，补正脱讹，审事迹之虚实，辨纪传之异同。最详于舆地、职官、典章制度。"亦即偏重于文字及典章制度的考订。（梁启超："王书亦间校释文句，然所重在典章故实。……书末缀言二卷，论史家义例，亦殊简当。""王书对于头绪纷繁之事迹及制度为吾侪绝好的顾问。"）

王氏对于十七史（十九史）读校用力至勤，下了苦功。他说："予识暗才懦，一切行能举无克堪，惟读书校书颇自力。尝谓好著书不如多读书，欲读书必先精校书。校之未精而遽读，恐读亦多误矣；读之不勤而轻著，恐著且多妄矣。"（十七史商榷序）

王氏此书，对研读史书的人颇有帮助，他说："学者每苦正史繁塞难读，或遇典制茫昧，事迹樛葛，地理职官眼迷心瞀，试以予书为孤竹之老马，置于其旁而参阅之，疏通而证明之，不觉如关开节解，筋转脉摇，殆或不无小助也。夫以予任其劳，而使后人受其逸，予居其难而使后人乐其易，不亦善乎！以予之识暗才懦，碌碌无可自见，猥以校订之役，穿穴故纸堆中，实事求是，庶几启导后人，则予怀其亦可以稍自慰矣夫。"（十七史商榷序）

王氏的史学思想，认为研习历史的目的在于考证史实，获得确实的具体的历史知识，而不在褒贬议论。他说：

"大抵史家所记典制有得有失，读史者不必横生意见，驰骋议论，以明法戒也。但当考其典制之实，俾数千百年建置沿革瞭如指掌，而或宜法，或宜戒，待人之自择焉可矣。其事迹则有美有恶，读史者亦不必强立文法，擅加予夺，以为褒贬也。但当考其事迹之实，俾年经事纬，部居州次，纪载之异同，见闻之离合，一一条析无疑，而若者可褒，若者可贬，听之天下之公论焉可矣。书生胸臆，每患迂愚，即使考之已详，而议论褒贬犹恐未当，况其考之未确者哉？"（十七史商榷序）

稿纸(A) 25×20=500

他认为研究学问的目的，在于弄清事实，不在于空发议论。他说：

“盖学问之道，求于虚不如求于实，议论褒贬皆虚文耳。作史者之所记录，读史者之所考校，总期于能得其实焉而已矣，外此又何多求耶？予束发好读史学，将壮辍史而治经，经既竣，乃重理史业，摩研排缵二纪余年，始悟读史之法与读经小异而大同。……读史者不必以议论求法戒，而但当考其典制之实；不必以褒贬为与夺，而但当考其事迹之实，亦犹是也。……要之，二者虽有小异，其总归于务求切实之意则一也。”（十七史商榷序）

但研究历史的人不以褒贬为与夺，是难以做到的，即如王氏本人也不免。如周中孚郑堂读书记史评类：“夫西沚为近时讲考证之大师，出其余力以论史，自谓一扫从来史评诸家之陋习。……今就其书考之，如所论横生意见、驰骋议论者，诚亦多矣。若于前人之说，擅加予夺以为褒贬者，未免尤而效之，更加甚焉。……是则美犹有憾，不若其妹婿钱竹汀二十二史考异远矣。”

在王氏所著《蛾术编》中，也有考史

稿紙(A)25×20=500

30.

又、赵翼

赵翼，字耘松（清史稿儒林传。郑堂读书记作云松），号瓯北，阳湖（今江苏阳湖）人。生于雍正五年（1727），乾隆二十六年赐进士第三，官至贵州贵西道。卒于嘉庆十九年（1814），八十六（七）岁。

李保泰嘉庆五年五月序："阳湖赵瓯北先生，以经世之才，具稽古之识，自太史官擢观察，甫中岁即乞养归，优游林下者将三十年，无日不以著书为事，撰廿二史劄记三十六卷。"三十六卷，共……条。

廿二史劄记实为廿四史劄记，其所以不称廿四史者，其时旧唐书、五代史未奉有列为正史之明诏也。

廿二史劄记小引："闲居无事，翻书度日，……惟历代史书事显而义浅，便于流览，爰取为日课。有所得，辄劄记别纸，积久遂多。惟是家少藏书，不能繁征博采以资参订，间有稗乘脞说与正史歧互者，又不敢遽诧为得间之奇。盖一代修史时，此等记载无不蒐入史局，其所弃而不取者，必有难以征信之处，今或反据以驳正史之讹，不免贻讥有识。是以此编多就正史纪传表志中参互勘校，其有抵牾处自见，辄摘出以俟博雅君子订正焉。……阳湖赵翼谨识。乾隆六十年三月。"

赵翼对于历史事迹及历史人物言行之考证，以其用归纳法说明史实，对后人读史均有裨益。惟专信正史，其与正史不合者辄以为非，未免有局限性，且亦不免主观偏见。

梁启超评状："赵书每史先叙其著述沿革，评其得失，时亦校勘其抵牾，而大率论古今风会之递变、政事之兴衰、有关于治乱兴衰之故者。……彼不喜专论一人之贤否一事之是非，惟捉住一时代之特别重要问题，罗列其资料而比论之，古人所谓'属辞比事'也。""赵书能教吾侪以抽象的观察史迹之法。"

刘咸炘治史绪论中篇："若夫由考据而得识，则有二书可为模范：一曰赵瓯北廿二史劄记，将散见纪传者分条类列，寻出一代特具之多数风气，其智近于西方归纳之论理学也。二曰……。此二书既非考据家之僻搜，又非学究家之不考而专断，最为可法。"

「清人整理正史，大约出不了注释、补作、考证编三种方法。但是赵翼的二十二史劄记则又创出将正史分成若干小题来研究的方法。赵氏之钱、王同时代的人，但是他所用的方法，却能于钱、王之外，独创一格。赵氏不是小学家，不长于文字训诂，但是他读书很细心，他用比较的方法，对于史事有许多发明。……正史是以人物为主的，有时同一件事，往往散在数处。他用心将他们聚在一起，往往从史中的抵牾矛盾之处，而可以纠正某些的错误。这是"用本书证本书"的方法。此外更利用那部书相同的部分……互相参证，更可发现某一部不实的地方。利用这个方法，赵氏对于正史中的问题，颇有些重要的发现。」（何）

赵翼归纳法为记史也颇见功力、三国之之用人不同、汉初布衣将相……等。

31

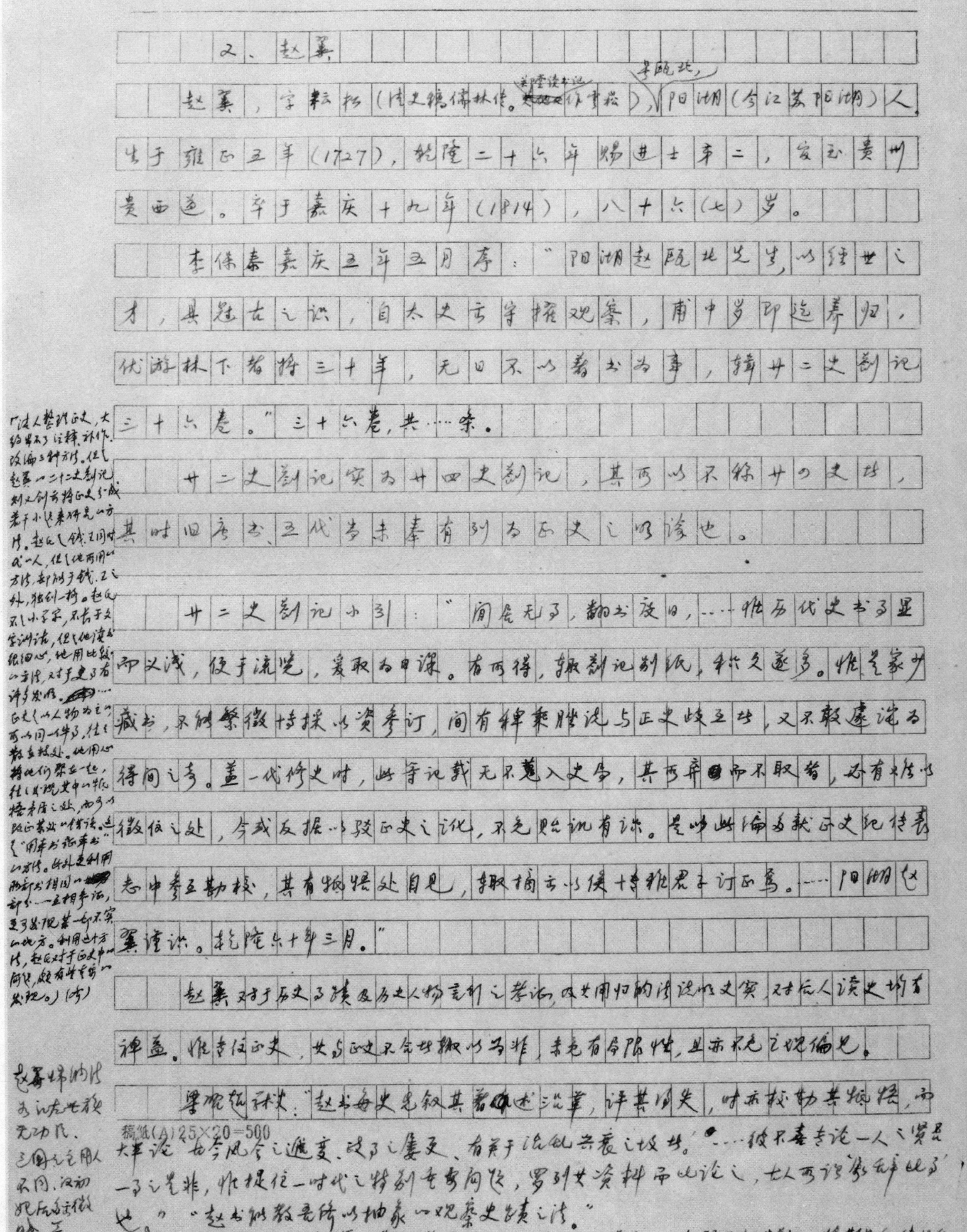

嘉庆五年六月十日钱大昕《廿二史劄记序》："瓯北先生早登馆阁，……既而出守粤徼，分巡黔南，……中年以后循陔归养，……以著书自乐。所撰瓯北诗集、陔馀丛考，久已传播士林，纸贵都市矣。今春访予吴门，复以近刊廿二史劄记三十有六卷见示。读之，窃叹其记诵之博，义例之精，论议之和平，识见之宏远，洵儒者有体有用之学，可坐而言可起而行者也。……先生上下数千年，安危治忽之几烛照数计，而持论斟酌时势，不蹈袭前人，亦不有心立异，于诸史审订曲直，不揜其失，而亦乐道其长，视郑渔仲、胡明仲专以诟骂炫世者，心地且远过之。又谓稗乘脞说间与正史歧互者，率史家弃而不采，今或据以駮正史，恐为有识所讥，此论古特识，颜师古以后未有能见及此者矣。"

赵氏以考证见，以本书证本书，或以其他正史证某一史；论断则用归纳法，如"三国之主用人不同"："曹操以权术相驭，孙权以意气相投，刘备以性情相契"。

郑堂读书记史评类："本近儒评史之书，首推王、钱两家，此惟云崧堪与之鼎立耳。……又按云崧陔馀丛考有考证正史十一卷，已得其大略，正可取以互相证佐云。"

《陔馀丛考》四十三卷，陔（《诗》），阶也。循陔，依膝进侍也。陔馀，盖罢官后之谓也。（云崧自黔西道乞养归，日以惟手一编，有所得，辄札记别纸，积久成帙，名曰陔馀丛考，以其为循陔时所辑也。）

郑堂读书记子部杂家类杂考之属："陔馀丛考四十三卷，……书中不分门目，而编次先后则略以类从，大抵首四卷皆论经义，五卷至十五卷皆论史学，十六卷至廿一卷杂论掌故，二十二卷至二十四卷皆论艺文，二十五卷论年事，二十六卷二十七卷皆论官制，二十八卷二十九卷皆论科举，三十卷……，三十九卷至四十三卷为杂考证。……盖作于《廿二史》劄记之前者。……"

（按云崧本词章家，于经从无所得，故考论经义，率皆门外之谈，惟史学颇称擅场，曾著有廿二史劄记，此间十一卷已得其大略，）

（二）博引广徵

——钱大昕的史学

钱大昕，字晓徵，一字辛楣，号竹汀，江苏嘉定人。生于雍正六年（1728），乾隆十六年召试举人，授内阁中书，十九年进士，三十四年提督广东学政，官至詹事府少詹事。四十年丁父艰，服阕，又丁母艰，病不复出。嘉庆九年（1804）卒，七十七岁。所著有廿二史考异一百卷，补元史艺文志四卷，疑年录三卷，潜研堂文集五十卷，十驾斋养新录二十三卷，补元史氏族表三卷，三史拾遗五卷，诸史拾遗五卷，潜研堂金石文字跋尾二十五卷。

宋辽金元四史朔闰表（卷？）

清史稿儒林传："大昕幼慧，善读书，……既乃研精经史，于经义之聚讼难决者，皆能剖析源流，文字音韵训诂天算地理氏族金石以及古人爵里事实年齿，瞭如指掌。古人贤奸是非疑似难明者，典章制度昔人不能明断者，皆有确见。"

钱大昕作《汉书正误序》：自称"年二十二受业于虞山王艮斋先生，诲以读书当自经史始。""余之从事史学，由先生进之也。"

阮元十驾斋养新录序："讲儒或言道德，或言经济，或言史学，或言天算，或言地理，或言文字音韵，或言金石诗文"，惟钱氏"独兼其成"。钱氏学问渊博，于天文、历法、算学、地理、金石、文字、音韵、训诂、语言、文学无所不通。

稿纸（A）25×20=500

33

《廿二史考异》一百卷：

钱大昕廿二史考异序：“予弱冠时好读乙部书，通籍以后，尤专斯业。自史汉讫金元，作者廿有二家，反覆校勘，虽寒暑疾疢，未尝少辍，偶有所得，写于别纸。丁亥岁乞假归里，稍编次之，岁有增益，卷帙滋多。戊戌设教钟山，讲肄之暇，復加讨论，间与前人闇合者削而去之；或得于同学启示，亦必标其姓名，郭象、何法盛之事，盖深耻之也。夫史之难读久矣，……况廿二家之书，文字烦多，义例纷纠，舆地则今昔异名，侨置殊所；职官则沿革迭代，冗要逐时。欲其条理贯串，瞭如指掌，良非易事。……”

郑堂读书记史评类：“二十二史考异一百卷。……竹汀于斯三者（舆地、职官、氏族），先就本书证之，证之未安，复取他书及石刻证之，条理贯穿，瞭如指掌。又小学笺诗，尤属专门。凡文字之讹误无不是正，律术之参错无不订定，而于典制之续亦能原原本本，证据详明。考史之书，至竹汀此编，诚所谓实事求是，得未曾有者也。”

梁启超中国近三百年学术史：“钱书最详于校勘文字，解释训诂名物，纠正原书事实讹误处亦时有。凡所考校，令人涣然冰释。”

稿紙(A)25×20=500

《三史拾遗》五卷，《诸史拾遗》五卷：

郑堂读书记史评类："竹汀廿二史考异刊成后，续有所得，又编定此二书，皆所以补考异之未备，故曰拾遗。竹汀殁后，其门人李许斋（赓芸）略加校订，刊而行之，并为之序。三史拾遗，凡史记一卷，汉书二卷，后汉书一卷，续后汉书一卷。诸史拾遗，凡三国志、晋书一卷，宋齐梁陈魏书南北史隋书一卷，五代史一卷，宋史一卷，辽金元史一卷。其所以分为二书者，以三史卷帙居其半也。所考皆详审精确，与考异无二。间有同考一事，考异略而拾遗详者，当以详者为定论。"

《十驾斋养新录》二十卷，《余录》三卷：

郑堂读书记子部杂家类杂考之属："竹汀之祖，尝取张子厚咏芭蕉诗'愿学新心养新德'之句，以名其斋曰养新，竹汀因以题其随笔札记之书，以示不忘祖训。其书不分门目，而编次先后则略以类从。首三卷皆论经学，四卷五卷皆论小学，六卷至九卷皆论史学，十卷论官制，十一卷论地理，十二卷论姓名，十三卷十四卷论古书，十五卷论金石，十六卷论词章，十七卷论术数，十八卷论儒术，十九卷二十卷为杂考证。大旨似顾亭林日知录，而经世时务之略概未一及，则与亭林大异，而于所见古书言之尤悉，所考皆精确中正之论，即琐言賸义，非贯通原本者不能，固宋元明考证书所未有也。……后续有所得，别记一编，名曰养新余录，即依前录次序为三卷。竹汀殁后，其子（东壁）取遗稿缮成清本，以授梓人，并识其后。"

稿纸(A)25×20=500

《潜研堂文集》五十卷：

郑堂读书记集部别集类："……是集为竹汀所自定，凡分十四类。竹汀始以辞章鸣一时，晚乃精研经史，因文见道，于儒者应有之艺，无弗习，无弗精。其学固一轨于正，……中有所见，随意抒写，而皆经史之精液。……自卷四至卷十五为经史答问，别无刊本，附入集中，犹全谢山结埼亭集例也。竹汀殁后三年刊成，冠以小像及赞，段懋堂序之。"

《潜研堂金石文跋尾》六卷，续七卷，再续六卷，三续六卷：

郑堂读书记史部目录类金石下："竹汀博採自三代迄元金石文字，以考正经史之学，与欧、赵争贤而未逮。家藏拓本二千余种，著有跋尾八百余篇，每积二百余篇，辄为门弟子缮写付梓，故先后共成四集。其再续三续两刻，因无再字、三字，系于卷首行以下以利字贞字别之。跋中俱以辨别小学、考证史事为主，而评论词章之美恶，品题书法之工拙，亦间及焉。王西沚（鸣盛）序称其二十二史考异固已得未曾有，云其余技以治金石，而考史之精博遂能超佚前贤云。然竹汀考证金石，十驾斋养新录尚有一卷，计三十五通，潜研堂文集所载尚有二十篇，试钞取以刊附诸后，而钱氏一家之学全矣。"

钱大昕的史学思想：

廿二史考异序："且夫史非一家之书，实千载之书，祛其疑乃能坚其信，指其瑕益以见其美；拾遗规过，匪为龁前人，实以开导后学。而世之考古者，拾班范之一言，摘沈萧之数简，兼有竹素烂脱，豕虎传讹，易斗分作升分，更子琳为惠琳，乃出校书之陋，本非作者之愆。而皆文致小疵，目为大创，驰骋笔墨，夸耀凡庸，予所不能效也。又有空疏措大，辄以褒贬自任，强作聪明，妄生疻痏，不稽年代，不揆时势，强人以所难行，责人以所难受，陈义甚高，居心过刻，予尤不敢效也。桑榆景迫，学殖无成，惟有实事求是，护惜古人之苦心，可与海内共白。"

廿二史考异卷四十："史家先通官制，次精舆地，次辨氏族，否则涉笔便误。"

十驾斋养新录卷十三："史家记事，惟直不虚美，不隐恶，据事直书，是非自见。若各出新意，掉弄一两字以为褒贬，是治丝而棼之也。"

廿二史劄记序："予谓经以明伦，虚灵玄妙之论，似精实非精也。经以致用，迂阔刻深之谈，似正实非正也。"

稿纸(A)25×20=500

钱大昕的历史考证学

陈善史学史："清代史学著作，其成绩虽有可观，然终未超出前代之窠臼。至钱大昕出，而后史学工作发生极大变化。钱氏为历史考证学家之代表，而其所以能超过前代之考证学家者，实因其能应用各种方面之智识，以得其精确之结果。西方所谓'客观派的史学'，在中国当以钱氏为始。……著有廿二史考异一百卷，于诸史文字之异同，体例之优劣，记述之虚实，皆能抵其隙而揭其瑕，于读史之助甚大。又著十驾斋养新录、潜研堂文集，内多考史之文。……钱氏讥明人修元史者于'蒙古语言文字素未讲习'（见潜研堂文集卷13），又主张'博采金石文字以考证经史'（见瞿中溶潜研堂金石文字目录跋），由此而知钱氏为生于今日，必知语言学、考古学在史学上之重要。"

阮元论钱氏："先生于正史杂史无不讨寻，订千年未正之讹；校正地志，于天下古今沿革分合，无不考而明之；精通天算，三统上下，无不推而明之；于金石无不编录；于官制史事，考核尤精。"

金著史学史："论史范围广于同时诸家，……而精密可靠，尤在十驾斋养新录一书，可与顾炎武日知录相伯仲，虽博不及，而精实过之。……文集中又有答问十二卷（卷四至十五），中有两卷论史，似胜于全氏之问答。……钱氏尚有三史拾遗，附考异以行。"

稿紙(A)25×20=500

李慈铭越缦堂日记："读书精细，考据深密，凡所论辨，精确可依。"

钱大昕对于元史的研究

陈著史学史："钱氏尝讥元史成书之速，文字之劣陋，又讥修元史者皆草野腐儒，不谙掌故，均见所著十驾斋养新录卷九。故搜集元人诗文集小说笔记金石碑版甚多，欲以重修元史。段玉裁序潜研堂文集称'钱氏生平于元史用功最深，惜全书手稿未定。'是钱氏曾预备重修元史，而不但未定手稿，实则未能成书。故其子所作行述，亦未言及成稿若干。惟郑文焯清朝未刊遗书目内有钱氏元史稿百卷，恐不可信。钱氏潜研堂文集卷十三讥明人修元史者'于蒙古语言文字素未谙习，开口便错。'所讥诚是。……钱氏有元史氏族表三卷，补元史艺文志四卷，盖即元史稿之一部分。钱氏之元史虽未成书，而其关于史学之言论，则为研究史学者所当奉为指导。

金毓黻史学史："又曾究心元史，先撰氏族、艺文二志以见志。或谓别有元史稿若干册，著录于日本岛田翰之古文旧书考（见范希曾书目答问补正），因疑其书未亡，然钱氏未尝一语及此，何也？"

稿纸(A)25×20=500

39

钱大昕应用广博的知识及多方面的工具来研究历史，推进了历史考证的方法，明确了历史学与史辅助学科的关系，对于史学的发展起了重要的推动作用。

对于钱氏的评价

钱氏在当时极受学者推崇敬，称之为"钱先生"而不名。於毕沅作续通鉴成，即请正于钱氏。

郑堂读书记史评类："考史之书，至竹汀此编，诚可谓实事求是，后来莫有若者也。同时王西庄十七史商榷，考证舆地典制，颇不减于竹汀，惟其好取前绩加以议论，仍不免蹈前人史论之辙，且于宋辽金元四史未及商榷，其书究难与竹汀抗行。至赵蕊松二十二史劄记，类叙事实，毫无发明，又别为一体，尤不可与是编相提并论焉。"

周予同《五十年来中国之新史学》（民30作，1941作）："当清代全盛的时候，一般考证学者与其说是治经，不如说是考史。当时代表这个学术趋势的大儒是钱大昕。就钱氏学术的渊源或师承说，他本属于顾炎武开派生的以惠栋为领袖的吴中派。但钱氏于治音韵训诂经义之外，兼治史学，所著廿二史考异、三史拾遗、诸史拾遗、补元史氏族表、补元史艺文志、四史朔闰表、疑年录等书，在中国史学史上都是第一流具有权威的著作。钱氏在清代学术史中，不仅上承顾炎武，而且下开后儒重修元史、考究西北地理以及编纂史部工具书的学风，而使现代新史学有一个稳固的学术基础。"

稿紙(A)25×20=500

40.

（三）疑古辨伪

以崔述为代表。

1. 崔述的生平及其著作

崔述，字武承，号东壁，直隶大名人。生于清乾隆五年（1740）。十六岁以前在家读书。十六岁到廿三岁在大名府衙读书。廿三岁（乾隆二十七年，1762）中举人。廿六岁到北京。

崔氏少年时即富于观察力，勇于怀疑，勤于求证。

三十岁时立志著书，不复为举子之业，志在"正伪书之附会，辟众说之谬诬"，即"考信"也。《考信录提要》卷上《释例》云："余年三十，始知究心六经，觉传记所载，与注疏所释，往往与经互异。然犹未敢决其是非，乃取经文类而辑之，比而察之，久之而后晓然知传记注疏之失，顾前人罕有言及之者。屡欲茹之而又难茹，不得已乃为此录以辨明之"。

"崔氏作考信录的志愿，定于三十岁时。中间为作古文的预备工夫，为衣食奔走结束，为忧患死丧所累，凡十余年。"到四十三岁了，"始发愤著书。自此以后，三十余年（1782—1815）为著书的时期。"（胡适：科学的古史家崔述）

崔氏于四十三岁（乾隆四十七年，1782）以后，始得专心著书。

崔氏于44岁时始著考信录（乾隆48年）。五十三岁遇陈履和，时乾隆57年。

嘉庆元年（1796），五十七岁，任福建罗源县知县。四年（1799），六十岁，调署上杭县。五年，仍回罗源任。六年，离罗源任。七年（1802），六十三岁，北归。

崔氏自订全集目录考信录后记云："余自三十以后即取记古帝王圣贤之事而次第之，四十以后遂为此录，至七十而始成。既中复加增改，又五年而始定。前后四十余年，毕生之精力尽在此书矣。"

稿紙(A)25×20=500

41.

全勤史序文："自言始功于四十以后，至七十成书，复加修改，又五年而始完。盖后四十余年，并毕生精力之所萃。又有杂著八十八卷。初为其弟子陈履和刊行，后又收入畿辅丛书。后顾颉刚又搜集遗著若干，汇刊为东壁遗书。"

崔氏卒于嘉庆二十一年（1816），七十七岁。遗嘱云："吾生平著书三十四种，八十八卷，俟滇南陈履和来，把授之。"

道光四年（1824），崔述卒后八年，（云南石屏州人）陈履和在（浙江金华府）东阳县任（知县）刻成（崔东壁先生）遗书。道光五年（1825），东壁遗书版存金华府学。

光绪二十九年（1903），日本史学会印行那珂通世标点的东壁遗书。

民国十年（1921），顾颉刚标点东壁遗书。民国廿五年（1936），顾颉刚标点的东壁遗书出版。时距崔述卒后一百二十年矣。

陈履和作崔氏行略云："老未登第，官又不达，且其持论实不利于场屋科举。以故，人鲜信之，甚有摘其考证最确、辨论最明之语，而反用为诋谋者。"

顾颉刚标点《崔东壁遗书》（亚东图书馆出版）包括：

考信录36卷——前录二种，正录五种，后录五种。

翼录四种——王政三大典考3卷，读风偶识4卷，古文尚书辨伪2卷，论语馀说1卷。

杂著二种——五服异同汇考3卷，易卦图说1卷。

文集一种——无闻集4卷。

崔东壁先生佚文（胡适辑）。

知非集。

稿紙(A)25×20=500

荍田賸笔残稿。

另有：成（崔？）静兰：二馀集。

崔幼兰：针馀吟稿。

崔迈：崔德皋先生遗书四种。

42.

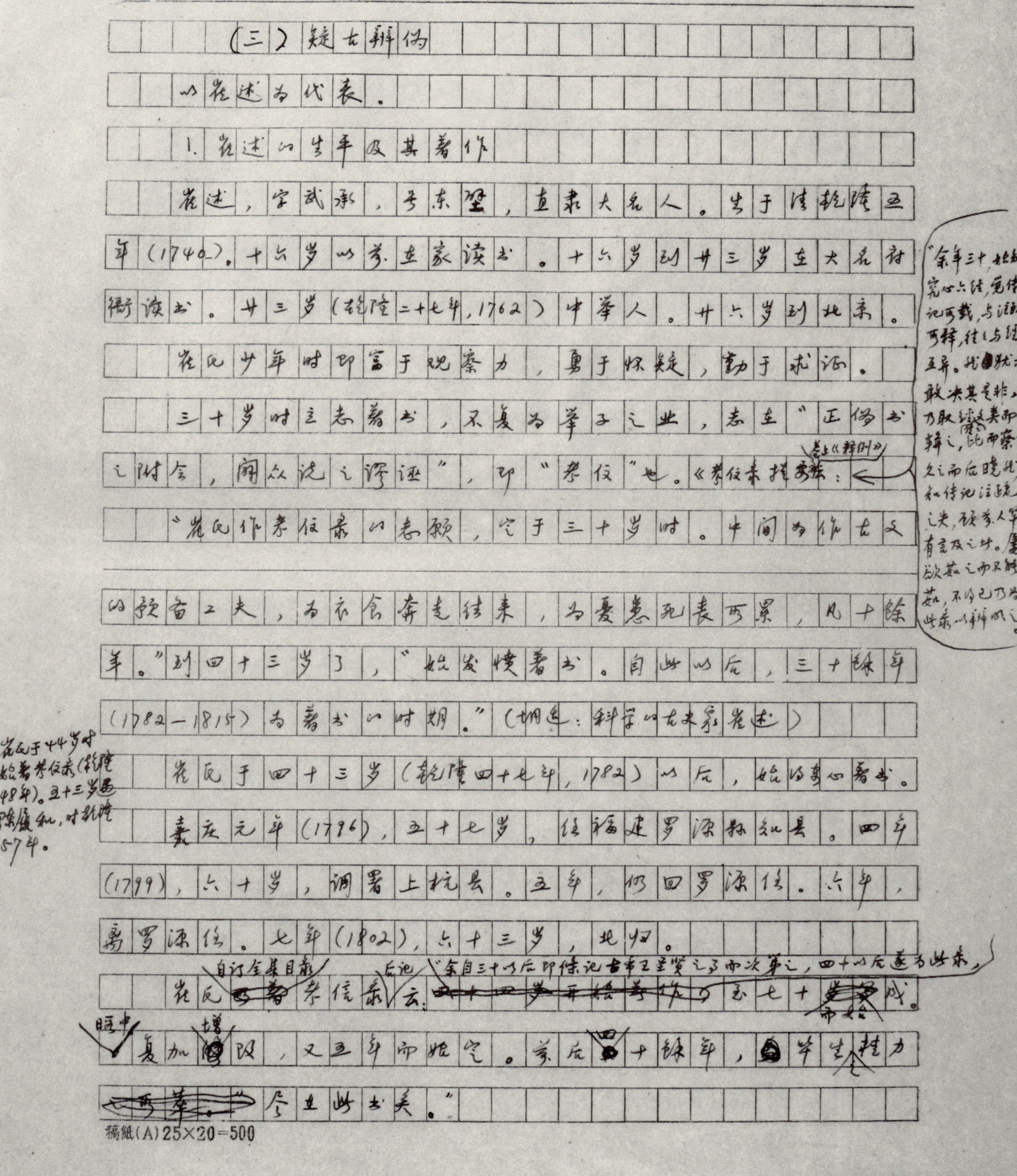

2. 考信录的内容

考信录的名称，取源于史记的计有："夫学者载籍极博，犹考信于六艺。"

考信录三十六卷，~~其中前录四卷~~

前录四卷——考信录提要二卷，补上古考信录二卷。

正录二十卷——唐虞考信录四卷，夏考信录二卷，商考信录二卷，丰镐（周）考信录八卷，洙泗（孔子）考信录四卷。

后录十二卷——丰镐考信别录三卷，洙泗考信余录三卷（颜子、曾子、閔子骞、冉有等孔门弟子），孟子事实录二卷，考古续说二卷（前人旧说、观书余论、三代经制通考、东周大事摘考等。），考信附录二卷（崔氏自述家学渊源、少年遇合记略等）。

考信录自上古至周初皆具，惟自春秋以下未成。（？）

崔氏在考信录提要卷上释例中阐明考信录著作的要旨如下：

①"唐虞三代之事，见于经者皆醇粹无可议。至于战国秦汉以后所述，则多杂以权术诈谋之习，与圣人不相类，无他，彼固以当日之风气度之也。故考信录但取信于经，而不敢以战国[illegible]魏晋以来度圣人者遂据之为实也。②今为考信录，于殷周以前事，但以诗书为据，而不敢以秦汉之书遽以为实录。③余为考信录于汉晋诸儒之说，必为考其原本，辨其是非，非敢诋諆先儒，正欲平心以求一是。④今为考信录，不敢以汉魏晋诸儒之所注释悉信以为实言，务皆究其本末，辨其同异，分别其事之虚实而去取之，虽不为古人之书讳其误，亦不至为古人之书增其误也。⑤今为考信录，凡无从考证者，辄以不知置之，宁缺所疑，不敢妄言以惑世也。⑥今为考信录，宁缺毋滥。即无所言，亦仅列之备览，宁使古人有遗美，而不肯使古人受诬于后世。⑦大抵文人学士多好议论古人得失，而不考其事之虚实，余独谓虚实明而后得失或可不爽，故今之为考信录，专以辨其虚实为先务，而论其得失者次之。"

稿纸(A)25×20=500

考信录提要卷上释例："此则欲多闻者，非以是病也，欲参互考订而归于一是耳。若徒逞其博而不知所择，则虽今贯五车，偏阅四库，反不如孤陋寡闻者之尚无大失也。"

刘师培：崔述传（国粹学报第34期）："彼以百家之言古者多有可疑，因疑而力求其是。浅识者流仅知其有功于考史，不知考信录一书自标界说，条理秩然，复援引证佐以为符验，于一言一事必钩稽参互，剖析疑似，以求其真。使即其例以扩充之，则凡古今载籍均可折衷至当，以去伪而存诚。"

3. 崔氏历史考证学之特点

① 对于历史记载必先考而后信。

考信录提要卷下：谚曰："打破砂锅纹（问）到底。"即俗传字音以明见多[illegible]。

考信录提要卷下总目："……我而世之学者往往轻焉，何也？一则心粗气浮，不知考其真伪；一则意在记览以为诗赋时文之用，不肯考其真伪；一则尊信太过，先有成见在心，即有可疑，亦必曲为之解，而断不信其有伪也。"

② 考证史事（殷周以前）以经为据，战国秦汉以后之记载都不能轻信。

钱穆说："寻崔氏之意，盖欲以经证经，亦犹赵翼之欲以史证史。……崔氏之论经，不以明音训究名物为主，与考订诸经异趣。崔氏盖视六经为史，而考辨古代某事之为真为伪。"

考信录提要卷上释例："若以唐虞三代之事，见于经者皆醇粹无可议，至于战国秦汉以后所述，则多杂以权术诈谋之习，与圣人不相类，无他，彼固以当日之风气度之也。故考信录但取信于经，而不敢以战国魏晋以来度圣人者遂据之为实也。……故今考信录中，凡其说出于战国以后者，必详为之考其所本，而不敢以见于汉人之书者，遂真以为三代之事也。……大抵战国秦汉之书皆难征信，而其所记上古之事尤多荒谬。然世之士以其流传日久，往往信以为实。其中岂无一二之实？然要不可信者居多，乃遂信其千百之必非诬，其亦惑矣。""故今为考信录，不敢以载于战国秦汉之书者悉信以为实事，不敢以东汉魏晋诸儒之所注释者悉信以为实言，务皆究其本末，辨其同异，分别其事之虚实而去取之。"

"故只崇唐虞三代之事，先明其所折衷于孔孟，而真伪必取信于诗书。"

③ 无从考证之事则阙。

同上："今之去二帝三王远矣，言语不同，名物各异，且易竹为纸，易篆为隶，递相传写，岂能一一之不失其真？……故今为考信录，凡无从考证者，辄以不知置之，宁缺所疑，不敢妄言以惑世也。"

稿纸（A）25×20=500

"易春秋传始于羲农，盖皆得之传闻，或为后人追记。及国语、大戴记，遂以铺张上古为事。司马迁作史记，遂托始于黄帝。谯周古史考、皇甫谧帝王世纪，又推而上之，及燧人、包羲。至三五历、外纪，且有始于天皇氏、盘古氏者矣。"

陈[illegible]史学史："其方法为剥竹笋，以层层剥削，至见最后之阿堵为止。其书中先首列正经，次正传，次百家诸子，即其可列比而观之，则伪史虚说逐渐演化之层次历历可见，而三皇五帝神功圣德之传说，不攻自破，此为廓清古史之最有效的方法。""崔氏之逐层辨伪，以去伪而求信，实能改变二千年来古史家传统的思想，而走入建设信史的正路。"

陈[illegible]史学史："其书所言张所研究史学之方法，都与当时之人大异，故在当时不为人所重。……史同序称……此见崔氏治古史'以经为主'，又而袁此百家传注之说，合于经则信，不合于经则不信，其廓清芜杂虚伪之功实为前人所不及。……崔氏所用治古史之方法，先立层层剥削，先去百家，次去传记，剥至经书为止，……此方法近于今史学者。……此当时为不信其说，故世人未得其方法之益。直至民国初年，其书始大引于世，遂在史学上发生极大变化。前乎崔氏者有马骕绎史，采集虽博而无鉴别；后乎崔氏者有林春溥古史纪年，考证虽勤而不精确。要之清代治上古史者之成绩，终以崔氏之方法为最精确。崔氏之逐层辨伪，以去伪而求信，实能改变二千年来古史家传统的思想，而走入建设信史的正路。"

④层层积累的古史（垒叠的历史）

同上："大抵古人多贵精，后人多尚博，世益古则其取舍益慎，世益晚则其采择益杂。故孔子序书断自唐虞，而司马迁作史记乃始于黄帝，然犹删其不雅驯者。近世以来所作纲目、前编、纲鉴捷录等书，乃始于庖羲氏或天皇氏，甚至有始于开辟之初盘古氏者，且并其不雅驯者而亦载之。"

⑤治史的目的首要在于考其事之虚实

同上："大抵文人学士多好议论古人得失，而不考其事之虚实。余独谓虚实明而后得失或可不爽。故今为考信录，专以辨其虚实为先务，而论得失者次之，亦正本清源之意也。"

4. 崔氏的优点及其贡献：

①考证的态度和精神——必求而后信（考信的态度），打破沙锅问到底，不轻信战国秦汉以后的记载，辨别其伪虚实。他最痛恨"含糊轻信而不深问"的恶习惯。

阎若璩字百诗：以此见多知，终问到底，不随意放过。

②许多伪书伪事，得以辨明。考证方法尤为犀利。

崔述以非常认真严肃的态度研究上古史，以辛勤的劳动辨别史料的真伪，在整个上古史料上取得了很大的成绩。

胡适：崔东壁遗书序："崔学的永久价值全在他的考信的态度，那是永永不会磨灭的。……考信的态度只是要人先考核某项材料的真伪实虚，然后决定应该信仰的态度。……他这一部大书之中，大体都只能运用他的基本方法，先考材料的虚实，而后论其得失。……这都是辨其虚实真伪的态度，最可以作史家的模范。他的细目或有得失可以指摘，这种精神与方法是无可訾议的。……我们必须明白，崔述生于二百年前，不但时代的限制不易避免，当时可有的古史材料实在是贫乏的可怜。……他在那个时代，无法'求胜于古人'，只能做一番删伪除虚妄的消极工作。但我们深信，'考信'的精神必不会[illegible]认后来的科学的史家用精密的方法搜寻出来的新材料。……最后，我要指出，崔述的考信态度是近代的科学精神，也正是近代的科学方法。他最痛恨'含糊轻信而不深问'的恶习惯。……"

梁启超清代学者整理旧学之总成绩第六章史学之乙上古史之研究："嘉庆间，则有从别的方向——和马骕相反的方向以研究古史者，曰崔东壁述之考信录。……经书以外，只字不信。论语左传尚择而后从，史记以下更不必论。他用此种极严正态度以治古史，于是自汉以来古史之云雾拨开什之八九。其书为好博的汉学家所不喜；然考证方法之严密犀利，实不让戴、钱、段、王，可谓豪杰之士也。"

「这是对于古代史料第一次的彻底批判，这是对于传说神话第一次的大扫除。他的《考信录提要》，详述古史传说的造成和旧史料多半不可信的原因，是清代第一部讲史学方法的书。直到现在，凡治古史的人，都应当细读。」（齐思和）

蔡元培："当吾国史学界大多数尚未革新之时，而有崔东壁氏辈出以著之未实，参互比较，作考信录，因其可疑而疑之，因其可信而信之，其间有证据不用之类，此其实事求是之精神，则至今犹新，虽谥以清代之王仲任，无不可也。"（致顾颉刚论崔东壁遗书信）

稿纸(A)25×20=500

45.

5、崔氏的缺点：

(1) 只信几部经，而经中所记未必可信。

"……崔述的材料只是几部'经'，他认为可信的东西。近十几年的新古史学虽然能够充分运用发掘出来的甲骨文字、金文和其他古器物了。试用崔述的商考信录来比较最近十年中关于殷商史料的著作，我们就可以知道，古史料的来源不限于那几部儒经，外还有地下保藏着的许多古器物，其年代往往比经更古，其可靠性往往比经更高；他们不但不曾经过汉以后的学者的改窜误解，并且也不曾经过先秦文士的说削去取。这样扩大的材料范围，是考信录的作者当日不曾梦见的。……依这十几年的古史学看来，

(2) 崔述所信的，未必无可疑的部分；他所疑的，也未必都是该疑。……他所疑的"后儒"妄（作妄）加的材料，至少有一部分是可以重新被估定，或者竟要被承认作可靠的材料了。他……受儒家思想的影响太大，有时也不能"先考而后信"，有时竟成了"先信而后考"。（胡适：崔东壁遗书序）

"……崔学的永久价值全在他的'考信'的态度，那是永永不会磨灭的。……'考信'的态度只是要人先考核某项材料的真伪虚实，然后决定应疑应信的态度。崔述著书的本意在此，故全书称为'考信录'。可惜……他很大胆的定下一条辨别史料虚实的标准：'凡其说出于战国以后者，必详为考其所本，而不敢以见于汉人之书者遂真以为三代之事也。'这样一笔扫空了一切晚出的材料，就把古史建立在单薄的几部他认为最可信的史料上。在那些他认为可信的材料中，他又分出几种等级来，第一等为经的可信部分，第二等为补（涤于经，而今仅见于传记），第三等为备览，第四等为存疑。"

(3) 崔氏之于古史，有信之太深者，亦有疑之太勇者。（钱穆）

(4) 推倒秦汉以来传记中靠不住的事实，是崔述。……（但）崔述推倒传记杂说，却又信尚书左传之事实为实录。……这都未免知二五而不知十了。（钱玄同）（古史辨第一册）

(5) 崔氏时期尚未发现较古材料，故有很大局限。

梁启超：（清代学术……等成绩）"崔东壁所用方法自优胜于万斯（獮），其书此，犹有进。盖考信六艺固视轻信'不雅驯之百家'为较有根据，然六艺亦强半春秋前后作品，为仲尼之徒所诵法，仲尼固自言'夏殷无徵'，则自周以前之史迹，依然在茫昧中，六艺果能予吾侪以确实保障否耶？要之，中国何时代有史，有史以前文化状况若何，非待采掘金石之学大兴，只能以不知当之阙疑。此则不能责备清儒，在我辈今后之努力耳！"

稿纸(A)25×20=500

46.

第十三节 章学诚的历史学

一、章学诚的生平及著作

章学诚（原名文镳）字实斋，号少岩，浙江绍兴府会稽县人，生于乾隆三年(1738)，卒于嘉庆六年(1801)，六十四岁。

章氏生时，钱大昕已十一岁。

章氏出生于低级地方官僚家庭。祖父名如璋，号君信，是候选经历，嗜史学，喜读资治通鉴。父镳，字骧衢，乾隆壬戌进士，辛未官湖北应城知县。丙子罢官，贫不能归，仍居应城。戊子卒。

自言章氏幼多病，资质椎鲁。

与族孙汝楠书："幼多病，一岁中……大约无两月功。资质椎鲁，日诵方百余言，辄复病作中止。"

章氏十六岁时，不肯学举子文，性情已近史学。日夜钞录春秋内外传及衰周战国子史，辄复以意区分，编为纪表志传，凡百余卷，名曰东周书。经营凡三年，未成书。

那时常自命史才，大言不逊。

章氏自言"二十岁以前，性绝騃滞。读书日不过三二百言，犹不能久识；为文字，虚字多不当理。廿一二岁，骎骎向长。纵览群书，于经训未见领会，而史部之书乍接于目，便似夙所攻习然者，其中利病得失，随口能举，举而辄当。……乃知吾之廿岁后与廿岁前，不类出于一人，自是吾所独异。"（家书六）

"纪表志传之外，更当立图；列传于儒林、文苑之外，更当立史官传。"（家书六）

二十三岁，始出游，至北京，应顺天乡试。自言廿三四岁时读史已有见解，"论诸史于

二十五岁，还会稽，不久又北上应顺天乡试。冬，始肄业于国子监内舍，每试辄列下等。

"在国子监，每大比科集试至三四百人，所荐者仅五七，而先生每在五七人中。"（见甄老图六十事）

二十八岁，三至京师，仍居国子监中。始见刘知几史通（家书六）。始学文章于朱筠（字竹君）。朱一见许以千古，然语及时文，则云"足下于此无缘，不能学，然亦不足学也。"先生曰："家贫亲老，不能不望科举。"朱曰："科举何难？科举何尝必要时文？由子之道，任子之天，未尝不可。即终不得，亦非不学时文之咎也。"先生信其说。

章氏一生特点：
①不搞考证
②不做官 没官
③天资很笨 低

二十九岁，仍在国子监。仍学文章于朱筠，并寄居朱筠家。

三十岁时，久居国子监，贫不知名。（去年）欧阳瑾擢祭酒，首擢先生名第一。六馆之士，互相诧而嘻。欧阳先生独识："是子当求之古人，固非一世士也。"由是益厚遇之。是秋，国子监修志，遂令专司笔削。

三十五岁时（乾隆三十七年，1772），始作文史通义。

四十岁应顺天乡试，得中举人。

四十一岁成进士。（乾隆四十三年，1778）归部待铨。"自以迂疏，不敢入仕。"此后累年在河北、河南、安徽等地，在私家及书院中教书，为书院主讲。除自己著书外，又助别人编书。

四十二岁，馆座师梁国治家，课其子读。
四十四岁，为肥乡清漳书院讲席。
四十五岁，主讲永平敬胜书院。
四十七岁，主讲保定莲池书院。
五十岁，因周震荣之介绍，到河南见巡抚毕沅，欲藉其力编史籍考。

五十一岁，~~编史籍考~~主讲归德文正书院。年末，到武昌投湖广总督毕沅。

学使徐立纲方辑宗谱，请先生任纪其事。

五十二岁，游太平，馆于安徽学使署中。是年秋冬在亳州时，为知州裴振修州志。

五十三岁，是年在武昌编史籍考。毕沅方编续通鉴，先生亦襄助其事。

五十四岁，仍在武昌为毕沅编史籍考。
五十六岁，仍编史籍考。又任湖北通志事。
五十七岁，毕沅获罪，先生亦离湖北回乡。
五十八岁，寓家往扬州。
五十九岁，自扬州暂归会稽，岁杪抵家庆。
六十岁，在安徽桐城。又返家庆。
六十一岁，在杭州。借谢启昆（蕴山）之力，补修史籍考。

六十四岁（嘉庆六年）卒。（卒于1801年）未死时，将所著文稿请友人王宗炎校定。

二、著作

全部著作收入章氏遗书。

1.《文史通义》

有两种本子：一为通行本，一为遗书本。

通行本——内篇五卷，外篇三卷。内篇五卷，计六十一篇。其中纯论史书不过十二篇，杂论史学文学经学者五、六篇，其他则为论经学文学及一般读书理论方法者。内篇三卷，计　篇，为修方志序例及论修志者。

遗书本——

稿纸(A)25×20=500

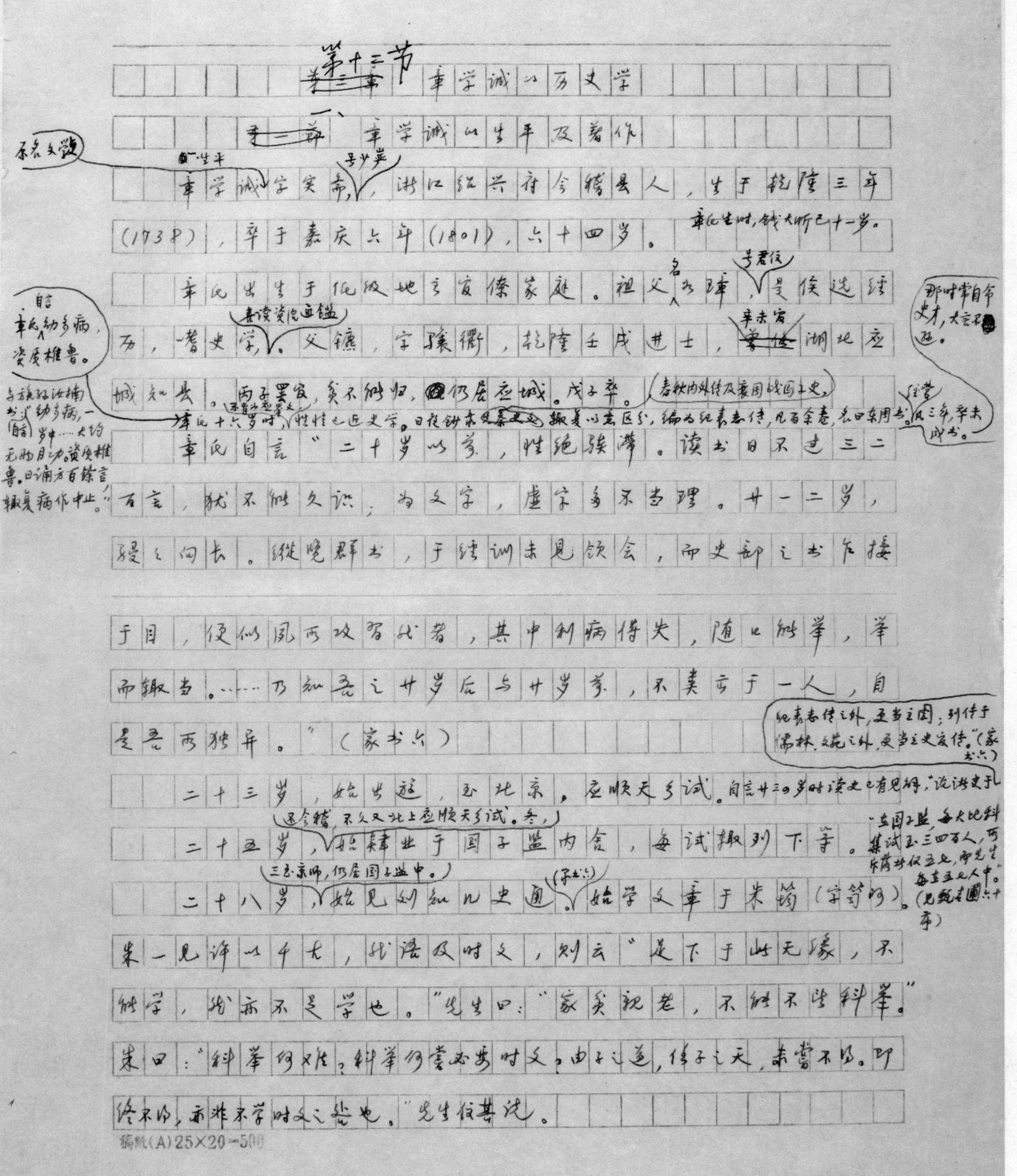

叶廷琯《吹网录》"章实斋修志体裁之善"："会稽章学诚，乾隆中进士，以读学能文，负重名。余尝见其所修永清县志，思精体大，深得史裁。其职官选举有表，年经事纬，先后不紊。又有士族表，以澄流品，而劝睦姻。舆地水道有图，开方计里，形势瞭然。又有建置图，但详制度，而略景物。至于列女传，尤极匠心修饰为之，但有一节可书，凡言可则，无不描摹声欬，刻画仪容。欲睹饮冰茹蘖之贞，非徒列为注略之陋。若夫阙访有传，防猥滥也，即以待来稽。前志有传，明渊源也，即以继废坠。其体裁皆足为后来修志家取法。其序因志例而枕葄史例，更有发前人所未发者。……王君竞生，言其所修和州志，体例亦略如是，而极精核。盖志家固有因地制宜之道，非可以一格拘也。"

2、论史书仪与杂文

3、和州志——今安徽 。残本三卷。

4、永清县志——今河北永清。章氏所作方志，惟此志全存。

5、亳州志—今安徽 。已佚。

6、湖北通志——助湖广总督毕沅编。残。

7、天门县志。今湖北 。已佚。

8、史籍考——为毕沅编。书不传。马夷初（叙伦）抄得杨見心先生所藏先生未刊稿一卷，中有史籍考总目，分十二部。

9、校雠通义

章氏曾欲修宋史，未成。（见胡适之氏年谱，页六八）

章氏主要著作为文史通义。章氏临卒时以全稿付萧山王穀塍（宗炎）先生，乞为校定，时嘉庆辛酉（六年）。其后其子华绂于道光壬辰（1832）刊定文史通义内篇五卷，外篇三卷，校雠通义三卷，即今之通行本也。至刘承幹所编章氏遗书中文史通义，则依王宗炎原编目录排列，故二者微有不同也。

民国九年（1920）浙江图书馆得会稽徐氏钞本章氏遗书，铅印行世。今，日本内藤虎次郎所作章实斋先生年谱在支那学志发表。十一年（1922）春，胡适著章实斋先生年谱初版出版。同年秋，刘承幹（翰怡）先生所刻章氏遗书亦行世。

稿纸(A) 25×20=500

49.

章氏一生之特点：

1. 章氏是封建社会时代最后之一个著名之大史学家。

2. 章氏生于清乾嘉之际考证学最盛行之时期，但不从事于考证，也不善于考证。特到之处在于史学理论。

3. 章氏一生之职业是教书，没有做过官。他考取过进士，但不做官，是特殊的。

4. 他除了在史学理论方面有特殊之贡献外，还写了许多关于方志之论文，编纂了不少之方志。是史学理论家，也是方志专家。

章学诚论学习方法（学习经验）：

1. 学习对象 原道上：“学于圣人，斯为贤人；学于贤人，斯为君子；学于众人，斯为圣人。”“贤智学于圣人，圣人学于百姓。”

2. 记诵

章述枫文史通义编年谱跋：

“（叔父）每见学者自言苦无记性，书卷过目辄忘，因自解其不学。（叔父辄）曰：君自不善学耳。果其善学，记性断无不足用之理。书卷浩如烟海，虽圣人犹不能尽，古人所以贵博者，正谓业必能专，而后可与言博耳。”

“学问之始，未能记诵。博涉既深，将超记诵。故记诵者，学问之舟车也。人有所适也，必资乎舟车，至其地，则舍舟车矣。”（文史通义内篇三博约下）

3. 札记

“天下至理，多自从容不迫处得之。矜心欲有所为，往往不为初来。……但札记之功必不可少，如不札记，则无穷妙绪，皆如雨珠落大海矣。”（家书一）

与族孙汝楠论学书：“阅思读书札记，贵乎积久贯通，近复时作时辍。自少性与史近。史部书快浩繁，典故浩博，虽钩稽亦下，欧宋以来十六七种。自力既短，心绪忽忽多忘，丹铅往复，约四五通，始有端绪，此亦不敢举其词，意多未惬。”

刘咸炘中书：三术篇：“咸炘读书人也，……读之法，亦于令妹先辈章实斋。实斋之言曰：读其书知其言，知其所以为言。”又广博约篇：“古今论学之名言多矣，比其要者莫如章实斋文史通义之博约篇。”

4. 功力

“（正须）不贵驰骛于浮名，不揣世俗之毁誉，循循勉勉，即数十年，中人以下所不屑为者而为之，乃有一旦庶几之日。斯则可为知者道，未易一一为时辈言耳。”（与族孙汝楠论学书）

5. 博约问题

稿纸(A)25×20=500

50.

钟肇鹏：论"经"和"史"——与周予同、汤志钧先生商榷（学术月刊1962.1.）
「有关以六经都是史料，这个说法我认为完全符合历史事实的。……再考查一下六经皆史说的来源。两汉古文经学家没有"六经皆史"之说。以经为史最早的恐怕是王通，他说："圣人述史三焉：其述书也，帝王之制备矣，故索焉而皆获；其述诗也，兴衰之由显，故究焉而皆得；其述春秋也，邪正之迹明，故考焉而皆当。此三者同出于史。"（中说·王道篇）以后如宋代的陈傅良、明代的宋濂均有经即是史的说法；（见陈傅良止斋先生文集卷40徐得之左氏国纪序，宋濂龙门子凝道记卷下大学微）到了王守仁、李贽才正式提出"五经亦史"（见传习录上）"六经皆史"（见焚书卷五经史相为表里）之说，这比章学诚更早作了很明确的论述。」

第二节 章学诚的史学理论

"明代王守仁，又尝发五经皆史的议论"
明李卓吾言六经皆史。
章氏认为史学范畴很广，除六经皆史外，尚有州郡方志、金石图谱、诗文集、官府簿牍、家谱传状都是史料。参见张舜徽书189页。由史籍考叙目可见章氏扩大了史学范围。
亳州志掌故例议中篇："古物苟存于今，虽户牍之猥，市井泉货之屑，未始不可备考证也。"

（一）论史学的范畴

文史通义易教上（第一篇第一句）："六经皆史也"。志隅自叙：同上。"六经皆史也"。

经解上："古之所谓经，乃三代盛时典章法度，见于政教行事之实，而非圣人有意作为文字以传后世。"

报孙渊如书："愚之所见，以为盈天地间凡涉著作之林，皆是史学。六经特圣人取此六种之史以垂训者耳。子集诸家，其源皆出于史。"

章氏以为一切记载及著作，在后人看来都是史料，都属于史学的范畴。这些著作虽然分为经史子集四部，但都可作为史料来应用，都是在研究史学时所必须参考钩稽的材料。章氏打破儒家尊经轻史的传统观念，实为创见。

（二）论纂辑、考证与著作

报黄大俞先生书："古人一家，必有其家之学，著述与比类两家，其大要也。……盖著述譬之韩信用兵，而比类譬之萧何转饷，二者固缺一而不可。"

1. 论纂辑——比次之书

方志略例报广济黄大尹论修志书："史家有著作之史，与纂辑之史，途径不一。著作之史，宋人以还，绝不多见。"

又与正甫论文书："功力有天资之分，亦求学所不废，即不能自成著字，亦可备功后人。若王氏王海之类，亦止功力而非学问也。"

纂辑是"求知之功力"，是"比次之书"，"其用止于备稽检而供采择"，不能称为学术，不能称为著作。

文史通义内篇二博约中："王伯厚氏（搜罗摘抉，穷幽极微，其于）（谓指王海）诸书，谓之纂辑可也，谓之著述则不可也。谓之学者求知之功力可也，谓之成家之学术则未可也。（今之博雅君子，疲精劳神于经传子史，而终身无得于学者，正坐宗仰王氏而误执求知之功力以为学即在是耳。）学与功力实相似而不同，学不可以骤几，人当致攻乎功力则可耳。指功力以谓学，是犹指秫黍以谓酒也。"

稿纸（A）25×20=500

外篇三与邵二云书："风尚所趋，但知聚铜，不解铸釜。其下焉者，则沙砾粪土亦曰聚之而已。"

51

2. 论考证——考索之功

"天下但有学问家数。考据者，乃学问所有事，本无考据家。"（文史通义外篇三《与吴胥石简》自注）

"近日学者风气，征实太多，发挥太少。有如桑蚕食叶，而不能抽丝。"（外篇三与汪龙庄书） "风尚所趋，但知聚铜，不解铸釜。其下焉者，其沙砾粪土，亦曰聚之而已。"（外篇三：与邵二云书）

"著作本乎学问。而近人所谓学问，则以尔雅名物、六书训故谓足尽经世之业。……著述纷纷，出奴入主，正坐此也。"（同上《与陈鉴亭论学》）

章氏既反对宋人空洞之议论（理学），也反对清人以考证学代替历史学。 原学下："学博者长于考索，……终身敝精劳神以徇之，不思博之何所取也。……言义理者似能思矣，而不知义理虚悬而无薄，则义理亦无当于道矣。此皆知其然而不知所以然也。"

"考索之家亦不易易。……是亦专门之业，不可忽也。……今之学者虽趋风气，竞尚考订，多非心得，然知求实而不蹈于虚，犹愈于掉虚文而不复知实学也。"（答沈枫墀论学书）

章氏既反对清人以考证代替史学，也反对宋人空洞之议论（理学）。

3. 论著作——独断之学

文史通义答客问上："史之大原本乎春秋，春秋之义昭乎笔削。笔削之义，不仅事具始末、文成规矩已也。以夫子义则窃取之旨观之，固将纲纪天人，推明大道，所以通古今之变而成一家之言者，必有详人之所略，异人之所同，重人之所轻，而忽人之所谨，绳墨之所不可得而拘，类例之所不可得而泥，而后微茫杪忽之际，有以独断于一心。及其书之成也，自然可以参天地而质鬼神，契前修而俟后圣。此家学之所以可贵也。"

稿纸(A)25×20=500

"他所认为够得上称'著述'的写作，必须有'别识心裁'，将前人提供的材料加以整理镕铸，成为有义例的专门著精。在编述体例上，他最推崇司马迁和郑樵。他在申郑篇中指出：'自迁固而后，史家既无别识心裁，所求者徒在其事其文。惟郑樵稍有志乎求义。'又在释通篇自注中说过：'通志精要，在乎义例，盖一家之言，诸子之学识，而寓于诸史之规矩，原不以考据见长也。后人议其疏陋非也。'"（张舜徽1957）

52.

杨翼骧先生中国史学史手稿存真

章氏认为一部历史著作，应包括三方面的内容："史所贵者义也，而所具者事也，所凭者文也。……非识无以断其义，非才无以善其文，非学无以练其事。"（史德篇）

与陈观民工部书："即如文士撰文，惟恐不自己出；史家之文，惟恐出之于己，其大本先不同矣。史体述而不造，史文而出于己，是谓言之无征。无征且不信于后也。……是故文献未集，则搜罗咨访，不易为功。……及其纷然杂陈，则贵抉择去取。"

"史之大忌，文繁事晦。"

章氏还主张著史应加自注。史注篇云："……明述作之本旨，见去取之从来。……夫文史之籍，日以繁滋，一编刊定，则征材所取之书，不数十年尝失亡其十之五六，宋元修史之成规，可覆按焉。使自注之例得行，则因援引所及，而得存先世藏书之大概，因以校正艺文著录之得失，是亦史法之一助也。……在官修书，惟冀塞责；私门著述，苟饰浮名。或剽窃成书，或因陋就简，使其术精黠，皆可愚一时之耳目，而著作之道益衰。诚得自注以标所去取，则闻见之广狭，功力之疏密，心术之诚伪，灼然可见于开卷之顷，而风气可以渐复于质古，是又为益之尤大者也。"

章氏还主张著史应作"别录"，《史学别录例议》云："（纪传史之别录）于纪传之史，必当标举事目，大书为纲，而于纪表志传与事连者，各于其类附注篇目于下，定著别录一篇，冠于全书之首，俾览者如振衣之得领，张网之得纲。治纪传之要义，未有加于此者也。……（编年史之别录）今为编年而作别录，则如每帝纪年之首，著其后妃、皇子、公主、宗室、勋戚、将相、节镇、卿尹、台谏、侍从、郡县守令之属，区别其名，注其见于某年为始，某年为终。……其大制作、大典礼、大刑狱、大经营，亦可因事定名，区分品目，注其终始年月。……至于两国聘盟争战，亦可约举年月，繁以事目。"

稿纸(A)25×20=500

4. 论纂辑、考证与著作的关系

文史通义答客问中："天下有比次之书，有独断之学，有考索之功。三者各有所主，而不能相通。……高明者多独断之学，沉潜者尚考索之功，天下之学术不能不具此二途。……若夫比次之书，则掌故令史之孔目，簿书记注之成格，其原虽本柱下之所藏，其用止于备稽检而供采择，初无他奇也。然而独断之学非是不为取裁，考索之功非是不为按据。"

"整辑排比，谓之史纂；参互搜讨，谓之史考，皆非史学。"（内篇二浙东学术）

刘咸炘史学述林·史体论："说文曰：'史，记事者也。'凡记事之书皆为史，此广义也。若真史书，必有寻常记事书所无之素质。记注、撰述皆史官职，而真史书惟撰述足以当之。此义章君始发之，昔人未明也。故刘知几著书数十篇，不达记注之律。而今之读章君书者，犹混史料与史为一。……故章君借易传之词以状之曰方智、圆神。"（自注）

"撰述欲其圆而神，记注欲其方以智也。夫智以藏往，神以知来，记注欲往事之不忘，撰述欲来者之兴起，故记注藏往似智，而撰述知来拟神也。藏往欲其赅备无遗，故体有一定，而其德为方；知来欲其抉择去取，故例不拘常，而其德为圆。"（文史通义书教下）

"然古人一书必具数家之学，著述与比类两家，其大要也。……两家本自相因而不相妨害，拙刻书教篇中，所谓圆神方智，亦此意也。但为比类之业者，必知著述之意，而所次比之材，可使著述者出得所凭藉，有以恣其纵横变化，又必知己之比类与著述者，各有渊源，而不可以比类之密，而笑著述之或有所疏；比类之整齐，而笑著述之有所畸轻畸重则善矣。盖著述譬之韩信用兵，而比类譬之萧何转饷，二者固缺一而不可。而其人之才，固易地而不可为良者也。"（报黄大俞先生书）

史意一道：

外篇三：与朱沧湄中翰论学书："君子所当为，而又知其可以为者，皆道也。……学术无有大小，皆期于道。……若拘于迹而不能相通，惟道无所不通。是故君子即器以明道，将以立乎其大也。"

外篇 答沈枫墀论学："欲进乎学，必先求端于道。道不远人，即万事万物之所以然也。" 言公中："穷毕生之学问思辨于一定之道。"

答客问上："嗟乎！道之不明久矣。六经皆史也。……形于典章之实，纲纪之所不能废，盖将即器而明道耳。……太史公曰：'好学深思，心知其意。'当今之世，安得知意之人而与论作述之旨哉！"

原学下："程子曰：'凡事思所以然，天下第一学问。'人亦盍求所以然者思之乎？"

（三）论史意

所谓史意，照字面上讲，可作意义、意旨来解释。

章氏对于史意极为重视，自认为高于历来史家之上的即在他的史意。

"吾于史学盖有天授，自信发凡起例，多为后世开山。而人乃拟吾于刘知几。不知刘言史法，吾言史意；刘议馆局纂修，吾议一家著述。截然分途，不相入也。"（家书二）

"郑樵有史识而未有史学，曾巩具史学而不具史法，刘知几得史法而不得史意，此余文史通义所为作也。"（和州志志隅自序）

"作史贵知其意，非同于掌故，仅求于文之末也。"（文史通义内篇言公上）

"事，即后世考据家之所尚也。文，即后世词章家之所重也。然夫子所取，不在彼而在此，则史家著述之道，岂可不求义意所归乎？"（申郑）

所谓史意，也就是写历史的意义和目的：

"君子苟有志于学，则必求当代典章以切于人伦日用，必求官司掌故而通于经术精微。则学为实事而文非空言，所谓有体必有用也。不知当代而言好古，不通掌故而言经术，……虽极精能，其无当于实用也审矣。……学者昧今而博古，荒掌故而通经术，……故舍器而言道，舍今而求古，舍人伦日用而求学问精微，皆不知府史之史通于五史之义者也。"（内篇五史释）

"史学所以经世，固非空言著述也。且如六经同出于孔子，先儒以为其功莫大于春秋，正以切合当时人事耳。后之言著述者，舍今而求古，舍人事而言性天，则吾不得而知之矣。学者不知斯义，不足言史学也。"（原注：整辑排比谓之史纂，参互搜讨谓之史考，皆非史学。）（内篇二，浙东学术）

稿纸(A)25×20=500

共55.

（四）论史德

文史通义史德篇：

"才、学、识三者得一不易，而兼三尤难，千古多文人而少良史，职是故也。昔者刘氏子玄，盖以是说谓足尽其理矣。虽然，史所贵者义也，而所具者事也，所凭者文也。孟子曰：'其事则齐桓晋文，其文则史，义则夫子自谓窃取之矣。'非识无以断其义，非才无以善其文，非学无以练其事，三者固各有所近也，其中固有似之而非者也。记诵以为学也，辞采以为才也，击断以为识也，非良史之才学识也。虽刘氏之所谓才学识，犹未足以尽其理也。

夫刘氏以谓有学无识，如愚估操金，不解货殖，推此说以证刘氏之指，不过欲于记诵之间，知所决择以成文理耳。……此犹文士之识，非史识也。能具史识者，必知史德。德者何？谓著书者之心术也。……

盖欲为良史者，当慎辨于天人之际，尽其天而不益以人也。尽其天而不益以人，虽未能至，苟允知之，亦足以称著书者之心术矣。而文史之儒，竞言才学识而不知辨心术，以议史德，乌乎可哉！"

章氏史德之意，盖谓不以私人主观之感情歪曲客观之事实，此点亦可包括于史识之内。盖刘知几亦重直笔，惟于史识未加详细之解释，故章氏补充其意。

梁启超中国历史研究法补编：总论第二章《史家的四长》："简单说起来，实斋所谓史德，乃是对于过去毫不偏私，善恶褒贬，务求公正。"史家最易犯夸大、附会、武断之病，必须忠实，才是有史德。

稿纸(A)25×20=500

5556.

"章氏对刘知几混淆了通史体例之错误，展开了批评。释通篇有一段论述：'刘知几以六家分史，未为笃论。史记一家，自是通史，刘氏以之与尚书并列，语为专门讥之，非也。至李氏南北史，乃是集史，亦非通史。通史自有义例，贯通上古以来，合为一家纪载，后世多郑樵通志之类是也。集史会数朝，并非自溯太古自为家学者可比，欧氏五代史记与薛氏旧史，尤其同类，与通史判若天渊者也。盖通史自溯太初，必须判别家学，自有义例，方不嫌于并列，否则诚不免于複沓之嫌矣。集史原有界画，李延寿列之于前，薛欧列之于后，有为起讫，无所重複，是一家凡例，两书可通用也。刘氏举合为一，非其质矣。'（张，195）"

（五）论通史

《释通》一篇先论通史之源流，次论通史之利弊。以为自梁武帝通史而后，遂有通典、通鉴、通志等通史之著作。但通史须有体例，别识心裁，否则便成为史钞了。

章氏主张编纂通史，故推崇郑樵。

六便：1. 免重複——前后易代之事无重出。2. 均类例——统一各断代史之不同的类例，如志之参差不齐（名目、内容不一；又如有的称世家，有的称载记，有的入列传；列传中的分类传体例也不一）。3. 便铨配——人物前后时代虽然不同，而同类之人可以合传，制度可以合叙，以见源流因仍（明其沿革）。4. 平是非——易隔数代，无所忌讳，可以笔削平允，折衷是非（如在前朝为奸臣，在后朝为忠臣。分裂割据之世，如在南朝为忠义功臣，在北朝为仇敌，如金兀术在金为功臣，在宋为侵略者；岳飞在宋为民族英雄，在金为仇敌）。5. 去抵牾（即去其抵触、矛盾）——断代史首尾交错，互有出入矛盾之处，通史可免此弊。6. 详邻事——外国之事（邻）之不与断代相终始者，可以统叙以见全部史实。

二长：1. 具翦裁——后代写史，史料增多，详略确当，必须翦裁。2. 立家法——可以有别识别裁，通古今之变，成一家之言，有独到的见解。

三弊（若写的不好，则容易有三弊）：1. 无短长——若只知抄撮纂辑而无增损裁断、议来，则如刘知几所谓"学者宁习本书，怠窥新录"。2. 仍原题——因袭原来题目，原来题目有适当者不知改正，不能统一名称，而立新的名目，易致混乱。如原来儒林传、文苑传不加区分，仍旧的标题，易致错误。故作者必须更定旧名，自就新裁。此点易致忽略而成错失。3. 忘标目——如独行、方伎、文苑、列女诸分类传，其人有不合于当时世系者，易于读其传而不知其为何时代之人。忘记了其人列于分类传中而不指出其时代。

刘咸炘《史学述林·史体论》："盖断代体之可以成，由因前代既终，后代必整齐其故事，沿习已成常例。若通古之史，则必出私家，而其撰述乃以整齐故事者为底本，苟仅止整齐，则不过钞略旧文，排比成文矣。自非发明变之通识，抒特出之新裁，必不作此。故别识之重在通史为尤要也。"

同上："言史体者，莫精于会稽章君，其大旨具于文史通义书教篇。……盖因史迹变动交互，必有变动交互之史体，乃能文如其事。故学者既明史迹之情状，必明史[illegible]书之体裁。此其大略也。"

同上："若夫章君所计之新史，因因通之篇已亡，但与邵二云书尝言仍纪传之体而参本末之法，增图谱之例而删书志之名耳，其详不可得知。今仅剖就其所撰方志序例推见一二。"

章君欲于三体之后别创新体，可与袁枢而已矣。章君更欲上取尚书，下采纪事本末，以修补司马的一大广大活动之体。

~~疑~~ 57.

稿纸（A）25×20=500

实斋关于方志之贡献，首在改造方志之概念。实斋以前言方志者，为图经之概念所囿，以为仅一地理书而止。实斋则谓方志乃周官外史之遗，其目的专以供国史取材，非深通史法不能从事。概念扩大，内容自随而扩大。彼乃有方志立三书议……。彼晚年应毕秋帆聘，为鄂志局事，即实行其理想，分湖北通志、湖北掌故、湖北文徵三书。彼又以为志须续修，而资料非随时保存整理，则过时将散失不可复理，于是倡议各州县设立志科，使文献皆有所典守而不坠，而国史取材，亦可以有成式而免参差芜猥之患。又明言省志与府志、府志与县志职任之差别，大旨谓府县志为省志资料，省志为国史资料，且自有其任务与其组织，省志非拼合府县志可成，府县志非剖裂省志可成。（梁新史）

（六）论方志

方志之过去列入地理类，其被认为史学专书，自章氏始。

1. 方志的作用

方志是地方史，为全国的历史储备材料。章氏以方志为国史之详，昔日作春秋者取诸国之书是也。

州县请立志科议："有天下之史，有一国之史，有一家之史，有一人之史。……部府县志，一国之史也；综纪一朝，天下之史也。……惟分者极其详，然后合者能择善无憾也。" 大名府志序："夫家有谱，州县有志，国有史，其义一也。"

为代张吉甫司马撰大名县志序："郡县志乘，即封建时列国史官之遗，而近代修志诸家，误仿唐宋州郡图经而失之者也。——周官外史，掌四方之志，注谓若晋之乘，楚之梼杌，鲁之春秋。是一国之史无所不载，乃可为一朝之史之所取裁。……知方志为国史取裁，则人物当详于史传，而不可节录大略。……知方志为史部要删，……而体裁当规史法也。" 方志略例："州县志书，下为谱牒传志持平，上为部府征信，实朝史之要删。"

州县请立志科议："谱牒散而难稽，传志私而多谀，朝廷修史，必将于方志取其裁。"

《报湖北通志检存稿》："余撰方志，力辟纂类家之芜杂，使人知方志为国史羽翼。"

2. 方志与地理书（图经）的区别

报黄大俞先生书："方志一家，宋元仅有存者，率皆误为地理专书；明代文人见解又多，误作应酬文墨；近代渐务实学，则修方志，往往侈为纂类家言。纂类之书，正著述之所取资，岂可有所疵议？而郡县有不能修书，则方志纂类诸家，多是不知著述之意，其所排次纂辑，仍是地理专门见解。"

为代张吉甫司马撰大名县志序："……是方志之与图经，其体裁截然不同，而后人不辨其类，盖已久矣。……知方志非地理专书，则山川都里坊表名胜，皆当汇入地理，而不可分占篇目，失宾主之义也。……"（参序文）"方志而为纂类，初非所忌，所忌纂类而以地理专门自画。不知方志之为史裁，又不知纂类所以备著述之资；而自以为极天下之能事，是以为纂类而仍无可取。"

3. 方志应立三书以保存史料

方志立三书议：①仿纪传正史之体而作志。②仿律令典例之体而作掌故。③仿文选、文苑之体而作文徵。三书相辅而行，缺一不可。

稿纸(A)25×20=500

58

杨翼骧先生

中国史学史手稿存真

方志的体例与内容

4. 修志十议（通义外篇三）

修志十议：修志有二便、三长、五难、八忌、四体、四要。兹为所以拟此十条：

①议职掌——各有专责，各不相侵。

②议考证——考核不厌精详，折衷务祈至善。

③议征信——人物列传必有具体事迹，不能空洞泛泛叙述描写。

④议征文——艺文入志，例取盖棺论定。现存之人虽有著作，例不入志。

⑤议传例——凡现存之人，例不入传。

⑥议书法——有体有要。体例谨严，取材有重点。不能马虎，或一併载入。

⑦议援引——史志引用成文，期于事实，非尚文辞。有关事实的文辞亦录，无关事实的文辞不采。

⑧议裁制——列传不收洋洋大篇文章（归入文征），不载碑铭述之作。其可有可无之事，以双行小字书之。

⑨议标题——标题不要太琐细，如地理又分疆域、山川等。（食货等亦然）。

⑩议外编——凡事系琐屑而不可或遗者，存其记录，或名外编，或名杂记。（如新奇的故事、歌谣、谚语等）

章学诚：湖北三书：湖北通志74篇（皇言、皇朝编年附考证——2纪），3图（方舆、沿革、水道），5表（职官、封建、选举、族望、人物），6考（府县、舆地、食货、水利、艺文、金石），4政（经济、循绩、捍御、师儒），53传。湖北掌故66篇——吏科（四目），户科（十九目），礼科（十三目），兵科（十二目），刑科（六目），工科（十二目）。湖北文征8集——甲集上下（裒录正史列传），乙集上下（裒录经济策画），丙集上下（裒录词章诗赋），丁集上下（裒录近人诗词）。

通志——一家著述　掌故、文征——保存资料

~~58~~ 59.

第三节 对于章学诚的评论

章氏自视甚高，曾言"吾于史学盖有天授，自信发凡起例，多为后世开山。"（家书二）"近日撰亳州志，颇有所得。……此志拟之于史，当于陈范抗行；义例之精，则又文史通义中之最上乘也。世人忽近贵远，自不察耳。后世是非终有定评，如有良史才出，读亳志而心知其意，不特方志奉为开山之祖，即史家的廿一二精义，亦当尊为不祧之宗，此中自信颇真，言大实非夸也。"（《又与永清论文》）

但章氏亦自知其缺点，说："吾读古人文字，高明有余，沉潜不足，故于训诂考质多所忽略，而神解精识，乃能窥及前人所未到处。"（家书三）"盖时人以补苴襞绩见长，考订名物为务，小学音画为名。吾于数者皆非所长，而甚知爱重，咨于善者而取法之，不强其所不能，必欲自为著述以趋时尚，此吾善自度也。"（家书二）

但在当时，章氏是不出名的，不为时人所重。有人误以为姓张。如金钱林（字东生，1762—1828，亦为浙江人）著《文献征存录》为邵晋涵作传，遂称章氏为张学诚。嘉庆十一年唐仲冕刻纪年经纬考亦误题实斋姓为张。

近代资产阶级学者对于章氏极为推崇。如梁启超说："章氏生刘、郑之后，较其短长以自出机杼，自更易为功。而彼于学术大原，实自有一种融会贯通之特别见地，故所论与近代西方之史家言多有冥契。"（中国历史研究法第二章）"章学诚，可以说截至现在只有他配说是集史学之大成的人。……我们看文史通义有四分之一或三分之一是讲哲学的，此则所谓历史哲学，为刘知几、郑樵所无，章学诚所独有。……若问世界上谁最先讲历史哲学，恐怕要算章学诚了。"（中国历史研究法补编分论三第四章）何炳松说："到了清代史家章学诚其人者，其史学见解之卓绝精微，在吾辈眼中观之，有时且远驾西洋名史之上。"（通史新义·自序）"就我个人研究世界各国史学名家所得到的知识而论，我以为单就这'天人之际'一个见解讲，章氏已经当得起世界上史学界里的一个'天才'的称号。"（章实斋先生年谱序）

余嘉锡《书章实斋遗书后》（北平图书馆《图书季刊》新第二卷第三期，民国29年（1940）9月出版）：

"章实斋文史通义，深思卓识，固有过人之处，所惜读书未博，故立言不能无失。……（不熟古代制度，滥加批评，无殊取闹。）……性既健忘，又自视太高，除创通大义数十条外，他皆非所措意。征文考献，辄多谬误。文史通义内篇，是其平生精力所注，又每一篇成，辄就正通人，相与商榷改定，故引证尚无大失。此考校不免粗疏，持论时近偏僻，此其性之使然，无可如何也。外篇及文集，气矜弥甚，其失弥多，持较内篇，抑又不逮。……若其他杂著，……征引群书，往往失之眉睫之前，剌谬之多有绝可笑者。……其读书亦太卤莽灭裂矣。……（如不知'钟评语'与'钟平语'之别，误以三国演义为三国志等）……正坐天性善忘，读历史不熟，而不耐考索，遂以模糊影响之谈，形诸笔墨。……（如误以李百药、李延寿为父子，以长编为宋末书）……不留心史事而空言史法，其弊固必至于此也。……以上所举，书皆习见，理亦寻常，大抵人人所能知者。实斋自命甚高，欲为方志开山之祖，史家不祧之宗，（见文史通义九又与永清论文）班范而下皆遭指摘，自谓'卑论仲任，俯视子玄'。（见两浙輶轩录补遗引王宗炎语）而乃不知李延寿为何人之子，唐明宗为何朝之帝，（案：延寿父大师，章氏误为李百药；唐明宗系五代后唐李嗣源，误为唐朝之帝。唐朝无明宗。）以演义为三国志，以长编为宋末书，荒疏至此，殊非意料所及者矣。其他纰缪之处，尚不可胜数。然或事理必待考证而后明，典故必须检寻而后得者，既非实斋之所长，亦固不欲苛责之矣。实斋家书曰：'时人以补苴襞积见长，……此吾善自度也。'又曰：'吾读古人文字，……乃能窥及前人所未到处。'观实斋此言，如人饮水，冷暖自知，未尝自讳其所短也。第后人尊实斋太过，不知检择，方搜拾于水火之馀（见萧穆记章氏遗书），使之受侮耳。"

章学诚阐发了史料和著作的意义及其相互间的关系，并根据方志的纂修，建立史学理论与方法上都比以前有进一步的贡献。

第四节 章学诚在史学史上的地位

章氏是封建社会末期的杰出的史学理论家，他总结并发展了封建时代历史编纂学及史学思想的理论，并启发引导了资产阶级的史学理论，起了承先启后的作用。

封建社会的史学理论家，前有刘知几，后有章学诚。刘以历史编纂学为主，史学思想次之。章氏反是。

梁启超说章氏是世界上最先讲历史哲学的人。（章氏1738—1801，德国黑格尔1770—1818，比章氏晚三十年。）

附：封建社会史学总论：一、在中国史学史上，就自发言，以封建时代的史学最长，你的篇幅最多。二、与封建社会的经济、政治、文化发展的情况相适应，封建社会的史学的发展也是很缓慢的，而且是迂曲回环的。三、封建社会史学的总情况：封建主义的唯心史观；为封建地主阶级的政治服务。四、封建社会的史学著作，不可能揭示社会历史发展的规律，也没有正确地去提出历史事实说明历史的发展规律。五、封建社会的史学著作，没有能够对历史作出正确的概括和解释，总起来，基本上是资料性较多，而为现象的堆积。

但是，人类的文化是逐渐积累和发展的，是由低级到高级的发展过程，我们不应割断历史，应很好地用马克思主义的立场、观点和方法，在马列主义和毛泽东思想的指导下，很好地加以总结，以阶级分析的方法作批判地继承。封建社会的史学也有重要的成就，封建主义的历史家也有重要的贡献：一、封建历史家写出了不少有价值的著作，是我国的宝贵的文化遗产——和哲学、文学一样，这些遗产也是很丰富的。当然，历史著作与哲学、文学著作不同，在创造性上特色不同，哲学、文学可以充分发挥作者的思想意识，而历史著作——一般指记载历史现象的著作（评论性除外）有历史事实的限制，不能任意"创造"，只能根据历史事实提出自己的看法。二、史学著作记载大量的历史事实，虽然不能完整地叙述历史现象的全部面貌，但已为我们了解历史现象、了解中国历史的具体的发展规律提供了很有价值的材料。三、历史家及史著作为我们学习历史、研究历史、整理史料、编纂历史等工作也提供了不少的方法和经验。四、他们当中有很多人写下了很多的历史著作，虽然有很多已亡佚失传，但在史学的发展史上都有一定的贡献，都有一定的功绩。五、对他们的贡献予以批判地继承，对以后的史学发展还有积极的作用。

稿纸(A)25×20=500

62.

第七章　资产阶级史学

（鸦片战争——全国解放前）
1840——1949

自鸦片战争以后，由于清朝政治黑暗腐败，阶级矛盾日益尖锐，加以西方资本主义势力的侵略，中国逐步沦为半封建半殖民地的社会。

在内有封建压迫、外有外国侵略的情况下，一些具有进步思想的学者，积极反对封建制度，反对封建思想，主张变化维新，以挽救国家民族的危机。这种反封建的政治思想，也震动了学术界，激起了反封建的学术思想。梁启超在《清代学术概论》二十中说："鸦片战争以后，志士扼腕切齿，引为大辱奇戚，思所以自湔拔，经世致用之观念之复活，炎炎不可抑。又海禁既开，所谓'西学'者逐渐输入，……于是对外求索之欲日炽，对内厌弃之情日烈，欲破壁以自拔于此黑暗，不得不先对于旧政治而试奋斗。于是以其极幼稚之'西学'知识，与清初启蒙期所谓'经世之学'者相结合，别树一派，向于正统派公然举叛旗矣。"这种反封建的学术思想，自然直接影响到史学领域。一些进步的思想家，在清初经世致用的史学思想的基础上，加以西方资本主义学术思想的影响，反对封建史学思想，推进了史学思想的新发展，为资产阶级史学的建立起了督发、引导的作用。

这些进步的史学思想家极力宣扬历史进化论，反对封建的复古主义及历史循环论，反对封建传统观念，提倡"变"、"新"的思想，为政治上变法维新的主张服务。由于受西方资产阶级思想及资本主义文化的影响，他们的史学思想已含有资本主义因素，成为资产阶级史学思想的先驱。他们的代表人物有龚自珍、魏源、康有为等。

从鸦片战争开始，经过几十年的发展，到了二十世纪初年，中国资产阶级史学才得以建立。

~~龚自珍~~资产阶级史学可分为三个时期：①醖酿——鸦片战争以后到戊戌变法以前。②建立——戊戌变法后到辛亥革命前。③发展——辛亥革命后到解放前。

2.

第一节　资产阶级史学的先驱

一、龚自珍

龚自珍，初名巩祚，又名易简，字璱人，号定庵，又号羽琌山民，浙江仁和（今杭州）人，生于清高宗乾隆五十七年（公元1792年），卒于清宣宗道光二十一年（公元1841年），五十岁。

龚自珍出身于一个读书、做官的家庭。祖父龚敬身，字匏伯，曾任云南迤南兵备道；父亲龚丽正，字暗斋，曾在礼部和国史馆任职，都爱好史学。龚自珍的外祖父段玉裁，是著名的学者。龚自珍自幼读书，十二岁时跟段玉裁学习经学和文字学。从十九岁到二十九岁，搞过考据学、校勘学，写作了大量的诗词和文章。二十七岁（嘉庆二十三年）中浙江乡试举人。二十八岁从著名今文学家刘逢禄学习《公羊春秋》。三十八岁（道光九年）中进士，官内阁中书，以后曾任礼部仪制司主事。四十八岁时辞官，执任江苏丹阳云阳书院讲席。五十岁死于江苏省丹阳县。

「龚氏卒，魏源论其学术曰：“于经通公羊春秋，于史长西北舆地，其文以六书小学为入门，以周秦诸子、吉金乐石为崖郭，以朝章国故、世情民隐为质干，晚犹好西方之书，自谓造深微云。”」（[illegible]）

龚自珍博学多识，除擅长诗、文外，对历史、地理、金石等方面都有研究。他的著作有《定庵文集》、《续集》、《补编》、《别集》等。近经中华书局整理，编为《龚自珍全集》出版。

龚自珍是一位进步的政治思想家和哲学思想家，同时也是进步的史学思想家，在近代思想史上起了重要的启蒙

稿紙(A)25×20=500

3.

作用。他在鸦片战争之前，就揭露封建制度的罪恶，痛斥西方资本主义的侵略，提出了"变通"、"更法"的政治口号，发挥了变法维新的先进思想。他以先进的思想来研究历史，提倡"经世致用"的论调，想借重历史以改革政治，纠正考据学只注意零碎材料而忽略历史大势的弊病。

他研究历史，从道光五年到十三年（1825—1833），经过八年的时间，著成《古史钩沈论》。

他非常重视历史的作用，（承袭章学诚"六经皆史"说，而且先秦诸子也都是史。）说："史之外，无有文字焉。"（《古史钩沈论》）又说："出乎史，入乎道。欲知大道，必先为史。"（《定庵续集》卷一《尊史》一）"灭人之国，必先去其史。"（同上卷二《古史钩沈》二，亦名《尊史》二）"史存而周存，史亡而周亡。"（同上）

他认为历史是在不断变化中发展的~~规律中~~，并以此作为主张"变通"、"更法"的依据，说："自珍少读历代史书及国朝掌故，自古及今，法无不改，势无不积，事例无不变迁，风气无不移易。"（《定庵文集补编》卷三《上大学士书》）

"古人之世，倏而为今之世；今人之世，倏而为后之世，旋转簸荡而不已。"（《释风》，见《龚自珍全集》第128页）

龚自珍还著有《蒙古图志》三十八篇，包括图二十八，表十八，志十二~~，共三十八篇~~。梁启超说："其像教志、水地志、台卡志、字类表、声类表、氏族表，及在京氏族表、册降表、寄爵表、乌梁海志、青海志等，皆有序文见本集中，益深通史裁之作品也。"（《中国近三百年学术史》十五）

龚氏"也注意边疆之地，通蒙古文，尝打算撰蒙古图志三十卷。据他的《拟进上蒙古图志表文》里说，其中有表、有志、有图，对于蒙古的制度沿革、地理形势，分类加以叙述，可惜未成，但已说明他对于边疆很留心研究。他又打算西域设置行省，后来果然实行，足见他的深谋远见。"（《学史和晚清史学的发展》，《中国史学史探研》1981年中华书局出版）

稿纸(A)25×20=500

4.

齐思和：魏源与晚清学风（中国史探研，中华书局1981年4月出版）：
“魏源……八岁受读……年十五，补县学生。年二十，受知于萧山汤金钊，拔充嘉庆癸酉贡生。道光二年，举顺天乡试，冠南籍。八年，入赀为内阁中书，旋南下，寓居扬州。……二十五年成进士，发江苏以知州用，权东台兴化县事。未几补高邮州。为忌者所劾，罢官。咸丰七年卒，葬杭州，年六十四。”

魏源「又辑清代朝章奏议，私人论著，关乎soft时治国者，为《皇朝经世文编》一百二十卷，18贺长龄撰，实出诸先生之手。（清道光七年刊本）其书分八纲：曰学、曰治、曰吏、曰户、曰礼、曰兵、曰刑、曰工。为目六十五，亦清代学政之渊海也。」

二、魏源

魏源，字默深（字汉士，号默深），湖南邵阳人，生于清高宗乾隆五十九年（公元1794年），卒于清文宗咸丰七年（公元1857年），六十四岁。

魏源出身于中小地主官僚家庭，（八岁就入家塾受读）十五岁补县学生，开始研习哲学和历史，二十岁（拔充贡生，二十二岁）到北京后，从著名今文经学家刘逢禄学习《公羊春秋》。“二十八岁（1822）以后的十余年中，先为江苏布政使贺长龄辑《皇朝经世文编》（一百二十卷），继为两江总督陶澍筹议漕运、水利、票盐诸大政，撰《筹鹾篇》等。鸦片战争爆发，……裕谦督浙江防务，魏源为裕谦幕府，数月辞归。”

《筹漕篇》？

（1844年考中进士，）

鸦片战争失败后，魏源于1849年任扬州府兴化县知县，治理农业水利、票盐有功。1851年授高邮州知州。……1853年太平天国农民革命军进军江南，扬州危急，魏源组织地主武装，进行抵抗。旋即辞官，退居兴化。1854年修禅礼佛，汇辑净土四经，法名承贯。后迁居杭州佛寺，1857年病逝。”

十七岁补廪生。
二十六岁（1819，嘉庆24年）中顺天乡试副贡生。
二十八岁（1821，道光元年），又中顺天乡试副榜。
二十九岁（1822，道光二年）以南籍第一人中顺天乡试举人。
三十二岁（1825，道光五年）江苏布政使贺长龄延辑皇朝经世文编。
三十三岁（1826年，道光六年）皇朝经世文编成。
三十五岁（1828）入赀为内阁中书。着手编圣武记。
四十九岁（1842）成圣武记十四卷，刻于扬州。
五十二岁（1845，道光25年）入都补行殿试，以三甲九十三名中道光乙巳恩科进士。发江苏以知州用，权扬州府东台县。
五十三岁丁母忧，居扬州。
五十六岁，服阕，权扬州府兴化县。
五十八岁（1851）授高邮州知州。
六十岁（1853，咸丰三年）被劾罢职。
六十二岁（1855，咸丰五年）侨居兴化。
六十三岁，游杭州，寓居僧舍。
六十四岁（1857，咸丰七年）三月一日卒，葬杭州。

魏源是与龚自珍齐名（的进步思想家），~~同是今文经学家~~，当时并称为“龚魏”。他们本着“经世致用”的目的，在研究古代哲学和历史时都联系当时政治，提出改革的意见。

魏源的著作很多，有《筹鹾篇》、《诗古微》（二十卷）、《书古微》（十二卷）、《董子春秋发微》（七卷）、《两汉今古文家法考》若干卷、《圣武记》（十四卷）、《道光洋艘征

5

稿纸(A)25×20=500

抚服记》、《海国图志》一百卷、《元史新编》九十五卷等。"他的经篇单作，编为《古微堂集》。《古微堂集》分为内集三卷，外集七卷。……内集包括《默觚》上中下三篇，……魏源的唯物主义的哲学思想和进步的历史观基本上都表现在《默觚》之中。""中华书局以《古微堂集》为基础，又加上一些原来未刊印的论文，编为《魏源集》。"

魏源是一位进步的政治思想家和哲学思想家，同时也是一位进步的史学思想家。他的主要历史著作是《圣武记》、《默觚》、《古微》、《海国图志》、《元史新编》。

《圣武记》十四卷，"1842年刊行，至1846年重订两次。"道光二十六年古微堂重刻定本。此外翻本甚多。"叙述清朝建立至道光年间的军事历史，并记述多项军事制度。其中一部分为镇压农民起义的记载。1878年申报馆排印本增入魏氏遗著《道光洋艘征抚记》。"梁启超在《中国近三百年学术史》十五中评论此书说："默深观察力颇锐敏，组织力颇精能，其书记载虽间有失实处，固不失为一杰作。"《圣武记》以清初军事历史歌颂清初武功，激励人心，奋发图强，希望中国强盛起来，不受外国殖民主义者的侵略。他……反复强调历史进化观点和社会改革思想，说"小变则小革，大变则大革。小革则小治，大革则大治。"（《圣武记》卷七《雍正西南夷改流记》下）

"魏源关于当代史之名著为圣武记。据魏氏自序，此书材料之蒐集，始于其官内阁中书之时。……至道光二十二年九月，英人订约之时，盛衰之迹代，遂排比而成书。自记谓"是记当海疆不靖时，索观者众，随作随刊。未遑审阅。阅二载重订于扬州。"有增订者，有重作者。其后又有《道光洋艘征抚记》，则先生卒后，始补入焉。（光上海申报馆排印本）是书依据官家方略，私人记载，删繁就简，疏而不漏。文辞亦简明有法，颇便披览。此书既出，一般学者始晓然于清朝开国以来数十大事之始末。……先生撰著此书之目的不在考古，而在于究本朝盛衰之由，兴替之迹，所以讲求拨乱之道，匡时之策者也。故其书前十卷叙事，后四卷则作者之议论。于练兵之方，整军之策，筹饷之法，应敌之略，讲之尤详。虽其所论，未必俱能施之实行，然先生之志，固在察古以知今，治学以致用也。"（齐思和：魏源与晚清学风）

「魏源之学以致用"，他深慨"士大夫不讨掌故，道听途说，其究至于贻误于国家"（圣武记卷十一）。所以他对于本朝的掌故，尤其留心。他亲眼见到鸦片战争的失败，和金陵条约的缔结，他因愤激郁闷，遂作了圣武记十四卷，托始于清朝的勃兴，迄于嘉庆朝对白莲教起义的镇压，以推清代国运盛衰，用兵成败的道理。末更讲兵饷和筹饷取吏的方法，是关于清代掌故的一部奇书。他又编了一部经世文编一百二十卷，专辑录清代有关经世致治的重要文字，以供时人的参考。魏源对于当时的财赋、水利、漕运、外交诸大问题，都有深刻的研究，对于当时盐法的改革有极大的贡献。他这种学以致用的精神，对于"知古而不知今"，专攻史而不能修史的汉学家风气，是一个很重要的转变。」（齐思和：晚清史学的发展，中国史学论集，1981年中华书局出版。）

稿纸(A)25×20=500

6.

海国图志「原本五十卷，最后扩为百卷。卷一卷二为筹海篇，纵论应敌之策略也。……次为图，凡二卷，曰海国沿革图，则自汉、唐以迄元明，史志涉海国之图也。曰地球正背面图，……曰亚细亚洲各国图，曰利未亚（即非洲）各国图，曰欧罗巴洲各国图，曰亚墨利加洲各国图，为图凡六十四，……图则整依经纬训而绘者。此在当时实为最详尽之世界舆地。……第三部为各国分述，凡六十六卷（自卷五至卷七十），首南洋、印度，次非洲，次欧洲，次南北美洲，而尤详于南洋印度与英吉利。……第四部为表。为表三：曰南洋西洋各国教门表，表列各国宗教。曰中国西洋历法异同表，以道光十八年至二十年之中西历对照，盖据西人之月份牌。……曰中国西洋纪年通表，表自汉平帝元始元年（公元元年）至道光二十一年（1841）中西对照年表，按以中西纪年相对照，在中国此为第一次。第五部为舆地总论。……第六部为筹海总论，辑录各家关于沿海形势及筹海方略之论说。第七部为夷情备采，辑录澳门月报，与林则徐所译之华事夷言。末附铸炮图说、水雷图说、战舰图说，可以师夷长技以制夷者也。则此书不惟言外海史地，实集当时关于新学之大成，可谓当时之新学百科全书。"（齐）

魏源于道光二十一年（1841年）六月开始编撰《海国图志》，次年（1842年）十二月成五十卷。道光二十六年（1846）至二十七年（1847）增补为六十卷。咸丰二年（1852）又增补为一百卷。「源依据中外资料，增补整理，成海国图志五十卷，以为筹洋制敌之助。其书成于道光二十二年九月，即江宁条约之后一年也。其书既出，风行一时，至道光二十七年扩为六十卷。至咸丰二年补成一百卷，刊于扬州。」（齐思和）

《海国图志》是中国人最早编撰的有关世界地理、历史的系统知识的一部书，它的资料，"一据前两广总督林尚书（则徐）所译西夷之《四洲志》，再据历代史志及明以来岛志及近日夷图、夷语。"（《海国图志叙》）

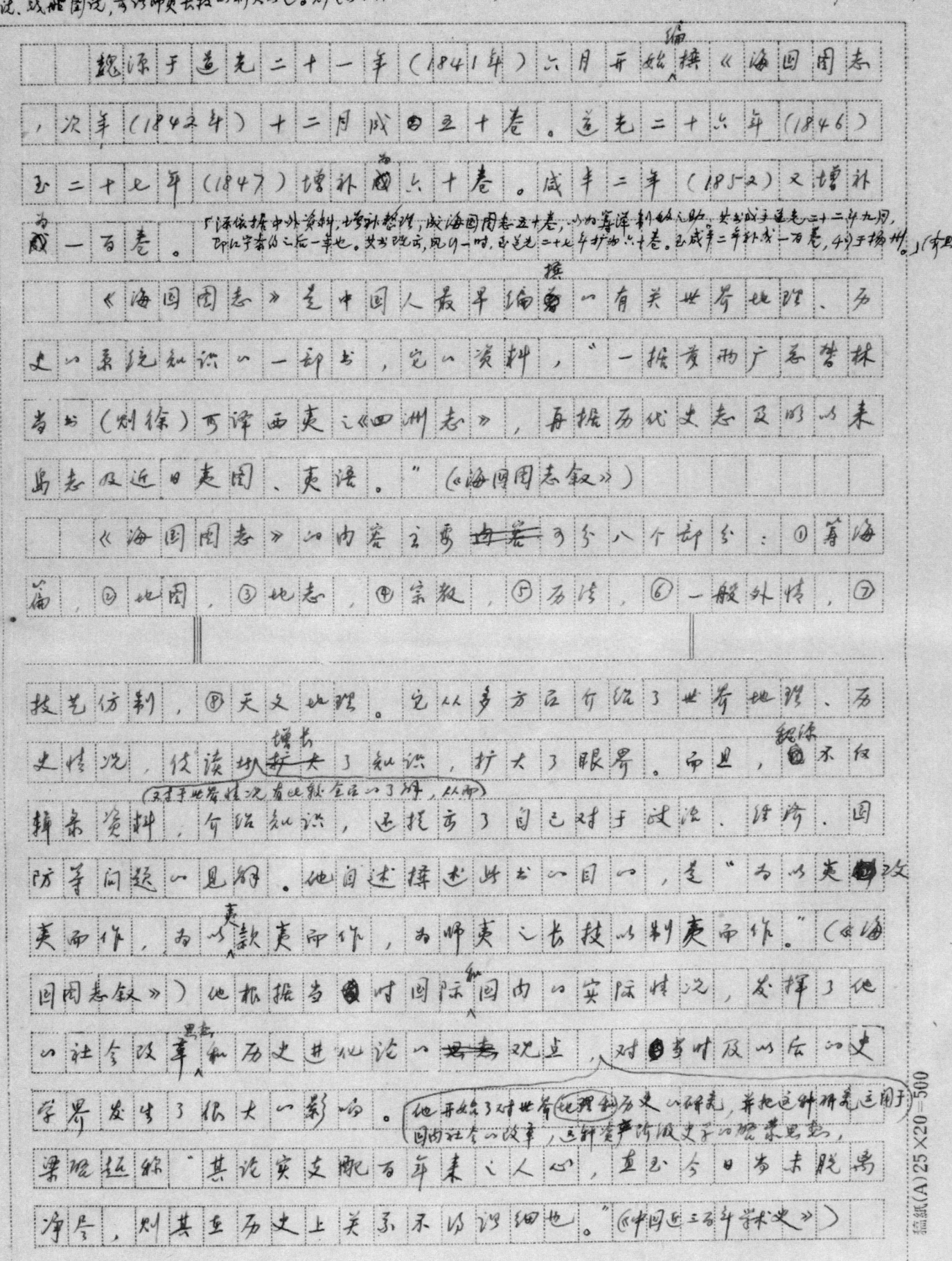

《海国图志》的内容主要可分八个部分：①筹海篇，②地图，③地志，④宗教，⑤历法，⑥一般外情，⑦技艺仿制，⑧天文地理。它从多方面介绍了世界地理、历史情况，使读者对于世界情况有比较全面的了解，从而增长了知识，扩大了眼界。而且，魏源不仅辑录资料，介绍知识，还提出了自己对于政治、经济、国防等问题的见解。他自述撰述此书的目的，是"为以夷攻夷而作，为以夷款夷而作，为师夷之长技以制夷而作。"（《海国图志叙》）他根据当时国际和国内的实际情况，发挥了他的社会改革思想和历史进化论的观点，他开始了对世界地理和历史的研究，并把这种研究运用于国内社会的改革，这种资产阶级史学的萌芽思想，对当时及以后的史学界发生了很大的影响。梁启超称"其论实支配百年来之人心，直至今日尚未脱离净尽，则其在历史上关系不得谓细也。"（《中国近三百年学术史》）

「魏源因从前史地之研究而及于元史，盖蒙古曾征亚欧，外国史之研究，至以与元史相印证也。其海国图志即有《元代征西图》，序曰："后治海国图志，乘涉元史，……遂成一图四表，以弥缺憾。"此遂引起其研究元史之动机。遂数年而成元史新编九十五卷，三十二册。自序谓："予修海国图志之馀，得英吉利所述五印度、俄罗斯元裔之始末，搜讨旧史，是废日力于斯，……旁搜四库中元代文集数百种及元秘史，芟其芜，整其乱，补其漏，正其诬，阐其幽，文其野，讨论参酌，数年于兹，始有脱稿。"亦可见著作之由与搜讨之勤矣。」(齐思和：魏源与晚清学风)

「魏源乃以邵(远平)书为蓝本，并益以钱(大昕)、汪(辉祖)诸氏之考订，综括之结论，就《元史》删其繁芜，补其阙漏，订其讹误，成元史新编一书，乃改造元史之第一部较为成功之著作也。(是书为魏氏晚年所作，未成而卒，书中有目无书，或全用旧史未及删加盖完之处甚多。)其书为本纪十二(十四卷)，列传四十二(42卷)，表五(七卷)，志十一(32卷)共九十五卷。……魏氏所以有此，其叙可知，且其书网罗旧闻，博益新说，实集道光以前人元史研究之大成，而于元代河工、漕运、钞法诸大政及其盛衰之理，推论尤详，盖作者欲藉旧史以明治道，非徒考证笔削而已也。……作者以一人之精力，数年之时间，成此伟大之著作，……晚清西北史地研究之风气，盛极一时，先生提倡之功，有不可没者焉。」(同上)

"继《海国图志》之后，魏源又于道光间撰《元史新编》九十卷，企图以'元亡之鉴'，提醒清贵族，在民愤日增的形势下，不要不平等的对待汉族地主，从而造成统治阶级内部分裂而消弱了统治力量，期以建立巩固的满汉地主联合政权，共同对付农民革命。""他通过元代史事评论说：'太宗功业莫大于灭金，定中原，以终太祖之志。虽然，使金无可亡之道，元岂能亡之哉？'(卷三太宗纪)""元史新编尚未完稿，太平天国农民革命便爆发了。他深切感到清廷政权已临到危亡关头，因此，心绪益坏，草草结尾。最后一篇序文，便是在太平革命的第三年江南危急时草拟的。"

梁启超在《中国近三百年学术史》十五中说："魏著讹舛武断之处仍不少，盖创始之难也。但舍了其内容而论著作体例，则吾于魏著不能不倾服。彼一变旧史'一人一传'之形式，而传以类从。(其传名及篇目次第为……太祖平服各国、……开国四杰、……开国武臣、开国相臣、开国文臣、平金功臣、……治历治水漕运诸臣、……中叶相臣……等)但观其篇目，即可见其组织之独具别裁，真实当可谓'传事与传人相兼'，司马迁以后未或行之也。故吾谓魏著无论内容罅漏多至何等，我国史家创作，在斯界永留不朽的价值矣。"

8

稿纸(A)25×20=500

“势则日变而不可复者也。”（默觚下·治篇五，内集卷三）
“虽太古圣王，不能使甲兵之世复还于无甲兵，……不能使刑狱之世复还于无刑狱。”（默觚下·治篇十四，内集卷三）

魏源主张历史进化论，认为历史是不断变化地向前发展的。他在《书古微》、《默觚》等著作中列举历史事实，说明在政治、选举、赋税等制度上都是在变化中进步、发展的。他说：“秦起戎翟，以并天下，则知天下大势所趋，圣人即不变之，封建亦必当自变。”（《书古微》卷十一《周书顾命篇发微》）“租庸调变而两税，两税变而条鞭，变古愈尽，便民愈甚。”（《默觚》下《治篇》五）他认为“在政治制度上，由分封制度到郡县制度（由贵族政治到官僚政治）；在选举制度上，由察举制度、门阀制度到科举制度；在赋税制度上，由租庸调制到两税法到一条鞭，都是越变越进步，都是后胜于昔、古。”因此，他反对复古主义，提倡变法以进行社会的改革，说：“天下无数百年不弊之法，无穷极不变之法，无不除弊而能兴利之法，无不易简而能变通之法。”（《筹鹾篇》）

“魏源依据传统的春秋公羊三世说编制了一套所谓三世说历史进化理论。他在《论老子》中把公羊三世说作太古、中古、末世的解说。具体论述中国历史发展阶段时，他说：‘夫治，始黄帝，成于尧，备于三代，歼于秦。’他以黄帝、尧、舜时为太古，三代为中古，春秋战国进入末世。”

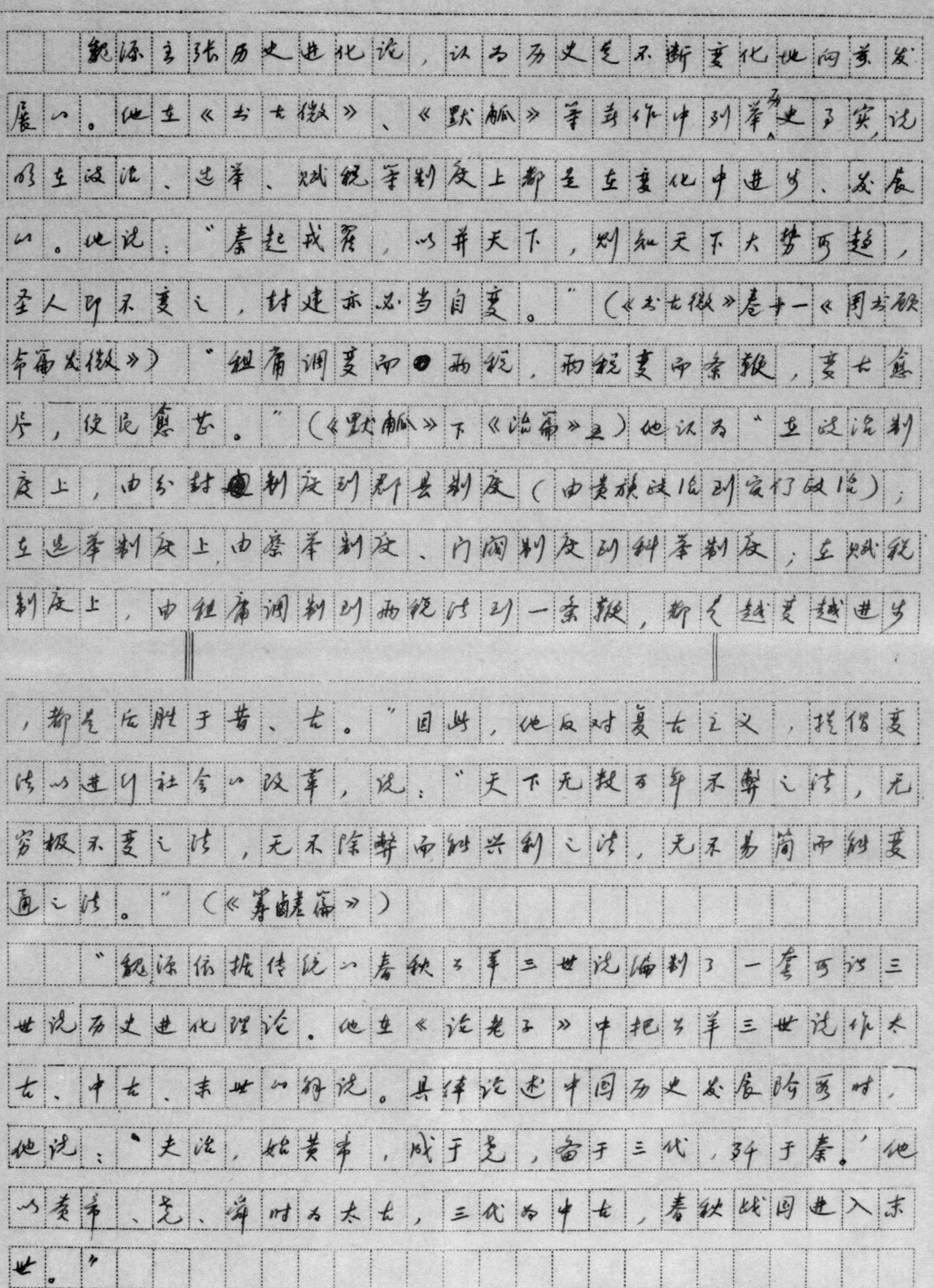

稿纸(A)25×20=500

三、康有为

康有为，原名祖诒，字广厦，号长素，广东省南海县人，生于清文宗咸丰八年（1858），卒于民国十六年（1927），七十岁。

康有为出身于地主官僚家庭，自幼学习儒家经籍以及诸子百家之书，青年时期又崇尚经世致用之学，广泛阅读有关西方资本主义国家的历史、地理与自然科学的著作，接受了西方资产阶级的哲学、史学思想与政治观点。

光绪十四年（1888），康有为在北京第一次给皇帝上书，提出变法维新的主张。光绪十六年（1890）他开始在广州云衢书屋（1891年转长兴里，1896年移"万木草堂"）收徒讲学，宣传变法维新的思想和主张。

光绪二十一年（1895），康有为三十八岁，到北京参加会试，适值中日议和，签订《马关条约》。康有为先联合广东、湖南两省举人，到都察院上书反对割地求和的条约，接着又联合全国十八省举人共一千三百余人，上书皇帝，反对割地求和，主张对日抗战，提出变法维新以进行政治改革的办法，这就是著名的"公车上书"。"公车上书"后，康有为考中进士，又连续两次上书光绪皇帝，陈述富国强兵的策略，受到皇帝的赏识，并与清廷一些大臣及高级官吏时相过从，商谈救国大计。

梁启超：《康有为传》（饮冰室文集卷九）：
"今日中国所相需最殷者，非先时之人物而已。……是故欲为南海先生传，……凡先时之人物所最不可缺之德性有三端：一曰理想，二曰热诚，三曰胆气，三者为本，自余则皆枝叶焉耳。先时人物者，实过渡人物也，其精神专注于前途，以故其举动或失于急激，其方略或不适于用，常有不能如评者。……先生……幼受教育于大父，每诵读，过目不忘，……七岁能属文，有神童之目。……年十八，始游朱九江先生之门，受学焉。九江者，名次琦，字子襄，粤中大儒也。其学根柢于宋明，而以经世致用为主，研究中国史学历代政治沿革得失，最有心得。……先生从之游凡六年，而九江卒，其理学政学之基础，皆得诸九江。九江卒后，乃屏居独学于南海之西樵山者又四年，其间尽读中国之书，而其发明最多者为史学，究心历代掌故，一一考其变迁之故，得失之林，下及考据词章之学，……既又潜心佛典，深有所悟。……既出西樵，乃游京师，其时西学初输入中国，……及道香港、上海，……乃悉购江南制造局及西教会所译出各书尽读之。……先生之游历，凡五六年，北出山海关，登万里长城，南游江浙，以中原，东谒阙里，谒孔林，踪迹于燕齐、楚、吴、荆、襄之间，察其风土人物，交其士大夫，西泝江峡，游桂林，畴昔山中所修养者，一一案之经历实验，学乃益进。先生以为欲任天下之事，开中国之新世界，莫亟于教育。乃归讲学于粤城，岁辛卯，于长兴里设学舍焉，余与先生之关系，实始于此。……乃尽出其所学，教授弟子，以孔学、佛学、宋明学为体，以史学、西学为用，其教旨专在激厉气节，发扬精神，广求智慧，中国数千年无学校，至长兴学舍，虽其组织之完备，万不逮泰西之一，而其精神则未多让之。其见于形式上者，如音乐至兵式体操诸科，亦皆属创举。先生讲学于粤凡四年，每日在讲堂者四五点钟，每论一学，论一事，必上下古今，以究其沿革得失，又引欧美以比较证明之。……后又讲学于桂林，其宗旨方法，一如长兴。……甲午以后，遂开强学会于京师，一时张之洞、袁世凯之流，皆赞成焉。不数月，而被封禁，然自此学会之风遍天下，一年之间，设会百数，学者不复以此为大戒矣。强学会之开也，余与其役。……自光绪十五年，即以一诸生伏阙上书，极陈时局，请因时变法以图自强，书格不达。甲午败后，又联合公车千余人，上书申前议，亦不达，此所谓公车上书是也。自此以后，四年之间，凡七上书，其不达也如故，其频上也如故，一世非笑也，而今上皇帝[illegible]，[illegible]特拔，遂有戊戌维新之局。"（孔子二千四百五十二年十一月九日，梁启超记于日本横滨山下町之饮冰室。）

《康南海自编年谱》：同治元年五岁，……能诵唐诗数百首。……六岁，从番禺简侣琴先生凤仪读大学、中庸、论语并朱注孝经。……八岁，[诵经书]始学为文。……十岁，……复从简先生，时（学易、礼）诵经读毕，学为文矣。……十一岁，……始览纲鉴而知古今，次观大清会典、东华录而知掌故，遍读明史、三国志。……兼阅邸报，览知朝事。……十二岁，……除史之外，竟日杂览群书。……十四岁，……始就童子试。……十五岁，……再试童子试不售。于时专学为八股小径文，性不好也。……仍纵观说部、集部、杂史。……十六岁，……时好览经说、史学、考据书，然以毛西河集读之。……十七岁，……始见瀛环志略、地球图，知万国之故，地球之理。……十九岁，……乡试不售。……是有大儒朱九江先生，讳次琦，字子襄者，……乃往从之学。……既从先生学，未明而起，夜分乃寝，日读宋儒书及经说、小学、史学、掌故、词章，兼综而并骛，日读书以寸记。……于时读钱辛楣全集、赵瓯北廿二史劄记，日知录，国学纪闻，意气激昂，议论奋起。……二十一岁，在九江礼山草堂从九江先生学，大肆力于群书，攻周礼、仪礼、尔雅、说文、水经之学，楚词、汉书、文选、杜诗、徐庾文，皆能背诵。九江先生执朱子之风，[illegible]先生[illegible]，故尤肆力焉。……其秋冬时，四库要书大义，略知其概。……二十二岁，以西樵山水幽胜可习静，遂入樵山，居白云洞，专讲道佛之书。……既而得西国近事汇编、李圭环游地球新录及西书数种览之，薄游香港，览西人宫室之瑰丽，道路之整洁，巡捕之严密，乃始知西人治国有法度，不得以古旧之夷狄视之。乃复阅海国图志、瀛寰志略等书，购地球图，渐收西学之书，为讲西学之基矣。……二十三岁，……是岁治经及公羊学，……二十四岁，……日读宋元明学案、朱子语类，于海幢华林读佛典颇多，……读宋儒之书，若五朝名臣言行录、朱子全集尤多。……二十五岁，九江先生卒。……读完全元明史及东华录，以为日课。五月顺天乡试，借此游京师。……既还，道经扬州、镇江，……道经上海之繁盛，益知西人治术之有本。舟车行路，大购西书以归讲求焉。十一月还家，自是大讲西学，始尽释故见。二十六岁，……购万国公报，大攻西学书，声、光、化、电、重学及各国史志，诸人游记皆涉焉。……二十八岁，从事算学，以几何著人类公理。……乃手定大同之制，名曰人类公理。……三十一岁，……张延秋编修招游京师，试顺天乡试，五月遂决行。……三十二岁，九月出京。……三十三岁，……八月，梁启超来学。……乃与陈千秋、梁启超辨析学术源流，三十四岁，始开堂于长兴里，讲学，……与诸子日夕讲业，大发求仁之义，而讲中外之故，救中国之法。……七月，新学伪经考刻成，陈千秋、梁启超助焉。……三十五岁，移讲堂于粤城卫边街邝氏祠，学者渐众。……以孔子改制考体裁博大，选同学诸子分纂焉。……三十六岁，……应乡试，中式第八名。……三十七岁，二月十二日与卓如同入京会试，……五月……伤足，遂南归，六月到粤。……以春秋董氏学及孔子改制考。三十八岁，……偕卓如、梁小山入京，……鼓动粤中公车，上折拒和议，湘省人应之，……粤中同应，粤士八十余人，联名会奏。……中进士第八名。……引见，授工部主事，……不到署。……三十九岁，讲学于广府学宫万木草堂。……十月，与澳门何穗田、曹为霖创知新报。……四十岁，……六月还粤讲学。……四十一岁，正月卯二十日呈请代奏上书，……天下人伏阙，……九月十二晚……一岁……

外，还联合一些官吏及知识分子成立强学会，~~三、康有为~~创办《中外纪闻报》，积极

~~康有为，原名祖诒，字广厦，号长素，广东南海人。生于清咸丰八年（1858），卒于民国十六年（1927），七十岁。~~

~~出身于地主官僚家庭，自幼学习古代典籍，青年时期崇尚陆王心学。~~

~~广泛阅读近代各学及有关西方历史地理书籍。~~

~~康有为于光绪十四年（1888）初到北京，参加顺天乡试，未被录取，上书请变法，格不达。光绪二十一年（1895），中日和议成，集各省举人上书请拒和、迁都、变法三事。是年成进士，复独自上书。南还，于上海开强学会。光绪二十三年（1897），胶变起，适有为又赴京，上书陈事变之急。翌年（1898）戊戌，有为上疏，论变法须统筹全局。又立保国会于京师。~~

进行变法维新的宣传组织活动。不久，康氏又到上海组织成立强学会，并出版《强学报》。光绪二十三年（1897），德国强占胶州湾，适有为又到北京，上书陈事变之急。光绪二十四年（1898）（戊戌），康氏组织成立保国会。是年"从六月十一日光绪下诏决定变法起，到九月二十一日戊戌政变发生止，共计一百零三天，这就是昙花一现的"百日维新"运动。

戊戌政变发生后，康有为由天津乘烟台逃亡香港再到日本。"自是亡命海外，作汗漫游者十六年，足迹所至遍十三国。组保皇党，与革命党相抗衡。民二（1913）归国，创刊《不忍杂志》，唱虚君共和之说。民六，结张勋谋复辟，事败，避居美使馆，著《共和平议》一书。所著书有《礼

稿纸(A)25×20=500

11

运注》（1884，27岁）、《人类公理》（1886，29岁）、《新学伪经考》（1891，34岁）、《孔子改制考》（1894，37岁）、《春秋董氏学》（同上）、《中庸注》（1900，43岁）、《春秋笔削大义微言考》（1901，44岁）、《孟子微》（同上）、《论语注》（1902，45岁）、《大学注》（同上）、《大同书》（该书在戊戌前，1884年即已着笔，其后陆续增补，直到逝世尚未整理完成。）等。

在康有为的主要著作《礼运注》、《新学伪经考》、《孔子改制考》、《大同书》等书中，都发表了历史进化论的观点，反对封建主义，反对复古主义，孕育着资产阶级史学思想。

在《礼运注》一书中，"有一段历述人类社会生活进化的史实，认为人类社会历史时刻变易着，自古到今，由野蛮到文明，不断地向前进化。"他根据《春秋公羊传》的"三世说"，把人类社会历史分为据乱世、升平世、太平世三个阶段。"他在《礼运注叙》中，认为三世进化必须循序而行，'不可躐等'，'不可乱次'，'不可无翼以飞'。"

他把中国历史分为三世：①据乱世—酋长制—秦以前；②升平世—君主制—汉至明清；③太平世—共和制—即将进入。这是历史进化论学者第一次揭示的历史发展规律，历史分期。

"《新学伪经考》是康有为的第一部理论著作，于1891年刻板刊行。""康有为站在今文经学的立场，经过多方论证，说古文经是刘歆帮助王莽篡汉而伪造出来的。所以，他把古文经学称为'新学'，即王莽一新朝之学，以此来打击古文经学，说它不是……真经，而是伪经。……他把封建统治阶级长期以来奉为神圣不可触犯的儒家经典，宣布为一堆伪造的古董，这不能不引起封建顽固派的仇视和惊恐，从而在当时的思想界引起了一场政治风波。……这就为被儒家思想桎梏着的人们，开辟了思想解放的途径。"

"《孔子改制考》21卷，是《新学伪经考》的姊妹篇，是1892年开始撰写，1896年定稿，1897年在上海刊行的。这部著作……提出和论证了历史进化论的观点。……康有为于1896年阅读了严复所译《天演论》草稿，吸收了西方进化论思想，结合儒家'法后王'的主张，附会公羊学派的'张三世'说，提出据乱世、升平世、太平世的三世进化说，认为后一阶段都比前一阶段进步，历史愈来愈进步。……康有为发挥了'托古改制'的思想，……说：被儒家奉为经典的'六经'，都是孔丘为了改变当时的社会现状，按照自己的政治思想假托古人的言论写出来的，这说明孔丘是托古改制的鼻祖，'六经'是托古改制的范本。""照康有为看来，

「康据史记·河间献王传、鲁恭王传不载得古文经之事，遂以古文经皆刘歆所伪造以媚王莽的。……他有一番议论，因为他主张变法，他作了一部新学伪经考，认为古文经典全是假的。又著了一部孔子改制考，又认为今文的经典中所记载也完全靠不住，因为孔子要改制，又不得不造出这一大篇谎话。所以这书的第一篇便是《上古茫昧无稽考》，他直是认孔子以前无历史！依他的说法，中国历史至少须缩短两千年。」（常乃悳：晚清史学的发展）

「今文家引起了疑古辨伪的风气。今文家因为不相信古文家的经典和传说，所以他们认为古文家特有的经典和传说都是伪书。到了康有为作新学伪经考，直指凡与古文家说有关的一切书，都是刘歆所伪撰。他这种说法，固未必可信，但自今文家挑出了一大串伪书，于是大家对于辨别古书的信念，发生了动摇。……一般学者在辨伪古书方面的态度，作为研究历史的初步，这种风气，一方面固然受了西洋史学方法的影响，一方面也是受了今文家的启示。所以今文家的主张虽然不免偏激武断，今文家之学早已成为陈迹，但对于现代史学界的发展，则有重大的影响。'五四'以后的'古史辨'运动，实在是〔直接受〕今文运动的刺激。」（常同上）

稿纸(A)25×20=500

孔子《春秋》旨在"托古改制"；托以发义，"在义不在事"。所载事迹全是假托，"一切皆托"。所载尧及夏商周三代事，全出于"托"。……照康有为看来，《春秋》非史书，孔子非史家，乃救世圣人或教主。他把六经中所载有关尧、舜、文王等古史置于不可知的疑雾中，把六经的史料价值完全抹掉了。而且，不仅认为六经为孔子托古改制之作，并认[illegible]所有先秦诸子如《墨子》、《老子》……以及《吕氏春秋》等等，亦皆诸子托古改制之作，书中所载古史皆不可考。……先秦六经和诸子书中所载伏羲、神农、黄帝、颛顼、尧、舜以及夏、商、周三代历史，完全茫昧不可考。""《孔子改制考》……主旨固

在于论定孔子托古改制说，但其中贯彻了"上古茫昧无稽"的怀疑古史，乃至否定古史的可信疑古思想，……也是康有为的古史观发挥得最为详尽集中的一部史学著作。康有为认为历史越变越进步，太古人类是野蛮的，后来才逐渐进化到文明时代。他汇集了过去典籍中所载有关上古历史传说不可信、不可知等的文字，加以考证、阐释，以论定其秦以前太古、尧、舜、三代历史是不可考的"上古茫昧无稽"之说。康有为这种疑古言论，虽然不少是出于牵强附会，不尽可靠，并且把古史研究引导到不可知论的迷途上去，但他揭发了封建正统史学的许多伪书伪史，在近代史

稿纸(A)25×20=500

学史上起有重大的启蒙作用。”

“康有为还于1884—1887年间写了《人类公理》一书，1901—1902年，他在流亡印度期间，把《人类公理》修改成《大同书》。《大同书》是康有为混合公羊学派的‘三世说’、《礼记》的‘小康’和‘大同’说、佛教的慈悲平等说、卢梭的天赋人权说、耶稣的博爱说，吸收了西欧一些空想社会主义思想，拼凑、臆造而成。大同书共分十部，第一部‘入世界观众苦’，揭示了半殖民地半封建社会中人生的各种苦难。……其余九部具体地描绘出他所幻想的‘天下为公，无有阶级，一切平等’的‘大同之世’。”

“大同书大量地引证了欧美资本主义国家的各种制度、风俗、习惯”，并“对西方资本主义的私有制提出了批评，主张废除生产资料私人所有制。”

“康有为的历史观，便是从西汉以来中国传统的春秋公羊学承续、发展而来的公羊三世说历史进化观点，对当时及其后世的一些资产阶级史学家起有深远的影响，在中国近代史学史中占有重要的地位。。”“三世说本是东汉末年何休公羊传注中所提出的一种对历史演变的看法，内容很简单，而且也没有在历史上发生过重大的影响。康有为将当时从西方介绍进来的一种资产阶级历史观及进化论与三

稿纸(A)25×20=500

15

世说相附会，成为一个比较有系统的学说，作为要求变法改制的理论根据。……他认为人类社会的进化是由据乱经升平而入太平，由酋长经君主专制而进入共和。……这样，康有为的历史观在理论上改变了长期来在中国占统治地位的复古主义和循环论，在政治上直接论证了变法改制的必要性。"

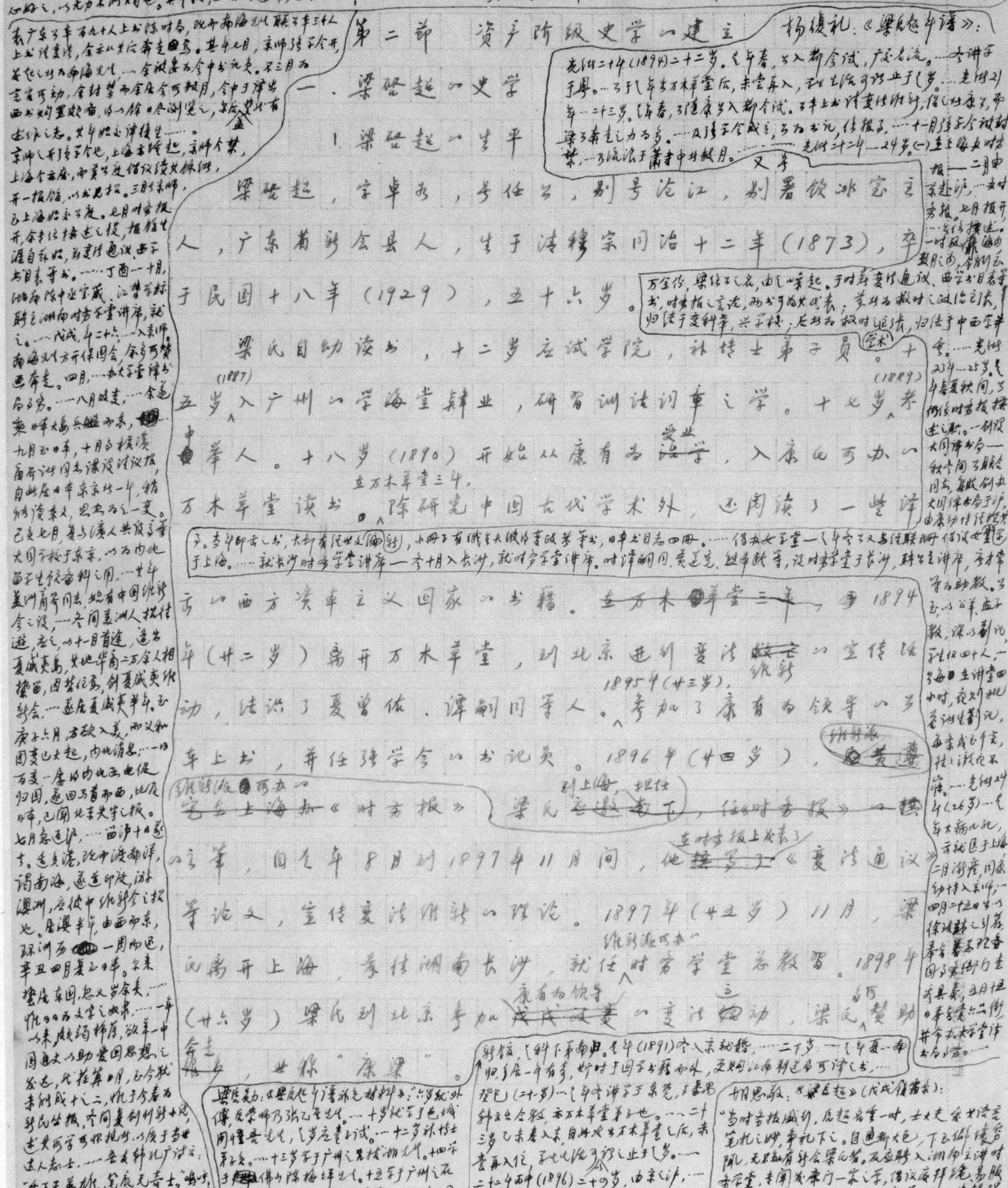

第二节　资产阶级史学的建立

一、梁启超的史学

1. 梁启超的生平

梁启超，字卓如，号任公，别号沧江，别署饮冰室主人，广东省新会县人，生于清穆宗同治十二年（1873），卒于民国十八年（1929），五十六岁。

梁氏自幼读书，十二岁应试学院，补博士弟子员。十五岁（1887）入广州的学海堂肄业，研习训诂词章之学。十七岁（1889）中举人。十八岁（1890）开始从康有为受业，入康有为办的万木草堂读书，在万木草堂三年。除研究中国古代学术外，还阅读了一些译述的西方资本主义国家的书籍。1894年（廿二岁）离开万木草堂，到北京进行变法维新的宣传活动，结识了夏曾佑、谭嗣同等人。1895年（廿三岁）参加了康有为领导的公车上书，并任强学会的书记员。1896年（廿四岁）维新派在上海办《时务报》，梁氏到上海，担任《时务报》的主笔，自是年8月到1897年11月间，他在时务报上发表了《变法通议》等论文，宣传变法维新的理论。1897年（廿五岁）11月，梁氏离开上海，前往湖南长沙，就任维新派所办的时务学堂总教习。1898年（廿六岁）梁氏到北京参加康有为领导的变法运动，梁氏协助康有为，世称"康梁"。

梁启超：《三十自述》（饮冰室文集）："四五岁就王父及母膝下授四子书诗经，夜则就睡王父榻，……六岁后就父读受中国略史，五经卒业。八岁学为文，九岁能缀千言，十二岁应试学院补博士弟子员，……十三岁始知有段王训诂之学，大好之，……十五岁……肄业于省会之学海堂，堂为嘉庆间前总督阮元所立，以训诂词章课粤人者也。……己丑年十七举于乡，……年十八计偕入京，……下第归，道上海，从坊间购得《瀛环志略》，读之始知有五大洲各国，且见上海制造局译出西书若干种，心好之，以无力不能购也。其年秋，始交陈通甫，通甫时亦肄业学海堂，以高才生闻。……于是乃因通甫修弟子礼事南海先生。……先生乃教以陆王心学，而并及史学西学之梗概，自是决然舍去旧学，自退出学海堂而间日请业南海之门，生平知有学，自辛卯始。辛卯余年十九，南海先生始讲学于广东省城长兴里之万木草堂，徇通甫与余之请也。先生为讲中国数千年来学术源流，历史政治沿革得失，取万国以比例推断之。余与诸同学日劄记其讲义，一生学问之得力，皆在此年。先生又常为语佛学之精奥博大，……。先生为著《公理通》、《大同学》等书，每与通甫商榷，辨析入微，同学皆多有著作之心。……。甲午年二十二，客京师，于京国所交士大夫……六月日本战事起，……啟益读译书，治算学、地理、历史等。明年乙未，和议成，代表广东公车百九十人上书陈时局，既而南海先生联公车三千人上书请变法，余亦从其后奔走焉。其年七月，京师强学会开，……余被委为会中书记员。不三月而……西书购置略备，得以余日尽浏览之，……余……有……述作之志。……丙申……二月……上海……《时务报》……"

杨复礼：《梁任公年谱》：光绪二十年（1894）二十二岁。是年春，与入都会试，广交名流。……先生……乙未年三月……乙未二十三岁……是年上书请变法……十月……强学会……

吴天任：《梁任公先生年谱》……

吴其昌：《梁启超》（戊戌维新时代）……

毛鸿勋：《梁启超年谱补充材料》："六岁就外傅，受业师乃张乙星先生。……十岁就学于白城周惺吾先生，是岁应童子试。……十二岁补博士弟子员。……十三岁学于广州之吕拔湖先生。十四学于佛山陈梅坪先生。十五学于广州之石星巢先生。……十六岁入学海堂为正班生，同时又为菊坡精舍、粤秀书院、粤华书院之院外生。光绪十五年己丑，十七岁，举于乡，榜列八名。……十八岁庚寅赴春闱，……会试不第南归。是年（1891）学入京就婚，……二十岁，……是年夏……归乡居一年有奇，始时于图书馆办外，更购江南制造局所译之书，……癸巳（二十一岁）……是年曾讲学于东莞，……二十三岁乙未春入京，自此次与万木草堂之后，未尝再入住，学也仅仅于此几岁。……二十二年丙申（1896）二十四岁，由京……沪，……办时务报，……七月，时务报出版，……二十三年……是年冬入长沙，讲学于时务学堂。……"

胡思敬：《梁启超》（戊戌履霜录）："当时吾楚风气，启超名重一时，士大夫……笔札之妙，争礼下之。自通都大邑，下至僻壤穷陬，无不知有新会梁氏者。及应聘入湖南主讲时务学堂，……南……一宋之学，……色、柳君权、仲尼权，湖湘……，为……樊锥、戴德诚等，皆为所惑。"

17

1898年9月戊戌变法失败后，梁氏逃往日本，在横滨创办《清议报》。一年之后，游历檀香山、南洋、澳大利亚等地，1901年复回日本。又创办《新民丛报》、《新小说》两个刊物。1903年，应邀到美国游历了十个月，写成《新大陆游记》一书。从美国回到日本后，又写了大量的著作。1910年创刊《国风报》。

1911年10月辛亥革命后，梁启超从日本回国，到了北京，又开始了政治生活。先是组织民主党，又创立进步党，创立《庸言报》。

1913年，任袁世凯总统下熊希龄内阁的司法总长，但为时不久，熊氏倒台，梁氏也辞去职。

1914年，袁世凯设币制局，任梁氏为总裁，不久辞职，任参政院参政。

1915年，创办《大中华》月刊。

1915—1916年，参加反袁护国战役，到了云南。

1917年，冯国璋为大总统，梁氏任段祺瑞内阁的财政总长兼盐务署督办，但因不能施展他对于财政上的抱负，不久去职。自此以后，不再做官。这时梁氏四十五岁。

1918年~~12月~~，第一次世界大战结束，在巴黎开和平会议，梁氏于12月由上海乘船赴法，任中国全权顾问，会后

稿纸(A)25×20=500

至法、英、意大利、瑞士等国游历，经过一年多时间，于1920年春天回国。

梁启超自1920年由欧洲回国后，即完全脱离政治生活，专心从事著述。计从回国后到1922年10月头，在两年多的时间，写出了约有一百万字的文章。

从1925年起，在北京清华研究院讲学，任文史导师，专究史学。

1929年1月19日，因病逝世于北京协和医院，56岁。

梁氏博学多识，勤于写作，一生著述很多，对于学术界的贡献与影响至大至广。梁氏死后，其友人林志钧搜集梁氏著作，编辑为《饮冰室合集》，于1932年由中华书局出版，平装四十册，其中分文集与专集两类。其中有关史学方面的如下：

1896年（光绪22年）：《波兰灭亡记》。

1899年（光绪25年）：《自由书》（介绍欧美诸国及日本的历史知识及情况）。

1901年（光绪27年）：《中国史叙论》。

1902年（光绪28年）：《新史学》，《张博望班定远合传》，《赵武灵王传》（标为黄帝以后第一伟人）（附李牧传），《匈加利爱国者噶苏士传》，《意大利建国三杰传》，《罗兰夫人传》，

稿纸(A)25×20=500

《斯巴达小志》，《雅典小史》

1903年（光绪29年）：《新英国巨人克林威尔传》。

1904年（光绪30年）：《中国历史上革命之研究》，《袁崇焕传》（标为明季第一重要人物），《中国殖民八大伟人传》（明三佛齐国王梁道明、三佛齐国王张琏、婆罗国王某、爪哇顺塔国王某、暹逻国王郑昭、戴燕国王吴元盛、昆甸国王罗大、英属海峡殖民地开辟者叶来），《中国之武士道》，《中国国债史》，《朝鲜亡国史略》。

1905年（光绪31年）：《郑和传》，《越南小志》，《越南亡国史》。

1906年（光绪32年）：《历史上中国民族之观察》。

1908年（光绪34年）：《王荆公》。

1909年（宣统元年）：《管子传》。

1921年：《清代学术概论》。

1922年：《历史统计学》，《中国历史研究法》。

1923年：《对于旧著中国历史研究法之修补及修正》，《研究文化史的几个重要问题》。

1926—1927年：《中国历史研究法补编》。

另有《先秦政治思想史》，《中国近三百年学术史》，《王安石评传》等。

稿纸(A) 25×20=500

20

林志钧（梁任公友人）论梁启超云："知任公者，则知其为学虽数变，而固有其坚密自守者在，即百变不离于史是已。观其髫年即读《史记》、《汉书》。居江户，草中国通史；又欲草世界史及政治史、文化史等。所为文，如《中国史叙论》、《新史学》及传记、学案，乃至传奇小说，皆涵史性。其《历史研究法》，则其治史之方法论。而《政治思想史》、《美文及其历史》、《近三百年学术史》、《佛教史》诸篇，皆为文化史之初稿。……任公先生之于文化史，亦朝夕常言之。"（见《饮冰室合集·序》页三，载本书文集第一册。）

马金科：《论梁启超史学思想的时代性》（河北学刊1985年第1期）：

「梁启超史学体系的建立经历了一个酝酿与发展过程。他最早阐述史学观点是在变法维新运动时期。那时，他的观点还不系统、不成熟，可以说是一个酝酿阶段。二十世纪初，《中国史叙论》、《新史学》等反映了梁启超新的、比较系统的史学观点，标志着新史学——资产阶级史学的正式产生。二十世纪二十年代，梁启超对史学的论述趋于成熟，但由于时代和阶级地位所局限，他的史学观点从进步趋于保守，当然反映了主观唯心论，但不可忽视的是1918年后，梁启超对史学的探讨更为深入，取其对中国史学发展的全面论述；对史料的搜集、分类、鉴别；对文体改革；对史学方法的论述等，也含着某些合理因素。……（一）梁启超史学的酝酿阶段——1891—1894年，梁启超在万木草堂学习时期，是他史学思想最早的酝酿时期。……"中学西学"相结合的思想，对于梁启超史学的酝酿是起着重要作用的。……梁启超就是以今文经学派观点为基础，揉合了西方进化论，形成早期发展的批判的史学观点。1896年，梁启超提出史学的"八个为知"，就是他最早的史学观点。……"八个为知"是打着孔教旗号，实在抨击了封建史学、封建制度，肯定了引进的史学地位。1897年在《续译列国岁计政要叙》中，梁启超进一步抨击了封建史学。他提出"君史"、"国史"、"民史"三类史学。……以帝王为中心的本纪、列传式的史书，……为"君史"。……"国史"就是综合研究国家法令政制度的历史，如通典、通考……。"民史"是个新观点……。梁启超认为"民史"在中国还未产生。为了符合要求的"民史"，梁启超强调打破以朝代为中心的断代史，主张写通史，认为通史最能体现"鉴往知来"的史学。……（二）梁启超史学的形成阶段。1898年，梁启超逃亡日本，广泛接触了西方资产阶级思想，这对其史学的正式形成产生极为重要的影响。……《中国史叙论》系统表达了梁启超十九世纪末的史学观点，而《新史学》则进一步发展与完善了《中国史叙论》中的思想。……这一时期梁启超的史学思想主要表现为社会进化史观。……此时梁启超史学的另一方面是批判与创新的精神。一方面批判了以帝王为中心的封建史学的弊病，另一方面又阐明了新史学的宗旨。……基本上形成了资产阶级史学体系。（三）梁启超史学的成熟阶段。1917年底，梁启超随段祺瑞下野，结束了北洋军阀时期的政治生涯，从此进入专门从事讲学与著述的时代。1919年后，……马列主义在中国传播，以及五四运动成为中国革命的转折点。在这一时期，梁启超坚持改良主义立场，成为时代的落伍者。……他强调历史为人类心力所造成，……这种唯心史观突出反映在梁启超后期代表著作《中国历史研究法》中。与早期相反，他不再强调历史是探究人类进化的公理，而是强调历史……是描写社会心理的变化。后期梁启超的唯心主义思想虽然突出了，但仍包含着某些可取的观点，……某些合理的观点。同时，还应看到梁启超后期的史学思想有时表现了反复和矛盾。1923年1月，梁启超在南京金陵大学第一中学的讲演中，以补充和修正《中国历史研究法》为名，否认历史的因果律，……但在1927年的《中国历史研究法补编》中，又基本上肯定因果律观点。这种思想上的反复是与他政治上的矛盾与保守分不开的。……梁启超后期——在史学上继续反对旧史学。……在批判旧学后，他对封建史学的批判更加深入和广泛，……而且强调史学的纯粹与独立性。……在史料学方面，梁启超在破除封建迷信思想基础上，指出古代经典是古代之史，又是后人治史的基本史料。他认为史料基本上可分为文字记录史料与文物史料，而文物史料也将日益重要。——后期，梁启超比较强调历史方法论。……《中国历史研究法》比较集中地反映了他的后期史学思想，……使中国历史研究法成为新史学的急先锋了。……我们不能低估梁启超创建资产阶级史学的功绩。」

21

稿纸(A)25×20=500

2. 梁启超对封建史学的批判

梁启超于1901年（光绪27年）著《中国史叙论》（《饮冰室文集》之六。中华书局《饮冰室合集》中文集第三册），首先举起了批判封建主义史学的大旗，指出封建时代的史书已不合现在的需要。

他说："史也者，记述人间过去之事实者也。虽然，自世界学术日进，故近世史家之本分，与前者史家有异。前者史家，不过记载事实；近世史家，必说明其事实之关系与其原因结果。前者史家，不过记述人间一二有权力者兴亡隆替之事，虽名为史，实不过一人一家之谱谍；近世史家，必探察人间全体之运动进步，即国民全部之经历及其相互之关系。以此论之，虽谓中国前者未尝有史，殆非为过。"（第一节 史之界说）

"今中国前史，……所陈陈相因者，惟一……政治耳。此所谓政治史，又实为纪一姓之势力圈，不足以为政治之真相。故今者欲著中国史，非惟无成书之可沿袭，即搜求材料于古籍之中，亦复片鳞残甲，大不易易。"

"中国廿四史以一朝为一史，即如《通鉴》号称通史，然其区分时代，以《周纪》、《秦纪》、《汉纪》等名，是由中国前辈之脑识，只见有君主，不见有国民也。"

在这篇文章里，他指出封建时代的史书所记载的历史

稿纸(A)25×20=500

，有几个重大的缺点：一是只记载了历史上断断续续的事实，而没有说明事实之间的关系，也没有说明事实发生的原因和它所产生的结果和影响，因而也就不能使读者了解这些事实在历史上意义与作用。二是只注重与封建皇帝有关的政治活动，而忽略了社会人民的全部活动，即政治、经济和文化各方面的活动。三是过去的史书只以封建王朝的兴亡来划分历史阶段，只是每一朝代有一部史书，而没有以国民的活动为主要线索的历史书。因此，本来"中国史在世界史中当占一席有力之位置"，但过去的史书却不能达到这个要求。

在《中国史叙论》这篇文章里，对封建史学的批判还嫌简略，所以梁氏在第二年（1902年）所写的《新史学》（《饮冰室文集》之九，中华书局《饮冰室合集》，文集第四册）一文中又对封建史学做了比较详细而深入的分析和批判，并概括为"四蔽"、"二病"。

所谓"四蔽"，就是指封建史学的四个病源。他说："上自太史公、班孟坚，下至毕秋帆、赵瓯北，以史家名者不下数百，茲学之发达，二千年于茲矣。然而陈陈相因，一邱之貉，未闻有能为史界辟一新天地，而令茲学之功德普及于国民者何也？吾推其病源，有四端焉。"

这四个病源是什么呢？

"一曰：知有朝廷而不知有国家。"

他说："吾国史家以为天下者君主一人之天下，故其为史也，不过叙某朝以何而得之，以何而治之，以何而失之而已，舍此则非所闻也。……虽以司马温公之贤，其作《通鉴》亦不过以备君王之浏览（其论语无一非忠告君主者）。盖从来作史者，皆为朝廷上之君若臣而作，曾无有一书为国民而作者也。其大蔽在不知朝廷与国家之分别，以为舍朝廷外无国家，于是乎有所谓正统闰统之争论，有所谓鼎革前后之笔法，如欧阳修之《新五代史》，朱子之《通鉴纲目》等。"这就是说，封建史家只是写朝廷的历史，而不是写整个国家的历史；是为了巩固某王朝的统治而写历史，不是为了国家的利益而写历史。这当然不是合乎时代的需要的历史。

"二曰知有个人而不知有群体。"

他说："历史者，英雄之舞台也，舍英雄几无历史，虽泰西良史，亦岂能不置重于人物哉？虽然，善为史者，以人物为历史之材料，不闻以历史为人物之画像；以人物为时代之代表，不闻以时代为人物之附属。中国之史，则本纪、列传，一篇一篇，如海岸之石，乱堆错落。质而言之，则合无数之墓志铭而成者耳。夫所贵乎史者，贵其能叙一群人相交涉相竞争相团结之道，能述一群人所以休养

稿纸(A)25×20=500

生息同体进化之状，使后之读者爱其群善其群之心油然生焉。"这里梁氏提出了英雄人物在历史上的地位与作用的问题，认为写历史当然必须要写英雄人物的事迹，但不能以英雄人物的事迹代替历史。中国过去奉为"正史"的纪传体史书，都是以人物为主的，一篇一篇的本纪、列传，正是一个个人物的画像，人们读这样的历史书，当然是"知有个人而不知有群体"了。

"三曰：知有陈迹而不知有今务。"

他说："凡著书贵宗旨，作史者将为若干之陈死人作纪念碑耶？为若干之过去事作歌舞剧耶？殆非也，将使今世之人鉴之裁之，以为经世之用也。故泰西之史，愈近世则记载愈详。中国不然，非鼎革之后则一朝之史不能出现。……推病根所从起，实由认历史为朝廷所专有物，舍朝廷外无可记载故也。不然，则虽有忌讳于朝廷，而民间之事其可纪者不亦多多乎？何并此而无也？……语曰：'知古而不知今，谓之陆沉。'夫陆沉我国民之罪，史家实尸之矣。"这里所说有两个意思：一是过去所记载的只是罗列一些陈迹，而不能为现在经世之用；一是没有详细的近代史，尤其没有记载民间的历史。这两点都是没有起到古为今用的作用，使人读了历史以后，只知道一些无用的陈迹，不能从中得到有益于今务的认识。

"四曰：知有事实而不知有理想。"

他说："史之精神维何？曰理想是已。大群之中有小群，大时代之中有小时代，而群与群之相际，时代与时代之相续，其间有消息焉，有原理焉，作史者苟能勘破之，知其以若彼之因，故生若此之果；鉴既往之大例，示将来之风潮，然后其书乃有益于世界。今中国之史，但呆然曰某日有甲事，某日有乙事，至此事之何以生？其远因何在？近因何在？莫能言也。其事之影响于他事或他日者若何？当得善果？当得恶果？莫能言也。故汗牛充栋之史书，皆为蜡人院之偶像，毫无生气，读之徒费脑力。是中国之史，非益民智之具，而耗民智之具也。"

梁氏又说："以上四者，实数千年史家学识之程度也。缘此四蔽，复生二病。"

其一，能铺叙而不能别裁。"英儒斯宾塞曰：'或有告者曰：邻家之猫，昨日产一子。以云事实，诚事实也，然谁不知为无用之事实乎？……'此斯氏教人以作史读史之方也。泰西旧史家固不免之，而中国殆更甚焉。……某日册封皇子也，某日某大臣死也，……满纸填塞，皆此等邻猫生子之事实，往往有读尽一卷而无一语有入脑之价值者。就中如《通鉴》一书，属稿十九年，别择最称精善，

稿纸(A)25×20=500

我今日以读西史之眼光读之，觉其有用者亦不过十之二三耳，其他更何论焉？……二十四史也，九通也，……我今此数书而读之，日读十卷，已非三四十年不为功矣。……人寿几何，何以堪此？故吾中国史学知识之不能普及，皆由无一善别裁之良史故也。"

其二，能因袭而不能创作。"中国万事皆取述而不作主义，而史学其一端也。细数二千年来史家，其稍有创作之才者，惟六人：一曰太史公，……其为主传者，大率皆于时代极有关系之人也。而后世之效颦者则胡为也。二曰杜君卿，《通典》之作，不纪事而纪制度，制度于国民全体之关系，有重于事焉者也。……三曰郑渔仲，……其《通志·二十略》，以论断为主，以记述为辅，实为中国史界放一光明也。……四曰司马温公，……五曰袁枢，……六曰黄梨洲，……乃创为学史之格。……"

梁氏说："合此六弊，其所贻读者之恶果，厥有三端：一曰难读。浩如烟海，穷年莫殚，前既言之矣。二曰难别择。……三曰无感触。虽尽读全史，而曾无有足以激厉其爱国之心，团结其合群之力，以应今日之时势而立于万国者。"

以上是《新史学》对封建史学总的批判，另外还对正统、书法、纪年等予以批判。

在论正统时说："中国史家之谬，未有过于论正统者也。言正统者，以为天下不可一日无君也，于是乎有统；又以为天无二日、民无二王也，于是乎有正统。……彼泰西之良史，皆以叙述一国国民系统之所由来，及其发达进步盛衰兴亡之原因结果为主，诚以民有统而君无统也。……然则以国之统而属诸君，则固已举全国之人民视同无物，而国民之资格所以永坠九渊而不克自拔，皆此一义之为误也。故不扫君统之谬见，而欲以作史，史虽充栋，徒为生民毒耳。……然则不论正统则亦已耳，苟论正统，吾敢翻数千年之案而昌言曰：自周秦之后，无一朝能当此名者也。……然则正统当于何求之？曰：统也者，在国非在君也，在众人非在一人也。舍国而求诸君，舍众人而求诸一人，必无统之可言，更无正之可言。"

在论书法时说："史也者，非纪一人一姓之事也，将以述一民族之运动变迁进化堕落，而明其原因结果也。……而中国史家，只知有一私人之善焉、恶焉、功焉、罪焉，而不知有一团体之善焉、恶焉、功焉、罪焉。……史也者，求有益于群治也。……且旧史家所谓功罪善恶，亦何足以为功罪善恶？……大率一切所谓，有利于时君者，则谓之功、

稿纸(A)25×20=500

谓之善，反是者则谓之邪、谓之恶。……于是鼎革之后，辄命其臣妾修前代之史，持此衡以赏罚前代之人，因以示彼群臣群妾曰：尔其效此，尔其毋效彼，此霸者最险最黠之术也。”

五论纪年时说：“凡设记号者，皆将使人脑筋省力也，故记号恒欲其简，不欲其繁。……今吾国史家之必以帝王纪年也，岂不以帝王为一国之巨物乎哉？……故以今日纪元编所载年号，合正统、僭伪计之，不下千余；即以吾史家所谓正统者论，计自汉武建元以迄今光绪，二千年间，而为年号者三百十有六。今试于此三百十六之中，任举其一

以质诸学者，虽极淹博者，吾知其不能具对也。……其靡脑筋于无用亦甚矣。试读西史，观其言几千几百年，或言第几世纪，吾一览而知其距今若干年矣。……要之，苟非在极野蛮时代，断无以一帝一号为纪元者。有之，其惟亚洲中之中国、朝鲜、日本诸国而已。曰：然则中国当以何纪？曰：昔上海强学会之初开也，大书孔子卒后二千四百七十三年，……近儒学者讨论，谓当法其生，不法其死；以孔子卒纪，不如以孔子生纪。……然则以孔子生纪元，殆后之作史者所宜同认矣。”

梁氏首先举起反对封建史学的大旗，在史学界产生巨

29

巨大之影响。综观他反对封建史学亦即旧史学之内容，可分以下诸端：①反对封建君臣史，反对君统。②反对封建复古主义，反对历史循环论。③反对只叙述事实。④反对旧史中历史评价（功罪善恶）之标准。⑤反对旧史之因袭陈旧。⑥反对旧之以帝王年号之纪年法。

稿纸(A)25×20=500

3、梁启超建立资产阶级史学的主张

梁氏在1901年（光绪27年）所著之《中国史叙论》中，除批判封建史学外，并提出了改革旧史学以建立新史学（即资产阶级史学）的主张。

他首先反对以帝王将相即封建君臣为主的历史，而主张撰写国民的历史，指出：一部理想的中国史应该包括下列五个方面：①智力（指思想史），②产业（经济史），③美术（艺术史），④宗教，⑤政治。并说："凡作史读史者，于此五端忽一不可焉。"

他又针对中国过去以一朝为一史的"只见有君主，不见有国民"的弊病，主张中国历史应该重新分期。他说："西人之著世界史，常分为上世史、中世史、近世史等名。虽然，时代与时代，相续者也；历史者，无间断者也；人间社会之事变，必有终始因果之关系。故于其间若欲划然分一界线如两国之定界约焉，此实理势之所不许也。故史家惟以权宜之法，就其事变之著大而有影响于社会者，各以己意约举而分之，以便读者。虽曰武断，亦不得已也。"他认为中国史也应分为三期："第一，上世史，自黄帝以迄秦之一统，是为中国之中国，即中国民族自发达、自争竞、自团结之时代也。……第二，中世史，自秦一统

稿纸(A)25×20=500

后至清代乾隆之末年，是为亚洲之中国，即中国民族与亚洲各民族交涉繁赜竞争最烈之时代也。……第三，近世史，自乾隆末年以至于今日，是为世界之中国，即中国民族合同全亚洲民族，与西人交涉竞争之时代也。”这是资产阶级学者第一次发表的历史分期法，虽然不合我们现在的观点，但有其理由，比起封建学者的以朝代分期的办法当然前进了一大步。

梁氏又以爱国主义、民族主义的思想，认为中国历史的优良传统必须大加发扬，而这有赖于史学的改造。他说：“故中国文明力未必不可以左右世界，即中国史在世界史中当占一强有力之位置也。虽然，此乃将来所必至，而非过去所已经。”

到了1902年梁氏在《新史学》一文中，建立资产阶级新史学的主张更为强烈而明确，他自称“新史氏”，以表示提倡、建立新史学的责任与决心。

他首先强调史学对于国家民族团结进步的重要，说：“史学者，学问之最博大而最切要者也，国民之明镜也，爱国心之源泉也，今日欧洲民族主义所以发达，列国所以日进文明，史学之功居其半焉，然则但患其国之无兹学耳。苟其有之，则国民安有不团结，群治安有不进化者？”

他为了强调史学对于民族国家强盛所起的重要作用，力申建立新史学的必要，称之为"史界革命"。说："今日欲提倡民族主义，使我四万万同胞强立于此优胜劣败之世界乎？则本国史学一科，实为无老幼无男女无智无愚无贤无不肖所皆当从事，视之如饥渴饮食，一刻不容缓者也。然偏览乙库中数十万卷之著录，其资格可以养吾所欲给吾所求者，殆无一焉。呜呼！史界革命不起，则吾国遂不可救，悠悠万事，惟此为大。《新史学》之著，吾岂好异哉？吾不得已也。"

梁氏在提倡建立新史学时，又给史学下了新的界说（即定义），他说："欲创新史学，不可不先明史学之界说；欲知史学之界说，不可不先明历史之范围，今请析其条理而论述之：第一，历史者，叙述进化之现象也。——孟子曰：'天下之生久矣，一治一乱。'此误会历史真相之言者也。苟治乱相嬗无已时，则历史之象当为循环，与天然等，而历史学将不能成立。……吾中国所以数千年无良史者，以其于进化之现象见之未明也。……第二，历史者，叙述人群进化之现象也。——……故欲求进化之迹，必于人群。——盖人类进化云者，一群之进也，非一人之进也。……苟其事不关系人群者，虽奇言异行，而必不足入历史之范围也。

稿纸(A)25×20=500

历史—应加史学[?]

公理公例，即法则、规律，此处指社会发展规律。

他确认历史之人类社会之，是不断进化之，是有规律可循之。”（刘振岚）

畴昔史家，往往视历史为人物传者然。夫人物之关系于历史，固也，然所以关系者，亦谓其于一群有影响云尔。所重者在一群，非在一人也。而中国作史者，全反于此目的，动辄以立佳传为其人之光宠，驯至连篇累牍胪列无关世运之人之言论行事，使读者欲卧欲呕，虽尽数千卷，犹不能于本群之大势有所知焉。由不知史之界说限于群故也。”

第三，历史者，叙述人群进化之现象而求得其公理公例者也。……“是故善为史者，必研究人群进化之现象，而求其公理公例之所在，于是有所谓历史哲学者出焉。历史与历史哲学虽殊科，要之，苟无哲学之理想者，必不能为良史，有断然也。……大抵前者史家不能有得于是者，其蔽二端：一曰知有一局部之史，而不知自有人类以来全体之史也。……夫欲求人群进化之真相，必当合人类全体而比较之，通古今文野之界而观察之。……二曰徒知有史学，而不知史学与地学之关系也。夫地理学也，地质学也，人种学也，人类学也，言语学也，群学也，政治学也，宗教学也，法律学也，平准学也（即日本所谓经济学），皆与史学有直接之关系。……虽然，求史学之公理公例，固非易易。……但其事虽难，而治此学者不可不勉。……夫欲求人群进化之真相，必当合人类全体而比较之，通古今文野之界而观察之，综是焉以求其公理公例虽不克完备，而所得必已多矣。……取诸学（指社会科学及自然科学中之诸学科）

稿纸(A) 25×20=500

之公理公例，参伍而钩距之，虽未尽适用，而所得亦必多矣。……夫所以必求其公理公例者，非欲以为理论之美观而已，将以施诸实用焉，将以贻诸来者焉。历史者，以过去之进化导未来之进化者也，……又对于后人而不可不尽之义务也，而史家所以尽此义务之道，即求得前此之进化之公理公例，而使后人循其理、率其例，以增幸福于无疆也。"

梁氏这个史学的界说，可说当时最进步的史学观点，是建立资产阶级史学的最高纲领。周予同在《五十年来中国之新史学》中说："梁氏虽由经师弟子转变而为新史学家，但他的史学思想显然地受了今文学的刺激而接收进化论的史观。代表这种见解的，是光绪二十八年(1902)发表的《新史学》一文。他首先批评旧有的史学，……。梁氏于批评旧史学之后，提出他对于新史学的界说：……。他的全部史观建筑在进化论之上，而且不仅以叙述历史的演进现象为满足，并进而探求历史演进的原因。……这种史观，在现在看来，虽已成为老生常谈，并没有什么新奇可喜之处；但在……四十年前的史学界说，梁氏却确是揭竿而起，登高而呼的革命英雄陈涉呢！"

梁氏建立新史学的主张：①建立国民史、人群史，建立民统。②提倡历史进化论重视现在。③提倡因果律。④

「二十世纪初年，梁启超连续发表了大量史学论著，其中《中国史叙论》和《新史学》可说是资产阶级新史学理论的奠基作。在近代中国，资产阶级的全部思想理论有一个根本的出发点——挽救民族危亡，实现祖国的独立富强。史学理论也不例外。梁启超一开始就把"史界革命"的任务同救国任务联系在一起。」（刘振岚：梁启超对历史发展规律的探索）

"梁启超把西方进化论引进历史学领域，提出建立历史哲学的任务，而且指出历史哲学的任务就是探求人类社会发展的规律，其对历史的认识所达到的高度，在中国确是前无古人的，对于传统性的封建史学来说，无疑是一场革命。"（刘振岚）

稿纸(A)25×20=500

主张以新的观点来定历史评价的标准。⑤强调史学本分。⑥主张以孔子纪年。

梁启超~~建~~建立了资产阶级的史学理论，曾经用新的观点写了一些历史文章，他也曾想用新的观点写一部中国历史，但未能实现。在他的残存稿目中，有《国史稿》（上古至春秋）94页，《中国通史稿》（古代载记）39页，《历史教科书》23页，都是刚开了头就停止了。

关于世界史的著作

「梁启超曾经写下了大量的外国史新述。这些著述，关于古代的少，关于近代者多。或为某国一定历史时期的史略，或为某一有名历史人物的传记」。他写史略，意在总结某国兴亡之原因；他作传记，着眼于英雄人物振兴祖国成功之途径。不论他写的"史略"还是"传记"，均有一鲜明的特点，就是处处与中国的国运民情相对照，处处阐发可以借鉴效法之处。……梁启超写下这些著述的目的，即为寻求救国救民的道路，表达他挽救中国危亡、改革中国社会的政治主张。……由于梁启超的外国史新述甚多，我们只能从中选出《意大利建国三杰传》这篇具有代表性的著作略加分析。……《意大利建国三杰传》（1902年作）以记述马志尼、加里波的、加富尔三人的思想主张和政治活动为主线，概括了意大利从封建割据走向民族独立、国家统一，走上近代资本主义轨道的历史。……梁启超要阐述意大利可贵的历史转变，要评价"三杰"所起的历史作用，所以，他的历史观，也必然会在这篇著作中得到体现。……梁启超在1901年写了《中国史叙论》，1902年发表了《新史学》，初步地形成了他的资产阶级历史观。同年写作发表的《意……三杰传》，应当说是他的资产阶级历史观的最初的体现。……他的早期的历史观有着诸多的可供借鉴之处。这在《意……传》中可以找到明证。第一，是治史目的之明确。……"鉴往以知来，鉴彼以诲我。"……第二，是英雄史观中的合理因素。……梁启超并未把意大利民族独立、国家统一大业之完成完全归功于三杰，他在一定程度上还是承认人民群众的巨大作用的。……第三，是历史唯心论体系中的唯物史观成分。……梁启超在指责拿破仑对意大利残暴的同时，也承认了拿破仑的占领和统治对于推动意大利走向统一所起的客观作用。……对1848年欧洲革命的正确评价，乃是梁启超唯物主义历史观点的体现，—梁启超是中国最早对这场革命作出正确反应的史学家。……梁启超的外国史著述，不仅对于研究他的政治思想及其历史观甚有价值，就是对于我国的世界史编纂学来说，亦不能泯没其开拓者之功绩。」（高策：《梁启超世界史著述简评》《史学月刊》1984.3.）

稿纸(A)25×20=500

意大利建国三杰传：发端："新民子曰：天下之盛德大业，孰有过于爱国者乎？……欧洲近数百年，其建国之历史，可歌可泣可记载者，不一而足；其爱国之豪杰为吾生平所思可梦可崇拜者，不一而足。而求其建国前之情状，与吾中国今日如一辙者，莫若意大利；求其爱国者之所志所事，可以为今日之中国国民法者，莫如意大利之三杰。……我国民其欲知爱国乎？……人人勉为三杰之一，人人勉为三杰之一之一体，则吾中国之杰出焉矣，则吾中国立焉矣。作意大利建国三杰传。"结论："新史氏曰：吾侪读史何为乎？察往以知来，鉴彼以谕我而已。吾读泰西列国近世史，观其豪杰及其人物，无不使吾色王而神往。而于意大利建国史，尤若萦萦有所撞爪于余心，趯之尤有所刺激于余脑。……嗟！彼数十年前之意大利，何以与我祖国相类之甚！其为世界上最古最名誉之国也相类，其中衰也相类，其散漫而无所统一也相类，其主权属于外族也相类，其专制之惨酷也相类，其主权者之外复有他强国之势力范围也相类，势力范围不止一国、国民革动动遭干涉也相类……吾今欲祝中国之为新中国，吾不得不虔祷彼造物者，乞诞生三杰其人于我中国。……"

三、梁启超对于世界历史知识的介绍

梁启超在十九世纪末、二十世纪初反对封建史学的同时，又大力介绍世界历史知识，写了不少著作，如：

我存题目：世界史稿15页。

1896年（光绪22年）著波兰灭亡记，记述1772—1795年俄普奥三国瓜分波兰的事迹。

1899年（光绪25年）著自由书，介绍欧美诸国及日本的历史知识及情况。

1902年（光绪28年），著《匈加利爱国者噶苏士传》。《意大利建国三杰传》，记述玛志尼、加富尔、加里波的建立意大利资产阶级国家的事迹。《罗兰夫人传》，法人，标为近世第一女杰。《斯巴达小志》，希腊名城。《雅典小史》，希腊首都。

1903年（光绪29年），著《新英国巨人克林威尔传》。《新大陆游记节录》。

1904年（光绪30年），著《朝鲜亡国史略》。

1905年（光绪31年），著《越南小志》，《越南亡国史》。

1914年（民国三年）著《欧洲战役史论》，记述第一次世界大战。

1918年（民国七年）著欧游心影录。

梁氏所介绍当不止此。

稿纸(A)25×20=500

38

二、历史教科书的编著

梁启超建立了资产阶级的史学理论，他的朋友夏曾佑则从事于用资产阶级的观点和方法编写历史课本。1904年（光绪30年），夏曾佑编著的《最新中学中国历史教科书》由商务印书馆出版，这是我国第一部以资产阶级观点和方法写成的中国历史。

夏曾佑，字穗卿，号碎佛，~~笔名~~一字别士，浙江杭州人。生于1863年（清穆宗同治二年），卒于1924年（民国十三年）三月间，六十一岁。

夏氏出身于中小地主家庭，1890年（清光绪十六年）二十八岁考中进士后，做清朝政府的礼部主事~~候补官~~。1894年（光绪二十年），梁启超~~继续其的读书与~~到北京，与夏氏结识，讲学论政，成为挚友。~~交往密切~~（梁启超《亡友夏穗卿先生》）梁氏曾说："启超屡游京师，渐交当世士大夫，而其讲学最契之友，曰夏曾佑、谭嗣同。"（《清代学术概论》）1896年（光绪二十二年）底夏氏离开北京到天津，在天津育才馆任教，并与严复、王修植等创办《国闻报》，宣传维新变法。1899年（光绪二十五年），任安徽祁门知县三年。

1902年（光绪二十八年）寓居上海。1904年（光绪三十年）为《东方杂志》创刊号撰《论中日分合之关系》一文。

1905年（光绪二十九年），~~在安徽广德地方官~~，"清廷派载泽等五大臣出国考察宪政，1906年（光绪三十二年）夏氏作为随员之一到日本进行考察"。1908年（光绪34年）署理安徽广德知州。辛亥革命后，返居上海，后出任北洋政府教育部社会教育司司长，凡四年，后又调任北京图书馆馆长等职。晚年，闭门谢客，专心研究佛学。1924年（民国十三年）病死于北京。

夏曾佑的著作，"除了几篇在《新民丛报》和《东方杂志》上发表而还没有人代为收集出版的几篇文章外，只有一部未完全而且'并非得意之作'的《中国历史教科书》。"

●《论变法必以历史为根本》（东方杂志二卷八号）

夏曾佑与梁启超、章炳麟均为好友，受梁启超的影响，于1902年在上海开始撰写《中国历史教科书》。这部书"是为商务印书馆编写的，原名为《最新中学中国历史教科书》。本是一部清末旧制中学本国史课本，第一册出版于光绪三十年（1904），但是并没有编完，只出了三册，到隋代为止。"第一册于1904年出版，包括第一篇上古史：第一章传疑时代，共29节；第二章化成时代，共25节。第二册于1905年出版，包括第二篇中古史上：第一章极盛时代，共75节。第三册于1906年出版，包括第二篇中古史中，第二章中衰时代（至隋为止），共41节。到了1933年（民国二十二年）11月，商务印书馆将这部书改名《中国古代史》，列为大学丛书之一，重新出版。解放后重印。

梁启超虽然曾有志写一部中国历史，但未成。夏曾佑的这部《中国历史教科书》，实为中国第一部资产阶级的历史著作。其内容及体例上的特点如下：

1. 第一次把中国历史分为上古史、中古史、近古史三个大的阶段，其中又分为七个小的阶段。即自开辟至周末（战国）为上古史，其中又分为两个时期：自开辟至周初为传疑时期（无信史可考），自周中叶到战国为化成时期（中国文化在此期造成）。自秦到唐为中古史，其中又分为三个时期：秦到三国为极盛时代，晋到隋为中衰时代，唐为復盛时代。自五代、宋到清末为近古史，其中又可分为二期：五代、宋、元、明为退化时代，清为更化时代。

在《中国历史教科书》第一篇第一章第四节《古今世变之大概》中，夏氏自述其对中国历史分期的理由说："中国之史，可分为三大期：自草昧以至周末，为上古之世；自秦至唐，为中古之世；自宋至今，为近古之世。若再区分之，求与世运密合，则上古之世可分为二期：由开辟至周初，为传疑之期。因此期之事，并无信史，均从群经与诸子中见之，往往寓言实事，两不可分，读者各信其所习惯而已，故谓之传疑期。由周中叶至战国为化成之期，因中国之文化，在此期造成，此期之学问，达中国之极端，后人不过实行其诸派中之一分，以各蒙其利害，故谓之化成期。中古之世，可分为三期：由秦至三国，为极盛之期，此时中国人材极盛，国势极强。凡其兵事，皆同种相战，而别种人则稽颡于朝廷，此由实行第二期人之理想而收其良果者，故谓之极盛期。由晋至隋，为中衰之期，此时外族侵入，握其政权，而宗教亦大受外教之变化，故谓之中衰期。唐室一代，为復盛之期，此期国力之强，略与汉等，而风俗不逮，然已胜于其后矣，故谓之復盛期。近古之世，可分为二期：五季宋元明为退化之期。……国朝

稿纸(A)25×20=500

39

二百六十一年为变化之期，此期前半，学问政治，集秦以来之大成；后半，世局人心，开秦以来所未有，此盖处秦人成局之已穷，而将转入他局者，故谓之变化期。此中国历史之大略也。”

他的这种分期法，比梁启超的分期法更细密了一些。当然，在现在看来，他分期的理由是我们所不能同意的。

2.在体例上，创立了章节体。

中国过去的史书体例主要是编年、纪传、纪事本末三种。这部书是用章节体来编写的，在中国是首次出现的。当然，这是夏氏采取了国外历史书的体例。这种章节体源于欧洲，仿于日本。周予同《五十年来中国之新史学》（开明书店《学林》第四辑，民国30年2月出版）中说：“夏氏一书，在形式或体裁方面，实受日本东洋史编著者的影响。中国史学体裁上所谓通史，在现在含有两种意义：一种是中国固有的通史，即与断代史相对的贯通古今的通史。……另一种是中国与西方文化接触后而输入的通史，即与专史相对的‘贯通政治、经济、学术、宗教等等’的通史，将中国史分为若干期而再用分章分节的体裁写作。这种体裁不是中国所固有，就我个人现在所得的材料而言，似乎也不是直接由西洋输入，而是由日本间接的输入。这类书影响于中

稿纸(A)25×20=500

国史学者较早而较大的，大概是日本那珂通世的《支那通史》和桑原隲藏的《中等东洋史》两书。尤其是前者，因为用汉文写作的关系，影响更大。这书出版于公元1891年（光绪17年），原是学校的课本。……关于通史所当叙述的材料大体具备。……到1899年（光绪25年），罗振玉将这部书翻印，由上海东文学社出版，但只出版到卷四宋代为止。……夏曾佑《中国古代史》书中虽没有说到这部书，但他受日本东洋史研究者的影响仍是显然的。……夏氏这部书，于开端几节，述种族，论分期，以及以下分章分节的编制，大体与《支那通史》一书相近，而内容精审过之。就体裁说，显然的受了这位日本东洋史研究者的影响。（按当时受日本东洋史研究者的影响，不仅夏氏一人。刘师培于光绪末年亦曾编著《中国历史教科书》二册，由国学保存会出版，其体裁亦与夏书相同。）”

夏氏虽然用新的章节体来写中国历史，但在运用上还不甚适当，每章的节数都很多，第一篇的第一章传疑时代有二十九节，第二章化成时代有二十五节；第二篇的第一章极盛时代多达七十五节，第二章中衰时代有四十一节。诸节均按时间排列以叙述事实，观其标题排比，就为纪事本末了。而且有的标题分为二节或三节，而《汉外戚之祸》、《宦官外戚之衝突》都分为六节。

3. 在内容方面，夏氏以历史进化论的观点来叙述中国历史。周予同在《五十年来中国之新史学》中说：“夏氏《中国古代史》一书，在内容或本质方面是中国经今文学与西洋进化论思想的糅合。”

他“在叙述中国古代历史发展的阶段时，……说：‘凡今日文明之国，其初必由渔猎社会，以进入游牧社会。自渔猎社会改为游牧社会，而社会一大进’；‘自游牧社会改为耕稼社会，而社会又一大进’；‘而井田宗法世禄封建之制生焉。’”在“《包牺氏》”一节中，谈到‘制嫁娶’的问题时，夏曾佑认为在包牺氏之前是处在只‘知有母，不知有父’的所谓‘陋习’阶段，经过从只‘知有母，不知有父’而变为家族，是社会‘进化必历之阶段’。在这里，夏氏已开始接触到母系氏族社会向父系氏族社会的转变问题，是人类社会历史发展的必由之途这样一个命题。这是……过去封建旧史学家所没有接触过的问题，也是我国史学界在此之前所没有接触过的问题。夏曾佑在中国古代史中还十分概括地叙述了渔猎、游牧、耕稼几个不同的社会阶段的物质生产以及文化、思想和政治的状况，并且就其间的关系表述了自己的看法。……他确切地认为，文化是适应生产发展的要求而逐渐发展起来的，与生产是密切相关的。……”

稿纸(A)25×20=500

42.

此书内容的又一特点为重视政治与文化之叙述，而极少述及经济情况。在已出三册上古至隋的170节中，没有一节是专讲经济的。

书中重视个别人物在历史上的决定作用，以孔子、秦始皇、汉武帝三人为支配中国历史发展的决定性人物。他说："故中国之教，得孔子而后立；中国之政，得秦皇而后行；中国之境，得汉武而后定。三者皆中国之所以为中国也。"（第二篇中古史上第一章第一节《读本期历史之要旨》）这个说法对后来影响甚大，梁启超即从而宣扬其说。而在这三个历史人物中，夏氏尤其推崇孔子在中国历史上的地位与作用，他说："孔子一身，直为中国政教之原。中国之历史，即孔子一人之历史而已。故读历史者，不可不知孔子。……至孔子教育之指要，既有可窥，则自秦以来，直至目前，此二千余年之政治盛衰、人材升降、文章学问，千枝万条，皆可烛照而数计矣。"（第一篇第二章第三节孔子之宗旨上）又为强调曹操在中国政治机构变化中的地位与作用时说："中国行政机关之组织，古今只分二类：春秋战国秦汉为一类，曹魏至今日为一类，而其关键实皆由于魏武一人。"（《中国历史教科书》第二篇第二章第三十七节《魏晋南北朝隋之行政机关》）

书中对于历史叙述，采取有重点的叙述，他在《凡例》中说："每时代中于其特别之事加详，而于普通之事从略，如言古代则详于神话，周则详于学派，秦则详于政术是也。余类推。"又如晋至隋一段，着重于种族。

43

稿纸(A)25×20=500

夏氏的历史观，是历史进化论。他的史学思想，则是认为史学的功用在于鉴往知来。但由于过去的记载浩繁，一般人难以通读，又不能不学习历史知识，怎么办呢？只有新编一部历史书以应读者的需要。他在1904年写的《中国历史教科书》第一册的《叙》中说："智莫大于知来，来何以能知？据往事以为推而已矣。故史学者，人所不可无之学也。虽然，有难言者。神州建国既古，往事较繁，自秦以前，其纪载也多歧；自秦以后，其纪载也多仍。歧者无以折衷，仍者不可择别。况史本王官，载笔所及，例止王者，而衔谈巷语之所造，属之稗官，正史缺焉。治史之难，于此见矣。然此犹为往日言之也。洎乎今日，学科日侈，日不暇给，既无日力以读全史，而运会所遭，人事将变，目前所食之果，非一一于古人证其因，即无以知前途之夷险，又不能不亟读史，若是者，将奈之何哉？是必有一书焉，文简于古人而理富于往籍，其足以供社会之需乎！今茲此编，即本是指。"

稿纸(A)25×20=500

44

在夏曾佑的《中国历史教科书》出版之后，又有两部历史教科书出版。

1907年（清光绪33年三月），上海商务印书馆出版了吕瑞庭（汉阳人）、赵澂璧（丹阳人）合编的中学堂教科书《新体中国历史》一册，到1908年（光绪34年五月），在一年零两个月的时间里出了六版，可见这种新编的历史教科书是很适合当时的需要的。这本书的篇目是：总叙、太古史、三代史、秦汉三国史、两晋南北朝史、隋唐五代史、宋元史、明史、大清史。它没有象夏曾佑的著作对中国历史进行了分期，只是按时代、朝代的顺序依次叙述。

1908年（光绪34年），国学保存会出版了刘师培编著的《中国历史教科书》二册，体裁与夏书相同。

这时期资产阶级历史著作的特点（内容、目的、形式）：

一、以资产阶级民族主义为中心思想，宣传资产阶级的爱国主义，与世界史相比较联系，以使中国奋发图强为目的。二、采用章节体，写出简明而比较有系统的中国历史，便于普及、推广历史知识。

缺点：一、只叙述历史现象，无阶级本质的分析。二、含有种族主义史观、英雄史观、地理环境决定论等资产阶级观点。

稿纸（A）25×20=500

三、章炳麟的资产阶级民族主义史学

章炳麟，初名学乘，因慕顾炎武之为人，改名绛，别号太炎，字枚叔，浙江余杭（今杭州）人，生于1868年（清穆宗同治七年），卒于1936年（民国二十五年），六十八岁。（据汤志钧：《章太炎年谱长编》）

章氏出生于地主阶级家庭，少年时阅读有关明清史事的《东华录》、《明季稗史》等书，从外祖父朱有虔读经，并开始产生反对满族统治的民族主义思想。二十三岁时到杭州从著名学者俞樾受业，对经学、史学、文学等皆有深入的研究。1894年中日甲午战争失败后，开始阅读日本和西方的社会科学，接受资产阶级的新思想，并参加了康有为、梁启超的强学会，宣传变法维新的思想和主张，又在梁启超所主编的上海《时务报》上发表文章，又在《经世报》、《实学报》上发表文章。"戊戌变法"失败后，先避居台湾，后逃亡日本，不久又回国。在日本受孙中山的影响，由谈论说论及学术，渐转向资产阶级民主革命的道路，与康有为等保皇派决裂。

1902年，又到日本居住数月，从日本回到上海后，与蔡元培等人组织"爱国学社"，并主编《苏报》，积极鼓吹革命。

1903年，章氏著《驳康有为论革命书》，驳斥康有为为清朝政府歌功颂德、企图实行君主立宪的主张。当时，青年革命活动家邹容（1885—1905）作《革命军》一书，极力宣传革命，呼吁打倒清朝政府，建立中华共和国。章炳麟为其书作序，并在《苏报》上加以介绍。清政府对此非常惶恐，遂封闭苏报馆，逮捕章炳麟和邹容入狱。章氏在狱中仍与上海的革命人士保持联系，组织"光复会"。1906年，章氏出狱，进行推翻清朝政府的活动。

稿纸(A)25×20=500

46

到日本，正式加入孙中山领导的革命政党——中国同盟会，并担任该会机关~~刊物~~报《民报》的编辑，宣传资产阶级民主革命的思想。1908年，他又曾为中国留日学生讲演"国学"，内容有说文、庄子、楚辞、尔雅等，鲁迅在当时也受到了影响。辛亥革命后，任南京临时政府顾问，由于资产阶级革命的流产，他的思想跟着迷失了方向，曾经一度为袁世凯所利用。1914年，他因反对袁世凯专制，被幽禁于北京。到袁世凯死后才释放。1917年，孙中山在广州成立军政府，他任大元帅府秘书长，并随军北伐。晚年在蒋介石法西斯独裁的统治下，他这样一位爱国的学者，热情的政治活动家，被迫日益走上了脱离现实的道路，

民报于1908年10月被封禁。

1907年秋，陶成章与樊光联络印度、安南、缅甸诸志士，在日本东京设立东亚亡国同盟会，以章太炎为会长。

宣统二年正月（1910、2月），光复会于东京成立总部，以章太炎为正会长，陶成章为副会长。南洋英、荷各埠亦设分会。……又在东京组织《教育今语杂志》，以为通信机关。

国故论衡

1936年老死在苏州。章太炎是一位对我国古代文化典籍有丰富知识的学者，在文字、声韵、文学、史学等各方面的研究，都有过多少不等程度的贡献。"

章炳麟的有关史学的著作有：《春秋左传读》五卷（坊间石印本，潘承弼覆印本，《章氏丛书》初编仅辑《叙录》），《訄书》，（原刻本1899年在苏州付梓。

章炳麟的著作分为政论、经学、文字学、音韵学、文学、哲学等几个方面。"他的著作，经他的学生们编辑的《章氏丛书》（一称《章太炎先生所著书》）和《章氏丛书续编》。《章氏丛书》有浙江图书馆的木刻本和上海古书流通处的影印本。《续编》有北京木刻本和成都翻刻本。"《章氏丛书》是1924年出版的，当时"正是章炳麟晚年思想趋于反动的时候。他早年富有革命性的著作，大部分没有收入《丛书》内，收入的也有所删改。"

稿纸(A) 25×20=500

47

周予同《五十年来中国之新史学》（开明书店《学林》第四辑，民三十（1941）年二月出版）："章（炳麟）氏却是经史革于一身的大儒。就经学方面说，……可以说是清代经古文学的最后大师。但就史学方面说，他并不以纂辑的考证的史学为满足，而竭力复兴黄宗羲派的民族主义的史观。"

章氏是著名的经学大师，又于文字学、音韵学的造诣精深，但他对史学深有研究，过去有人认为他的"全部学术，实以史学为中心。"他的著作中"纯粹史学之作虽不甚多，然究其所撰文章，实多以史为根柢。"（吴景贤：《章太炎之民族主义史学》，载《东方杂志》第44卷第4号，1948年4月出版。）

章氏非常重视史学，认为学不学历史是关系国家民族存亡的大问题。他说："史之有关于国事也至大。秦灭六国，取六国之史悉焚之；朝鲜亡后，日人秘其史籍，不使韩人寓目；以今日中国情形观之，人不悦学，史传束阁，设天降丧乱，重罹外族入寇之祸，则不待新国教育三十年，汉祖唐宗，必已无人能知，而百年以后，炎黄裔胄，决可尽化为异族矣！"（二十二年五月讲《读史与文化复兴之关系》，见东方杂志第33卷16号贝琪：《章太炎先生之史学》）又说："承平之世，儒家为要，一至乱世，则史家最为有用。为《春秋》内诸夏而外夷狄，树立民族主义，嗣后我国虽数亡于胡，卒能光复旧物，即收効于夷夏之闲也。”（二十四年五月讲《论经史儒之分合》，同上）又说：“余数见印度人，言其旧无国史，今欲搜集为书，求杂史短书以为之质，亦不可得，语辄扼腕。”（《国故论衡》中《原经》）~~因此，在他的晚年，屡以爱国之感情激励~~又与中国相比较说：“自秦氏以迄今兹，四夷交侵，王道中绝者数矣。然搢绅不敢毁弃旧章，反正又易，藉不获济，而愤心时时见于行事，足以待后。故令国性不堕，民自知贵于戎狄，非《春秋》孰纲维是？孔子不布《春秋》，前人往，不能语后人，后人亦不能识前，乍被侵略，则相安于舆台之分。诗云：‘宛其死矣，他人是偷。’此可为流涕长潸者也！”（同上）因此，在他的晚年，屡以爱国之感情激励人们学习历史，说：“天方荐瘥，戴胥及溺，满洲亡而复起，日人又奋其雷霆万钧之力以济之，诸夏阽危，不知胡底！为我学人，犹废经史而不习，忘民族之大闲，则必沦胥以尽，终为奴虏而已矣！”（二十四年五月讲《论读经有利而无弊》）

　　由于章氏主张读史目的在于挽救民族国家之危亡，又在清末推翻满清统治的革命运动中起了积极作用，可以有

稿纸(A)25×20=500

人称他的史学为"民族主义史学"。他在《訄书·哀焚书》中痛斥清朝焚毁史书的罪过，说："昔五胡、金元，宰割中夏，其毒滔天，至于逆顺之分，忠奸之辨，未敢去故籍以腾诬言也。自满洲乾隆三十九年，既开四库馆，下诏求书，命有触忌讳者毁之。……初下诏时，切齿于明季野史。其后四库馆议，虽宋人言辽金元，明人言元，其议论偏谬尤甚者，一切拟毁，及明隆庆以后，诸将相献臣所著奏议文录，……丝袤寸札，靡不燔燕。……自隆庆以后，至于晚明，将相献臣所著，靡有孑遗矣。其他遗闻轶事，皆前代逋臣所录，非得于口耳传述，而被焚毁者不可胜数也。由是观之，夷德之戾，虽五胡、金、元，抑犹有可以末减者邪！太史公曰：'秦既得意，烧诸侯史记尤甚，为其有所刺讥也。'乾隆焚书，无虑二千种，畸重记事，而奏议文献次之，其阴鸷不后于秦矣！今夫血气心知之类，惟人能合群。群之大者，在建国家，辨种族；其条列所系，曰言语、风俗、历史，三者丧一，其萌不植。俄罗斯灭波兰而易其言语，突厥灭东罗马而变其风俗，满洲灭支那而毁其历史。自历史毁，明之遗绪，满洲之秽德，后世不闻，斯非以遏吾民之发愤自立，且剿绝其由孳邪！"

章氏鼓励人们学习历史，但世人常以史籍浩繁，难以

稿纸(A)25×20=500

阅读，章氏为此予以指引，说："史文平易，每日以三点钟之功，足阅两卷有余，一部二十四史，三千二百三十九卷，日读两卷，一日不脱，四年可了；此外典章之书，需时八月；地理之书，需时半年；奏议之书，需时十月。数年寻绎，即可通贯。"（二十二年三月讲读史日程）这样，有六年的时间，就可获得历史的基本知识。

章氏除提倡读史外，还拟撰著一部新的《中国通史》一百卷，~~并拟订目录。~~但只写了这部书的《略例》，拟订了《目录》，并没有来得及撰写。从《目录》和《略例》里，可以发现章氏是在运用新的观点和方法来写史。《目录》中有五表、十二典、十记、九考纪、二十五别录，其细目如下：

表：帝王表、方舆表、职官表、师相表、文儒表。

典：种族典、民宅典、浚筑典、工艺典、食货典、文言典、宗教典、学术典、礼俗典、章服典、法令典、武备典。

记：周服记、秦帝记、南胄记、唐藩记、党锢记、革命记、陆交记、海交记、胡寇记、光复记。

考纪：秦始皇考纪、汉武帝—、王莽—、宋武帝—、唐太宗—、元太祖—、明太祖—、清三帝—、洪秀全—。

别录：管商萧葛别录、李斯—、董公孙张—、崔苏王—、孔老墨韩—、许二魏汤李—、顾黄王颜—、盖傅曾—、王猛—、辛张金—、郑张—、多尔衮—、张鄂—、曾李—、杨颜钱—、孔李—、康有为—、游侠—、货殖—、刺客—、会党—、逸民—、方技—、畸人—、叙录。

章氏拟写《中国通史》，是由于对封建时代的史书都不满意，他在《略例》中对过去的史书进行批评之后，说："今修中国通史，约之百卷，镕冶哲理，以祛逐末之陋，钩汲眢沈，以振墨守之惑，庶几异夫策锋计簿相斫书之为者矣。"他在1902年写给梁启超的信中也说："所贵乎通史者，固有二方面：一方以发明社会政治进化衰微之原理为主，则于典志见之；一方以鼓舞民气、启导方来为主，则亦必于纪传见之。

"窃以今日作史，若专为一代，非独难发新理，而事实亦无由详细调查。惟通史上下千古，不必以褒贬人物、胪叙事状为贵。所重专在典志，则心理、社会、宗教诸学，一切可以熔铸入之。典志有新理新说，自与《通典》、《会要》诸书，徒为八面锋策论者异趣，亦不至如渔仲《通志》蹈专己武断之弊。此四千年中帝王数百，师相数千，即取其彰彰在人耳目者，已不可更仆数。通史自有体裁，岂容为人人开明履历。故于君相文儒之属，悉为●作表，其纪传则但取利害关系有影响于今日社会者为撰数篇。犹有历代社会各项要件，若难贯串，则取械仲纪事本末例为之作记。全书拟为百卷，志居其半，志[表]记纪传亦居其半。盖欲分析事类，各详原理，则不能仅分时代，遂谓综叙，而志为必要矣。欲开浚民智，激扬士气，则亦不能如渔仲之略于事状，而纪传亦为必要矣。"后附目录，凡五表、十二志、十记、八考纪、二十七别录。（……所列目录，与《訄书》重印本第五十九篇《哀清史》略同。）（见汤一《……年谱长编》）

"（章太炎：《致梁启超书》，原题《章太炎来简》，注明撰于"壬寅（1902年）六月"，见《新民丛报》第十三号《饮冰室师友论学笺》，1902年8月4日出版。）（转引自汤志钧《章太炎的历史观和他的治史思想——读〈致吴君遂书〉手迹》，载《文物》1975年第3期。）

除《中国通史》外，章氏尚拟作《后明史》及《清建国别记》，但均未成。

汤志钧《章太炎年谱长编》卷二光绪二十八年壬寅（1902年）："查《訄书》原刻本于己亥冬季付梓，1900年出书。同年，章太炎起了后"手校《訄书》"，陆续修改。本年六月返回后，又在1900年"手校本"的基础上重订"删革"，这就是1904年在日本东京翔鸾社铅●●字排印的"重印本"。查重印本，领目"署共和二千七百四十一年"，当1900年，说明它是在1900年"手校"的基础上"删革"的。……《訄书》"删革"后的《訄书》，……从《尊史》第五十六，到《解辫发》第六十三，共八篇，探讨了编纂史书的问题，强调写史要"知古今进化之迹"，要说明"社会政治盛衰蕃变之所原"。"

52

稿纸(A) 25×20=500

第三节 资产阶级史学的发展

一、新史料的发现、整理与研究

自十九世纪末叶以来，我国不断发现了许多宝贵的史料，有地下的，有地上的，有实物，有书籍，有档案等。这些史料的发现、整理和研究，开辟了史学研究的新园地，获得了巨大的成绩，促进了近代史学的发展。现在分别叙述如下：

1. 甲骨文

甲骨文是刻在龟甲和兽骨（主要是牛骨）上的文字，是殷朝王室的占卜之辞，又称卜辞，也有少数的记事刻辞，是从盘庚迁殷（约公元前1395）到纣的灭亡（约公元前1122年）共二百七十三年间刻写的文字。

「商代王室常用龟甲和兽骨占卜吉凶。占卜之后，将所问之事或所得结果以及与占卜有关的记事，刻（或写）在龟甲兽骨之上，这就是甲骨文。也有称之为龟卜、龟甲文、贞卜文、契文、殷契、甲骨刻文、殷墟文字、殷墟卜辞等。一主要出土于河南安阳殷墟，为晚商占卜记事之遗物。因近年又陆续有西周甲骨出土，为示与之有别，故又称之为殷墟甲骨文。」（仁之：殷墟甲骨文丛谈七讲(一)，殷都学刊1985.1.）

① 甲骨文的发现与发掘

甲骨片是在河南省安阳县西北五里的小屯村附近发现的，其地在洹水南岸，《史记·项羽本纪》有"洹南殷墟上"之语，世称殷墟。

大约在1880年（清光绪六年）左右，当地农民掘地时发现了甲骨片，认为是龙骨，当作药材卖给药店，也磨成粉末作为刀伤药出售。到了1899年（清光绪二十五年）秋天，有山东潍县古董商人范寿轩买到少量的甲骨片，带到北京，卖给在北京做官的山东福山人王懿荣。王氏是一位金石收

稿紙(A)25×20=500

「与他（王懿荣）差不多同时购藏甲骨者还有王襄和孟定生，初期搜购了近5,600片。到1925年左右，王襄共购藏甲骨近4000（多）片。」（仁言）

王襄与孟定生可以说是与王懿荣同时发现甲骨文的人。

藏家，精于文字考订，知道这是有价值的古物，遂买下十二版。1900年（清光绪二十六年）春，范商又以八百片售于王氏。接着，王氏又从潍县赵执斋手中买到数百片。王氏三次共购得一千四五百片左右。（陈梦家：《殷虚卜辞综述》第二章附录）王氏是收藏与鉴定甲骨的第一人。

1900年（庚子）秋，帝国主义的八国联军侵入北京，王懿荣以国子监祭酒任团练大臣，投井自杀。1902年（清光绪二十八年），王氏所藏甲骨的大部分归于刘鹗。

刘鹗字铁云，江苏丹徒人，精于数学，曾从事治河事业，后复主张修造津镇铁路，又与当时山西巡抚策划借外债开掘山西铁矿。著有《老残游记》。

「继王懿荣购藏甲骨者还有刘鹗，他于1901年开始收购，1902年购入了王懿荣全部旧藏和方若300余片，再加上从古董商处大量购置，到1903年已藏近5000片。」（仁言）

刘鹗于1901年开始搜集甲骨，到1903年，共购得五千余片。刘鹗《铁云藏龟·自序》肯定卜辞为“殷人刀笔文字。”刘氏于1910年（宣统二年）因故被流放新疆而死。

「罗振玉自1907年开始购藏甲骨，至1928年先后收藏近三万片，为国内藏品最富者。」（仁言）

王懿荣和刘鹗虽热心蒐集甲骨，但不知甲骨出土的确实地方。1902年（光绪二十八年）罗振玉在刘鹗处见到甲骨文。到了1908年，罗振玉始访知甲骨出土地是安阳的小屯。

罗振玉于1909—1911年（宣统元年到三年）先后三次派人到安阳去蒐求，又命其弟罗振常来到洹水南岸采掘，于是此后所出多归罗氏，迄于1911年，所得约二三万片。

稿纸(A)25×20=500

除罗氏所有外，其余散在諸家者又以万计，而駐彰德（安阳）之长老会牧师加拿大人明义士（J.M. Menzies）所得亦五六千片。总计出土者约有四万片乃至五万片。

从1899年到1928年三十年间，出土之甲骨都是由私人发掘后由商贩转卖出来的。到了1928年，前中央研究院才开始进行有组织的用科学方法发掘。

从1928年秋季到1937年春季的十年间，前中央研究院历史语言研究所在安阳~~小屯~~共进行了十五次发掘，参加发掘的主要工作人员有李济、董作宾、梁思永、郭宝钧、石璋如、吴金鼎等十六人。第一次至第九次共得6513片，（字甲4412片，字骨1977片，总计龟、骨6389片。）第十至十二次都无发现，第十三至十五次共得18405片，（字甲18307片，字骨98片，总计龟、骨18405片。）总计24918片。

前河南省博物馆在1929年秋与1930年春，也曾两次派工作人员到安阳小屯发掘，共得甲骨3656片。（字甲2673片，字骨983片，共3656片。）

1937年7月"卢沟桥事变"发生后，因日本进行侵略中国的战争，发掘甲骨的工作停止。直到解放后，中国科学院考古研究所才恢复发掘工作，于1950年春季和1953年春季，由郭宝钧等分别主持了两次安阳发掘。

「1937年以后，抗日战争爆发，殷墟科学发掘工作停止。但私人盗掘甲骨之风复起，日本侵略者以"学术"团体也进大肆盗掘，又出土不少甲骨。除一部分为辅仁大学和上海孔德图书馆购得外，不少流往国外。」（附）

据胡厚宣估计，自1899年发现甲骨文到解放后195 年为止，共有十六万片以上。另外有被帝国主义英、美、法、日等国掠去及散于私人之手不知确数者，尚不知有多少。

稿纸(A)25×20=500

据陈梦家于1954年估计，现有的甲骨总数约为十万片，其中属于公家的约五万多片，属于私人的约五千多片，被国民党反动派劫往台湾的约二万五千多片，流散在国外的约一万五千多片。（《文物参考资料》1954年第五期：《解放后甲骨的新资料和整理研究》）

又据陈梦家于1955年1月所写的《殷虚卜辞综述·序言》（该书于1956年7月由科学出版社出版。）中说："到现在为止，据我们所能知道的数字，出土甲骨的片数约为：甲、属于公家的，约五万一千片；乙、属于私人的，约四千片（估计）；丙、现在台湾的，约二万六千片；丁、现在欧美的，约七千片；戊、现在日本的，约一万片。总数约九万八千片。由此可知出土的甲骨大约十万片。过去有人估计为十六万片，是估计过高了。这十万片中，碎片占绝大多数，完整的甲和骨仅止数百个而已。（以上见该书47页）……根据《乙编》上、中部分，我们由缀合的整甲和未缀合的首甲尾甲来估计，约为450个整甲。12700片＝450甲，比对十万片应该只有几千个整甲和完骨。这十万片甲骨已经发表了三、四万片。（以上见该书48页）"

稿纸(A)25×20=500

56

②甲骨文的收藏与著录

第一个认识并收藏甲骨文的是王懿荣，从1899年秋到1900年秋一年间购得约一千四五百片左右。王氏于1900年秋殉难后，他的长子王崇烈于1902年把家藏甲骨的大部分（计一千余片）售于刘鹗，著录于《铁云藏龟》；一小部分（二十五片）赠于天津新学书院，著录于《[illegible]七 》；归于福开森的有三十一片，著录于《福 》；王氏家中保留未出售部分，其数不详，唐兰据王氏第二子拓本于1939年编印的《天壤阁甲骨文存》（二册）选录了一百零八片。（陈梦家《殷虚卜辞综述》第二十章《附录》）

刘鹗购得王懿荣的甲骨后，又继续收购，共约五千片左右。1903年（光绪29年），刘氏在罗振玉的怂恿之下，选出甲骨一千零五十八片，编印为《铁云藏龟》六册，是最早著录甲骨文的书，于是甲骨文字开始公诸于世，引起了学者们的注意，成为研究学术的资料。

与王懿荣同时搜罗甲骨文的还有天津的王襄，王襄于1914年将所藏编印为《簠室殷契征文》十二卷，与《考释》合为四册，共收甲骨文字1125片。印刷不精，且多半为一片而剪为两片的。郭沫若评其“文辞均经剪辑粉饰，未能存其真，殊为可惜。”（郭沫若：《中国古代社会研究》第三篇《卜辞中的古代社会·序说·卜辞出土之历史》）

还有孟定生。

刘鹗于1910年（宣统二年）死后，其所藏一部分归于罗振玉，编为《铁云藏龟之余》一册，所收共40片；一部分归于上海商人英国人哈同，于1917年由王国维编印为《戬寿堂所藏殷虚文字》一卷，所收共655片；一部分归于叶玉森，编为《铁云藏龟拾遗》一册，所收共240片；一部分归于商承祚及其友人，已编入《殷契佚存》中，共一千片；一部分归于吴振平，由李旦丘编为《铁云藏龟零拾》一册，所收共九十三片；一部分归于柳诒徵，复归前中央大学，由李孝定编为《中央大学史学系所藏甲骨文字》一册，收250片，又收入胡厚宣所编的《甲骨六录》中；还有一部分流入日本，日本林泰辅博士汇集诸家所有于1917年编印《龟甲兽骨文字》二卷。博士死后，其所藏之五百片现归东洋文库。"

罗振玉于1902年（光绪28年）始在刘鹗家中见到甲骨文，自1906年开始搜集，起初仅由商人手中购买，后于1909年由古商的口中得知甲骨出土处为安阳小屯，又先后命其弟罗振常等前往採掘，大量搜集，到1911年前后，已有二三万片以上，成为收藏甲骨文字最多的一人。罗氏于1913年编印《殷虚书契前编》八卷，1914年编印《殷虚书契菁华》一卷，19

15年编印《铁云藏龟之余》一卷，1916年编印《殷虚书契后编》二卷，所著录共5417片。初期甲骨文字之搜罗与流传，罗氏贡献最大。

除罗氏而外，刘体智所藏甲骨文字亦极丰，其数量与罗藏等，由郭沫若编为《殷契粹编》五册，所收共1595片。仅为其藏物之一小部分，其未著录的尚在二万片左右。

郭沫若有《卜辞通纂》及《卜辞通纂别录》。

前中央研究院第一次至第九次发掘所得，由董作宾编为《殷虚文字甲编》，所收共3942片，菁英均在其中。第十三次至十五次所得，由董作宾编为《殷虚文字乙编》，共6272片。

河南博物馆发掘所得，由关伯益编为《殷虚文字存真》一至八集共八册，凡选录800片；又由孙海波编为《甲骨文录》二册，凡选录930片。

「抗日战争期间和抗日战争胜利以后殷墟出土甲骨，主要著录于胡厚宣《战后宁沪新获甲骨集》、《战后南北所见甲骨录》、《战后京津新获甲骨集》、《甲骨续存》和李亚农《殷契摭佚续编》。」（仁言）

「欧美日等外国人，也很早就注意了殷墟出土甲骨文。早在1903年，美国人方法敛和英国人库寿龄，以居住在古董商聚集之地山东潍县的方便条件，两人合购甲骨并转卖。美国卡内基博物院、普林斯顿大学、英国皇家博物院、大英博物院等处甲骨藏品就是经库方之手，于1904—1909年几批购得的。英国人金璋也从1908年开始搜购甲骨。此外，德国人威尔次和卫礼贤也自1909年开始搜购甲骨。德国柏林民俗博物馆的甲骨藏品，来自威尔次之处。瑞士巴塞尔博物馆的甲骨藏品，乃卫礼贤搜购。以上各项，欧美人士共得甲骨约5,000片。日本人也很早开始收购甲骨，据说三井源右卫门所藏甲骨3000片得之于罗振玉开始购藏甲骨之年。林泰辅1905年开始搜集研究甲骨，1918年还亲赴安阳殷墟考察。其后，日本人注意搜集甲骨者日渐增多。到1928年，日本私家共得甲骨15,000片左右。外国人搜集我国甲骨文最多的当首推加拿大人明义士。他自1914年开始搜集，到1926年自称共收藏50,000片左右。其中1923年、1924年、1925年、1926年小屯村中和村南有几批甲骨重要发现，都为明义士所得。」（仁言）

「外国人所得甲骨，早年有一部分以摹本出版。库寿龄、方法敛所得，一部分先后收入《库方二氏所藏甲骨卜辞》、《甲骨卜辞七集》、《金璋所藏甲骨卜辞》等书。日本人所得甲骨，一部分以墨本著录于林泰辅《龟甲兽骨文字》一书，一部分曾以照片收入郭沫若《卜辞通纂·别录》。明义士所得甲骨一部分著录于《殷墟卜辞》一书中；近年来，国外所藏甲骨不少墨拓出版，周鸿翔将美国各家所藏甲骨墨拓，汇为《美国所藏甲骨录》一书出版。日本所藏甲骨以墨拓出版的有贝冢茂树《京都大学人文科学研究所藏甲骨文字》和松丸道雄《东京大学东洋文库所藏甲骨文字》等。英国各家所藏甲骨，据闻也已墨拓并正在编纂出版中。」（仁言）

稿纸(A)25×20=500

59

③甲骨文的考释与研究

最初考释甲骨文的是孙诒让。孙诒让，字仲容，号籀庼，浙江瑞安人。生于清宣宗道光二十八年（1848年），卒于清德宗光绪三十四年（1908年），六十一岁。孙氏"在经学、史学、考据学、文字学、校勘学等各方面都有杰出的贡献。"

孙氏于1904年（光绪三十年）根据刘鹗的《铁云藏龟》著《契文举例》二卷，分月日、贞卜、卜事、鬼神、卜人、官氏、方国、典礼、文字、杂例十章。这是第一部研究甲骨文的著作，但当时未刊行。"1913年王国维始于上海发见其原稿，影印出版。~~今收入罗氏所刊行之《吉石庵丛书》第三集中。"~~此书虽有很多错误，但其考释甲骨文的首创之功是不可埋没的。②孙氏又著《名原》。王国维评论孙氏二书说："皆仅据《铁云藏龟》为之，故其说不无武断。"（《新学问》）

孙氏之后为罗振玉。罗氏于1910年（宣统二年）著《殷商贞卜文字考》一卷，分考史、正名、卜法、余论四部分，开始证明了甲骨乃殷王朝的遗物。其《自序》云："又于刻辞中得殷帝王名谥十余，乃恍悟此卜辞者实为殷室王朝之遗物。其文字虽简略，然可证史家之违失，考小学之源流，求古代之卜法。""又于1914年著《殷虚书契考释》一卷（后增订本改为三卷），分目更细，无论考史释字，都有

稿纸(A)25×20=500

很大的发明，为甲骨文发现以后的第一部名著。罗氏又于1916年著《殷虚书契待问编》一卷，係著录“甲骨文中之未可识者”。

郭沫若说：甲骨自出土后，其蒐集保存传播之功，罗氏当居第一，而考释之功亦深赖罗氏。……~~综罗氏的著作~~使甲骨文字之学蔚然成一巨观。谈甲骨者固不能不权舆于此，即谈中国古学者亦不能不权舆于此。”（　　　）

“罗振玉，字叔蕴，又字叔言，号雪堂，晚年又号贞松老人。本浙江上虞人，先世游宦江苏，寄居淮安。以1866年生于淮安。清代末年，做过学部参议（？）、京师大学堂农科监督等官职。辛亥以后，侨居日本最久。……1934年，“满洲国”在日本帝国主义扶植下成立，罗氏担任过伪参议府参议和伪监察院长等职，后来知道事不能成，引退居旅顺。1940年死于旅顺，年七十五岁。”（张舜徽）

王国维说：“审释文字，自以罗氏为第一。其考定小屯之为故殷虚及审释殷帝王名号，皆由罗氏发之。”（新学问）

郭沫若：“罗振玉的功劳即在为我们提供了无数的真实的史料。他的殷代甲骨的蒐集、保藏、流传、考释，实是中国近三十年来文化史上所应该大书特书的一项事件。还有他关于金石器物、古籍佚书之搜罗颁布，其内容之丰富，甄别之谨严，成绩之浩瀚，方法之崭新，在他的智力之外，我想怕也要有莫大的财力才能办到的。”（《中国古代社会研究·自序》1929）

稿纸（A）25×20=500

继罗氏之后的是王国维。王国维对甲骨文字的研究产生了一个划时代的革变，决定了甲骨文字这新史料在史学研究上的地位，使已蒙昧的商代历史呈现了新的光明，又使以后研究殷商史的人不得不以甲骨文字为唯一可靠的史料。王氏于1917年著《戬寿堂所藏殷虚文字考释》一卷。1922年著《殷卜辞中所见先公先王考》，及《殷卜辞中所见先公先王续考》，是根据甲骨文考订殷代王室、世系、名号的专著，确证了商殷世系，证明了《史记·殷本纪》的基本正确，考证多数精确，是研究商代历史最有贡献的著作。《殷周制度论》及《殷礼徵文》对于对于殷代礼制的探讨及殷周制度的异同，亦均发千古之秘。王氏自言：“余据此种材料，……作《殷周制度论》，以比较二代之文化。”他在此篇，运用了极精密的分析，认为“夏殷间政治与文物之变革，不似殷周间之剧烈。殷周间之大变革，……”篇中对于周代礼制，论列特详。《古史新证》为王氏在清华研究院的讲稿，集其对古史研究的菁英而成。（参见张舜徽书）还有《殷虚卜辞中所见地名考》。

王氏研究甲骨文字的贡献，主要的是在证史。

罗振玉与王国维在甲骨文的考释与研究上，是有巨大的不可磨灭的贡献的。郭沫若说：“谓中国之旧学自甲骨之出而另辟一新纪元，自有罗、王二氏考释甲骨之业而另辟一新纪元，决非过论。”（　　）又说：“大概在目前欲论

稿纸(A)25×20=500

中国的古学，欲清算中国的古代社会，我们是不能不以罗、王二家之业绩为其出发点了。"（　）

罗振玉的弟子商承祚，于1923年著有《殷虚文字类编》十四卷，"就文字之已识者依《说文解字》部叙分别出之，每字广搜各种异形，一字有至四十五种书法者（如羊字），最便于初学之检阅。（补注：商君此书所收文字异形，亦不多兼。）""商氏袭其师之意又别有《待问编》十二卷，附于《类编》。此亦考释文字者之一良好的索引书，惜所採录者未甚完备。"（郭沫若：《中国古代社会研究》第三篇《卜辞中的古代社会·序说：卜辞出土之历史》）

叶玉森有《殷契钩沉》、《说契》等文，刊《学衡》杂志；遗稿有《殷虚书契前编集释》。

稿纸(A)25×20＝500

继王国维之后，在考释与研究甲骨文上有重大成就的是郭沫若。

郭沫若于1928年到日本后，开始研究甲骨文。他于1929年~~研究甲骨文的目的主要是探讨殷商的史迹~~，著有《甲骨文字研究》二卷（1931年出版，共收~~[illegible]~~论文十七篇。（解放后，1952年重印，删去九篇，加进一篇，实收论文九篇。）~~，《卜辞通纂考释》三卷，《殷契萃编考释》~~都是考释文字的作品，其中如《释祖妣》、《释臣宰》是关于商代~~《卜辞中之古代社会》（见《中国古代社会研究》）及《殷周是奴隶社会》等。其中《卜辞通纂考释》尤集郭氏研究成绩之大成~~社会制度的，《释耤》、《释勿勿》是关于商代经济的，《释五十》、《释岁》、《释支干》、《释和言》是关于商代文化的，最为重要。

郭沫若在~~1931年所著~~《甲骨文字研究·自序》中说："余之研究卜辞，志在探讨中国社会之起源，本非拘拘于文字史地之学；然识字乃一切探讨之第一步，故于此亦不能不有所注意。"

郭沫若所著《卜辞通纂》一书，于1933年~~在日本~~出版，"这是一部关于甲骨文字全面精选总编通释的著作。"他在序言里说："本书之目的，在选辑传世卜辞之菁粹者，依余所怀抱之系统而排比之，并一一加以考释，以便观览。"全书除《别录》一二九片之外，正编共收甲骨800片，分为干支、数字、世系、天象、食货、征伐、畋游、杂纂等八项。考释在每项之后，还加以小结。这样，综览全书，"对于卜辞内容，可以有一个全面系统的了解。"（胡厚宣：《沉痛悼念导教的郭沫若同志》，载《中华文史论丛》第八辑，1978年10月出版。）在考释中有

稿纸(A)25×20=500

64

不少创见和发明，都是从前"罗、王诸家所未识。"

郭沫若又著《殷契粹编》，"是一部精选独家所藏甲骨菁华的著作。"当郭老注意搜集甲骨资料的时候，刚好金祖同由国内带着刘体智所藏甲骨的全部拓本，来到日本，请郭老选印。刘体智是国内大收藏家，其所藏金石图籍书画之盛，为海内之冠。所藏甲骨二万八千余片，是罗振玉以后的第一人。郭老乃从中选出1595片，编为《殷契粹编》一书，于1937年在日本出版。其中精品极多，为《前·后编》之后，《甲·乙编》以前，甲骨著录书中最重要的一种著作。本书分类，大抵与《卜辞通纂》相同。文字考释方面，也有更多重要的阐发。"（同上胡厚宣）

"除了专书之外，郭老还写了一些有关甲骨的散篇论文。一九三三年，郭老在日本出版了《中国古代铭刻汇考》一书，其中有关于甲骨文字的一些零散的论文，长短共九篇，统名为《殷契馀论》。一九三四年又出版了《古代铭刻汇考续编》，亦收有关于甲骨文字的散篇论文三篇。

稿纸(A)25×20=500

董作宾在甲骨文断代研究上有重大的贡献。

甲骨文所包括的时代，是从盘庚迁殷到帝辛灭亡（公元前1300—1028年）二百七十三年。但在这许多年的史料中，某一片应为某王贞卜的甲骨，倘若无从断定，则其史料价值当减低不少。甲骨的断代，在甲骨文字研究上是最重要的了，而且是刻不容缓的。

"甲骨断代研究的方法是由王国维创始"，他在1923年出版的《观堂集林》中，"用卜辞里的称谓定甲骨的年代。"

"自甲骨文出世，学者多致力于拓本之研究，罕能注意实物。自李济、董作宾为发掘之工作，始知注意实物。"

"1929年10月，前中央研究院在安阳作第三次发掘，获整龟四版。……1931年6月董氏作《大龟四版考释》，最先发表贞人断代的学说，说："凡见于同一版上的贞人，他们差不多可以说是同时。"同时并找到坑层为断代方法之一。1932年3月又作《甲骨文断代研究例》更加发挥，并定世系、称谓、贞人、坑位、方国、人物、事类、文法、字形、书体为甲骨断代的十个标准。"（陈梦家《殷虚卜辞综述》）"依此标准，可断某片之属于某时代。董氏最初将甲骨文分为五个时期：武丁以前（盘庚、小辛、小乙、武丁）为第一期，祖庚、祖甲为第二期，廪辛、康丁为第三期，武乙、文丁为第四期，帝乙、帝辛为第五期。其后更进而分为十四个

稿纸(A)25×20=500

66

时期。因此一见甲骨文在手，即可知其应属于那一个王在何年何月何日所卜。这一个发现，不特在甲骨文研究上结划一新的时代，而且从文学上看来，真可其功不在禹下。"

"~~中央研究~~安阳出土的刻辞甲骨，我们现在已可断定其年代的，有武丁、祖庚、祖甲、廪辛、康丁、武乙、文丁、帝乙、帝辛七世九王的卜辞。"

"中央研究院发刊《安阳报告》（共四期）及《田野考古报告》，内多李济、董作宾之作。董作宾著有《甲骨文断代研究例》、《商代龟卜之推测》、《获白麟解》。《卜辞中所见之殷历》、《大龟四版考释》、《殷历中几个重要问题》、《骨文例》、《五等爵在殷商》等文。

"此后董氏致力于古代历法的研究，积十年之力撰成《殷历谱》十四卷，博大精深，对于甲骨文殷商史的研究已发展到很高的阶段。"

"董氏有与胡厚宣合编的《甲骨年表》。

刘朝阳著《殷历质疑》（燕京学报第十期）、《再论殷历》（燕京学报第十三期）、《三论殷历》（中山大学专刊）。

关于卜辞的分类："罗氏在《考释》中分贞卜之类为八项；……王襄的《簠室殷契徵文》则分为十二项；……董作宾最初采用罗说，后来在《殷历谱》则分为二十项；……

稿纸(A)25×20=500

胡厚宣先生发表《南北》和《京津》一书摹本或拓本时，分为二十四项。……董、胡两氏的分类太繁琐，而且又有不必分的。郭沫若的《卜辞通纂》除干支数字外，分为五类：世系、天象、食货、征伐、畋游。这种分法比较简括，我们稍加改变，分为六类：一、祭祀——对祖先与自然神祇的祭祀与求告等；二、天时——风雨、启、水及天变等；三、年成——年成与农事等；四、征伐——与方国的战争、交涉等；五、王事——田猎、游止、疾病、生子等；六、旬夕——对今夕来旬的卜问。”（陈：《综述》42页）

关于甲骨文字的考释，还有唐兰的《殷虚文字记》、《天壤阁甲骨文存考释》等。其他如丁山、陈梦家、徐中舒、胡厚宣、吴其昌、商承祚等，亦均有所贡献。

“解放以前的甲骨研究，大约经历了以下的几个阶段：①鉴定与蒐集；②文字的诠释；③历史的考证；④古代社会研究；⑤贞人断代。”（陈梦家：《解放后甲骨的新资料和整理研究》）

“我国甲骨卜辞研究的经过，陈梦家同志在其《殷墟卜辞综述》一书中（53页）划分为四个阶段。”他说：“从初论证的‘甲文’单字的认识，进步为罗振玉‘卜辞’分类的条举，由此而进到王国维‘世系’、‘制度’的研究，由于科学发掘的收获，而有董作宾‘断代’的研究；由于马克思列宁主义和摩尔根学说的介绍，而有郭沫若‘古代社会’的研究。上述的四个阶段，也就是用‘古文字学’、‘古文献学’、‘考古学’、‘社会历史科学’四种不同科目来对待卜辞的发展过程。”

2. 金文

金文，亦称铜器铭文。"古代铜器(青铜器)，特别是钟鼎彝器，上面多有文字"，以其为金属之铜器，故称金文或铜器铭文。又以刻在钟鼎上的居多，而铜器中以钟鼎为最大，称钟鼎文。又称吉金文字。(吉金，鼎彝之属，古以祭祀为吉礼，故祭器范铜为之者，曰吉金。又，铜器铭文上常有"赐吉金"、"择其吉金"之语，所以称做吉金文字。)

《礼记·祭统篇》："夫鼎有铭。铭者，自名也，自名以称扬其先祖之美而明著之后世者也。为先祖者，莫不有美焉，莫不有恶焉。铭之义，称美而不称恶，此孝子孝孙之心也，唯贤者能之。"

"殷商铜器已有简单铭文，到了周代才日益发展。这些铭文的内容很复杂，大抵不外有关贵族的武功、讼断和赏赐等。由于器物的限制，铭文不宜过长。但也有三百余字的，如《散氏盘铭》；有近五百字的，如《毛公鼎铭》。铭文一般为散文，但也有用韵文的，如《虢季子白盘铭》。……铭文字多难识，又有缺蚀，加以有关当时的名物制度以及这些贵族的生活内容多不易了解，所以非常难懂。"(谢国桢)

①金文的发现与发掘

金文早在汉代即已发现，如东汉许慎《说文解字·序》里说："郡国往往于山川得鼎彝（鼎彝即古墓殉葬的青铜器），其铭即前代之古文。"到了宋代，发现更多，如刘敞在长安得古铜器十余件。近几十年来，各地大量发现铜器群。

河南新郑——1923年8月，新郑发现铜器，得大鼎一、中鼎二及其他铜器百余件，为春秋时郑国的遗物。今存河南博物馆。

山西浑县——1923年发现，铭文很少。

河南洛阳——洛阳城东有金村，1929年秋到1930年冬发现古墓，及1934年，出土遗物共五六百件。其中最著名的为麕羌钟，为战国时周威烈王时的韩器。

安徽寿县——第一次在1922年，第二次在1933年，共出铜器约七八百件以上，均为淮楚之器。今存安徽图书馆。

河南安阳——殷墟发掘以来，所得铜器极多，有二尺大的方鼎以及多种铜容器、铜兵器等。

河南濬县——濬县曾有大批铜器出现，1934年中央研究院又续得若干。此外，山东滕县、河南辉县及汲县亦有出现。

稿纸(A)25×20=500

② 金文的著录、考释与研究

金文自宋代开始被重视，成为专门之学。《宋史》319《刘敞传》云："敞尝得先秦彝鼎数十，铭识奇奥，皆案而读之，因以考知三代制度。尤珍惜之，每曰：我死，子孙以此蒸尝我。""这便是宋代学者私人收购古物，研究金石的先驱。他并写成了《先秦古器图(记)》，把每件东西的形制和刻辞，都描摹在上面。"欧阳修作《集古录》十卷，"将刘敞所得古器物的铭辞和释文全收进去。"并"登载了几百篇跋尾，这是我国学术史上正式出现金石学专著的开端，并已取金石刻辞订正史传，替学术界开了一条研究的新途径。"后来赵明诚仿其体例，写成《金石录》三十卷。"《金石录序》云："诗书以后，君臣行事之迹，悉载于史。……若夫岁月、地理、官爵、世次，以金石刻考之，其抵牾十常三四。盖史牒出于后人之手，不能无失，而刻辞当时所立，可信不疑。""这便阐明了金石刻辞的作用。""以后著录之书渐多，一类为只摹款识及图形状的，如吕大临《考古图》、王黼《博古图录》等；一类为专摹款识间加考释的，如王俅《啸堂集古录》、薛尚功《历代钟鼎彝器款识法帖》等。""而由宋徽宗赵佶领导臣下编成的《宣和博古图》，更是当时集大成的作品。"

到了清代，"金文研究之风已渐盛"，"如顾炎武《金石文字记》、王昶《金石萃编》之类"，"但最初只是在文字学上的研究，对于史学上的贡献不大。吴大澂与孙诒让可说是研究金文承先启后的两个人。自吴、孙而后，金文研究已走上史学的途径。"

稿纸(A)25×20=500

71

杨翼骧先生
中国史学史手稿存真

吴大澂、孙诒让二氏结束了前期金文的研究，开辟了后代史学的道路，有承先启后之功。

吴大澂作《说文古籀补》十四卷，《补遗》一卷，《附录》一卷，《字说》一卷（是文字学上重要的著作），《权衡度量实验考》一卷（是史学上的著作，惟所用方法不准确）。

孙诒让著《古籀拾遗》三卷，《古籀馀论》二卷，《名原》二卷。除了在文字学上的价值，也有史学的成分。

著录金文之书，有：

刘体智《小校经阁金文拓本》一书，收拓本六千五百余种，最为丰富。

罗振玉《三代吉金文存》二十卷，"收金文拓本四千八百多种，精者选于小校经阁，铜器铭文中重要材料收入于此书中。""所收商周彝器铭文凡四千八百三十一器，集金文之大成，惟无考释。"

容庚《金文编》十四卷，1925年石印本，"编录殷周金文，凡收一万六千六百七十二字，为金文汇编之大成。""《金文续编》十四卷，专收秦汉金文，1935年石印本。"《金文编》分《正编》、《续编》及《附录》上下两编。正编为殷周金文，续编为秦汉金文，共收1894字，重文13950字；图形文字不可识的为附录上，形声不可识的、考释还待商榷的为附录下，共收1199字，重文985字。本书内容丰富，对于检查古文字形体的演变有很大帮助。"是一部金文字典。

稿纸(A)25×20=500

容庚《商周彝器通考》三编，1941年影印本。"分上下二编，附图一编。上编通论十五章，下编分论四章，全书约三十万言，插图尤多，极有用。""又著有《殷周礼乐器考略》、《殷周铜器考》等文。"

"第一个能够承继吴、孙之研究而为之发扬光大者为王国维，著有《古礼器略说》（初学读之，可以了解到古代礼器之形状、类别、名称之大要）；"《观堂古金文考释》五种五卷，遗书本。"此书考释毛公鼎、不𡢁敦、散氏盘、盂鼎、克鼎五器铭辞，至为精审。"还有《鬼方昆夷猃狁考》等文。他"言地理、谥法、民族、历法，以金文证古史，多极精确。"

"全盘整理存世铜器铭文而为之总结的，有郭沫若及吴其昌。"

"郭沫若著有《两周金文辞大系图录》五册，《两周金文辞大系考释》三册。"

"郭沫若《两周金文辞大系图录》。此书分《图编》、《录编》、《考释》三部分。《图编》专辑形象，《录编》专辑铭文，《考释》为作者的解释。《图编》……按铜器形制分类；《录编》所收各器，于西周是按年代先后排列，收162器，东周则按国别排列，收161器，包括32国，其中有标准器作为推定年代的根据。这样有系统的划分，以前是没有的，可称为"创通条例"之作，对周代金文的断代研究奠定了基础。"

稿纸(A)25×20=500

"《两周金文辞大系考释》为有系统考证金文及通释金文之佳作。又有《金文丛考》（四册，附《金文余释之馀》一册，1954年人民出版社影印本）、《金文续考》、《殷周青铜器铭文研究》、《周代彝铭中的社会史观》（《中国古代社会研究》第四篇）。"

"郭老研究古文字，能以辩证的观点，抓主要矛盾，用发展的眼光来看待原始材料，分析这些材料。即以金文而论，自宋代以来，学者们专于编图录，释文字，著录的铜器及铭文数以千计；与他同时的另一些学者，也多以主要精力用于收集拓本、编撰图录上，很少注意将图录、铭文融会沟通，作综合性的分析研究。郭老能于数千件铜器中选出若干有代表性的、能断定时代的器作为标准器，研究其花纹、形制，而后加以扩大，联系在一起，把几百年间的几百件青铜器，按其时代与国别，编为《两周金文辞大系》，并加以考释。这部书的出版，标志着我国关于铜器铭文研究已开始了新阶段，进入了新的时期；标志着马克思主义的研究方法已开始运用于金文研究的领域。"（肖淑瑜：《缅怀郭沫若同志》，中华文史论丛第八辑，上海古籍出版社1978年10月出版。）

稿纸(A)25×20=500

吴其昌著有《金文历朔疏证》二册，《金文疑年表》一卷。吴氏对金文本有一个很大的计划，拟作金文历朔、方国、世族、名象、習语、职官、礼制等疏证，惜除历朔、世族、名象外，余均未成而身死。

杨树达著《积微居金文说》，取金文以疏证金史。

其他如徐中舒、丁山、唐兰、于省吾、陈梦家等，均研究金文有成绩。

金文索引之书：王国维著有《国朝金文著录表》，罗福颐《三代秦汉金文著录表》是王书之订正。又福开森所编《历代著录吉金目》，总辑最富，共收书八十种，全书首为总目，次为器名及释文，次为索引，便于检查。

鉴定金文之法，或以称谓，或以制度，或比其事，或察其辞，或考字形，或详书体，即可断其时代。

稿纸(A)25×20=500

3. 汉晋简牍

①发现

汉晋简牍，是刻在木简上的西汉到西晋时期的文牍，（书牍文字，古代簿籍）是非常珍贵的研究这时期的原始资料。从清末光绪年间起，在新疆、甘肃陆续发现。

光绪二十六年（1900年），瑞典人斯文赫定（Sven Hedin）在楼兰故址（今新疆罗布淖尔地方），发见晋代简牍。

光绪二十六年到二十七年（1900—1901），英属印度政府派遣匈牙利人斯坦因（M. Aurel Stein）在我国新疆天山南路访古，于和阗之南（塔里木盆地）尼雅河下游发掘古寺废址，得魏晋间人所书木简数十枚。

光绪三十二年到三十四年（1906—1908），斯坦因又来中国，先在甘肃敦煌及敦煌西北长城遗址发掘，得两汉人所书木简约近千枚（数百枚）；又于新疆尼雅河下游得后汉人所书木简十余枚；于罗布淖尔东北海头故城得~~魏晋间~~西晋初期人所书木简百余枚。~~都是当时的书牍文字及古代簿籍~~。

1913年到1916年（民国二年到五年），斯坦因由帕米尔转道新疆，又得简牍。（1930年（民国十九年），斯坦因第四次来中国探访，为中国政府禁阻而去。）

1927年（民国十六年）夏，中国学术团体协会西北科学考察团到新疆探险，由中国古史专家徐炳昶与瑞典人斯文

稿纸(A) 25×20=500

赫定合作领导，考古学家黄文弼、地理学家袁复礼等参加，黄文弼负考古之责。1930年，在居延故塞（今内蒙古自治区额济纳旗额济纳河流域的西汉张掖郡居延烽燧遗址）发现汉代居延都尉府的简牍约两万片。在新疆罗布淖尔也发现西汉中晚期的木简。

1944年，夏鼐等在敦煌所获汉简，见夏鼐《新获之敦煌汉简》，史语所集刊第十九本，1948年。

②考释与研究

斯文赫定所发现者，由德国嘻尔亨利（Karl Himly）及孔拉（Conrady）编为《斯文海定楼兰所获缣素及简牍遗文》，向达曾摘录其一部分为《斯文海定楼兰所获缣素及简牍遗文抄》，载于《北平图书馆馆刊》五卷四号。

斯坦因第一次考察在和阗附近得晋代简牍及第二次在罗布淖尔及敦煌长城废址得汉晋简牍极多，尤以敦煌汉简为最重要。此批史料由法国汉学家沙畹（Ed. Chavannes）编为《斯坦因所获中国简牍考释》，所收共991片，分三编。1913、1914年（民国二、三年）出版。

王国维《最近二三十年发现之新学问》云："（斯坦因两次所得）皆经法人沙畹教授考释。其第一次所得，印于斯氏《和阗故迹》中；第二次所得别为专书，于癸丑、甲寅间出版。此项木简中，有古书历日方书，而其大半皆屯戍簿录，于史地二学关系极大。癸丑冬日，沙畹教授寄其校订未印成之本于罗叔言参事，罗氏与余重加考订，并斯氏在和阗所得者景印行世，所谓《流沙坠简》是也。”

罗振玉、王国维二氏就沙畹书991简中，取588简，编为《流沙坠简》三卷，《考释》三卷，《补遗》一卷，《附录》一卷。罗氏审释文字，王氏精于考证史事。王氏所考如汉时西域两道之分歧，塞上之烽燧之次第，魏晋间葱岭以东之国数，及西域长史之治所，均足以补史阙。王氏复撰《流沙坠简补正》一卷。王氏尚有著《简牍检署考》（在海宁王国维先生遗书）。

“1908年，敦煌发现的由西汉中晚期到西晋初期木简，其中包括许多重要的新史料。王国维先生写成《流沙坠简考释》一书，对于烽燧、地理、官名等制度，皆有深刻的研究。”（陈直：《居延汉简概述》，《历史教学》1962年第4期。）贺昌群：《流沙坠简校补》，载《国立北京图书馆馆刊》八卷五号。

“1930年在居延发现的汉简，于1931年运至北京，释文工作直到1934年才开始，由马衡、贺昌群、余逊、劳榦等人进行考释。1937年秋，抗日战争爆发，释文工作尚未完成。原简经徐仲玉和沈仲章设法运出日寇占领下的北京，并由沈仲章经手在香港摄制照片，交由商务印书馆制玻璃版影印。在制版中，香港为日寇攻陷，书版全毁。原简亦为美帝国主义全部窃去，现存美国国会图书馆。当时在北京作释文是由数人合释，所以没有一份完整的稿子。后来

稿纸(A)25×20=500

《居延汉简考释·释文之部》
编为《居延汉简考释》六卷(释文四卷，考证二卷)

劳榦在四川依据反体照片，重写释文，于1943年在四川南溪李庄石印出版，1949年商务印书馆重新铅印，后附《敦煌汉简校文》(流沙坠简校文)及《索引》。释文分为文书、簿册、信札、经籍和杂简类五项。"(陈、徐、　　　)

居延汉简中年代最早的是汉武帝太初三年(前102年)，最晚的是东汉光武建武六年(30年)，[除永元器物簿(永元七年，95年)外)，而大部分都是昭帝始元六年(前81)到成帝河平四年(前25)之间的。(陈、徐)

"居延全部木简的年月，开始于武帝太初二年(前101年)，最后为东汉光武建武十六年(40年)。[劳榦考证为开始于太初三年，止于建武六年。]"(陈直：《居延汉简概述》。《历史教学》1962年第4期。)

"居延汉简中蕴藏有大宗可贵的史料，共有一万余枚，就数量言，几乎比敦煌简多十倍，为烽燧制度、候官组织、兵制、屯田制以及河西经济生活等等，皆可得到充分的了解。……兹特将居延汉简的具体内容概述于下：一、举烽燧的方法，二、候官的组织，三、亭燧与都塞名称的区分，四、戍卒的来源，五、戍卒的分工及弛刑徒的参加，六、兵器的应用，七、守御器的毁坏，八、戍卒的生活，九、渠井的开凿，十、代田法在居延的推行，十一、农民起义的新史料，十二、物价的考查。"(陈直

稿纸(A)25×20=500

汉代在居延边塞建筑烽火台，始于汉武帝太初时，命路博德主其事，主要是为了防御羌族和匈奴。"当时路博德所率领的士兵，除军事上的防御之外，还进行了垦殖和屯田。"《汉书·赵充国、郑吉传》中，只找到防御的原则，而没有防御的具体措施的资料。在居延汉简中，不但有丰富的关于烽燧制度、候官组织的材料，可补汉书的不足，而且对于兵制、屯田制以及河西经济生活等，都有较详细的记载。……也还有一些农民起义的史料。……"（陈直

对居延汉简进行研究的，当有劳榦：《从汉简所见之边郡制度》，载《历史语言所集刊》第八本第二分，1939年出版；贺昌群：《烽燧考》，载《国立北京大学四十周年纪念论文集》乙编上，1940年1月出版；劳榦：《汉简中的河西经济生活》，载《历史语言研究所集刊》第十一本，1943年出版；陈槃：《汉晋遗简偶述》，载《历史语言研究所集刊》第十六本，1947年出版；劳榦：《释汉代之亭障与烽燧》，载《历史语言研究所集刊》第十九本，1948年出版。

对新疆罗布淖尔发现的汉简进行研究的，有黄文弼著《罗布淖尔考古记》第四编第九章《释简牍制度及书写》，1948年出版。

稿纸(A)25×20=500

80

4、敦煌石室书卷

① 发现

敦煌石室在甘肃敦煌鸣沙山石窟寺（俗名千佛洞，以前叫莫高窟），本是佛道两家藏书的地方。大约在北宋初期，石室被封闭，外面饰以壁画，历来不为人知。经过八九百年，直到清朝光绪二十年（1894年）以后，石室墙壁裂坏，藏书始被道士发现。

石室藏书虽被发现，但未引起国内人士的注意。1907年（光绪三十三年），英国的斯坦因曾到敦煌两次，当他第二次到敦煌时，听到藏书发现的消息，遂与该寺一位姓王的道士商议，由斯坦因捐与该寺钜款，换取藏书甚多，共写本二十四箱，美术遗物五箱。法国汉学家伯希和（Paul Pelliot）于1908年（光绪三十四年）到了敦煌，也从王道士手中买到书卷约二千卷，另外还有美术遗物。两人所得"六朝人及唐人所写卷子本书数千卷，及古梵文、古波斯文及突厥、回鹘诸国文字无算。"（王国维：

当伯希和返法将过北京的时候，在六国饭店展示所得写本后，中国学术界才得知此事。罗振玉、李振铎等乃议请学部，将所余书卷约一万卷左右运到北京，交京师图书馆保存。但王道士所藏匿起来的仍然不少。

1914年（民国三年），斯坦因再到敦煌，又由王道士售与

稿纸(A)25×20=500

一批，共五大箱，约六百余卷。

其余散分由当地士绅所得。后来敦煌艺术研究所也得到一小部分。

② 著录与研究

敦煌石室所藏书卷，最多的是佛经，其次是道经。儒家的书籍也最少。其中最古的写本为北魏文成帝太安四年（458），最近的为宋太宗至道元年（995）。

斯坦因所得书卷，均藏伦敦博物馆（不列颠博物院），罗福苌（振玉之子）依据法人伯希和所钞的书目，译为编定为《伦敦博物馆敦煌书目》，刊于北京大学《国学季刊》第一卷第一期。向达有《伦敦所藏敦煌卷子经眼目录》，刊《图书季刊》新一卷四期。总计斯坦因所得约七千卷以上。向氏所见曾到6963号。斯坦因所得大部为佛经，其他者有《易经释文》，《古文尚书孔氏传》，《毛诗》、《左传杜氏集解》残篇，《左传》节本，孔衍《春秋后语》残篇，《礼记》残卷，《孝经》、《论语》断篇，《唐西州沙洲图经》，《敦煌录》残篇，《敦煌县志》，《大唐西域记》等。尚有域外语文写本二百余卷，为古梵文、古波斯文及突厥、回鹘文字。其美术遗物藏印度新德里古代中亚博物院中。

稿纸(A)25×20=500

伯希和所得书卷，在巴黎国家图书馆及其家中，美术遗物藏集美（Guimet）博物院及卢浮宫中。罗福苌有《巴黎图书馆敦煌目录》，係译自日人狩野直喜在巴黎所抄录的，仅有三分之一，刊北京大学《国学季刊》一卷四期。除巴黎图书馆外，尚有五百多卷在伯氏家中，王重民编制《国家图书馆所藏敦煌书目》时，始全得见。

罗振玉就伯希和所寄影本及本人所藏，于1909年（宣统元年）到1921年（民国十年）间，编为《敦煌石室遗书》十二种（1909），《鸣沙石室古佚书》十八种（1913），《鸣沙石室佚书续编》四种，《鸣沙石室古籍丛残三十种（1918），《敦煌零拾》七种，《贞松堂西陲秘籍丛残》三集。

京师图书馆（北京图书馆）所存者，陈垣编有《敦煌劫餘录》六册，凡得8679号；复由胡鸣盛检阅未登记的残叶，又编成一千一百九十二号，共9871号。其后许国霖又编为《敦煌石室写经题记》与《敦煌杂录》二册。向达曾编《敦煌丛钞》，刊《北平图书馆馆刊》。

王国维《观堂集林》中，有审定石室遗物之文。向达、王重民等亦有研究。

罗福颐说："现在汇集前人研究考订所已确定的贡献，分叙在下面"：一、旧经史子集，二、宗教史，三、艺术史、四、社会风俗史料、五、中外文化交通史。

稿紙(A)25×20=500

84

5、清朝内阁大库及军机处所藏的书籍与档案

清朝内阁大库在北京紫禁城东华门内，属内阁典籍厅掌管，是储存书籍和档案的地方。其中书籍占十分之三，多为明朝文渊阁遗留下来的；档案占十分之七，包括从明成祖以来直到清朝的公文、案卷、外藩属国之表章及历科殿试的试卷等。

1909年（宣统元年），大库房屋损坏，需要缮修，遂将所藏暂移于文华殿的两廊。当时张之洞以大学士军机大臣管学部事，奏请以大库的书籍设立学部图书馆（即京师图书馆、北京图书馆的前身）。至于档案，内阁议决以"旧档无用"为由，奏请焚毁。学部参事罗振玉被派赴内阁接收书籍时，见档案都是极为宝贵的史料，焚毁可惜，遂请求张之洞将档案归学部收藏，于是把公文案卷之类置于国子监南学，试卷等置于学部大堂后楼。1913年（民国二年），民国政府教育部设立历史博物馆筹备处于国子监；1916年（民国五年）移于午门、端门，乃将公文案卷及试卷都移到端门门洞中贮存。1921年（民国十年），历史博物馆以经费支绌，乃将其较破碎的四分之三，装九千麻袋共十五万斤，以四千银元的价格售与同懋增纸店，以为造还魂纸的原料。后为罗振玉所知，乃以三倍的价格（一万二千银元）将原物买回，分存于北京、天津两处。罗振玉将其十分之一曾加以整理，编为《史料丛刊初

编》十册。其后，李盛铎复以一万六千元之代价，从罗振玉处购去。1929年（民国十八年），中央研究院历史语言研究所复经马衡介绍，以一万八千元购藏，乃成立明清史料编刊会，由陈寅恪、朱希祖、陈垣、傅斯年、徐中舒等总其事，编有《明清史料》三集，每集十册，共三十册，分甲乙丙三编。丁编本已编成而沦于香港。

原历史博物馆所存较为完整的四分之一，则于1922年移存于北京大学，由孟森主持整理。整理分三部，一分朝代，二摘由，三整理内容，曾出有目录一巨册，复编有《顺治元年内外官署奏疏》、《洪承畴章奏文册汇辑》。

清朝军机处所藏档案，1924年故宫博物院将其移存于大高殿中，择其重要者加以整理，初刊有《掌故丛编》十册，其后乃易名为《文献丛编》。更将其性质类近者编为专刊，如《三藩史料》、《文字狱档》诸书，而尤以外交史料为最有价值，有《嘉庆朝外交史料》六册，《道光朝外交史料》四册，《清光绪朝中日交涉史料》88卷、四十四册，《清光绪朝中法交涉史料》22卷、十一册，《清宣统朝中日外交史料》6卷、三册。

稿纸(A)25×20=500

6. 古代少数族及外族文字

㈠ 发现

1889年（光绪十五年），俄国人拉特禄夫访古于蒙古（今蒙古人民共和国），于元和林故城北访得突厥阙特勤碑、苾伽可汗碑，回鹘毗伽可汗碑三种。突厥二碑都有中国、突厥二种文字，回鹘碑并有粟特文字。

1908年（光绪三十四年），英、法、德、俄四国探险入新疆，所得各族文字写本尤多，其中除梵文、佉卢文、回鹘文（即畏吾儿文）外，又有粟特语文、吐火罗语文及东伊兰语文。惟国人于此数种文字未有能通者。

同年，俄人柯智禄夫大佐，于宁夏北部掘得西夏黑城故地甘州古塔所西夏文字，其中有一种名曰《掌中珠》，盖即西夏国书之译语。（掌中珠—西夏字典。番汉合时掌中珠。）而元时所刻之河西文（即西夏国书）大藏经，后亦出于北京。

民国初年，有法人牟里（Mull）（宣教师）在热河林西县西北之白塔子（古庆州，辽圣宗、兴宗、道宗葬此）附近之辽陵，发见契丹文之哀册刻石（二石）。民十九、二十两年间，热河主席汤玉麟发掘辽陵，发见契丹文哀册及刻石（十七石）。惟国人未有能通契丹文者。

二十年以后又发见女真国书，凡得数石，一为河南开封之宴台碑，二为吉林石碑崴子之金太祖誓师碑，三为辽宁海龙杨木林山之收国二年碑，四为柳河县之金太祖大破辽军息马立石碑，皆汉文与女真人并列。

丁文江等又考究西南夷语文，著《爨史》。

⑵研究

以文字难通，能从事研究者甚少。仅罗福苌始通西夏国书之音读，以撰《宋史西夏传考证》。陈寅恪、王静如二氏精通西夏国书，凡河西文大藏经卷能译读。

稿紙(A)25×20=500

88

"余家在海宁，故中人产也。一岁所入，略足以给衣食。家有书五六箧，除十三经注疏为儿时所不喜外，其余晚自塾归，每泛览焉。十六岁见友人读汉书而悦之。乃以所储之岁朝钱万，购前四史于杭州，是为平生读书之始。时方治举子业，又以其间学骈文散文，用力不专，略能形似而已。未几而有甲午之役，始知世尚有所谓新学者。家贫不能以资供游学，居恒怏怏，亦不能专力于是矣。"（《静安文集·自序》，商务海宁《王静安先生遗书》）

王文生：《王国维评传》（武汉大学学报1983.5）：「王国维的少年时期完全是受的旧式教育。他从七岁开始，到邻家附近的潘绶昌先生处上私塾，读的是传统的十三经。……到十一岁那年，他转到当地的陈寿田先生处读书。……白天到私塾读书，夜晚则从父亲学习骈文、散文及古今体诗，并自习金石书画。……十五岁时，与同乡褚嘉猷、叶宜春、陈守谦订交，时常在一起切磋学问，一度被称为海宁四才子，而又以王国维为第一。他们在一起，"纵上下古今之议论，或校勘疑误，…"（陈守谦：《王忠悫公哀挽录》）对文史校勘的兴趣在这时已开始形成。这种兴趣，到王国维十六岁入杭州崇文书院学习时就更加发展了。」

7. 王国维的史学

在新史料的发现、整理和研究中，贡献最大的是罗振玉（1866–1940）和王国维。而在史学研究中的成就和影响最大的是王国维。

资产阶级史学发展时期，王国维是第一个有卓越的贡献的人。

① 王国维的生平

王国维，初名国桢，字静安，又字伯隅，初号礼堂，晚号观堂，又号永观，浙江海宁人。生于1877年12月3日（清光绪三年十月二十九日），卒于1927年6月2日（民国十六年五月初三），五十一岁。

王国维出身于没落的中小地主兼营商业的家庭，自幼在家乡接受封建~~社会~~的传统教育。十八岁（1894年）时爆发了中日甲午战争，才知道有所谓新学。二十二岁（1898年）时由海宁到上海，在《时务报》社（江浙维新派的舆论中心之一）任抄写校对的工作。~~开始接触西方资本主义的教育~~。当时罗振玉在上海成立东文学社，培养翻译人员，并聘请日本人藤田丰八为教授。（田冈佐代治）王国维参加学习日语、英语及数学、物理、化学等自然科学，开始接受西方资本主义的教育，并得到罗振玉的赏识。不久，《时务报》馆被封闭，遂专在东文学社学习。1901年，罗振玉主持武昌农学校，王国维同去任译。这年秋天，由藤田丰八的介绍和罗振玉的资助，王国维去日本留学，在东京物理学校肄业。因病，本年即回国。

自七岁……十一岁开始……到十五岁在私塾读书，并在家……学习了儒家经书、骈文、散文、古今体诗及金石书画，打下了国学的根基。十六岁入杭州崇文书院。即十八岁（1894）第一次应乡举试不中。

王文生：（1896年再次应乡举试失败之后，在同乡沈冠英家当塾师以维持家计。1898年初，他经同学许默斋的介绍，到汪康年主办的上海时务报当书记。……当时……罗振玉以私资设立东文学社于上海，聘请日本人为日文教授科学。王国维经得汪康年的同意，以每日下午参加东文学社学习，其它时间用于报馆工作，成为该社最早的六名学生之一。……这年八月，发生了戊戌政变。政变失败后，康有为、梁启超等人逃亡海外，支持变法的时务报也随之停办。王国维因失去了工作，罗振玉请他兼任东文学社的庶务，并参加编译由罗主办的农学报。

王文生：「据《静安文集续集自序》称："[是]时社中教师为日本文学士藤田丰八、田冈佐代治二君。二君皆治哲学。余一日见田冈君之文集中，有引汗德（康德）、叔本华之哲学者，心甚喜之——。"他为了克服学习西方哲学的障碍，决心学习英文。据自序说："余之学于东文学社也二年有半，而其学英文亦一年有半。"」

王文生：「1900年夏天，发生了著名的义和团起义，接着是八国联军的入侵，上海震动，东文学社也因而解散。罗振玉这时应湖北总督张之洞之约，任湖北农务局总理兼学堂监督，便于下半年初请王国维来担任译述讲义的工作。……他在这年四月创办《教育世界》于上海，让二十四岁的王国维担任主编。罗振玉在这年秋天又资助王国维以旅费，让他留学日本。王国维经其老师藤田丰八的介绍，到东京物理学校学习。并接受藤田丰八的建议专修理科，白天学习英文，夜间到物理学校学习数学。几个月后脚气病又大为发作。刚好第二年（1902）春天，罗振玉再次受张之洞之命到日本考察学校，罗遂劝他回国。王国维留学日本不到一年，于1902年夏天回到上海。从此开始了独立学习和从事著述的新时期。」

89 他在物理学校感到学习几何的痛苦」

稿纸(A)25×20=500

王文生：「王国维回国之初，在南洋公学东文学堂任执事，兼为罗振玉编译农学报及教育世界杂志。1903年春，又应南通张謇之聘到新创的中国第一个师范学堂通州师范学校任教。他在授课之外，兼习哲学概论及西方哲学史。并开始读康德之《纯粹理性批判》，叶芝难解，转而读叔本华之书，乃发生极大的兴趣。1904年秋，罗振玉创江苏师范于苏州，请王国维自南通到该校任教，主讲心理、伦理、社会学之课程。这时藤田丰八也在该校任教，王国维乃不时向他请益，继续学习叔本华哲学，并进一步学习尼采的哲学。《静安文集·自序》云："余之研究哲学始于辛(壬)、壬(1901、1902)之间，癸卯(1903)春始读汗德之纯理批判，苦其不可解，读几半而辍。嗣读叔本华之书而大好之，自癸卯之夏以至甲辰(1904)之冬，皆与叔本华之书为伴侣之时代也。"王国维还在康德、叔本华思想影响下，……

特别是德国唯心哲学家康德、叔本华、尼采的哲学。

王文生：「1906年，王氏年届三十，正处在对叔本华的哲学发生怀疑，而对填词感到兴趣的时候。他在《静安文集续编·自序》中说："余疲于哲学有日矣，……知在二者之间乎？"可知他的情趣已经转变。……同时，罗振玉为学部参事，举家北上，也邀王国维一起同行。王国维于1906年正月到达北京。后来，又由罗振玉推荐，于1907年三月到学部供职，充图书局编辑，主编译及审定教科书之类。王国维遭遇家庭变故。(父、妻、继母相继去世)……他把自己的苦痛感情寄托于词的创作。先是1906年三月把近年二三年所填词汇集为人间词甲稿，后又在1907年十月把一年来所写的词汇集为人间词乙稿。甲乙两稿都附有王国维托名樊志厚写的序。」

王国维从日本回国后，为上海南洋公学执事，兼为罗振玉编译《农学报》及《教育世界杂志》，并开始研究(西方资产阶级的唯心)哲学。1903年(二十七岁)，任教于南通师范学堂，讲授哲学、心理学和伦理学。1904年(二十八岁)，去苏州师范学堂任教，讲授心理学、伦理学和社会学。~~并攻读叔本华哲学~~。1905年(二十九岁)，开始治文学，填词不少。

写了一批关于文学及文艺理论的论文，刊载于教育世界杂志上。1905年，又将这些叔本华及文学论文十首结成《静安文集》。

1907年(三十一岁)，王国维由罗振玉推荐，到北京任清朝学部总务司行走、充图书馆编译和名词馆协修。王国维从此又放弃了哲学的研究，改治文学及文学史。从在学部图书馆任职，到辛亥革命的五年间，一直潜心于文学史特别是唐宋元名家词曲的研究，先后完成《唐宋大曲考》、《戏曲考源》、《古剧脚色考》、《宋元戏曲史》(写成于1912年)、《人间词话》等著作。

辛亥革命以后，王国维随罗振玉到日本东京居住。到日本后，又放弃了文学史的研究，专攻古文字学、音韵学、古器物学、金石学，并开始研究甲骨文、金文，~~利用这方面的研究，开始~~考证古代史事，致力于~~中国古代特别是~~殷周历史的研究。在日本的几年里，先后写出了《殷墟书契考释》、《国朝金文著录表》、《生霸死霸考》、《古礼器略说》、《史籀篇疏证》等重要著作，并与罗振玉合著《流沙坠简》。

1916年(四十岁)，王国维自日本回国后，~~仍专攻古史~~继续研究甲骨文、金文，以之考证殷周史，

在上海为英国人哈同编《广仓学宭丛书》、《学术丛编》杂志

写了《戬寿堂所藏殷虚文字》、《殷卜辞中所见先公先王考》及《续考》等著作。1921年，《观堂集林》~~出版~~共二十卷，王氏编集历年所写的文章，一书，交乌程蒋汝藻刊行。

1925年(四十九岁)，在清华研究院任教授，讲授《说文》、《尚书》、《古史新证》等书，指导文史方面的研究。当时与王氏同任教授的有梁启超、陈寅恪、赵元任。

稿纸(A)25×20=500

从在清华研究院任教时起，王氏又专治西北地理及元史，有卓越的成就。

1927年（五十一岁）5月3日，王氏在北京颐和园昆明湖投水自杀。遗书云："五十之年，只欠一死，经此世变，义无再辱。"

王国维一生的著作很多，死后由罗振玉编为《海宁王忠悫公遗书》。后又编为《海宁王静安先生遗书》~~二册~~，共收著作四十三种，一百零四卷，于1940年由商务印书馆出版。

②王国维史学的特点

a.有广博的学术基础

王氏不但熟读古书，且对金石学、古器物学、古文字学、音韵学均有精深的研究。又有深厚的哲学（特别是西方资产阶级哲学）、文学（中国古典文学，特别是诗词戏曲）修养，又有外语（英语、日语）的阅读能力和自然科学（数学、物理、化学）的知识。

有广博的学术基础，方能进行精深的研究。王氏自三十六岁以后，在上述广博的学术基础上，致力于考证古史的研究工作，成就卓著，贡献巨大。王氏之所以成为史学大师，与他的广博的学术基础有直接的关系。

罗振玉《观堂集林序》云："君新得之多，固由于近日所出新史料之多，然非君之学识，则无由理之。盖君于乾嘉诸儒之学术方法无不通，于古书无不贯串，其术皆精，

稿紙（A）25×20=500

91

其识甚锐，故能以旧史释新史料，复以新史料释旧史料，辗转相生，所得乃如是之夥也。"

b.有科学的态度和方法

所谓科学的态度，即实事求是的态度。鲁迅称王国维是"老实人"。郭沫若说王氏是"很有科学头脑的人"。王氏在广博的学术基础上，加以科学的态度和方法，所以能取得卓越的成就。

王氏的科学研究方法，是以新证旧、以旧释新的"二重证据法"。王氏在其所著《古史新证》第一章《总论》中说："吾辈生于今日，幸于纸上之材料外，更得地下之新材料，由此种材料，我辈固得据以补正纸上之材料，亦得证明古书之某部分全为实录，即百家不雅驯之言，亦不无表示一面之事实。此二重证据法，惟在今日始得为之。"

王国维在运用二重证据法来进行古史研究时，不但以甲骨文与史记等正式史籍相对证，而且与山海经、楚辞天问、吕氏春秋等传说性质的记载相对证，证明传说之中也包含着一定的史实。他说："上古之事，传说与史实混而不分，史实之中固不免有所缘饰，与传说无异，而传说之中亦往往有史实之素地。"（古史新证总论）他这个见解，是古史研究中的重大发现。"二重证据法"推进了古史的

稿纸(A)25×20=500

研究工作，开扩了古史研究者的眼界，扩大了古史研究的园地，丰富了古史研究中的可信资料。

c. 在殷周史的研究上做出了卓越的贡献

王氏以甲骨文考证殷史，以金文考证周史，都有突出的成就。郭沫若说："他遗留给我们的是他知识的产品，那好像一座崔嵬的楼阁，在几千年来的旧学的城垒上，灿然放出了一段异样的光辉。"（中国古代社会研究自序 1929年）

d. 在元史的研究上做出了重要的贡献

此外，罗振玉和王国维还培养了大批人才。

他们的学风、治学态度和方法对学术界也有很大影响。

陈寅恪《静安先生遗书序》云："其学术内容及治学方法，殆可举三目以概括之者。一曰取地下之实物与纸上之遗文互相释证。凡属于考古学及上古史之作，如《殷卜辞中所见先公先王考》及《鬼方考》、《昆吾考》、《猃狁考》等是也。二曰取异族之故书与吾国之旧籍互相补证。凡属于辽金元史事及边疆地理之作，如《萌古考》及《元朝秘史之主因亦儿坚考》等是也。三曰取外来之观念与固有之材料互相参证。凡属于文艺批评及小说戏曲之作，如《红楼梦评论》及《宋元戏曲史》等是也。"

稿纸(A)25×20=500

8. 原始社会史料

① 发现

“民国七年（1918）二月，北京政府矿政顾问瑞典人安徒生氏（J. Gunnar Andersson）在北京遇到燕京大学化学系教授吉卜氏（J. Mc Gregor Gibb），为说北京城西南五十公里处的周口店附近值得考察。安为所动，即于三月二十二至二十三日中旅行调查。这一次的调查是北京人被发见的先声。”

地质学、考古学发达后，史前史料之发现遂多。新石器时代之遗物，自十九世纪以还，各地皆有零星之发现。至于大量采掘，则有瑞典人安特生（J. G. Anderson）。

“周口店在河北省（今北京）房山县之西约四公里，在北京西南54公里。1918秋，农商部地质调查所顾问瑞典人安特生（J. G. Anderson）偶然在周口店西南约三公里鸡骨山一个石灰岩裂隙中，发现若干化石中以啮齿类动物为最多。”

1919，民八，北平地质调查所技师朱庭祜先生在辽宁、热河采集石器多种。

1920，民九，地质调查所刘长山在河南得石器数百件。

1921，民十，北洋政府农商部顾问安特生，在河南渑池县仰韶村，从事发掘，所得石器骨器陶器甚多，它为属于新石器时代末期。

“民国十年（1921）安特生先后在辽宁锦西县沙锅屯与河南渑池县仰韶村采掘，得石器、骨器、单色陶器及彩色陶器等甚多。”

同年六月，又在奉天锦西县沙锅屯，掘得新石器时代之遗物。后又在甘肃洮沙、山西夏县、黑龙江之昂昂溪、热河之林西县等处发掘采集，皆有石器时代之器物发见。

仰韶所得最多，故称为仰韶期。

安特生著有中国远古之文化，奉天锦西县沙锅屯石穴遗址，甘肃考古记。

民十至十二间，澳洲古生物学家师丹斯基（Dr. O. Zdansky）在北京西南房山县属之周口店，发现前臼齿及臼齿化石各一，研究结果断为人类，时代在五十万年以前。

“民十（1921）夏季，师丹斯基（Dr. Zdansky）来到中国帮同安氏担任发掘工作。安云：周口店亟宜发掘。于是师氏遂首先赴周口店之鸡骨山开始其工作。次年在该处所得甚多。民十二（1923）师氏以安氏之请，再往发掘，所获更多。并发见牙齿一枚，颇与人类之牙齿相像，师氏当时以‘Homo sp?’表示之。民十五（1926）瑞典皇子周游世界，来到远东，中国科学界举行欢迎会，安氏乃乘机提议大规模之发掘，以求明证。提议颇被各方欢迎，于是决定继续发掘。在此时葛利普博士（Dr. Grabau）遂称新的发见为北京人（The Peking Man），各处所得证据多了，关于北京人的发见不得致疑了。于是步达生博士（Dr. Davidson Black）定一新的属名曰Sinanthropus，而其种名则曰北京人（Pekinensis）。计自民十五到十八陆续所获北京人之证据有：许多牙齿，以下牙床，两片完全的与若干破碎的头盖骨，和许多石器，乃至使用火的遗迹等。……”

“1921安特生同O. Zdansky（师丹斯基）在周口店的一个低山的北坡上，有一个含化石之多的堆积。这个堆积，就是所谓‘中国猿人’产地。”

民十五年安特生于欢迎瑞典皇太子会之长瑞典皇太子会上宣布此齿，定名北京齿，其主齿者为北京人。

1926（民十五），李济、袁复礼发掘山西夏县西阴村，得史前石器、兽骨、陶片、贝壳等。

1927起，地质调查所继续发掘，工作者为李捷及瑞典人步林（B. Bohlin）发现似人之左下臼齿。由步达生（Davidson Black）将之确定为一新属，名为“中国猿人”（Sinanthropus）。“1927，续在原穴得下臼齿一枚，亦断为原人遗骸，并定名其生齿者为北京种中国猿人”

1928，工作者步林、杨钟健、裴文中。“地质调查所杨钟健、裴文中二氏又在周口店掘得猿人化石牙齿数枚，不完整之牙床二个，破碎头骨数块。

1929，12月，裴文中发现一个完整的中国猿人头盖骨。“裴文中又在一洞内发现一未清破碎之成年人猿头骨及牙齿十余，于是人类最古之北京猿人，遂为科学界所公认，是为其生存当为最古史人。

稿纸(A)25×20=500

~~1930、1931，中央研究院史语所在山东历城县城子崖发掘二次，发见黑陶文化，称为龙山期。~~

1931，裴文中、卞美年、贾兰坡。发掘地点鸽子堂。

1933，工作改在山顶洞。

1934，山顶洞，中国猿人产地。

1935，继续发掘猿人中国产地。由秋季起贾兰坡主持。

1936，贾兰坡，李悦言，孙树森。秋季后贾独负责。

1937，贾兰坡。抗战停顿。

1949，秋季恢复工作。

中国猿人北京种——全名（Sinanthropus Pekinensis）

中国猿人——学名　　北京人——俗名

②研究）　裴文中著有中国猿人化石之发现，周口店洞穴层採掘记，旧石器时代之艺术，（科学杂志）杨钟健著中国猿人与人类进化问题（科学）及中国猿人之新研究（地质论评）。

裴文中著中国史前时期之研究，1948年出版。商务。

贾兰坡著中国猿人（北京人）龙门联合书局1950年7月出版。河套人。

尹达：中国新石器时代。　　山顶洞人。

李济著小屯与仰韶，西阴村史前的遗存，又与吴金鼎等编城子崖。

梁思永著小屯龙山与仰韶。

稿紙(A)25×20=500

二、通史的著作

1. 概况

自资产阶级史学建立以后，用资产阶级的观点和方法来重新编写一部中国通史，便成为急切的任务。夏曾佑虽然有开创之功，但他的《中国历史教科书》只写到隋朝而止，并未完成，于是史学界人士争相从事于通史的撰述。然而，通史要贯串数千年的历史，~~是难写~~既要融会贯通，又要抓住要点，也就是既要有系统还要有重点，适合于一般学习历史的人~~读者~~阅读，是比较难写的。所以，虽然有不少的人抱着撰写通史的志愿，也曾拟定了计划和目录，如梁启超、章太炎等，但未能完成；在已经写成出版的著作中，质量好的也不多。

自二十年代到四十年代的二十几年中，大约出版了二十多种中国通史，其中质量较好、流传较广而影响较大的，约有下列数种，今按其出版时间的先后叙述如下：

①吕思勉著《白话本国史》

这是第一部用白话文写的中国通史，不引史料，于1923年9月由商务印书馆出版，共四册。由于文字通俗生动，又有许多作者独到的见解，与以前的历史书相比，实在是别开生面的一部新颖之作，因而流传很广，对普及历史知识起了较大的作用。1935年订正四版。

陈树森：《记王桐龄先生》（文献第十八辑）（1983年12月书目文献出版社出版）：「王桐龄先生（1878—1953）是北京师范大学历史系的教授，……河北省任邱县人，号峄山。……在青年时期考取了秀才。后来在莲池书院读书，考取京师大学堂，选送日本留学，由东京第一高等学校，考入东京帝国大学。回国后，从民国元年就在北京高等师范学校——国立北京师范大学任课，直到全中国解放。……峄山先生平生已经出版的重要著作，有中国史、东洋史、中国历代党争史、儒墨之异同、李义山诗谱等，……还有脱稿未出版的著作，如有日本视察记、突厥民族史略、朝鲜史、日本史、中国民族史概论、读史指南、碧梧轩集（诗）等。……1953年先生竟与我们永别了！……」

② 章嵚著《中华通史》

1934年4月商务印书馆初版，基本上以夏曾佑的写法而较完备。附录《国史之研究》。列为大学丛书。

③ 邓之诚著《中华二千年史》（1954年10月北京中华书局再版，1956年12月第3版）

上册1934年9月上海商务印书馆出版（1954年10月北京中华书局再版，1956年12月第3版）；中册，1934年10月上海商务出版，列为大学丛书。下册1956年4月北京中华书局出版。1958年1月再版。

本书叙述从秦统一到清朝的历史，体例为章节体，纲目式。纲为著者的文字，是对历史现象的概括及著者的观点。目为引用的史料。态度比较客观，言简意明，为大学多列为中国通史课程的参考书。解放后重印。

④ 王桐龄著《中国史》

1926年1月北平文化学社出版第一编。"自太古至清末，内容甚丰。关于汉满蒙回藏苗六大民族分离合并之远因近果，国民性之养成，国民道德之降升，社会隆污与国家盛衰之关系，历代文化政治军事商业外交以及文学之变迁等，无一不索引缕述，俾读者于复杂关系之中，得一简单明晰之线索。且书中有序论、有提纲、有注释，有引证之参考书。再版以后第一编增加表解七十余幅，第二编增加表解一百二十余幅，第三编增表解八十一幅，最便于学者之研究。"

⑤ 黄现璠、刘镛著《中国通史纲要》

1934年7月北平文化学社出版。

稿纸(A)25×20=500

⑥金兆丰著《中国通史》

1937年1月中华书局出版。

⑦缪凤林著《中国通史纲要》

193 年南京钟山书局出版第一册。

⑧周谷城著《中国通史》

1939年上海开明书店出版，分上下两册。有时引用马克思主义的词句，但不适当，如阶级定为阶层，唯物定为物质、经济等。以马克思主义为众家中的一家。解放后修订重印，1955年由上海新知识出版社出版。1957年改由上海人民出版社出版。

⑨张荫麟著《中国史纲》

抗日战争期间四十年代初期出版。叙述到东汉为止。不引史料，完全用语体文。解放后重印，改名《东汉前中国史纲》。

⑩吕思勉著《中国通史》

本书分上下两册，上册于1940年、下册于1945年由上海开明书店出版。上册按时代顺序叙述政治史，下册分门别类叙述典章制度、社会情况、学术文化等。

⑪钱穆著《国史大纲》

1940年商务印书馆出版，列为部定大学用书。纲目式，多自己见解，为解放前流行最广的中国通史。

稿纸(A)25×20=500

2. 吕思勉的史学

吕思勉，字诚之，江苏武进（今常州市）人，生于1884年（清光绪十年），卒于1957年，七十三岁。

吕思勉于清朝末年历在苏州东吴大学、常州府中学堂、南通国文专科学校任教，教国文、历史、地理课。"1911年辛亥革命后，在上海私立甲种商业学校教商业经济、商业地理。旋任中华书局和商务印书馆编辑。1920年，任沈阳高等师范学校（后改为东北大学）教授。1923年，在江苏省立师范学校任教。1925年，任上海沪江大学教授。1926年起，任上海光华大学国文系教授；后来增设历史系，任教授兼系主任。除一二八后一度到安徽大学任教外，在家闭户著作，恃开明书店稿费自给。直到抗战胜利，重返光华。解放后，院系调整，任华东师范大学历史系一级教授、上海历史学会理事、江苏省政协委员。"

吕氏一生从事历史教学与历史研究工作，写了大量著作，已经出版的大约五、六百万字。其中在通史方面的有《白话本国史》（1922年商务印书馆出版，四册），《中国通史》（二册，上册于1940年、下册于1945年开明书店出版）。断代史方面有《先秦史》（1941年开明书店出版），《秦汉史》（上下两册，1947年开明书店出版），《两晋南北朝

稿纸(A)25×20=500

史》（上下册，1948年开明书店出版），《隋唐五代史》（上下册，1959年中华书局出版）。民族史方面有《中国民族史》（1934年世界书局出版）。史学史及史学方法方面有《史通评》（1934年商务印书馆出版），《历史研究法》（1945年永祥印书馆出版）。读书札记方面有《燕石札记》（1937年商务印书馆出版），《燕石续札》（1957年上海人民出版社出版）。

吕氏的著作中，内容丰富而规模宏大的是几部断代史，其中《隋唐五代史》用力十年之久。他写的断代史，"都分上下两编，上编叙述政治史，实际上是王朝兴亡盛衰的历史，基本上采用纪事本末体；下编分章叙述当时社会经济、政治制度、文化学术上的各种情况，采用的是旧的叙述典章制度的体例。今虽不易看清历史发展的全貌及其规律性，但他从浩如烟海的史料中钩稽排比，鉴别考订，给研究者带来很多方便。特别是下编社会经济、政治制度、文化学术部分，原来资料很分散，经过搜集整理，分门别类，便于检查。"为了写通史和断代史，他"五十年来，曾经从头到尾把二十四史读过三遍，同时还参考其他史书作考订。"（《中国史研究动态》1980年第2期，汤志钧：《吕思勉》）

稿纸(A)25×20=500

《八十忆双亲、师友杂忆》 （治海丛41）

钱穆著《八十忆双亲》及《师友杂忆》合刊为一书。1983年1月台北东大图书有限公司出版。

3. 钱穆的史学

钱穆，字宾四，江苏无锡人，生于清光绪二十一年乙未六月初九（公元1895年7月30日），现在台湾。钱氏七岁入私塾，十岁进新式小学，为无锡荡口镇之果育学校。四年后入常州府中学，时年十三岁。学习三年，老师有吕思勉，当历史、地理两课。十七岁转入钟英中学五年级肄业。

钱氏幼年在穷苦的家庭环境中刻苦读书，青年时曾任小学教员十年。1923年秋，开始在江苏省立无锡师范学校任教。1928年秋天，改在江苏省立苏州中学任教。1930年秋天，始到北平，任教于燕京大学。1931年秋，改在北京大学任教。1937年抗日战争发生后，先在昆明西南联合大学任教，后到成都齐鲁大学国学研究所任导师。~~1948年受聘到香港中文大学任教授~~，六十年代在香港退休后到台湾，现在台湾。钱氏从小学教员到全国知名的大学教授，是现在旧资产阶级学者中之仅存者。

钱氏在穷困中勤奋治学，在中学任教时，已发表《论语要略》（1935年？商务印书馆出版，收入《万有文库》第一集），《孟子要略》（大华书店出版），《关于老子成书年代之一种考察》（1930年发表于《燕京学报》第八期），《墨辩》（发表于商务印书馆《东方杂志》二十一卷八号，1924年），《国学概论》（1931年商务印书馆出版），《墨子》（1930年？商务印书馆《万有文库》），《惠施公孙龙》（1930年？商务印书馆出版）等书文。并于1922年（壬戌）开始撰写《先秦诸子系年》书稿。《刘向、刘歆父子年谱》1930年在《燕京学报》第七期发表。

从1930年到大学任教后，到1948年的近二十年中，钱

1912年（十八岁），任乡村小学教师。1913—1919（19—25岁）在小学，曾任校长。1922年到十所后宅小学，从秦伯市立图书馆长职。转至县立第一高等小学任教。自1912年（民国元年）起，先后在四处小学任教，共十年有半，始离去，至厦门集美学校（中学）任教。时年二十八。在集美一年后，于1923年（民十二）转入无锡省立第三师范任教。1927年秋，北伐成功，定都南京，离三师转赴苏州中学任教。（在三师任教四年）时年三十三岁。1930年（民十九）转入北平燕京大学任教，教国文课。计在小学任教十年半，中学任教八年，共十八年半。1931年夏，任北大聘书。至北平后又在清华兼课，后又在燕京兼课，同时兼任两校课。后又在师大兼课。1937年抗战后到昆明。1939年任成都齐鲁大学国学研究所教授。1943年秋，去华西大学任教，又在四川大学任教。1945年抗战胜利后，任教于无锡江南大学。1946年秋，到昆明五华书院任教讲学，又在云南大学兼课。1948年春赴无锡江南大学任教。1949年春间，赴广州。应私立华侨大学聘，又在香港亚洲文商学院任院长（1950年），该院后改名新亚书院。1956年与胡美琦结婚。1964年辞去新亚书院院长职。（在亚洲文商书院任校一年，新亚学院十五年，共十六年。）1967年10月迁居台北。1969年，在台北文化学院历史研究所任教。钱氏在台湾的著作，据治海丛刊已刊行书目，有《中国学术思想史论丛》八集，《湖上闲思录》，《文化与教育》，《人生十论》，《中国历代政治得失》，《黄帝》，《历史与文化论丛》，《古史地理论丛》，《中国历史精神》，《国史新论》等。

《老子辨》，1932年大华书店出版。

稿纸(A)25×20=500

99

氏发表了许多著作，而尤以《先秦诸子系年考辨》、《中国近三百年学术史》及《国史大纲》三部巨著最受学术界重视。

《先秦诸子系年考辨》，1935年12月商务印书馆出版，列为大学丛书。本书自1922年开始撰写，至1930年完成，前后历时九年。本书分四卷，并有《通表》四、《附表》三，对于先秦诸子之生卒年及其事迹考辨甚详，且引证精确，学术价值很大。

《中国近三百年学术史》，1937年7月商务印书馆出版，列为大学丛书。本书自1931年开始撰写，至1936年写成，历时五载。本书分十四章，系自清初至清末之学术史，以人物为中心，始于黄梨洲，终于康有为。有《附表》。

《国史大纲》，1939年商务印书馆出版，为部定大学用书。本书系钱氏在北京大学讲授中国通史一课之讲义，章节体、纲目式，纲为著者之论，目为史实。

钱氏之史学，除擅长考据外，还能融会贯通，独立思考，即史事也有独到之见解。其《国史大纲》一书，简明扼要，有许多独到之见解，在四十年代风行全国，流传最广，为各大学学生及中学历史教师必备之参考书。但钱氏在抗战期间发表了许多政论性文章，表现了思想落后甚至反动之观点，影响了他在学术界之地位。

《文化与教育》，1943年国民图书出版社出版。
《政学私言》，1945年商务印书馆出版。
《中国文化史导论》，1948年正中书局出版。
1949年到香港、台湾后，又陆续出版了《中国思想史》、《文化学大义》、《国史新论》等。

三、断代史的研究与著作

1. 概况

资产阶级学者对于断代史的研究，已不像封建社会的学者那样以一朝为一代，而是将过去许多王朝分为几个时代，每一时代包括几个王朝，一般分为先秦、秦汉、三国两晋南北朝、隋唐五代、宋辽金元、明清、近代等七个时代，或称七个段。即古代史分为六段，近代史为一段。

在先秦史方面的比较全面而系统的著作，有：

吕思勉著《先秦史》，1941年12月开明书店出版。“吕氏深于史学，考订多精。此书开始有系统地整理古史材料，以类相从，有条不紊。全书凡十七章，除将秦以前史迹分章叙述外，凡民族疆域、社会组织、农工商业、衣食住行、政治制度、宗教学术，也都分章记载，极有条理。”

童书业著《春秋史》，1946年上海开明书店出版。~~1946年上海开明书店出版。~~

徐炳昶著《中国古史的传说时代》

顾颉刚主编的《古史辨》，自1926年到1941年共出七册。第一册，顾颉刚编，1926年6月北京樸社出版。第二册，顾颉刚编，1930年9月北京朴社出版。第三册，顾颉刚编，　年出版。第四册（诸子丛考），罗根泽编，1933年3月北京朴社出版。第五册，顾颉刚编，1935年1月北京朴社出版。第六册，吕思勉编，1938年出版。第七册，吕思勉、童书业编，1941年出版。

稿纸(A)25×20=500

1101

在秦汉史方面的著作有：

吕思勉著《秦汉史》，上下两册，1947年开明书店出版。

劳榦著《秦汉史》

劳榦字贞一，专攻秦汉史，并对汉简有深入的研究，在秦汉史方面的研究论文有《论汉代之内朝与外朝》（史语所集刊第13本，1948年9月出版），《汉代察举制度考》（史语所集刊第17本，1948年4月），《两汉刺史制度考》（史语所集刊第11本，1944年9月出版），《汉代兵制及汉简中的兵制》（史语所集刊第10本，1942年出版），《释汉代之亭障与烽燧（附图）》（史语所集刊第19本，1948年10月出版），《汉简中的河西经济生活》（史语所集刊第11本，1944年9月出版），《论汉代之陆运与水运》（史语所集刊第16本，1948年1月出版），《从汉简所见之边郡制度》（史语所集刊第8本第2分，1939年9月）。

马非百著《秦史纲要》、《秦始皇帝传》、《桑弘羊年谱》。

马非百一名元材，专攻秦史，除上述二书外，还写过一些秦汉史的论文，如《秦之丞相制度及其人物》（《力行》第四卷第六期，1941年12月出版），《桑弘羊之战时经济政策》（《力行》第一卷第6期，第二卷第一期，1940年6-7月出版）。

贺昌群也研究秦汉史。

稿纸(A)25×20=500

魏晋南北朝史之著作：

吕思勉著《两晋南北朝史》，上下两册，1948年开明书店出版。

陈寅恪、贺昌群对于魏晋南北朝史均有研究。

隋唐五代史之著作：

陈寅恪著《隋唐制度渊源略论稿》

陈寅恪著《唐代政治史述论稿》

岑仲勉对于隋唐史有研究，著有

宋辽金●史之研究与著作：

金毓黻著《宋辽金史》

张荫麟

全汉昇对于宋代经济史

邓广铭

陈述著有《金史氏族表初稿》（史语所集刊第五本三分及四分）

元史方面之研究与著作：

元史方面之研究，以王国维、陈垣、陈寅恪、姚从吾、邵循正、韩儒林等为著名。

稿纸(A)25×20=500

104

明清史方面之研究与著作：

朱希祖、邓之诚、萧一山、孟森、郑天挺等。

萧一山著《清史通史》及《清史大纲》。

孟森著《明元清系通纪》、《明史讲义》、《清史讲义》。

郑天挺著有《清史探微》。

近代史方面之研究与著作：

郑鹤声著《中国近世史》，~~近世~~

蒋廷黻著《中国近代史》、《中国近代外交史资料辑要》

陈恭禄著《中国近代史》，1935年2月商务印书馆出版。

郭廷以著《中国近世史》

罗尔纲、简又文对于太平天国史之研究。

中国近代史之研究在解放前不很受重视，很多大学历史系没有中国近代史这门课，或者不是必修课。所谓中国通史，一般不包括近代史在内。

中国近代史之著作，多偏重于外交史、国耻史。

资产阶级学者对于中国近代史之含义与所包括之时代有几种不同之看法：①"近世史之范围实包括近三四百年来之历史，无论中国与西方皆係如此。此派可以郑鹤声之《中国近世史》为代表。"起于1516年（明武宗）②"认为欧洲产生了工业革命，中国与西方发生新的联系，以中国言方係近代史之开始。此派可以蒋廷黻之中国近代史为代表。郭廷以的看法与蒋一样。③萧一山著清代通史及清史大纲，以清朝史即中国近代史。④以近百年史为中国近代史，即从鸦片战争前后开始。

稿紙(A)25×20=500

四、官修清史稿

赵尔巽等撰。

清亡之后，北京政府于1914年（民国三年）设置清史馆，以赵尔巽为馆长，下设总纂、提调、纂修、协修等官。任总纂者，有柯劭忞、王树枏、吴廷燮、夏孙桐诸人，至1928年始铣印出版。

张蔚苍："1927年，初稿编成，本应修改，大体尚有留待后人删订之意思。初次排印，仅数十部。后来运往关外，又增入了张勋、康有为等列传，世称'关外本'。然关内本多有删修。1942年，联合书店有缩印本。"

"纂修协修凡数十人，绝大部分都是清朝遗老。"

清史稿共536卷，计本纪25卷，志142卷，表53卷，列传316卷。又目录五卷。

"本纪12：太祖、太宗、世祖、圣祖、世宗、高宗、仁宗、宣宗、文宗、穆宗、德宗、宣统。开国之肇兴景显四祖之事，入于太祖本纪，体例上远承魏收书之序纪之例为之。……史太祖太宗本纪……世祖本纪中于明……甲申为崇祯明国之年。"

刊印未几，南京国民政府据故宫博物院呈请，下令禁止发行。故宫博物院列十九项，以指责清史稿之背逆与错误。

"志十六：计天文志14卷，灾异志5卷，时宪志16卷，地理志28卷，礼志12卷，乐志8卷，舆服志4卷，选举志八卷，职官志6卷，食货志6卷，河渠志4卷，兵志12卷，刑法志3卷，交通志4卷，艺文志4卷，邦交志8卷。新创的有时宪志、交通志、邦交志，余同前史。……"

"清史稿虽然是一部缺点很多的作品，但经过几十位有一定史学水平尤其是有几位在当时史学上负有声望的学者，通过十多年的辛勤劳动，总有一定收获的。我们若把它当作研究清史的一种史料来看，是会有帮助的。"

"表十：计皇子世表5卷，公主表1卷，外戚表1卷，诸臣封爵世表5卷，大学士年表二卷，军机大臣年表二卷，部院大臣年表10卷，疆臣年表12卷，藩部世表3卷，交聘年表2卷。"

修史者皆清朝遗老，站在满清立场。编纂上也有许多错误。如书中称洪秀全为"粤匪"，郑成功为"海寇"。

"传：大臣列传254卷，汇传58卷，其目为：后妃、诸王、循吏、儒林、文苑、忠义、孝义、遗逸、艺术、畴人、列女、土司、藩部、属国。新创的有畴人、藩部、属国。……"

稿纸(A) 25×20=500

"柯氏成书之前，学者鉴于元史芜杂，研究者颇不乏人，有清一代为最。康、乾间学者之论，已注意于西北地理及元史之研究，蔚成风气。……第一，考订中国固有之史实，侧重中国本土之范围，增益旧闻，补正脱漏，别图改造者为一派。第二，以元代整个疆域为范围，引用西欧史料，以证明中国所未闻，以补中国所未备，另造新史者，又为一派。前者以邵远平、钱大昕、魏源、何秋涛、李文田为代表，后者以洪钧、屠寄、柯劭忞为代表。邵远平著元史类编42卷，书成于清初，其书有纪传，无表志，于一代经制，阙略未详。然邵氏能取经世大典诸书，以补正史，亦不无订正之功。其后钱大昕对于元史致力尤深。初得元秘史刊行之，以论次太祖、太宗两朝事之真者，必于此书折其中。尝有志改撰元史，惜其未成。……魏源成书者，有补元史氏族表、补元史艺文志、元史拾遗、元史考异诸书。广搜博采，参校诸史，详审异同，功力独深。继之者有魏源之元史新编……九十五卷，凡本纪十四卷，列传42卷，表七卷，志32卷。其书独出心裁，自创体例，以'凡例''总叙'冠其首。凡例述旧元史之缺失，与本书改作补正之法。……"

一、柯劭忞著新元史

柯劭忞，字凤荪，山东胶州人。光绪进士，曾任翰林院侍读、日讲起居注官、国史馆纂修。

柯氏修新元史，历时三十年始成。民国九年（1920）始定稿。元史257卷，计本纪26卷，表7卷，志70卷，列传154卷。以1930年其自订最后定本为最善。1935年，开明书店据以缩印。

该书曾经日本东京帝国大学文学部东洋史学系教授会审查，授予文学博士学位。

审查报告中，举出此书有三大特色：①参照西方之史料，如拉西脱多孙等诸家之著作，以补旧史之缺漏，正旧书之谬误。②参考蒙古史料之元朝秘史，以补订旧史之阙。③参照中国史料经世大典之一部分为国朝典章等，以增补旧史之阙。

但也有二缺点：①取舍添删之处尚有未尽得宜者。②考证先后尚有未尽之处。尚有二条遗憾，而不能掩其三大特色。

1918年，北洋军阀政府总统徐世昌以大总统明令列为正史。从此，在廿四史外，又有廿五史。"新元史实集各家之大成，其所收材料，有本于元史及邵远平者，有得之于钱大昕、魏源者，有得之于何秋涛、李文田者，有得之于洪钧、屠寄者，有参考西方史料者，广收博用，博采约取，以成一家之作，亦正不易也。"

新元史的缺点："第一，虽能应用西方材料，而仍多阙略。……此缘柯氏于搜集西方材料之际，未能直通原文，加以为见闻所囿，故仍多阙略。第二，元代宗教，喇嘛、回回、耶教、道教杂然并峙，新元史仅有释老传，殊不能包括。……旧史本纪，多採自元十三朝实录，柯氏则取其繁冗者改入列传，本自不差，然因其剪裁取舍，正本纪中不易寻其首尾，三也。艺文志，元史无之，钱氏补之甚详，元史新编採之，而柯书不取，未得其当，四也。此外，论者谓其(一)取材未周，不免疏略；(二)引书未注出处，覆查不易；(三)体例无何创见，叙述剪裁，缺乏新识。故近人孟森序屠寄蒙兀儿史记序中有云：'修史而入史中，使读者……'"

2、陈寅恪的史学

陈寅恪（1890—1969），江西修水县人，少年时代在湖南长沙读书，1902年去日本，在巢鸭弘文学院学习，1905年回国。1910年赴欧洲留学，先入柏林大学，次年去瑞士苏黎世大学，1913年进法国巴黎高等政治学校社会经济部，第一次世界大战爆发后回国。大战结束后，赴美国，在哈佛大学研究梵文三年。一九二一年九月，又去德国，在柏林大学梵文研究所从事研究工作四年。他专注实学，无意博取学位。（王永兴：《陈寅恪》，见《中国史研究动态》1979年第8期）

1925年陈氏回到北京，任清华学校国学研究院教授。

1928年清华学校改为清华大学，陈氏任历史、中国语文、哲学三系合聘教授。1930年以后，兼任当时的中央研究院理事、历史语言研究所研究员兼历史组主任、故宫博物院理事、清代档案编委会委员等职。

从1927年到1937年抗日战争前，陈氏发表了四十六篇论文，大多登载在清华大学学报和历史语言研究所集刊上。

1937年到1945年抗日战争期间，陈氏历任西南联大历史系教授、北京大学文科研究所导师、香港大学中文系主任、广西大学教授、燕京大学任教。

1940年4月，他在昆明完成了《隋唐制度渊源略论稿》的撰写。

稿纸(A)25×20=500

1941年，任香港大学中文系主任。这年十二月，日本侵略者攻陷。次年春天，离开香港到达桂林，在广西大学任教。这年七月，写成《唐代政治史述论稿》。

1945年夏，他应牛津大学之聘赴英。1946年冬，回到北京清华园。此后两年内，他讲授魏晋南北朝史、隋唐史、佛教翻译文学、元白诗等课程，并完成了《元白诗笺证稿》的著述。

1948年冬，他离开北京到广州。广州解放后，在岭南大学、中山大学任教，并担任政协全国委员会委员、中国科学院哲学社会科学学部委员、《历史研究》杂志编辑

中央文史馆副馆长、

委员会委员等职。二十年间，他撰写了论文十三篇，登载在岭南大学学报和中山大学学报上。1969年10月7日在广州逝世。

陈寅恪是公认的资产阶级史学最高权威，学术研究的广度和深度，在资产阶级史学家中首屈一指，达到最高学术水平，有"教授的教授"之称。其所以能够达到此卓越的学术水平和地位，有以下几个原因：

①掌握异常丰富的史料

陈氏通十三种文字，都有阅读能力，其中有英、法、德、日等现代通行文字，希腊、拉丁、阿拉伯、波斯、巴

稿纸(A)25×20=500

利、梵文等古代欧洲和亚洲文字，藏、蒙、满等中国少数族文字，还有西夏文，尤其对梵文所用功力至深。因此，他不仅掌握一般人可能阅读的史料，还能掌握一般人不能阅读的史料，如希腊、拉丁、阿拉伯、波斯、巴利、梵文等文字，国内学者很少有人能以阅读，而他都能掌握。

④学识渊博，有多方面的成就。

陈氏对于历史、文学、哲学、宗教、语言学都有精深的研究，他历年所写的论文涉及上述各方面，所教的课程有魏晋南北朝史、隋唐史、佛典翻译文学、唐诗校释、元白诗、唐代西北石刻译证、中国古天象年历、晋南北朝隋唐之西北史料、蒙古史料研究、中国中世纪哲学、唐诗证史等。

陈氏在史学上，特别在魏晋南北朝史及隋唐史的研究上有精深的造诣，所著书及发表的论文多在这方面。但此外陈氏对其他各段的历史也具有高度水平，如元史的研究，陈氏著有《彰所知论与蒙古源流》（史语所集刊第二本第三分，为《蒙古源流研究》之一篇）、《元代汉人译名考》（《国学论丛》二卷一期）、《吐蕃彝泰赞普名号年代考》、《灵州宁夏榆林三城译名考》、《蒙古源流作者世系考》等篇（均见史语所集刊）。又如对清史史料的整理和研究，也有重要贡献。

稿纸(A)25×20=500

陈氏常谦称不敢搞先秦史，但实际上对先秦的许多问题都有独到的见解。

陈氏对文学史的研究也堪称权威。对于唐诗尤有精深的研究和卓越的造诣，他的《元白诗笺证稿》是一部名著。对于中国小说史的研究也很精湛，晚年所写的《论再生缘》，可见其博大精深。

对于佛教经典及其他摩尼教等宗教经典之研究，罕有其匹。早年"他把佛教经典的梵文、巴利文本和藏文、回纥文以及中亚各种文字译本与汉文译本作比较研究，指出汉文译本的错误和由于时代先后所造成的汉文译本与其他文字译本的差异。但陈先生并未只停留在校勘文字异同，而是通过对照比较，进一步解决宗教史、哲学史、文学史上的问题，如鸠摩罗什的思想和所处时代，支愍度及其格义之说、佛教经典对中国文学体裁以及梵呗对中国声韵之学的影响等。在晚年著作《论再生缘》中，他还对中国弹词文体与希腊文梵文史诗作了比较。"（王永兴《陈寅恪》）

陈氏精于佛教翻译文学。

陈氏对哲学有研究，冯友兰所著《中国哲学史》，在出版前即由陈氏与金岳霖分别写了审查报告。

③ 精于考证

陈氏精于考证，在考证上的卓越贡献，是人所共知共仰的。其考证有如下几个特点：一、一般所用人所共见的普通、大路材料，如考证历史主要是用《旧唐书》及《资治通鉴》的材料，他认为孤僻材料易陷于"孤证"之弊。"他注意的是有普遍意义的史料，强调通性的真实，而不是单文孤证。陈先生常说，自己的藏书都是坊间通行的，没有什么海内孤本，也从不根据偏僻史料来论证自己的观点。"（王永兴《陈寅恪》）二、以诗证史。《元白诗笺证稿》是典范。三、还注意（善于）利用小说中的资料。四、能从多种现象的联系上进行考证。细致入微，精审确当。

④ 善于分析解释历史现象

不但能考证，而且长于解释历史现象。长于分析历史事件、历史人物之间的联系，能从社会各方面的联系上解释历史现象。能运用辩证法。分析入微，发挥尽致。虽不能对历史现象进行本质的解释，但在寻找历史事实上有重大贡献。

"陈先生虽不能用历史唯物主义的立场观点进行研究，但他具有朴素的辩证观点。……他善于发现某一特定历史时期重大的突出现象，……善于注意事物的发展和变化，注意表面无干而实际有联系的事物，加以融会贯通，找出线索，阐明前因后果，……提出持之有故、言之成理、自成体系的看法。这就使他的研究远远超出史料考订的范围，在旧中国史学界放一异彩。"（王永兴：《陈寅恪》）

稿纸(A)25×20=500

3、顾颉刚的史学

顾颉刚，江苏苏州人，生于1893年，卒于1980年12月25日，八十七岁。是我国现代著名先秦史专家、历史地理学专家、"古史辨"派的创立者。

顾氏于1920年在北京大学哲学门毕业，历任厦门大学、中山大学、燕京大学、北京大学、云南大学、齐鲁大学、中央大学、复旦大学、社会教育学院、兰州大学任教，担任过北平研究院历史学组主任、齐鲁大学国学研究所主任、文通书局编辑所所长，创办过朴社、民俗学会、禹贡学会、边疆研究会、通俗读物编刊社，主编过《中山大学语言历史学研究所周刊》、《燕京学报》、《禹贡半月刊》、《大众知识》、《边疆周刊》、《齐大国学季刊》、《责善半月刊》、《文史杂志》、《文讯》。解放后，任中国科学院历史研究所研究员，中国史学会理事、中国民间文艺研究会副主席，文化会国政协第二、三届委员，第四、五届全国人大代表，民主促进会中央委员，还主持《资治通鉴》和《二十四史》的标点工作。"

顾氏早年以主编《古史辨》而出名。《古史辨》是有关先秦古史的论文集，以疑古辨伪为宗旨，绝大部分是怀疑古史乃至推翻古史的论文，作者除顾氏外，还有其他许

多学者，自1926年到1941年共出版了七册，其中第一、二、三、五册由顾颉刚编，第四册由罗根泽编，第六册由吕思勉编，第七册由吕思勉、童书业编。

顾氏于1920年就开始作考辨古史的工作。1923年，他提出了“层累地造成的中国古史”的观点。他说，这个观点包含了三个意思：第一，“时代愈后，传说的古史期愈长。”周代人心目中最古的人是禹，到孔子时有尧、舜，到战国时有黄帝、神农，到秦有三皇，到汉以后有盘古。第二，“时代愈后，传说中的中心人物愈放愈大”。如舜，在孔子时只是一个“无为而治”的圣君，到《尧典》就成了一个“家齐而后国治”的圣人，到孟子时就成了一个孝子的模范了。第三，我们不能知道某一件事的真确的状况，但可以知道某一件事在传说中的最早的状况。我们即不能知道东周时的东周史，也至少能知道战国时的东周史，我们即不能知道夏商时的夏商史，至少能知道东周的东周史。”

据顾氏自述，他所以进行疑古辨伪的工作，是远受姚际恒、崔述的启发，近受胡适、钱玄同的启发和帮助

古史辨派在史学界有相当大的影响，“疑古精神是当时反封建的思潮的一个侧面。”他们在搜集史料上，曾化费了些工夫，而且在批判封建统治所传授的封建史学上，也曾起过一定的作用。”（童书业：　）

在辨别古书的真伪上，确有很大的成绩。所以"层累地造成的中国古史"的论点，得到马克思主义史学家郭沫若的肯定。不过，它虽然"对辨伪有贡献，但对古书与古史的关系仍然迷惑不解，未解决真伪书与真伪史的问题。"在《古史辨》里，所辨论的只是古书的真伪问题，而不是古史的真伪问题，所以顾颉刚在《古史辨》第三册自序里也不得不承认，人们有理由认为他的书其实是"古书辨"而不是"古史辨"，这只是"研究古史的初步工作。

在从事疑古辨伪工作的同时，顾颉刚还从事古代地理沿革史（即历史地理）的研究。1933年他在北京大学、燕京大学开了"中国古代地理沿革史"一课，对《尚书·禹贡》及有关篇章进行详细研究。1934年，他同谭其骧以禹贡学会的名义创办历史地理学专业刊物《禹贡》半月刊，1935年正式成立禹贡学会。他说："《禹贡》是中国地理沿革史的第一篇，用来表现我们工作的意义最简单而清楚，可以就借了这个题目来称呼我们的学会和刊物。"《禹贡》半月刊共出到第七卷第十期，共出了八十期。每期，先是两万多字，后来字数最多的有十八九万字，先后共发表了论文近千篇，出有利玛窦地图专号、西北研究专号、回族与回教专号、东北研究专号、河套水利调查专号、南洋研究专号、康藏专号、古代地理专号和察绥专号。但因日军入侵活动的猖獗，半月刊在创刊不久，研究重心即以边疆地理取代古地理的研究，同时还重视少数民族史

稿纸(A)25×20=500

和中外交通史的研究。七七事变后，半月刊被迫停刊，学会停止活动。”（白寿彝《悼颉刚先生》）

在三十年代，顾氏与史念海合著《中国疆域沿革史》，商务印书馆出版，列为《中国文化史丛书》之一种。解放后，又与章巽合编《中国历史地图》。

顾氏从二十年代即开始对《尚书》进行研究，他“认为层累地造成的封建史学体系，主要完成于从战国到西汉的儒家之手；儒家经典《尚书》是确立尧、舜、禹、汤、文、武、周公这一古史系统的首要典籍。他认为，要有效地摧毁封建史学体系，必须摧毁《尚书》的经学地位，驱散它本来面目上蒙着的迷雾。颉刚先生一生用了很大力量，放在对《尚书》的整理、研究上。1926年在中山大学时，开了“《尚书》研究”课，编了《〈尚书〉讲义》和《〈尚书〉学参考材料》八巨册。后来到燕京大学和北京大学，也开了“《尚书》研究”课，编了《〈尚书〉研究讲义》五种，又编了《尚书文字合编》、《尚书通检》、《尚书学讨论集》等三种。解放后，他计划对《尚书》作更系统、科学的整理。1962年发表了《尚书·大诰今译（摘要）》。近两年，老当益壮，在有关助手的配合下，连续发表了《尚书甘誓校释译论》、《盘庚三篇校释译论》、《尚书汤誓校释译论》、《西伯

甘誓校释译论》。这都是在《尚书》研究上超过前人的著作。”（白寿彝：《悼念顾颉刚先生》）

“颉刚先生积累了有关《尚书》的丰富资料，进行了多方面的探索。他的《〈大诰〉今译（摘要）》是对《尚书》按篇进行校释整理的试作，也是他研究、整理《尚书》的样本。”（同上）

顾氏的著作除上述外还有《汉代学术史略》(1933年)、《秦汉的方士与儒生》、《史林杂识》等。

稿纸(A)25×20=500

四、专史的研究与著作

1. 概况

专史是在政治、经济、文化中选择某一方面的来记述写成的历史，也就是继承过去典章制度史中的某些项目写成专书。

二十年代开始有专史的著作出版。

三十年代出版了很多专史，有些范围比较广泛，如1931年出版的柳诒徵著《中国文化史》，1931年(?)北平文化学社出版的王桐龄著《中国民族史》，1937年出版的吕思勉著《中国民族史》，　　年商务印书馆出版的马乘风著《中国经济史》，陶希圣著《中国政治思想史》，北平文化学社出版的王桐龄著《中国历代党争史》，北平文化学社出版的孟世杰著《先秦文化史》，中华书局出版的《中国文化小史》，中华书局出版的宋文炳著《中国民族史》，中华书局出版的向达著《中西交通史》，商务印书馆出版的《中外交通小史》，商务印书馆出版的汤用彤著《汉魏两晋南北朝佛教史》等。

三十年代，商务印书馆出版一套《中国文化史丛书》，不过这里的文化史范围广泛，包括政治、经济、文化各方面，等于过去典章制度史的全部内容，而分类更细。所列专史题目达八十种，抗日战争前出版了四十种。其中有

稿纸(A)25×20=500

117

姚名达著《中国目录学史》、马宗霍著《中国经学史》、顾颉刚、史念海著《中国疆域沿革史》、王庸著《中国地理学史》等。

从事于中国政治史方面的研究上，有陶希圣、周谷城著《中国政治史》，1943年中华书局出版。

从事于中国经济史方面的研究上，有马乘风、傅筑夫、陈振汉、全汉昇、梁方仲、

从事于中国文化史方面的研究上，有柳诒徵、常乃悳、

从事于中国民族史方面的研究上，有吕思勉、王桐龄、

从事于中国历史地理（地理沿革史）的研究上，有顾颉刚、谭其骧、史念海、侯仁之、

从事于中国宗教史的研究上，有陈垣、汤用彤、

从事于中西交通史的研究上，有冯承钧、向达、张星烺、岑仲勉、陈垣、方豪、

稿紙(A)25×20=500

2、陈垣的史学

陈垣，号援庵，广东省新会县人，生于公元1880年（清光绪六年十月初十）11月12日，卒于1971年6月11日，终年91岁。

陈垣幼~~从十九岁开始，曾~~年在广州入私塾读书，读过四书五经，并习过八股文。1897年（十七岁）赴北京应科举考试，因八股文作的不好而落第，回广州。1898年起，在广州教小学。1904年至1906年（~~二十四岁到二十六岁~~）（至1905年间，参加广州《时事画报》的著者工作。），在广州《时事画报》任编辑，负责报中文字。不久，~~1906年~~ ~~又回到广州~~ 回到家乡新会在篁村小学教书，先生又转往中学任教，后入美国教会办的~~博济~~医学院学习医学。1907年（二十七岁）又到广州，博济医学院学习医学。1908年离开博济医学院，与一些朋友创办了光华医学院。他本人既是这所医学院的董事之一，又是它的第一届学生（1908—1911年），毕业之后，又留在学校当了两年助教。”（曾庆瑛：《陈垣》，载《中国史研究动态》1979年第7期。）

1913年陈垣~~再次来到~~当选为众议员，从此在北京定居。~~从此定居北京~~。自1914年以后，他先后在梁士诒主持的全国税务处、内国公债局、光事政务会等机构任职。1921年12月，梁士诒任国务总理，陈垣当过半年左右的教育次长。~~任~~京师图书馆（北京图书馆前身）馆长。1922年任北京大学研究所国学门导师和，1923年兼任燕京大学教授。1928年任北平图书馆委员(?)，1925—1927年任故宫博物院图书馆馆长，故宫博物院委员会委员。1929年任北平师范大学历史系主任，1930年任燕京大学国学研究所所长，1931年任北京大学史学名誉教授，1926年至1952年任辅仁大学校长，1952年以后任北京师范大学校长，并兼任中国科学院历史研究所第二所所长、学部委员。

~~他在历史学的许多领域都作了精创性的工作。他是宋~~

陈垣的史学研究工作，开始于1917年，此后直到1949年~~北平解放~~全国解放的三十多年间，取得了很大的成绩，~~在史学研究~~对史学的发展有~~在~~创造性的贡献，可以从以下几方面来说。

中过清朝秀才（紫）

“在广州创办过《时事画报》和《震旦日报》的副刊《鸡鸣录》，宣传革命。”（紫）

“由于教会对中国医师和学生很不礼貌，”（紫）

蔡作庚：《陈垣先生的史学思想》，见《[illegible]》，1981年10月北京出版社出版。

“教细菌学、人体解剖学等课。”（紫）

“辛亥革命后，他再去北京。”（紫）

“1926年，英华（敛之）逝世，临终时将辅仁社之事托付给他，以后辅仁大学成立，他长期任校长。”

1928年任燕京大学国学研究所所长和历史语言研究所通讯研究员。

1935年，当选为中央研究院评议员。

“陈先生曾教过《中国史学名著评论》、《元史目录》、《中国基督教史资料》、《佛教史籍概论》等课。”（紫）

稿纸(A)25×20=500

119

按："陈先生学问甚博极广，……今天单就……，在他著作中占显著地位的东西分四点讲：(一)目录校勘学。……元典章校补释例，1959年中华书局重印，改名为校勘学释例。……'本校法'之名实际始自陈先生。……陈先生总结了前人与自己工作的经验，指示出四种方法……加以综合运用，基本上解决了校勘学上的问题。陈先生发展了校勘学，在校勘学的方法论上作出了很大贡献。……还写有《旧五代史辑本发覆》等书，及《旧五代史中的周虎》等文。(二)工具书……他发表的最大的工具书是《中西回史日历》和《二十史朔闰表》。……陈……把阴历、阳历、回历三者一天一天排起来，编成《中西回史日历》这部大书。这不仅对研究中国史有用，就是研究世界史也用得着。但《范围太大，于是他又作了一个简单的《二十史朔闰表》，用起来很方便。此书一直流行1940年（1962年7月中华书局版，补正二十年）。……陈……还著有《史讳举例》。……避讳，每一朝有每一朝的……书上到处都有，……陈先生把它研究，总结出几种方法，弄清了这些历代人不……避讳的。在该书第八卷中列出了我国各代的避讳表，每一朝避些什么，分得很清楚。这些工作是每一个研究中国史的人都必须具备的知识。……(三)元史研究……他著有……有关元朝民族……元朝宗教的历史的资料进行研究，他用了二百多种书，写成《元西域人华化考》一书。……所指的西域人主要是色目人。他研究这些人在元朝怎样学习汉族的文化，怎样被同化了的。……陈先生还肯定了元史，认为它保存了原来的材料，没有擅自改动，作为史料是有用的。……(四)宗教史研究……宗教史专家……几乎是没有一门宗教不研究的。除元也里可温教考外，他还有开封一赐乐业教考、火祆教入中国考、摩尼教入中国考、回回教入中国史略、明季滇黔佛教考、清初僧诤记、南宋初河北新道教考、中国佛教史籍概论、释氏疑年录等著作。陈……研究宗教史是有计划有系统地进行的。他对于各种宗教的研究几乎同时进行，先会选搜集资料，然后，分门别类写成专书。对宗教史的研究，在当时来说，还是一门新东西。中日史学界以前的人，一般是不研究这些的。……陈先生研究宗教史，特别注意民族团结，注意正确处理宗教与政治的关系，注意宗教与少数民族的关系。……他认为回回教与汉人在宗教上从来没有发生过冲突。……如果有过冲突，那是统治阶级造成的。……"

一是对于宗教史的研究。

~~教史的权威之一~~ 他研究宗教史的范围非常广泛，对世界三大宗教——基督教、伊斯兰教和佛教在我国流传的历史都有深刻的研究，还有许多关于道教史、犹太教史、火祆教史、摩尼教史的著作。~~他对历史学的一些辅助学科，如年代学、校勘学、避讳学等，作了总结性的工作。在断代史方面，他对五代、宋、元、明、清史，特别是元史，有深入的研究。~~

~~陈垣的史学研究工作，开始于1917年，直到1937年抗日战争爆发……的二十年间，他在史学研究上取得了巨大的成绩……~~

~~从1913年（三十三岁）到北京定居后，陈垣开始研究史学~~

1917年（三十七岁）完成了他的第一篇史学论文（第一稿于5月付印出版，8月作重大补充修改后再版印行，并）发表于1918年《东方杂志》第十五卷第一至四号。"这篇文章搜集了丰富的史料，阐述了一直被人忽略的元代基督教的情况。它发表以后，立即引起了普遍的重视。"1919年发表了《记大同武州山石窟寺》，刊于《东方杂志》第十六卷第二、三号。这篇文章考察了北魏时佛教流传的情况。~~接着~~在1920年发表了《开封一赐乐业教考》，刊于《东方杂志》第十七卷第五至七号，这是关于中国犹太教的专著。1923年发表了《火祆教入中国考》，刊于北京大学《国学季刊》第一卷第一号；~~1923年~~又发表了《摩尼教入中国考》，刊于北京大学《国学季刊》第一卷第二号，是关于西部古代宗教的系统论述。1928年发表了《回回教入中国史略》（一名《回回教进中国的源流》），刊于《东方杂志》第二十五卷第一号，是他多年研究伊斯兰教史的一个简短的系统。

1924年编成《道家金石略》一百卷，收集了自汉至明有关道教碑文一千三百余种，是一部系统的道教史资料集。

抗日战争期间，又发表了几种宗教史的著作。1939年发表了《释氏疑年录》，励耘书屋刻（中华书局1964年重印）；1940年发表了《明季滇黔佛教考》，辅仁大学丛书第六种

稿纸(A)25×20=500

120

12月

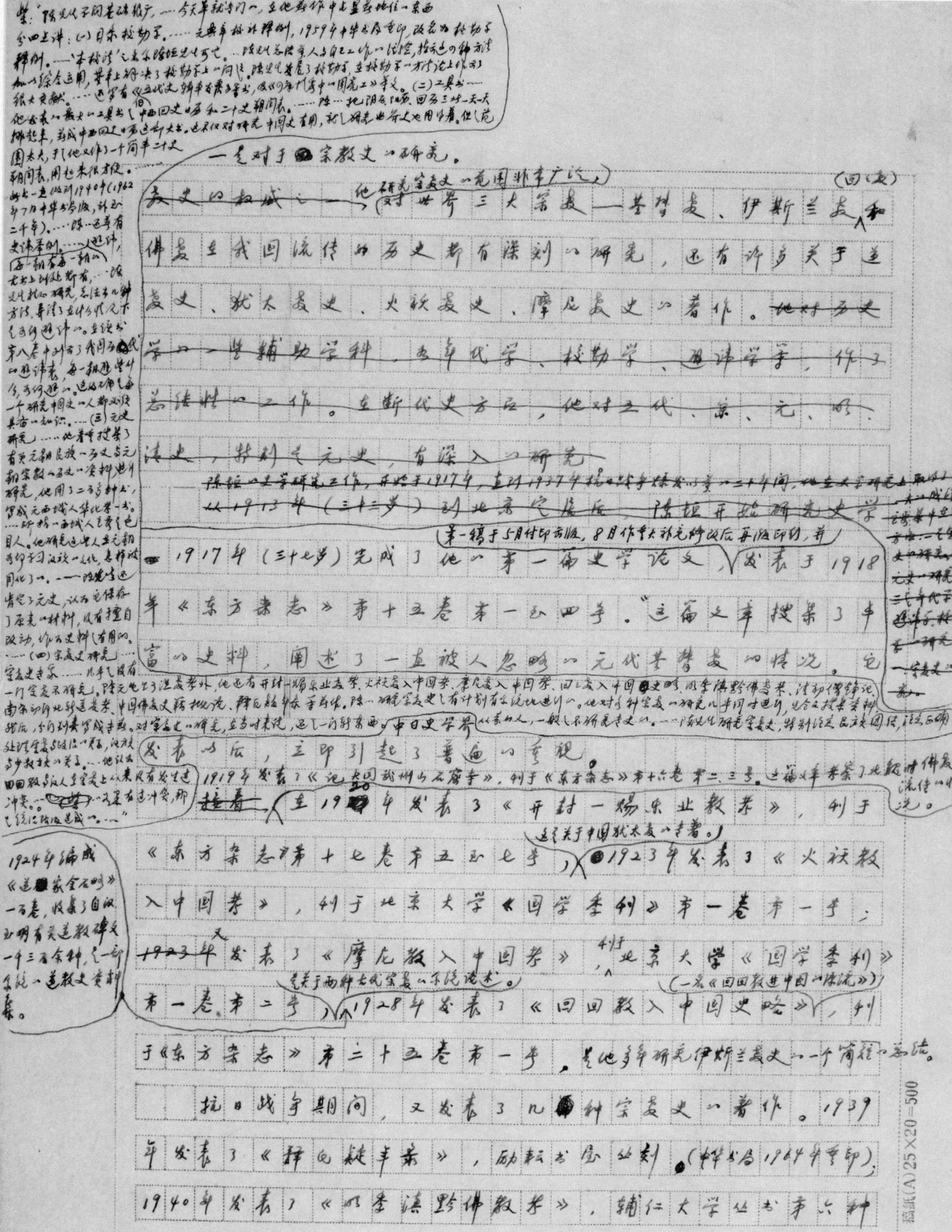

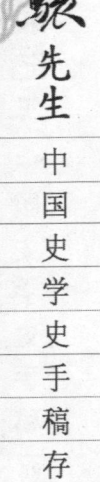

（中华书局1962年重印）；1940年，发表了《清初僧诤记》，刊于《辅仁学志》第九卷第二期（中华书局1962年重印）；1941年发表了《南宋初河北新道教考》，列于辅仁大学丛书第八种（中华书局1962年重印）。（解放后又发表《中国佛教史籍概论》，1962年中华书局出版。）《中国佛教史籍概论》也是在抗日战争期间写成的。

紫："这是一部宗教史著作，实际上是讲清初东南一带人民抗清斗争的历史。"

紫："他首先说南宋北方有3种道教：一是江西龙虎山的五斗米道，这是张天师传下来的老牌教。另外，在北地区产生了三种新道教：全真教、大道教、太一教，这都是在北宋末、南宋初先后形成的。原来北宋的一批读书人不愿做金人的官，保持节操讲学，以此反抗金人。由于亡国时间长，后来便逐渐形成了上述三种新道教。……这书实际上记载了北方人民在金灭北宋以后的生活与思想情况，……"

"陈垣研究宗教史，是把宗教作为一种历史现象、社会现象，着重研究它的流传以及与政治、文化、经济的关系，而不研究它的教义。"

紫："陈先生研究宗教史，……只研究宗教的历史，研究与政治、社会的关系，研究宗教发展的情况，而不谈教义。……陈先生研究宗教史是为政治服务的。他写《明季滇黔佛教考》实际上是讲西南明末遗民抗清的历史，《清初僧诤记》讲清初东南一带抗清的历史，《南宋初河北新道教考》讲在金人占领下的北方人民的生活和他们反抗金人的历史。这些书名义上都是宗教史的著作，而讲的都是政治史上的事，可以说是通过宗教史形式来讲政治史的。"

二是对于断代史特别是元史的研究。

陈垣对于五代、宋、元、明、清等断代史都有研究，特别对于元史有深入的研究。

陈寅恪《明季滇黔佛教考·序》：此书"虽曰宗教史，未尝不可作政治史读也。"

紫："《明季滇黔佛教考》充分表达了陈先生的爱国思想……书中写了很多典型人物，都与政治有关，而这些典型人物，不是和尚，就是和尚的朋友。""《滇黔佛教考》一书不仅解决了佛教史上过去不能解决的许多问题，而且也解决了云贵两省历史上过去一直未能解决的许多问题。"

他写的《元西域人华化考》，前四卷发表于1923年北京大学《国学季刊》第一卷第四号，后四卷发表于1927年《燕京学报》第二期。（后收入励耘书屋丛刻，1934年）"这部近十万字的专著在国内外都得到很高的评价。日本研究东西方关系史的著名学者桑原骘藏发表专文加以评价，盛赞陈垣"为现在中国史学者中，尤为有价值之学者也。""观其目录，则可知著者之论文，对于西域人华化之问题，为如何绵密之研究者矣。观其绪论，先限定西域之范围，以解释华化之意义，于此可证明著者之研究为科学的也。此为从来中国学

121

稿纸(A)25×20=500

者所不能见。又其以■介绍元以来西域人华化之事实为研究之对象，足可见著者研究之方法周到也。其书泛博引旁搜元人之文集随笔等一切资料，征引考覈，其所揭之各题目，殆无遗憾。"（《读陈垣之〈西域人华化考〉》）"

1931年，陈氏发表了《元典章校补》（1931年励耘书屋丛刻）。他以在故宫发现的元朝刻本的《元典章》对校清末沈家本刻印的《元典章》，并用其他几种版本互校，共校出沈刻本《元典章》的各种错误一万二千多条。"有了这部■《校补》，研究者等于有了一部比元刻本更好的《元典章》，因为元刻本也有错误。"（以上引文见陈智超：《史学家陈垣传略》，载《晋阳学刊》1980年第2期。）

1934年，陈氏发表了《元秘史译音用字考》（历史语言研究所单行本）。《元秘史》即《蒙古秘史》，"多年来，他搜集了《元秘史》的各种版本，考察了他的源流，断定了它由蒙语译为汉语的年代，并对它的译音用字作了细致的分析，找出了它的规律。他搜集■和编制了数十万字的资料，最后把自己的研究成果压缩为一万多字的著作。我国研究中外关系史的专家冯承钧非常佩服他的"用力之勤"及"别人所无的细密方法"。（《评〈元秘史译音用字考〉》）"

三是对于年代学、校勘学、避讳学等历史学的辅助学科的研究。

柴德赓：《中国古代历史纪年问题》（■收入《资治通鉴介绍》）：

"一、我国历史年代学上的四个问题：（一）历法问题……（二）年号问题……（三）干支问题……（四）人物生卒年月问题……二、查历史年代的具体方法……（一）利用工具书……（二）加强记忆……（三）博学广闻……1.语言文字与年代有关系……2.避讳与年代有关系……3.官制与年代有关系……4.地名与年代有关系……"

稿纸（A）25×20=500

"他在这些方面作了开创性的或总结性的工作。"

1925年，他发表了《二十史朔闰表》（北京大学研究所国学门丛书）（古籍出版社1956年重印），1926年又发表了《中西回史日历》（北京大学研究所国学门丛书）（中华书局1962年重印）。这两部书是年代学的重要著作。他为了确切知道中历和西历、回历相当的年月日，~~花费了三年~~"将两千年来中历的朔（即每月的初一日）闰（即每个闰月的具体位置，如闰二月闰三月等）考定，以此为根据，编成《二十史朔闰表》。这样，中历每月的初一相当于西历或回历的何年何月何日也可以按表查出了。陈垣还不以此为满足，又根据西历四年一闰的特点，设计了一种表格，将来它的中历的朔闰及回历的月首按表填入，编成《中西回史日历》二十卷。至此，无论中西回历中的任何一天，都可按表查出相应的其它两历的年月日。他编纂《二十史朔闰表》及《中西回史日历》，前后经历了四年。这两部书的完成，为历史年代学开辟了一条新路，给中外学者提供了很大的便利。"（陈智超《史学家陈垣传略》）"他因为研究元史、回族史和中西交通史，深感没有一本中历、西历、回历的合历，就不能进行精密的研究。于是从1921年起，下苦功夫，用了四年时间，编成《中西回史日历》和《二十史朔闰表》。从此中西回史的年月日都可以互通。他在《中

稿纸(A)25×20=500

西回史日历》的自序中谦称它是"二千年之中西月份牌"、"一千三百五十年之西域斋期单"，说："兹事甚细，智者不为，然不为终不能得其用。余之不惮烦亦期为考史之助云尔，岂敢言多哉！"这两本工具书，几十年来为史学工作者提供了不少便利，至今仍没有失去它的价值。"（曾庆瑛：《陈垣》）

在避讳学方面，陈垣于1928年钱大昕诞生二百周年时写成《史讳举例》一书，发表于《燕京学报》第四期（1958年科学出版社重印）。他"搜罗了极其丰富的避讳史料，从中精选出有典型意义的材料，归纳为八十二例，不但阐明了历代避讳的种类、所用的方法、因避讳而改变史实等情况，而且指出如何利用避讳学来"解释古文书之疑滞，辨别古文书之真伪及时代"。他在序言中谈到作此书的目的是"欲为避讳史作一总结束，而为考史者多一门路一钥匙。""（曾庆瑛：《陈垣》）

在校勘学方面，陈氏于1932年写出了《元典章校补释例》（又名《校勘学释例》），发表于《蔡元培先生六十五岁庆祝论文集》（中华书局1959年重印）。"他利用校勘沈刻本《元典章》所发现的一万余条错误，从中选出有代表性的一千余条，加以分析归纳，总结出四十二种误例，也就是

案：“陈垣先生的治学精神：(一)治学认真——材料不到手，不动笔，……一般人不轻易下结论的，他下的结论，一般都靠的住。……(二)手勤大……(三)谦虚——他的稿子总是一改再改，一般不要四稿再定下来。……”

案：通鉴胡注表微：“……对胡三省这人都很少有人研究，……连胡三省活了多少岁也不知道。清代钱大昕根据胡三省通鉴注序知道在乙酉年时，胡三省已五十八岁，往后的事就不知道。……在相当长的时间里，不仅不知道胡三省的一生历史，就是对他的学问一般人也不清楚，以为他只是个地理学家，或是考据学家。到抗战时期，陈先生从《宁海县志》中找到了胡三省儿子写的一篇墓志，才对他一生有个眉目。……从1944年开始，经过二年多时间，写成通鉴胡注表微一书，着重表扬胡三省微妙之处，抒发自己感慨之情。这本书是陈先生史学思想的集中表现。……全书二十篇，前十篇着重讲史法，后十篇着重讲史事。……主要内容：(1)讲民族，讲中国不会亡。……(2)强调热爱祖国，讲民族气节。……(见感慨篇)……(3)反复说胡三省不贪富贵，不受元朝官爵，亡国后不做官，表扬他。……(见生死篇)……表微……快要完成时，抗战已经胜利了。鉴于胜利的形势，陈先生在书中加了两篇——民心篇与货利篇。——本讲国民党反动派违背了民心。……(他的)告诫这种剥削民脂民膏，非常气愤，为此增写了货利篇。……书中作了许多新的考证，发表了很多新的议论……。”

刊刻、传抄书籍中造成错误的四十二种原因。”“陈垣又根据自己和前人从事校勘的丰富经验，总结出著名的“校法四例”，即四种最基本的校勘方法：对校法、本校法、他校法、理校法。这样，他就把过去校勘的零散经验提高到规律性的高度，使校勘学真正成为一门学问。几十年来，陈垣运用他总结的校勘学的规律，校出了史籍的不少佚文或错误。例如，廿四史中《魏书》的《乐志》，自北宋末年以来就缺了一页，一直到清代的卢文弨才据《通典》补了几十字，陈垣根据《册府元龟》将全页补足，史学界传为美谈。他还有一个校辑《旧五代史》的庞大计划。宋末，《旧五代史》早已散失，现在通行的《旧五代史》是清朝从《永乐大典》中辑出的，不是全本，而且经过清人的改窜。现在《永乐大典》也大部散失了。陈垣计划用《册府元龟》校《旧五代史》，并已经作了许多工作，其中的一部分成果，就是1937年完成的《旧五代史辑本发覆》（励耘书屋丛刻）。”（陈智超：《史学家陈垣传略》）

除以上节引外，在抗日战争的最后两年（1944–1945）间，陈垣~~用他的全部精力~~写成《通鉴胡注表微》二十篇，约二十万字。前十篇篇目是：本朝、书法、校勘、解释、避讳、考证、辨误、评论、感慨、劝戒。~~《通鉴胡注表微》，就是把胡三省注资治通鉴时的微言大义加以阐发~~后十篇篇目是：治术、臣节、伦纪、出处、边事、夷夏、民心、释老、生死、货利。为了~~阐明~~探究胡三省~~当时~~的思想，他征引了~~将近~~二百几十种书籍。~~《表微》还有书法、校勘、解释、避讳、考证、辨误等篇，实际上是作者自己在这些方面的经验总结。《通鉴胡注表微》是陈垣最后的一部专著，在思想上、学术上都有丰富的内容，凝聚了他毕生的心血~~。他自己在解放后写的《重印后记》中，称它为自己“学识的记里碑”。

（第十篇载于《辅仁学志》第十三卷第一二期合刊，1945年；后十篇载于第十四卷第一二期合刊，1946年。1958年科学出版社重印。）

案：引用了二百五十多种书，作了详细的考证。”

25×20=500

125

五、世界史的研究与著作

在二十世纪初期，梁启超等写了一些介绍世界历史知识的文章，但都是片断的，还没有系统的著作。到了二十世纪二十年代，对于世界史的研究逐渐开展起来了，出现了不少有系统的著作。

1、教科书的~~著述~~编著

陈衡哲编写的高中课本《西洋史》，分上下两册，上册于1924年1月出版，自上古到文艺复兴以前；下册于1926年2月出版，自文艺复兴到1914年欧洲大战（即第一次世界大战）。都由商务印书馆出版。

陈衡哲，湖南衡山人，生于1890年（清光绪十六年），卒于1976年，八十六岁。

陈氏是中国现代第一个女历史学家。1903年左右随舅父庄氏到广东念书，曾学过医。1914年左右考取清华学校公费留学美国，四年毕业后到芝加哥大学念硕士学位。1920年回国，在北京大学史学系任教授。1922年到上海东南大学教书。1928年后就不教书了。抗日战争期间住在昆明，有时做学术报告，如1940年(?)曾在西南联合大学做历史研究法的报告。抗战胜利后定居上海。解放后，一直未做正式工作，仅为上海市政协委员。

曾写过一些文艺作品，如《小雨点》，在文坛上有地位。

稿纸(A)25×20=500

126

陈衡哲是中国第一个女资产阶级史学家、西洋史专家，深为史界所推崇。

她写的《西洋史》虽然是高中教科书，但由于陈氏对西洋史有精深的研究，融会贯通，有独到的见解，也是一部史学名著。这部书的特点：①精心研究的成果——这部书不但是叙述历史事实，而且提出自己对历史的见解。②~~作者能融会贯通~~深入浅出的典范——作者对西洋史之融会贯通，行文深入浅出，使学生易于了解，并能发生兴趣，无枯燥乏味之弊。③文字优美生动——使学生爱读，④读后印象深刻。因此，备受教师和学生的欢迎，全国绝大多数中学都采用为课本。

资产阶级学者胡适称赞这部书说"可以说是中国治西史的学者给中国读者精心著述的第一部西洋史"，"是一部开山的作品"，"是一部带有创作的野心的著作。"（《古史辨》第二册339—342页，1930年朴社出版。）

此书出版后，十年之内风行全国。

但因此书仅限于西洋史，由于客观的需要，中学生还应得到西洋史以外的历史知识，本书不能满足这种要求。于是在陈氏所编教科书出版（后）十年之后，商务印书馆又出版了何炳松编写的《外国史》。

何炳松，字柏丞，浙江金华人，生于　　年，卒于　　年，　　岁。

稿纸(A)25×20=500

何炳松于1921年开始在北京大学史学系任教，讲授历史研究法、欧洲中古史、欧洲近代史等课。此后长期担任商务印书馆总编辑，后又任上海暨南大学校长，在抗日战争期间去世。

何氏编写的复兴初级中学教科书《外国史》，分上下两册，1934年商务印书馆出版。此书除欧、美历史外，增加了亚洲的印度、日本、安息、波斯，非洲的埃及、澳洲等，可以说是世界史。直到1949年全国解放以前，全国的中学大都採用此书。

何氏在《序言》中说："本书上册本已出版多年，兹因课程标准既已订定颁行，故将上册根本依照标准重新改编，并将下册完成，合印出版。"

从世界史的角度来看，此书内容较之陈衡哲所编教科书为完备，但材料的融会贯通及文字不及陈书以流畅生动称。

何氏又根据美国的历史著作，编成两部大学历史参考书，《中古欧洲史》于1924年、《近代欧洲史》于1925年，均由商务印书馆出版。此何氏所编的大学课本，流行不如中学课本广泛，因大学讲授西洋史多用美国原著为课本、参考书。

大学参考书还有李季谷著《西洋近世史》，1943年中国文化服务社出版（218面）；王绳祖著《近代欧洲外交史》，1945年重庆商务印书馆出版（198面）。其他有关世界文化史的著作，有顾康伯著《西洋文化史大纲》，中华书局出版；常乃惪编《西洋文化简史》，中华书局出版；杭蘇编《欧洲文化演进小史》，中华书局出版；常乃惪著文艺复兴小史，中华书局出版。）

还有翻译的世界通史及断代史，作为大学的参考书或参考书，如梁思成译韦尔斯(H.G.Wells)《世界史纲》(~~The~~ Outline of ~~World~~ History)，商务印书馆出版；译海士、蒙恩、魏兰佐合著的《世界通史》；海士、蒙恩合著的《欧洲近代史》；海士著《欧洲近代史》等。

教科书的编译，对普及世界知识起了推进作用。

2、世界史学著作的翻译

在十九世纪末及二十世纪初，欧洲和美国出现了许多著名的资产阶级历史学家，如德国的Bernheim（译为班海穆、朋汉姆或本汉），法国的Langlois（译郎格罗亚、郎格诺瓦）、Seignobos（译塞诺波、色诺播），美国的Robinson(1863—1936)（译鲁滨孙、鲁滨逊、鲁滨生）等。他们的著作曾有一部分被译为中文，如何炳松译鲁滨孙的《新史学》(原书1912年出版)，1923年商务印书馆出版；何炳松译约翰生的《历史教学法》，1926年商务印书馆出版。李思纯译朗格诺瓦、塞诺波合著的《史学原论》(原书1897年出版)，1926年商务印书馆出版；董之学译美国巴恩斯的《新史学与社会科学》，商务印书馆出版；何炳松、郭斌佳合译美国绍特威尔著的《西洋史学史》，1929年商务印书馆出版；冯雄译桑戴克著《世界文化史》，商务印书馆出版；陈韬译德国伯伦汉（即班海穆）著的《史学方法论》，1937年商务印书馆出版。

稿纸(A)25×20=500

六、史学理论与方法的著作

从二十世纪二十年代起，出现了一些有关史学理论与方法的著作，这些著作多是融合中国与西方的材料写成的。

实取材于德国历史学家朋汉姆(E.Berheim)所著的《历史研究法课本》及法国历史学家朗格罗亚与塞诺波合著的《历史研究法入门》，云："著者之作是书，意在介绍西洋之史法，故关于理论方面，完全本诸朋汉姆、朗格罗亚、塞诺波三人之著作。"

朱谦之著《历史哲学》，1926年上海泰东书局出版。

何炳松著《历史研究法》，1927年商务印书馆出版。据何氏自序，该书

何炳松著《通史新义》，1929年商务印书馆出版。

何炳松在《通史新义·自序》中说："本书所述之原理，十九採自法国名史家塞诺波所著《应用于社会科学上之历史研究法》一书。著者虽略有疏通证明之功，终未敢掩袭他山之美。"

周容著《史学通论》，1933年开明书店出版。

朱谦之著《历史哲学大纲》，民智书局1933年出版。

李则纲著《史学通论》，1934年商务印书馆出版。（《史地小丛书》之一）

罗元鲲著《史学研究》，1935年开明书店出版。

胡哲敷著《史学概论》，1935年中华书局出版。

曹聚仁著《中国史学ABC》，1930年上海世界书局出版。卢绍稷著《史学概要》，1930年商务印书馆出版。罗元鲲著《史学概要》，1931年武昌亚新地学社出版。

杨鸿烈著《史学通论》，1939年商务印书馆出版。

蒋祖怡著《史学纂要》，1944年重庆正中书局出版。

姚永朴《史学研究法》

常乃悳著《历史哲学论丛》，1944年重庆商务印书馆出版。是一本论文集，其中绝大多数文章都作于抗日战争时期。

吴恩裕著《历史研究法》，永祥印书馆1945年出版。

陆懋德著《史学方法大纲》，1945年独立出版社出版。

刘节著《历史论》，1949年正中书局出版。

稿纸(A)25×20=500

130

七、工具书的编纂

1. 年表

傅运森：《世界大事年表》，1914年商务印书馆出版。不但有公元与中国年号的对照，而且有纪年的干支（甲子）。最适宜于中西年代的对照。兼有大事记，但极简单。惟在公元前841年（周共和元年）以前的年代是推算的，不可靠。

陈庆麒：《中国大事年表》，商务印书馆出版。

万国鼎：《中西对照历代纪年图表》，解放后修订为《中国历史纪年表》。

陈垣：《二十史朔闰表》。自汉迄清，凡二十史，分列其朔闰于表。自汉平帝元始元年（公元1年）起加入西历，自唐高祖武德五年（公元622年）加入回历。

陈垣：《中西回史日历》。1350年之西域帝朔单，中西回之年月日互通。不但查年，还可以检查月日。是"二千年之中西月份牌"。

刘大白：《五十世纪中国历年表》，直到公元2000年。

郑鹤声：《近代中西史日对照表》，加入太平天国日历，注重近代，起1516年（明武宗正德十一年），迄1941年，分阳历、阴历、星期、干支四项记载。

131
37

2. 人名

梁廷燦：《历代名人生卒年表》，按生卒先后次序排列，共计四千余人，分姓名、字、号、生年、卒年、公元、岁数。

臧励龢等编《中国人名大辞典》，起自上古，断至清代，收录人名四万以上。

《二十五史人名索引》，开明书店。

梁启雄：《二十四史传目引得》，中华书局出版。

3. 地名

臧励和等编：《中国古今地名大辞典》，商务印书馆出版。

童世亨：《历代疆域形势一览图》

苏甲荣：《中国地理沿革图》，上海日新舆地学社出版。

欧阳缨：《中国历代疆域战争合图》，武昌亚新地学社出版。

稿紙(A)25×20=500

132

第四节　资产阶级史学的批判反动作用

中国的资产阶级史学是在批判封建主义史学与吸收西方资本主义史学的立场上建立并发展起来的，从本世纪初到四十年代末之间的四十多年中，对促进中国史学的发展起了积极作用，做出了不少的贡献。不过，由于在五四运动前后，中国出现了马克思主义历史学，它的科学的原理和方法，在史学界逐渐传播开来，与资产阶级史学相比较，其本身更为进步，也更能起到推进史学发展的积极作用。但是，一般资产阶级史学家由于立场、观点和方法的不同，不能接受马克思主义史学，并对它进行攻击或诬蔑，形成两种史学的斗争。从史学的发展来看，资产阶级史学在许多方面是起了反动作用的。

一、否认历史发展的客观规律，否认历史学能成为科学

中国资产阶级史学创始人梁启超本来是承认历史发展的客观规律的，他在1902年所著的《新史学》中给历史学下的定义说："历史者，叙述人群进化之现象而求得其公理公例者也。"这里的"公理公例"，就是客观规律。但是，到了1922年，在他所著的《中国历史研究法》一书的时候，就开始犹豫、动摇了。该书第一章《史之意义及其范围》

中说："史者何？记述人类社会赓续活动之体相，校其总成绩，求得其因果关系，以为现代一般人活动之资鉴者也。夫成绩者，今所现之果也，然必有昔之成绩以为之因；而今之成绩又自为因，以孕产将来之果。因果相续，如环无端。必寻出其因果关系，然后活动之继续性可得而悬解也。然因果关系至复赜而难理，一果或出数因，一因或产数果，或潜伏而易代乃显，或反动而别证始明，故史家以为难焉。"这里所谓"因果关系"，也称"因果律"，也就是客观规律。梁启超还是承认研究历史要"求得其因果关系"的，不过"以为难"罢了。但在该书第六章《史迹之论次》中，又因不仅"以为难"，而且认为是"不可能的"或"有害的"了。他说："说明事实之原因结果，为史家诸种职责中之最重要者。……虽然，兹事未易易言也。……严格论之，若欲以因果律绝对的适用于历史，或竟为不可能的，而且有害的，亦未可知。何则？历史为人类心力所造成，而人类心力之动，乃极自由而不可方物。心力既非物理的或数理的因果律所能完全支配，则其所产生之历史，自亦与之同一性质。今必强悬此律以驭历史，其道将有时而穷，故曰不可能；不可能而强应用之，将反失历史之真相，故曰有害也。然则吾侪竟不谈因果可乎？曰：断断不可。不谈因果则无量

稿纸(A)25×20=500

数繁赜变幻之史迹，不能寻出一系统，而整理之术穷；不谈因果，则无以为鉴往知来之资，而史学之目的消灭。故吾侪常须以炯眼观察因果关系，但其所适用之因果律，与自然科学之因果律不能同视耳。”我们可以清楚看出梁启超这时陷入了很大的困惑和矛盾：既认为寻求客观规律是史家最重要的职责，又认为是不可能的而且有害的，但又认为不能不谈，最后只能以历史的客观规律与自然科学的客观规律不能同视为理由以自解。到了1923年，他著《研究文化史的几个重要问题》时就完全否认历史发展的客观规律了，他说：“当我著《历史研究法》时，为这个问题着实恼乱我的头脑。我对于史的因果很怀疑，我又不敢拨弃他。……我现在回看这篇旧著，觉得有点可笑。既说‘以因果律驭历史，不可能而且有害’，何以又说‘不谈因果断断不可’。我那时候的病根因为认定因果律是科学万不容缺的属性，不敢碰他，所以有这种矛盾不彻底的见解。”又说：“因果律也叫作必然的法则，‘必然’与‘自由’是两极端，既必然便没有自由，既自由便没有必然。我们既承认历史为人类自由意志的创造品，当然不能又认他受因果必然法则的支配，其理甚明。”又过了三年，他在著《中国历史研究法补编》时，又明白表示反对历史有客

稿纸(A)25×20=500

135

观发展规律，他说："历史不属于自然界，乃社会科学最重要之一，其研究法与自然科学研究法不同。历史为人类的活动，极其自由，没有动物植物那样呆板。……凡自然的东西，都可以用呆板的因果律去支配。历史由人类活动组织而成，因果律支配不来。……因为人类自由意志的活动，可以发生非常现象。"

由上可见，梁启超对于历史发展有无客观规律的问题，是经过了由承认而动摇、终于否认的历程的。他为什么由承认到否认呢？

梁启超在本世纪初批判封建史学、积极建立资产阶级史学的时候，他的史学主张是进步的、革命的，也是具有科学性的，承认历史发展的客观规律便是其中之一。但是到了五四运动以后，马克思主义的史学理论逐渐传播，而承认历史发展的客观规律又是其主要内容之一。梁启超站在资产阶级的立场，必然要反对马克思主义、反对历史唯物主义的。若要承认历史发展的客观规律，岂不和马克思主义一样了吗？为了反对马克思主义，当然要坚决反对它的史学理论——历史唯物主义，也就必须反对历史发展有客观规律的理论。自五四运动以后，梁启超反对马克思主义的态度日益坚决，这从他在1924年写的《非"唯"》一文可以看出，文

稿纸(A)25×20=500

中说："真理是不能用'唯'字表现的，凡讲'唯什么'的都不是真理。……若要贯彻唯物论的主张吗，结果非归到'机械的人生观'不可。……唯物史观的人们呵，机械人生观的人们呵，若使你们所说是真理，那么，我只好睡倒吧！请你也跟我一齐睡倒吧！……以上是我对于赫赫有名的唯心唯物两派主义下的'哀的美敦书'。其余'唯什么''唯什么'的我都一齐宣战。"（《饮冰室合集·文集第十四册》）这篇文章虽然在表面上说不论唯心唯物他都反对，实际上只是反对唯物主义，反对马克思主义。资产阶级的学者在反对封建主义时期所提出的一些进步的科学的口号，往往到了反对马克思主义的时候就收回了，也就是说，为了反对马克思主义，他可以放弃科学，放弃真理，虽然明知难以自圆其说，也要强辞夺理。梁氏否认自己过去所承认的历史发展的客观规律，完全是他的资产阶级立场和思想所决定的。

另一资产阶级史学家何炳松，继梁启超之后也发表了一些否认历史发展有客观规律的言论。他在1927年出版的所著《历史研究法》的《绪论》（1927年写）中说："世之习史者不谙史学之性质及其困难，妄欲以自然科学之方法施诸史学，以求人群活动之常规，其言似是，其理实非。"他所说的"人群活动之常规"，就是指的历史发展的客观规律。由于反对历史发展有客观规律的说法，他进一步批評历史学不能成为科学的言论。他在1928年所写的《通史新义·自序》中说：“社会演化……其真因维何？即人类内心之动机而已。”又说：“历史性质极其混乱，……此种混乱盖足以取消史家视历史为科学之要求，而阻止历史模仿他种科学而现于科学上之外貌也。”他既然认为历史发展是由“人类内心之动机”所造成，呈现一片混乱状态，历史根本不能成为科学，所以研究历史也不能用科学方法。他在《通史新义》中又说：“是故演变之最后说明，不能不求援于心理，此即历史方法也。”（18页）他还说：“史家所见皆非本真，盖仅心灵上之一种印象而已。……人群活动，史家所知者亦仅属主观之印象而非活动之实情。……故史之为学，纯属主观。”照他看来，历史的研究既然“纯属主观”，当然也谈不上什么客观规律了。

此外，胡适和傅斯年也都极力反对马克思主义的唯物史观，否认历史发展的客观规律。

胡适说：“一切历史事件都是偶然造成，唯物史观是值不得相信的。”又说“偶然加上模仿，便是历史的公式。”照他看来，历史现象既然都是偶然发生的，那也就无规律可寻了。

稿紙(A)25×20=500

傅斯年说："历史者，上句不接下句，一大堆乱七八糟的事实也。""现在的科学家没有一个相信因果律的，只有宗教家才会相信因果律。""历史是偶然的、不成体统的东西。"好比元朝伐日本，若非偶然地引起了一次大风，"恐怕现在的世界，早已为元朝所统一了。"（以上见马乘风《中国经济史》第一册初印本《诸家批判》）

傅斯年还说："历史无定例，天演非一途，故论史实宜乎不可必、不可固也。"（《性命古训辨证》下册中卷29页）又说："我想，我们看历史上的事，甚不可遇事为他求一个理性的因，因为许多史实的产生，但有一个'历史的积因'，不必有一个理性的因。"（《答书（一）》，见《古史辨》第二册第151—152页）又说："历史本是一个破罐子，缺边掉底，折把残嘴，果真由我们一整齐了，便有我们主观的分数加进去了。"（《谈两件〈努力周报〉上的物事》，见《古史辨》第二册294页。）他认为历史是杂乱无章的东西，没有因果关系，没有因果律，没有规律性，如果人们要研究它的客观规律，那便是主观主义。

稿纸(A)25×20=500

二、歪曲、诬蔑马克思主义历史学

资产阶级学者为了阻止马克思主义在中国的流行，往往把马克思主义的唯物史观歪曲为经济史观或经济决定论，然后再加以诬蔑、攻击。这种手法不是中国创造的，而是从西方资产阶级学者那里学来的。他们说唯物史观只用经济原因去解释一切历史现象，而否认其他思想意识等方面的作用。如美国哥伦比亚大学经济学教授塞利格曼所著《经济史观》的《绪论》中说："与其叫做唯物史观，不如叫做经济史观。"（参见齐思和文）美国哥伦比亚大学历史学教授鲁滨孙说："有许多社会党人同经济学家，以为无论什么东西都可以用经济学说去解释他，但是历史家对于这种话，同意的实在很少。"（何炳松译《新史学》，商务印书馆1923年版第50页）

中国的资产阶级学者受这种影响，也广为宣传。如胡适在1923年写的《科学与人生观序》中说："欧洲大战之有经济的原因，那是稍有世界知识的人都承认的。……不过我们治史学的人，知道历史事实的原因往往是多方面的。所以我们虽然极欢迎'经济史观'来做一种重要的史学工具，同时我们也不能不承认思想知识等事也都是'客观的原因'，也可以'变动社会，解释历史，支配人生观。'所以我个人至今还只能说，'唯物（经济）史观至多

稿纸(A)25×20=500

只能解释大部分的问题。'"（收入《胡适文存二集》卷二）陈衡哲在她所著的《西洋史》（1924年出版）第一章也说历史是多方面的，不能单从经济上去解释，从而认为马克思主义是片面的。何炳松在他1928年写的《通史新义·自序》中说："再言[经济学上之]经济史观：世之学者鉴于人类社会之经济生活大有影响于社会阶级之产生，并因之而大有影响于政治制度也，遂以为经济史观足为研究全部人类社会生活上之线索，吾人可借以了解人类~~社会生活~~在政治上、宗教上、理智上之一切活动。殊不知人类社会之组织，并不纯受经济生活之驾驭者也。足以限制人类社会之演化者，尚有各种环境焉，生理状况焉，理智程度焉，固不仅物质享乐之一端已也。古今来宗教上、科学上、哲学上、政治上、信仰上之信徒与烈士，或杀身成仁，或超凡入圣，其宗旨亦何尝在于获得物质生活上之快乐？此即吾国孔孟之徒所谓义利之辨也。人类固不尽皆系喻义之'君子'，然亦何尝尽系喻利之'小人'耶？经济史观■在史学上可以成为似是而非、偏而不全之方法者[此]也。"何炳松先把唯物史观歪曲为经济史观，又[荒谬绝伦地]把经济曲解为物质享乐，最后攻击唯物史观是似是而非、偏而不全的历史研究法。

　　梁漱溟也对唯物史观进行歪曲和诬蔑，他在　　年出

稿纸(A)25×20=500

版的《中国文化要义》中说："唯物史观几乎把生存就当成一吃饭问题，……唯物史观只看见人类同乎生物底那一面——对自然界求生存那一面——，显然太简单了。……凡想要把握人类历史动因——贯乎历史全程底一个动因——而在历史文化研究上建立一普遍适用底理论，恐不免都是妄想……"（页258—259）

资产阶级学者对于歪曲、诬蔑马克思主义特别是唯物史观的宣传，在社会上和史学界是起了很大的恶劣作用的，严重阻碍了史学的发展。因为在北洋军阀和国民党蒋介石反动集团的统治下，严禁马克思主义著作的流传，一般人也不能读到马克思主义的著作，当然不了解其真正的内容，于是这些歪曲、诬蔑马克思主义的说法，便容易欺骗、蒙蔽读者，使读者们误认唯物史观就是经济史观，因而起了反动的宣传作用，阻碍了史学的发展。

稿纸(A)25×20=500

三、以史料学代替历史学

史料学是关于史料的搜集、鉴别、整理、考证的学问，是历史研究中不可缺少的工作。但是，资产阶级学者认为历史学的工作只在于整理史料，过分夸大史料学的作用，以史料学代替历史学，却是错误的。

胡适曾说："一个字古义的发明和发现一颗恒星同样重要。"（

何炳松说："历史研究法即研究此种史料的方法，目的在于决定此种留有遗迹之古代事实为何。"（《通史新义》）

宣传史料学即历史学最露骨的是傅斯年，他在1928年出版的《历史语言研究所集刊》第一本第一分《历史语言研究所工作之旨趣》一文中说："近代的历史学只是史料学。利用自然科学供给我们的一切工具，整理一切可逢着的史料。"又说："我们反对疏通，我们只是要把材料整理好，则事实自然显明了。一分材料出一分货，十分材料出十分货，没有材料便不出货。两件事实之间，隔着一大段，把他们联系起来的一切涉想，自然有些也是多多少少可以容许的，但推论是危险的事，以假设可能为当然是不诚信的事。所以我们存而不补，这是我们对于材料的态度；我们证而不疏，这是我们处理材料的手段。材料之内使他发

稿纸(A)25×20=500

143

见无遗，材料之外我们一点也不越过去说。"

《明清史料甲编·序》说："史学本是史料学，坚实的事实只能得之于最下层的史料中。"（《明清史料甲编》第一册第二页，署名蔡元培。）

傅斯年在1930年左右在北京大学的讲义稿《史学方法导论》中说："史学的对象是史料，史学的工作是整理史料。""史学便是史料学"。又说："历史者，上句不接下句，一大堆乱七八糟的事实也。"

他们主张从史料中得出事实，就是完成史学的任务，不需要再作什么解释和说明，这是客观主义的态度。如梁启超说："对于所叙述的史迹，纯采客观的态度，不丝毫参以自己意见。"他为了反对用马克思主义的观点来解释历史，又说："我们若信仰一主义，用任何手段去宣传都可以，但最不可借史事做宣传工具。"（《中国历史研究法补编》）

他们认为对史料的整理研究就是科学，而著作叙述则是艺术。如胡适说：

四、鼓吹个人在历史上的作用

资产阶级学者一贯认为英雄创造历史，极力鼓吹个人在历史上的作用。如胡适曾说："一个人的念头，可以引起几十年的血战。"又说西洋近代文明是几个"特立独行之士"所创造的。（《胡适论学近著》635页）还说：日本明治维新后的兴盛也是伊藤博文等几个人努力的结果。（同上书485页）

陈衡哲在《西洋史》中以但丁(1265—1321)之死年（1321年）作为欧洲中世纪与近代的划分的界线。

何炳松在《欧洲中古史》中，也把文艺复兴、宗教改革等归结为少数人的活动的结果。又以路易十世（1643—1715）、彼得大帝（1672—1725）、康熙大帝（1662—1722）为十七世纪后期至十八世纪初期世界上三大支配人物。

梁启超在批判封建史学的时候，曾大力反对推崇个人在历史上的作用。他在1901年写的《中国史叙论》中，反对过去只"记述人间一二有权力者"的事迹，成为帝王家谱，认为应该记述"人间全体"及"国民全部经历"的历史，又批评封建史书中"只见有君主，不见有国民。"在1902年写的《新史学》中，还批评封建史书"皆为朝廷上之君臣而作，曾无有一书为国民而作。"批判封建史学"知有个

稿纸(A)25×20=500

人而不知有群体"，"知有君主而不知有国民"。又言："历史所最当注意者，惟人群之事。""夫人物之关系于历史，固也。然所以关系者，亦谓其于一群有影响云尔。所重者在一群，非在一人也。"这种观点无疑是正确的，进步的。但到了"五四"运动以后，他为了反对马克思主义，却一反过去的说法，极力鼓吹个人在历史上的作用。他在1922年出版的《中国历史研究法》第六章《史迹之论次》中说："罗素曾言：'一部世界史，试将其中十余人抽出，恐局面或将全变。'此论吾侪不能不认为确含一部分真理。试思中国全部历史如失一孔子，失一秦始皇，失一汉武帝，……其局面当何如？……其他政治界、文学界、艺术界，盖莫不有然。此等人得名之曰：'历史的人格者'。(按：即代表历史的人)何以谓之'历史上之人格者'？则以当时此地所演生之一群史实，此等人实为主动——最少亦一部分的主动——而其人面影之扩大，几于掩覆其社会也。""此若干人者（指曾国藩、袁世凯等）心理之动进稍易其轨，而全部历史可以改观。""例如法兰西大革命时代史，则拿破仑为唯一之'人格者'；普奥、普法战史，则俾斯麦等数人为其'人格者'。……民国十年来，则袁世凯殆可认为唯一之'人格者'也。凡史迹皆多数人共动之产物，固无待言，然其

稿纸(A)25×20=500

中要有主动被动之别。立于主动地位者，则该史迹之'人格者'也。""又如袁世凯，倘使其性格稍正直或稍庸懦，则十年来之民国局面或全异于今日，亦未可知。故袁世凯之特性，关系于其个人运命者犹小，关系于中国人运命者甚大也。"

梁氏又在《中国历史研究法补编·总论》第三章《五种专史概论》甲《人的专史》中说："若把几千年来中外历史上活动力最强的人抽去，历史到底还是这样与否，恐怕生问题了。譬如欧洲大战，若无威廉第二、威尔逊、路易乔治、克里孟梭几个人，历史当然会另变一样子，欧洲大战或者打不成，就打成也不是那样结果。又如近三十年的中国历史，若把西太后、袁世凯、孙文、吴佩孚……等人——甚至于连我梁启超——没有了去，或把这几个人抽出来，现代的中国是个甚么样子，谁也不能预料。但无论如何，和现在的状况不同。"又说："历史不外若干伟大人物集合而成。"

稿纸(A)25×20=500

五、宣传以西欧、美国为中心的世界史观点

资产阶级学者追着西方的步调，极力宣传以西欧和美国为中心的学说。"西欧中心论"这一种荒谬学说的特点在于它认为在上古时期，世界文化中心只是埃及、巴比伦、希腊和罗马。日耳曼人继承了西洋古代文化的遗产，又给它加上了新的智慧与生命力，从此以后，西欧和后起的美国遂成了世界文化的中心。因此，西欧和美国的文化是全世界最进步的文化，西欧人和美国人是全世界最优秀的人种。"（　　）"陈衡哲所编著的《西洋史》教本，……中世纪部分根本就没有提拜占庭帝国，也没有提到斯拉夫人在中世纪的地位，她硬说：'日耳曼各部落是当时欧洲的主人翁。'（第一册，152页）西欧是当时欧洲的中心点。"（　　）

"何炳松的《中古欧洲史》和《近世欧洲史》……其中不但没有联系到，就是东欧也很少提到。在三百页的《中古欧洲史》中，东罗马帝国占不了不到一页的篇幅，其余东欧国家如俄罗斯、波兰、捷克、保加利亚，北欧的瑞典、丹麦、诺威等国，都没有提到，而西欧的英、法、德、意等国，都有专章叙述。""这种世界史，……过分夸张西欧和美国的历史地位，替帝国主义侵略政策进行宣传。"（　　）

稿紙(A)25×20=500

148

何炳松《外国史》下册说：“欧洲自从中古末期到国家主义以来，直到十七世纪时止，所有政治学术经济教育等等之活动差不多全以西部各国为中心，而英法两国之地位尤其重要。至于东部欧洲方面之各民族，不但在世界史没有相当之地位，就是在欧洲史上亦没有提及之必要。所以近世初期之西洋史，实在就是西部欧洲史。”

何炳松在《近代欧洲史》中把资本主义国家对亚洲国家的侵略说成是“西方文明之传布”，认为他们的侵略行为是给当地人民造福。他把中国人民在义和团领导下的反帝斗争说成是“拳匪之乱”。“站在帝国主义的立场，为帝国主义进行宣传。”

陈衡哲的《西洋史》和何炳松的《中古欧洲史》、《近世欧洲史》以及《外国史》，在全中国发生了很大的影响，尤以《西洋史》及《外国史》，作为中学课本，影响更大。何炳松的《外国史》于1930—1949年共印四十余版，为独霸全国的中学课本。

他们的论点是，世界上古史以埃及、巴比伦、希腊和罗马为中心，中古史以西欧（日耳曼人）（英法德意）为中心，近世史以西欧、美国为中心。

又如周谷城《世界通史》第三册。该书的副标题——

《世界范围之扩大》，这表现出作者是站在西欧资产阶级立场来看历史的。周谷城抽掉了历史的阶级内容，代之以抽象的概括，例如"从大陆活动到海外开拓"、"亚洲诸国之不宁"、"中国人与西方人相处"、"美洲殖民之激进"等等，其目的就是在于替殖民主义涂脂抹粉，掩饰罪行。""这是欧洲中心论的另一种表现，是作者力图以欧洲、主要是西欧历史作为模型来概括全部世界历史，没有根据马克思主义关于历史发展的基本规律来揭示这一历史时期的本质，而把十六至十八世纪欧洲历史笼统地称为"重商主义的历史"，而且到处套用。""周谷城为了掩饰西方殖民主义者的扩张目的，认为"吸引着欧洲人向海外发展的目的"，一是经商，二是传教。在周谷城的笔下，经济掠夺不见了，文化毒害消失了，贪婪无情的殖民主义者却成了"公平"的"商人"和"好心"的"传教士"。另一方面，对殖民地被压迫人民却极尽诬蔑之能事。"

"周谷城完全抹杀阶级界线，混淆敌友，实质上充当了殖民主义、帝国主义的传声筒和辩护士，为他们歌"功颂德"，而对于被奴役、被压迫的人民则百般嘲讽，颠倒黑白。这正是欧洲中心论最露骨的表现。"

"欧洲中心论是一种资产阶级的反动历史观，它的基本

稿纸(A)25×20=500

特征是竭力宣扬欧美的资本主义文化，把它奉为人类文化的圭臬，借此贬低其他民族文化的地位和价值，把它们贬作为不发达的、低级的、将要被淘汰的，从而论证殖民主义、帝国主义用任何方式奴役"落后地区"，推销资本主义文化，乃至进行颠覆活动，都是理所当然的。""这是为殖民主义、帝国主义辩护的一种极端反动的历史观。"（ ）

"欧洲中心论是西方资产阶级征服世界的帝国主义侵略政策在历史学领域中的反映。它的实质就是殖民主义。"（邓拓）

"中国学校所讲授的世界历史，在好几十年里面曾经是以欧洲为中心编的。所以"欧洲中心"的历史观在中国影响很大。所谓'欧洲中心'是以欧洲资产阶级文化为世界文化中心的资产阶级学说。……资产阶级所谓'欧洲中心'论，就是适应欧洲资产阶级对于世界市场的征服而制造出来的反动理论。他们认为东方文明和西方文明是互相对立的和绝对的两个体系文明，极力贬低中国和其他非欧洲国家对人类文化的贡献，从世界历史中排除这些国家的地位。"（黎澍）

"考察一个历史学家是不是一个欧洲中心论者，主要标志是看他对待西方殖民主义以及帝国主义对亚、非、拉美地区的奴役、剥削、掠夺所采取的态度，是揭露、批判、控诉，还是掩饰、辩护、歌颂。"

稿纸（A）25×20=500

解放前，各大学历史系只有"西洋通史"的课程，没有"世界通史"。解放后，把"西洋通史"改为"世界通史"时，曾有人反对，以为西洋史自成体系，好讲，而世界史则则不成体系，不好讲。

稿紙(A)25×20=500

152

~~3.~~ 蒋廷黻

蒋廷黻历任清华大学历史系教授、系主任，国民党行政院政务处长，驻苏大使、驻联合国代表、驻美大使等。著有《中国近代史》（1938年，青年出版社出版？）、《近代中国外交史资料辑要》及在清华学报、独立评论发表的一些论文。

蒋著中国近代史"当前之主要有两点：(一)站在买办资产阶级立场为帝国主义侵略罪行辩护，……(二)宣扬投降主义，为国民党卖国贼辩护。"

他为帝国主义辩护，说："自古石器时代到现在，没有一个时代、一个民族、一种经济制度没有试行过帝国主义。人类的起始就是帝国主义的起始，……人类的末日才是帝国主义的末日。"

"他抹杀地把帝国主义和其他各种社会时代混为一谈，而说什么各种社会"都有"的帝国主义的可能"，"只要把帝国主义看得这样简单，以为世界上没有资本主义就没有帝国主义了。"他捏造了什么蒙古、满州等"游牧时代"的帝国主义，中亚拉伯的"宗教的帝国主义"，"法国"革命的帝国主义"等等。（中国近代史77页）

他替英国说话，认为英国在道光时代的"对华外交的目的"，"不外善意的劝中国加入国际大团体"，"近百年英国对华的政策是一贯的以推广商业为目的，确实无土地的野心和阴谋。"至于南京条约和其他不平等条约的签订，那"大部分由于我们的祖先应付世界时潮的不当，并且这些条约在成立时对我们也有其害，也有其利。"

"他说"英美的资本家也不一定有政治野心"，又说"英法联军进攻北京"……"是洋西洋人也有实政义"。"（71—72页，55页）

"他认为与其战败而求和，不如不战而求和，可以避免太大的吃亏。对帝国主义的敢有抗战的举动，"结果就是误国"，战败后为何力图抗战，"那就不可救药了"。"

在九一八事变后不久，他在清华学报上发表《琦善与鸦片战争》一文，诋毁林则徐，他讥笑"民心可用"是"士大夫阶级传统的幕调和空谈"，说"仅仅民心对外人的仇火当然是自杀。"但他却极端推崇卖国投降派琦善，说他"在外交方面，他实在远超时人，因为审察中外强弱的形势和权衡利害的轻重，远在时人之上。"

他在《中国近代史》中，很欣赏同治年间曾国藩、李鸿章等人的洋务运动，把曾李等推崇为"这个大领袖"，特别吹捧曾国藩为"中国十九世纪最大的政治家。"

"他们是以帝国主义和封建地主阶级反对人民的统治下手的。因此，蒋廷黻要使赞扬琦善、曾国藩、李鸿章、袁世凯等卖国投降派，攻击林则徐等抗战派，更仇恨自太平天国以来中国人民反帝反封建的革命斗争。"

"他竟胡说什么"到了十九世纪，有帝国主义绕环着，长期的内战就能引起亡国之祸。曾国藩所以要维持满清，最大的理由在此。"（中国近代史57页）隔了九年，这种谬论，另一个反动史学家萧一山在其"曾国藩"一书时又原封不动地重复了一遍。"

稿纸(A) 25×20=500

46.

他在"近代化"的幌子下，提倡殖民地、半殖民地化，主张以美、英帝国主义作为在中国实行"近代化"的主要依靠。他认为"帝国主义是自然科学和机械工业发达的产物"，把帝国主义说成是科学时代，是近代文明。"（《中国近代化》序言）

他在《帝国主义与常识》一文中，悍然为帝国主义的侵略战争辩护，认为这是"无所谓善恶"的、"强者与弱者是同等的须负责"的"天然现象"。他说中国近代史上帝国主义几次对中国进行侵略战争，都是中国自取其咎的。鸦片战争是由于清朝不肯给英国平等待遇，所以中国该打；中日甲午战争是由于中国不肯接受朝鲜"国际化"，及早放弃对朝鲜的联系，所以中国该打；义和团战争是由于"俄国之顽固势力的鼓动"，妄想用"民心"来对外，所以中国更该打。

雷海宗认为说不平等条约是帝国主义的侵略的说法是无知的，他认为有两个来源：1. 中国人的愚昧无知，2. 历史的自然发展……自动放弃主权。

陈恭禄著《中国近代史》，1935年2月商务印书馆出版。

赞扬曾国藩、李鸿章、袁世凯、蒋介石等卖国投降派。

辩护英美帝国主义的侵略。说中国人的众多是祸患贫穷痛苦的根本原因。

诬蔑太平天国革命，称义和团为匪。

稿纸(A)25×20=500

47

第八章 马克思主义史学的建立与发展

（1919——1949）

第一节 马克思主义史学的建立（1919—1930）

自1848年德国马克思与恩格斯发表《共产党宣言》之后，马克思主义的史学理论逐渐形成，马克思主义的历史著作亦逐渐增多，马克思主义史学在全世界建立起来了。

马克思及其著作开始为中国人知道，已是十九世纪末年的事。

1899年，《万国公报》（英美传教士在中国办的中文刊物）登载一篇《大同学》的翻译文章，文中有两处提到了马克思和资本论。译名为马客偲。

1902年，梁启超在日本办《新民丛报》，他所发表的文章中提到"麦喀士，日耳曼人，社会主义之泰斗也。"

1903年，梁启超又在一文中说："麦喀士，社会主义之鼻祖，德国人，著述甚多。"

1903年，上海广智书局出版的翻译日本人的著作（书籍）中介绍马克思及社会主义，译名为陆科斯。

~~1906~~ 1905年，孙中山领导的中国同盟会机关~~刊物~~报《民报》第二号（在日本东京出版）上介绍了马克思及社会主义，朱执信在《德意志社会革命家小传》中比较详细地介绍了马尔克（马克思）一生平及其学说。

1912年，孙中山介绍马克司及其所著《资本论》。（演说）

高放：《对〈马克思主义在中国传播之"第一"〉之商榷》："据我所知，马克思和恩格斯之最早中译名都是在1899年广学会出版的英国人颉德所著《大同学》（李提摩太节译、蔡尔康纂述，该书原名《社会之进化》）一书中出现的。此书的部分内容曾在1899年3—6月广学会主办的《万国公报》第121—124期连载，同年下半年出书。此书鼓吹基督教救世，并不是传播马克思主义的著作，但确是我们迄今为止发现的在中文书刊中最早提到马克思、恩格斯及其社会主义学说的著作。书中共有六处提到马克思和恩格斯，作者只引了该书第十六页的一段话：'试稽近世学派，有讲求安民新学之一家，如德国之马客偲。'除此之外，该书第四页说：'其以百工领袖著名者，英人马克思也。马克思之言曰……'；第四十页说：'德国讲求养民学者，有名人焉，一曰马克思，一曰恩格思'；第四十二页说：'恩格思有言，贫民联合以制富人。'可见，此书只有一次用'马客偲'，第三次用'马克思'，两处用'恩格思'；恩格斯在中文中最早是译为恩格思，而非'[illegible]盖尔'。"（中州学刊1983.5）

稿纸（A）25×20=500

1

"马克思主义在中国广泛传播是在十月革命和五四运动之后开始的，是以《新青年》为主要阵地进行的。"

"毛泽东1919年始用'马克思'的中译名。"(?)
1920年8月，陈望道根据英文（译）本翻译的《共产党宣言》出版。（文汇报1977.1.15.陈望道怀念周总理的文章）

无政府主义者刘师复一文章中谈到马格斯及其《共产党宣言》。

1915年，陈独秀在《青年》杂志（自第二卷起改为《新青年》）上写的文章中提到马克思及社会主义。

但是，直到十月革命后，李大钊及其他一些初步具有共产主义思想的先进人物，才在他们写的文章中全面而系统地介绍了马克思主义，进而传播了马克思列宁主义，传播了马克思主义的史学理论，传播了历史唯物主义。

一、马克思主义史学创始人李大钊的贡献

李大钊是中国最早的马克思主义者，"五四"运动的组织者和领导者，中国共产党创始人之一。在介绍和传播马克思主义史学方面，李大钊有开创之功。

（一）李大钊的生平及著作

李大钊，原名耆年，字寿昌，号龟年，后改名钊，又改名大钊，改字守常，（张次溪：《李大钊先生传》）号间斋，另曾化名李鼎丞，河北乐亭小黑坨村人，生于1888年（清光绪十四年）10月29日。

李大钊出生于农民家庭。早年攻读四书五经，并曾应试科举。废科举以后，他于1905年考入永平中学，年十七岁。1907年夏，由永平府中学考入天津北洋法政学堂。毕业后与同学郭须静、孙丹林等创办《政言报》，针对清朝黑暗腐败的政治提出改革意见。"那时

稿紙(A) 25×20=500

正值满清末年，陈翼龙和曹孝先等在北京组织了社会党，地址在宣武门外南横街。先生也有志于改造社会，志同道合，因与合作，先生就担任天津社会党支部任务。……不久，陈翼龙被袁世凯杀害，社会党总支部均被解散，并追捕党员。先生经孙伯兰（洪伊）和汤济武（化龙）的帮助，遂同郭须静于1911年底流亡到日本，投考了早稻田大学政治经济系。在日本留学时阅读了日译本、英译本的马克思主义著作，（参阅张彼彦文），先生初步受到了马克思列宁主义学说的影响。

1913年4月，北洋法政学会出版了大钊先生编辑的《言治》月刊创刊号。同年十一月第六期发行止，共出刊六期。

"1914年，袁世凯开始与德、英、日帝国主义来往，甘心卖国。……1915年1月底，日本大阪出版的《朝日新闻》，发表了二十条侵略中国的阴谋诡计，震动留日同学，群情愤慨。先生领导着马上召开了留日同学会议，讨论对策，同学们推先生为文牍干事。先生为了布置救国运动，立刻草拟了《警告全国父老兄弟姊妹书》，把日本侵略祖国的阴谋全情揭露。……又编印了一本《国耻纪念录》，指出了帝国主义，和目前国家危机。……他不能再忍受下去，不得不回到祖国来，进行倒袁运动。"

发起倒袁运动

1916年夏，李大钊回国，先到上海，再搭船到天津，然后到北京实行倒袁运动。"回国后，汤化龙、孙洪伊促约先生主编《晨钟报》。先生在报上发表了许多政见，代

稿纸(A)25×20=500

替人民吐了不少的气。”

1918年2月，经章士钊的推荐，担任北京大学图书馆主任、经济系教授。

自1918年到1920年，在北大史学系开“唯物史观”及“史学思想史”二课；在政治系、经济系开过“现代政治社会主义”、“社会运动史”课；在法律系开过“社会主义”课。1920年在北京国立女子高等师范任教授，开“女权运动史”课。

“1918年，先生将《新青年》杂志重加改组，自任编辑。6月又和王光祈等人发起组织一个学会，名为“少年中国学会”。12月又办《每周评论》，社址在北京宣武门外丞相胡同，22日出版，自任编辑和校对。……先生主这些刊物所发表的文字，都是指导青年走向革命道路的正确理论，为后来革命播下了种籽。”

“从1918年起李大钊接连发表了好几篇论文，歌颂十月革命，反复阐述了十月革命所开辟的世界社会主义革命新纪元的意义。”

1919年“五四”运动时，李大钊是组织者和领导者。

1920年3月，北京大学的学生在李先生领导之下，成立“马克思学说研究会。”(?)

“五四以后，李大钊不仅宣传了马克思主义的思想，而且从事了实际的革命文化运动，很快地成为当时思想界的领袖。”“为了在中国开展马克思主义的研究和宣传，李大钊于1918年在北京成立马克思主义研究会。当时除了以《新青年》月刊作为宣传马克思主义的中心刊物以外，李大钊又于1918年的12月，和陈独秀创办《每周评论》周刊，这个出版物曾连续介绍了苏联的新宪法、土地法、婚姻法的论文以及有关苏俄的革命经验。”

"建党以后，大钊同志等在北京成立了"马克思学说研究会"，积极传播马克思主义，并作过多次公开讲演"。

在中国共产党第二次至第四次全国代表大会上都被选为中央委员。

1921年中国共产党成立，李大钊是中国共产党的创始人之一。在党的第二次全国代表大会上，他被选为党的中央委员，同时还担任中国劳动组合书记部北方分部的书记。

1921年9月，辞去北大图书馆主任，升为教授并兼任蔡元培校长的秘书。

1922年，担任在上海与孙中山见面，……与中山先生合作，……与孙中山共同制订了联俄联共、扶持工农三大政策。

1923年，当时北京共产党的组织，有地委，由李先生自兼书记。与邓中夏一起领导了京汉铁路"二七"大罢工。

1924年1月初，李大钊和申焕炎、顾孟馀诸人，去广州参加1月20日孙中山先生召开的国共合作的第一次全国代表大会。

1925年辞去教书工作，专门从事秘密的革命活动。是年冬，到张家口组织工农兵大同盟。

1926年，"三一八"惨案时，他积极参加，"走在群众请愿队伍的最前列"。

1927年4月6日，被北洋奉系军阀张作霖逮捕，4月28日被绞杀。他在绞刑架前作了最后一次的演讲，宣传共产主义必然胜利的真理，然后从容就义，为革命事业献出了宝贵的生命。死时才三十九岁。

稿纸(A)25×20=500

鲁迅回忆李大钊给他的印象是"诚实，谦和，不多说话。"（《鲁迅全集》第四卷第400页）

李大钊从1918年起接连发表论文，歌颂十月革命，反复阐述了十月革命所开辟的世界社会主义革命新纪元的意义。

"最早的一篇歌颂十月革命的文章《法俄革命之比较观》，是作为一篇学术文章发表在一个学术性的刊物《言治季刊》上的。"（1918年7月）

1918年10月~~（10月？）~~，在《新青年》5卷5号发表《庶民的胜利》、《布尔什维主义的胜利》。"这两篇论文，是十月革命以后中国共产主义者介绍马克思主义，分析无产阶级革命与帝国主义本身矛盾和必然灭亡的最早文献。""这两篇文章所根据的某些材料都是不正确的，但是他作了合乎事实的分析和论断。"

1919年1月3日（5日？），在《每周评论》第三期上发表《新纪元》一文，"认为由于1917年至1918年间由俄国革命开始的无产阶级世界革命，使世界开始了一个新纪元。"

1919年5月，李大钊轮值主编《新青年》6卷5号（5、6号）即《马克思主义研究专号》，发表了《我的马克思主义观》一文，"在这篇论文中简明而系统地介绍了马克思主义的

《马克思主义研究专号》刊登了八篇宣传马克思列宁主义的论文。

稿纸(A)25×20=500

6

"李大钊的《我的马克思主义观》，系统地介绍了剩余价值学说——马克思主义的理论，并开始用马克思主义的观点与方法分析中国历史上的问题和中国当前的革命问题。"

三个组成部分——唯物史观、政治经济学和科学社会主义的阶级斗争学说，并且指出它们是一个有机的统一体："他这三部理论，都有不可分的关系，而阶级竞争恰如一条金线，把这三大原理从根本上联系起来。"这是一篇并不甚精确和完备，但确实包括了马克思主义思想的主要部分的论著，文中着重介绍了马克思主要著作的若干片段。"在这篇文章中，"总的来说，介绍较简略，也有不完全理解或错误的说法，如说马克思主义"有些牵强矛盾的地方"、"夸张过大的地方"、"应加救正的地方"，又说"我们主张以人道主义改造人类精神，同时以社会主义改造经济组织。"又说唯物史观即是"经济史观"，也不妥当。"

1920年1月1日，在《新青年》第七卷二号发表《由经济上解释中国近代思想变动的原因》。

这年12月，在《新青年》第八卷四号（12月1日出版）发表《唯物史观在现代史学上的价值》。是年又写出《原人社会于文字书契上之唯物的反映》（北大讲义）。

从1919年5月到1921年7月1日中国共产党成立以前，共写出了122篇富于战斗性的宣传马列主义、反帝反封建的论文，平均每六天就写出一篇。

1923年11月29日在《民国日报》副刊《觉悟》，发表《研究历史的任务》。

1924年5月，《史学要论》由商务印书馆出版，列为百科小丛书第五十一种。

稿纸(A)25×20=500

7

许全兴：《李大钊对唯物史观的传播和运用》（晋阳学刊1984.6）："在五四时期，李大钊着重宣传了唯物史观的以下三方面的内容：(一)关于生产力与生产关系、经济基础与上层建筑的原理。……(二)关于阶级斗争学说。……(三)关于人民群众是历史创造者的原理。……李大钊在五四时期对马克思唯物史观的传播，为中国共产党的建立作了理论上、思想上和组织上的准备。许多革命青年在他的影响和带动下，接受了马克思主义。……李大钊对唯物史观的运用的一个重要的方面是对中国思想界的反马克思主义思潮的批判。(一)运用唯物史观，批判改良主义（胡适）……(二)运用唯物史观对社会主义论战进行评论。（对张东荪）……(三)运用唯物史观，批判封建复古主义。（对孔子）……"

对于李大钊的文章，鲁迅于1933年为即将出版的《守常文集》作序时说："这是先驱者的遗产，革命史上的丰碑。"

"他（李大钊）所用的笔名，据现时所知有明明、瞑、孤松、猎夫、TC、TC生、SC生及LSC生等。他的著述，经多年收集，共得四百篇左右，译文及和时人连署的宣言之类，尚不计在内。"（方行：《先烈李大钊遗著编集经过》，文汇报1962年10月7日。）

除李大钊外，瞿秋白、蔡和森、恽代英等同志也在报刊上进行了马克思主义的宣传。

"李大钊是中国早期的马克思主义的宣传家理论家之一，是中国共产党创建人之一，是中国革命史上不朽的战斗者。""是中国最早接受和传播马克思主义的杰出人物之一。""是当时的少数共产主义知识分子的代表，是代表着当时最高水平的一人。"

"从1918年下半年起，以李大钊等人为代表开始了马克思主义思想在中国的传播。"

"在1917年俄国十月革命胜利的影响下，中国才出现了以李大钊为代表的具有初步共产主义思想的革命知识分子。在1919年5月，《新青年》杂志编出《马克思研究专号》以后，马克思主义才作为系统的科学理论在中国大规模地传播开来。"

"虽然马克思主义在中国的传播是由于俄国十月革命的

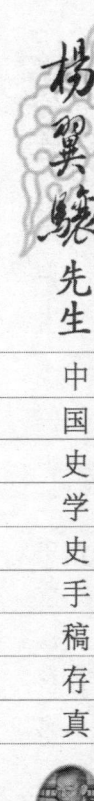

稿纸(A)25×20=500

影响，但是中国人最初阅读到的马克思主义的理论著作，却并不是直接来自俄国，而是来自其他资本主义国家（例如日本、法国等）。李大钊自述他的第一篇系统介绍马克思主义理论（《我的马克思主义观》）的资料来源就是如此。"

（二）李大钊的史学著作

"李大钊是我国最早的无产阶级革命战士，同时也是我国第一个伟大的马克思主义史学家。他在我国历史科学上是有重大贡献的。他在我国首先指出了历史唯物主义的思想原则，并首先运用这些原则去研究解决一些重大的历史问题。他在我国史学史上应有崇高的地位。"

自1918年到1920年，在北京大学史学系开"唯物史观"及"史学思想史"二课，是中国最早讲授马克思主义史学的人。又写了《史观》（《史学思想史讲义》的一部分，见《北新文选》），指出有两种历史观的对立，以历史唯物主义来反对旧史观。又写了《马克思的历史哲学》（《史学思想史讲义》的一部分）。

1919年5月，五四运动时，在《新青年》发表《我的马克思主义观》，系统地介绍了马克思主义理论，并开始用马克思主义的观点与方法分析中国历史上的问题和中国当前的革命问题。第一次对马克思主义的三个组成部分（唯物史观、政治经济学、科学社会主义）作了系统的阐述，并指出阶级斗争学说象一条金线贯串其中。对于唯物史观，介绍了经济基础和上层建筑的关系、生产力和生产关系的关系。

对马克思主义作了比较系统的介绍，着重宣传了历史唯物论，把马克思主义经典著作中有关历史唯物论部分作了较为系统的介绍。

1920年1月1日，《由经济上解释中国近代思想变动的原因》，发表于《新青年》第七卷第二号。12月，《唯物史观在现代史学上的价值》，发表于《新青年》第八卷第四号（12月1日出版），说明了唯物史观指导史学的重要意义，并指出必须以唯物史观为指导，才能体现无产阶级史学的科学性、革命性和党性。

1920年又写出《原人社会于文字书契上之唯物的反映》（北大讲义）。

稿纸(A)25×20=500

1923年，在《民国日报》副刊《觉悟》上发表《研究历史的任务》。

1924年5月，《史学要论》由商务印书馆出版，列为百科小丛书第五十一种，是中国第一部马克思主义史学理论的专著，为中国历史科学的建立奠定了基础。内容分六部分：①什么是历史，②什么是历史学，③历史学的系统，④史学在科学中的位置，⑤史学与其相关学问的关系，⑥现代史学的研究及于人生态度的影响。

（三）李大钊的史学理论

李大钊除介绍了马克思主义的史学理论外，还运用马克思主义的立场、观点和方法说明了关于历史及历史学的一些重要问题。

1. 什么是历史？

《史观》："吾兹之所谓历史，非指过去的陈编而言。过去的陈编，……诚不失为丰富资考的资料，然绝非吾兹所谓活泼泼之的有生命的历史。吾兹所云，乃与"社会"同质而异观的历史。……纵以观之，则为历史；横以观之，则为社会。"

《研究历史的任务》：我们研究史学，第一先要研究的就是：什么是史？在中国能找出许多关于史的材料来，什么《史记》咧，《汉书》咧，……一这类的书，固然浩如烟海，但这不是史，而是供给吾人研究历史的材料。从来许多的旧历史学家，都认为这是历史，其实这是研究历史的一

稿纸(A)25×20=500

材料，而不是历史。历史是有生命的，活泼的，进步的；不是死的、固定的。……要知道这些陈编故纸外，有有生命的历史。从来历史的内容，主要部分是政治外交，而活动的主体完全拿贵族当中心。……”

《史学要论》：

“历史这样东西，是人类生活的行程，是人类生活的联续，是人类生活的变迁，是人类生活的传演，是有生命的东西，是活的东西，是进步的东西，是发展的东西，是周流变动的东西。”

“历史的记录，是研究历史必要的材料，不能说他们就是历史。”

“从来许多人为历史下定义，都是为历史的记录下定义，不是为历史下定义。这种定义，只能告诉我们什么构成历史的记录，历史的典籍，不能告我们什么是历史。”

“像《史记》咧，‘二十四史’咧，……他们无论怎样重要，只能说是历史的记录，是研究历史必要的材料，不能说他们就是历史。这些卷帙、册案、图表、典籍，全是活的历史一部分的缩影，而不是这活的历史的本体。”

“什么是活的历史、真的历史呢？简明的回答，历史就是人类的生活并为其产物的文化。因为人类的生活并为

稿纸(A)25×20=500

其产物的文化是进步的，发展的，常常变动的，所以换一句话，亦可以说历史是社会的变革。——历史既是整个人类生活，既是整个的社会的变革，那末凡是社会生活所表现的各体相，均为历史的内容所涵括。”

2. 什么是历史学？

《史学要论》：

“史学有一定的对象，对象为何？即是整个的人类社会，即是社会的变革。——换一句话说，历史学就是研究社会的变革的学问，即是研究在不断的变革中的人生及其产物的学问。”

“今日的历史学，即是历史科学，亦可称为历史理论。史学的主要目的，本在专取历史的事实而整理之，记述之；嗣又更进一步，而为一般关于史的事实之理论的研究，于已有的记述历史以外，建立历史的一般理论。严正一点说，就是建立历史科学。——这实是史学界的新曙光。”

“史学不但就特殊事例为推理的考察，并当关于一般为理论的研究。……史学之当为一种科学，在今日已无疑义。今日史学的现状，当在努力为关于事实的考证；而其考证，亦只为以欲明此特殊事例的本身为目的的考证，并非以此为究明一般性质理法的手段的考证。”

稿纸(A)25×20=500

12

“史学的要义有三：①社会随时代的经过、发达、进化，人事的变化推移，健行不息。就他的发达进化的状态，即不静止而不断的移动的过程以为考察，是今日史学的第一要义。②就实际发生的事件，一一寻究其证据，以明人事发展进化的真相，是历史的研究的特色。③今日历史的研究，不仅以考证确定零零碎碎的事实为毕乃能事；必须进一步，不把人事看作片片段段的东西；要把人事看作一个整个的、互为因果互有连锁的东西去考察他，于全般的历史事实的中间，寻求一个普遍的理法，以明事实与事实间的相互的影响与感应。在这种研究中，有时亦许要考证或确定片片段段的事实，但这只是为于全般事实中寻求普遍理法的手段，不能说这便是史学的目的。”

关于历史学成为科学的问题。《马克思的历史哲学》：“从来的历史家欲单从上层上说明社会的变革即历史，而不顾基础，那样的方法不能真正理解历史。上层的变革，全靠经济基础的变动，故历史非从经济关系上说明不可。这是马氏（克思）历史观的大体。……自有马氏的唯物史观，才把历史学提到与自然科学同等的地位。此等功绩，实为史学界开一新纪元。”

《史学要论》：“马克思所以主张以经济为中心考察社

稿纸(A)25×20=500

今的变革的原故，因为经济关系能为自然科学必然因果律。这样子遂把历史学抬到科学的地位。马克思等找出来了历史的根本理法。这样子历史学在科学上得有相当的位置。”

3. 历史观

《史观》：“神权的、精神的、个人的、退落的或循环的历史观，可称为旧史观；而人生的、物质的、社会的、进步的历史观，则可称为新史观。”“一部整个的中国史，迄今为止，殆全为是等（旧）史观所支配，……时至今日，循环的、退落的、精神的、唯心的历史，犹有复活反动的趋势。吾侪治史学于今日的中国，新史观的树立，对于旧史观的抗辩，其兴味正自深切，其责任正自重大。吾愿与治斯学者共策勉之。”

《史学要论》：“史学家应否有一定的历史观，言人人殊。或谓史家宜虚怀若谷，以冷静的智慧，观察史实，不宜怀存一先入为主的历史观。此言殊未公允。……倘治史实者不有一个合理的历史观供其依据，……必且治丝益棼，茫无头绪。……无论何人，总于不知不觉之中有他的历史观在那里存在。”

《唯物史观在现代史学上的价值》：“有些人误解了

稿纸(A)25×20=500

唯物史观，以为社会之进步只靠物质上自然之变动，勿须人类之活动，而坐待新境遇的到来。因而一般批评唯物史观的人，亦有以此为口实，便说这种定命（听命由天）的人生观，是唯物史观给下的恶影响。这都是大错。唯物史观及于人生之影响乃适居其反。”

4、历史家的任务

a.历史必须重写

"从前的历史，专记述王公世爵纪功耀武的事。……现在已是我们世界的平民的时代了，我们应该自觉我们的势力，赶快联合起来，应我们生活上的需要创造一种世界的平民的新历史。"（唯物史观在现代史学上的价值）

"须知历史是有新鲜的生命的，是活动的、进步的，不但不怕改作和重作，并且还要吾人去改作重作。……吾人应本新的眼光去改作旧历史。……把那些旧材料旧记录，统通召集在新的知识面前，作一个判决书。（研究历史的任务）

"神权的、精神的、个人的、退落的或循环的历史观，可称为旧史观，而人生的、物质的、社会的、进步的历史观，则可称为新史观。……）

"根据新史观、新史料，把旧历史一一改作，是现代史学者的责任。"（史观）

"一部整个的中国史，迄兹以前，遂全为是等史观所支配，……时至今日，循环的、退落的、精神的、"唯心的"历史，犹有复活反动的倾势。吾侪治史学于今日的中国，新史观的树立，对于旧史观的抗辩，其兴味正自深切，其责任正自重大。吾愿与治斯学者共策勉之。"（史观）

稿紙(A)25×20=500

总16

b. 研究历史必须探求社会发展规律

“史家的职分，不仅在就特殊事例的本身解释史实，更须汇类种种史实，一一类别而为比较，以研究古今东西全般历史的事实，为一般的解释，明普遍的理法，正为史学家的要务。

（批评错误的考证）

“今日历史的研究，不仅以考证确定零零碎碎的事实为毕乃能事；必须进一步，不把人事看作一个整个的、互为因果、互有连锁的东西去考察他，于全般的历史事实的中间，寻求一个普遍的理法，以明事实与事实间的相互的影响与感应。在这种研究中，有时亦许要考证或确定片片段段的事实，但这只是为于全般事实中寻求普遍理法的手段，不能说这便是史学的目的。

“史学家固宜努力以求记述历史的整理，同时亦不可不努力于历史理论的研求。

“历史科学的系统，其完成亦须经相当的岁月，亦须挟多数学者奋勉的努力。（以上史学要论）

稿紙(A)25×20=500

8.17

c. 历史家怎样完成历史科学的任务

“理论史家为自己的企图的方便起见，不能不自己下手去作特殊事实的研究，或于记述史家所未顾及的事实加以考证，或于记述史家所曾考证的事实，更依自己的立脚点用新方法以为考察；当自开蹊径，不当依赖他人。这样的研究下去，历史理论即历史科学终有完全成立的一日。

“历史理论的系统如能成立，则就个个情形均能据一定的理法以为解释与说明，必能供给记述历史以不可缺的知识，使记述历史愈能成为科学的记述；反之，记述历史的研究果能愈益精确，必能供给历史理论以确实的基础，与以依据的材料，历史理论亦必因之而能愈有进步。”

（史学要论）

稿纸(A)25×20=500

18

1、研究历史的意义

“凡是一种学问，或是一种知识，必于人生有用，才是真的学问、真的知识；否则不能说他是学问，或是知识。……史学既能成为一种学问，一种知识，自然亦要于人生有用才是。……现代史学的研究，及于人生态度的影响很大。第一，史学能陶炼吾人于科学的态度。……这种科学的态度，造成我们脚踏实地的人生观。……历史的进路……是循环着前进的、上升的，……这样子给我们以一个进步的世界观。……即不应该悲观，不应该拜古，……前途有我们的光明，将来有我们的黄金世界。”（《史学要论》）

“……这种历史观，导引我们在历史中发见了我们的世界，发见了我们的自己，使我们自觉我们自己的权威，知道过去的历史就是我们这样的人人共同造出来的。现在乃至将来的历史，亦还是如此。……亦能认识出来这一班所谓英雄所谓豪杰的人物，并非有与常人有何殊异，只是他们感觉到这社会的要求敏锐些，想要满足这社会的要求的情绪热烈些。”（《史学要论》）

范文澜、王南：《中国早期的唯物历史科学家李大钊同志》：“大钊同志在历史科学上的功绩，首先应该指出的，就是他所说的‘现代史学的研究及于人生态度的影的’。——他主张‘根据心的去研究过去’，也为的‘去照耀人生将走的道路’，‘可以认识出来人生前进的大路’。……”④“从现实革命斗争出发，主张古为今用，反对‘为学术而学术’、为研究历史而研究历史的倾向，认为了解过去的历史为的是更好认识和改造现实世界。”（李钊史学论集12.85.87页）

“当时李大钊同志在理论武装上还不十分完备，他的某些观点也有欠精当的地方，但他都挺身而出毫不畏怯地跟反动腐朽的资产阶级唯心主义作斗争，坚决捍卫了马克思主义历史科学的党性原则。”

稿紙(A)25×20=500

20

（四）李大钊对中国历史问题的研究

"在殷代以前，还是靠贝的生活，还是石器时代；殷代以后到了周朝，才入了铜器时代，才有金属的制造品了。"（《研究历史的任务》）

"殷的时代还在石器时代，故由殷墟发掘出来的殷代遗物中可得鉴定。……殷墟古器物中，不但绝无金属铸造货币，即金属器物，亦可以说未曾发见。再查发掘物中的龟版文字，迄今所能辨读者多为贝字，或从贝的字，至于金字或从金的字则未有一，由此可以断定殷代尚为贝币通用时代，尚为石器时代。""有金字、从金的字，自《尚书》中的《周书》及《诗经》开始。……足证周代已有金属制的乐器、农器，已入铜器时代了。……以上所证，虽零散无纪，要足以证从文字语言上，亦可以考察古代社会生活的遗迹，并可以考察当代社会生活的背景实在当代社会的经济情状了。"（《原人社会于文字书契上之唯物的反映》）

当时对于孔子"分析最为精辟、批判最为深刻的还是李大钊，他指出："孔子者，数千年前之残骸枯骨也。""孔子者，历代帝王专制之护符也。"并正确地区别了孔子在当时的进步作用和历代封建统治者利用儒家学说的反动性，"故余之掊击孔子，非掊击孔子之本身，乃掊击孔子

稿紙(A)25×20=500

21

为历代君主所雕塑之偶象权威也；非掊击孔子，乃掊击专制政治之灵魂也。”（参阅张俊彦文）

“中国的大家族制度，就是中国的农业经济组织，就是中国二千年来社会的基础构造。孔子的学说所以能支配中国人心有二千余年的原故，……因他是适应中国二千余年来未曾变动的农业经济组织反映出来的产物，因他是中国大家族制度上的表层构造，因为经济上有他的基础。时代变了！……西洋的工业经济来压迫东洋的农业经济了！孔门伦理的基础就根本动摇了！……中国的农业经济，既因受了重大的压迫而生动摇，那末首先崩颓粉碎的就是大家族制度了。……大家族制度既入了崩颓粉碎的运命，孔子主义也不能不跟着崩颓粉碎了。”“我们可以晓得孔子主义并不是永久不变的真理，……他的学说所以能在中国行了二千余年，全是因为中国的农业经济没有很大的变动，他的学说适宜于那样经济状况的原故。现在经济上生了变动，他的学说就根本动摇，因为他不能适应中国现代的生活，现代的社会。”（《由经济上解释中国近代思想变动的原因》）

“李大钊同志自己首先实践了理论结合实际的努力方向，运用马克思主义的观点、方法，具体地研究了中国的工人、青年、妇女、文化等等问题。他在《由经济上解释中

稿紙(A)25×20=500

国近代思想变动的原因》（《新青年》七卷二号）一文中，用历史唯物主义分析了中国文化思想发展的客观规律。”

“李大钊同志不但在理论上阐述了历史唯物主义的基本原理，而且在实际研究工作中，特别是在有关近代现代史的一些重大问题的研究工作中，也具体运用了这些基本原理，并从而给我们树立了中国第一个马克思主义史学家的好榜样。他的有名的《物质变动与道德变动》与《由经济上解释中国近代思想变动的原因》二文，就是研究中国近代文化思想特别是道德观念之发展规律与发展趋势的杰出范例。……他研究过国际工人运动史，特别是巴黎公社和十月革命的历史，……他也特别研究过农民土地问题（《土地与农民》）……。”“李大钊的社会观已经朦胧地认识到人民群众的作用。他完全肯定历代农民起义的正义行动，认为……”（参用张俊彦文）

稿纸(A)25×20=500

唯物史观与唯心史观的斗争

~~李大钊、瞿秋白、蔡和森等驳斥资产阶级学者的言论~~

二、~~马克思主义者与反马克思主义者的斗争~~

【在第~~（一）关于"问题与主义"~~一次国内革命战争时期和以前，中国历史学论坛上就展开了唯物主义历史观同唯心主义历史观的大论战。胡适之、梁漱溟等人当时大讲什么"东方文化"、"精神文明"、"孔子精神"、"好人政治"等等，胡适之又在"整理国故"、"少谈主义"的幌子下搬弄美国资产阶级的实用主义哲学，而恶毒地攻击马克思主义，说马克思主义是"很危险的"、"是没有用处的"。当时李大钊、瞿秋白、蔡和森等同志有力地批驳了实用主义唯心史观的反动理论。】（邓拓）

[在《新青年》杂志开始举起宣传马克思主义的鲜明旗帜以后，胡适便举一个以"多研究些问题、少谈些主义"为口号，向马克思主义发动公开的进攻；反对马克思主义在中国传播，反对中国走革命的道路，而保护资产阶级改良主义的道路。]

[李大钊毫不迟疑地接受了胡适的挑战。]

[1919年4月，胡适在《新青年》第6卷4号上发表了《实验主义》一文。1919年5月，李大钊在《新青年》第6卷5号上发表了《我的马克思主义观》一文。

1919年7月，胡适在《每周评论》第31期上发表了《

24

多研究些问题，少谈些主义》，反对马克思主义在中国的传播。1919年8月，李大钊在《每周评论》第35期发表《再论问题与主义》，针锋相对地给胡适以反击。

1919年12月，胡适在《新青年》第七卷1期发表《新思潮的意义》，宣传"研究问题、输入学理、整理国故、再造文明"，并诬蔑马克思主义。1920年元旦，李大钊在《新青年》第7卷2期发表了《由经济上解释中国近代思想变动的原因》，以历史唯物主义的观点来说明新文化运动发生的根本原因，和胡适的《新思潮的意义》一文表示了鲜明的对立。]

~~胡适~~ （一）关于"问题与主义"

胡适于1919年7月《每周评论》第31期发表《多研究些问题，少谈些主义》一文，反对谈主义，特别是谈社会主义。他的理由是认为主义是一个"抽象名词"。他反对抽象名词，是因为他尊重具体事实。

[胡适的反对谈主义，实质上就是反对马克思主义，至于代表资产阶级的实用主义，他不但不反对，而且还积极加以宣传。事实很清楚，他就是在1919年的4月发表了他的《实验主义》的。][后来还继续发表《三论问题与主义》、《四论问题与主义》。

稿纸(A)25×20=500

李大钊于1919年8月17日在《每周评论》第35号发表的《再论问题与主义》，说："我觉得'问题'与'主义'，有不能十分分离的关系。因为……要想使一个社会问题，成了社会上多数人共同的问题，应该使这社会上可以共同解决这个那个社会问题的多数人，先有一个共同趋向的理想、主义。……我们的社会运动，一方面固然要研究实际的问题，一方面也要宣传理想的主义。这是交相为用的，这是并行不悖的。"又说："我们惟有一面认定我们的主义，……一面宣传我们的主义，使社会上多数人都能用他作材料、作工具，以解决具体的社会问题。"

[李大钊的《再论问题与主义》从四个方面申述了他和胡适的不同意见，其中值得特别注意的是下面两点，第一，他从群众的革命运动的角度说明了主义的意义。……与这一点紧相联系的是李大钊驳斥了胡适的反对根本解决的观点。]（李龙牧）

[李大钊指出"问题"和"主义"有不可分的关系，要解决问题，就必须谈主义。……这个解决中国根本问题的主义，就是马克思列宁主义，这是指导中国革命唯一正确的主义。"

[问题与主义的论争，是中国共产主义者捍卫了马克思

稿纸(A)25×20=500

主义反对资产阶级唯心主义的思想斗争的开端，在这一思想斗争中，打击了胡适派实用主义者对马克思列宁主义的歪曲与诬蔑，因而扩大了马克思主义在中国的宣传与影响。]

[从1919年的"问题和主义"论战以后，李大钊更深入地研究和宣传马克思主义和十月革命的俄国情况。……在他的推动下，马克思主义在中国得到广泛的传播，1920年底，他指出："晚近以来，高等教育机关里的史学教授，几无人不被唯物史观的影响，而热心创造一种社会的新生。"（《唯物史观在现代史学上的价值》）]

（二）关于历史有无或能否求得客观发展规律，历史学能否成为科学？

资产阶级学者大多否认历史有客观发展规律并否认历史学能成为科学的。如胡适说历史是偶然造成的，没有什么规律，并说"偶然加上模仿，便是历史的公式。"梁启超说历史不能象自然科学那样有客观规律。

李大钊说："有些人对于史学是否为一种科学的问题，很是有些怀疑。他们说历史的学问所研究的对象，在性质上与自然科学等大异其趣，故不能与其他科学同日而语。盖人事现象，极其复杂，……其理法不易寻测，……故学者说历史是多元的，历史学含有多元的哲学，今欲于多元的历史的事实发见其普遍的原则或理法，终属难能，因之史学一般理论的构成，亦殊不易。……故吾人可谓史学，与其他诸科学同其性质一其步调者，亦只是就其大体而言。各种科学随着他的对象的不同，不能不多少具有其特色；而况人事科学与自然科学不可全然同视，……然以是之故，遽谓史学缺乏属于一般科学的性质，不能概括推论，就一般史实为理论的研究，吾人亦期期以为不可。人事现象的複杂，于研究上特感困难，亦诚为事实，然不能因为研究困难，遽谓人事科学全不能成立，全不能存在。将史实汇类在一起，而一一抽出其普通的形式，论定其一般的性质，表明普遍的理法，又安见其不能？”（《史学要论》）

稿紙(A)25×20=500

28

③历史家应否有历史观？

梁启超于1924年作《非"唯"》一文（饮冰室文集14册），攻击唯物史观。他说："近来学界最时髦的话就是'唯……主义'等。……真理是不能用'唯'字表现的，凡讲'唯什么'的都不是真理。（……）若要贯彻唯物论的主张吗，结果非归到'机械的人生观'不可。……唯物史观的人们啊，机械人生观的人们啊，若使你们所说是真理，那么，我只好睡倒吧！请你也跟我一齐睡倒吧！……以上是我对于赫赫有名的唯心、唯物两派主义下的哀的美敦书。其余'唯什么'、'唯什么'的我都一齐宣战。……"

李大钊："史学家应否有一个一定的历史观，言人人殊。或谓史家宜虚怀若谷，以冷静的智慧观察史实，不宜豫存一先入为主的历史观。此言殊未尽然。……倘治史实者不有一个合理的历史观供其依据，……必且治丝益棼，茫无头绪。……无论何人，总于不知不觉之中有他的历史观在那里存在。……史学家亦有一种历史观，其亦非概可指斥，不过要随防着过于偏执的或误谬的历史观就是了。"（史学要论）

稿紙(A)25×20=500

29
78

④关于"整理国故"问题

胡适企图以"国故"为堡垒来对抗马克思主义的传播，反对中国历史科学的马克思主义理论体系的建立。

胡适认为历史就是"国故"，历史学的任务就是"整理国故"。李大钊认为历史是社会的变革，历史科学的任务就是研究社会的变革，并求得其普遍的客观规律。胡适的整理主要是考证。

李大钊说："今日历史之研究，不仅以考证确定零零碎碎的事实为毕乃能事，必须进一步，不把人事看作片片段段的东西，要把人事看作一个整个的、互为因果、互有连锁的东西去考察他。于全般的历史事实的中间，寻求一个普遍的理法，以明事实与事实间的相互的影响与感应。在这种研究中，有时亦许要考证或确定片片段段的事实，但这只是为于全般事实中寻求普遍理法的手段，不能说这便是史学的目的。"

稿纸(A)25×20=500

30

在"科学与人生观"的论战中，瞿秋白等对唯心史观的批判和对唯物史观的宣传。

（中国新民主主义革命时期通史第一卷169—174页）

1923年发生的"科学与人生观"的论战（亦称"科学与玄学"之争），就是反动的唯心主义哲学阵营内部的一场混战。张君劢、梁启超等是玄学派的主角，丁文江、胡适等代表所谓科学派。……两派虽然有所不同，但都是唯心主义，都是马克思主义的敌人。

对于"科学与玄学"的论战，真正坚持了马克思主义立场的是共产主义战士瞿秋白。瞿秋白于1923年12月在《新青年》季刊第二期发表了《自由世界与必然世界》的一篇重要论文。指出这次论战中争论的实质问题，是"承认社会现象有因果律与否，承认意志自由与否"的问题。……并指出了马克思主义的世界观、历史观、人生观是完全一致的。他的主要论点（有关史学的）是：一、人类社会虽然是由有意志的人所组成的，但不能因此而否认社会历史发展的共同因果律。探求社会现象的规律性，不能以个人动机或群众动机作为唯一的因素，而要去求之于生产发展和社会经济关系。二、人的意识为经济发展和阶级关系所制约，同时又对社会起一定作用。人类欲求得自由，就必须掌握与运用自然规律和社会规律；只有这样，才能从"必然世界"进于"自由世界"。又指出马克思主义的人生观（真正科学的人生观）是建立在辩证唯物主义和历史唯物主义的基础上的。

三、郭沫若的贡献

继李大钊之后，有许多进步的学者学习和运用马克思主义的理论来研究历史，如蔡和森、瞿秋白、恽代英、李达、陈望道等，都做出了重要的贡献。但其中成就最大的，要推郭沫若。

（一）郭沫若（1892—1978）的生平

郭沫若，原名开贞，四川乐山人，生于1892年（光绪十八年）。十岁以前接受封建教育，"以后随着时代潮流的推动，开始阅读介绍新学、西学的书籍和教科书"。考入学堂。（看沫若文集五、学生时代）

1914年春天，离开四川去日本留学。1918年，升入九州帝国大学医科学习。开始新诗创作，1921年出版了第一部诗集《女神》。1921年与成仿吾、郁达夫等留日学生发起组织"创造社"，1922年创办了《创造季刊》等杂志。

1923年，在日本九州帝国大学医科毕业，但放弃了医学，继续从事文学创作。

1925年"五卅"运动之后，开始参加革命活动。

1926年3月，经瞿秋白、林伯渠等介绍，到广州中山大学任文学院长。7月，参加北伐战争，任国民革命军总政治部副主任。

稿纸(A)25×20=500

文432

1927年3月底，在"四一二"政变前夕，写了《请看今日之蒋介石》，揭露蒋介石的反革命面目。5月，写了《脱离蒋介石之后》。8月，"八一"南昌起义后，于4日由九江赶到南昌，17日南下抵广昌，经周恩来、李一氓介绍，加入中国共产党。

第一次国内革命战争失败后，于1928年2月再次到日本，僻居东京附近的千叶，从此度过了海外十年的流亡生活。1928年下半年开始作中国古代社会的研究，和甲骨文、金文接触。

1937年7月"芦沟桥事变"爆发，抗日战争开始后，由日本回国，参加抗战工作。

1938年，任国民党军事委员会政治部第三厅厅长，主持抗日文艺宣传工作。

1949年北平解放后，被选为全国文联主席。建国后，历任中央人民政府委员，政务院副总理兼文化教育委员会主任，中国科学院院长兼哲学社会科学部主任，中国人民保卫世界和平委员会主席，中日友好协会名誉会长，中共中央委员，全国人大常委会副委员长，全国政协副主席等。

1978年6月12日病逝于北京，终年八十六岁。

稿纸(A)25×20=500

综观郭沫若的一生，是作家、诗人、戏剧家、历史学家、古文字学家，又是无产阶级革命活动家。

周恩来在1941年曾对郭沫若有过一番评价，称他之学术与革命兼而为之，说："……第二是深邃的研究精神。有人说学术家与革命行动家不能兼而为之，其实这在中国也是过时代的话，郭先生就是兼而为之的人。他不但在革命高潮时挺身而出，站在革命行列的前头，他还懂得在革命退潮时怎样保存活力，埋头研究，补充自己，也就是为革命作了新的贡献，准备了新的力量。他的海外十年，充分证明了这一真理。十年内，他的译著之富，人所难及。他精研古代社会、甲骨文字、殷周青铜器铭文、两周金文以及古代铭刻等等，用科学的方法，发现了古代的许多真实。这是一种新的努力，也是革命的努力，虽然有些论据，还值得推敲。如果说，连卢那察尔斯基都不免在退潮时期入了迷路，那我们的郭先生却正确的走了他应该走的唯物主义的研究的道路。"（周恩来：《我要说的话》（民国三十年十一月十六日发表）。原载1941年11月16日重庆《新华日报》，见《新文学史料》1979年第2辑（人民文学出版社编辑）。）

（二）郭沫若的中国古代史研究

郭沫若在"五四"运动以后，……开始接受马克思主义。1922年10月即认为"唯物史观的见解，我相信是解决世局的唯一的道路。"（《沫若文集》十，《太戈儿来华的我见》）1923年5月更明确地表示："马克思与列宁终竟是我辈青年可当钦崇的导师。"（《沫若文集》十，《论中德文化书》）1924年5月翻译完毕日本河上肇的《社会组织与社会革命》一书，成为他世界观转变的重要一步。……从此"初步转向马克思主义方面来"（《文学知识》1959年6月号，《郭沫若同志答青年问》），"成了个彻底的马克思主义的信徒了！"（《沫若文集》十，《孤鸿——致成仿吾的一封信》）

~~（二）郭沫若的中国古代史研究~~

郭沫若是中国最早运用马克思主义的观点和方法研究中国古代社会的人之一。[他在1928年（民国十七年）避居日本时，用杜衎的笔名，在《东方杂志》上连续发表关于《易》、《诗》、《书》之社会背境与思想反映的研究文字，又在《思想杂志》上发表《中国社会之历史的发展阶段》一文。次年(1929)又补作《卜辞中的古代社会》和《周金中社会史观》二文，合编为《中国古代社会研究》一书，于1930年（民国十九年）3月在现代书局出版。]

郭氏于1928年避居日本后，即开始从事中国古代社会的研究。[在完成了《中国古代社会研究》的第一、二两篇之后，感到文献不足，又难以征信，"为了搜集第一手资料起见，对于殷代的甲骨文字和殷周两代的青铜器铭文也就不得不进行研究。"据回忆，1929年夏，他以不到三个月的时间阅读了当时出版的几乎所有甲骨文、殷周青铜器图录的铭文和考释，"想通过一些已识未识的甲骨文字的阐述来了解殷代的生产方式、生产关系和意识形态。"（《甲骨文字研究》1952年"重印弁言)

稿纸(A)25×20=500

郭沫若在《甲骨文字研究·自序》中说："余之研究卜辞，志在探讨中国社会之起源，本非拘拘于文字史地之学。然识字乃一切探讨之第一步，故于此亦不能不有所注意。且文字乃社会文化之一要征，于社会之生产状况，与组织关系，略有所得，欲进而追求其文化之大凡，尤舍此而莫由。"（1931年）

④郭沫若的《中国古代社会研究》[收集了1928年8月至1929年11月间写的五篇重要论文。这部书是最早用马克思主义观点研究中国古代社会形态及其发展的著作。……不仅在中国史学史上是划时代的作品，给了后来的新史学发展以极大的影响，……] ~~郭氏是最早运用马克思主义的观点和方法研究中国古史的人之一~~ 他在《中国古代社会研究·自序》中说：

"本书的性质可以说就是恩格斯的《家族、私有财产及国家的起源》的续篇。研究的方法便是以他的向导，……提供出来了他未曾提及一字的中国的古代。谈'国故'的夫子们哟！……也应该知道还有马克思、恩格斯的著作，没有辩证唯物论的观念，连'国故'都不好让你们轻谈。"

要　他是最早根据马克思主义的社会发展规律来划分中国社会历史的发展阶段的，把中国过去的历史分为四个发展阶段：

①西周以前　社会形态是原始共产制　是无阶级的民族社会

②西周时代　社会形态是奴隶制　已有阶级　统治阶级是王侯百姓（贵族）　被统治阶级是庶民、臣仆奴隶

③春秋以后　社会形态是封建制　统治阶级是官僚、地主、师傅　被统治阶级是人民、农夫、徒弟

④最近百年　社会形态是资本制　统治阶级是帝国主义、资本家　被统治阶级是弱小民族、无产者

稿纸(A)25×20=500

印 37

郭氏还论到中国历史上的社会革命的性质，第一次革命在殷周之际，是奴隶制的革命，其在文化上的反映是诗书、易诸书；第二次革命在周秦之际，是封建制的革命，其在文化上的反映是儒、道、墨诸家；第三次革命在满清末年，是资本制的革命，其在文化上的革命是科学的输入。

当中国的马克思主义史学家开始研究中国历史上的具体问题时，当然免不了一些错误，但主要是创立了科学的观点与方法。诚如郭氏自己所说，他的研究主要在于"划时期"的意义及其"大的影响"，"草创时期"的著作自然是不成熟的，在作者自己以后也屡次修改其看法和结论。

郭沫若在1947年4月10日所写《中国古代社会研究》一书的《后记》里说："这在我自己是一部划时期的作品，在中国的史学界似乎发生过相当大的影响。……隔了十几年，……好些错误已由我自己纠正。那些纠正散见于《卜辞通纂》、《两周金文辞大系》、《青铜时代》、《十批判书》等书里面，尤其是《十批判书》中的《古代研究的自我批判》那一篇。大体上西周是奴隶社会的见解，我始终是维持着的。"

稿紙(A)25×20=500

张舜徽：中国史论文集："郭沫若自己在甲骨文字方面用的功力很深，又敢于大胆怀疑，这是很好的。但是他下笔著论之际，仍不免失之粗略，特别是对于古代地名，每多武断曲解，不能令人信服。"（26—27页）"郭沫若是现代中国史学界运用新观点方法来整理旧史的开创者，也是勇于自我批评的带头人。……当他每种新著再版时，必增入许多新的内容，加以修订，并且指出以前的错误，使读者不再盲从他。特别是在1944年10月他在群众第九卷第二十期发表的古代研究的自我批判一篇长文（后又列入十批判书），将他过去费了十五年的时间从事于秦以前的古代社会的研究工作，作了综合的通盘检查，对自己未成熟的或者甚至错误的判断，都加以纠正和处理了。"

郭氏在1953年11月18日所写的《中国古代社会研究》的《新版引言》里写道：

"这是用科学的历史观点研究和解释历史的草创时期的东西，它在中国古代的社会机构和意识形态的分析和批判上虽然贡献了一些新的见解，但主要由于材料的时代性未能划分清楚，却轻率地提出了好些错误的结论。这些本质上的错误，二十几年来我在逐步地加以清算。……二十多年来我自己的看法已经改变了好几次。……这已明确地改正了本书中的一个大错误——认殷代为原始公社制的末期。其次，我在《奴隶制时代》中，已把奴隶制的下限定在春秋与战国之交，这也是比较可靠的。"

郭氏划分奴隶制与封建制的界限几经改变，直到1950年以后才确定为春秋战国之交。

郭氏肯钻研，勇于修正自己的错误，改变自己的看法。

周予同五十年来中国之新史学："从释古派发展而与疑古派、考古派鼎足而三地成为中国转变期的新史学的是郭沫若。郭氏在民国十七年（1928）避居日本时，用杜衎的笔名，在东方杂志上连续发表关于易诗书之社会背景与思想反映的研究文字，又在思想杂志上发表中国社会之历史的发展阶段一文。次年（1929，民十八）又补作卜辞中的古代社会和周金中社会史观二文，合编为中国古代社会研究一书，于民国十九年（1930）三月在联合书局出版。在这部书的序文里，他首先表彰罗振玉、王国维的业绩，而对于疑古派的所谓'整理国故'表示不满。他说：'在目前，欲论……为世所注意了。''王国维……异样的光辉。'又说：'我们的批判有异于他们（指胡适及其同派的）的整理国故。'整理'的究极目标是在实事求是，我们的'批判'精神是要在实事之中求其所以然。'整理'的方法所能做到的是'知其然'，我们的'批判'精神是要'知其所以然'。'整理'自然是'批判'过程所必经的一步，然而它不能成为我们所应该局限的一步。'"

39

中国社会性质问题的论战，"继续发展扩大，后来又成为中国社会史问题的论战。当时一批反动的历史学家有的完全否认中国历史上奴隶制度的存在，有人还认为中国封建社会在周朝就已瓦解了。"（邓拓）

"接中国社会性质问题论战（1930）的时间略后一些，中国思想界又开展了中国社会史分期问题的论战。这一论战在中国热烈展开是在1932—1933两年内，延至1937年由于抗日战争发生，才已列停顿下来。中国社会史论战涉及中国数千年的历史，问题更为复杂。"（中国新民主主义革命时期通史第103—105页）

第二节 马克思主义史学的初步发展（1931—1949）

在此期间，马克思主义史学研究的逐渐增多，著作也逐渐增多，产生了不少的研究成果，马克思主义史学有所发展。但只是初步的。为什么呢？①在全国范围来说，以马克思主义为指导来学习研究历史的人还是很少数，不多；②史学著作不甚多；③在学习、研究的条件上，都受很大的限制。在国民党统治区有政治压力，一般人不能读到马列主义著作，不敢学习、研究，在解放区，绝大多数人从事抗战、反蒋工作，无暇来研究本史，在资料上也受很大的限制。

一、马克思主义史学反对各种唯心主义史学的斗争

（一）中国社会史问题的论战

这是马克思主义史学与伪马克思主义史学的斗争。

从1931年开始，1933年达到高潮，直到1937年抗日战争才结束。

论战的主要问题：①中国历史上有无奴隶制社会阶段？②中国的封建社会起于何时，止于何时，即中国封建社会的断限问题。③中国历史上有无"前资本主义"或"商业资本主义"的社会阶段。

（①亚细亚的社会问题 ②奴隶制社会阶段问题 ③"商业资本主义社会"问题或"前资本主义社会"问题）

参加论战的各派及其代表人物：

马克思主义者——郭沫若、吕振羽、翦伯赞、李达、王学文、刘梦云（即张闻天）、刘苏华。~~陈伯达~~

托洛茨基派——李季、严灵峰、任曙、陈邦国、王宜昌、叶青、胡秋原。

"新生命"派——即国民党反动派，因他们的文章都发表在新生命书局出版的《新生命》月刊而得名。以陶希圣、梅思平、樊仲云、萨孟武、李立中等为代表。

后两者也都打着马克思主义的旗号，使用马克思主义的词句，实际是伪马克思主义者。

陶希圣——1927年大革命失败后，与周佛海一起编辑新生命月刊。1931年为北大教授。1928—1937年初，曾陆续发表有关中国社会史的文章，又主编食货半月刊。"前资本主义社会论"是陶希圣最主要最突出也是最反动的历史观点，他的这种反动评论都集中地表现在1928—1929年他的《中国社会之史的分析》和《中国社会与中国革命》两本书里面，他对于中国社会性质的基本结论是：中国的"封建制度在春秋时已经崩坏，所以中国早已不是封建的国家。""从前黄五世纪而直到今日（1929），中国的主要生产方法还不是资本主义。……此两千五百年的中国，由封建制度言，是后封建制度时期，由资本主义言，是前资本主义社会。"

1、中国历史上有无奴隶制社会阶段问题

马克思主义者都认为中国历史上有奴隶制社会这一阶段。

郭沫若根据甲骨文、金文及各种古代文献，认为西周是奴隶社会。

范文澜继郭沫若之后，又以为殷代是奴隶制社会。"于是中国社会也如世界各国社会同样经过奴隶制度的这一意见，终于为中国史学界所公认。"（新民通史）

（反）伪马克思主义者多数认为中国没有奴隶社会阶段，并从而否认奴隶制是人类历史发展的必经阶段。"隶属于各种反动政治集团的论客都力图否认中国有奴隶社会这一阶段。

只有叶青认为西周是奴隶社会。

陶希圣认为商、西周是氏族社会，春秋是封建社会。

稿紙(A)25×20=500

41

2D

2. 中国封建社会起讫问题

马克思主义者郭沫若认为自春秋时期以至清朝初期即鸦片战争以前是封建社会。

吕振羽认为自西周以后到鸦片战争前为封建社会。吕氏著有史前期中国社会研究、殷周时代的中国社会及中国政治思想史。

陈伯达更明确地指出了中国长期封建社会的特征。

伪马克思主义虽然也认为中国有封建社会，但他们有的认为封建社会的时期很短，有的认为封建社会的出现是错乱循环的。

托派李季形式主义地把“列爵曰封，分土曰建”作为封建制度的定义，认为西周、春秋、战国是封建时代。

王宜昌认为殷代以前是氏族社会，周秦汉西晋是奴隶社会，东晋到清末是封建社会，而1900年以来是资本主义社会。

陶希圣时而说中国从来没有封建社会，时而说自黄帝时已开始建立初期封建国家，到春秋时封建制崩坏。后来又说封建制到宋朝崩坏。他还说中国封建社会是错乱循环的，商周是氏族及原始封建时代，战国到两汉是奴隶经济占主要地位的社会，三国到唐末、五代是一个发展的封建庄园时期，宋以后是先资本主义时代（或商业资本主义社会）。

陶希圣于1928—1929年《中国社会之史的分析》和《中国社会与中国革命》，说中国的封建制度在春秋时已经崩坏。但从秦汉至五世纪直至今日（1929）中国还不是资本主义社会。此两千五百年中的中国是前资本主义社会。1932—1935又把自十世纪（宋）到19世纪中叶的中国“是资本主义社会”。期的主于①马、恩的社会发展规律不适合于中国，不是普遍真理，不能成立。②中国不能进行反封建革命，也不能进行无产阶级革命。

稿纸(A)25×20=500

42

3、前资本主义社会或商业资本主义社会问题

伪马克思主义认为中国历史上有所谓前资本主义社会或商业资本主义社会的阶段。

李季说秦到鸦片战争前是前资本主义社会，鸦片战争后是资本主义社会。是剥削阶级的。

叶青说战国是资本主义前期，秦汉以后为资本主义社会。

梅思平、李立中：战国秦汉以来为商业资本主义社会。

陶希圣认为战国时商业发达，都市集中，又有争城争地的现象，而且有官僚，苏秦、张仪等都以平民而做官，所以说是封建制度已崩坏。

陶希圣说，从战国时代起，直至今日（1929），中国的主要生产方法还不是资本主义。……此两千五百年的中国，

他说从战国以后直到中国大革命失败后的中国土地制度不过是一种所谓"自由"的"私有土地制度"，地主没有身份的限制，有货币的人都可以做地主，地主之所以占有土地，都是花钱买的，不是掠夺农民来的；农民之所以破产、出卖土地，是由于商人资本和高利贷资本的兼併，与地主无关。他认为自战国至近代，地主阶级不是领主阶级，是资本主义发达以前的士大夫阶级，是官僚士大夫的统治。他说：两千多年以来的中国是封建制度崩坏以后

由封建制度言，是后封建制度时期；由资本主义言，是前资本主义社会。又说，从宋以后到十九世纪中叶（鸦片战争），是"先资本主义社会"。

身份及农民的势力关系为社会主要构造的社会。他又过分夸大和歪曲了商业资本[illegible]在土地兼併中所起的作用。他说：商人最大的买主与卖主乃是农民。并把农民穷困、破产因而丧失土地的主要原因，归罪于商业资本的剥削，进而歪曲和夸大了商人兼併土地的现象，以及商人与地主在经济利益上的合流。

马克思主义者认为根本没有这样一个社会阶段。如把"前资本主义社会"作为资本主义以前各个社会阶段的概括名称是可以的，但如把它看作是一个特殊的独立社会（李季），显然是不通的。所谓"商业资本主义社会"或"前资本主义社会"，不过是"冒牌唯物论者"所臆造的"空中楼阁"。因为在历史上并不存在过这种独特的生产方法作基础的社会形态。

稿纸(A)25×20=500

43.

十、中国社会史问题论战总结

①托马克思主义者进行论战的目的，在于曲解中国社会发展史，制造中国没有奴隶社会，但有前资本主义社会或商业资本主义社会的谬论，这些人的花样虽各有不同，但其目的都只有一个，那就是~~其论证~~马克思主义所指示的社会发展规律不适用于中国，不是普遍真理，不能成立。

②马克思主义者在这次论战中取得了胜利。托马克思主义者的手法及其伪面具已被揭穿。他们是冒牌的唯物论者。

③中国社会史的论战虽然并未能解决中国社会发展阶段的许多问题，但这次论战在思想战线上是有意义的。

……不仅使那些曲解历史的人们未能得逞，不仅对中国社会史的研究取得了一些成绩，而且从此以后，开辟了马克思主义历史科学前进的道路。

稿纸(A)25×20=500

丑(二)对"战国策派"史学的斗争

抗日战争期间，（第二次世界大战初期）林同济、何永佶、陈铨、雷海宗等，为配合国内外法西斯匪帮的政治军事阴谋，于1940年—1941年在昆明创办《战国策》半月刊；后来，又于1942年在重庆《大公报》刊行《战国》副刊。他们自称为"战国策派"或"战国派"。

战国策派是一个有组织的法西斯主义的文化团体，其成员虽然多数不是研究历史的，但他们却以"比较历史家"自诩而大谈古今中外的历史。

他们认为当时国内外的政治形势是中国"战国时代的重演"。

他们抽掉了社会性质和社会阶级结构的本质问题，把中国古代战国时代的七雄和第二次世界大战时的中、苏、美、英、德、意、日七雄的表面现象混淆起来，把两个时代的战争抽象混淆起来，制造"战国重演"论。

他们说："结束列国纷争局面的，是大一统时代。在此时期中，一个庞大的帝国兴起，包括整个文化区域。"这个大一统帝国，其中有人说是德国，有人说是美国。

① 英雄史观

"中国人所以能维持这多年的独立，拥有这样广大的国土，实在说就是靠了这无力国中偶而兴起而成了大业的几个少数力人。"（陶云逵）而且这些"英雄"、"伟人"也是"偶而"、"凑巧"、"侥倖"出现的。

他们的英雄史观，不仅是资产阶级的，而且是最反动的法西斯性的。他们歌颂希特勒为"英雄"、"豪杰"、"伟人"，并给他为希特勒法西斯德国征服全世界的侵略战争摇旗呐喊。

"崇拜英雄，不仅是一个人修养的道德问题，同时也是一个最迫切的政治问题。"（陈铨）

"政治问题虽然千头万绪，但是从由表面看来，一个国家的元首制度是最为重要的。"（雷海宗）

战国策派大肆宣扬"意志哲学"，他们认为在社会领域中，"人类的意志，才是历史演进的中心。"只有英雄才"是人类意志的中心"。

稿紙(A)25×20=500

㈣文化形态史观

"战国策派"又根据其所谓"文化形态史观"，亦即根据他们自己编造的历史的封建阶段、列国阶段、大一统帝国阶段的划分，把当时的中国和世界说成是"战国时代的重演"。

雷海宗著：《中国文化与中国的兵》，1940年商务印书馆出版。

林同济、雷海宗：《文化形态史观》，1946年大东书局出版。

雷海宗在《中国文化与中国的兵》中把中国历史分为两周，即所谓文化形态的两周。

第一周：由上古到公元383年淝水之战，是"纯粹的华夏民族创造文化的时期，外来的血统与文化没有重要的地位。"

第二周：由淝水之战一直到抗日战争，是"北方各种胡族屡次入侵，印度的佛教深刻的影响中国文化时期，无论在血统上或文化上，都起了大的变化。"

这种历史分期法是极其荒谬的，因为对一个国家历史的分期，应当根据它本身的社会发展，而绝不能根据"外来的血统与文化。"

未来的第三周就要全盘西化了。

稿纸(A)25×20=500

47

③ 历史循环论

雷海宗认为秦朝以下的历史是"永远一治一乱，循环不已。"是在固定的环境之下，轮回式的政治史一幕一幕的更迭排演，演来演去总是同一出戏，大致可说是汉史的循环发展。"又说："一治一乱之间，并没有政治社会上真正的变化，只有易姓王天下的角色更换。"

他所谓的两周文化，都分成同样的五个时代：①宗教时代，②哲学时代，③哲学派别化的时代，④哲学消灭与学术化的时代，⑤文化破裂时代。他所谓的两周文化，也就是这五个时代的循环重演，如他把殷商西周与南北朝隋唐五代看作是"宗教时代"的循环论，把战国与元明清看作是"哲学派别化的时代"的循环。

稿纸(A)25×20=500

(四)全盘西化论

雷海宗说："鸦片战争以下完全是一个新的局面。新外族是一个高等文化民族，不只不肯汉化，并且要同化中国。"

"西洋有坚强生动的政治机构，有禀性侵略的经济组织，有积极发展的文化势力，无怪中国先是莫测高深，后又恐不可遏，最后一败涂地。直到最近对于西洋的真像才有一个比较正确的认识。最足代表传统文化的帝制和科举都已废除，都市已大致西洋化，乡间西化的程度也必要日益加深。"

他诬蔑资本主义的势力，嘲笑中国人民不能不屈服，为中国必然要全盘西化而喝采。

他所谓"建设的第三周文化"就是全盘西化。

稿纸(A)25×20=500

对于"战国策派"的法西斯主义的观点，当时的新华日报、解放日报、群众半月刊等报刊，曾发表了汉夫、何其芳、欧阳凡海、李心清等人的文章，予以严厉的批驳。他们指出：战国策派的"尚力的文化"，是封建主义和非正义，是宣扬法西斯德、意、日的侵略主义，是为日寇侵略中国张目，是在散布中国必亡论。

章汉夫于1939至1945年在重庆新华日报社任新闻编辑部主任、总编辑等职。

抗战时期……代表法西斯主义派史学的是"战国策派"。

稿紙(A)25×20=500

50.

二、中国通史的著作

自马克思主义史学建立后，以历史唯物主义观点研究历史的人逐渐增多，断代史的研究和著作不断出现。但中国通史的著作，到四十年代才出现。

最早出版的中国通史著作，是吕振羽的《简明中国通史》。[吕振羽是我国早期马克思主义历史科学的开拓者之一。]

(一) 吕振羽著《简明中国通史》

1. 吕振羽（1900—1980）的生平

吕振羽，湖南邵阳人，1922年入长沙湖南大学电机工程系学习，1926年毕业。在校时听过李达所讲的"新社会学"课，开始接触马克思主义，并于1925年加入共产主义青年团。毕业后即参加北伐战争。大革命失败后，于1927年9月赴日本，进明治大学研究院学习经济。1928年回国，曾任《村治月刊》编辑、民国大学讲师。此后，参加进步学术团体，努力学习马克思主义。"九一八"事变后，投身于抗日救亡运动，研究中国和世界经济问题。1931年前后参加中国社会史论战。1933年春，经李达推荐，在中国大学经济系任教，讲授中国经济史，写出《中国经济史》讲义。其后又在国学系讲授中国政治思想史，升任教授，开始研究中国古代社会史。还积极参加中国社会史问题的论战。[1935年底至1937年，曾根据党中央的统一部署，受委托去南京和国民党当局进行合作抗日的谈判，忠实地执行了党的方针。]（新华社1980年北京8月9日电）1936年3月参加中国共产党。

稿纸(A)25×20=500

1937年抗日战争爆发后，到湖南从事文化工作，宣传抗日。1939年调重庆，在中共南方局任写作联络工作，兼复旦大学教授。[曾在周恩来同志和南方局的领导下，在重庆从事理论战线、历史研究和统战工作。]([illegible])

1941年"皖南事变"后，到苏北抗日根据地，在盐城，在新四军总部任华中局高级党校教员、华中局编审委员。1942年随刘少奇返延安，任少奇的政治秘书，后改为学习秘书，直至1945年9月。

抗日战争胜利后，调东北工作。1949年10月，任大连大学校长兼党委书记。1951年，任东北人民大学校长兼党委书记。

1954年以后调北京，先养病，1956年任中共中央党校教授。

1963年遭逮捕，入狱四年。1967年因刘少奇冤案牵连，又被投入监狱，直至1975年被释，共坐监狱八年。

出狱后，重病在身，仍勉力参加学术活动和写作。

1980年7月17日在北京逝世，终年80岁。

稿纸(A)25×20=500

52

2.《简明中国通史》的撰写经过及其内容

吕振羽于1939年调到重庆工作后，开始撰写《简明中国通史》，于1941年2月写成前八章，作为第一分册，5月由生活书店在香港出版。1945年9月在抗战胜利后第一版，11月北平第一版。这是我国内外最早的一部用马克思主义观点为指导的中国通史。后因工作调转，以下各章的写作暂告中断。

1947年3月，吕氏在大连继续写作《简明中国通史》，于1948年2月完成，第二分册于1948年9月由~~在东北~~大连光华书店出版，合并第一分册，以上、下两册全书出齐。1949年由三联书店出版。1950年由上海耕耘出版社以《中国社会史纲》第一、二卷合辑出版。解放后，1951年第一次修订出版，1953年补订出版，1955年6月人民出版社修订再版，1959年9月人民出版社出第二版；1961年人民出版社分册出版，并出合订本。

作者在初版序和完稿序中交待了编著的指导思想：a、注重阐发中国历史的发展规律，b、兼顾各民族的历史及其相互关系，c、表现人民群众创造历史的作用。

由于写作条件和环境限制，该书在具体的史实和资料运用上存在一些错误。对此，作者在解放后的几次重版过程中，不断地作出了修正。

稿纸(A)25×20=500

（二）范文澜著《中国通史简编》

继吕振羽的《简明中国通史》之后，范文澜的《中国通史简编》出版了。这是一部最早而完整的以马克思主义观点写成的中国通史。

1.范文澜的生平

范文澜（1893—1969），字仲沄，浙江绍兴人，生于1893年（清光绪十九年）。五岁开始读私塾，十年之间，涉悉古代典籍。从1907年起，先后在山阴县学堂、上海浦东中学堂、杭州安定中学堂就学，1912年在杭州安定中学堂毕业。1913年，考入北京大学文预科。1914年下半年，考入北京大学文本科国学门，肄业三年，1917年下半年毕业。大学毕业后，一度任蔡元培私人秘书。1918年，到沈阳高等师范学校教书。此后二十年间，先后在河南汲县中学、天津南开中学、南开大学、北京大学、北平女子文理学院、中国大学、朝阳大学、中法大学、辅仁大学、河南大学等校任教。

"1922年到天津南开中学教课，并在南开大学兼讲、史、文学等课。1925年"五卅"运动中，积极参加天津人民的反帝斗争，第二年参加了中国共产党。蒋介石"四一二"反革命政变后，离开天津到北京教书。"

稿纸(A)25×20=500

54

1926—1936年，出版了以下著作：

《群经概论》

《正史考略》——北平文化学社民国二十年（1931）一月初版。

《大丈夫》——1935年开明书店（？）出版。

《文心雕龙注》——上册係文心雕龙本文，搜集校本至六七种之多。中册下册係注文，计有二十万言，无不确切精审，尽阐释疏通之能事。北平文化学社1930—1931出版。又1936年开明书店出版。

1937年抗日战争爆发后，从事抗日救亡活动。"1938—1939年，在新四军游击区做统战工作。1939年9月在河南加入中国共产党。（？）不久，去延安。1940年初，到达延安，任马列学院历史研究室主任。"

范文澜到达延安后，中宣部让他编写一部中国通史，由马列学院历史研究室的同志们分工协作，参加的有尹达、佟冬、金灿然、叶蠖生等，名为《中国通史简编》。

1941年在延安任中央研究院副院长兼历史研究室主任。

抗日战争胜利后，离延安去晋冀鲁豫边区工作。

1946年，在晋冀鲁豫边区任北方大学校长。1947年，北方大学成立历史研究室，兼任研究室主任，领导修订《中

稿纸(A)25×20=500

国近代史》和《中国通史简编》。1948年，北方大学和华北联合大学合併为华北大学，吴玉章任校长，范文澜任副校长兼研究部主任、历史研究室主任。

解放后，从1950年起任科学院近代史研究所所长。

此外，历任中国史学会副会长、中国科学院哲学社会科学部学部委员、中国共产党第九届中央委员会委员，四第三届全国人大常委。

解放后主要著作有《修订本中国通史简编》、《中国近代史》上册第一分册、《范文澜历史论文选集》等。

1969年7月　日逝世。

2、《中国通史简编》

1940年范文澜到延安后，中宣部让他编写一部中国通史，由马列学院历史研究室的同志们分工协作。参加的有尹达、佟冬、金灿然、叶蠖生等。从1940年8月到1941年5月完成上册，1941年底完成下册。~~上册（从上古到~~ 上册于1941年9月，中册于1942年12月，先后在延安新华书店出版。（从上古到清中叶）"随后，各地多有翻印。1948年北方大学历史研究室在范文澜同志领导下校订一次，订正本由华北新华书店出版（布面精装两册）。1949年9月北京新华书店出版时，又重新校对一次，且小有修改。"

稿纸(A)25×20=500

56

［1949年北京新华书店出版的订正本（平装三册），与延安初版本对照看来，其订正的要点如下：一、订正本增加了《研究中国三千年历史的钥匙》和《论正统》两篇文章，对于学习历史科学的观点、立场、方法颇有价值。订正本又增加了年表，将公历、年号、帝王姓名和帝号都扼要标明，以便检查，对于读者是很方便的。二、全书分三编，三个大标题都有所订正。……全书二十二章，其中八章的标题有所订正。每章分若干节，每节的小标题也多有订正。……显然，经过订正的标题，更比较精确，比较科学的。三、延安初版本，有一些印错的地方，如……，这一类的错误，在订正本中都改正了。四、初版本对于帝王，一般都称其姓名，不用谥号或庙号；但对于周朝的帝王和诸侯，却都称谥号，这在全书体例上说来是不统一的。初版本在所用的年号之下，有的注明公历，有的未注公历，这在体例上说来也是不统一的，而且公历年数有的还注错了。如……。订正本对于一切帝王诸侯，都直称本名；在正文中删去公历，而在年表中以公历纪年，纠正了初版本中的错误。五、初版本中弄错了一些史实，如……。六、有些问题，在初版本中未曾叙述清楚。在订正本中多得到了补充。如……。七、有些问题的提法，在初版本中是

稿紙(A)25×20=500

57

不恰当的，应在订正本中多加以纠正。……目前谈《中国通史简编》的版本，当然以北京新华书店1949年9月出版的订正本（即平装三册本）为最好。其次是华北新华书店1948年出版的订正本（即精装二册本）。至于延安初版本，那是已经过时的东西，不可再用了。”（荣孟源：　　　　）

范文澜：“旧本《中国通史简编》有很多缺点和错误，……可以归纳为以下两个方面：（一）非历史主义的观点：……例如关于封建统治阶级的帝王将相，……如果一律否认或缩小他们对历史的贡献，那是不对的。……这本书中又有些地方因‘借古说今’而损害了实事求是的历史观点。……以上就是由于片面的‘反封建’和‘借古说今’所造成的非历史观点的错误。（二）在叙述方法上缺乏分析，头绪紊乱。……除了以上所说的两个方面，其他如使用材料也有错误或欠妥的地方。”

《中国通史简编》虽然有很多缺点，但与旧史书比较起来，有其根本的优点。范氏自己说：“中国古代史书非常丰富，也有很多杰出的名著，但都属于旧型类，主要是为封建统治阶级服务的。在真正科学的历史书出现以前，只要是尝试着用马克思列宁主义的观点、方法写的历史，总比旧型类的历史书要好一些。……旧本《中国通史简

稿纸(A)25×20=500

58

编》史和其他新型类的历史书一样，毛病很多，远远不够科学的水准，可是它比起旧的以封建地主阶级或资产阶级观点来写的历史书，却有本质的不同，许多写法在旧型类的历史书里是没有的。”

《中国通史简编》的贡献及其意义：

①肯定了历史的主人是劳动人民。

②按照社会历史发展的规律划分了中国历史的段落。

③把长期的封建社会分成三个时期：a.西周到秦统一，为初期封建社会；b.秦到南北朝，为封建社会第二阶段；c.隋唐到鸦片战争，为封建社会第三阶段。

④着重写出了阶级斗争和民族斗争，说明中国人民确有阶级斗争与民族斗争的伟大传统。

⑤注意收集了生产斗争的材料，讲述了生产斗争的历史。

稿纸(A)25×20=500

（三）翦伯赞著《中国史纲》

1. 翦伯赞的生平

翦伯赞（1898—1968），湖南桃源人，维吾尔族。1912年（14岁）到常德读书，1916年夏中学毕业，到北京考入政法专门学校。一月后退学，转学入武昌商业专门学校。1919年夏，商专毕业后，回到常德教了四年中学。1924年夏到美国加利福尼亚大学研究经济。1925年冬，回国。1926年冬，在长沙参加了国民革命军。1927年蒋介石背叛革命后，亡命上海。1931年后参加中国社会史的论战。1937年5月在南京加入中国共产党。

"七七"事变后，在湖南从事抗战工作。1938年出版《历史哲学教程》，是比较系统全面地介绍历史唯物主义基本原理的著作。

1942年2月，到重庆。在中苏文化协会总会工作。兼任冯玉祥的中国历史教师。

抗日战争胜利后，1946年在南京、上海工作，曾任上海大夏大学历史系教授。1947年到香港，在达德学院教书，并主编香港《文汇报》的《史地副刊》等。

1948年，与郭沫若、马叙伦等北上，经大连辗转抵解放区的石家庄附近的李家庄。

稿纸(A)25×20=500

1949年2月，随解放军进入北京，参加文化接管工作。后任燕京大学社会学教授。1952年院系调整后，任北京大学历史系主任，后又任副校长。

1966年文化大革命后遭受残酷迫害，1968年12月18日被迫害致死。

2、《中国史纲》

翦伯赞于四十年代初期计划写一部中国通史，从上古到近代，名曰《中国史纲》。

《中国史纲》第一卷（史前史、殷周史）于194年出版。"在这部书中，充分利用了古代文献和考古学、民族学、文字学资料，分析阐述了中国古代的家庭、私有制和国家的起源及奴隶制、封建领主制依次产生、发展及其解体的过程。"第二卷（秦汉史），于194年出版。"在这部书中，他主要分析阐述了土地的封建领主所有制向封建地主占有制的转变，以及由此而引起的政治上的诸侯割据向专制的中央集权制的过渡。"（张传玺）

"中国史纲是我国早期运用马克思主义的观点写成的通史。"（张传玺）

三、断代史的研究与著作

三十年代和四十年代，马克思主义学者对于断代史的研究，偏重于先秦史和近代史两方面。

（一）先秦史

对于先秦史的研究，以郭沫若、吕振羽的成绩最为卓著。

1. 郭沫若的研究

郭沫若于1929年撰成了《中国古代社会研究》一书之后，继续对甲骨文、金文及中国古代社会进行研究。

［三十年代，郭沫若结合社会历史，把甲骨文字和青铜器铭文通盘整理了一遍，作了更深入的研究。这期间，他先后写下的古文字著作有：《甲骨文字研究》（1931年），《殷周青铜器铭文研究》（1931），《两周金文辞大系》（包括1932年初印本和1933、1934年《大系》的《图录》及《考释》），《金文丛考》（1932），《卜辞通纂》（1933），《古代铭刻汇考》（1933），《古代铭刻汇考续编》（1934），《殷契粹编》（1937）等。］

［《甲骨文字研究》，1931年大东书局出版，共收考释论文十七篇。……书写成后，……“是想通过一些已识未识的甲骨文字的阐述，来了解殷代的生产方式、生产关系和意

识形态。"《甲骨文字研究》和《中国古代社会研究》互为表里，相辅相成的。如《释耤》、《释勿勿》言农耕生产，《释朋》言贸易货币，这是研究商代社会的经济基础。《释祖妣》言婚姻发展及母权时代的孑遗，《释臣宰》言奴隶制度及阶级统治的变迁，这是研究商代社会的上层建筑。《释和言》言音乐技术及其祭祀，《释五十》、《释岁》、《释干支》言天文历数，这是研究商代社会的精神生活。……《释祖妣》、《释臣宰》、《释岁》、《释支干》这四篇，乃是互为重要的文章。《释祖妣》一文，除了研究古代婚姻制度的发展和母权时代的残迹之外，还讨论了天神上帝观念的起源问题。……《释支干》除了研讨十干十二支的起源和意义之外，还讲了中西文化的交往和殷代天文历法的水平问题。……《释岁》一文，研究了岁星的起源问题。……《释臣宰》一文，一方面研究了奴隶的名称和来源，另方面又论述了奴隶的逋逃和待遇，还讨论了一部分奴隶的身分和升迁的问题。……］（胡厚宣《郭沫若同志在甲骨学上的巨大贡献》）

［《甲骨文字研究》，郭沫若早期研究甲骨文的论集，共收考释论文十七篇。……用历史唯物主义的方法，并广泛地运用民族学和民俗学的知识，将甲骨文的研究同古代史的研究创造性地结合起来。例如《释臣宰》，从臣宰二字

的字形，论证了殷代社会奴隶的存在；《释祖妣》除探讨古代婚姻制度的发展，还发现了古代天神上帝观念的起源；《释勿勿》研究殷代的农耕；《释朋》言及殷代的货币贸易，等等，都是有关殷代社会形态及其发展的重要问题。这部书是中国历史上第一部马克思主义的古文字学著作。]（萧远强：《郭沫若》，1979年《中国历史学年鉴》）

《卜辞通纂》，1933年日本文求堂书店出版。郭氏自序说："本书之目的，在选辑传世卜辞之菁粹者，依余所怀抱之系统而排比之，并一一加以考释，以便观览。所据资料多采自刘、罗、王、林诸氏之书，然亦有未经著录者，如……，均选尤择异而著录之。"[全书除《别录》129片之外，正编共收甲骨八百片，分为干支、数字、世系、天象、食货、征伐、畋游、杂纂等八项，考释在每项之后，还作一小结。这样，综览全书，一方面对于卜辞内容，可有一全面系统的了解；另方面从各项卜辞，也可以得知殷代社会各个方面的一般情况。这部书的主要贡献，郭老在序文及《后记》里，已经有所论及。]（胡厚宣：

《卜辞通纂》……[择取传世甲骨八百片，分……八类，逐片地考释了卜辞的内容，从而考察了殷代社会的各个方面。]（萧远强：

稿纸(A)25×20=500

郭沫若在《中国古代社会研究》出版后，[随后几年里，他连续发表了一系列关于青铜器的重要著作。1932年：《两周金文辞大系》（初版）、《金文丛考》、《金文馀释之馀》。1933年：《古代铭刻汇考》。1934年：《古代铭刻汇考续编》、《两周金文辞大系图录》及《考释》。整个三十年代到四十年代，郭老很多古代史的论著涉及金文的各种问题。读过《青铜时代》、《十批判书》的同志，都会记得他怎样把研究金文的收获和文献材料结合融会在一起，真正做到了"用科学的历史观点研究和解释历史"。……郭老研究金文，特别重视与古代社会阶级结构有关的资料。……他认为西周属于奴隶制社会，一个主要的根据在于金文。……从金文看古代思想，更是郭老著作的独到之处。……对殷周思想的研究，也以金文为主要材料，在他早年的《金文丛考》中有一篇《周彝中之传统思想考》，根据青铜器铭文，对两周时期的宗教思想、政治思想、道德思想，进行了详细的论述剖析。……他在1935年写成的《先秦天道观之发展》（首单行本，后收入《青铜时代》），对此更有系统的阐发。……郭老另一重要探索是把金文研究与文献辨伪密切结合起来，以确切可信的金文材料作为衡量古文献的尺度。……]（李学勤：《郭沫若同志对青铜器研究的贡献》，《考古与文物》1980年第2期）

稿纸(A)25×20=500

郭氏研究甲骨文和金文，[并非单纯于文字的诠释]，据他自己所说："余之研究卜辞，志在探讨中国社会之起源"（《甲骨文字研究·序》，1931年版），"想通过一些已识未识的甲骨文字的阐述来了解殷代的生产方式、生产关系和意识形态。"（《甲骨文字研究》，1952年"重印弁言"）

郭氏于[1944年写的《古代研究的自我批判》一文（后收入《十批判书》），对《中国古代社会研究》一书中无论在使用古代文献、甲骨金文资料方面的错误，或者在观点上的不成熟地方，都作了一番自我批评。]

[在古代社会形态研究的基础上，郭沫若开始了他对先秦诸子思想的研究。《青铜时代》和《十批判书》就是这时期所写的有关研究先秦思想学说论文的两部重要论文集，出版于1945年。《青铜时代》收辑论文十二篇，偏于考证人物与著作；《十批判书》因收十篇论文而得名，重在评论思想源流及实质。这两部书在中国思想史的研究上，提出了许多独到的见解。]

稿纸(A)25×20=500

九、吕振羽的研究

三十年代初期，[文化界正开展中国社会史问题论战。为了回击形形色色反动文人对马克思主义历史唯物论的诋诬和对中国历史的歪曲，吕振羽在李达的鼓励和赞助下，毅然把研究工作的重点转向中国古代社会史，计划撰写一部《中国社会史纲》，分册出版。1934年，他一口气写成《史前期中国社会研究》和《殷周时代的中国社会》。在这两部书中，[对中国古代社会的内部结构及发展规律进行了创造性的探索，找出了一些独到的学术见解。]吕振羽运用马克思主义的理论和方法，综合地考察了历史文献（包括神话传说）和出土器物，对中国原始社会进行较系统的阐述，“尽了开拓的任务”；同时，首次提出殷商奴隶社会论和西周封建说。]

[《史前期中国社会研究》：1934年7月北平人文书店出版；1943年桂林耕耘出版社用《中国原始社会史》书名印行；1947年上海耕耘出版社再以《中国社会史纲》第一卷《原始社会史》书名，与第二卷《奴隶社会和初期封建社会》合辑出版；1950年耕耘社出增订本；1961年12月三联书店印行修订、增补本；1980年三联~~重印~~再版。]

[《殷周时代的中国社会》：1936年11月南京文化印刷社和上海不二书店先后出版；1946年出修订版；1947年上海耕耘出版社用《中国社会史纲》第二卷《奴隶社会和初

稿紙(A)25×20=500

期封建社会》书名，与第一卷合辑出版；1962年三联书店根据1946年版重印；1979年三联再版。

吕振羽是继郭沫若之后，用马克思主义观点研究古代社会的史学家，他在三十年代出版的《史前期中国社会研究》和《殷周时代的中国社会》，是两部系统地论述古代社会早期的名著。

《史前期中国社会研究》，1934年6月北京人文书店出版，约十四万字。1942年重版时曾有补订。

"这部书系作者的《中国社会史纲》第一分册，是探讨史前期即商代以前中国社会的形态和性质的。"

"对于商代以前那一长远的历史时期，作者根据莫尔根的《古代社会》、恩格斯的《家庭、私有制和国家的起源》等著作，探求出史前期人类的一般特征；根据仰韶、龙山各期出土文物和中国古籍中神话传说的记载，探求出史前期中国社会的一般特征。于是，更详细地探讨了：在中国原始公社社会时期中，野蛮时代和开化时代不同的历史过程；由原始群团阶段到氏族社会阶段的演变及其不同的特征；由血缘氏族组织到地域组织转变的形迹；由母系本位氏族社会到父系本位社会的历史发展。"

稿纸(A)25×20=500

3. 侯外庐等的研究

侯外庐在《坎坷的历程——回忆录之四》（《中国哲学》第六辑，1981年5月出版）中说："1941年，……我全力投入史学方面的著述，正是从这一年开始的。……从那（皖南事变）以后，……我……在歇马场乡间从事研究和著述，半年以后，写成一部书，那就是《中国古典社会史论》。……这本书在当时引起学术界相当的重视，我个人理解，原因在于：郭沫若从甲骨文和青铜铭文中发现的奴隶社会，我在理论上又作了论证。五年以后，即1946年，我又补充了几篇重要论文，……汇编而成《中国古代社会史》，……。解放后再版时，这个本子更名为《中国古代社会史论》，这个书名才是比较恰当的。……我的文章中，"古代"一词乃"奴隶制"之谓。数十年来我习惯沿用"古代"的概念，已经不便再在旧著上更改了。"

又说："《中国古典社会史论》一书，确定了我研究中国古代（奴隶）社会所遵循的三个基本原则，那就是：其一，确定中国的古代，是"亚细亚生产方式"为主导的古代。……我在研究中，形成一个确定的认识，各民族所经历的古代奴隶制，有着不同的路径，即有"古典的"和"亚细亚的"之别。"古典的古代"是革命的路径，"亚细

稿纸(A)25×20=500

亚的古代"是改良的路径。中国的古代奴隶制，是"人惟求旧，器惟求新"的奴隶制。其二，读字考证辨伪的方法。考据学是一门专门学问，我从来反对虚无主义地对待考据学。在这方面，王国维先生和郭沫若同志都是我的老师。其三，力求把马克思主义同中国古代史料结合起来，作统一的研究。……完成了《中国古典社会史论》，我的工作转移到对先秦诸子思想学说的研究。"

稿纸(A)25×20=500

70

（二）近代史

1. 范文澜著《中国近代史》（上册）

[1943年到45年夏，……继续写《中国通史简编》下册。抗日战争胜利后，他离开延安去晋冀鲁豫边区，下册的编写工作暂时停顿。已写成的从鸦片战争到义和团运动部分，遂定名为《中国近代史》上册，于1946年在延安出版。这本书在思想内容上具有显著的特点，它非常鲜明地阐明了近代中国半封建半殖民地的特征，用生动的事实论述了人民群众反抗帝国主义侵略的英勇斗争和清统治者的屈辱投降、腐朽没落。它给后来的近代史研究工作以很大影响。]
（潘汝暄：《范文澜》，见1979年《中国历史学年鉴》）

[1943年范到中宣部工作，继续写下册，从鸦片战争开始写起。1945年秋抗日战争胜利时，写完义和团运动。以后范离开了延安。1946年由叶蠖生同志整理出版，改名为《中国近代史》上编第一分册（原计划上编写旧民主主义革命时期，下编写新民主主义革命时期。《近代史》在华北新华书店修改出版时，一度采用《中国通史简编》名义，以后由于一般通史只写到鸦片战争等，才又将《近代史》单独出版）。]（荣孟源：《范文澜与中国通史》，《书林》1979年第2期。）

稿纸(A)25×20=500

71

又、胡绳著《帝国主义与中国政治》

胡绳，　　　　人。

1947年出版。阐述了帝国主义勾结封建统治者将中国变为半殖民地，中国人民和反动统治者对待帝国主义怎样的不同。

稿紙(A)25×20=500

7. 其他一断代史论著

郭沫若著《甲申三百年祭》。

翦伯赞著《中国史论集》一、二卷，1944年出版。

稿纸(A)25×20=500

四、专史的研究与著作

吕振羽著《中国政治思想史》，1937年6月由上海黎明书店出版。[第一次对中国古代哲学思想和政治思想作了系统的阐述。] 1945年10月由新华书店增订出版。1947年8月列入新中国大学丛书。1949年至1955年，三联书店出到第四版；1961年人民出版社又将该书出到第四版。

……《中国民族简史》，1948年由光华书店出版；1950年8月由三联书店出版增订本；1951年再版。[是我国较早系统研究民族史的重要著作。]（1941年日本外交协会出日译本；1959年苏联出俄译本。）

侯外庐著《中国古代思想学说史》及《中国近代思想学说史》，1944年出版。

吕振羽在哲学思想史方面也进行了研究，1935年4月发表了《杨朱派哲学思想的发展——由杨朱到邹衍》一文，载于《中山文化教育馆季刊》第二卷第二期；同年7月发表了《孔丘派哲学思想的发展——由孔丘到荀卿》一文，载于《中山文化教育馆季刊》第二卷第三期；1936年7月在《中山文化教育馆季刊》第三卷第二期发表了《老聃派哲学思想的发展——由老聃到庄周》一文。

吕振羽在经济史方面，也发表了《中国经济之史的发展阶段》一文（1934年4月15日《文史》创刊号），《殷代经济考论》一文（1936年10月，《中山文化教育馆季刊》第三卷第四期），《秦代经济研究》一文（1935年，《文史》第一卷第三期），《隋唐五代经济概论》一文（1935年10月，《中山文化教育馆季刊》第二卷第四期）

稿纸(A)25×20=500

五、毛泽东对于史学的贡献

毛泽东是中国无产阶级革命的领袖，他的著作是全面指导革命工作的，但其中有不少是有关历史科学的论著，尤以1939年12月写成的《中国革命与中国共产党》，对中国全部历史（包括古代史和近代史）进行了总结，并对历史研究工作提出了意见和建议。此外，在抗日战争时期写成的一些著作，如《中国共产党在民族战争中的地位》（1938年10月）、《新民主主义论》（1940年1月）、《改造我们的学习》（1941年5月），也都有关于史学的重要见解。由于他的在革命过程中的最高领导地位，他的著作受到普遍的重视，尤其在全国解放以后，广大的人民学习他的著作，发生极大的影响，对于促进历史科学的发展起了巨大的作用。

稿纸(A)25×20=500

1、指出研究历史的重要意义

"为解决中国问题，不但要懂得中国的今天，而且要懂得中国的昨天和前天。中国的昨天和前天，就是中国的近代和古代，就是中国的全部历史。"

"今天的中国是历史的中国的一个发展"。

"指导一个伟大的革命运动的政党，如果没有革命理论，没有历史知识，没有对于实际运动的深刻的了解，要取得胜利是不可能的。"

"从孔夫子到孙中山，我们应当给以总结，承继这一份珍贵的遗产。"

中国历史科学的一个最根本的方向就是以中国历史为依据，说明人类社会发展的共同规律和它们在中国历史中反映出来的特点。

研究世界历史，要说明中国在世界历史中的地位以及中国和世界各民族的历史联系。

稿紙(A)25×20=500

2、指示中国历史的特点

研究中国历史，必须在研究中国历史的特点方面下功夫。

毛泽东对中国全部历史进行了科学的总结，使人对于中国历史的发展规律有了明确的认识。

他指示中国历史的特点：

①封建社会很长

他指示中国历史发展一个特征，就是"中国自从脱离了奴隶制度进到封建制度以后，其经济、政治、文化的发展，就长期地陷在发展迟缓的状态中。这个封建制度，自周秦以来一直延续了三千年左右。""一直到近百年来才发生了新的变化，一步一步变成了半殖民地半封建社会。"

什么原因呢？"地主阶级这样残酷的剥削和压迫所造成的农民的极端的穷苦和落后，就是中国社会几千年在经济上和社会生活上停滞不前的基本原因。"

②农民起义次数多、规模大，是中国封建社会发展的真正动力

"中国历史上的农民起义和农民战争的规模之大，是世界历史上所仅见的。在中国封建社会里，只有这种农民的阶级斗争、农民的起义和农民的战争，才是历史发展的真正动力。"

稿纸(A)25×20=500

③指出研究历史的重点

在中国历史领域中，"特别重要的是中国共产党的历史和鸦片战争以来的中国近百年史，真正懂得的很少。"

"对于近百年的中国史，应聚集人材，分工合作地去做，克服无组织的状态。应先作经济史、政治史、军事史、文化史几个部门的分析的研究，然后才有可能作综合的研究。"（《改造我们的学习》）

此外，并指出要加强对世界史的研究。

"中国学校讲授的世界历史，在好几十年里面曾经是以欧洲为中心的。而所谓"欧洲中心"的历史观在中国影响很大。

资产阶级学者所谓欧洲中心论，就是适应欧洲资产阶级对于世界市场的征服而制造出来的反动理论。

马克思主义历史科学应当赶上去，把重新研究世界历史并给以正确的说明，当作中国历史科学的迫切的任务。

中国人对于中国在世界历史中的地位长时期缺乏正确的理解。清朝皇帝鄙视西方文化，故步自封，是错误的；近代中国资产阶级盲目地崇拜西方文化，看不起中国文化，也是错误的。我们研究中国历史和世界历史，要说明中国在世界历史中的地位以及中国和世界各民族的历史联系。

稿纸(A)25×20=500

78

六、全国解放后马克思主义史学的普遍发展

1949年7月1日，在北京成立中国史学会筹备会，由郭沫若、吴玉章、范文澜等主持。

本名"新史学研究会"，经中央政治局委员林伯渠指示，"新"和"研究"二字都可去掉。

1951年7月28日，中国史学会成立大会在北京举行，选出郭沫若为会长，吴玉章、范文澜为副会长。郭沫若在会上作了《中国历史学上的新纪元》的报告，指出中国史学界在全国解放后有六种转变：①从唯心史观转变到唯物史观；②从个人研究转变到集体研究；③从名山事业转变到为人民服务；④从贵古贱今转变到注重近现代史的研究；⑤从大汉族主义转变到注重少数民族历史的研究；⑥从欧美中心主义转变到注重亚洲史以及其他各洲历史的研究。

各省市设立分会。

稿纸(A)25×20=500

79

附录

杨翼骧自传

杨柳　整理

乔治忠按：先生此篇自传稿，手写于稿纸之上，共两份，一份修改、勾画之处甚多，应为最初草稿；另一份较为整齐，但仍有不少修改之处，应为随后之改写稿。两份手稿皆为未完成之作。

此自传手稿没有装订，保存散乱，其中有不能连贯之处，与《中国史学史》手稿一起放于塑料提袋内，亦同时于2002年底交我保藏。今请杨柳录为电子版，内容、文字皆保持原有状况，并且将两份手稿综合整理，勉求更加臻备。杨柳，今在南开大学工作，系 先生之女孙。

先生自传稿未曾注明撰写时间，但自传中有“……张含英先生是山东曹州府人，当时任黄河水利委员会秘书长，他详细讲了黄河的水质、为患的原因、河患的危害、河患的历史、治理水患的方法等，深入浅出，生动感人。因黄河与山东人民的利害关系密切，不仅增长了我们的知识，而且引起了对黄河的极大关心。张先生在新中国成立后任水利部副部长多年，今年已九十七岁高龄，但身体仍很健康。几个月前我曾在电视上见到他的讲话的形态，精神矍铄、蓄留长髯，慷慨激昂、声若洪钟”一段叙述，查张含英生于1900年5月10日，此处言张含英先生已九十七岁，时间自当是1997年，是年 先生正好八十寿辰，众弟子为 先生组织了庆祝活动。

但文末 先生又言“我已年逾古稀，正向耄耋迈进”，似为更早几年所撰。综合推测，本篇自传似应撰于1987年之后，乃是未成之稿，1997年仅在个别段落有所补充、修改，而仍未撰成定稿。特别是对自己在中国史学史方面的教学与研究，言之甚略。然而，先生一生矢志于中国史学史专业之研究，声名早已笄动于海内外矣。

杨翼骧，1918年8月15日（旧历七月初九日）出生于山东省济宁市金乡县的一个教师之家。我的祖父杨锡敏，字励甫，是私塾教师。父亲杨纬坤，字经元，大伯父杨华坤，字止畿，二伯父杨炳坤，字汉章，叔父杨化坤，字赞元，都是中学教师。

我的启蒙老师是我的祖父。在我四岁的时候，祖父开始教我识字、读书。从人、手、刀、尺等单字学起，其后又陆续读《三字经》《百家姓》《千字文》《唐诗三百首》《诗经》。每教完一段，就叫我反复朗读，直到能完全背诵了，再教下一段。祖父教私塾时，对学生很严厉，学生不能背诵或不守规矩，就要挨打。后来年老不教私塾了，便在家教自己的孙子，仍很严厉，我的两个堂兄（一名杨翼辰，字德如，后改名一辰；一名杨翼心，字希文，后以字行）跟祖父念书时，也经常挨打。但到了教我的时候，祖父已年近古稀，身体衰弱了，脾气也变好了，从来不打我，而且当我背诵得好时，还赏给零食吃，带我出去玩。后来两个堂兄谈及此事，都很羡慕我。

我到了六岁的时候，该上小学了。那时我父亲在山东省立第一师范学校教书，祖父便带我去济南，到第一师范附属小学读书。在我上学的第一天，祖父亲自送我进入校门后，就离开济南回家乡去了。

我自上小学后，便由父亲管教了。父亲对我非常严厉，我每天下午放学后必须回家用毛笔练习五张大楷，每张十六字，如回家晚了或者写不完、写不好，就要挨打。每逢寒暑假期，父亲上午教我读古书和古文，下午练字，先后读了《论语》《孟子》《大学》《中庸》《左传》《古文观止》《幼学琼林》等，每讲一段或一篇，都要背诵，背不完全就挨骂或挨打。别的同学都盼着放寒暑假，可以痛痛快快地玩，而我却害怕放假，经常挨骂挨打，反而不如在学校上课时自由愉快。这时祖父已去世，我回想起跟祖父读书时不但不挨骂挨打，还常常得到好吃的糖果，脑子里便出现了祖父慈祥温和的音容笑貌，不禁流下怀念的眼泪。

1928 年初，当我读完小学五年级上学期的时候，国民党北伐军前锋已进入山东境内，当时盛传日本侵略军将出兵济南，以阻止北伐军北上。为了躲避战争的灾难，有两位同乡介绍我父亲到青岛工作，于是全家移居青岛，我在北京路小学五年级下学期插班读书。果然，日本侵略军在这年 5 月 3 日制造了"济南惨案"。直到年底，日军还控制着济南的局面，而且要向青岛扩张势力。所幸当时胶济铁路和津浦铁路依然畅通，我们又再次避难由青岛回到金乡老家。

1929 年上半年，我在金乡县立第二高小插班读六年级下学期，夏天毕业。暑假后考入金乡新成立的里仁初级中学。过了一年，里仁初中因经费困难而停办，遂到济南转入育英初中读书。1933 年育英初中毕业，考入山东省立济南高级中学（简称济南高中）。

我自从初中一年级到高中三年级，都是住在学校，因而接触了很多来自山东各县的同学，结识了一些要好的朋友。当我读到初中二年级的时候，因受同寝室的一位酷爱新文学的同学的影响，开始阅读新文学作品。这位同学读过不少新文学的书籍和文章，常向我介绍著名作家鲁迅、郭沫若、郁达夫、茅盾、巴金、老舍等人作品的特点，讲述当时文坛的情况，使我对新文学发生了很大的兴趣。平时每天都用大部分课余时间看新文学作品，星期日要看一整天。到了初中三年级的时候，另有几位同学组织了个"小小文艺社"，每月出一次《小小文艺》壁报，我写过几篇稿，渐渐和他们熟识了，常在一起交谈，使我对新文学的兴趣更加浓厚。

我考入高中后，虽然功课比较繁重，但对新文学的兴趣有增无减。当时济南有两份省办的报纸，一是《山东民国时报》，一是《山东日报》，两报都有文艺副刊。我看了副刊上的文章后，便萌发了投稿的念头。有一天，我用笔名向《山东民国时报》投了一篇散文稿，过了半个月，还没有刊出，我以为没有希望了，可又过了几天，忽然就登载出来了。第一次看见自己手写的文稿用铅字排印在报上，那高兴劲真是前所未有，难以形容。后来我又数次向两报的文艺副刊投稿，登载了几篇散文和几首新诗。有一次，《山东日报》的文艺副刊举办新诗竞赛，我写了一首三十多行的新诗参赛，揭晓后居然列在第三名，而第一、二名都是当时在济南文坛上的有名作家。我这时心里有些飘飘然了，忽发奇想：将来要当作家。我把这个想法告诉了一位很要好的同学，不料他却给我泼冷水。他说："当作家必须能写长篇小说，你不会写长篇小说，就当不了作家。况且你没有什么大的文学天才，在'报屁股'（对报纸副刊的称呼）上发表点小作品还凑合，要想当全国知名的作家，你一辈子也当不成。"我当时听了他的话黯然神伤，但因一向佩服他的见识，仔细想想，也觉得他说的对。我那时刚刚进入高中三年级，本打算毕业后报考大学中文系，听了他的话后，我原来的打算便动摇了，既当不了作家，又何必考中文系呢？

济南高中在山东是一所有名的学校，革命作家胡也频、进步学者楚图南都曾在此任教。自 1932 年宋还吾先生担任校长之后，大力聘请良师任教，师资力量更强了。在我入学后的三年（1933—1936）里，任教的老师先后有数学老师缪蕴辉，英文老师张友松、顾绶昌、卞之琳，国文老师李俊民（李守章）、陈翔鹤、王冶秋、李何林、季羡林，化学老师蒋程九，物理老师周铭西，历史老师王祝晨、许衍梁，地理老师祁蕴璞、阎味辛、段耀林（苏庄）、张子桢（维翰），体育老师张茂林等，他们后来大都成为大学教授，有的则是国内外著名的专家、学者。

此外，宋校长还邀请一些全国著名的专家、学者到校作学术讲演，以激励我们求学上进的意志。其中给我印象最深的一次是水利专家张含英先生讲黄河的水患，陶希圣先生讲中国历史的特点等。张含英先生是山东曹州府人，当时任黄河水利委员会秘书长，他详细讲了黄河的水质、为患的原因、河患的危害、河患的历史、治理水患的方法等，深入浅出，生动感人。因黄河与山东人民的利害关系密切，不仅增长了我们的知识，而且引起了对黄河的极大关心。张先生在新中国成立后任水利部副部长多年，今年已九十七岁高龄，但身体仍很健康。几个月前我曾在电视上见到他的讲话的形态，精神矍铄、蓄留长髯，慷慨激昂、声若洪钟。想不到近百岁的老翁，尚有如此雄姿。

二

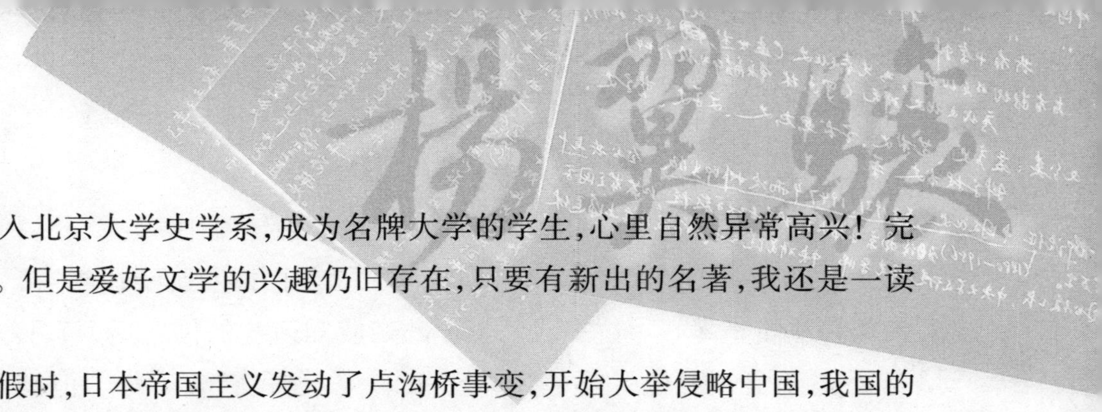

1936年夏天，我在山东省立济南高中毕业后，考入北京大学史学系，成为名牌大学的学生，心里自然异常高兴！完全断绝了当作家的幻想，也不再向“报屁股”投稿了。但是爱好文学的兴趣仍旧存在，只要有新出的名著，我还是一读为快。

1937年7月7日，当我读完大学一年级，刚放暑假时，日本帝国主义发动了卢沟桥事变，开始大举侵略中国，我国的抗日战争开始了。此后不久，北平、天津相继沦陷。北京大学、清华大学、南开大学三校南迁，在湖南长沙联合成立了长沙临时大学。我于9月间在家乡接到通知去长沙报到入学。但这时山东局势已告危急，我的父亲是中学教师，学校停办，教师已领不到薪金，平时也没有什么积蓄，实在无钱供给我到南方上学，故未能按时去长沙报到。过了几个月，我决心不顾一切困难去长沙复学。在亲友的帮助下，经过许多艰难曲折，才于1938年2月抵达武汉。到了武汉之后，始知北大、清华、南开三校已离开长沙，迁往云南昆明，成立西南联合大学。这个消息使我大失所望，顿时陷入困境。去长沙已无用了，只好暂留武汉。

当时要想去昆明复学，只有两条道路。一是由湖南经过贵州进入云南，但这条道既无铁路，又无公路，不能乘车，只能步行。长沙临时大学的师生去昆明，是有组织地结队步行的，有专人负责拉运行李，我一个人背着行李走这条道，是绝对不可能的。一是由武汉乘火车经过长沙、衡阳到广西桂林，再乘公路汽车经柳州、南宁、凭祥进入越南国境，由河内乘滇越铁路火车到达云南昆明。我要去复学，只能走这条道了。但是，我毫无办法一次筹措到这条道的路费。我初到南方，人生地疏，在武汉待了十几天之后，口袋里只剩几元钱，眼看生活已成问题。幸亏我的一位表兄也从山东流亡到武汉，他身上的钱虽不多，但还可挤出一点来帮助解决我的吃饭和住宿问题。后来武汉局势危急，表兄离去，我在另一好友的帮助下，先到湖南长沙住了几个月，后又经过衡阳到达广西桂林。

在桂林，忽然遇到了一位中学时期的老同学，他与我是同乡，而且有亲戚关系。真是“他乡遇故知”，格外高兴。但这时他也是处于穷困的境地，只能陪我游览山水名胜，得到精神上的快慰，不能给我经济上的帮助。不过，他告诉了一些老同学、亲戚、朋友的消息和地址，扩大了我的联系面，对我很有利。大约过了一个月，我得知表兄在柳州找到一份工作，便决定到柳州去。

那时从桂林到柳州，虽然有公路，但长途汽车每天只开一次，售票仅三十张左右，而每天等候乘车的至少有一千人，买票时又毫无秩序，拥挤不堪。我去了两次，挤不到售票窗口，票就卖完了。我无法买到票，只好沿途步行。前往柳州，步行需要七天，我只背着一条被子、几件衣服和一些必需品上路，其他东西都交给那位老同学了。走了三天到了阳朔，我的脚已经磨了十几个大泡，疼痛难忍，实在走不动了，便在路旁休息。正在愁苦之际，忽然看见一个熟人，赶紧去打招呼，他从前是我父亲的学生，当时在中央研究院社会经济研究所工作，我向他说明了我的情况，他很热情，留我在阳朔暂住，说过几天他们研究所有卡车运书到柳州，让我随车前往。我大喜过望，便在阳朔住下。过了两天，我脚上的泡消失，能够走路了，便再次到“桂林山水甲天下，阳朔山水甲桂林”的圣地，饱览秀丽的风景，享受了意外的乐趣。

我终于乘车到了柳州，暂时安顿下来。然而不到两个月，我表兄的工作单位奉命转移到重庆，我不能再住在柳州，必须另谋出路，便写信向亲友求援。当时手中只有几元钱，生活濒临绝境，而求援的信又不知何时才有回音，每天只能花一毛钱，在忍饥挨饿中盼望得救，如果这几元钱花完，我就要沦为乞丐了。当时亲友们的生活都已非常拮据，不能再资助我了。幸好，天无绝人之路。一位好友的哥哥在南宁湘桂铁路工程局任职，承他热心帮忙，1938年12月，介绍我到湘桂铁路第三工程总段任抄写员，月薪二十四元，于是，我的生活就暂时安顿下来了。

湘桂铁路第三工程总段设在距南宁一百多公里的崇善县，有一个县立的图书馆，借书很方便。我的工作是抄写公文，因公文不多，白天上班的大部分时间都在阅读史书，晚上便可用全部时间读书，每天可读书八至十小时。就这样度过了八个月的平静生活。

到了1939年8月下旬，应该到昆明西南联合大学去复学了，但路费还差得很多，又为之发愁陷入困难之中。我的月薪是二十四元，可是在崇善的伙食费很高，每月要付十七元，再加上日常生活必需品的支出，我虽极力节省，每月所剩也不过四元左右，这时我手中只有三十多元。因为我要在9月初启程，优惠发给我9月份的薪金，加起来也只有五十多元。从崇善出发，经凭祥进入越南河内乘滇越铁路的火车到达昆明，共需一百元左右，而我手中路费还差五十元，异常焦急。幸亏好心的总段长翟维泮先生知道我的困难后，慷慨捐赠五十元，才使我得以启程，这真是雪中送炭，令我感激不已。

1939年9月8日，我终于在失学两年之后抵达昆明，在西南联合大学报到复学了。见到了阔别两年的北大的老师和同学，不胜欢乐！可是，新的生活问题也出现了。那是学校对家在沦陷区的学生发“贷金”，但不直接拨发到学生手里，而是用于在食堂吃饭。吃饭时八个人一桌，四小碗菜，因菜量少，很快就被吃光了，而且米饭里有不少的稗子和砂子，要挑拣出去才能吃，所以每顿饭总是吃不饱，饭后不过两小时就又饿了。有钱的同学可在校外的小饭馆里补充些食物，我没有钱只好忍受饥饿，经常听到自己腹内辘辘之声。此外，我没有钱，买不起鞋袜之类的生活必需品，总是穿着一双“空前绝后，脚踏实地”的鞋。“空前”，是前面露着脚趾；“绝后”，是后面露着脚跟；“脚踏实地”是鞋底破了洞，脚肉直接踩着地面。幸好一位在成都工作的亲戚知道我的情况后，每月给我五元钱以资零用。他是一个普通职员，每月收入有限，这五元钱是他省吃俭用挤出来的，实令我感激不尽。但到了下一年，物价大涨，他已自顾不暇，也无力再接济我了。

二年级总算勉强读完了，到了三年级，因毫无经济来源，只得寻找课外的工作以维持生活，或做家庭教师，或在中学兼课。但当读完三年级时，又出现了严重的危机。那时日本飞机频繁轰炸昆明，为避免灾难，各中学都迁往外县，许多家庭逃居异地，我既不能在中学兼课，也不能做家庭教师了。眼看过了暑假就要读四年级了，而生活费用无着落，怎能完成学业呢？如因此辍学，岂不前功尽弃！暑假一开始，我就焦急万分，每天设法寻找工作。但找工作又谈何容易，我所认识的人都没有这个能力，只有辗转托人。一个月过去了，毫无结果。正当绝望之时，忽然有一位在重庆工作的原山东省立第一中学校长孙维岳先生来昆明办事，知道我的情况后就尽力为我探询，总算幸运，竟然通过一位在某机关任科长的山东同乡张仞千的介绍，给我找到了一个会计员（实际是记账员）的工作。因那时日本飞机进行轰炸，都在早晨到中午，这个机关的办公时间便定在下午三时到六时。暑假后我上午在校上课和准备毕业论文，下午去上班。会计员的薪金虽然不多，但我省吃俭用，每月都可有些剩余。到了 1942 年 3 月，我必须全力撰写毕业论文，而且半年多的积蓄已够我维持到毕业的生活费用，便辞去了会计员的工作。

1942 年 7 月，我终于完成学业了。当我拿到大学毕业并获得学士学位的证书后，回顾几年来的艰辛坎坷，不禁激动得流出眼泪，长叹一声：好不容易啊！

西南联合大学的师生，大多数都过着清苦穷困的生活。但因是在抗日战争期间，大家同仇敌忾，奋发激励，在艰苦的环境里孜孜不倦地从事教学和研究工作，充满了爱国的朝气和良好的学风，发扬民族自强精神，取得了优异的成绩，树立了中国教育史上的一座丰碑。著名文学家林语堂来校讲演时，一开始就对师生们赞叹说：“你们的生活不得了，你们的精神了不得！”

回忆在昆明西南联大读书时的情景，已过了五十多年，但印象还是非常深刻。在当今伟大的新时代，政治安定，社会繁荣，生活条件逐渐优裕，远非那时的艰苦环境可比，但那时艰苦奋斗的精神，还应时时激励着我们不断前进，取得更大的成就。

我自 1938 年南下，辗转中南、西南各地，历经艰难困苦，多次贫病交加，长期忍饥挨饿，当我步行离开桂林时，因不能多背行李，把原有的一床褥子丢弃了，只有一条被子。直到西南联大毕业都是冬天在床上铺稻草，夏天把稻草撤掉，睡硬板床。大学毕业后，才添置了褥子，不再穿“空前绝后”的鞋。但长期挨饿的痛苦经历一直牢记心中，使我降低吃穿的物质要求，只要能过上温饱的生活就知足了。

我自大学毕业后，历任西南联大历史系助教、北京大学史学系助教、讲师，南开大学历史系副教授、教授兼南开大学古籍整理研究所所长、南开大学学术委员会委员。现任南开大学历史系教授，史学史专业博士生导师。

我于 1936 年考入北京大学史学系之后，在一年级的几门必修课中，有赵万里先生讲授的中国史料目录学，姚从吾先生讲授的历史研究法。因在中学里没有这类的课，听起来觉得很新鲜，也很感兴趣。自 1939 年 1 月，在广西崇善阅读了梁启超先生的一些史学论著，特别是读了《中国历史研究法》及其《补编》之后，便对中国史学史这一学科发生了浓厚的兴趣，专心阅读这方面的书籍。自 1939 年 9 月到昆明西南联大历史系复学之后，除上课外，大部分时间都在阅读有关中国史学史的书籍。因在梁著《中国历史研究法》第二章《过去之中国史学界》中，有“两晋六朝百学芜秽，而治史者独盛，在晋尤著。……而我国史学界亦以晋为全盛时代”的话，我便试写了《晋代之史学》一文。

1940 年，姚从吾教授首次在西南联大历史系讲授中国史学史课，我也是首次听这门课。在听了第一堂课之后，我便将《晋代之史学》一文交给姚先生审阅。过了几天，姚先生把文稿退给我，并对我说：“现在研究中国史学史的人很少，你既有兴趣，很好，以后要继续学下去了，多读书，不断积累材料，增长知识，进行研究。”姚先生的教导对我后来坚持学习和研究中国史学史，起了很大的促进作用。

1945 年抗日战争胜利之后，西南联大在昆明继续上课，到 1946 年夏天，三校联合的局面结束，分别复员到北平、天津。我随北大回到了阔别九年的北平，仍以中国史学史为学习和研究的重点。1947—1948 年间，我陆续在《经世日报·读书周刊》发表了《司马迁记事求真的方法与精神》《班固的史才》《三国时代的史学》等文。在北京大学讲授中国史学史课程的姚从吾教授，后来调往河南大学任校长，这门课就安排郑天挺教授主讲，而郑先生推荐我讲课，我未敢应承，因为在北大，这种专业选修课都是教授主讲。再后来，是向达先生的鼎力推荐，我才开始任课，但仍然担心选修人少，结果

还不错，于是提高了信心，治学也可以走上自己的专业道路了。

1949年1月北平解放，这年暑假后，我在北大史学系教中国史学史课。随后讲授内容有所调整和扩充，时段从上古一直到新中国成立前，分古代和近现代两大部分。古代分八章，每章之后介绍同时期西方史学的情况，并且做出比较；近现代分资产阶级史学、马克思主义史学二章，前者从梁启超开始，后者从李大钊开始，都是讲到临近新中国成立前。

在50年代，我学习马克思主义理论，并将之运用到历史教学和研究中去，参与了史学界的一些学术讨论。例如关于项羽是不是秦末农民起义领袖的问题，史学界有些同志颇为怀疑，认为项羽出身于旧楚国的贵族，怎能称他为农民起义领袖呢？我根据多年来对史实的分析研究，发表了《为什么项羽是农民起义领袖》一文（刊载于《历史教学》月刊1954年5月号），认为项羽虽然出身于旧贵族，但他响应了陈胜、吴广发动并领导的农民起义，积极进行反抗秦朝残暴统治的斗争，领导农民起义军消灭了秦朝的主力军，在推翻秦朝、完成农民起义军的历史任务中有重大功绩，代表了农民阶级的政治利益，应是秦末农民起义领袖之一。此文引起史学界的普遍重视，导致了一场热烈的学术讨论。又如在中国古代史分期问题的讨论中，史学界对汉代的社会性质有两种不同的看法，一说认为是封建制社会，一说认为是奴隶制社会。1956年3月，我发表了《关于汉代奴隶的几个问题》一文（刊载于《南开大学学报》1956年第2期），从汉代奴隶的名称、俘虏与奴隶的关系、奴隶在社会生产中的地位、奴隶的法律地位、奴隶的数量等五个方面的情况，分析阐明了奴隶在汉代已不是主要的生产劳动者，得出汉代不是奴隶制社会的结论。又如1959年在全国开展了对曹操评价问题的讨论，我发表了《曹操打乌桓是反侵略吗?》一文（署名木羽，刊载于《天津日报》1959年5月11日，后被收入三联书店1960年1月出版的《曹操论集》一书），针对史学界普遍认为曹操攻打乌桓是反侵略性质的战争的说法，明确地提出驳议，指出：1. 乌桓在东汉末年已是接受东汉统治的少数民族，不是外族；2. 三郡乌桓曾经反抗过东汉政府的压迫，参与过东汉统治阶级内部战争，但没有进行侵略，不是侵略内地的外患；3. 曹操攻打乌桓是为了消灭他的劲敌袁氏势力，是统治阶级内战的一部分，不具有反侵略性质；4. 曹操攻打乌桓的客观作用并非稳固了边境的安宁，消除了外患，而是扩大和巩固他在北方的统治；5. 曹操攻打乌桓使这个少数民族遭受摧残，有害于乌桓人民经济与文化的发展。我的意见是：总起来看，曹操在历史上是起了进步作用的，但不能把曹操的一举一动都说成正义的行为，具体问题要具体分析，把曹操打乌桓说成是反侵略的正义行动是错误的。

在50年代，我除了参加学术讨论、发表了几篇文章外，还出版了《秦汉史纲要》一书（上海新知识出版社1956年3月出版，上海人民出版社1957年11月重印）。

抗日战争以前，我只是一个单纯、幼稚的学生，没有社会知识，不懂为人处世之道。抗日战争以后，我涉身世间波浪，几经沉浮，屡尝苦水，始知生存之艰难，做人之不易。所以抗日战争是我一生的转折点，从而感悟到：青年遭受一些困厄，是幸运而非倒霉。时光如流水，半个多世纪倏然而过，我已年逾古稀，正向耄耋迈进。体弱脑衰，文笔笨拙，一生碌碌无成，乏善可陈，谨略述如上，聊以充数而已。

对爷爷的怀念

杨柳

我的爷爷杨翼骧，生前是南开大学历史学教授、著名的中国史学史专家。在我很小的时候，对于爷爷的名字倒还不大关注，而“史学史”这个词则常在耳边回荡，因为爷爷与奶奶、与父亲、与来访的学界客人在谈话中，总是要说到中国史学史。可是年幼的我一直不理解其中确切的含义，后来年龄逐步增大，开始从长辈的话语中稍稍有所认知，原来这是研究史学发展历史的学问啊。这门学问与爷爷的一生事业联系得无比密切，看到“史学史”这个词语我就会想到爷爷，而想起爷爷也就会联想到中国史学史。而今我在南开大学从事人才管理的工作，常常涉及史学史专业，也往往看到文件上有爷爷的名字，这时时引起我对爷爷的深切怀念。

在我还是一个小孩子的时候，和爷爷住在一起，那时的记忆便是爷爷每天从早到晚戴着一副眼镜，坐在一把旧式藤编椅子上，有时手里还会拿着一支香烟，在摆放着一盏老式台灯，整齐有序地摆满各种书籍、卡片的大书桌前，很认真地读书、写字。爷爷伏案读书写字，全神贯注，不受任何干扰，有时甚至忘了手中点燃着的烟。我清楚地记得很多次一根烟点燃后爷爷都没有抽一口，最后烟快燃烧完了，爷爷就把烟头掐灭扔到烟碟里。这种情景一直到现在我都记忆犹新，而且是那种定格式的印象，一想到爷爷眼前就首先会呈现这个画面。

儿时的记忆还有家里几柜子的书、数不清的卡片和一沓沓的稿纸。小的时候最喜欢的就是坐在爷爷的椅子上，趴在书桌前摆弄爷爷桌子上的各种东西。当时不明白桌子上的书和各种学术资料，只是乐此不疲地拿起爷爷的手表、放大镜、橡皮、钢笔、圆珠笔、铅笔等玩一下。出于好奇，有时也偷偷打开爷爷的书柜看一看里面的东西，发现家里藏有许多那种发黄的线装书，上面的字都是繁体字，大多不能认识，而且都是竖行，也没有标点符号。朦胧地只觉得那是单独属于爷爷的另一境界，很有一股说不清的敬畏感。

小时候家里常常来人，那时我便知道这是学生来上课或者有人来找爷爷讨论学术问题。只要家里来人，爷爷便会很热情地请客人到沙发上就座，奶奶会给客人倒上一杯茶水，然后我们便会离开。我从小被告知，家里来客人时，首先要向客人问好，之后不要随便打扰爷爷和客人谈话。但是我那时还是小孩子，常常溜出自己的屋门，隔着门缝偷偷往爷爷那屋里看看。每次看到的要么是爷爷手中端着书，要么是拿着厚厚的稿纸，与客人亲切地交谈，不时地能听到屋里传出朗朗笑声。多年之后，很多曾与爷爷接触的人都赞称爷爷具备超乎一般的睿智与幽默，说他心胸豁达、言谈诙谐，与他交谈，哪怕是极严肃的学术问题，也不会感到枯燥和艰涩，他往往会于旁征博引之中，穿插一些诙谐的典故，使人在愉悦的笑声中，加深了对他的学术观点的理解。同时很多人还说他口才好和具有幽默感，在日常谈话中常常使用幽默诙谐的语言，甚至开个儒雅的玩笑，具有善解人意和与人为善的长者风范。这些，正好与我记忆的场景相印证。

伴随着我的成长，我对爷爷的许多优秀品格有了进一步的认识。从小爷爷对我疼爱有加，从来没有训斥过，甚至没有说过不好。现在想来，他是以一种正面教育的方式，在不伤及我自尊心的前提下给我讲明做人的道理，让我自觉、牢牢地铭记于心。

早在上小学的时候，记得一次班里组织教师节诗歌比赛，然后会将一些胜出的诗词，在学校简报上刊登。老师布置这项课外活动的当天，我在放学回家的路上，就想出了让爷爷代替我写一篇诗歌上交的主意。回家后，我不好意思将要求说出口，总是悄悄溜到爷爷屋里，看见爷爷在看书，就又回到自己屋里，一会儿再去看看。开始爷爷并没有注意到我，后来他发现我总是扒门缝看他，便叫我进屋坐在椅子上，看我的神情就知道有事情，于是开口问我是不是有什么事情要说，我将诗歌比赛的原委和打算说了一遍，心理却害怕受到爷爷的拒绝与批评，然而令我大喜过望的是，爷爷毫无异议地答应了我的要求，很快替我写了首诗词，我将之朗诵、上交而得到赞誉，随后也如愿以偿地在学校简报上刊登出来，我心里自然很是欢喜和得意。几天之内，爷爷并未提及代写诗词这件事情，一直等我得意的心情已经渐渐消退，才在一次似乎不经意的谈话中说到这件事情，他言辞虽然并不严厉，但平心静气中显现了语重心长，告诫我为人要诚实，治学要严谨的道理。爷爷认为：代写这篇诗词，因其属于课外活动，所以姑且为之，然后与当事的孙女一起做出反省，错误主要由爷爷承担，而孙女可以取得最佳的教益。我当时听后，顿时感到自己不应为了满足虚荣心而让爷爷代写，恨不得有个地缝就钻进去。在爷爷对我的多次教育中，这是记忆最深的一次；其中的道理使我受益匪浅，享用终生，决心学习和继承爷爷真诚无伪、正派不欺的优秀品格。爷爷在治学和做人上都有严格的道德标准，他常常教导学生：“治学先学做人”“治学是为了做人”“治学是为了做一个有文化素养和品德高尚的人”，爷爷对这个道理言传身教，对学生、对后辈都有同样的严格要求。直至今日，我仍旧时刻谨记这些看似平常却富含哲理的指点，以此鞭策我的工作和学习。我想待到我的孩子长大后，我也会以此种方式来教育她成长的。

记得上中学的时候，电视里常放些与历史有关的剧目，例如《戏说乾隆》《三国演义》《水浒》等等。伴随着电视剧播放的热潮，我对读历史书颇感兴趣。那时我们已经不和爷爷住在一起了，但放学回家，总会先到爷爷那里待一会儿，于是每天都和爷爷讨论电视剧中的人物、历史背景和剧情。爷爷告诉我，如果喜欢历史一定要读历史书籍，不要只看电视剧，因为电视剧里的很多情节都是虚构的，不能真实地反映历史情况。每次我和爷爷提到一个历史剧中的事件和人物，爷爷总是帮我找一些书，告诉我有空的时候要多读一点历史方面的书。现在想来，当时爷爷是有意识地培养我爱读书的学习习惯，可惜我没有领会他的意图，他拿来的书有时只是读了一点便放到一边，有些书甚至没有翻看过。爷爷看到我读书实在不认真，终于有一天和我语重心长地谈了话。他告诫我做任何事都要认真坚持，不能仅凭一时兴趣半途而废，找准一个目标就要勇往直前、坚持不懈，只有拥有坚韧不拔的品格，勤奋好学的精神，谦虚谨慎、严于律己，才能成就一番事业。当时我是个上初中的学生，爷爷说的话只能听个皮毛，不能深刻理解。现今想来，这正是爷爷一生严格要求自己的准则，我终于理解了爷爷在年轻的时候为什么不顾路途遥远、困难重重，毅然决然奔赴昆明西南联大求学，其间贫病交加，艰苦备尝，屡陷饥饿，难以为生，就是在这样的困境中，他仍然不忘发奋读书。爷爷年轻时几经磨难、屡遭挫折，但他目标坚定、矢志不渝、锲而不舍，终于成为著名的史学史专家。

爷爷一直保持着博览群书和广泛接受各种新知识的兴趣与习惯，在上大学期间和工作以后，爷爷在哲学系选修了汤用彤先生讲授的魏晋玄学，在中文系选修了刘文典先生讲授的文学批评，在经济系旁听了陈岱孙先生讲授的财政学。工作之余，他仍对文学抱有浓厚的兴趣，中外许多文学名著，他都读过，而且有自己的文学观点。由于他爱好广泛，在哲学界、文学艺术界都有不少朋友，这些都是我听说的。但是我记忆中的一件事情，更能反映爷爷谦虚好学的精神。我清楚地记得在爷爷还能自己上下楼的时候，他常和老朋友们一起在马蹄湖畔散步，他们的散步队伍中有文科教授，也有理工科教授。爷爷告诉我，一天早上，他们因为 CD、VCD、DVD 和 TY、MTV 的不同进行了热烈的讨论，经过几位理科教授的讲解，他明白了它们之间的不同和相同之处，也大致了解了发展过程和现在的应用情况。爷爷说他非常高兴，因为他明白了此前他不了解的名词，而且他说那几位理科教授讲得很好，深入浅出，让他们这些学文科的人了解了很多知识。随着时代的变迁，信息时代的到来，一些新鲜事物和新兴词语的涌现，爷爷作为一个步人耄耋的老人，依然保持着学习的劲头。在眼睛条件允许的情况下，他坚持每天读书看报，主动接受新思想和新事物。他常说，人要活到老、学到老，要做到不耻下问，人的一生要勤于学习，要多动脑，善于发现问题并解决问题。

后来我上大学了，由于是在外地读书，每年也只是利用放假回津期间去看望爷爷，平时很少交流。爷爷虽然年纪大了，却依然思维敏捷，善于言谈，每次交谈总能告诉我一些人生感悟。爷爷很关心我的学习与生活，经常让我给他讲当下的大学生活，他很认真地听，而且还会时不时地给我作些点评，还会列举出他上大学时候的事情讲给我听。他经常告诫我，年轻人要珍惜现在安定、幸福的生活环境，现在条件好了，还是要养成勤俭节约、吃苦耐劳的良好习惯。作为学生要以学习为第一要务，不但要主修好自己的本科专业，中文、历史、哲学等这些课程自己有时间还是要多学习一些，这样对自己今后的发展会有很大的帮助。当时爷爷还嘱咐我，当今社会浮躁的不良风气已经渗透到学术研究领域，作为学生必须要做到诚实做人，学会严谨治学。治学要有四心，即雄心、专心、细心、虚心，其中细心就是要严谨治学。由治学推及做事，年轻人同样要奉行严谨认真的原则，同时年轻人要做到尊人自重、严于律己、宽以待人，与人交往要以礼相待、诚恳交往，这些都是中华民族的传统美德。爷爷常说做事情决不能马虎，要有理有据，做学问更来不得半点虚假，从查阅资料到甄选证据，从论述方法到文章誊写，都要反复推敲，甚至遣词用语都要反复核对，做学问得出的结论要经得住时间的考验。

在我即将大学毕业之时，爷爷的身体每况愈下，但只要身体条件允许，他还坚持看一会儿电视或报纸，了解当天的新闻。2002 年年底，收录他主要学术论文的《学忍堂文集》得以出版，见到书后，他颇为欣慰，于是很高兴地将此书分别赠与同行学者、同事、弟子以及亲朋好友。在这部书的《自序》中爷爷说：“清代大学者钱大昕有‘书有一卷传，亦抵公卿贵’之语，还应补上一句：‘尽心育后学，胜著等身书’，为人做‘教书匠’者，幸莫大焉！福莫大焉！”看来，爷爷还是将教书育人作为最重要的职责，把培养出中国史学史的学术人才看作最大的成就，这既是真正的敬业理念，也是一种无私的奉献精神。

2003年春节过后，爷爷住入医院疗养，身体状况似有好转，而2月21日即去世的前一天，本来说好我晚上去医院探望，但当天下午就开始下雨，我一念之差，打电话告诉爷爷改为明天一早就去医院看他。不料次日一早，爷爷突发症状，竟然不治，于2月22日上午9时20分逝世。后来家人告诉我，爷爷从昨天下午就一直惦念我，说等我去看他。这真是令我感到无可比拟的遗憾与悔恨，假如我如约去陪爷爷一个晚上，会最后聆听到许多的教诲，更会给爷爷以极大的安慰。

爷爷去世后，他的弟子们写了一副挽联"长者逝矣，做人楷范，惠施弟子，大地巍巍耸五岳；著述存焉，治学轨则，泽及后生，长空烁烁曜三光"，表达了对爷爷一生做人与治学的由衷景仰。我看到灵堂内大字的挽联从屋顶一直垂到地面，心中百感交集，不由得潸然泪下。

明年是爷爷去世十周年的日子了，爷爷的弟子乔治忠教授鼓励我撰写此文，藉以表达对爷爷的怀念。由于本人才疏学浅，文章词句不免有些平淡，但是这是我内心的真实感受。我和爷爷一起生活了22年，在这22年中爷爷的教诲始终激励着我成长。在我的人生中，爷爷做人与治学的谆谆教诲，依然是我前行的路标，为我指明前行的方向；依然是我前行的明灯，为我照亮前行的道路；依然是我前行的助推器，使我加快前进的步伐。

2012年10月于南开园

杨翼骧先生学术年谱

1918 年(戊午) 1 岁

8 月 15 日(旧历七月初九),生于山东省金乡县。

1936 年(丙子) 19 岁

8 月,考入国立北京大学文学院史学系。

1937 年(丁丑) 20 岁

7 月 7 日,日本帝国主义发动卢沟桥事变,旋即侵占北平、天津,抗日战争爆发,北京大学、清华大学与南开大学迁往湖南长沙,成立长沙临时大学。9 月间接到通知赴长沙报到,但因生活困难,缺乏路费,故暂时休学在家。

1938 年(戊寅) 21 岁

日寇侵入山东,济南、泰安相继陷落。2 月,经徐州、武汉、长沙、衡阳、桂林、柳州、龙州等地,向已迁往昆明的西南联大进发,其间贫病交加,艰苦备尝,屡陷饥饿,难以为生。

1939 年(己卯) 22 岁

9 月,在友好帮助下,经河内,辗转到达昆明,入西南联大二年级读书,实现了复学的志愿。

1940 年(庚辰) 23 岁

本年草成《晋代之史学》一文,其中有《晋代史官表》一节,列举史官姓名、职称及任职时间,系编辑《晋书》中的记载而成。姚从吾先生审阅并予以鼓励。惜其文已佚。

1941 年(辛巳) 24 岁

在西南联大历史系读书。

1942 年(壬午) 25 岁

在郑天挺先生指导下,本年完成毕业论文《论曹操统一中原》。夏,毕业于西南联大历史系,获文学学士学位,同时获北京大学文学学士学位,留校任教。毕业论文今已佚。

1943 年(癸未) 26 岁

在西南联大历史系工作。

1944 年(甲申) 27 岁

草成《陈寿年谱考略》一文,未刊,今已佚。

1945 年(乙酉) 28 岁

8 月 15 日,抗日战争胜利,日寇投降。北京大学、清华大学、南开大学三校开始进行复员的准备工作。

1946 年(丙戌) 29 岁

7 月,西南联大解散。9 月,随北京大学回北平,在北京大学史学系工作。

1947 年(丁亥) 30 岁

撰成《司马迁记事求真的方法与精神》,刊于本年 10 月 1 日出版的北平《经世日报·读书周刊》第 59 期。内容要点:一、努力于材料的搜集;二、实地考察;三、亲身访问;四、专心锐志完成著作。

撰成《班固的史才》,刊于本年 12 月 17 日出版的北平《经世日报·读书周刊》第 70 期。内容要点:一、班固在史学上的卓越成就;二、郑樵对班固的诋毁;三、章学诚为班固申辩;四、对班固的公正评价。

1948 年(戊子) 31 岁

撰成《三国时代的史学》一文,连刊于本年 1 月 7 日、14 日出版的北平《经世日报·读书周刊》第 73、74 期。内容要点:一、史官的设置;二、官修国史的经过;三、史家与史书述略;四、总论。

撰成《漫谈历史的研究》一文,刊于本年 1 月 16 日出版的济南《山东日报·问学周刊》(季羡林主编)第 13 期。内容要点:一、研究历史的目的及功用;二、阅读与研究;三、史料与著作;四、考证与叙述;五、历史与文学;六、史评与史观;七、研究历史的基本工具。

撰成《读史笔记——西园八校尉》一文,署名"骧"。刊于本年 2 月 11 日出版的北平《经世日报·读书周刊》第 78 期。内容要点:考证东汉灵帝时西园八校尉的姓名与职务。

1949 年(己丑) 32 岁

1 月 31 日,北平和平解放后,开始学习马克思列宁主义、毛泽东著作。9 月,开始在北京大学讲授中国史学史课。

1950 年(庚寅) 33 岁

在北京大学讲授文、法学院共同必修课中国通史,试以马克思主义的立场、观点自编教材。

1951 年(辛卯) 34 岁

与张政烺、余逊、宿白、商鸿逵、金毓黻合作撰成《五千年来的中朝友好关系》一书,撰写其中《现代的中朝友好关系》一章,于本年 10 月由开明书店出版。

1952 年(壬辰)35 岁

因全国高等学校院系调整,从北京大学调往北京政法学院(今中国政法大学前身)任教。此年,教育部下达文件,指定郑天挺由北京大学调往天津南开大学,任历史系主任兼中国史教研组主任。

1953 年(癸巳) 36 岁

由郑天挺先生相召,准备调往南开大学历史系工作。本年 9 月初,为调往南开大学及时开课,已经基本拟好中国通史秦汉至南北朝一段讲课提纲。郑先生、南开大学有关机构及负责人鼎力协办相关事宜,直接向高教部申请。10 月间办妥手续,由北京政法学院调到南开大学历史系工作。

1954 年(甲午) 37 岁

2 月,在南开大学讲授秦汉魏晋南北朝史课。撰成《为什么项羽是农民起义领袖》一文,刊于本年 5 月出版的《历史教学》月刊。内容要点:一、项羽响应了农民起义;二、项羽积极参加了农民革命战争;三、项羽击破了秦朝主力军;四、推翻秦朝统治后的项羽;五、结束语。

1955 年(乙未) 38 岁

在南开大学讲授中国历史文选和中国史学史课程。

1956 年(丙申) 39 岁

撰成《秦汉史纲要》一书,由上海新知识出版社于本年 3 月出版。本书 16 万多字,以经济、政治、文化、外交等几大结构简明扼要地论述了秦汉两朝的历史脉络。出版面世后,立即被许多高等院校广泛采用为教材,次年即于上海人民出版社再版印行。当时，此书与何兹全先生的《秦汉史略》并行于世，30 多年之后，仍被史学界评论为“力图用马克思主义的理论、观点、方法研究秦汉史而产生的第一批全面记叙秦汉史的著作。两书的作者都是功力极深，造诣甚高的知名学者……其筚路蓝缕之功，则非后来的著作可比”（《中国历史学四十年》载林剑鸣之文，书目文献出版社 1989 年 9 月版，第 122 页）。

撰成《关于汉代奴隶的几个问题》一文，刊于本年《南开大学学报》（人文科学）第 2 期。内容要点：一、奴隶的名称；二、俘虏与奴隶的关系；三、奴隶在社会生产中的地位；四、奴隶在法律上的地位；五、奴隶的数量。

本年，仍在南开大学历史系开设中国史学史选修课。

1957 年（丁酉）40 岁

11 月，上海人民出版社重印《秦汉史纲要》一书。

撰成《三国两晋史学编年》一文，刊于本年出版的《南开大学学报》（人文科学）1957 年第 4 期。

本年，仍在南开大学历史系开设中国史学史选修课。

1958 年（戊戌）41 岁

本年春，应邀在天津师范学院历史系讲授中国史学史课，历时一学期。

撰成《战国秦汉史通俗讲话》一书，署名“马襄”。于本年 5 月由北京通俗读物出版社出版。

本年中，“史学革命”风潮兴起，所开设之中国史学史课程被大字报批判为宣扬地主阶级、资产阶级史学。随后，中国史学史选修课被取消。

1959 年（己亥）42 岁

参加全国学术界关于曹操问题的讨论，撰成《曹操打乌桓是反侵略吗?》一文，署名“木羽”，刊于本年 5 月 11 日出版的《天津日报・学术专刊》。内容要点：一、问题的提出；二、在曹操打乌桓之前的四十年中，乌桓没有进行侵略；三、认为曹操打乌桓是反侵略的理由不能成立；四、曹操打乌桓的目的及其性质；五、曹操打乌桓的后果；六、结论。

在南开大学讲授秦汉史专题研究课。

1960 年（庚子）43 岁

《曹操打乌桓是反侵略吗?》一文，被收入生活・读书・新知三联书店于本年 1 月出版的《曹操论集》。

在南开大学讲授中国史学史专题研究课。

应邀在石家庄师范学院历史系讲授中国历史名著选读课，每两周去一次，历时二学期。

1961 年（辛丑）44 岁

因教育部的部署和提倡，中国史学史的研究形成一个热点，教学工作也在全国起步。南开大学历史系恢复了中国史学史的课程设置。

撰成《我国史学的起源与奴隶社会的史学》一文，刊于本年 12 月 6 日出版的《天津日报・学术专刊》。内容要点：一、史学的起源；二、奴隶社会的史书；三、奴隶社会的史学成就。

本年 11 月 23 日至 12 月 8 日，应邀在安徽大学历史系集中讲授中国史学史课程，共讲授 26 课时，另对安徽大学师生、合肥师范学院师生、安徽省历史学者作学术讲座 5 次，呈满负荷工作状态。12 月 9 日回到南开大学，数日后，由南开大学历史系总支书记魏宏运通知：增任杨生茂、杨翼骧为历史系副主任。

1962 年（壬寅）45 岁

任南开大学历史系副主任，到 1965 年。

在南开大学讲授史学名著选读课。

撰成《裴松之与范晔》一文，刊于本年 7 月 14 日出版的《光明日报》。

指导中国史学史进修生一名，即邓瑞。邓瑞，来南开进修中国史学史之时为内蒙古大学教师，后为南京大学教授，始终做中国史学史的教学与研究工作，直至退休。

1963 年(癸卯) 46 岁

本年,南开大学历史系于毕业班中设“中国史学史专门组”,由 杨翼骧先生辅导学习。“中国史学史专门组”成立的目的,是推动一部分毕业生将中国史学作为专业方向,突出南开大学历史学科的特色,有助于全国史学史专业的发展。当时参加专门组的学生有十几名。

撰成《裴松之与〈三国志注〉》一文,刊于本年 2 月出版的《历史教学》第 2 期。内容要点:一、裴松之的生平及著作;二、《三国志注》的内容;三、《三国志注》的价值;四、裴松之在史学史上的贡献。

撰成《刘知幾与〈史通〉》一文,连刊于本年 7 月、8 月出版的《历史教学》第 7、8 期。内容要点:一、刘知幾的生平及著作;二、《史通》的内容;三、《史通》在撰著上的几个特点;四、刘知幾对于史学的贡献。

指导秦汉史研究生一名,即祝马鑫。祝马鑫后为武汉大学教授,从事秦汉史的研究及史学概论教学工作。

1964 年(甲申) 47 岁

撰成《南北朝史学编年》一文,刊于本年 4 月出版的《南开大学学报》(人文科学)第 5 卷第 1 期。

1978 年(戊午) 61 岁

开始招收中国史学史硕士研究生,所招第一届硕士生叶振华(已故)。本年为第一届,此后第二届为王天顺,第三届为乔治忠,第四届为姜胜利、夏素青。后来又有徐蜀、李绪柏、朱端强、赵政、李小沧等硕士生。

1979 年(己未) 62 岁

南开大学历史系中国古代史教研组刘泽华等十人合作,撰成《中国古代史》上、下两册,杨翼骧先生撰写两晋南北朝部分,于本年 7 月由人民出版社出版。

应中国社会科学院和教育部的聘请,担任《中国历史大辞典 · 史学史卷》(古代部分)的主编,开始拟订词目,并参加词条的撰写工作。《中国历史大辞典》为史学家郑天廷等主编的大型历史学工具书,各个分册单行出版后又有合编本,全书于 2000 年 3 月由上海辞书出版社出版。

1980 年(庚申) 63 岁

《中国史学的起源与奴隶社会的史学》《裴松之与〈三国志注〉》《刘知幾与〈史通〉》三篇文章,被收入吴泽主编、上海人民出版社于本年 1 月出版的《中国史学史论集》第一、第二两集。

1981 年(辛酉) 64 岁

南开大学历史系成立古文献研究室,由 杨翼骧先生任主任,并任南开大学历史系学术委员会委员。

本年夏,应尹达先生邀请,至中国社会科学院历史研究所参加几位硕士研究生的答辩。在此期间,会晤了同来参加答辩的北京师范大学教授白寿彝先生、华东师范大学教授吴泽先生,四位教授对史学史学科的发展问题进行了交谈。答辩前夜晚,尹达先生专来磋商中国史学史学科的建设问题,并且讲出其设想与规划,征求 杨翼骧先生的意见并请其协助。

1982 年(壬戌) 65 岁

参加国务院古籍整理出版规划领导小组在北京召开的全国古籍整理会议,随后筹备成立南开大学古籍整理研究所。

1983 年(癸亥) 66 岁

6 月,被任命为南开大学古籍整理研究所所长。10 月,接受南开大学颁发的“从事教育科学四十年纪念荣誉证书”。

与吴泽先生共同主编的《中国历史大辞典 · 史学史卷》,本年 12 月由上海辞书出版社出版。这是《中国历史大辞典》最先出版的分册。

本年,南开大学历史系成立历史文献学教研室,杨翼骧先生任教研室主任。拟定招考硕士生古代汉语科目考题,重点在于测试考生是否直接阅读经史古籍的状况。

1984年(甲子) 67岁

被聘为南开大学学术委员会委员。是年,当选为九三学社天津市第五届委员会委员。

作者署名为严叙的《杨翼骧》(学者介绍)一文并 杨翼骧先生的照片,刊载于《天津社联学刊》本年第4期。

本年,按学校的安排向整个天津市招考古籍整理研究所业务人员,杨翼骧先生负责拟定历史文献学的考题、阅卷和录取。考题与判分标准立足于是否阅读古籍原书,排除请托,严守规范,传为佳话。

杜汉鼎、刘光胜合写的《喜读〈中国历史大辞典·史学史卷〉》,发表于本年《史学史研究》第3期。认为本书"确是我国史学工作不可多得的一部很好的工具书",具有科学性、系统性、知识性、实用性等优点,是"我国史学界开创性的可喜成果"。

1985年(乙丑) 68岁

任南开大学历史系学位委员会委员。本年被国务院学位委员会批准为中国史学史博士生导师。

原《裴松之与〈三国志注〉》一文,被《中国史学家评传》主编者易以《裴松之》为题,收于上册。该书中州古籍出版社本年3月出版。

中国历史大辞典编委会致函南开大学,感谢主编《中国历史大辞典·史学史卷》取得的成就。

1986年(丙寅) 69岁

开始招收史学史专业中国史学史博士研究生,所招第一届博士生乔治忠,第二届姜胜利,第三届汤勤福,此后历届有牛润珍、任冠文、张秋升、孙卫国、岳纯之等,后皆为南开大学及其他大学的教授。

入编甘肃人民出版社的《中国社会科学家辞典》。

《中国历史大辞典·史学史卷》获得上海市优秀著作奖。

撰成《应当继承司马光认真负责的精神》一文,收入吉林文史出版社于本年12月出版的《司马光与〈资治通鉴〉》一书。

1987年(丁卯) 70岁

编成《中国史学史资料编年》第一册(先秦至五代),于本年3月由南开大学出版社出版。

署名蓝天海撰写的书评《评〈中国史学史资料编年〉第一册》,刊于本年12月出版的《史学史研究》第4期,指出这是"首创性的具有为后人修桥铺路性质的书"。

1988年(戊辰) 71岁

署名陆申撰写的书评《推荐一本嘉惠后学的史学专著——评杨翼骧先生〈中国史学史资料编年〉第一册》刊于本年《历史教学》月刊第1期。文章认为本书具有"真、朴、精、博"的特点,"内容翔实,史料宏富,这是编者将自己多年的精心积累,向学术界作出的无私奉献"。对于影响小、成就低或史德低劣的史家及著述,已佚的史籍,亦收录有关资料,"尽量勾画中国史学史的全貌,这种资料丰博而全面的特点,决定了本书在中国史学史研究中拥有不可替代的独到作用"。

1989年(己巳) 72岁

撰成《〈贾谊集校注〉序》,刊于中州古籍出版社本年5月出版的《贾谊集校注》(吴云、李春台合作)。

王兴亚撰写的《中国历史大辞典·史学史卷补正》发表于《河南大学学报》本年第1期。文章肯定了本书的学术成就,随之考订《中国历史大辞典·史学史卷》在一些具体史实特别是史家籍贯的认定上,存在疏误与可争议之处。

1991年(辛未) 74岁

与叶振华合作撰成《唐末以前官修史书要录》(上),刊于本年12月出版的《史学史研究》第4期。

1992年(壬申) 75岁

与叶振华合作撰成《唐末以前官修史书要录》(下),刊于本年3月出版的《史学史研究》第1期。

与孙香兰共同主编《清代史部序跋选》，于本年4月由天津古籍出版社出版。

1993年(癸酉) 76岁

撰成《蔡珪卒年辨》一文，刊于《南开学报》(哲学社会科学版)本年第1期。

对已经留校任职的弟子和在学的史学史专业博士生，做连续性的讲座"谈治学与做人"，对人生的品德修养、处世体验、专业学习、治学态度等诸多问题激浊扬清、谆谆教导，举出的实例涉及了许多学界的往事。

入编天津大学出版社出版的《天津市当代专家名人录》。

1994年(甲戌) 77岁

4月，获得南开大学与君安证券有限公司颁发的"君安——南开科学家奖"。

编成《中国史学史资料编年》第二册(两宋时期)，于本年10月由南开大学出版社出版。

署名宁泊撰写的《史学史研究的今与昔——访杨翼骧先生》，刊于《史学史研究》本年第4期。本文传达了杨翼骧先生对于中国史学史学科发展的回顾和展望，以及自己研究中国史学史的学术体会。

1995年(乙亥) 78岁

署名陆申撰写的书评《读〈中国史学史资料编年〉第二册》，刊于《史学史研究》本年第2期。文章认为本书是"以著作家的史识和总揽史学发展全局的眼光而致力于资料纂辑，在学术上作出了无私的奉献。相信各个方向上的同行研究者，都会从本书中获取裨益，得到启迪，从而使中国史学史的研究更加深入、更加广泛地向前发展"。

与乔治忠合作撰成的《论中国古代史学理论的思想体系》，刊于《南开学报》(哲学社会科学版)本年第5期。

1996年(丙子) 79岁

4月，《中国史学史资料编年》第三册(元、明)完稿，交付南开大学出版社。

杨翼骧先生审定，乔治忠、姜胜利编著的《中国史学史研究述要》，于本年11月由天津教育出版社出版。

1997年(丁丑) 80岁

本年值杨翼骧先生八十寿辰，著名国画家范曾先生特意作画相赠。8月初，北京图书馆出版社出版《中国历史与史学——祝贺杨翼骧先生八十寿辰学术论文集》。8月中，由弟子发起、操办，举行了杨翼骧先生八十华诞的庆贺活动，来自全国各地的硕士、博士研究生与杨翼骧先生共聚一堂，曾经在南开进修中国史学史的南京大学教授邓瑞先生也赶来祝寿。其间，师生之间交流了对于史学史研究和学科发展的体会，介绍了各地大学的历史学科状况。

1999年(己卯) 82岁

《中国史学史资料编年》第三册(元、明)，于本年2月由南开大学出版社出版。

2000年(庚辰)83岁

撰成《悼念杰出的历史学家白寿彝先生》一文，刊于《史学史研究》本年第3期。

2002年(壬午)85岁

仓修良教授撰写的《读〈中国史学史资料编年〉》一文，发表于《史学史研究》本年第2期。此文综合评论已经出版的三册《中国史学史资料编年》，认为"这样一部著作，帮助我们掌握和了解我国史学发展的梗概，对于研究具体史家或史书也创造了条件，嘉惠后学，其功大矣"，"是研究中国古代史学史一部不可多得的入门之书"。同时，文章也举例指出了本书的不足之处。

本年11月，委托弟子乔治忠、孙卫国整理编辑的《学忍堂文集》，由中华书局出版，为《南开史学家论丛》第一辑的八部文集之一，收入 杨翼骧先生的主要论文。《南开史学家论丛》，由国画家范曾先生捐资出版。

2003 年(癸未)86 岁

是年春节之后,杨翼骧先生身体欠安,于天津市总医院住院治疗。2 月 22 日,因突发症状抢救无效,于上午 9 时 20 分逝世。

(乔治忠据《学忍堂文集·附录》所载 杨翼骧先生自订《学术系年》略作补充)

杨翼骧◎著
乔治忠　杨柳◎整理

楊翼驤先生
中国史学史手稿存真

上册

國家圖書館出版社

图书在版编目(CIP)数据

杨翼骧先生中国史学史手稿存真(全二册)/杨翼骧著;乔治忠,杨柳整理. —北京:国家图书馆出版社,2013.9
ISBN 978-7-5013-5157-2

Ⅰ.①杨… Ⅱ.①杨… ②乔… ③杨… Ⅲ.①史学史—研究—中国 Ⅳ.①K092

中国版本图书馆 CIP 数据核字(2013)第 189238 号

责任编辑:赵嫄　南江涛
封面设计:程言

书名　杨翼骧先生中国史学史手稿存真(全二册)
著者　杨翼骧　著　乔治忠　杨柳　整理

出版　国家图书馆出版社(原书目文献出版社,北京图书馆出版社)
(100034 北京市西城区文津街7号)
发行　010-66114536　66126153　66151313　66175620
66121706(传真)　66126156(门市部)
E-mail　btsfxb@nlc.gov.cn(邮购)
经销　新华书店
印刷　河北三河弘翰印务有限公司

开本　1/8
印张　112.25
版次　2013年9月第1版　2013年9月第1次印刷

书号　ISBN 978-7-5013-5157-2
定价　1800.00元

杨翼骧先生

左起：杨翼骧、王钟翰、王思治

左起：陈光崇、杨翼骧、高振铎、杨廷福、
仓修良、吴泽、赵吕甫

左起：陈其泰、瞿林东、杨翼骧、刘泽华

左：师生 1997 年合影
前排右三为南京大学教授邓瑞

左起：杨翼骧、漆侠、刘文英

前排左起：乔治忠、杨翼骧、施丁、罗澍伟、南炳文
后排左起：孙卫国、杨艳秋、叶振华

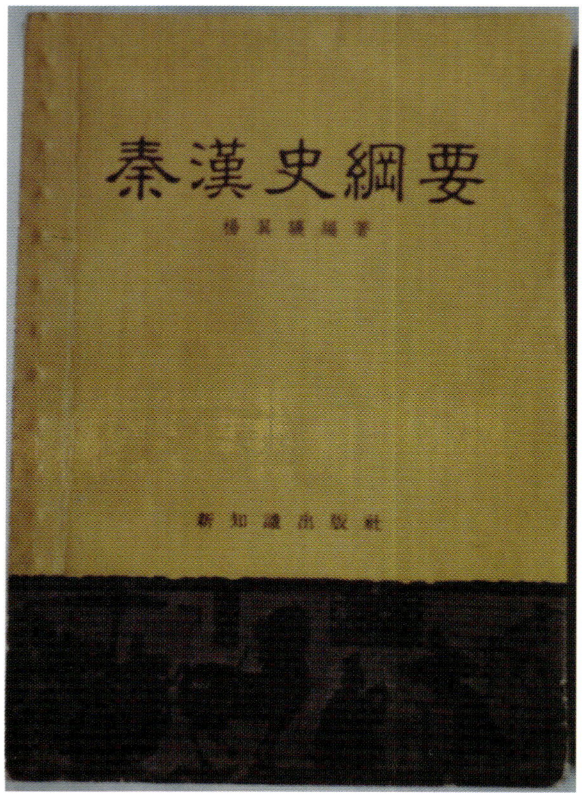

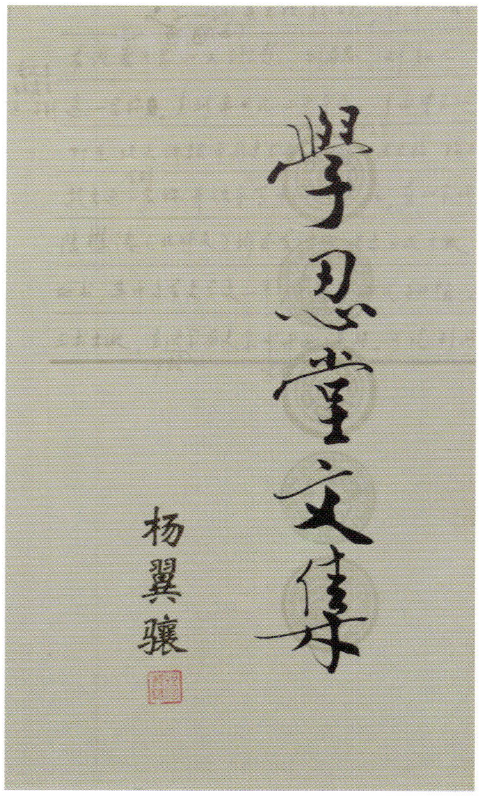

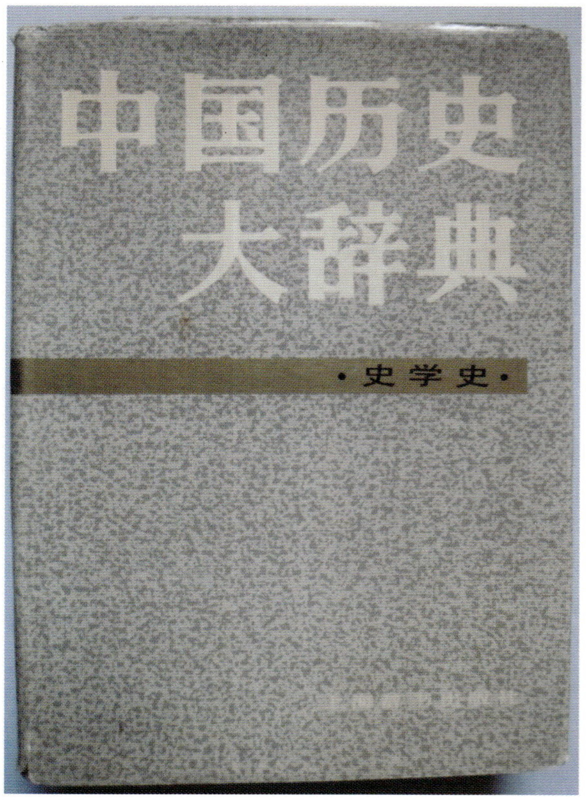

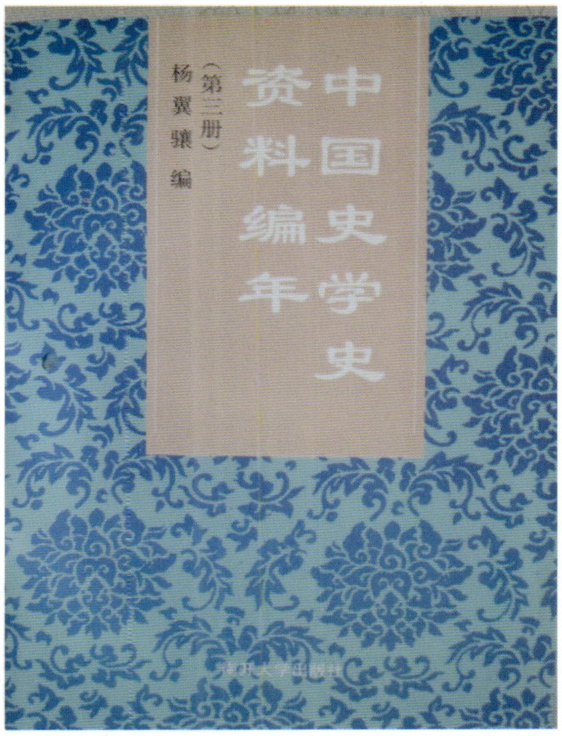

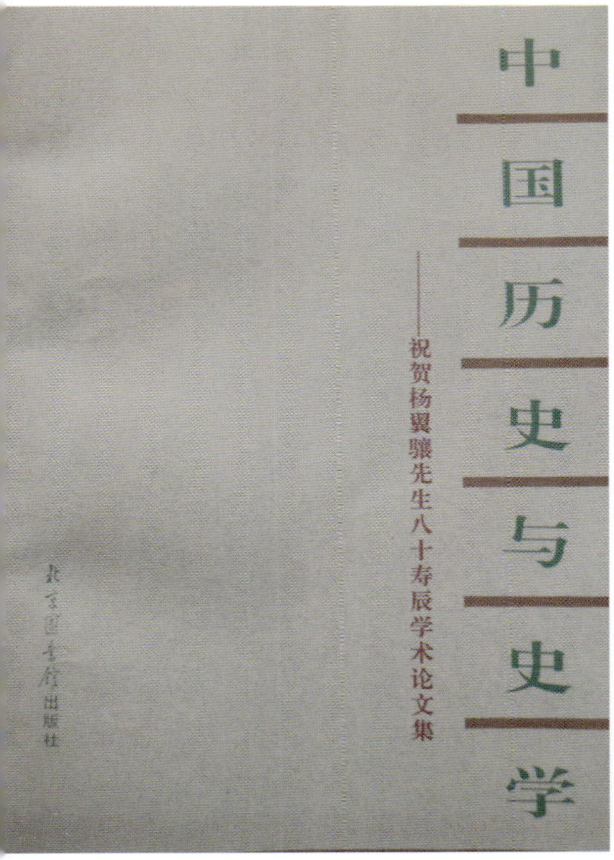

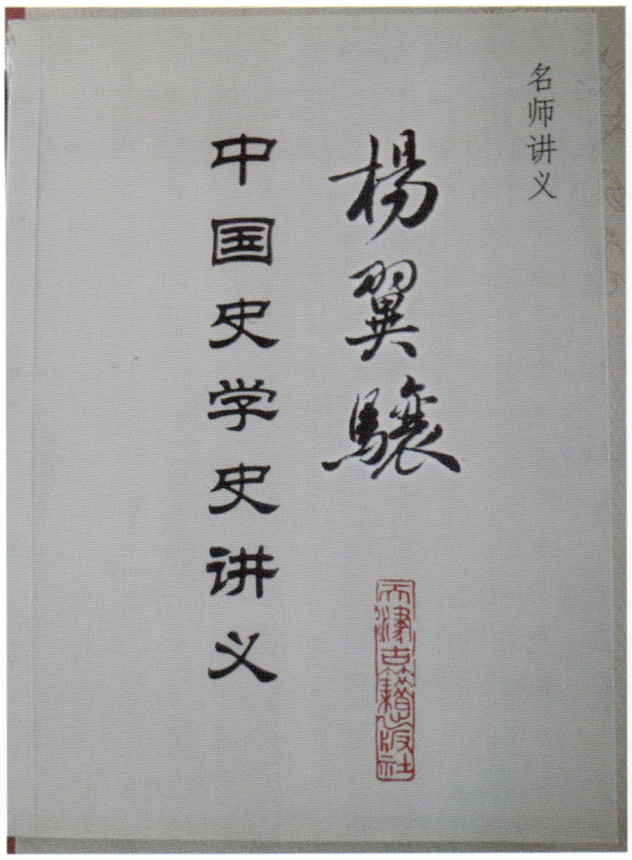

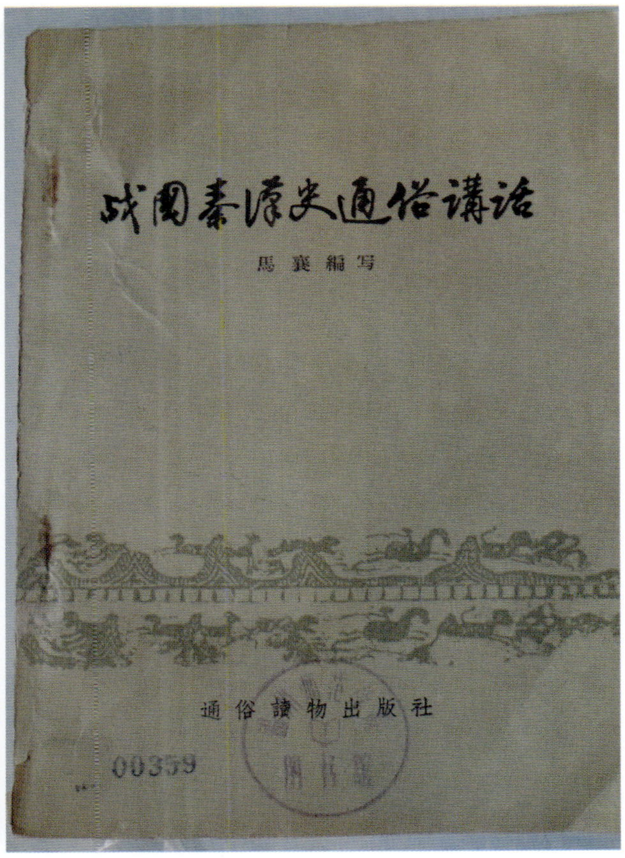

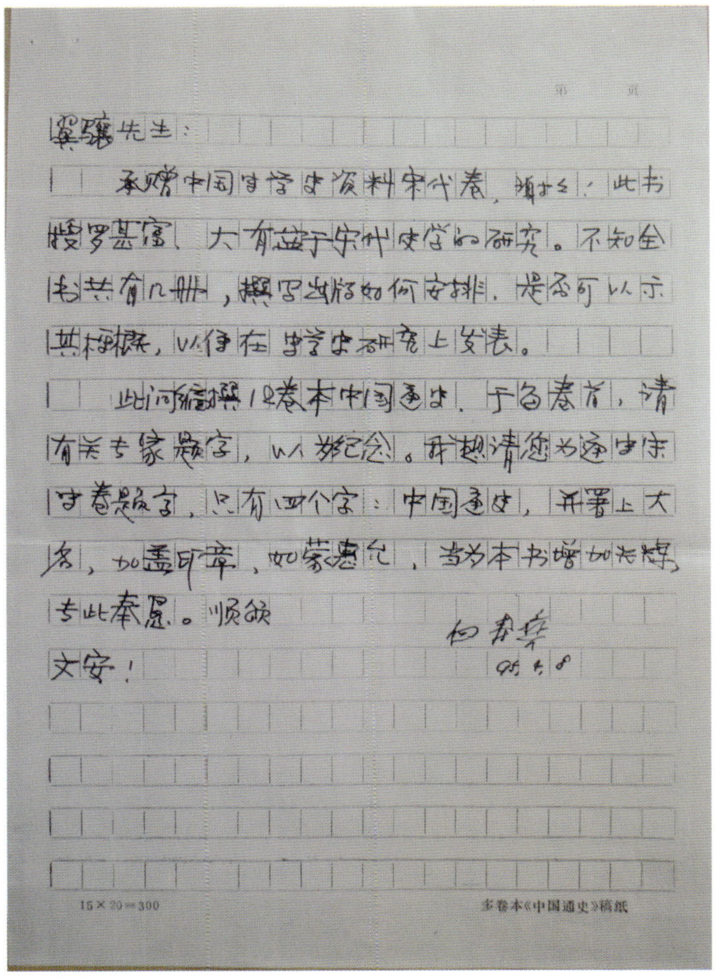

第　页

翼骧先生：

承赠中国史学史资料宋代卷，谢谢！此书搜罗甚富，大有益于宋代史学的研究。不知全书共有几册，撰写出版如何安排，是否可以示其梗概，以便在史学史研究上发表。

此间编撰12卷本中国通史，于每卷首，请有关专家题字，以为纪念。我想请您为通史宋史卷题字，只有四个字：中国通史，并署上大名，加盖印章，如蒙惠允，当为本书增加光辉。专此奉恳。顺颂

文安！

白寿彝
95.5.8

15×20=300　多卷本《中国通史》稿纸

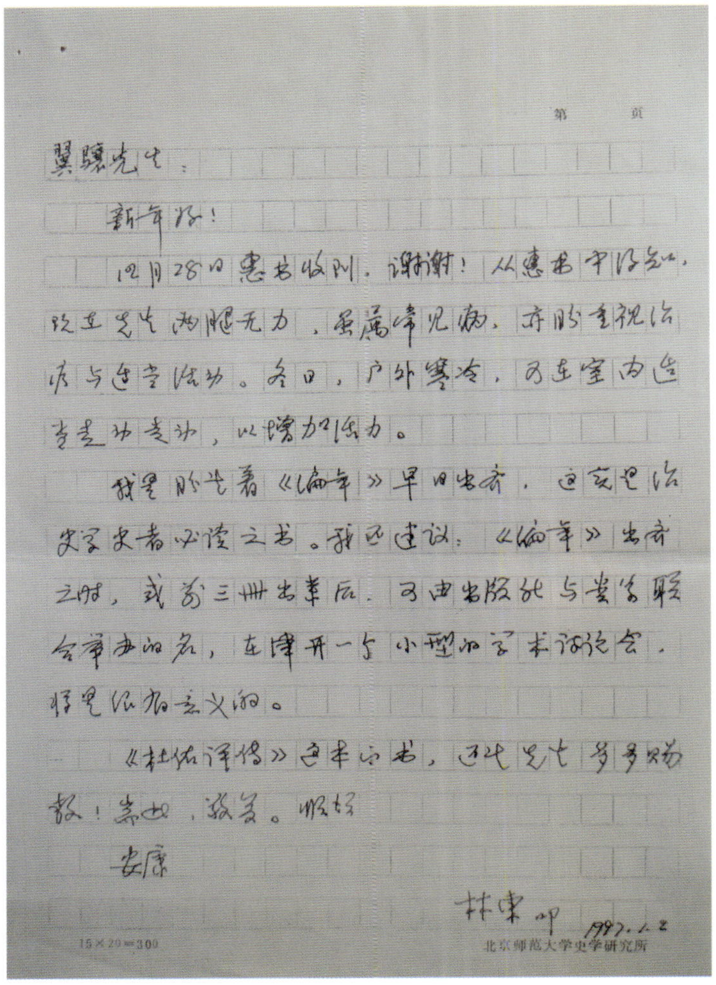

第　页

翼骧先生：

新年好！

12月28日惠书收到，谢谢！从惠书中得知，您近些年两腿无力，虽属常见病，亦须重视治疗与适当活动。冬日，户外寒冷，可在室内适当走动走动，以增加活力。

我盼望着《编年》早日出齐，这实是治史学史者必读之书。我还建议：《编年》出齐之时，或前三册出来后，可由出版社与史学会联合举办，在津开一个小型的学术讨论会，将是很有意义的。

《杜佑评传》近来写出，还望先生多多赐教！专此，致贺。顺颂

安康

林东　叩
1997.1.2

15×20=300　北京师范大学史学研究所

右：瞿林东先生来信

左：白寿彝先生来信

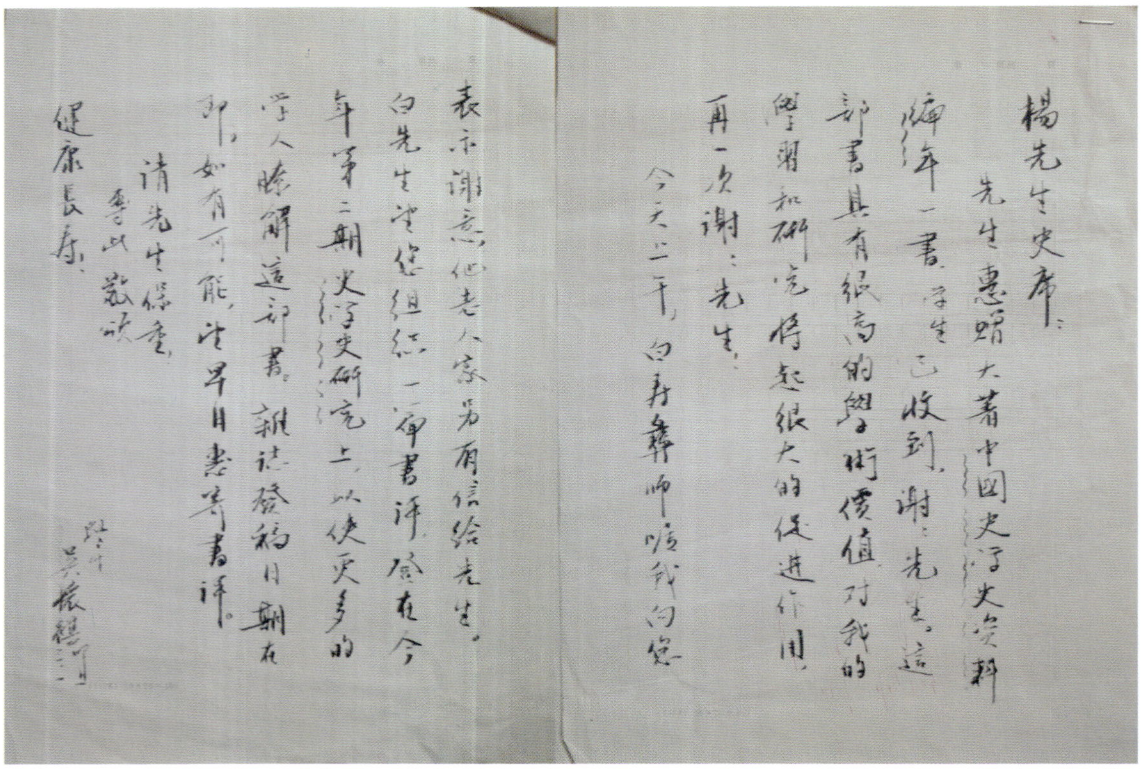

楊先生史席：

先生惠贈大著《中國史學史資料編年》一書，學生已收到，謝謝先生。這部書具有很高的學術價值，對我的學習和研究將起很大的促進作用，再一次謝謝先生。

今天上午，白壽彝師喚我向您表示謝意，他老人家另有信給先生。白先生要您組織一篇書評，發在今年第三期《史學史研究》上，以使更多的學人瞭解這部書。雜誌發稿日期在即，如有可能，請早日惠寄書評。

請先生保重，專此敬頌

健康長壽

晚生 吳懷祺

左：吴怀祺先生来信

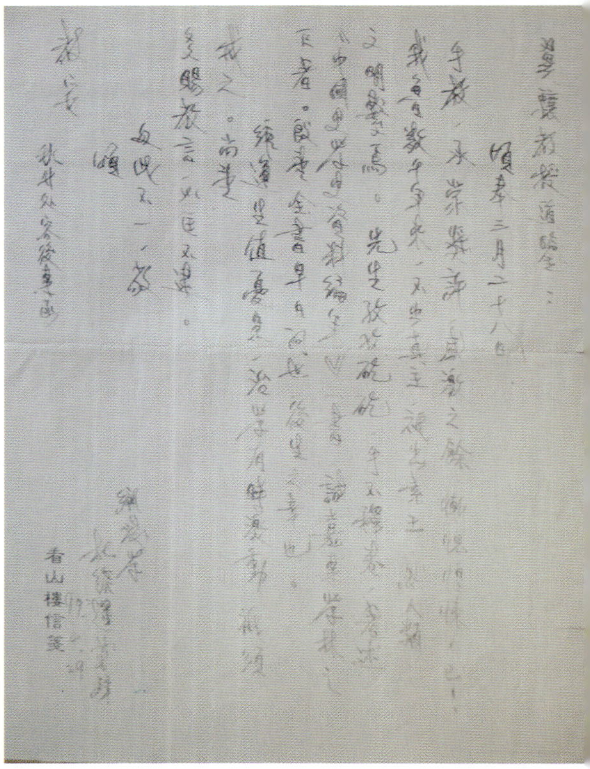

右：杜维运先生来信

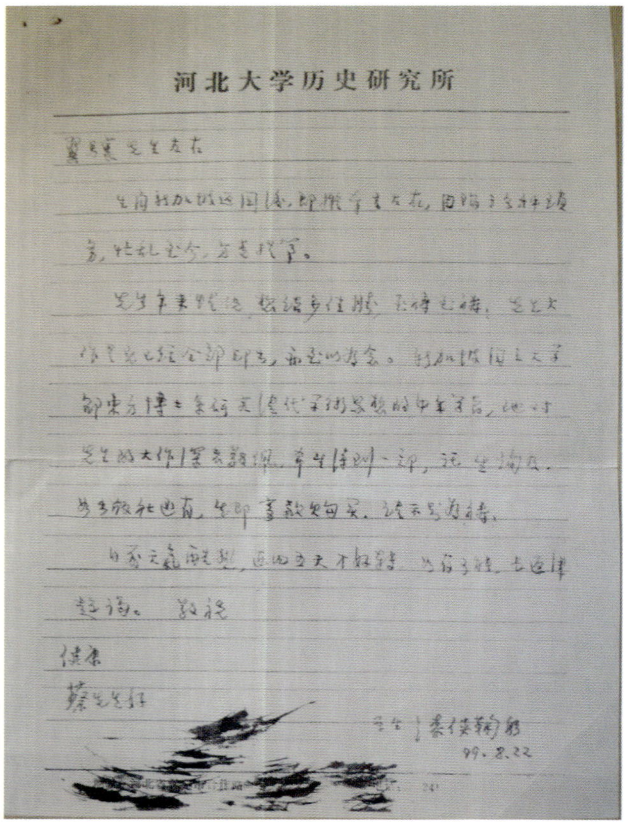

河北大学历史研究所

左：漆侠先生来信

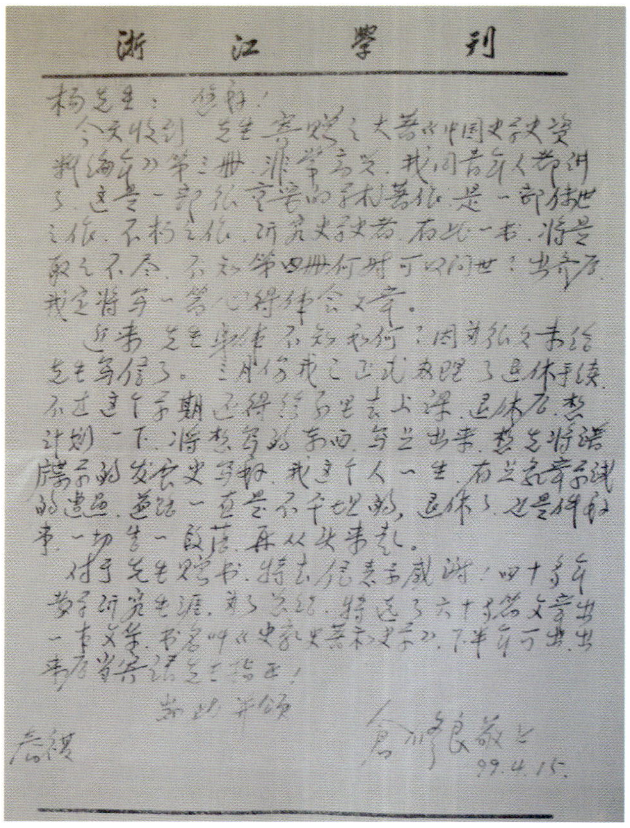

浙江學刊

杨先生：您好！

今天收到先生寄赠之大著《中国史学史资料编年》第三册，非常高兴。……

仓修良敬上

99.4.15.

右：仓修良先生来信

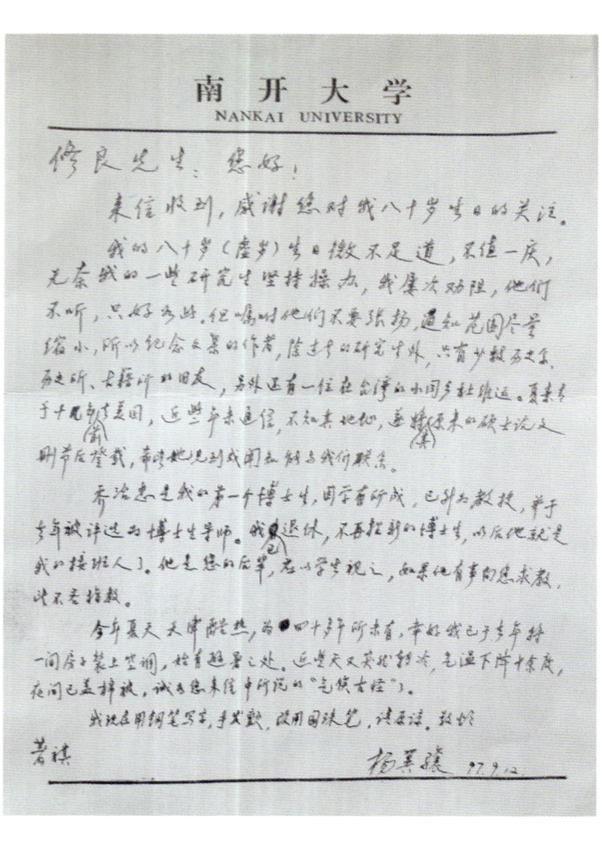

南开大学

NANKAI UNIVERSITY

修良先生：您好！

来信收到，感谢您对我八十岁生日的关注。

我的八十岁（虚岁）生日微不足道，不值一庆，无奈我的一些研究生坚持操办，我屡次劝阻，他们不听，只好由之。……

著祺

杨翼骧 97.9.12.

左：致仓修良先生信

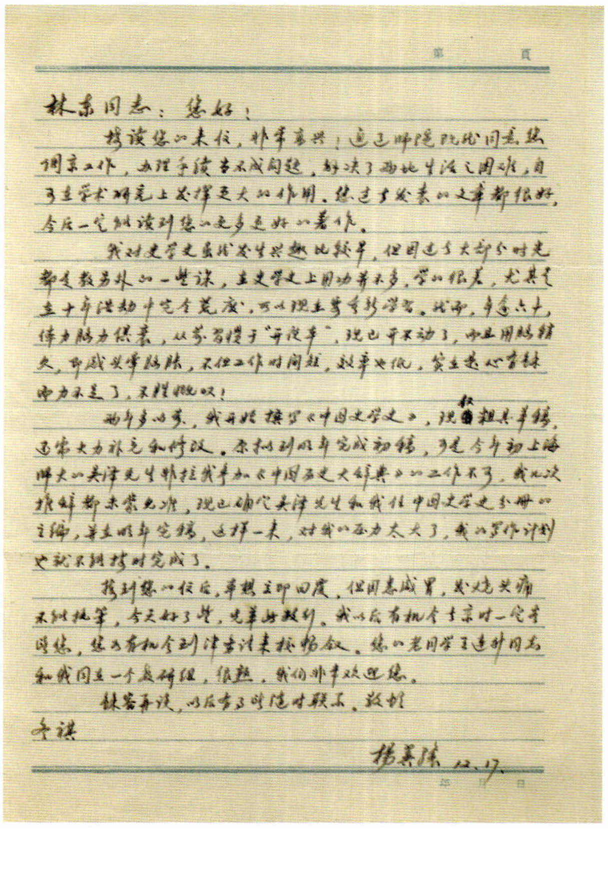

林东同志：您好！

……

杨翼骧 12.17.

右：致瞿林东先生信

业师 子昂先生的道德文章

（代序）

乔治忠

敬爱的业师 子昂先生离开我们已经到了第十个年头，然音容笑貌，忆之如昨；道德文章，熠熠生辉。值此 先生手稿影印出版之际，重温 先生的著述，回想 先生的教导，不仅增进高山仰止的感怀，加深对中国史学的理解，而且对老一辈学者所经历的时代背景、文化境遇能够产生更为深切的认知。

一、多所周折的求学与治学历程

先生姓杨，讳翼骧，字子昂，籍贯山东省金乡县，1918 年 8 月 15 日生于一个世代教师的家庭。从小在祖父的督导下读书习字，上小学始，则由父亲监督课外学习。祖父、父亲都是教师，辅导得法，训练严格，因而在小学阶段，先生就积累了较为丰富的古典经史与文献知识。初中的三年学习，先生不仅学业优秀，而且饱读新潮作家的进步文学作品，于 1933 年考入山东省立济南高级中学。济南高中是十分著名的优秀中学，特别是 1932 年宋还吾任校长之后，聘请许多杰出学者为教师，如国文教师中就有李俊民（李守章）、陈翔鹤、王冶秋、李何林、季羡林等等，后来皆成为大学教授和著名学者。此外，济南高中还常常邀请著名专家到校作学术讲座，如历史学家陶希圣、水利学家张含英等，都曾到校作学术讲座，整个学校内充满浓郁的学术文化气氛。高中时期，先生对新兴文学之兴趣仍很浓厚，曾在《山东民国时报》发表几篇散文，又于《山东日报》以发表新诗歌参与文学竞赛，经评奖居然获得第三名，这种成功感激发出 先生一种要努力成为作家的冲动，但在同学挚友的解说下，终于改变了志愿，1936 年高中毕业，考入北京大学史学系。

进入北大这个著名学府，先生既觉得幸运也值得自豪，但正常的学习生活只不过一年，就发生了“七七事变”，抗日战争爆发。时隔不久，北平、天津等被日本侵略军占领，北京大学、清华大学与南开大学南迁，到长沙组成联合大学。先生正好因暑假回山东家乡，未能与北京大学师生同行，而于 9 月份得到通知，要到长沙报到。由于战争形势下交通不便，须绕道而行，更兼经济困难，先生于 1938 年 2 月方抵达武汉，但此时由于日军进逼，长沙联合大学已经转移到昆明，称为西南联合大学。在当时，从武汉到昆明是没有便捷的交通路线的，原北大、清华、南开的部分师生，在政府与校方的组织和帮助下集体步行走到昆明，师生的行李有车辆运载，沿途住宿与伙食，有官方、校方设法安排，仍备受艰辛才抵达目的地。而 先生孑然一人，根本无法在战火纷飞、盗匪出没的环境下徒步前行。唯一的途径是辗转乘车到广西，然后再进入越南，从越南乘火车到昆明，但这一途程旅费不菲，先生只能在行程中打工谋生且积攒路费。1938 年 12 月，在他人的帮助下，先生在距离南宁 100 多公里的崇善县，找到担任湘桂铁路第三工程总段公文抄写员的工作，每月薪金除生活之外，还可以有几元的节余。更重要的是崇善县图书馆藏有较多史书，阅读方便，先生之工作余暇得以在这个图书馆苦读古今史著，收获颇丰。特别是精读了梁启超《中国历史研究法》与《中国历史研究法补编》二书之后，立下了致力于研究中国史学史的志愿，这成为 先生一生的学术专业方向。在流离之中和尚未复学的状况下，通过读史自学而形成了学术专攻的定见，不能不说是十分的难能可贵。

先生在湘桂铁路第三工程总段工作了 8 个月，积攒了一些路费，加之湘桂铁路第三工程总段长翟维泮先生的慷慨捐助，于是告辞启程，从崇善出发，经凭祥进入越南河内，乘滇越铁路的火车到达昆明，于 1939 年 9 月 8 日，在西南联合大学报到复学，这时已经耽搁学业两年之久。复学之后，课余时间几乎都用于围绕中国史学史专业的读书研讨。1940 年姚从吾教授首次在西南联大历史系讲授中国史学史课，先生在听完第一节课之后，就将习作《晋代之史学》一文呈上姚先生请求指点，得到姚先生的热心鼓励，并且表示希望他能够将中国史学史专业方向坚持下去。1942 年 7 月，先生完成大学学业，以毕业论文《论曹操统一中原》获得北京大学文学学士学位，指导教师为郑天挺。毕业后，先生即留校任教，依照史学系的安排讲授课程，而研究中国史学史的努力也同时继续。1945 年 8 月抗日战争胜利，次年三校联合局面结束，各自在北平、天津复校，先生属于北京大学编制。1947 年、1948 年间，先生陆续发表几篇简洁精湛的中国史学史

论文，如《司马迁记事求真的方法与精神》《班固的史才》《三国时代的史学》等等。

当时，中国史学史专业虽经梁启超等人的大力提倡而树立起来，但仍然属于冷僻学科，史学界多数学者对其不予重视，对史学史整个学科的认识也颇为分歧，很多大学不开设这门课程。例如有人认为史学史是50岁以后才能研究的方向，要对一般历史的研究已经有所成就之后再搞，余嘉锡先生之子余逊即有此类说法，他是 先生的朋友，主张各个断代史都有了教学经历、都有研究成果之后，然后再考虑搞史学史。金毓黻《中国史学史》出版之后，也有人说中国史学史已经搞完了，剩下的研究余地已然微不足道。这些议论都冲击着 先生的专业志向，甚至有人直接劝说 先生暂且放弃对中国史学史的研习，工作单位的教学任务也与 先生的学术宿愿很不契合。但是，先生还是矢志不移地选定中国史学史为主攻方向，这在北京大学最初任教的几年内已被史学界同仁所了解和理解，在当时，像 先生这样从大学二年级就立志研究中国史学史而且面对各种异议仍不改初衷者，尚属唯一，未闻另例，仅此一点，即可传为学术界佳话。1946 年 9 月之后，在北京大学主讲中国史学史的姚从吾先生调任河南大学校长，北京大学准备请郑天挺先生接任此课，郑天挺先生认为应当由 先生承担，无奈当时的体制是讲授这种专门课程，需要教授职称才够资格。又过两三年后的 1949 年，经由向达教授鼎力保举，才打破常规，决定由 先生讲授中国史学史课程。对于大学教师而言，教学课程与专业研究的志向合一，无疑是十分惬意的工作。

到 1952 年，全国进行高等院校学科调整，在调整之中史学史专业更加不受重视，先生被安排到北京政法学院任教，调出北京大学。当然，在政法学院也不会设置史学史学科的教学与研究。

此年，郑天挺先生也奉调到天津南开大学，任历史系主任。郑先生意欲强化南开的历史学科，与历史系其他领导人谋划，乘高等院校调整之机引进各个专业的人才，遂将 先生从北京调到南开大学任教，这里包含着力图发展中国史学史专业的学科建设目标。但在当时的气氛下，强调历史学要突出阶级斗争和为政治服务的方向，中国史学史被看做并非教学与研究的当务之急，故 1955 年才在南开大学历史系开设中国史学史课程，这是由于郑老的鼎力支持才得以实现的。1958 年，“史学革命”的风潮兴起，大字报铺天盖地，史学史课程被横加指责，说是赞扬了地主资产阶级的史学活动，目标是在史学界培养资产阶级接班人，甚至还以漫画讽刺 先生好钻冷门，为的是躲避历史教育为无产阶级政治服务。于是，中国史学史的课程又被迫停止了。但 先生历尽波折而志向不改，1960 年又在南开大学历史系开设了“中国史学史专题研究”的课程，为适应环境的需要，课程中增强了对资产阶级史学和唯心主义历史观的批判。

对于尚未获得稳固学科地位的中国史学史而言，当时在大学设立课程比发表专题论著更为重要，因为向大学生讲述系统的中国史学史知识，使之获得一个学科体系的认知，对于中国史学史学科将来的发展有不可估量的潜在影响。先生矢志不移地标举这一专门学科，给史学界以深刻印象和广泛影响，一旦获得机遇，就会引发史学界对中国史学史学科建设的重新定位。南开大学历史系郑天挺等老一辈学者和领导人，对于 先生的中国史学史教学和研究予以大力支持，亦起到了关键作用。郑老当初执意将 先生调来南开，就是想在南开大学历史学科中建设一个特色性专业，这是一项对于历史学学科建设全局性的卓识，视野博大、出以公心，非寻常的学界领导人所堪比拟。郑老于 1981 年过早地逝世，是史学界、明清史学界的巨大损失，而在南开大学，则更是史学史学科的重大损失。

1961 年，教育部下令进行中国史学史学科的教学与研究，委任北京师范大学教授白寿彝先生主持编写中国古代史学史的教材、上海华东师范大学教授吴泽先生主持编写中国近代史学史教材，全国对于史学史学科的性质、任务、内容、特点等理论问题展开了热烈的讨论，形势为之一变。这个变化由来有渐，早在 1956 年，苏联《历史问题》本年第 1 期发表了题为《论历史科学史的研究》的社论，中国《史学译丛》立即在 1956 年第 2 期将之全文翻译转载。此文论断说：“任何一门科学，如果不深刻研究自己的历史，就不可能顺利地发展起来。”这与梁启超早就说过的“治一学而不深观其历史演进之迹，是全然蔑视时间关系，而兹学系统终未由明了”①如出一辙。《论历史科学史的研究》一文还提出：“历史科学史”的目的是研究许多世纪以来的历史知识的积累过程和历史科学发生与发展的过程，研究历史科学中各派别的斗争。因此，所谓“历史科学史”其实就是史学史。文章还批评苏联学术界不重视这门学术的现状，批评了对史学遗产估价不足的错误倾向，反对将非马克思主义的史学都说成是“前科学时期”或“伪科学”。当时，苏联官方的舆论导向对中国有很大影响，但对于这篇《论历史科学史的研究》，尚少有人能够体会出其学术意义，唯 先生从史学史专业的角度敏锐地感觉到：苏联的这篇社论，有可能促进中国史学史研究的再次兴起，遂做出积极反应，除坚持开设此门课程外，还于 1957 年发表了《三国两晋史学编年》②一文。直至 1980 年之后，先生仍然将此篇《论历史科学史的研究》列入研究生课业的阅

---

① 梁启超：《中国历史研究法》第三章，《史之改造》，上海古籍出版社 1998 年版。

② 《南开大学学报》（人文科学）1957 年第 4 期。

读目录，以展示中国史学史学科发展进程中的一个较为重要的环节。而出乎意料的是，1958 年又出现“史学革命”引发的波折，致使延迟到 1961 年，中国史学史学科才得到早就应有的重视。不过，此后文化界、学术界的政治批判运动连续不断，至 1966 年“文革”运动的全面展开，使整个历史学的研究都已无法正常进行，史学史学科自然也不例外。

“文革”结束后，百废待兴，1978 年开始在全国建立和恢复招考硕士研究生的体制，其中中国史学史作为一个独立的专业科目，在北京师范大学、华东师范大学、南开大学、中国社会科学院历史研究所正式招收本专业研究生（尹达先生加盟中国史学史专业），这象征着史学史学科建设进入一个全新的阶段。在这多年的起伏周折过程中，先生乃是矢志不移坚持中国史学史教学与研究的主要学者之一。

二、力求适应 50 年代的治史条件

1949 年中华人民共和国成立，这时 先生 32 岁，刚过而立之年，原先并未接受任何一派系统历史哲学的范式，应当说思想上还具有较大的可塑性。随即而来的唯物史观学习与思想改造运动，风靡全国学术界，先生与其他大多数学者一样，都不能不受到深刻影响，采取适应局势的治学举措。1951 年，张政烺、余逊、宿白、商鸿逵、金毓黻与 先生等六人合作撰成《五千年来的中朝友好关系》一书，于当年 10 月由开明书店出版，先生撰写其中《现代的中朝友好关系》一章。这说明当时部分历史学者为适应新生政权的需要所从事的撰述活动，是相当主动和积极的，其中包括了不少名声卓著的长者，这是历史的真实情况。

1953 年 先生到南开历史系任教，主讲秦汉魏晋南北朝史，依照教学组织上的要求，叙述史事与分析评议都应当致力符合唯物史观的思想和范式，经过学习和探索，先生在以唯物史观研讨历史问题方面也颇有心得，1954 年就发表了《为什么项羽是农民起义领袖》[1]的论文，灵活运用当时最为提倡的阶级观点，给项羽做出了正面的定性分析。文章贯彻不将出身作为阶级分析主要依据的理念，认为项羽虽然出身于楚国的旧贵族，但他响应了陈胜、吴广的农民起义，积极进行反抗秦朝残暴统治的斗争，领导军队消灭了秦军的主力，在推翻秦朝、完成农民起义的历史任务中建立了重大功绩，代表了农民阶级的政治利益，应是秦末农民起义的领袖之一。此文发表之前，史学界对于项羽这样的历史人物的认识难以把握，在运用阶级分析时无所适从，先生的文章引起广泛的关注和热烈讨论，并且得到学者普遍的认可。此文在唯物史观框架内评价历史人物，具有辨析理路的开创性。为了证成己说，引据多条马克思、斯大林、毛泽东的语句，体现了 先生对于唯物史观的理论和方法，已然登堂入室，运用起来相当娴熟。1956 年发表的《关于汉代奴隶的几个问题》[2]一文，辨析了汉代“徒”“赘子”“赘婿”“家人”“白衣”等的社会地位与身份，指明其并非奴隶；全面论证了汉代俘虏与奴隶的关系，奴隶在社会生产中的地位，奴隶的法律地位，奴隶的数量及其在社会人口中的比例，从而论断汉代不是奴隶制社会。论据充分，说理透彻，一举澄清了许多史学界尚多争议和模糊的问题。这篇文章的议题，属于当时学术讨论热点，即“五朵金花”之一的社会分期问题，但文章的显著特点是引据大量史料，以严密的逻辑辩驳异说、得出结论，而不是引用政治领袖和“经典著作”为根据。当时史学界的论文引证语录的风气已经愈演愈烈，而 先生却放弃了前一文章《为什么项羽是农民起义领袖》的某些写法，这种改变发人深思，是更加深入理解唯物史观方法论的体现。

1956 年 3 月，上海新知识出版社出版了 先生的《秦汉史纲要》一书，这是在大学课程讲稿基础上修订成书的。本书仅 16 万多字，以经济、政治、文化、外交等几大结构简明扼要地论述了秦汉两朝的历史脉络。出版面世后，立即被许多高等院校广泛采用为教材，次年即再版印行[3]。书中的学术观点，在国内外史学著述中每每被引用。当时，此书与何兹全先生的《秦汉史略》并行于世，30 多年之后，仍被史学界评论为“力图用马克思主义的理论、观点、方法研究秦汉史而产生的第一批全面记叙秦汉史的著作。两书的作者都是功力极深、造诣甚高的知名学者……其筚路蓝缕之功，则非后来的著作可比”[4]。本书确实是为了适应当时的教学环境撰写的教材，如对于赤眉、绿林等农民武装的暴动，没有一句批评之词；对许多政治、经济问题多使用代表不同阶级利益的分析等等。但另一方面，引据的历史资料十分丰富，能够精辟透彻地叙述史事的原委，例如第四章中仅以 1000 多字就将西汉后期的“五德终始说”“三统说”的梗概以及与此相关的多起重大政治事件论述清晰。第七章（最后一章）第三节《经今古文学派之争》也异常精彩，不仅叙述了刘向、刘歆整

---

[1] 《历史教学》1954 年 5 月号。

[2] 《南开大学学报》（人文科学）1956 年第 2 期。

[3] 上海人民出版社 1957 年 11 月重印。

[4] 《中国历史学四十年》载林剑鸣之文，书目文献出版社（今国家图书馆出版社）1989 年 9 月版，第 122 页。

理图书工作及今文经学与古文经学之争的来由、演化，而且做出了中肯的评析。同时，全书只象征性引用三四条“经典著作”的语录，在当时的教材中可以说少得不能再少，体现出很不认同于“以论带史”的理念，而具有在唯物史观框架下重于史料的治史特征。

以上所列，均为 先生力求适应50年代社会文化环境而做出的努力，在整体上接受主流理念、随从主导的历史范式，但具体的研讨还是保持了重于史料考核、实事求是的风格。而这种适应社会政治环境的治史方式，1957年之后也主动地做出了改变，回转为中国史学史学科的基础建设。对此，谨于后文另加叙述。

三、明哲守正的节操 孤标特立的风范

1957年的“大鸣大放”及随后的“反右”运动，对整个知识界、文化界众多成员的处世态度、品格修养、精神面目、原则立场等等，都是一次严峻的考验。在“大鸣大放”期间，先生恪守自己的信念，在各种会议上未曾发言，由于“大鸣大放”会议中发言者十分踊跃，也没人注意到 先生的低调和沉默。在局面转向为反右运动之后，先生也未曾揭发、批判任何一个人，未发表过一篇批判“右派”分子的文章，一个偌大的政治运动，居然这样逍遥渡过，可以说是一个奇迹，但也并非独此一例，著名学者钱锺书不也有类似的经历吗！达此大智若愚的境界，全赖自身具备一派明哲、守正的品质和节操，保持理智、持重的精神与格调。众所周知，50年代后的文化界、史学界，早就经历了一轮又一轮的大小不等的批判运动，学术问题也往往纳入政治斗争的框架。先生是从未卷入此类批判运动的少数学者之一，虽然他有能力、有条件参与某些批判，也确有一些他所不赞同的学者及其观点，当时已然成为被批判对象，有些在治学和处世上实可訾议的学人被定为右派，但是 先生决不借助政治运动整人，决不加入“墙倒众人推”的行列，而是以纯正学者的情操，始终保持了沉默的态度，始终未曾参与越出学术范围的大批判，这无疑是很值得钦敬的。

先生对人、对事具有敏锐的洞察力，虽有见解，但不轻易地发表或褒或贬的看法，往往还要继续观察，随时修订自己的认识。他为人和善，言谈委婉，与各个层次的人——无论官员、学者、工友、学生都能谈得拢、说得来，和蔼的态度中自然而然地透出睿智和正气。然而谦虚、谨慎的素养并未妨碍严肃、认真的原则性，先生始终厌弃种种违反规则的行为，在学术上、行政上，办事光明磊落，远离和拒绝拉关系、走偏门的“策略”，凡事心中自有定见、坚持规范，不顾及人情请托，不随风气。例如1983年成立南开大学古籍整理研究所，先生任古籍整理研究所所长。次年按学校的安排，在整个天津市范围内招考研究人员，先生负责招考历史文献学研究者，考题和判卷标准乃以是否真正阅读过有关古籍为基点，凡暴露出仅仅间接得到古籍知识、而未曾直接阅读古籍原书之人，一概摈落，其中包括校领导与历史系教授为之请托的参考人员。其他诸如在职称评定机制中、在史学史博士点的建设中、在古籍整理的工作中、在拟定研究生考题及阅卷中，都坚持原则、严守规范，其例甚多，恕不枚举。在有些人士看来，这似乎太不通人情，但无论如何无法否定其正当、正派和正气岸然的风范。这种明哲守正的节操、孤标特立的格调，也会被一些人疏远或反感，也会造成一些误解，在某种社会环境和学风变化的形势下，或许会影响南开大学史学史学科发展抓住有利的时机，但这是 先生几十年做人的准则，堂堂正正，后人无可非议。

1957年之后，史学界的大量论文都热衷于引用“经典著作”和政治领袖语录论证问题、说明主张，而 先生的治史理路的走向却正好相反，一改《为什么项羽是农民起义领袖》那样的引证风格，而且撰述的重点重新回到中国古代史学史范围。其中除《三国两晋史学编年》《南北朝史学编年》①为纯属资料整理之外，《裴松之与〈三国志注〉》②《刘知幾与〈史通〉》③是两大名篇，篇幅很大，内容全面，但全文并没有阶级分析、政治思想评价之类的内容，与当时史学界其他学者的同类论文、与 先生自己前一阶段的论文都存在很大反差。《我国史学的起源与奴隶社会的史学》④一文，虽在标题内使用“奴隶社会”词语，但只是作为通行的时间断限概念，全文内容并不涉及历史发展阶段和社会形态的问题。这是确立要重新将治学基点放在中国史学史方面，而且主要做中国史学史的基础建设和资料建设所导致的改变。1957年之后，不属于史学史范围之内者，只有1959年发表的《曹操打乌桓是反侵略吗?》⑤一文，此文的背景是当时史学界出现的热点议题，即对曹操的历史评论。而评论曹操，是出于对1958年所谓“史学革命”否定所有帝王将相倾向的纠正，由郭

① 《南开大学学报》(人文科学)1964年第1期。
② 《历史教学》1963年第2期。
③ 《历史教学》1963年第7期、第8期。
④ 《天津日报·学术专刊》1961年12月6日。
⑤ 《天津日报·学术专刊》1959年5月11日。原署名:木羽。

沫若、翦伯赞等发起要为曹操翻案。这次学术讨论，学者各抒己解，没有政治干预，也不存在权威学者以势压人的现象，这在五六十年代历史热点讨论中是少见的纯学术机制。但在讨论中，也不免出现议论偏颇、矫枉过正的状况。先生在北京大学的学士学位论文，就研究曹操的功业和事迹，熟于此项问题的历史资料，关注曹操问题的讨论是理所当然的。鉴于史学界内郭沫若等学者一致认为曹操对乌桓的征战属于反侵略，并不合乎史实，故而撰文商讨。此文纯以广搜史料为依据，没有“以论带史”的任何倾向，而且以临时拟定的笔名“木羽”署名发表，即唯欲厘清史实、救时论之偏而已。

先生非常重视历史教学和培养研究生的工作，他在本科课程的执教中练就极强的基本功，但其中也有一些独特的个性，例如讲授课程拒绝录音。先生极少为自己的研究生推荐论文发表，甚至认为研究生不必急于发表文章；招收博士生基本都有在学校、研究所或文化机构工作过的经历，并不吸收没有工作经历的学生直接攻读博士学位，而且从来不解释个中原因，只能通过历年的实例来加以体会。可以看出这是 先生既定的原则而被一直坚持，孤标特立于学界，未曾向任何人解释和推广。所有这些，纯属个人的个性风格，因而不必讨论其是否合乎时宜。

四、对中国史学史学科的贡献

进行中国史学史的研究，是 先生始终坚持的学术方向，在大学求学期间，即已偏重于中国史学史的学习和探讨，曾因撰写史学史方面的论文而得到著名教授姚从吾的赞许与鼓励。1947 年、1948 年发表了《司马迁记事求真的方法与精神》《班固的史才》《三国时代的史学》等论文，初步展现了善于审核史料与分析、概括的治史功力。

1949 年之后的整个 50 年代，由于前述种种原因，中国史学史的研究在内地暂时冷落，而 先生在进行中国古代史研究的同时，仍未放弃对中国史学史的研究与关注。1956 年苏联《论历史科学史的研究》一文翻译发表，先生从中体察到史学史学科将要兴起，于是撰写《三国两晋史学编年》，并且于 1957 年发表，这是一篇很有学术分量的长文，是新中国成立后内地最早的中国史学史论文之一。1961 年起，中国史学史的研究与讨论在全国展开，他接连撰写、发表《我国史学的起源与奴隶社会的史学》《裴松之与〈三国志注〉》《刘知幾与〈史通〉》《南北朝史学编年》等重要论文。这些专题论文以视角全面、见解中肯、理据充沛而享誉史学界，上述前三篇同时于 1980 年转刊于上海人民出版社出版的《中国史学史论集》之中，其中《裴松之与〈三国志注〉》后来又以“裴松之”为题收载于《中国史学家评传》①一书，2006 年 1 月北京师范大学出版社出版的《史学史读本》再一次收录，这充分显示了 先生论文经得起时间考验，且广受史学界重视的学术价值。

先生的论文，大多具有全面考察研究对象，而采取分条归类、层层剖析的特点。例如《裴松之与〈三国志注〉》一文，分别从裴松之的生平及著作、《三国志注》的内容、《三国志注》的价值、裴氏的史学贡献等四大问题展开论述，涵盖了需要研究问题的各个方面。而对于《三国志注》的内容，总结为八类，分条逐次予以论述；对于裴松之的史学贡献，总结为四点，阐明他对史注的发展和创新。整篇文章的结构是大小层次的条分类析，论述中有分析、有归纳也有综合，得出条理分明、轮廓明朗的统括性认识。《关于汉代奴隶的几个问题》《刘知幾与〈史通〉》等重要文章，无不如此，形成一种全面研究、归类叙述的架构。这种条分类析、统括综合的研究方法，表现为以形式逻辑思维方法来谙练地驾驭众多的史料，这是 先生史学论著的特点与优点之一。

1979 年，先生与华东师大教授吴泽先生共同承担《中国历史大辞典 · 史学史卷》的主编工作，并且专职负责中国古代史学史部分。他除了自撰许多词条之外，还将古代部分 2000 余词条逐字逐句审定修改，整齐文笔，划一体式，有的甚至重写，投入了大量精力，其认真负责的精神感动了许多同事。并且 先生曾两次多日客居上海、无锡，与上海辞书出版社的责任编辑通力协作，校订文字，润色语句，精益求精地完成了任务。该书于 1983 年出版，成为《中国历史大辞典》中最先告成者，为全书的编纂提供了成功的经验。此书是第一部中国史学史学科的辞书，面世之后，立即受到海内外文化界的注目与欢迎，评论为“确是我国史学工作不可多得的一部很好的工具书”，具有科学性、系统性、知识性、实用性等优点，是“我国史学界开创性的可喜成果”②。而台湾明文出版公司竟将主编者名氏删去，改书名为“中国史学史辞典”，内容一字不差地重新排印发行，借以牟利。这从另一特殊侧面也反映了该书具有极高的学术价值与实用价值。

此后，先生利用多年积累的史料素材，致力编纂多卷本的《中国史学史资料编年》。此书内容是将历代关乎史学史的资料予以精选，按年代顺序编排，并且依需要加用精辟案语进行考释。1987 年第一册出版，即广受欢迎，《史学史研

---

① 中州古籍出版社 1985 年版。

② 参阅《史学史研究》1984 年第 3 期的书评。

究》《历史教学》等学术刊物皆发表书评，赞扬此书具有史料真切、编法朴实、考订精审、内容宏博的特点，“有很高的学术性和实用性，凡是研治中国史学史的学者，皆可将之作为一种兼能提出问题和解决问题的工具书”，是“首创性的具有为后人修桥铺路性质的书”[1]。1994 年 10 月第二册（两宋时期）出版，著名的历史学家白寿彝先生致信说“此书收罗甚富，大有益于宋代史学的研究”，并且热情邀请 先生为大型多卷本《中国通史》的宋史卷题写“中国通史”四字[2]。其他著名学者来信赞扬者数量很多，不胜枚举，《史学史研究》亦发表书评，认为本书“具备勾画史学发展全景的学术宗旨”，“这部《中国史学史资料编年》，乃以著作家的史识和总揽史学发展全局的眼光而致力于资料纂辑，在学术上作出了无私的奉献”[3]。在海外，一些与 先生素不相识的学者读到《中国史学史资料编年》，表示由衷佩服，遇见南开大学历史学者，每每询问 先生的情况，且赞扬他是“学术大师”“史学史大师”，足见 先生影响之大、声誉之高[4]。此书已经出版了三册，尚有一册有待面世。相信中国史学史专业的同行，都会从本书中获取裨益，得到启迪。初学者可据之为起步探讨的基石，有一定造诣的专业学者亦可援为深入研究的阶梯，从而使中国史学史的研究持续、深化地向前推进。这是 先生对史学史学科发展作出的重大贡献。

做好中国史学史的本科教学与精心培养本专业研究生，是 先生在学科建设上的重要贡献之一。在大学的教学中，先生具备忘我的敬业精神。他开设的多种课程门门认真备课，并且时时修正观点，补充内容，得到教师和学生的好评。特别是在南开大学历史系讲授的中国史学史课，如上文所述是从 1955 年起历年开设的课程，先生尽心尽责；讲课时从不携带讲稿，仅仅手持一叠卡片，其中大多为抄录的史料原文，讲述的内容以系统全面、资料丰富、条理明晰、分析精到、语言生动、速度适中、板书工整、重点突出而著称。前来听课的不仅有本校大学生，还有研究生，先生不仅在南开大学讲授中国史学史，而且应邀到其他大学讲课。早在 1958 年春，先生就在天津师范学院讲授中国史学史课程一个学期，1961 年教育部提倡开设中国史学史的课程之后，先生得到安徽大学的聘请，于本年 11 月 23 日至 12 月 8 日在安徽大学历史系集中讲授中国史学史课程，共讲授 26 课时。另对安徽大学师生、合肥师范学院师生、安徽省历史学者作学术讲座 5 次，呈满负荷工作状态。这些授课工作，对于中国史学史学科建设起到了“润物细无声”的奠基作用。

在指导研究生、博士生的工作中，先生认真负责、一丝不苟。研究生一经报到入学，先生就发给《中国史学史专业阅读目录》，其中列出十几类需要阅览的论文和论著，如第一类，列出的是关于中国史学史性质、任务、学科特点等理论性论文；第二类则为通贯、系统的中国史学史专著和教科书；第三类为学习中国史学史的主要工具书、资料书；第四类乃史学概论、历史研究法的著述；第五类是古今解题目录撰述如《四库全书总目》等等；第六类属于目录学的当代著述如余嘉锡《目录学发微》、姚名达《中国目录学史》等先生。对所列入的书籍一一作了讲解，指出各篇、各书的基本特点、主要内容和对于学习史学史专业的必要性。于是，系统性的研习规划和知识体系便展现于学生面前，一举打开了中国史学史专业的洞天福地，前景豁然开朗，使人立即体会到有导师的指点而门径大开，大不同于自行摸索。先生审阅研究生论文，总是以工整、秀丽的字体逐页写有旁批，批改内容不仅涉及史料、行文和论点，而且连错字、误笔、用错的标点也一一标出，付出的心血简直无以估计。在 先生的心目中，教学与培养研究生是最重要的本职工作，正如其《学忍堂文集·自序》所言：“清代大学者钱大昕有‘书有一卷传，亦抵公卿贵’之语，还应补上一句：‘尽心育后学，胜著等身书。’为人做‘教书匠’者，幸莫大焉！福莫大焉！”

五、绵绵无尽的怀思

先生于 1978 年正式招收中国史学史专业研究生，此年我入学南开大学历史系中国史本科学习。1981 年，我获得与 77 届毕业生一同报考研究生的机会，决定选择史学史专业，遂成为 先生的弟子。此后学习中产生了问题，都能够随时向 先生请教，先生也乐于指导、讨论，因而学业进步日益明显，学有良师，这真是莫大的福气！硕士生期间的两份读书报告，都得到 先生的首肯，后来均公开发表。硕士学位论文也得到了 先生的佳评，先生的这些肯定成为我继续研讨历史学的鞭策和鼓励。

1984 年硕士研究生毕业，先生安排我到南开大学古籍研究所工作，不久领得一项古籍整理业务，我的心愿还是想以

---

[1] 分别参阅《历史教学》1988 年第 1 期、《史学史研究》1987 年第 4 期的书评。

[2] 据白寿彝先生 1995 年 4 月 8 日致杨翼骧先生的信件，未刊。

[3] 参阅《史学史研究》1995 年第 2 期的书评。

[4] 此事曾有几位南开大学历史学教授提起，在冯尔康《我的南开老师》一文中亦有所记述，见《天津史学会通讯》第一期，2000 年 9 月印本，第 8 页。

主要精力研讨中国史学史，害怕古籍整理占去过多的时间，同时觉得这是枯燥难干的工作，不如撰写论文、著述更有影响。将此想法向 先生倾诉后，先生郑重教导说：作为古籍研究所成员，首先应当做好组织交与的本职工作，这是工作态度问题，况且整理古籍是打好学业基础、锻炼基本功的极好方式，有益无弊。谨遵师命，我便开始认真校注《众家编年体晋史》，由于有着随时请教 先生的条件，较快完成了任务并且成书出版，这是我的第一部面世之作，心情自然无比愉快。因感念 先生的训导，感念 先生的指点，便在敬赠给 先生的书册上写了四言八句：“得侍函丈，历历八年。教诲谆谆，开导惓惓。沛然雨露，润我心田。愧焉寸草，报此一编。”先生看后，微笑而颔之，表达了对弟子初步取得一点成绩的欣慰。

1986 年，先生第一次招收博士研究生，应允我作为在职攻读博士学位的报考者，并且在考试之前就询问了是否对学位论文选题有所考虑等问题，我答以很想研究清朝的官方史学，叙述了初步的认识和设想，先生大为赞赏，同时也点明这个选题具有较大的难度。事实果如 先生所言，论文的准备和撰写费时耗力，进度迟缓，但在 先生的鼓励与指点下也获得许多新颖的认知，成为提高个人史学研究水平的契机。

先生不仅指导治学，而且强调做人的道理，并以自身严于律己、明哲守正、不争名利、朴实稳重的风格树立了榜样。1993 年 9 月 19 日至 26 日，先生连续几次对毕业和在学的弟子讲述“治学与做人”的道理，指出品德修养比治学更为重要，作为学者和教师需要严格检点、克服缺点，比其他行业的人士更应该注意品格、风范，连所谓的小节也不能轻忽，因为教师的一言一行都对学生有所影响。学者为人要真诚、宽厚，要谦虚、谨慎，要尊人、自重，如果不好好做人，治学也很难真正做好。同时也指出治学需要有雄心、专心、细心、虚心的素养。学者在年轻时就要有大的目标和规划，要立下雄心壮志。定好学术目标后应当持之以恒地做下去。学术研究者虽然允许做新的选择，但不能动辄改行，这山望着那山高，认真选择专业之后，不要轻易改变，不能朝三暮四。要将一生主要精力用于自己选定的专业，“不切己者虽泰山不顾，切于己者虽锱铢不遗”，这就是“专心”①。读书、写文章都要细心，这样才能发现问题、解决问题和少出讹误。治学与做人一样，也要虚心，“治学不虚心，学问进步缓慢，并且容易出学术上的失误”②。这次专题讲座在 先生的家中进行，乃有为而发，对我和几位同门师兄弟皆有较大的警醒效用。

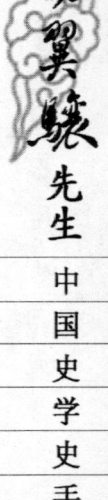

1995 年底，先生出于对南开史学史专业发展的需要，也出于对我的提携，以 78 岁的高龄顶着刺骨寒风，两次到学校行政办公楼，走访校长以及有关负责人员，要求尽快将我提升为正高级职称，得到校领导的充分重视，经研究认为这确实对当时历史学科的建设十分必要，不能因为史学史专业博士生招生的间断，而丢失在全国卓有特色的博士学科点，于是问题得以解决，我以副教授在岗 4 年的资历提前升为正教授。先生的作为乃是似有私情而实质为公，具有古代贤人君子“内举不避亲，外举不避仇”的至公精神，而在我则深深感激 先生的厚爱之意。

1997 年 8 月，由众弟子发起、操办，举行了 先生八十华诞的庆贺活动，出版了《中国历史与史学——祝贺杨翼骧先生八十寿辰学术论文集》一书。来自全国各地的原硕士、博士研究生与 先生共聚一堂。两三天的聚会之日，先生欣喜异常、精神振奋，其健康和乐观的形象，至今仍浮现于我眼前，多么希望再回到那一年代、那一场景！而当年冬，先生再次对我郑重训示，应当离开古籍研究所，调往历史系工作，将南开大学的中国史学史学科维持和发展下去。因为在 先生看来，历史系兼具历史教学和史学研究职能，那才真正是中国史学史学科发展所应倚赖的机构。不久，在各方的协调和操作下，我调入历史系，因明了身上已经肩负了 先生的学术嘱托，便决心矢志不移地在本专业的发展上尽心尽力。

先生指导学生，不厌烦劳，但自己的撰述，则必独力完成，决不假手于弟子。唯 2002 年编辑个人论文集之时，因身体多病，才委托我与另一弟子代劳，对此，先生曾颇为感慨。先生亲定文集名为“学忍堂文集”，并且解释说：“学忍堂”是家里的祖传堂名，将之作为书名，一是怀思祖辈，二是对后学有所寄望。先生认为“忍”是一种修养、一种美德，学者不宜血气方刚，毫无忍性，应在“学忍”中明了何者当忍、何者不忍，把握好“忍”的度量，这个度量应当大些。对于个人文集的定名，表现出 先生在多病的晚年，仍然关注晚辈的修养和成长之深意。

先生在看到自己的《学忍堂文集》成书后不久，即于 2002 年 12 月的一天，将多年积累的中国史学史手稿交我留存，没有任何人在场与得知。这一嘱托实属意外，令我一时不知如何应对。

2003 年 2 月中旬，先生又一次住院疗养，病情似有好转，一天我去看望，先生也自言身体感觉良好。我说明近日要赴北京，参加《清史》编纂体例的学术研讨会议，需要提交文章以及做些其他准备，先生还与我交谈了《清史》体例及相关问题。万万没有想到，这竟然成为 先生与我的最后谈话！2 月 22 日中午，北京的这次会议尚未结束，我忽然接到 先生逝世的消息，一时极为惊愕，于是匆匆返津，在列车上凝望窗外，吟成七律一首，谨录于此，以作为对 恩师绵绵无尽的

① 《学忍堂文集·谈治学与做人》，中华书局 2002 年版，第 457 页。
② 《学忍堂文集·谈治学与做人》，中华书局 2002 年版，第 460 页。

追思和悼念：

昔我拜师从子昂，而今隔世事苍黄。
杏坛训谕留纲则，史苑论评立典章。
大地巍巍耸五岳，长空烁烁曜三光。
先生治史仍学忍，捧读遗文多感伤！

六、先生的《中国史学史手稿》

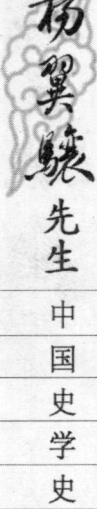

先生自最初系统讲授中国史学史课程之时，就有志于撰写一部新型的《中国史学史》。随着新中国的诞生和对于唯物史观的学习，他拟定将中国史学史的课程自上古讲述到1949年，且将马克思主义史学在1949年之前的发展单列为一章，应当说这是经过认真思考、很合时宜的构想，也是计划撰写《中国史学史》的一个基本思路。先生在1994年曾说在解放初讲授中国史学史，“备课时用十六开白报纸写出详细提纲，其中主要是基本材料。边学边教，边教边学，教学相长，收获不小，一年下来积累了六厚册讲稿。那时初学马克思主义，只知道一点简单的基本原理，还谈不上运用。但这是我自己首次写成的中国史学史教材，为以后讲课奠定了基础，敝帚自珍，现在这些稿纸早已发黄变脆，一翻动就落碎屑了”[1]。据此，最早写于白报纸的讲稿应当至1994年仍有保存，但现今已然不能得见，基本佚失。

1952年高校院系调整之后，史学史学科的前景很不乐观，连在大学内能否开课都成了问题，加之由上而下部署的学习唯物史观运动以及各种社会运动，欲真正撰成与出版新式的《中国史学史》，实在难以实现。1961年之后，中国史学史的教学与研究迎来一个高潮，然而史学史的知识体系、主导线索、必要内容等等理论问题，学术界虽热烈地讨论却难以解决，其中关键之处是：如何附和时下畅行的历史研究的阶级路线、阶级分析方法？如何纳入五种社会形态顺次发展的框架？如何表达出革命化的史学理念？例如有的意见认为：史学史应反映出社会上的阶级斗争，但不是叙述阶级斗争的本身，而是分析历史学家、历史学派在思想领域内的斗争[2]。有的意见径直指出史学史应当“以阶级斗争作为贯穿史学发展整个过程的一条红线”[3]。有的意见认为新的中国史学史应当具有新的特点，一是要揭示中国史学发展的客观规律；二是要注意史学发展与整个社会发展的关系，特别要注意阶级分析；三是要批判近代资产阶级反动史学，重视马克思主义史学的产生和发展[4]。这些议论均有值得重视的见解，但都强调了阶级斗争，而要使中国史学史内容贯穿阶级斗争，则实在是难以措手的问题，因为古代的史著基本都是剥削阶级学者所撰写。先生以一人之力几年内未能撰成和出版中国史学史著述，是很正常的结果。而细细检核 先生之手稿，其中有部分稿纸纸张粗糙、颜色黝黑，应为1960年代初所撰写，可见在1961年教育部提倡中国史学史的教学与研究之后，先生撰写书稿的工作已然重新起步。

到了80年代，先生的写作计划中有两大项目，一是要撰著《中国史学史》，二是编纂《中国史学史资料编年》。先做哪一项？先生曾颇费斟酌，甚至曾与我等几名弟子商量。但《中国历史大辞典·史学史卷》的编辑修订，又占去几年的时间，1983年《中国历史大辞典·史学史卷》出版面世以后，先生才有了可能集中精力撰著。但这种撰写《中国史学史》书稿的工作，也就进行了二三年，随后 先生就将重点改为先进行《中国史学史资料编年》的编纂工作。正如后来 先生接受访谈之时所说：“我在80年代初，也因受到中国史学史研究日益兴盛的感染，不顾浅薄，要写一本专著。但因奉命参加《中国历史大辞典·史学史卷》的编纂工作，未能如愿。接着又应出版社之约，编撰《中国史学史资料编年》。”[5]撰著次序转变为以《中国史学史资料编年》为先，应当也有其不得不如此的原因。20世纪80—90年代，中国史学史的新成果不断涌现，论文数量大增，许多过去未曾研究的问题得以被开发和探讨，系统的中国史学史著述需要重新估量叙述内容的增补，重做体系、结构和主导线索的设定。而且这一时期也是文化思想、学术思想逐步嬗变的年代，史家、史书、史学评论的标尺和价值观处于连续变化的状态，特别是对近代史家如胡适、钱穆、傅斯年等等及其著作的评价，开始呈现为某些冰火两重天的异动，原已形成的见解和写好的书稿文字，多有需要认真思考、大加修订甚至推倒重来的趋势。这使

① 宁泊：《史学史研究的今与昔——访杨翼骧先生》，载《史学史研究》1994年第4期。
② 见《学术月刊》1961年10月号载耿淡如：《什么是史学史》。
③ 见《文史哲》1963年第4期载汪伯岩：《中国史学史的研究对象问题》。
④ 见《文史哲》1963年第6期载师宁：《有关中国史学史研究的一些问题》。
⑤ 宁泊：《史学史研究的今与昔——访杨翼骧先生》，载《史学史研究》1994年第4期。

一向撰述谨慎的 先生不得不做出了选择，暂且放下《中国史学史》书稿的撰写工作，先编纂《中国史学史资料编年》。《中国史学史资料编年》同样是十分耗时费力的工作，加之 先生晚年身体多病，竟使撰写《中国史学史》专著的工作再无机会完成，然而所留存的撰写手稿，却也积累得相当可观。

时至20世纪末21世纪初，先生自知已经难以完成《中国史学史》的专著，遂不复言说自己已有手稿，尤其2002年初，刘泽华教授亲到 先生家中，动员 先生编纂学术论文集，并且提出可以将历年讲授中国史学史的讲稿中某些章节整理成文，增加文集的内容。当时 先生立即回应说自己并无中国史学史的讲稿或手稿。2002年11月，先生文集《学忍堂文集》出版发行，先生在翻阅浏览中显露出欣慰之情。时隔几日的12月某天，我去探望病中的 先生，与 先生对话中师母恰出外购物，先生忽然令我从旧书柜中取出一个装满纸稿的深色塑料袋，打开后指点说这是多年积累的中国史学史书稿，令我带走留存，或许可以用于教学参考，此事无人知晓，也不必再向任何人提起，亦不要试图出版，因为其中许多内容残缺未成，许多观点已经过时，无法再作修订。今思这些手稿毕竟是 先生平生治学留下的真迹，凝结了 先生的心血，不应在弟子手中隐没。将之出版虽稍稍不合 先生原意，但对本学科的建设应该甚有裨益。谨拜阅 先生手稿，将几项基本情况简述如下：

1. 手稿均用规范、秀丽的字体写于正式稿纸，说明原本是准备交付出版而撰写的。但多页稿纸周边写有大量补充文字，这是随时做出的修订、补充，说明 先生时时作出新的探讨，并未将写在稿纸的内容视为定稿。手稿内容有一些重复，这是修改重抄所造成，说明改写过程乃是反复进行的。

2. 手稿未曾装订，也没有统一的页码顺序，但某些章节、某些专题是有连续页码的。各个部分的标题序号，尚存在着不一致之处，有些专门题目下缺少完备内容，留下空白稿纸尚待补写。凡此种种，显示了书稿是未成之作，撰写过程是处于有所断续的状态的。

3. 根据纸张和 先生的学术经历判断，除少数内容撰写于20世纪60年代外，大多内容应撰写于1983年到1986年间。此时全国范围内的历史观念虽然有所松动和改变，但对近代史学的主流评价还较多地承袭了五六十年代的框架，故 先生手稿的内容也呈现此种思想特征。至于稿纸周边的补充文字何时添加，则难于判断。

书稿虽未抵于成，但许多论述颇具参考价值，如对唐后五代史馆建置和官方修史机制的论述，对辽、金时期国史院的评析等等，有画龙点睛、言简意赅之妙；对近代居延汉简之发现过程、研究状况的论述，条理详明；对范文澜《中国通史简编》和后来修改本的对照和评论，客观公正，中肯确切，这都是极具学术价值之处。实例尚多，不必枚举。综合以上情况，决定将 先生手稿予以整理编排，以影印方式出版面世，这样既保存了手稿的真貌，亦可提供给学界同行以参考。至于 先生本人认为内中有已经过时的观点，因而不愿公布，今考虑那毕竟反映了一个时代的认识水平和思想状态，是那一代老一辈学者多所周折治学历程的写照，无伤于 先生的形象，且可以作为对整个中国学术史反思的资料。

在书稿的整理过程中，先生的孙女杨柳做了不少辅助的工作。国家图书馆出版社的领导和编辑予以了大力支持，不仅俯允接受本书的出版，而且做了许多技术性的处理，谨此致以由衷的谢忱！

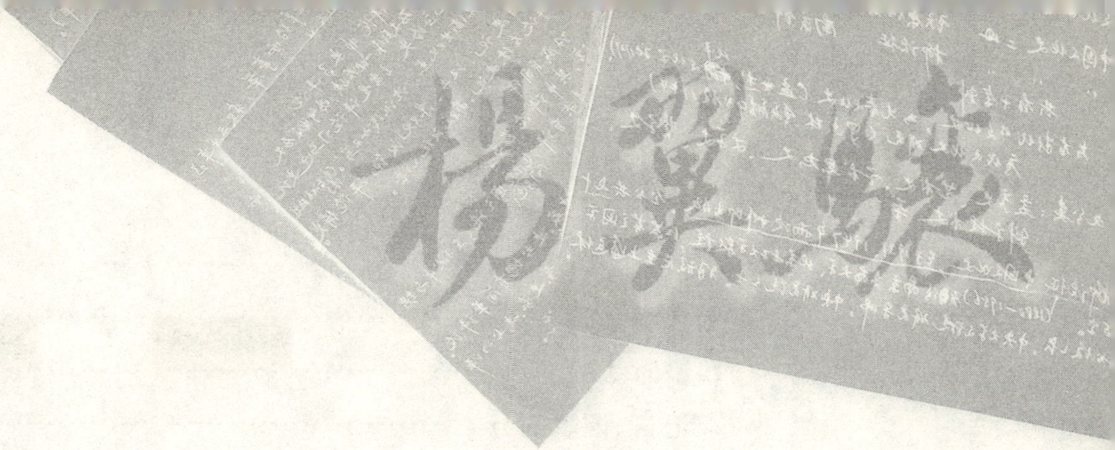

目录

上　册

绪　论

下　册

附录

绪论

一、学习和研究中国史学史的意义

中国史学史是~~中国史学的历史~~，是中国史学发展的历史，是众多学术史中的一种。

任何一门学科，都有它自身发展的历史，如文学史，哲学史，数学史，物理学史等。研究一门学科，应当在它过去已取得的成就的基础~~和成就~~上进行总结和发展继续前进，所以必须了解它的历史。

学习和研究历史的人，不但要懂得历史，还要懂得史学，即不但要掌握历史知识，还要知道过去研究历史所取得的成就。（中国历史悠久，史学发展的历史也很悠久，其内容是很丰富的。）

~~古今中外资产阶级学者的著作中，以常把历史与史学混为一谈，很多给历史下的定义，都是"史学"的定义。~~

移后（学习和研究中国史学史，首先要了解"史"和"史学"的涵义及其区别。

史字最初是官名，在殷代的甲骨文里已经出现。但那时还不是记载历史的官。到了西周时期，就逐渐成为记载史事、编纂史书的官。在西周、春秋、战国时期，史字既指官职，又指担任史官的人，如晋国的董狐、楚国的倚相，都被称为良史。~~就是好的史官~~。同时，也指历史的记载和如孔子说"吾犹及史之阙文也"，孟子说"其文则史"。

在东汉以前的史书，都称书，不称史。东汉以后才开始把史书称为史，如东汉末年刘芳作《小史》，三国时张温作《三史略》，梁武帝作《通史》，陈许亨作《梁史》，唐李延寿作《南史》、《北史》等。但在北宋以前，更多的史书还是称书，如魏晋南北朝时期的许多断代史书，唐朝官修的《晋书》、《隋书》等，五代及北宋初期所修的《旧唐书》、《新唐书》等。北宋以后的官修史书都称史，如《宋史》、《辽史》、《金史》、《元史》等。

在中国古代，只有史，没有历史一词。即使偶而出现"历""史"连在一起的字样，如萧子显《南齐书》卷40《鱼复侯子响（萧子响）传》："积代用之为美，历史不以云非。"章学诚《文史通义·修志十议》："夫历史合传独传之文具在，曷尝必首标其目哉？"。但只是历代史书的意思，不是现在所说历史的意义，而且也没有成为一个专名词来普遍使用。清初万斯同著《历代史表》，而不称《历史年表》。

至于论历史下定义的人很多，今择其较有影响者述之。

陈衡哲："历史是人类全体的传记。"（西洋史上册）
吴贯因："记载人类所发生影响之种种活动，俾得以播诸当时，传诸后世，是则即谓之史。"（史之梯第一章）
杨鸿烈："历史是一种很客观的有系统的叙述人类在过去所有的行动的记录。"（史学通论第一章总论）

历史成为专名词而在中国普遍使用，仅近代的事。~~大概在十九世纪末二十世纪初，清朝开始办学堂，每门课程都定新名字，课程的名称多学自日本，而编写教科书也要用课程的名称，因有历史课而有历史教科书；历史一词~~~~开始~~~~遂普遍使用~~，至今不过百年。

历—经历，经过。

现在"史"与"历史"是同一意义的，二者均可用，而史往往是历史的简称。

~~历史的涵义有二~~所谓历史，有两种涵义：一是客观存在的历史，即历史本身。这种历史在时过境迁之后，即已消失，后人只能在地下考古发现的实物和地上保存的古迹中，了解到一些个别的情况。一是人们文字记载和编写的历史，~~即人们编写的历史~~。这种~~编写的~~历史不一定符合历史本身的实际情况，或不完全符合，甚至完全不符合。~~其所以如此，是由于人们所记载的史事，不是历史的全貌，时代愈古，记载愈简单，距离历史的全貌愈远~~。然而，学习和研究历史的人，主要是依靠用文字记载和编写的历史，去了解历史本身的情况。

人们编写的历史，主要包括两方面的内容，一是历史的事迹的记载，一是对于历史的解释和评论。历史事迹记载的不完备，当然不能反映历史情况的全貌，如夏、商、西周的历史，文字记载很少，有很多事情没有记载下来，而所记载的又不见得都符合实际情况。至于对历史的解释，更是不一致，有时甚至有很大的差异，如西

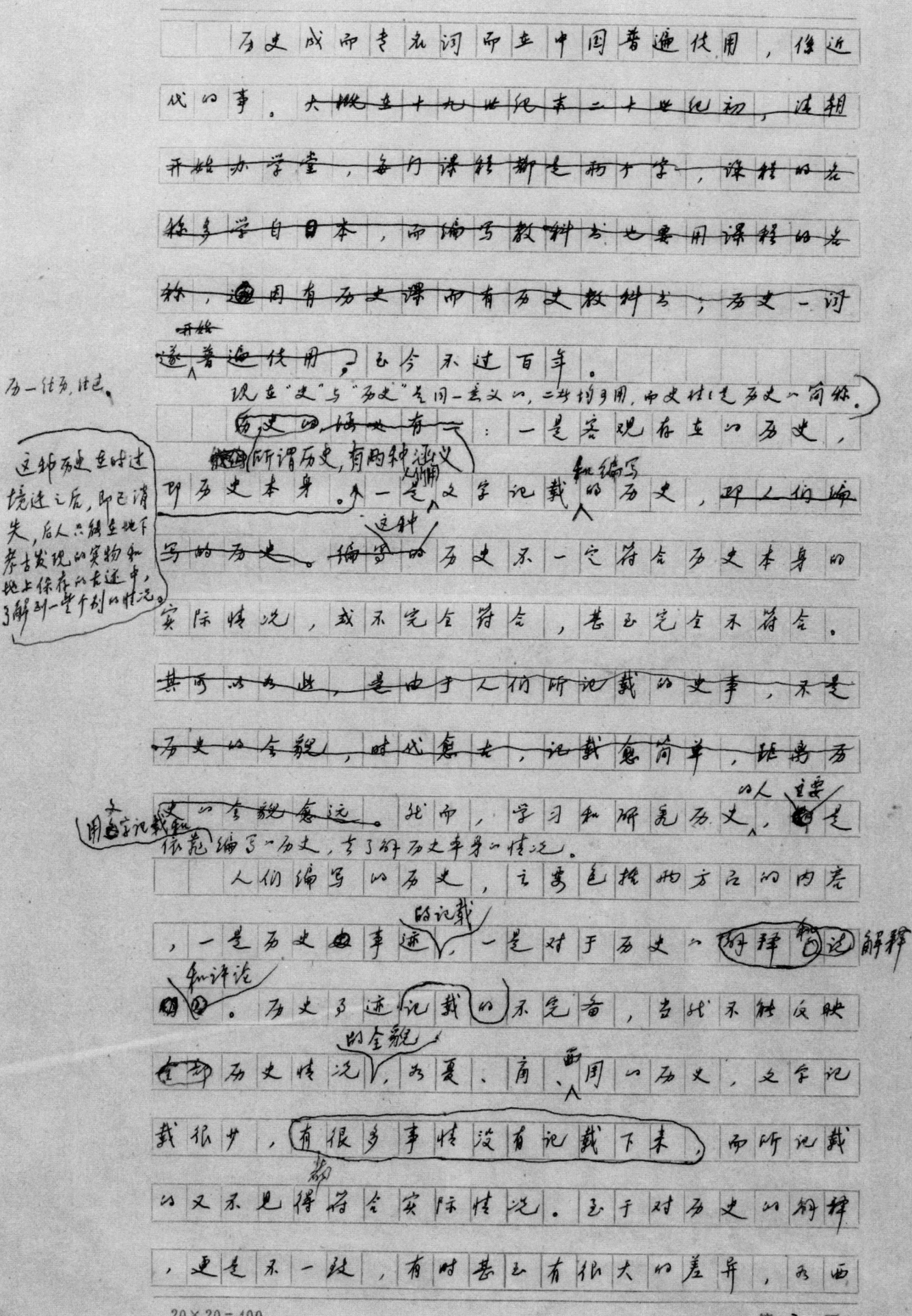

周的社会性质，有人说是奴隶社会，有人说是封建社会，二者必有一错，或者二者全错。我们学习的历史，晚些是以人们编写的历史为主要依据，我们所知道的历史情况，就不见得符合历史本身的实际情况，所以要继续不断地发掘史料、进行研究，已经编写的历史要不断改写。~~这就是人们编写的历史与客观存在的历史之间的矛盾关系。~~

了解了历史的涵意之后，还要了解~~历史与史学的区别~~什么是史学。

~~史学包括通史、史料研究、历史分类、历史哲学、史学本身的学科。（？）~~

史学是关于学习、研究、解释、编写历史的理论和方法的学问，换一句简单的话说，就是怎样研究历史的学问。一般人只知道历史知识就行了，而学习历史专业与从事历史研究工作的人，除了历史知识之外，还要懂得史学。

梁启超说："中国于各种学问中，惟史学为最发达；史学在世界各国中，惟中国为最发达。"（中国历史研究法第二章）德国黑格尔说："中国历史作家的层出不穷，继续不断，实在是任何民族所比不上的。"（历史哲学第一部东方世界中国）

史学在中国虽有悠久的历史，但史学这一名词的出现却是相当晚的。据现存的记载，史学一词在东晋十六国时期开始出现的。《晋书》卷105《石勒载记下》："（晋元帝）太兴二年（公元319年），勒伪称赵王。……以任播、崔濬为史学祭史学的定义：梁启超："史者何？记述人类社会赓续活动之体相，校其总成绩，求得其因果关系，以为现代一般人活动之资鉴者也。"（中国历史研究法第一章）

这些对史学下定义，以人类社会历史都有好的论述。

吕思勉："历史者，研究人类社会之沿革，而认识其变迁进化之因果关系者也。"（本国史）

柳诒徵："治历史者职在综合人类过去时代复杂之事实，推求其因果而为之解析，以昭示来兹，舍此，无所谓史学也。"（中国文化史）

萧一山："史学者，销释史实之真象，为有系统有组织之研究，以阐明其承变演进之迹，并推求其因果互相之关系者也。"（清代通史导言）

杨鸿烈："研究与历史有关系的种种理论和搜辑鉴别整理史料的最可靠的方法与必需的技能的学问，就叫做史学。"（史学通论第一章绪论）

颜氏家训："有一偻士，自许史学名家。"

顾炎武日知录："唐穆宗时，谏议大夫殷侑言史之劝善惩恶，亚于六经，比来史学废绝，至有身处班列而朝廷旧章莫能知者，于是立三史科。……"之有史学始此。

酒。"史学祭酒是掌管史学的官职。其后，到了南朝刘宋时，宋文帝建立儒、玄、史、文四学，以何承天主管史学，并招收学生来学习，称为史学生，是史学成为独立学科的标志。

（历史哲学之从近代开始，何为历史哲学，引李大钊史学要论。）

史学史是史学发展的历史，在古代已经有不少人进行研究，但史学史三字连在一起，而成为一门独立的学科，则是近六十年来的事。

"我们的史学史应该阐述中国史学发展的全过程、中国史学在各时代的特点、中国史学的时代变化跟社会条件的关系、中国国内各民族在史学发展上的关系、中外史学的比较研究等。总之，中国史学史要阐述中国史学发展的规律，为我们推进当前史学工作提供借鉴。"（白）

研究中国史学史有什么意义呢？

（一）了解过去史学发展的情况，总结其优点与缺点，~~有助于现在的学习和研究~~。

~~（二）了解过去史学发展的情况~~，批判地继承其优良传统，从丰富的史学遗产中吸取宝贵的经验，发扬光大，有益于今后史学的研究和发展。

三（四）了解过去史学研究中各种不同的思想、观点和方法，可以开阔眼界，增长见识，以提高对史学的鉴别、分析和批判的能力，以提高今后史学研究的水平。

二（三）了解过去史学研究中存在的问题，弥补其缺陷与不足，以充实今后史学研究的内容。

（五）中国史学史还是一门基础比较薄弱的学科，需要大家共同努力，博览群书，深入思考，发现新问题，发掘新材料，提出新见解，以促进这门学科的发展。

但在封建时代，史学家们还没有接触到这个问题，没有人指出史学史的内容是什么。资产阶级的学者开始提出史学史的内容，影响最大的是要谈……

二、中国史学史的内容[redacted]

中国的史学有数千年的长期发展过程，其内容是非常丰富的。难以详举备陈，只要约了概括为以下几个方面，而且这几个方面[redacted]之间又往往是互有关联的。

其二是历史编纂学。

体例、内容、编纂方法

历史编纂学基本上是史书的内容与体裁问题。

历史事迹的流传，依靠史书的编纂。在编纂史书时，必须决定包括哪些内容，同时也要採取与内容的表述相适应的体裁。

内容的发展决定体裁的变化，而体裁的形式又影响到内容的取舍。

然而，内容的取舍与体裁的运用并非简单的了，是随着社会经济、政治和文化的发展而不断地在变化和发展的，是经历了长期发展的过程的。

我国的历史编纂学，从奴隶社会的殷代起，经过長期的封建社会，直到近现代，積累了异常丰富的经验，取得了很多宝贵的成就。

在奴隶社会时代编纂的史书，已有不同的内容和体裁。《尚书》的内容是以记载统治阶级上层人物的言语为主，体裁是分篇编成的记言体；《春秋》的内容是以记载统治阶级上层集团的行动为主，体裁是按年、时、月、日的顺序排列的编年体。不过，那时的历史编纂学还是很简单、幼稚的。到了封建社会时代，历史编纂学逐渐有了显

稿紙(A) 25×20=500

2

着的发展。随着社会经济、政治和文化的发展，人们的历史知识领域扩大了，对于史书的要求提高了，史书的内容也逐渐丰富起来，於是出现了包括政治、经济、文化各方面的通史和断代史，专记一地事迹的地方史，专记典章制度的专史等。史书内容的发展也促进了史书体裁的发展，除了在奴隶社会时代已有的编年体外，又创立了纪传体、纪事本末体等。到了近代，由于社会经济、政治和文化的进一步的变化和发展，历史现象的複杂和历史资料的增多，史书的内容更加扩充和丰富，同时，适应着内容的发展与人们对历史知识的客观要求，史书的体裁也必须改进，旧有的编年体、纪传体、纪事本末体都不能满足读者的需要，因而出现了章节体。到了现代，由于无产阶级领导的新民主主义革命和社会主义革命的胜利发展，整个社会情况起了根本的变化，历史编纂学也有了崭新的发展，史书的体裁虽然基本上採用章节体，而史书的内容则比以前任何时期都有巨大的进步和根本的不同。

在历史编纂学中，除了史书的内容与体裁问题外，还包括史料的搜集、取舍和组织问题，史书的断限问题等。

在封建社会时代，历史编纂学有長期发展的历史，在史书的内容与体裁上都有很多的变化，所以，封建社会的历史编纂学在中国史学史上应占更为重要的地位。

然而，历史编纂学又不是孤立的，它与历史观点与史学思想有关。一个历史家的著作，其内容的取舍与体裁的采取都受他的历史观点和史学思想的支配。

其二是历史观点。

历史观点是指历史家对社会历史本身的看法，如对于社会历史发展的总的看法，对于经济形态、政治状况的看法，对于某些历史事件和历史人物的看法等。随着社会时代的变化，历史观点也在变化；由于阶级立场的不同，历史观点也自不同。

总的说来，有历史唯心主义和历史唯物主义两种根本不同的观点。在马克思主义历史学建立以前，都是历史唯心主义的观点。但是，同是历史唯心主义的观点，不同的社会时代又有所不同，如封建社会的历史观点与奴隶社会的历史观点不同；不同的阶级也有所不同，如地主阶级与资产阶级的历史观点不同。而且在同一时代、同一阶级的历史家，由于具体的客观条件和思想认识不同，他们在某些具体的历史问题上，观点也不相同。甚至同是以马克思主义的立场、观点和方法来研究历史，在某些具体的历史问题上，看法也不一致。这都需要具体分析，分别说明的。

但是，历史观点并不仅仅是历史家所具有的，其他的人如政治家、军事家、哲学家、文学家等也表露过他们的历史观点，那末，是否把这些人的历史观点也都写在史学史上呢？这在目前史学界有不同的主张。我认为，历史观点应以史学家为限，除非对史学界有重大影响的其他人的历史观点，是不宜写进去的。而且，即使是历史家，如果他在史学史上并没有什么重要地位，他的历史观点也不必写入。

其三是史学思想。

史学思想是指历史家对于史学的认识、主张和理论，如对于史学的意义与作用，编纂史书的目的，研究历史的目的等等。

史学思想与历史编纂学有密切的关系，如司马迁认为编纂史书要"究天人之际，通古今之变，成一家之言"，他便写成了《史记》这一部"寓论断于叙事"的通史；班固认为编纂史书要重视一个王朝兴亡的历史，便断汉为书而写成《汉书》；司马光因为研究历史要着重于"关国家盛衰，系生民休戚，善可为法、恶可为戒者"，所以写成了《资治通鉴》；欧阳修认为编纂史书要重褒贬，便写出了《五代史记》；郑樵提倡通史，便写成了《通志》。

稿纸(A)25×20=500

5.

史学思想也与历史观点有关，历史观点進步的史学家，史学思想也往往是正確的；但是，历史观点并不直接决定史学思想，有些史学家的历史观点并不进步，但他的史学思想则颇有独到之处，因而也能写出有价值的著作。尤其在封建时代，是不乏其例的。如班固的历史观点，推崇封建帝王，无视人民群众及生產者的作用，比起司马迁来是落后的，但他創立断代为史的体例，而且能以修了能详備地编纂西汉一代的史料，撰成了很有价值的《汉书》。

史学思想也与政治思想、哲学思想有关，但也不是一回事，往往有人在政治思想、哲学思想上并不是进步的，但其史学思想却颇有所長，因而能写出有价值的著作。如司马光的政治思想是保守的，哲学思想是唯心的，但他的思想却是进步的，因而他能精心審查史料、组织史料，写出一部空前的编年史《資治通鑑》。

史学思想在一般的历史家并不是表现得很明显的，明显的是那些评论家或理论家，他们有成套的理论，但往往又没有叙述历史事实的著作，如刘知幾、章学诚等，而且其史学思想虽然有许多創见，但在他施用于历史编纂学的时候，又未必能有若何突出的成就。

稿纸(A)25×20=500

6.

其四是历史研究法。

历史研究法是指阅读史书、学习历史、研究历史的方法，包括对史料的鉴别，历史著作的分析与批判，历史事件与历史人物的分析与批判，等等。

在我国长期的史学发展过程中，积累了不少的历史研究法。封建时代的史学家，在他们的著作中，或以其研究的经过和成果显示了他研究历史的方法，或者直接告诉读者以他的历史研究法。在他们所编纂的历史书的议论中，或者他们的自序或叙传中，或者他们的专著中，都有许多关于历史研究法的论述。近代资产阶级的史学家，又往往专门写成历史研究法的书，如梁启超的《中国历史研究法》及《中国历史研究法补编》，姚永樸的《史学研究法》，何炳松的《历史研究法》，而梁启超的著作曾经起过非常普遍而重大的影响。

过去地主阶级和资产阶级的历史研究法，在基本方面说来都是错误的，但是在个别地方也不是没有可以继承之处，如封建时代的阅读史书的某些方法，资产阶级的鉴别史料真伪的方法，经过批判之后，仍可为我们所采用。

马克思主义的历史研究法是运用正确的历史观点、史学思想而产生的，在数十年的发展中，取得了很多的经验

稿纸(八)25×20=500

我们应很好地予以总结，以推动今后史学的发展。

其五是史官制度。

史官制度是指历代统治阶级设官修史的制度及其具体措施。由于在阶级社会中，史学为统治阶级所掌握、控制，尤其在封建时代，史学成封建地主阶级统治的重要工具之一，所以史官制度对于史学的发展有重大的关系和影响。在奴隶社会中，由于史学控制於官府手中，一方面由于史官的记载而保存了若干史料和记载，一方面也使历史记载画受了很大的局限。在封建时代，史官制度逐渐发展，成为一套逐渐扩大的机构，对于史学的发展起着重要的作用，而且有时起着操纵的作用。当然，由于史官制度的延续，使封建社会的历史记载能以连续不断地流传下来，但也使历史记载受到很大的局限，史学不能得到充分的发展。他们那些制度、机构及具体措施和修史方法等，也是应当加以总结的。

在封建社会中，有时官修与私修难以区分的，如司马光编《资治通鉴》，虽然他们原来并非史官，但当受宋神宗之命在修史时，已经实际上是史官了。他们修史的办法，实际上也是修史制度之一种。他们的做法是有成绩的，也应当好好总结，某些到现在还有供参考和取法的价值。

稿纸(A)25×20=500

8

在北洋政府和国民党反动统治时代，也有史官制度，曾经发生过反动的史学作用，但由于这时史学的发展已经普遍，史官已不能完全史学，所以它对于史学的关系就不那么密切了。

其次是史学批评。

史学批评是指对于史学领域内各种工作的批评，如对于史料的选择与组织，史书编纂的体例与内容，记载的是否真实，历史观点是否正确，史学思想是否正确，史学发展的趋势如何，等等。

任何一门学科如果没有批评，就不易有很快的进步，所以史学批评是推动史学进步和发展的重要因素之一。

史学批评有当时人的批评，也有后人对前人的批评，古代最多的还是后人对前人的批评。

在封建时代，曾经有不少学者对过去的历史著作进行过批评，如班彪对于司马迁的批评，裴松之对于魏晋时代著作的批评，刘知幾对于过去许多史家和史书的批评，郑樵对于班固的批评，吴缜对于欧阳修的批评，章学诚对于过去史学家、史学理论、史学方法的批评，等等。

在近代，资产阶级对封建时代的史学有所批评，如梁启超曾对封建史学进行过系统的批评。对同时代的著作也有人写作不少的书评。

马克思主义的史学批评，更是推动史学发展的重要武器。斯大林说："没有批评，就不可能推动学术的发展。"对于批评的内容、方法、态度也都时时在改进，批评的质量也在不断提高。

其七是史学流派。

史学流派是指在史学领域内不同的在著作、研究范围、史学思想、历史观点、研究方向、研究方法、研究目的等流派。如封建时代有司马迁的一派，班固的一派，司马光的一派，刘知几的一派，章学诚的一派；又有理论派、考证派等。而在考证学中也有不同的流派。资产阶级史学的流派，也有封建资产阶级派、民族资产阶级派、买办资产阶级派。在同一大流派中，也有可能分为若干小的流派，如资产阶级学者中有的重于发表议论，有的注重叙述事实，有的注重考证，等。

在马克思主义史学中，也有不同的流派，如对社会发展分期问题上有不同的流派，在史学思想上也有不同的流派。

史学流派与史学批评又有连带的关系，不同的学派之间必然会互相进行批评，对于史学的发展有促进作用。后人总结了不同学派的观点，取其优长，然后得出正确的结论，可以进一步提高史学研究的水平。

稿纸(A)25×20=500

10.

间的互相讨论与批评，发挥了独到的见解，提高了研究水平，促进了史学的发展。

（八）重要史学家的生平事迹与治学经过

在史学史上有重要贡献的史学家，一定要叙述他们的生平事迹，尤其着重在他们的治学经过，即他们如何学习历史、研究历史、从事著作等，这不仅可以了解他们取得重要成就的原因，也可给现在和以后的人以启发、引导、示范，吸取他们的优点和长处，提高史学水平。

上述这些是史学史的主要内容，也就是在讲课时一定要讲到的，写书时一定要写到的。此外，还有如社会背景、政治关系、学术关系以及与史学有关的学科如目录学、考古学等，也要看具体情况作一定的论述。

与史学有关的学科有时也要讲，第一流的史学家往往不只在专门时代学历史的，尤其如今大学历史系的，如马克思主义史学家郭沫若、吕振羽、翦伯赞、范文澜；资产阶级史学家梁启超、王国维、陈寅恪、顾颉刚、陈垣、钱穆、向达、郑天挺等。

上述的主要内容，在中国史学史的各阶段中所占的比重并不是一样的。在封建时代则着重于历史编纂学的成就，在近现代则应着重于对资产阶级的历史观点与史学思想的批判，资产阶级史学流派的分析、对资产阶级历史研究法的批判、对马克思主义的历史观点与史学思想的阐述。而在某些重要的史家身上，又往往在历史编纂学、历史研究法、历史观点、史学思想各方面都有叙述。

（在先秦、秦汉以及封建社会前期、中期，着重于史书创制的叙述。）

以上是史学史的主要内容。此外，还有一些次要的或附带的内容，如史学著作的时代背景和社会条件，史家的生平事迹及其著作的经过，与史学的发展有关的其他学科的情况，与外国史学的比较及其关系等等，也常常叙及，但这些叙述并不在说明其本身，而在说明史学史的发展情况。

有关中国史学史的内容的另一问题，就是史学的起源问题，也就是中国史学史应当从什么时候开始讲起的问题。目前对这个问题有两种不同的意见：一种是从历史的传说时代讲起，一种是从有文字记载以后讲起。这又牵涉到对于史学的理解问题和史学史这门学科的课题问题。

我认为史学史是应当从文字出现以后讲起的。因为所谓史学，应当是记载历史与研究历史的学科，而不是一般人对社会历史的传说和看法。我国古代有许多传说，对历史知识的积累曾起过一定的作用，但那些传说的本身是否确实可靠就很成问题，至多仅能反映一些社会的大概情况，而且现存的许多传说都是在有了文字记载之后才流传于后世的，而文字记载的传说又夹杂了不少的后人的看法，已非原来的面目。况且我们又很难断定哪些传说是在哪一具体时代所发生的，所以很难据以说明史学的发展的。

稿纸(A)25×20=500

11.

所以，为了维护中国史学史这门学科的科学性，而且符合史学史的实际要求，应以从有文字记载谈起为宜。

　　除了中国史学史的起限问题外，还有它的下限问题。中国史学史应当研究到什么时候为止呢？目前也有两种不同的意见，一种认为应到中华人民共和国成立时为止，一种认为应到最近。前者的理由是解放后史学的发展，仅仅十余年的时间，还很难作出总结。后者的理由是解放后史学的发展有重大的成就，若不叙述，就难以说明马克思主义史学在中国的巨大的胜利发展。我是赞成后者的说法的。因为解放后十余年来的史学发展是非常重要而且是有目共睹的，史学史的研究工作者应当尽最大努力来总结这一阶段的发展，事实上并非不可能进行总结。当然，有些问题还在发展的进行过程中，暂时不能得出结论，可以留待以后再讲。但是，在已经有结论的问题和实际发展的情况中，我们还是可以作出总结的，即使有不足和不妥当之处，可以让以后补充。当然，在谈到解放后史学发展的具体情况时，可以有详有略；有的可以仅叙述其情况而不必急于作出结论。

稿紙(A)25×20=500

三、过去对于中国史学史的研究

中国史学史的名称是近代才有的，这一学科的建立也是近几十年的事，但有关中国史学史方面的研究却早就开始了。

最早对中国史学史进行研究的，是东汉初年的史学家班彪。

班彪对东汉以前的重要历史著作做了叙述和评论，特别对司马迁的史学作了比较详细的评论。遗憾的是，《后汉书·班彪传》虽然记载了这件事，但没有把班彪的全部论述记录下来，只是记录其大略。

南朝的梁朝著名史学理论家刘勰在所著《文心雕龙·史传篇》，历叙自殷周以来历史记载和著作，并对史体例、内容和史学思想加以评论，全文一千三百多字，可说是现存最早的、简要而比较完整的一篇中国史学史论文。

唐朝刘知几著《史通》，第一次对中国史学作了比较全面的总结，也是一部关于中国史学史的第一部详细的著作。其中《内篇》的《六家》论述史书的源流，《二体》论述编年、纪传两种体裁，其他各篇专题论述历史编纂学的种种问题，每篇都评论优劣长短，有卓越的见解。《外篇》中的《史官建置》叙述史官建置的沿革，《古今正史》叙述历代主要史书编纂的经过，都是有系统的关于史学史的著作。

刘知几对历史编纂学有深入的研究，可说是第一个中国史学史专家。

南宋郑樵所作的《通志总序》，对于编写历史的意义有高明的见解，他主张通史，反对断代史，也是一篇有关中国史学史的重要文章。

清代著名的史学家钱大昕、赵翼、王鸣盛，在他们的著作有许多是论述有关史学史的问题的，如钱氏的《十驾斋养新录》、赵氏的《廿二史劄记》、王氏的《十七史商榷》，他们对于史学史是深有研究的。

章学诚是著名的史学评论专家，在他所著的《章氏遗书》中特别是《文史通义》中，有很多论述到史学史的问题。

古代虽有人研究过史学史范围的问题，但没有形成一门学科，没有史学史这一名词，直到近代，经过梁启超的倡导，才有了史学史这一名词，并建立为一门学科。

1922年，梁启超的《中国历史研究法》出版，其中的第二章《过去之中国史学界》就是一篇简明的中国史学史，但这时还没有提出史学史这一名称。

1925—1927年间，梁启超在北京清华研究院讲中国历史研究法一课时，提倡研究和编写中国史学史，他的弟子姚名达立志研究并撰写中国史学史，当为撰写这门学科史的第一人。

姚名达，字达人，江西　　人，曾著有《朱筠年谱》、《刘宗周年谱》、与胡适合撰《章实斋先生年谱》、《中国目录学史》等书。抗日战争初期在江西中正大学任教，于1938年在江西抗战前线牺牲，终年三十八岁。他的中国史学史终未写成。

1930年，梁启超的《中国历史研究法补编》出版，此书内容即为他在清华研究院讲课的记录，其中有《史学史的做法》一篇，认为史学史的内容应包括四部分：(一)史官，(二)史家，（三）史学之成立与发展，（四）最近史学之趋势。此书出后，研究史学史的风气开始兴起，有的大学史学系（历史系）开设此课，这一学科已正式建立。

在三十年代，有的学者在大学史学系开设此课，并写出讲义。如蒙文通在北大，陆懋德在北师大，卫聚贤在上海暨南大学均开设此课，并写出讲义，但仅由本校铅印，未正式公开出版。他们的讲义都是按朝代顺序叙述历史著作，内容简略，但在个别地方颇有独到见解。

此外，还有一些名为《史学概要》、《史学通论》或《史学概论》的著作，其中多有史学史一章，作简略的论述。报刊上也发表了一些关于史学史的文章。

三十年代，这门学科算是正式建立了。不过，研究此道者还是少数，其内容也没有超出梁启超所订的范围。

到了四十年代，中国史学史的专著已有数种正式出版，如魏应麒的《中国史学史》于1941年出版，王玉璋的《中国史学史概论》于19

42年出版，金毓黻的《中国史学史》于1944年出版，以上三书均由商务印书馆出版。其中以金氏所著材料丰富充实，在评论上亦多有独到见解。

此外，尚有如朱希祖的《中国史学通论》，柳诒徵的《国史要义》，其大部分内容亦属于史学史的范围。

尚有一些史学通论、概要、概论之书，其中也有一章讲史学史。在报刊上发表的有关史学史的论文亦较三十年代为多。

以上是资产阶级观点写成的。用马克思主义观点撰写的史学史论文有翦伯赞等写的几篇文章。

四、中国史学史的分期问题

研究中国史学史，其目的在于探求中国史学史的发展规律，而其规律通常则以分期来表示。目前分期问题尚未进行详细深入的讨论，没有统一的认识。

在分期标准上，现在大体有两种意见：一是按社会发展阶段划分，一是按史学本身的发展情况划分。而多数只论述古代的分期，近代史学的分期则很少有人提出意见。

主张按社会发展阶段分期的，如陈千钧将古代史学分为四期：

①奴隶社会时期（殷周到春秋末）——史学的起源和史书初出现时期。

②封建社会前期（春秋末到隋）——史学的创建和奠基时期。

③封建社会中期（唐到明中期）——史学的发展更加完善和充实。

④封建社会后期（明中期到鸦片战争前）——史学思想和史学家内部更反映出错综复杂的斗争形势，某些进步史家对社会的发展提出

了一些新的见解。

按史学发展本身的分期，如刘节将先秦至现在的史学划分为五期：①萌芽期——先秦。②创建期——两汉到隋唐五代。③充实期——两宋、元、明。④发展期——清代。⑤更新期——从清代晚期到现在。

曾庆鉴将上古至马克思主义出现前的史学分为五期：①起源与草创期——司马迁史记出现以前。②建立期——从司马迁到唐，即刘知几以前。③发展和充实期——从唐到明。④畸形发展期——明清之际到鸦片战争前后，历史哲学与考据学的两极发展。⑤改良期——鸦片战争前后到马克思主义出现前。

上述各种分期的主张，我认为都有不当之处。我认为古代史学史的分期应以史学本身的发展为标准，分为六期：

①萌芽时期——殷、西周、春秋。

②初步发展时期——战国、秦。

③奠定基础时期——两汉。

④兴盛时期——三国两晋南北朝。

⑤高度发展时期——隋唐宋元。

⑥转变时期——明清（十九世纪末）

在近代，当资产阶级史学尚未发展成熟的时候，马克思主义史学即已产生，遂出现了错综复杂的情况。究竟如何分期，意见更不一致，我认为可以分为 个时期：

①资产阶级史学建立时期——十九世纪末到五四运动

②马克思建立及资产阶级史学发展时期——五四运动至1949年中华人民共和国成立

③马克思主义史学全面发展及资产阶级史学衰落时期

20×20=400　　第20页

上编　古代史学

第一章　史学的~~起源与奴隶社会的史学~~萌芽——殷、西周、春秋

第一节　史学的起源

研究史学史，首先碰到的是史学的起源问题，也就是史学史应当从什么讲起的问题。~~这个问题，当前中国史学界还没有一致的意见。~~

~~我认为~~探究史学的起源，应当从文字出现的时候谈起。因为有了文字才能有历史记载，有了历史记载才能编纂成为史书，在记录史实和编纂史书的过程中才产生了史学。

就社会发展的一般规律来说，文字是阶级社会的产物。恩格斯在为《共产党宣言》所加的注文中指出：阶级斗争的历史，"即有文字可考的全部历史"。（着重点是原有的。）斯大林在《马克思主义与语言学问题》中说："生产继续发展，出现了阶级，出现了文字，出现了国家的萌芽，国家进行管理工作需要比较有条理的文书。"（人民出版社版第24页）在我国古书的记载里，也可看出这种情况，如《易系辞·下传》说："上古结绳而治，后世圣人易之以书契，百官以治，万民以察。"就反映了文字对于国家管理工作的作用。

恩格斯："由于文字的发明及其应用于文献记录而过渡到文明时代。"(?)

文字是怎样产生的呢？是人类的经济、政治和文化发

稿纸(A)25×20=500

1.

展的结果。"人们的知识起初是不多的，并且完全保存在人们的记忆中，在若干世纪中是靠口头流传的。这些知识首先便是人们的生产经验。但是，随着社会的发展，随着劳动的分工和人类活动的多样化，随着交换和部族间关系的发展，随着阶级和国家的产生，人们关于周围世界的知识也就日益扩大起来。个别人的记忆已不能记住全部知识，于是便产生了把观察和概括记录下来的必要，而文字也随着出现。"（康士坦丁诺夫主编：《历史唯物主义》第475—476页）"文字的出现，对于积累历史知识起了巨大作用。"（苏联大百科全书选译《历史、史料学》，人民出版社1955年1月第1版，第3页。）

我国的文字是从什么时候开始出现的呢？若按照古书的记载，是很难得到确实的解答的。在春秋时代以前的著作里，还没有指出什么时候才有文字。到战国时代的一些著作里，都说文字是仓颉创造的，如《荀子·解蔽篇》说："好书者众矣，而仓颉独传者，壹也。"《韩非子·五蠹篇》说："古者仓颉之作书也，自环者谓之私（厶），背私者谓之公。"《吕氏春秋·君守篇》说："仓颉造书。"也有说文字沮诵和仓颉两个人制造的，如《世本·作篇》说："沮诵、仓颉作书。"（据雷学淇校辑本）但是，这些记载都没有指出仓颉是什么时代的人。到了东汉，许慎在

稿纸(A)25×20=500

2.

《说文解字序》里才指出仓颉是黄帝时代的人，他说：“黄帝之史仓颉，见鸟兽蹄迒之迹，知分理之可相别异也，初造书契，百工以乂，万品以察。”宋衷作《世本注》也说：“黄帝之世，始立史官，沮诵、仓颉居其职。”（《初学记》卷二十一）可是在东汉、魏、晋间人对于仓颉所处的时代，又有许多不同的说法，如“崔瑗、曹植、蔡邕、索靖皆直云：古之王也；徐整云：在神农、黄帝之间；谯周云：在炎帝之世；卫氏云：当在庖牺、苍帝之世；慎到云：在庖牺之前；张揖云：苍颉为帝王，生于禅通之纪。”（孔颖达《尚书序疏》）此后，又有人说文字是伏（或庖）羲氏创造的，如晋朝人伪作的《尚书孔安国传序》里说：“古者伏羲氏之王天下也，始画八卦，造书契，以代结绳之政，由是文籍生焉。”唐朝人司马贞补作的《史记·三皇本纪》里说：“庖牺氏……造书契，以代结绳之政。”综上所引，真可谓众说纷纭，莫衷一是。然而，我们现在知道，所谓庖（伏）羲、神农、黄帝等都是传说中的原始社会的人物，仓颉造字的说法虽然到后来最为流行，但仓颉是否实有其人？他所造的文字是什么形状？却都没有确实的证明。而且，文字不是某一个人或在一个短时期内所能创造出来的。作为人们交流思想的手段和积累知识的工具，它是许多人们

稿纸(A)25×20=500

3.

在长期的生产、生活和社会活动中逐渐创造，又逐渐加以改进而成的，是随着社会的发展而发展的。我国的文字决不是仓颉一个人的创造。所以，上述的那些说法，都不过是揣测附会之辞，不能令我们相信的。

根据地下发掘的材料，现在所发现的最古的文字，是在河南安阳殷墟出土的甲骨文。甲骨文是殷代盘庚以后到帝辛（纣）约二百七十多年间（约公元前1300—1028年）的文字，由于它刻在龟甲和兽骨（主要是牛骨）上，所以称为甲骨文；又由于它的内容绝大部分是殷王室的占卜之辞，也称为卜辞。

然而，甲骨文是不是我国的原始文字呢？不是。我们至少可以从两方面推知在这以前还有更古的文字。

一、从甲骨文的形体结构和当时人运用文字的水平来看，虽然还处于文字发展的低级阶段，但已不是原始文字，而是经历了相当长期的发展过程才形成的。

原始文字应当是图画式的笔画繁複的象形字，（郑樵《六书证》："书与画同出，……六书也者，皆象形之变也。"孙诒让《名原》："盖书契权舆本于图象。"）字汇少，文字的组织和运用也极简单。可是甲骨文不仅有已简化了的象形字，还有~~指事~~会意、形声、假借等字，已

稿纸(A)25×20=500

4.

相当複杂了。郭沫若说：甲骨文“已经是具有严密规律的文字系统。后人所谓‘六书’，从文字结构中所看出的六条构成文字的原则，即所谓指事、象形、象意、形声、假借、转注，在甲骨文中都可以找出不少的例证。文法也和后代的相同。故中国文字，到了甲骨文时代，毫无疑问是经过了至少两三千年的发展的。”（《古代文字之辩证的发展》，载《考古》1972年第3期及《考古学报》1972年第1期。）在已经发现的甲骨文里，有~~三千五百个左右的字汇~~四千多个单字，（于省吾说：“甲骨文不重复的字约共四千五百多个，我们所认识的还超不过一千字。”见《关于古文字研究的若干问题》，《文物》1973年第二期。又中国科学院考古研究所编《甲骨文编·编辑序言》，中华书局1965年版，甲骨文总共有单字四千多个，其中能认识的仅一千多字。）其中有名词、代名词、动词、助动词、形容词、连词、介词等；句子结构的主要形式已有主词、动词、宾词的顺序，奠定了后来汉语语法的基本形式。（据陈梦家《殷虚卜辞综述》第三章《文法》，科学出版社1956年7月版。）每段卜辞的字数长达五、六十字，甚至九十多字，（于省吾：《略论甲骨文“自上甲六示”的庙号以及我国成文历史的开始》，载《社会科学战线》1978年创刊号。）

据北京大学历史系考古研究室商周组：《商周考古》（文物出版社1979年1月版），甲骨文已使用了象形、象意（亦称会意）、形声、假借等四种造字法。

稿纸(A)25×20=500

5

而且还有长达一百多字以至一百七八十字的记事文。（胡厚宣：《五十年甲骨文发现的总结》，商务印书馆1951年3月版第51页。）这显然不是在文字初创时所能达到的水平。

二、从现有历史记载来看，在殷代以前，夏代很可能有了文字。

根据记载，夏代已有了历法。如孔子曾说"行夏之时"（《论语·卫灵公》），"夏历"和《夏小正》一书在战国时期流传。夏代已有礼，孔子说："夏礼，吾能言之。"（《论语·八佾》）"殷因于夏礼，所损益可知也。"（《论语·为政》）历法和礼都是要用文字记载的。夏代末年还有商太史令终古掌管图法（《吕氏春秋·先识》）。还有《夏书》（见墨子·明鬼下篇）。这都是夏代已有文字的证明。

自甲骨文发现以后，经过专家们的研究，已证明《史记·殷本纪》中所记殷王的世系和事迹基本上是真实的，（见王国维著《殷卜辞中所见先公先王考》及《续考》、《古史新证》，郭沫若著《卜辞通纂》。）可见司马迁记述殷代史事是有可靠的文字根据的。由此可以推断《史记·夏本纪》所记夏王的世系和事迹，也应当有可靠的文字根据，那么，在夏代已可能有了文字。至于《史记·五帝

稿纸(A)25×20=500

本纪》中的记述就不同了，虽然是采用口头的传说，而司马迁也连连发出缺乏可靠资料的慨叹，说："学者多称五帝，尚矣！""荐绅先生难言之！""书缺有间矣！"可见在夏代以前还没有文字的记录。根据上述两方面的理由，我国文字的出现大概开始于夏代，或夏代以前。

但是，自从西安半坡遗址（西安东郊半坡村，1954年开始发掘，1958年建立半坡博物馆。）发现以来，由于出土的陶器上有简单的刻划，于是出现了中国文字起源更早的新说法。郭沫若和于省吾都认为这些陶器上的刻划就是中国的原始文字。半坡遗址是新石器时代仰韶文化的典型，那么，我国在约六千多年以前的仰韶文化时期就开始有文字了。郭沫若说："汉字究竟起于何时呢？我认为，这可以以西安半坡村遗址距今的年代为指标。……半坡遗址的年代，距今有六千年左右。……半坡遗址是新石器时代仰韶文化的典型，以红质黑纹的彩陶为其特征。……值得注意的是：半坡彩陶上每每有一些类似文字的简单刻划，……刻划的意义至今虽尚未阐明，但无疑是具有文字性质的符号，……彩陶上的那些刻划记号，可以肯定地说就是中国文字的起源，或者中国原始文字的孑遗。"（《古代文字之辩证的发展》，载《考古》1972年第3期及《考古学报》

稿纸(A)25×20=500

1972年第1期。）于省吾说：“近年以来，西安半坡所发现的仰韶文化的陶器口缘外，往往刻画着简单的文字。……不难设想，当时的简单文字不会也不可能只限于陶器上，陶器以外，自然要有更多的简单文字，只是我们现在还看不到罢了。这种陶器上的简单文字，考古工作者以为是符号，我认为这是文字起源阶段所产生的一些简单文字。仰韶文化距今约有六千多年之久，那末，我国开始有文字的时期也就有了六千多年之久，这是可以推断的。”（《关于古文字研究的若干问题》，载《文物》1973年第2期。）

但是，也有人不同意这种说法。如汪宁生说：“半坡等地出土陶器上的符号，常被人们作为汉文字起源的证据，认为某一符号就是后来的某字。……我们认为，这些几何形符号像其他原始记事方法一样，对后世文字发明有一定的影响，但本身决不是文字。它不过是……为标明个人所有权或制作时的某些需要而随意刻划的。”（《从原始记事到文字发明》，载《考古学报》1981年第1期。）高明说：“陶符自新石器时代仰韶文化开始，中间经过商代，直到春秋战国时期，仍然陆续出现，不仅始终是每器只用一个符号，而且一直是独立存在，从不和汉字共同使用。

稿纸(A)25×20=500

8

……陶符不是汉字，更非一脉相承。……陶符只能起到一种标记的作用，不能代替文字。……文字与语言结合并能表达语言。……陶符与文字是两种不同的事物，各有不同的用途。……我们认为陶符不是文字。"（《论陶符兼谈汉字的起源》，载《北京大学学报》哲学社会科学版，1984年第6期。）并认为"文字必须在一定的社会经济条件下诞生，新石器时代母系氏族内部不能产生文字。……汉字的产生和应用，在我国已经进入青铜时代，可能在夏代前后。"（同上）

根据考古发现，肯定在夏代已经有了文字的是于省吾，他说："龙山文化的灰陶尊（1960年山东莒县出土），外部有刻画的字，……我认为，这是原始的旦字，也是一个会意字，写成楷书则作㫘。……这个旦字的发现，不仅说明了商周时代的旦字是㫘字的简化，同时也说明了距今约四千年前后相当于夏代的龙山文化，已经出现了用三个偏旁构成的会意字。由此可以设想，当时已经有了由更早的简单独体字演化成的复体字。可以说，当时是原始文字由发生而日趋发展的时期，用两三个偏旁所构成的其它复体字，也不会是少数的。"（《关于古文字研究的若干问题》，载《文物》1973年第2期。）于氏又根

稿纸(A)25×20=500

据卜辞的记载，进一步考证："武丁时期的兽骨刻辞（《殷虚卜辞综述》第499页和所附图版贰拾，库1506为摹本），记载了一个贵族十一世祖先的私名。这是一个从商代初年开始，以男子为世系的专记私名的谱牒。……由此可知，商王室和其他贵族谱牒世系的上限，都应在夏末或商初之际。……那末，商人典册，自夏代末期开始，已经有了简单的纪事，后来逐渐加详，这该是合理的推断。……既然我国有文字可考的历史开始于商人先公的二示——夏代末期，那末，就一般的推算夏商两代积年来说，则夏代末期距离现在约为三千七百年左右。"（《略论甲骨文"自上甲六示"的庙号以及我国成文历史的开始》，载《社会科学战线》1978年创刊号。）

　　我国什么时候开始出现文字虽然还不能断言，但殷代已有文字则是确实无疑的了，所以谈到我国史学的起源，应当从殷代开始。

　　甲骨文是我国现存最早的文字记录，也是现存最早的历史记载，其内容涉及经济、政治和文化诸方面。从甲骨文里，我们已可了解殷代社会的重要情况，并且据以知道殷代已是奴隶社会了。如在经济方面，社会生产以农业为主，主要的生产劳动者是"众"、"众人"，此外还有奴

「郭沫若主编的《甲骨文合集》中，对每一时期的甲骨按内容分为阶级和国家、社会生产、思想文化、其它等四大[illegible]项和二十一小类。」

稿纸(A)25×20=500

、臣、妾、臧、奚、仆等名称的奴隶；农业生产工具有木耒、石铲、石镰、蜃等；土地有田、畴、井、疆、甽、圃等；农作物有禾、黍、麦、粱、稷、秬等；畜牧业相当发达，有马、牛、羊、鸡、犬、豕等家畜，并用马和牛来驾车；手工业有造车、酿酒、织帛、制裘、缝纫等；商业上已有货币，称贝，以朋为计算单位。在政治方面，有官吏，有刑法，有监狱，有军队，对外作战有时出兵数千人、一万三千人以至三万人，并把战争中的俘虏作为奴隶来役使。在文化方面，殷代的历法已有相当高的水平，是一种阴阳历，平时每年十二个月，有大月、小月之分，大月三十天，小月二十九天，又有闰月的设置，称为十三月，放在每年的最后；从兽骨上刻的甲子表，可知那时已用干支纪日法，即以天干、地支的顺序配合纪日的方法，而且对六十甲子已有巧妙的排列方法，它的用处等于现在的日历；还有日食、月食的记录，是中国也是世界上最古的记录；还有相当详细的气象记录。从甲骨文的记载，已足以证明殷代是奴隶制社会]。

然而，甲骨文不过是殷王室的占卜之辞，只是殷代文字记录的一部分，而且，我们现在所见到的只是甲骨文的余存一部分甚至一小部分。因为，甲骨文是从公元1899年（清光绪二十五年）才被发现的，但实际上甲骨文早在此以前二三十年就出土了，只是人们还不认识它是宝贵的文物，都被毁坏或当作药材（龙骨）用掉了，不知丢弃了多少史料。在甲骨文以外，还应有更多更古的文字记录。《尚书·多士》记载周公对殷遗民说：“惟尔知，惟殷

稿纸(A)25×20=500

11

先人有册有典，殷革夏命。”（注：“殷之先世，有册书典籍，载殷改夏命之事。”）册（𠕋）是用绳子编在一起的竹简或木简，典是把许多的册放在架子上保藏起来，（《说文解字》：“典从册在丌上，尊阁之也。”）可见殷代早就有简册上的文字记载，只是以后没有流传下来或尚未被发现而已。

比甲骨文稍晚的文字是殷末和西周的金文。金文是铸在钟、鼎、盘等青铜器上的铭文，也称铜器铭文或钟鼎文，又称吉金文字。据郭沫若说：“金文和甲骨文，实际是一个体系。”

现在已经发现的青铜器上的铭文，大多数是周代的，少数是殷代的。殷代的铭文比较简短，一般只有几个字，最少的只有两三个字，十几字或几十字的极少，最多的不过五十字。西周的铭文较长，多数在四五十字以上，较长的如成王时期的《令彝铭》有一百八十七字，康王时期的《大盂鼎铭》有二百九十一字，《散氏盘铭》有三百多字，最长的是西周末年宣王时期的《毛公鼎铭》，有四百九十九字。

金文的内容多是记载王室、贵族的活动，如祭祀、征伐、赏赐、盟誓、礼仪以及生活情况等，是研究当时社会

稿纸(A)25×20=500

12

状况的珍贵资料。郭沫若在《青铜器时代》一文里说：“我用这个方法（标定年代的方法）编出了我的《两周金文辞大系》一书，在西周我得到了一百六十二器，在东周我得到了一百六十一器，合共三百二十三器。为数看来好像有限，但这些器皿多是四五十字以上的长文，有的更长到四五百字，毫不夸张地是为《周书》或《国语》增加了三百二十三篇真正的逸文。这在作为史料研究上是有很大的价值的。”

第二节　殷周时期的史官

在殷代的奴隶制国家机构里，有一些记录时事、起草公文、掌管文书的官吏。甲骨文和晚殷铜器铭文中的"作册"、"史"、"尹"等字，就是这种官吏的职称。这些职称，到西周初期仍然沿用。在西周的金文里，有"作册"、"内史"、"作册内史"、"作册尹"、"内史尹"等。孙诒让《古籀拾遗下》："内史掌册命之事，即称为作册。"据王国维考证，"作册"和"内史"是同样的官职，有时称"作册"，有时称"内史"，也有时称"作册内史"，其长官则称为"尹"，因而有"作册尹"、"内史尹"的职称，并且从《尚书》和《逸周书》的记载里可以得到证明。（见《观堂集林》卷一《洛诰解》及卷六《释史》）这些官职，就是那时的史官。

为什么这些官职被称为史官呢？许慎《说文解字》说："史（史），记事者也，从又持中。中，正也。"段玉裁注："君举必书，良史书法不隐。"据此，所谓中是公正、正直的意思，但后人对于这个解释多不同意。因为又（又）是右手，而"公正"、"正直"为抽象的、无形的品德，是不能用手来持的。那末，"中"是指的什么呢？清代学者吴大澂说："史，记事者也，象手执简形。古文中

稿纸(A)25×20=500

14

作史，无作中者，推其意盖以中为作册，即册之省形。册为简册本字，持中即执简册之象也。”（《说文古籀补》）江永说：“凡官府簿书谓之中，故诸官言‘治中’、‘受中’，小司寇断庶民讼狱之中，皆谓簿书，犹今之案卷也。此中字之本义。故掌文书者谓之史，其字从又从中，又者右手，以手持簿书也。”（《周礼疑义举要》卷五）此后学者多赞同其说，如章炳麟说：“郑司农云：‘治中谓其治职簿书之要’。……汉官亦有治中，犹主簿耳。史字从中，谓记簿书也。”（《文始》）罗振玉说：“史，从又从中。凡官府簿书谓之中，故掌文书者谓之史。”（容庚《金文编》第三鼎文所引）由此可知，史字的原义是指的用文字记事的人，因而在殷、周的国家机构里，凡是记录时事、起草公文、掌管文书的官吏，都称为史官。

西周初期以后，随着阶级统治的加强、国家机构的扩大和官府文书的繁多，史官的职务也逐渐增加，并且有了更多的分工。据《周礼》卷六《春官宗伯》下的记载，在西周有许多称为“史”的官吏，其中职权最高的是王室的大史、小史、内史、内史、外史、御史。这五种史官的职务很多，而总的说来是掌管国家的各种文书以推行政令。为

稿纸(A)25×20=500

“大史掌建邦之六典，以逆邦国之治；掌法，以逆官府之治；掌则，以逆都鄙之治。……正岁年以序事，颁之于官府及都鄙，颁告朔于邦国。”

“小史掌邦国之志，奠系世，辨昭穆。若有事，则诏王之忌讳。”

“内史掌王之八枋之法，以诏王治。……执国法及国令之贰，以攷政事，以逆会计。掌叙事之法，受纳访，以诏王听治。凡命诸侯及孤卿大夫，则策命之。凡四方之事书，内史读之。王制禄，则赞为之，以方出之，赏赐亦如之。内史掌书王命，遂贰之。”

“外史掌书外令，掌四方之志，掌三皇五帝之书，掌达书名于四方。若以书使于四方，则书其令。”

“御史掌邦国都鄙及万民之治令，以赞冢宰，凡治者受法令焉。掌赞书，凡数从政者。”

根据上述记载，大史的主要职务是掌管典章制度，记载国家大事，执礼掌法，在五史中职位最高；小史掌管王室与诸侯之间的联系；内史记录国王的命令，发布对于诸侯及重要官吏的任命；外史掌管各地方的文书，传达王室命令于各地；御史掌管法令（即有关法律的命令）。

柳诒徵《国史要义·史原》：“总五史之职，详析其性

稿纸(A)25×20=500

16

质，盖有八类：执礼，一也；掌法，二也；授时，三也；典藏，四也；策命，五也；正名，六也；书事，七也；考察，八也。”据此可知，这五种史官是掌管着最高官府的各种文书，执行各项政令，以推动周朝王室对全国的统治，也就是所谓“史掌官书以赞治”（《周礼》卷一《天官冢宰》），足见史官在西周统治机构中的地位是如何重要了。

西周的大史、小史、内史、外史、御史，由于职权的广泛和地位的重要，已成为国家的高级行政官，因而有的学者认为他们虽名为史官，但并不担任记载历史的职务。

如朱希祖说：“周官之五史，大抵皆为掌管册籍起文书草之

稿纸(A)25×20=500

人，无为历史家者。惟五史为后世之秘书及秘书长，为高等之书记；御史之史，则为下级书记耳。”（《中国史学通论》，独立出版社1947年12月再版第七页。）其实，五史虽然担负着许多行政职务，但都以记录时事、起草公文、掌管文书为中心，而记载历史的工作就在他们的职务范围之内。《礼记·玉藻篇》说：“天子……玄端而居，动则左史书之，言则右史书之。”又《汉书·艺文志》说：“古之王者世有史官，君举必书，所以慎言行、昭法式也。左史记言，右史记事，事为春秋，言为尚书，帝王靡不同之。”可见左史和右史是掌管历史记载的官，而且把他们所记载的材料编成史书。但是，左史和右史的名称为什么不见于《周礼》？而且《礼记·玉藻篇》与《汉书·艺文志》所载左史和右史的职掌互有不同呢？黄以周《礼书通故》卷三十四说：“《大戴礼·盛德篇》：‘内史、大史，左右手也。’谓内史居左，大史居右。《觐礼》曰：‘大史是右。’是其证也。古官尊左，内史中大夫，尊，故内史左，大史右。《玉藻》：‘动则左史书之，言则右史书之。’左右字今互讹。”据此，左史即指内史，右史即指大史，而记言、记事则是他们的分工。不过，所谓记言、记事的分工并非有绝对严格的界限，只是一以记言为主，一以记事为

“君举必书”的目的，是为了总结经验，供后法的注意。因此把统治者的言论记下来，按篇保存，就积累成讲话记录或文告的汇编；把统治者的事记下来，按月日排列，就积累成编年大事记。”（刘）

稿纸(A)25×20=500

18.

言而已。

在周朝不仅王室有史官，各诸侯国也设置史官，以记录时事。春秋时，随着诸侯国势力的强大，史官的设置愈加普遍。而且到了春秋晚期，一些大夫和贵族的家史也出现了，如《史通·史官建置篇》说：“赵鞅，晋之一大夫尔，犹有直臣书过，操简笔于门下；田文，齐之一公子尔，每坐对宾客，侍史记于屏风。”（赵鞅事见《韩诗外传》七、《新序·杂事》一，浦释以为出《说苑》，误。田文事见史记孟尝君列传。参见蒙文通《周代学术发展论略》，《学术月刊》1962年第10期。）根据现存的典籍，各诸侯国史官可考见的，如鲁国有大史（见《左传》文公十八年、昭公二年、哀公十一年，《国语·鲁语》）、外史（见《左传》襄公二十三年），齐国有大史、南史（见《左传》襄公二十五年），晋国有大史（见《左传》宣公二年、《吕氏春秋·先识览》）、左史（见《左传》襄公十四年）、史（见《左传》僖公十五年、襄公二十年及三十年、昭公八年及二十九年、哀公九年，《国语·晋语》一、四），郑国有大史（见《左传》襄公三十年、昭公元年），卫国有大史（见《礼记·檀弓篇》，《左传》闵公二年），楚国有左史（见《左传》昭公十二年，《国语·楚语》）、史（见《左传》定公四年），

稿纸(A)25×20=500

19

秦国于秦文公十三年（公元前753年）"初有史以纪事"（《史记·秦本纪》）。这些史官在记录时事、保存史料的工作上，都有一定的贡献。后人编纂史书时，主要依据他们当时的记载。

总之，自殷代起，在殷、周奴隶制国家机构中便有史官担任记录时事、起草公文和掌管文书的工作，他们当时写下的记载就是日后的历史资料，这些资料经过一定时期的积累，又加以整理、编纂而成为史书。就在记录史事和编纂史书的过程中，逐渐形成了记言记事的观点和方法与编纂史书的体例，产生了初期的史学。当然，这些史官的记载和编纂的史书，都是为奴隶主的政治服务的，所谓"由赞治而有官书，由官书而有国史。"（柳诒徵《国史要义·史原》）其内容也就局限于奴隶主阶级的活动范围之内；至于劳动人民的生产及生活状况，只能从中得到一些反映，极少有直接的具体记载。

稿纸(A)25×20=500

20

第三节 西周、春秋时期的史书

据《尚书·多士》所说"惟殷先人有册有典"，我们知道殷代已编纂了不少的书籍，其中必有一些史书；又据《墨子·贵义篇》说："昔者周公旦朝读书百篇。"周公读了这么多书，当然是殷代编成的简册。再如《墨子·明鬼下篇》所说的《夏书》，《史通·六家篇》引《汲冢琐语》所说的《夏殷春秋》，都很可能是在殷代编成的。但因没有保存下来，我们就不知道它们的内容了。

在西周、春秋时代，确实已有不少的史书。如周朝王室有《周书》（见《吕氏春秋·有始览·听言篇》）、《周志》（见《左传》文公二年）、《周春秋》（见《墨子·明鬼下篇》），郑国有《郑书》（见《左传》襄公三十年、昭公二十八年），楚国有《楚书》（见《小戴礼记·大学篇》）、《梼杌》（见《孟子·离娄下篇》），晋国有《乘》（见《孟子·离娄下篇》）、《春秋》（见《国语·晋语》及《史通·六家篇》引《汲冢琐语》），鲁国有《春秋》（见《左传》昭公二年、《孟子·离娄下篇》），燕国、宋国、齐国也都有《春秋》（见《墨子·明鬼下篇》）。《隋书·李德林传》及《史通·六家篇》引《墨子》佚文说："吾见百国《春秋》"。又《春秋公羊传疏》引闵

稿纸(A)25×20=500

因说："昔孔子受端门之命，制春秋之义，使子夏等十四人求周史记，得百二十国宝书。"（黄叔琳《史通训故补》及皮锡瑞《经学通论》，都说百国《春秋》即百二十国宝书。）可见除周王室外，各诸侯国已普遍有了由史官编纂的史书，史学已初步建立、发展起来。

在西周、春秋时代所编纂的史书虽然不少，积累了大量的史料，但是经过秦始皇焚书之后，几乎毁灭已尽。《史记·六国表》说："秦既得意，烧天下《诗》《书》，诸侯史记尤甚，为其有所刺讥也。《诗》、《书》所以复见者，多藏人家，而史记独藏周室，以故灭，惜哉！惜哉！独有《秦记》，又不载日月，其文略，不具。"《史记·秦始皇本纪》："三十四年……丞相李斯曰：'……臣请史官非秦纪皆烧之。……'制曰：'可'。"因此，那时的史书绝大部分都已亡佚，其得以流传到现在的，只有《尚书》、《逸周书》、《春秋》三种了，而且其中还有一部分文字是由后人窜入的。兹将这三种史书分别介绍于下：

一、《尚书》

《尚书》是我国现存的最古的一部史书，内容多是商、周时代有关政治的言论和史事，是商周历史文献的汇编。

《尚书》本称《书》，先秦《论语》、《孟子》、《

稿纸(A)25×20=500

22

左传》、《国语》等先秦古籍中所引文都只称《书》，《荀子·劝学篇》说："《书》者，政事之纪也。"到了汉代，才有《尚书》的名称。王充《论衡·正说篇》："《尚书》者，以为上古帝王之书。"刘熙《释名》："《尚书》，尚，上也。以尧为上始，而书其时事也。"《尚书序题疏》："尚者，上也，言此上代以来之书，故曰《尚书》。"《春秋说题辞》："尚者，上也，上世帝王之遗书也。"可知名为《尚书》，就是上古时代的史书。又因汉代的儒家把《尚书》奉为经典，列为"五经"之一，所以又称为《书经》。

1、《尚书》的流传与真伪问题

据说《尚书》是孔子采取过去的历史文献，经过删削，编次而成的。如《史记·孔子世家》说：

"孔子之时，周室微而礼、乐废，诗、书缺。追迹三代之礼，序书传，上纪唐虞之际，下至秦穆，编次其事。……故《书》传自孔子。"

《汉书·艺文志》说：

"《书》之所起远矣，至孔子纂焉。上断于尧，下讫于秦，凡百篇，而为之序，言其作意。"

《隋书·经籍志》说：

"《书》之所兴，盖与文字俱起。孔子观书周室，得虞、夏、商、周四代之典，删其善者，上自虞，下至周，为百篇，编而序之。"

这三种记载都说《尚书》是由孔子编定的，惟《史记》未言其篇数，《汉书》与《隋书》则都明言为百篇。但是，↓

稿纸(A)25×20=500

孔子所编的《尚书》在秦朝焚书以后曾一度失传了，到了汉文帝时，征求这部书，才由儒者伏生传授出来。《史记·儒林传》说：

“伏生者，济南人也，故为秦博士。孝文帝时，欲求能治《尚书》者，天下无有。乃闻伏生能治，欲召之。是时伏生年九十余，老不能行，于是乃诏太常使掌故晁错往受之。秦时焚书，伏生壁藏之。其后兵大起，流亡。汉定，伏生求其书，亡数十篇，独得二十九篇，即以教于齐鲁之间。学者由是颇能言《尚书》，诸山东大师无不涉《尚书》以教矣。”

伏生所传的《尚书》，实为二十八篇，所谓二十九篇乃后人增益。《论衡·正说篇》说：

“至孝宣皇帝之时，（案：据刘向《别录》，应为武帝末年。）河内女子发老屋，得逸《易》、《礼》、《尚书》各一篇，奏之。宣帝下示博士，然后《易》、《礼》、《尚书》各益一篇，而《尚书》二十九篇始定矣。”

又《隋书·经籍志》说：

“至汉惟伏生口传二十八篇，又河内女子得《泰誓》一篇献之。”

康有为《新学伪经考·史记经说足证伪经考》说：

稿紙(A)25×20=500

24.

"云'二十九篇'者，盖《泰誓》后得，后人忘其本原，转改《史记》'八'字为'九'字，必非史迁原文。"

而且据康氏考证，伏生所传的二十八篇亦即孔子原来编定的篇数，所谓"百篇"之说乃后人附会伪托。

「到了西汉中期发现了泰誓，到了西汉后期又发现了古文尚书，总共有五十七篇。」

伏生传授的《尚书》行世数十年之后，据说又发现了一种《古文尚书》，比《今文尚书》多十六篇，由孔子的后裔献出。《汉书·艺文志》说：

"《古文尚书》者，出孔子壁中。武帝末（案：应据《论衡·正说篇》为景帝时。），鲁共王坏孔子宅，欲以广其宫，而得《古文尚书》及《礼记》、《论语》、《孝经》凡数十篇，皆古字也。"

荀悦《汉纪》卷二十五《成帝纪》说：

"鲁恭王坏孔子宅以广其宫，得《古文尚书》多十六篇及《论语》、《孝经》。武帝时，孔安国家献之。会巫蛊事，未列于学官。"

「伏生的本子是用汉人通行的文字写的，称作'今文'；那些所谓的相传用孔子时的文字写的，被称作这部经典的真本，便称作'古文'。」

所谓古文，是指秦以前的字体。自《古文尚书》出现后，世人以伏生传授的《尚书》是用汉代通行的隶字抄写的，遂称为《今文尚书》。于是，《尚书》便有了"今文"与"古文"两种不同的本子。

《古文尚书》流传到东汉末年以后，就因经历几次战乱而亡佚了。到东晋元帝时，豫章内史梅赜献出来一部《古文尚书》，包括《今文尚书》（析为三十三篇）在内，共有五十八篇，并有孔安国所作的《传》（即注），前面还有孔安国的《序》。从此以后，《古文尚书》与《今文尚书》都为学者传诵。到了唐朝，孔颖达撰《尚书正义》，就是用的梅赜所献的本子，流传至今。

到了南宋初年，吴棫著《书稗传》十三卷，开始怀疑《古文尚书》是伪作。他说：

“安国所增多之书，今书目具在，皆文从字顺，非若伏生之书诘屈聱牙，至有不可读者。”

接着朱熹也怀疑《古文尚书》及《书序》是后人伪作。他说：

“孔壁所出《尚书》，如《禹谟》、《五子之歌》、《胤征》、《泰誓》、《武成》、《冏命》、《微子之命》、《蔡仲之命》、《君牙》等篇，皆平易；伏生所传，皆难读。如何伏生偏记得难底，至于易底全记不得？此不可晓。”（《朱子语类》卷七十八）

“《书序》恐不是孔安国做，汉文粗枝大叶，今《书序》细腻，只似六朝时文字。小序断不是孔子做

稿纸(A)25×20=500

。”（同上）

吴棫、朱熹还仅从文字上怀疑，其后学者从事于考辨《古文尚书》之伪者渐多，元代的吴澄著《书纂言》，又从内容上怀疑，明代的梅鷟著《尚书考异》断定《古文尚书》是伪造。到了清朝，阎若璩费了三十年的功力精心研究这个问题，著成《古文尚书疏证》一书，列举了一百二十八条证据，证明东晋时梅赜所献出的《古文尚书》及《孔安国书传》确是伪作；惠栋又著《古文尚书考》加以补充，于是世间流传的《古文尚书》之为伪书乃成定案了。清朝末年，康有为著《新学伪经考》，又列举证据辨明西汉时出

孔壁发现的《古文尚书》及《书序》也都是伪作。总之，《尚书》的流传经过虽然複杂，但只有伏生所传的二十八篇是真的，其余全是后人伪造的。

不过，《古文尚书》虽是汉代以后的人伪造的，但在今天看来，还不是完全无用的。如钱穆所说：“这虽然是一部伪古文，但它却积聚了八百多年来人们称引的《尚书》和四百多年来今古文经师们的《尚书》说，作了一个总结性的工作，特别是已散失的汉代今文二十八篇被保存在它里面（虽然文字有错乱出入）。我们今天要研究《尚书》，就主要靠它。因此这部“伪孔本”，对今天的马克思

稿纸(A)25×20=500

主义历史科学来说，大有它的可供批判利用的价值。”（《中国大百科全书》试写条目，载《百科知识》1979年第3期。）

2.《尚书》的内容与价值

伏生所传的《尚书》二十八篇，分为《虞书》、《夏书》、《商书》、《周书》四部分，共一万八千六百五十字，其篇目及主要内容如下：

《虞书》二篇：

《尧典》——记述尧、舜的事迹及当时的政治情况。

《皋陶谟》——记述舜、禹、皋陶等人在一次议论政事时的谈话，主要是皋陶的言论。

《夏书》二篇：

《禹贡》——记载禹治水后九州的区域，山川的位置，土壤的性质，物产的分布，赋税的等级及进贡的路线等情况，是我国最早的地理著作。全文共1194字（一说1153字）。

《甘誓》——夏启（一说禹）与有扈氏战于甘（今陕西鄠县

稿纸(A)25×20=500

28

西南）进行大战前，夏启对军队将士的讲话。（"是一篇夏启在甘地决战时，由夏王室发布的誓师词"）

《商书》五篇：

《汤誓》——商汤讨伐夏桀前的誓词。（"是一篇商汤伐桀的誓师词"）

《盘庚》——记述盘庚迁殷前后对臣民的三次讲话，说明了迁都的原因，叙述了迁都的经过。~~全文一千二百八十三字，是《尚书》中最长的一篇~~。

《高宗肜日》——记述高宗（即武丁）祭祀时大臣祖己告诫高宗的话。

《西伯戡黎》——西伯（即周文王）战胜黎国后，祖伊告诫殷纣王的话。

《微子》——殷朝将亡时，微子与太师、少师~~比干、箕子~~的谈话。

《周书》十九篇：

《牧誓》——周武王伐殷纣王，在牧野（今河南汲县北）时的誓词。（刘起釪：《牧誓是一篇战争誓师的誓词》："所谓这篇牧誓，就是周武王伐纣时，在甲子这一天，在商郊牧野这地方，在即将出动进击前，举行一次誓师式的战争誓师大会上誓众的讲话。"）

《洪范》——周武王灭殷后，访问殷遗臣箕子，箕子陈说治国的大法。

《金縢》——记述周公对周武王及周王室的忠诚。

《大诰》——周公东征前对诸侯及官员们的讲话。

《康诰》——周公代成王告诫康叔的~~告诫之词~~治理国家的道理。

《酒诰》——周公告谕康叔要戒酒的讲话。

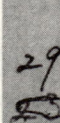

稿纸(A)25×20=500

29

《梓材》——周公对康叔之诰词。

《召诰》——周成王命召公主持营建洛邑，这是召公之讲话。

《洛诰》——营建洛邑时，周公之讲话及成王之回答。

《多士》——洛邑建成，迁徙殷民后，周公代替成王向殷民发布之诰令。

《无逸》——周公告诫成王不要耽于逸乐之讲话。

《君奭》——周公对召公之诰词。

《多方》——周公代表成王对殷人及徐戎、淮夷等所发布之诰令。

《立政》——周公告诫成王任用官员之原则和方法。

《顾命》——成王临死前之遗嘱及康王即位时之情况。

《费誓》——鲁伯禽在费（今山东费县境内）讨伐淮夷、徐戎时之誓词。

《吕刑》——周穆王关于刑法之讲话。

《文侯之命》——周平王赏赐晋文侯时之讲话。

《秦誓》——秦穆公被晋战败于殽之后的悔过之词。

但是，就在伏生所传的二十八篇中，也并非全是春秋时代以前之作品。自南宋以来，已有人开始怀疑。近五十多年来，先后有顾颉刚、郭沫若、张西堂等许多学者作过

稿纸(A)25×20=500

30
四

精心的考证。张西堂曾参考诸家之说加以己见，作出结论，认为《尧典》、《皋陶谟》、《禹贡》三篇是战国、秦汉间的作品，《甘誓》、《汤誓》、《牧誓》、《洪范》、《金縢》五篇是战国初期到中期的作品，只有其余的二十篇才是西周和春秋时的作品。（参阅张西堂著《尚书引论》，陕西人民出版社1958年版第170—203页。）近二十多年来，又经过顾颉刚、刘起釪的研究，认为《尚书》二十八篇的著作时代及其价值，"大体可分为下列三组：第一组，可信为真文件者。《周书》：《大诰》、《康诰》、《酒诰》、《梓材》（为由错简拼集）、《召诰》、《洛诰》、《多士》、《多方》、《吕刑》、《文侯之命》、《费誓》、《秦誓》。《商书》：《盘庚》三篇（是受周文字影响的商代真材料）。第二组：基本是真文件，但经过后来加工，因而文字较平顺，或思想内容有稍异于原时期者。《夏书》：《甘誓》。《商书》：《汤誓》、《高宗肜日》、《西伯戡黎》、《微子》。《周书》：《牧誓》、《洪范》、《金縢》、《无逸》、《君奭》、《立政》、《顾命》。第三组：肯定是战国时利用一些古代旧材料加以编造的。《虞书》：《尧典》、《皋陶谟》。《夏书》：《禹贡》。"（见刘起釪：《〈尚书〉学源流

稿纸(A)25×20=500

概要》，《辽宁大学学报》哲学社会科学版1979年第6期；《尚书与古史研究》一书（李民著）的《序言》，增订本1981年4月第一版。）古代典籍经过若干年的流传，其中难免有后人羼入或改作之处，但从大体上来看，《尚书》是我国商、周时代的历史文献则无疑义。

《尚书》是以记言为主的史书，在现存的二十八篇中，除《尧典》记事较多，《禹贡》记载地理、物产及贡赋制度，《金縢》记事之外，绝大部分都是诰（君对臣民的讲话）、谟（臣对君的讲话）、誓（战争前的誓师词或战后的誓词）等~~，也都是历史人物~~的语言和命令。《史通·六家篇》说："盖《书》之所主，本于号令，所以宣王道之正义，发话言于臣下。故其所载，皆典、谟、训、诰、誓、命之文。"这些记载的最大缺点，一是没有系统，只是片断的叙述，如《史通·六家篇》所说："原夫《尚书》之所记也，若君臣相对，词旨可称，则一时之言，累篇咸载。如言无足纪，语无可述，若此，故事虽有脱略，而观者不以为非。"再是没有完全标明时间的顺序，使后来研究历史的人感到很多不便，如《史记·三代世表》所说："至于序《尚书》，则略无年月；或颇有，然多阙，不可录。"

稿纸(A)25×20=500

32

「韩愈曾慨叹"周诰殷盘，佶屈聱牙"（《韩昌黎集·进学解》）林之奇认为"伏生之书，多艰涩聱牙，不可易通。"（《尚书全解序》）」

《尚书》的文字是很古奥难懂的，历代学者都曾花费了很多的时间和精力来探索它的文义，还是不能完全读通，如古史专家王国维自己就说"于书所不能解者殆十之五"，并说："其难解之故有三：讹阙，一也；古语与今语不同，二也；古人颇用成语，其成语之意义与其中单语分别之意义又不同，三也。唐宋之成语，吾得由汉魏六朝人书解之；汉魏之成语，吾得由周秦人书解之；至于诗书，则书更无古于是者。其成语之数数见者，得比较之而求其相沿之意义，否则不能赞一辞。若但合其中之单语解之，未有不龃龉者。"（《观堂集林》卷二《与友人论诗书中成语书》）难读的另一原因是多用当时的方言，后人不易索解，如杨树达说："尚书为中国上古史，最可徵信。惜多用方言，不易索解。……其中如《大诰》、《多方》、《多士》诸篇，尤为难晓。盖当时用以诰谕庶民，必用通俗文字，如今人之用白话。昔人谓商盘周诰，佶屈聱牙。盖商都亳，可用多河南土音；周都丰镐，多用陕西俚语。时移世易，至今遂无人能解。"（《国故谈苑》卷一《尚书多用方言》）近几十年来，有不少学者致力于《尚书》的解释工作，尤其是顾颉刚以长期的功力对《尚书》进行了全面的研究，将要与刘起釪完成全书的校（校正文字）、释（解释字义、词义）、译（译为现代汉语）、论（讨论问题）工作，这是前所未有的贡献。

稿纸(A)25×20=500

由于《尚书》是我国现存最古的史书，是研究我国商周奴隶制社会的重要史料，它的史料价值是很高的。其中很多都是商周王朝统治者的文告和讲话，是由当时史官纪录下来的原始资料。范文澜说："现存商书盘庚、高宗肜日、西伯戡黎、微子共七篇，是大体上保持原来形式的商史遗文，尤可宝贵。"（《中国通史简编》第212页）"保存商周二代的重要史料，特别是西周初期……等文篇的保存，可以推见商周二代的政治情况。"（同上书第141页）顾颉刚说："盘庚原文是由史官记录的盘庚所讲的诰诫之词，虽然到后来经过流传有了加工，殷王盘庚总是这《盘庚》诰语的原作者。……其所以能肯定这些诰语原文是盘庚讲的，还由于从思想内容来看，它确实是商代的。……王国维说《盘庚》为'当时所作'（《古史新证》），郭沫若说'那三篇东西确实是殷代的文献，'（《古代研究的自我批判》），都是说对了的。"（《〈盘庚〉三篇校释译论》下，《历史学》季刊1979年第2期）

~~《尚书》的内容多是有关政治的言论和事迹，但也有关于自然现象的记载。如~~"现在除了考古发现的那一些原始的但却又都是片断的零星的文献外，只有尚书才是我国最早的一部把古代奴隶社会文献系统编集起来的史书。"（刘）

稿纸(A)25×20=500

34

杨翼骧先生
中国史学史手稿存真

二、《逸周书》

《逸周书》，原称《周书》，后又称《汲冢周书》，也是现存最古的史书之一。

《汉书》卷三十《艺文志》著录"《周书》七十一篇"。班固原注说："周史记"。颜师古注引刘向说："周时诰誓号令也，盖孔子所论百篇之余也。"又《汉书》卷三十九《萧何传》注："师古曰：《周书》者，本与《尚书》同类，盖孔子所删百篇之外，刘向所奏有七十一篇。"

朱右曾《周书集训校释序》说："《周书》称'逸'，昉《说文》；系之'汲冢'，自《隋书·经籍志》。"由于刘向说"盖孔子所论百篇之余"，所以东汉许慎著《说文解字》时开始称为《逸周书》（见《说文解字》引）。又由于西晋武帝时在汲郡魏冢中出土的竹书中有《周书》，所以唐朝修《隋书·经籍志》时开始称为《汲冢周书》。其实，《周书》并不能认为是刘向所说的"孔子所论百篇之余"，不应称为"逸"书；也不是在西晋汲郡魏冢中的竹书出土后才被发现而行于世的，不应称为"汲冢"书。仍以称《周书》为宜。但因自许慎以来，普遍称为《逸周书》，又为了与《尚书》中的《周书》有所相区别，所以现在都称为《逸周书》了。

〔宋代李焘、王应麟已指出汲冢原无《周书》，不当误称，明杨慎同此说，主张复称《逸周书》。清代自乾隆年间以后刊本大都已恢复称《逸周书》。〕

《逸周书》是以记言为主的史书，其内容包括西周、春秋时代约六百年间的事迹。《史通·六家篇》说："《周书》者，与《尚书》相类，即孔氏刊约百篇之外，凡为七十一章。上自文武，下终灵、景。甚有明允笃诚、典雅高义，时亦有浅末恒说，滓秽相参，殆似后之好事者所增益也

稿纸(A)25×20=500

35

。至若《职方》之言与《周官》无异，《时训》之说比《月令》多同，斯百王之正书，五经之别录者也。”此书至晋代尚为全本，有五经博士孔晁为之作注，此其后即渐亡佚，到了唐初颜师古作《汉书注》时说：“今之存者四十五篇矣。”是后又亡佚三篇，仅余四十二篇。但是，流传到现在的《周书》却有六十篇（包括《序》一篇），这是什么缘故呢？据朱希祖《汲冢书考·汲冢书篇目考》说：

“晋时《周书》盖有二本：一为汉以来所传今隶本，一为汲冢所出古文本，此无疑义。《隋书经籍志》仅载《汲冢周书》十卷，不载孔晁注本；《唐书经籍志》仅载孔晁注《周书》八卷，不载《汲冢周书》十卷，盖皆互有遗漏。惟《唐书艺文志》既载《汲冢周书》十卷，又载孔晁注《周书》八卷，盖汲冢十卷为无注本，孔晁注本唐时已有阙篇，故并载焉。颜师古《汉书艺文志·周书注》云‘今存者四十五篇’，盖指孔晁注本言也。刘知几《史通·六家篇》云‘又有《周书》者，凡为七十一章，上自文武，下终灵景’，不言有阙，盖可见为汲冢十卷本，是唐时尚二本并传也。汲冢本无注而有十卷，孔晁本有注卷数反少，而仅有八卷，知八卷本即师古所见之孔注四十五篇也

稿纸(A)25×20=500

36
②

陈梦家《汲冢竹书考》（见《六国纪年》）："周语……其书亡于唐世，唐以后遂误以汉书艺文志之七十一篇之周书为"汲冢周书"。案七十一篇之周书，晋五经博士孔晁作注，旧唐书经籍志有"周书八卷，孔晁注"，不云出自汲冢。新唐书艺文志有"汲冢周书十卷"又有"孔晁注周书八卷"，则孔注八卷本周书非十卷汲冢周书。唐人引周书无汲冢之称。至宋世汲冢周书既亡，乃以七十一篇之周书冒充，析八卷为十卷以符合之。……"

。师古以后，孔注又亡三篇。自宋以来，盖以汲冢本补孔晁注本，而去其重复，故孔注仅有四十二篇，而无注者十七篇及《序》一篇，合成今本六十篇。……其所亡十一篇，汲冢原本或有或无已不可知。"

关于《周书》的流传问题，颇为复杂，过去学者曾有许多不同意见，朱氏的说法虽然未必完全符实，但大体明通，可以解释今本六十篇的来历了。

至于《周书》的著作时代，历代学者也多有疑问。如上引《史通·六家篇》即以其中"时亦有浅末恒说，滓秽相参，殆似后之好事者所增益"。后来又有不少人认为是战国~~甚至是秦汉~~以后所作。如南宋陈振孙说："相传以为孔子删书所余者，未必然也。文体与古书不类，似战国后人依仿为之者。"（《直斋书录解题》卷二）~~黄震，都怀疑这部书出于战国~~。清人庄述~~在《尚书记校别录》中~~说："《周书》之作，盖在战国秦汉之间。彼固取前世王侯卿大夫之行事而揣度言之，复杂取传记之文以附益之者。"（《尚书记校别录》卷三）根据现存的内容考察，其中虽有战国以后的手笔，但基本上是西周、春秋时代的著作。如《四库全书总目提要》所说：

"其书载有太子晋事，则当成于灵王以后。所云文王受命称王，武王、周公私计东伐，俘馘殷遗，暴殄原兽，辇括宝玉，动至亿万，三发下车，悬纣首太白，又用之南郊，皆古人必无之事。陈振孙以为战

稿纸(A)25×20=500

固后人所为，似非无見。然《左传》引《周志》'勇则害上，不登于明堂'；又引《书》'慎始而敬终，终乃不困'；又引《书》'居安思危'，又称'周作九刑'，其文皆在今书中。则春秋时已有之，特战国以后，又辗转附益，故其言驳杂耳。究厥本始，终为三代之遗文，不可废也。"

这段结论大体上是对的。但其中所说的"皆古人必无之事"，我们现在倒认为是必有的事。因为封建时代的历史家受儒家思想的影响，总是把周武王和周公美化为仁义备至的圣人，根本不承认他们会有残暴的行为。实际上，周武王和周公都是用暴力夺取政权的大奴隶主统治者，其野蛮残暴的程度一定更甚于后来的封建帝王，《周书》的记述正符合当时的事实。过去学者认为"夸诞不能训"而指为伪的，今日看来反而是真。梁启超曾说："吾侪读《尚书》、《史记》，但觉周武王伐罪吊民之师，其文明程度殆为超人的。倘非有《逸周书》《克殷》、《世俘》诸篇，谁能复识'血流漂杵'四字作何解？"（《中国历史研究法第四章）又说："孟子因《武成》'血流漂杵'之文，乃叹'尽信书不如无书'；谓'以至仁伐至不仁'，不应如此。据孟子之意，则《逸周书》中《克殷》、《世俘》

稿紙(A)25×20=500

诸篇，盖为伪作无疑。其实孟子理想中的仁义之师，事为历史上不能发生之事实；而《逸周书》叙周武王残暴之状，或反为真相。”

朱右曾在《周书集训校释序》中肯定《周书》是春秋时代以前的著作，他说：

“愚观此书虽未必果出文、武、周、召之手，要亦非战国、秦、汉人所能伪托。何者？庄生有言，‘圣人之法，以参为验，以稽为决，一二三四是也。’周室之初，箕子陈畴，周官分职，皆以数纪，大致与此书相似，其证一也。《克殷篇》所叙，非亲见者不能；《商誓》、《度邑》、《皇门》、《芮良夫》诸篇，大似今文《尚书》，非伪古文所能仿佛，其证二也。偁引是书者，荀息、狼瞫、魏绛，皆在孔子前，其证三也。”

郭沫若在《中国古代研究研究》附录《追论及补遗》中说：“《逸周书》中可信为周初文字者仅有二三篇，《世俘解》即其一，最为可信。《克殷解》及《商誓解》次之。……《世俘解》之可信，除文字体例当属于周初以外，其中所纪社会情形与习尚，多与卜辞及古金中所载者相合。”

稿纸(A)25×20=500

39

陈梦家在《殷虚卜辞综述》中（625页）说："所谓《逸周书》虽多较晚的材料，但其中若《世俘》、《作雒》、《商誓》等篇都含有若干真实的史料，往往合于金文所述，与同书较晚各篇不可相提并论。"

"《逸周书》正文七十篇，加《周书序》一篇，正合七十一篇之数。已亡佚十一篇，仍存六十篇。书的内容颇为杂乱，各篇写作时间尚待一一考定。其中《世俘解》一篇，可信为宗周初年的作品。（顾颉刚《逸周书世俘篇校注、写定与评论》有考证，见《新建设》编辑部编《文史》第二辑，1963年（4月中华书局）版。）它记武王伐纣及其虏囚的情况、当时俘获和狩猎的情况、祭祀的情况，是《尚书》中所没有的。"

总之，《周书》为现存最古的史书之一，与《尚书》有同等的价值，我们不能因为其中有后人窜入了一部分文字而否定全书的著作时代。

顾颉刚：逸周书·世俘篇校注、写定与评论：「此篇所记，虽有若干夸张成分，但其著作时代甚早，其所记周初史事之真相远过于战国而下所述，在史料中具有甚高价值。」又：「世俘一篇为什么可信，就因为它著作的时代早。它的早有以证据者在：——综合以上许多证据，无论在用语上、在历法上、在制度上、在史实上，世俘必然是西周时代的一篇记载。」

稿纸(A)25×20=500

三、《春秋》

在西周、春秋时代，有许多名为《春秋》的史书，如前面提到的《周春秋》、《晋春秋》、《鲁春秋》、《燕春秋》、《宋春秋》、《齐春秋》等，而墨子又曾说"吾见百国《春秋》"，可见很多诸侯国都有以《春秋》命名的史书。但这许多《春秋》大都早已失传，流传到现在的只有一部了。

流传到现在的这部《春秋》，传统的说法是孔子所作。但也有认为不是孔子所作的，早在唐朝刘知几就提出怀疑，说孔子"但因其成事，就加雕饰，仍旧而已，有何力哉！"（《史通·惑经》）近代学者顾颉刚、钱玄同、（见《古史辨》第一册）徐中舒（见《左传选·后序》）等都认为不是孔子所作，他们的理由大概有四：（一）现在的《春秋》与古人所引《鲁春秋》的原文相同，实即《鲁春秋》，不是孔子所作。（二）在孔门弟子直接记录孔子言行的《论语》中，没有提到孔子曾作《春秋》。（三）孔子不是史官，不能写一部史书。（四）最早说孔子作《春秋》的是孟子，孟子生在孔子之后一百余年，其说不可靠。但这些理由，都不能作为否定孔子作《春秋》的确实证据。我们认为现在

稿纸(A)25×20=500

41

所见到的《春秋》，是孔子根据《鲁春秋》，又参照周王室及其他诸侯国的历史记载，修改而成的。

孔子名丘，字仲尼，春秋时鲁国昌平乡陬（鄹）邑（今山东曲阜）人，生于公元前551年（周灵王二十一年，鲁襄公二十二年），卒于公元前479年（周敬王四十一年，鲁哀公十六年），享寿七十三岁。

孔子出身于没落贵族的家庭，先世是宋国贵族，曾祖父时逃难到鲁国。父叔梁纥，曾做过鲁陬邑（今山东泗水县东南）宰。孔子青年时代曾做过鲁国大夫季氏的家臣，任掌管仓库的会计和掌管畜牧（牛、羊）事务的小官。鲁定公时曾任中都宰、司空、大司寇。五十四岁时又由大司寇摄行相事三个月，去职后离开鲁国，周游列国凡十四年，都未被各国诸侯任用。六十八岁时返回鲁国。此后便从事教学和编书的工作，直到去世。

孔子博览典籍，掌握丰富的文化知识，开私人讲学之业，先后跟他求学的多达三千人，其中著名的高材生有七十多人。历史是他教学的主要科目之一。

孔子虽然不是史官，但由于他在鲁国做过高官，又是当时著名的学术家和教育家，在社会上相当高的声望，他的一些学生也在统治阶级中有一定的地位，与官府有较密

稿纸(A)25×20=500

42

切的往来，所以能够阅览鲁国和周王室以及其他诸侯国的历史记载，逐渐积累资料，从事编写史书的工作。

孔子编写的这部《春秋》，是以鲁国为主的春秋时期的编年史，记载了从鲁隐公元年（周平王四十九年，公元前722年）到鲁哀公十四年（周敬王三十九年，公元前481年）共二百四十二年的事迹，一万六千五百字，是我国现在最早的第一部编年史，也是世界上现在最早的一部编年史。

《春秋》记事的主要内容，是周王室及各诸侯国间的政治活动，如朝聘、盟会、人物往来、战争等，计记载朝聘一百五十四次，会盟一百九十八次，战争二百七十二次（一说二百一十三次）。此外还记载了很多自然现象，如日食、星孛、陨石雨、地震、大水、大旱、山崩等，计记载日食三十六次（其中日全食十八次，是非常宝贵的古代日食记录），星孛三次，陨石雨一次，地震五次，山崩一次，大水九次，大旱二次。其中最珍贵的天象记录，如庄公七年"夏四月辛卯夜，恒星不见，夜中星陨如雨"，就是公元前687年3月16日发生的天琴星座陨石雨，是世界上最早的一次记载；又如文公十四年"秋七月，有星孛入于北斗"，是世界上对哈雷彗星（彗星入紫微垣）的最早记录。至于有关经济和文化方面的记载就很少了。

43

稿纸(A)25×20=500

《春秋》的一个最显著的优点，是有明确的时间顺序。一般的记事都具备年、时、月、日，如"隐公元年夏五月辛酉，公会齐侯盟于艾。"日子不明的则有年、时、月，如"桓公二年秋七月，杞侯来朝。"至少也有年和时，如"庄公十有六年夏，宋人、齐人、卫人伐郑。"可见《春秋》不愧是一部认真编年的史书，所以《史记·三代世表》说："孔子因史文，次《春秋》，纪元年，正时日月，盖其详哉！"

不过，《春秋》也有一些漏记时和月的，如昭公十年"十有二月甲子，宋公成卒"，漏记了时；僖公二十八年"壬申，公朝于王所"，漏记了月，这可能是原来鲁国的《春秋》的记载就已缺漏。还有一些文字不全的，如桓公十四年"夏五"，庄公二十四年冬"郭公"，文义不可通解；又如桓公五年"春正月甲戌、己丑，陈侯鲍卒。""甲戌"之下应有缺文，大概都是早在流传中书写残缺了。

然而，《春秋》也有很显著的缺点，就是记事太简单。每条的文字很少，最少的仅有一个字，如"雨"（僖公三年夏六月）、"螽"（宣公六年秋八月）等；也有二、三个字的，如"城郓"（成公四年冬）、"宋灾"（襄公九年春）、"狄伐晋"（僖公八年夏）、"公如齐"（宣公

稿纸(A)25×20=500

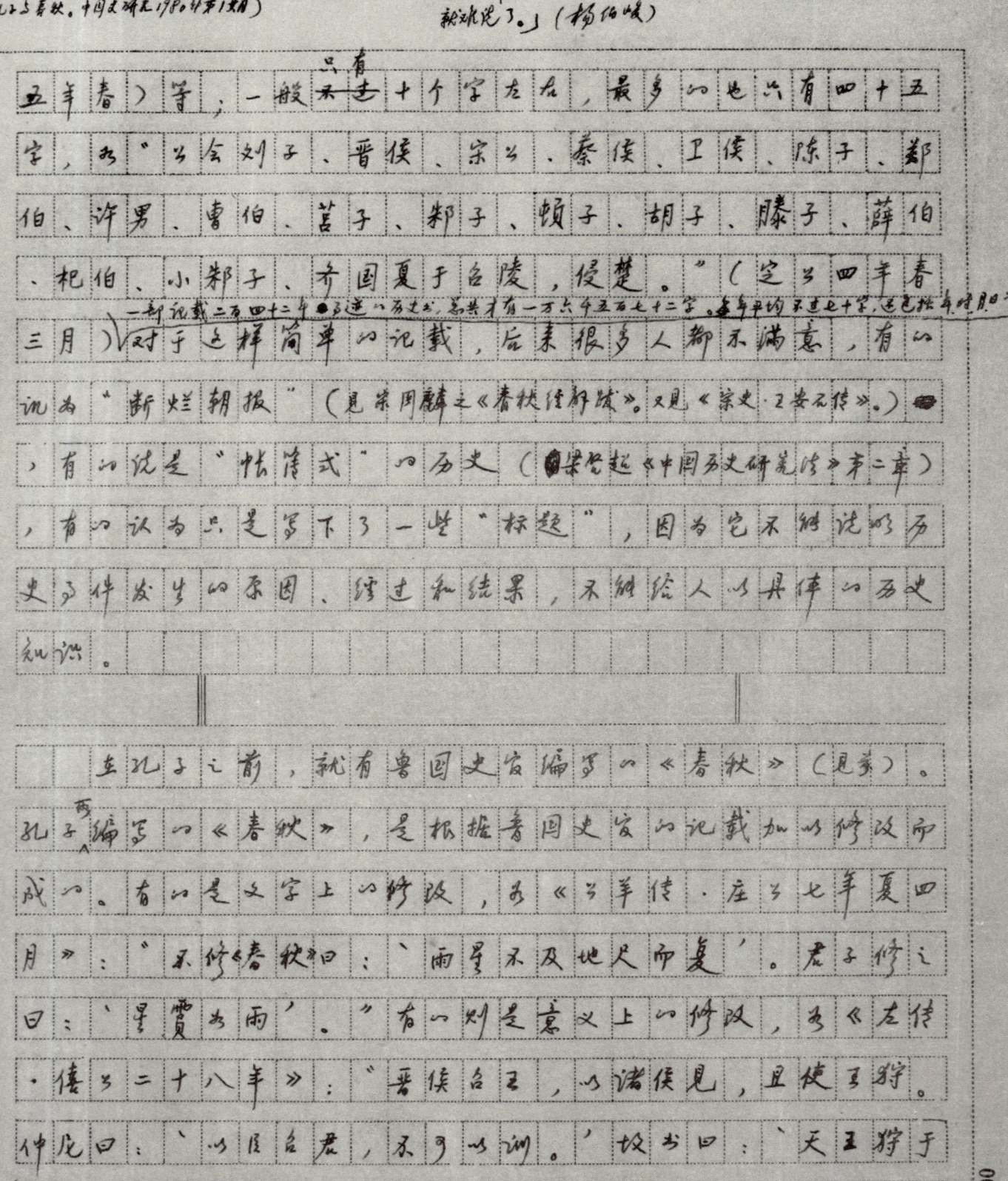

「春秋本身有很多缺文，……如桓公十七年"夏五"。……庄公二十四年"郭公"。……桓公十七年"冬十月朔"未记日。僖公二十八年"壬申，公朝于王所"未记月。定公十二年"冬，薛伯定卒"日月均未记。昭公十年"十有二月甲子"未记时。桓公四年、七年无秋冬二时。庄公二十六年"曹杀其大夫"未记名。僖公二年"夫人氏之丧至自齐"未记姓。定公六年"仲孙忌帅师围郓"名未记全。书王不书王也〈错见互出，如桓公仅元年、二年、十年、十八年书王。桓公五年"春正月甲戌、己丑，陈侯鲍卒。"一个人死了记两次，更是大笑话。」（罗世烈：孔子与春秋。中国史研究1980年第1期）

「春秋所记，〈二百四十多年的春秋各国大事，目前所存全文，不过一万六千多字，但据曹魏时的张晏和晚唐时人徐彦引春秋说，都说〈一万八千字〈张说见史记太史公自序集解引，徐说见公羊传昭公十二年正义引〉，可见春秋原文，从三国以后脱漏了一千多字。很多大事漏记。……和今天辑本竹书纪年和春秋比较，就有若干条为春秋所应有而未有，〈脱落，还是失载，就难说了。」（杨伯峻）

「例如桓公十四年云："夏五"，庄公廿四年云："冬，郭公"，这个明都是残缺文字。」

"盖夫子之春秋，本为后世史家记之表。"

春秋记事虽很简单，但有它的书法，用字很讲究。如死，天子称崩，诸侯称薨，大夫称卒。杀，凡下杀君上，子杀父曰弑。战争有伐、侵、袭，胜曰克，大败曰败绩等。

五年春）等；一般~~不过~~只有十个字左右，最多的也只有四十五字，如"公会刘子、晋侯、宋公、蔡侯、卫侯、陈子、郑伯、许男、曹伯、莒子、邾子、顿子、胡子、滕子、薛伯、杞伯、小邾子、齐国夏于召陵，侵楚。"（定公四年春三月）一部记载二百四十二年的历史书，总共才有一万六千五百七十二字。每年平均不过七十字，还包括年时月日的数字。对于这样简单的记载，后来很多人都不满意，有的认为"断烂朝报"（见宋周麟之《春秋经解跋》。又见《宋史·王安石传》。），有的说是"帐簿式"的历史（梁启超《中国历史研究法》第二章），有的认为只是写下了一些"标题"，因为它不能说明历史事件发生的原因、经过和结果，不能给人以具体的历史知识。

在孔子之前，就有鲁国史官编写的《春秋》（见前）。孔子所编写的《春秋》，是根据鲁国史官的记载加以修改而成的。有的是文字上的修改，如《公羊传·庄公七年夏四月》："不修《春秋》曰：'雨星不及地尺而复'。君子修之曰：'星霣如雨'。"有的则是意义上的修改，如《左传·僖公二十八年》："晋侯召王，以诸侯見，且使王狩。仲尼曰：'以臣召君，不可以训。'故书曰：'天王狩于河阳'。言非其地也，且明德也。"又如《左传·襄公二十年》载诸侯之策："卫孙林父、宁殖出其君"。《春秋·襄公十四年》则书为"卫侯衎出奔齐。"

稿纸(A)25×20=500

45

~~56~~

《鲁春秋》原文也有极简明的记事技巧，（刘知几《史通·惑经篇》谓是古史全文，未经孔子修改。）如鲁僖公十六年，记载陨星和大风的事："春王正月戊申朔，陨石于宋五。是月，六鹢退飞过宋都。"《公羊传》："霣石，记闻。视之则石，察之则五。""六鹢退飞，记见。视之则六，察之则鹢，徐而察之则退飞。"《史通·叙事篇》："夫闻之陨，视之石，数之五。加以一字太详，减其一字太略。"

~~现存的春秋[illegible]简，[illegible]夏五、郭公之类，及六有年[illegible]~~

此后，由于儒家的学者把经过孔子整理和编写的书籍都奉为经典，便极力推崇孔子作《春秋》的政治目的和它所起的政治作用。如《孟子·滕文公下篇》说：

"世衰道微，邪说暴行有作，臣弑其君者有之，子弑其父者有之。孔子惧，作《春秋》。《春秋》，天子之事也。是故孔子曰：'知我者其惟《春秋》乎！罪我者其惟《春秋》乎！'……

"昔者禹抑洪水而天下平，周公兼夷狄驱猛兽而百姓宁，孔子成《春秋》而乱臣贼子惧！"

《史记·太史公自序》说：

"上大夫壶遂曰：'昔者孔子何为而作《春秋》哉？'太史公曰：'余闻董生曰：周道衰微，孔子为司寇，诸侯害之，大夫壅之。孔子知言之不用，道之

稿纸(A)25×20=500

46

~~37~~

不行也，是非二百四十二年之中，以为天下仪表，贬天子，退诸侯，讨大夫，以达王事而已矣。'"

《史记·孔子世家》说：

"子曰：'弗乎！弗乎！君子病没世而名不称焉。吾道不行矣！吾何以自见于后世哉？'乃因史记作《春秋》，上至隐公，下讫哀公十四年，十二公。据鲁、亲周、故殷，运之三代，约其文辞而指博。故吴、楚之君自称王，而《春秋》贬之曰'子'；践土之会，实召周天子，而《春秋》讳之曰'天王狩于河阳'。推此类以绳当世贬损之义，后有王者举而开之，《春秋》之义行，则天下乱臣贼子惧焉。"

为此说来，孔子所作的《春秋》不仅是一部史书，而是能以指导当时、启示后世的政治经典，并且已经起到使"乱臣贼子惧"的巨大政治作用了。但是，《春秋》的记载是那样简单，一部包括二百四十二年历史的著作，总共才有一万八千多字，在叙述历史事件的时候，只有标题而无详细的内容，怎能起到实际的政治作用呢？所谓"寓褒贬于一字之间""一字之褒贬"，就能使"乱臣贼子惧"吗？这里只是儒家推崇孔子的夸张之辞！这个道理早过去已有人指出了，如宋朝人朱熹说："春秋只是直载当时之事，要见当时治乱兴衰，

甚至书月不书日，或但书姓、但书名也有褒贬之义。

非是于一字上定褒贬。"（《朱子语类》卷83）清朝人纪昀说："苟不知其事迹，虽以圣人读《春秋》，不知所以褒贬。儒者好为大言，动曰舍传以求经，此其说必不通。"（《四库全书总目提要·史部总叙》）实际上，孔子是根据鲁国和周王室以及其他诸侯国的史官的记载，加以修改，编写成一部简单的近现代史书，作为向学生讲授的课本，以进行辨别是非、劝善戒恶的历史教育。周王室及各诸侯国的史官，在记事时都有一定的书法，所谓"君举必书，书而不法，后嗣何观？"（《左传》庄公二十三年）褒善贬恶亦即书法之一。当然，孔子在编写《春秋》时，必定会表达他自己的政治观点和他对于历史事件和历史人物的看法，以判明是非善恶，书中也就出现了褒贬的字句。但这种褒贬，并没有也不可能象孟子所鼓吹的那样起过使"乱臣贼子惧"的作用，而且其中一些字句不过是沿用以前史官的书法，并非孔子的创造。

左传之五十凡，总结了战国以前统治阶级记事之法。「左传中有"五十凡"，即《史官记事的条例》。」（范文澜）

孔子不是史官，本来是不能掌握历史资料的。但由于他在鲁国做过高官，又是当时著名的学术家和教育家，在社会上有相当的声望，他的一些学生也在统治阶级中有一定的地位，与官府有较密切的往来，可以能够阅览鲁国和周王室以及其他诸侯国的历史记载，逐渐积累资料，从而

稿纸(A)25×20=500

48
~~39~~

编写《春秋》的工作。在编写过程中，材料的取舍及文字的修订完全由孔子一个人决断，所谓"笔则笔，削则削，子夏之徒不能赞一辞。"（《史记·孔子世家》）所以，《春秋》虽然记事太简单，不能满足读史者的要求，但它是我国最早由私人写成的历史著作，打破了史官垄断史学的局面，在中国史学史上有非常重大的意义。

《春秋》记事虽然简单，不能满足读者历史知识的要求，但是就体例来说，它却是流传到现在最早的有系统的历史著作。因为《尚书》、《周书》的记载，每篇之间不相关联，不成体系，只能算是一些史料的汇编，不是有体统的著作。只有《春秋》能以按照时间的顺序编排历史事迹，使人们看到完整的（虽然是简单的）历史过程，了解历史发展的脉络和线索。而且孔子编写的《春秋》在整理史料以传示历史知识于后人，是有非常重要的贡献的。章炳麟说："《春秋》之所以独贵者，自仲尼以上，《尚书》则阔略无年次，百国《春秋》之志，复散乱不循凡例，又亦藏之故府，不下庶人，国亡则人与事偕绝。是故本之吉甫史籀，纪岁时月日以更《尚书》，传之其人，令与《诗》、《书》、《礼》、《乐》等治，以异百国《春秋》，然后东周之事，粲然著明。令仲尼不次《春秋》，今虽欲观定哀之世，求五伯之迹，尚荒忽如草昧。夫发金匮之藏，被之萌庶，令人不忘前王，自仲尼、左丘明始。"

稿紙(A)25×20=500

除以上三种史书外，春秋时代的若干书籍还有流传到现在的，其中也有一些历史资料，或反映了一些历史情况，如诗经、易经、礼记等。唐宋以后时期也有人倡"五经皆史"或"六经皆史"之说，但诗经是属于文学范围的书，易经是属于哲学范围的书，其体例及内容都不是史书，因而都不在史学史范围之内了。

第四节　殷、西周、春秋时期的历史观、史学思想与历史编纂学

在殷、西周、春秋时代，是我国史学的萌芽期，总的说来，史学水平当然还是很低的。可是，自盘庚迁殷以后到春秋末年约近千年的历史过程中，随着社会经济、政治和文化的逐渐发展，史学也日益进步，取得了一定的成就。现在分别就历史观、史学思想与历史编纂学三方面的情况，作一大概的论述。

一、历史观

在历史观方面，总的说来，是从天命观到人事观的转变，也就是从天命支配历史发展到人事决定历史发展的历史观的转变。

殷代崇奉帝或上帝，认为它是自然界及人类社会的最高主宰，是权威最大的人格神。《殷人尊神，率民以事神，先鬼而后礼。》殷代的统治者，事事都请帝或上帝来决定，凡气候好坏、年成丰欠、战争胜败、人事吉凶以及畋猎得失等等，都要通过占卜的方法来决定，请神指示并祈求神的保佑。~~卜辞中的"令"和"受令"，读作"命"和"授命"，是殷人崇拜的命运之神。卜辞中的"令"也称"授命"~~

稿纸(A)25×20=500

在殷代的甲骨文里，只有帝和上帝。但到了西周的金文里，就帝和天并用了。

西周的统治者崇奉天，奉天为神，宣称周之代殷是受天之命，周王称天子，是天在人间的代表。以天命来统治人民，解释历史，宣称人间的祸福是天所降。他们说商朝是受天命为王的，周之代商是由于天命改了。所以《尚书·多士》说："非我小国敢弋殷命，惟天不畀。"《尚书·召诰》说："皇天上帝，改厥元子兹大国殷之命。"意思就是周之代殷，是皇天上帝改了殷国的大命的意旨。~~不再让殷王掌握政权担任天子的职务了。~~

但是，历史事实特别是殷朝灭亡的事实，使西周统治者认识到专赖天命是不行的，天命是靠不住的。殷纣王曾说："我生不有命在天？"（《尚书·西伯戡黎》）但终于灭亡了。因此，西周的统治者对天命产生了怀疑的态度，如说："天命靡常。"（《诗经·大雅·文王》）"惟命不于常。"（《尚书·康诰》）"天不可信。"（《尚书·君奭》）由于对天命产生怀疑，不敢完全依靠，便采取敬而远之的态度，如《礼记·表记》所说："周人尊礼尚施，事鬼敬神而远之。"在此基础上，又进一步探索天命与人事的关系，并认识到人民的力量，要巩固统治必须顺从人

稿纸(A)25×20=500

~~周公说："古人有言曰：'无于水监，当于民监。'今惟殷坠厥命，我其可不大监，抚于时。"~~

民的愿望。~~如《尚书·召诰》说："我不可不监于有夏，亦不可不监于有殷。"~~杰出的政治家周公曾说："天惟时求民主。"（《尚书·多方》）又说："民之所欲，天必从之。"（《左传》襄公三十一年引《泰誓》）由于从历史事实中得到了经验教训，自然就重视人事而不依靠天命了。

到了春秋时期，由于列国间的兼并战争日趋激烈，统治阶级中一些有识见的人物面对现实，更进一步否定天命的决定作用，认识到历史上的成败得失和人世间的吉凶祸福，主要是由人事决定的。如随国的季梁说："夫民，神之主也，是以圣王先成民而后致力于神。"（《左传》桓公六年）周内史叔兴说："吉凶由人。"（《左传》僖公十六年）郑国的子产（公孙侨）说："天道远，人道迩。"（《左传》昭公十八年）他们已明确认为人事比天命重要了。晋国的史墨曾说："社稷无常奉，君臣无常位。"（《左传》昭公三十二年）更认为天命不能支配政治权位，~~打破~~否认了君权神授的说法。

这种人事支配历史的观点，也反映到史书里，如孔子的《春秋》就专记人事，没有天命鬼神的词句。

稿纸(A)25×20=500

52

二、史学思想

在史学思想方面，到了西周、春秋时代，已经肯定了历史知识的鉴戒作用，并树立了历史记载的直书观念。

1、肯定了历史知识的鉴戒作用

历史知识可以使人们了解过去，从中吸取成败得失的经验教训，以为现在和将来行动的依据，这就是历史知识的鉴戒作用。至少在西周初期，统治阶级的一些人物已经深切地认识到历史知识的鉴戒作用，并予以肯定了。

在殷代是否已认识到这种作用，尚不得而知，但

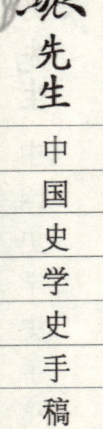

《尚书·召诰》说："我不可不鉴于有夏，亦不可不鉴于有殷。"周公说："古人有言曰：'人无于水监，当于民监。'今惟殷坠厥命，我其可不大监，抚于时。"（《尚书·酒诰》）周公既然说"古人有言"，可见至少在商代已有这种认识了。

在《尚书》的《召诰》、《无逸》、《酒诰》、《康诰》等篇中，都有引述历史故事特别是殷朝灭亡的事实以为鉴戒。

到了春秋时期，对于历史知识的鉴戒作用更为重视，成为教育太子的一门课程，如

《国语·晋语七》："（晋）悼公与司马侯升台而望，……公曰：'何谓德义？'对曰：'诸侯之为，

稿纸(A)25×20=500

日在君侧，以其善行，以其恶戒，可谓德义矣。’公曰：‘孰能？’对曰：‘羊舌肸习于《春秋》。’（韦昭注：肸，叔向之名。《春秋》纪人事之善恶，而目以天时，谓之《春秋》，周史之法也。时孔子未作《春秋》。）乃召叔向，使傅太子彪。（韦昭注：彪，平公也。）”

《国语·楚语上》：“（楚）庄王……问（教育太子之法）于申叔时（韦昭注：叔时，楚贤大夫，申公。），叔时曰：‘教之《春秋》，而为之耸善而抑恶焉，以戒劝其心。’”

《国语·楚语下》：“子高曰：‘……人求多闻善败以监戒也。’”

由于重视历史知识，对于史官也就非常尊重、崇敬，如楚国史官倚相因掌握丰富的历史知识，而被称为良史，

《左传·昭公十二年》：“（楚）王出，复语。左史倚相趋过，王曰：‘是良史也，子善视之，是能读三坟、五典、八索、九丘。’”

又被视楚国的一宝，

《国语·楚语下》：楚大夫王孙圉聘于晋，答赵简子曰：“楚之所宝者，……又有左史倚相，能道训

典以叙百物，以朝夕献善败于寡君，使寡君无忘先王之业。……"

可见历史知识在政治上所起的作用是为何重大了。

孔子对于历史知识很重视，因而强调历史记载的重要性。他说："夏礼吾能言之，杞不足征也。殷礼吾能言之，宋不足征也。文献不足故也，足则吾能征之矣。"（《论语·八佾》）所谓文献，就是历史记载。这几句话的意思是说，历史记载的足或不足，是能否正确了解过去的关键。他也谈到历史记载对于鉴往知来的作用，说："殷因于夏礼，所损益可知也。周因于殷礼，所损益可知也。其或继周者，虽百世可知也。"（《论语·为政》）

2、树立了历史记载的直书观念

史官记录时事，为了起到鉴戒作用，特别要对统治者的过失记录下来。如《大戴礼记·保傅篇》记载：天子"失度则史书之"，太子有过也是"史必书之"，"史之义不得不书过，不书过则死。"又《国语·楚语上》："史不失书，矇不失诵以训御（与"诰"声近义通）之。"晋国史官周舍曾对赵简子说："愿为谔谔之臣，墨笔操牍，司（同"伺"）君之过而书之。"（《说苑》）记录功德是容易的，而记录过失就不那么顺利了。因为记录史事的职

稿纸(A)25×20=500

55

权虽然掌握在史官手里，但史官记事却往往受到权贵势力的干扰和破坏，不能如实地记录史事。可是，有些史官却能忠实地执行任务，不顾权贵的势力，严肃地记录史事。如《左传·宣公二年》所述晋国史官的一段故事：

“赵穿攻（杀）灵公于桃园，宣子（赵盾）未出山而复。大史书曰：‘赵盾弑其君。’以示于朝。宣子曰：‘不然！’对曰：‘子为正卿，亡不越境，反不讨贼，非子而谁？’宣子曰：‘呜呼！我之怀矣，自诒伊戚。其我之谓矣！’孔子曰：‘董狐，古之良史也，书法不隐。赵宣子，古之良大夫也，为法受恶。’”

晋灵公虽然不是被赵宣子亲手杀死的，但由于赵宣子掌握政权，负有最重要的责任，所以史官董狐把‘弑君’的罪名加在他的身上。董狐这种据事直书的作法，受到孔子的称赞，也受到后世长期的称赞。还有些更为难得的史官，不顾生命的危险，坚决反抗权贵的压制，记录了历史的真相。如《左传·襄公二十五年》所述齐国史官的一段故事：

“大史书曰：‘崔杼弑其君。’崔氏杀之。其弟嗣书而死者二人。其弟又书，乃舍之。南史氏闻大史尽死，执简以往。闻既书矣，乃还。”

这种忠实于史官的职权，据事直书，冒死以赴的行动，深受后世的称赞。他们之所以能够如此，是由于深刻地认识到历史记载必须真实，才能起到垂训鉴戒的作用。

稿纸(A)25×20=500

三、历史编纂学

殷至春秋时期，在历史编纂学方面有一定的发展，表现在记时法的进步和记言记事的分工。

1、记时法的进步

时间顺序是历史记载的必要条件，若没有明确的时间顺序，便失掉或减低了历史记载的意义和作用。

我国的历法在殷代已相当完备，已有年（称祀）、月（有大月、小月之分），日（以干支记日）的划分。

在殷代的甲骨文和西周的金文等，已经有标明年、月、日的记事方法了，但那时对于时间顺序的排列方法还不适当，一般是以日、月在前，以年在后。在甲骨文中，也有仅记日的，一般是先记日，次记月，最后记年，即日、月、年的顺序，所记的事夹在日与月、年之间。在金文中，有很多是不记时间的，有记月、年的，有记月、日、年的，有记日、月、年的，也偶尔有记年、月、日的。王国维说："书法先日次月次年者，乃殷、周间记事之体，殷人卜文及庚申父丁角、戊辰彝皆然；周初之器，或先月后日，然年皆在文末，知此为殷、周间文辞通例矣。"（《观堂集林》卷一《洛诰解》）在《尚书》中西周时代的作品里，有先日次月而后记年的，有只记月、日而不记年的，也

稿纸(A)25×20=500

有只记年、只记月或只记日的。如《尚书》中的《洛诰》记时以日、月、年为次，《召诰》记了月、日而没有年。但通常是以日、月、年为次。《逸周书·世俘解》记月、日而无年。可见殷和西周时代，所记的时间既不完备，次序也不一致。到了春秋时代，记时法有了显著的进步，时间顺序的排列才完全适当，确定了按年、时、月、日的顺序记事的方法，出现了时间分明的编年史。如先秦之书中所说，这些编年史大都名为《春秋》，孔子编写的《春秋》是其中之一。

编年史为什么称《春秋》呢？据西晋人杜预说："记事者以事系日，以日系月，以月系时，以时系年，所以纪远近、别同异也。故史之所记，必表年以首事，年有四时，故错举以为所记之名也。"（《春秋经传集解·序》）唐人孔颖达又补充说："年有四时，不可遍举四字以为书号，故交错互举，取春秋二字以为所记之名也。春先于夏，秋先于冬，举先可以及后。言春足以兼夏，言秋足以见冬，故举二字以包四时也。"（《春秋正义》）但近人于省吾对此有不同的新见解，他说："卜辞未见过夏季之夏的名称。卜辞虽然冬字习见，但都当作终字用，……没有用作冬季之冬的。……因此，我们可以判定商代只有春秋

稿纸(A)25×20=500

二时制。……截至现在为止，西周金文中还没有出现过四时的名称。……最引人注意的是：今文《尚书》二十八篇中，除为东周以来的撰述外，并无冬夏之名。再就《诗经》来说，凡《诗经》中言冬夏者均系较晚的篇章。……由早期诗篇来推考，周初也仅有春秋二时。总之，卜辞与《诗》《书》中的早期作品，既然没有冬夏而只有春秋，则西周前期仍然沿用着二时制是可以肯定的。……孔子作《春秋》起自鲁隐公，《春秋》纪事既以四时为纲，而西周前期又沿用着二时制，那末，如果说四时的划分萌芽于西周末叶，……是不会有多大出入的。……古人也称年为春秋，所以纪年之史就名为"春秋"。……《春秋》一书的名称，虽然出现在既有四时制以后，但为期很近，它是保持着旧日称一周年的春秋的习惯传统作风，而不是象古人所说的，由四时中错举二时。……至于孔子作《春秋》称名的由来，乃旧日称一年为"春秋"的习惯作风的沿袭，并非象从前学者们所说的由四时中错举春秋二时以为名，这是不难理解的。"（于省吾《岁时起源初考》，载《历史研究》1961年第4期）于氏的说法，论据比较充分，应该是可信的。

孔子的《春秋》是依据鲁国、周王室及其他诸侯国的编年史写成的，都按年、时、月、日的顺序排列，可见那时已普遍出现了时间分明的编年史。

2. 记言、记事的分工

史官的记载，有的以记言为主，有的以记事为主。记

稿纸(A)25×20=500

（以为史官之所由发）

言的产生开端或未全有简单的记事，记事的也有史的言语的。

甲骨文是卜辞，以记所问的事为主，记言的很少。但《尚书》中《汤誓》、《盘庚》等几篇是以记言为主。可见殷代已有较长的记言文字了。又《尚书·多士篇》："惟殷先人有册有典，殷革夏命。"也可见殷代有较多的记事文字。

金文中有以记言为主的，可以《大盂鼎》、《大克鼎》、《毛公鼎》为代表。有以记事为主的，可以《宗周钟》、《曶鼎》、《散氏盘》为代表。

《尚书》中多是记言的，但也有两篇记事的：《金縢》和《顾命》。《逸周书》以记言为主，也有记事的，如《世俘》篇。

《礼记·玉藻》篇说："动则左史书之，言则右史书之。"《汉书·艺文志》说："左史记言，右史记事，事为《春秋》，言为《尚书》。"指出西周、春秋时代的史官在记录史实和编纂史书时，有记言、记事的分工，我们认为基本上是符合实际情况的。但对于这种说法，过去和现在都有人不同意。清朝人如章学诚在《文史通义·书教上》篇说：

"《记》曰：'左史记言，右史记动。'其职不见于《周官》，其书不传于后世，殆礼家之愆文欤！后

从记言、记事两种记载的内容来看，记事简单而记言详细。记事的每条一般只有几个字，多者或十余字以至数十字。记言的一般有一百字左右以至数百字，最多的为《尚书·盘庚》达一千余字。为什么会如此呢？吕思勉在《燕石札记》中说："记事之史，体极简严；记言之史，则体颇恢廓。""执简之始，盖专记日食、星陨等事，此本不待烦言。其后记人事者亦遂沿其体，此其所以简严。古重言辞，书诸简牍盖其慎。既重言辞，则其所书者亦不为其口语，或有润饰，所异固无多也。此其体之所以日益恢廓也。""记言之史，体既恢廓，其后凡叙述详尽者皆沿之。"

稿纸(A)25×20=500

儒不察，而以《尚书》分属记言，《春秋》分属记事，则失之甚也。夫《春秋》不能舍传而空存其事目，则左氏所记之言，不啻千万矣。《尚书》典谟之篇，记事而言亦具焉；训诰之篇，记言而事亦见焉。古人事见于言，言以为事，未尝分事言为二物也。”

章氏所说“其职不见于《周官》”，实则左史、右史即内史、大史的异名，说已见前。所说“其书不传于后世”，是不符合实情的，因为《尚书》和《周书》都是根据记言的资料来编成的，其中少量记事的文字是由后人篡入的；以后的《国语》和《战国策》也都是记言的史书，这是不可否认的事实。至于把“左氏所记之言”作为《春秋》的内容，更是牵强无理，因为《春秋》与《左传》明是二书，不能混为一谈。所谓“记事而言亦具”、“记言而事亦见”，只是如前已说过的，一以言为主，一以事为主而已。

不过，记言、记事的分工，还是史学处于低级阶段的表现。后来史书编纂方法进步，言事合一，单独记言的史书就逐渐没落了。

~~4. 史学由官府控制之下，逐渐推广到各统治阶级的一般知识分子所掌握。~~

稿纸(A)25×20=500

（在殷、西周及春秋前期，只有史官能够掌握历史资料并据以编纂史书，史学完全由官府控制。到了春秋后期，随着社会政治变动的剧烈，官府对于史学的控制也逐渐松弛，统治阶级的一般知识分子也能有机会看到官府所藏的历史记载，并能搜集资料以从事史书的编纂了。孔子编《尚书》和修《春秋》，便是显著的例证。

孔子不是史官，但他不仅掌握近现代史的资料，编写了一部《春秋》，而且阅读过许多古代的历史文献。《中庸》里说："仲尼祖述尧舜，宪章文、武。"又说："哀公问政，子曰：'文武之道，布在方策。'"那时除了史官之外，能够见到历史文献的绝不止孔子一人，可见官府所藏的文字记载和史书，已经流传于外了。

孔子博览典籍，掌握丰富的文化知识，开私人讲学之业，先后跟他求学的多达三千人，其中著名的高材生有七十多人，历史就是他教学的主要科目之一。那时的史学既已摆脱官府的控制，又经孔子编书讲授，传布益广，也就得到了进一步的发展。）

稿纸(A)25×20=500

62.

第二章 （封建社会的史学（一））史学的初步发展（战国、秦）

前453——

——战国、秦时期的史学

战国时代在政治上是从分裂割据走向专制统一的时代，在学术上也是繁荣昌盛的时代，有重大的发展。

哲学方面：诸子竞起，百家争鸣，在思想史（包括哲学史、政治思想史）上是一个光辉灿烂的时代，有深远的影响。

文学方面：散文有高度的成就，尤以庄子的作品，被称为千古一绝，名贵独步。还有中国第一个大诗人、世界文化名人之一的屈原。他们的作品，都在文学史上放射了异光异彩。

史学方面：在秦统一以前，积累了自西周以来八百年间周王室及诸侯国史官所记载的丰富的历史资料，编纂了很多历史书。但是，秦统一后，大量焚书，史记秦纪以外都烧掉（凡不是秦国史官所记的历史全部烧掉）。史记六国年表序云："秦既得意，烧天下诗书，诸侯史记尤甚，……惜哉！惜哉！"八百年积累的历史记载，毁于一旦！到司马迁写史记的时候，只有一部《秦纪》，但"又不载日月，其文略不具"。史学萧条。一场大灾难。

不过，从现存的史书中，仍可看出这一时期史学发展的情况。

各诸侯国（前1122—前256）于西周初年建国，陆续都有史官设置以后，不但有西周、春秋以来的历史记载，而且可能有商殷的历史记载，终于全部焚毁，荡然无存，诚为可惜！

第一節　记言史的发展

在奴隶社会的史学中占有重要地位的记言史，到封建社会初期仍在继续发展，记载的内容比较丰富了，叙述的方法也有了显著的进步（有高度的写作技巧）。这种记言的史书，在战国时期原是不少的，只是大都已经亡佚，流传到现在的只有《国语》和《战国策》两部了。

《国语》和《战国策》是战国时期编写的两部著名的记言史。今分别叙述如下：

一、《国语》为主的史书。

《国语》是在战国初期编写的一部以记言为主的史书。

《国语》的作者是谁？历来有不同的意见。传统的说法是左丘明所作。

司马迁《报任安书》（见《汉书·司马迁传》及《文选》卷四十一）及《史记·太史公自序》等都说："左丘失明，厥有《国语》"。而《报任安书》等又说："左丘明无目"。《太平御览》卷六〇一引《史记》作"左丘明失明"。《汉书·艺文志》明确地说："《国语》二十一篇，左丘明著。"因此，汉朝人都认为是左丘明所作，与《左传》的作者同为一人。而且称《左传》为《春秋内传》，称《国语》为《春秋外

《汉书·班彪传》也说："定、哀之间，鲁君子左丘明论集其文，作《左氏传》三十篇；又撰异同，号曰《国语》，二十篇。"

稿紙(A)25×20=500

78 1.

传》，如《汉书·律历志》引《国语·周语》"王以二月癸亥夜陈"时，即称"故《外传》曰"，以区别于《左传》；又如王充《论衡·案书篇》说："《国语》，《左氏》之外传也。《左氏》传经，辞语尚略，故复选录《国语》之辞以实之。"东汉末刘熙《释名·释典艺》亦云："《国语》又曰《外传》。《春秋》以鲁为内，以诸国为外，外国所传之事也。"此后三国时吴人韦昭作《国语解叙》及唐人刘知几著《史通》，即沿袭此说，明确认为《左传》与《国语》的作者同是左丘明，并指明《左传》为《春秋内传》，《国语》为《春秋外传》。（见《史通》《六家篇》及《古今正史篇》）其实，《春秋外传》这个名称是不适当的，诚如《四库全书总目提要》史部杂史类所说："考《国语》上包周穆王，下暨鲁悼公，与《春秋》时代首尾皆不相应，其事亦多与《春秋》无关，系之《春秋》，殊为不类。至书中明有《鲁语》，而刘熙以为外国所传，尤为舛迕。"所以现在已没有人喜用《春秋外传》这个名称了。

但自汉代以后，就有人开始怀疑《国语》不是左丘明的著作了。如西晋人傅玄说："《国语》非丘明所作。"

（《左传》哀公十三年疏）唐人赵匡说："《左传》、《国语》文体不伦，序事又多乖刺，定非一人所为也。"（《春秋集传纂例·赵氏损益义》第五）陆淳（见晁公武《郡斋读书志》）、柳宗元（《非国语》）也都认为不是左丘明所作。南宋人陈振孙也说："今考二书（指《左传》与《国语》）虽相出入，而事辞或多异同，文体亦不类，必非出一人之手也。"（《直斋书录解题》）清人纪昀撰《四库全书总目提要》则又相信汉人之说，以为《国语》是左丘明作，云："《国语》出自何人，说者不一，然终以汉人所说为近古。……中有与《左传》未符者，犹《新序》、《说苑》同出刘向而时复牴牾。盖古人著书，各据所见之旧文，疑

稿紙(A)25×20=500

廿2

以存疑，不似后人补改也。”清人康有为认为《国语》本有五十四篇（见《新学伪经考》），是刘歆把其中三十篇分为《左传》，“于是留其残賸，掇拾杂书，加以附益，而为今本之《国语》。”（《新学伪经考》卷三上）

近人对《国语》作者的意见也不一致，如陆懋德认为《国语》与《左传》同是左丘明所作（见《中国文学史》讲义），钱穆则说“余读《国语》诸篇，文体不相类，如越语之与鲁，楚语之与齐，晋语之与周，皆不同，其非出于一手甚显。”陆侃如与冯沅君也认为是“两个不同的作者所写的两部不同的书。”（《中国文学史稿》）

我们现在看来，司马迁在《报任安书》里所说的“左丘失明，厥有《国语》”及“左丘明无目”，应是可信的，所以《国语》的作者应是左丘明。至于《国语》和《左传》原是一书还是二书的问题，在当前学术界中多认为二书，已没有什么大的争论了。

《国语》记载着从西周中叶到战国初约五百三十多年间的历史，起自周穆王征犬戎（公元前990年？），止于周贞定王十四年，鲁悼公十三年（公元前455年），共有二十一篇，七万多字。包括《周语》三篇，《鲁语》二篇，《齐语》一篇，《晋语》九篇，《郑语》一篇，《楚语》二篇，《吴语》一篇，《越语》二篇。因为是分国记载言语，所以名为《国语》。《释名·释典艺》云：“《国语》，记诸国君臣相与言语谋议之得失也。”这是对于《国语》的内容的一个简明的概括。

203

《国语》的内容是统治阶级重要人物对于政治、军事、经济等重大问题的议论、言论，如齐语中多为齐桓公与管仲的对话，吴语中多为吴王夫差与大臣的对话，越语中多为越王勾践与大臣的对话。

《国语》的内容是由作者采取周王室及鲁、齐等七个诸侯国的史料汇集而成的，没有完整的体系，各国记事不但详略不同，起讫的时间也不一致，（除《周语》和《晋语》的记载比较全面外，）大都是一些片断的记载。

《周语》三篇起于周穆王伐犬戎（即西戎）前祭公谋父的谏语（公元前990年？），止于周敬王二十八年（公元前492年）。

《鲁语》二篇起于鲁庄公十年长勺之战（公元前　　），止于季康子欲加田赋，使冉有访问孔子。（　　）偏重于曹刿、臧文仲、里革、叔孙穆子、公父文伯之母等几个人的言论。

《齐语》一篇专记有关齐桓公的霸业的言论和事迹。

《晋语》九篇历叙晋武公、献公、惠公、文公、襄公、厉公、悼公、平公、昭公时期君臣的言论和事迹。

《郑语》一篇，专记史伯对答郑桓公之问论天下兴衰之语。

《楚语》二篇，从楚庄王时期开始，到楚惠王时期。其中大部分是记述楚灵王和楚昭王时期君臣的言语和事迹。

《吴语》一篇，专记自吴王夫差伐齐以至吴灭亡这一段时期的历史。

《越语》二篇，专记越王勾践用文种、范蠡之谋议以灭吴之事。

在这二十一篇中，《晋语》九卷篇幅最多，几占全书的一半；其次《周语》、《鲁语》、《楚语》的文字也较多。

由此可见，《国语》的作者是从周王室及这些诸侯

稿纸 25×20=500

4

国的史料中选择了一部分，而选择又有重点的，以各国有代表性的材料为标准。表现了各国不同的特点。

《国语》与《左传》所记载的史迹，有相同的，也有不同的，相同的部分也有详略的差异。因《左传》偏重于记事，而《国语》则偏重于记言。所以二书所记，可互相补充。

《国语》在文字表达方面也有其特色。总的说来，文字朴实平易，从历史人物的言语中，表述了历史事件的具体内容——原因、经过、结果和影响，发挥了记言史的专长。其中有的如《吴语》和《越语》则文字练达，“波澜起伏，曲折合情”，“风格较为不同”。所记当时朝聘、飨宴、讽谏、应对、辩论之辞，层次分明，合情入理，富有逻辑性，在记言体的史著作中是有较高的写作技巧的。

稿纸(A)25×20=500

二、《战国策》

《战国策》也是战国时代的记言史书。

《战国策》记载着战国到秦朝共二百四十年的历史，原来的内容很杂乱，名称也很多，后来经过西汉刘向整理，重新编纂成为三十三篇，分十二国，计东周一篇，西周一篇，秦五篇，齐六篇，楚四篇，赵四篇，魏四篇，韩三篇，燕三篇，宋、卫合为一篇，中山一篇。全书共分四百八十余章，约十二万字。由于这书的主要内容是战国时代游士的策谋，所以名为《战国策》。刘向《战国策叙录》云：

"所校中战国策书，中书余卷，错乱相糅莒；又有国别者八篇，少，不足。臣向因国别者略以时次之，分别不以序者以相补，除复重，得三十三篇。……中书本号，或曰《国策》，或曰《国事》，或曰《短长》，或曰《事语》，或曰《长书》，或曰《修书》。臣向以为战国时游士辅所用之国为之策谋，宜为《战国策》。其事继春秋以后，讫楚汉之起，二百四十五年间之事。"

可见《战国策》是刘向综合几种不同的战国游士的记载重新编次而成的。至于《战国策》原来的作者是谁？因刘向没有说明，已难确考。《四库全书总目提要·史部杂史类》云："《战国策》乃刘

（旁批）至于保存在西汉皇宫的[illegible]

（旁批）可移后，互的卷帙。

（旁批）国策、国事，大概是按国别记述的；事语，大概是叙述历史事实的言论；短长、长书、修书，大概是纵横家的说辞。刘向以当时国别的八篇为基础，把其他[illegible]以次排列国别、年代，以补充，删去重复，编辑成了战国策三十三篇。

（旁批）班固《汉书·艺文志》著录此书，未注明作者姓名，列于"春秋家"类。一般人都认为此书[illegible]，不是某一个人的著作。

稿纸(A)25×20=500

~~22~~6

杨翼骧先生

中国史学史手稿存真

~~他的理由是：《史记·田儋列传》曰：蒯通善为长短说，论战国之权变为八十一首~~

向哀合诸记，併为一编，作者既非一人，又均不得其主名。”

清人牟庭相首先提出不同的意见，认为《战国策》的作者是秦汉之际的蒯通。（见陈澧钞本《雪泥书屋杂志》卷二，转引自罗根泽《跋金德建先生〈战国策作者之推测〉》，载《古史辨》第六册，所引文又收入罗根泽著《诸子考索》。金德建著《司马迁所见书考》亦转载。牟庭相，字陌人，号默人，山东栖霞人，乾隆六十年乙卯（1795）优贡生。近人许维遹撰有《栖霞牟默人先生著述考》，见《清华学报》第九卷第二期。）

近人罗根泽、金德建、诸祖耿等都认为蒯通是《战国策》的主要作者。

《史记·田儋列传》曰：“蒯通善为长短说，论战国之权变，为八十一首。”《汉书·蒯通传》亦曰：“通论战国时说士权变，亦自序其说，凡八十一首，号曰《隽永》。”《史记·淮阴侯列传》载蒯通以相人说韩信，而《索隐》以为《汉书》及《战国策》皆有此文，是刘向时《战国策》尚有蒯通说信之语，唐以后人始删去之也。《战国策》所有蒯通之说，疑即《通传》所谓‘论战国权变，亦自序其说’者也。其书号曰《隽永》，与中书本号《长书》、《修书》者亦相似，修、长皆永之义也。《史记》名为长短说，亦即中书本号或曰《短长》者是也。以此言之，《战国策》即蒯通所作八十一首者明。刘向校中书余卷，错乱相糅，因除去四十八首为三十三篇耳。”

罗根泽认为刘向编定的《战国策》是以蒯通的著作为蓝本（《汉书·艺文志》著录《蒯子》五篇），再补入《苏子》、《张子》、《庞煖》（均见《汉书·艺文志》）等纵横家著作而成。（《战国策作者蒯通考》及《战国策作于蒯通考补证》）金德建认为《战国策》三十三篇就是《汉书·艺文志》中所记载的《蒯子》（蒯通作）五篇再加上《主父偃》二十八篇。（《战国策作者之推测》）但是也有人反对蒯通是《战国策》作者的说法。关于《战国策》作者问题的讨论，可参考下列：

诸祖耿认为刘向“所见中书，即蒯通所序，已通、主父偃所学者矣。”（《战国策逸文考》）

如潘辰认为“《战国策》是一部史料汇编，它基本上是一部先秦古书，其中也可能有若干秦汉人的著作，但这并不意味着它是蒯通等人的‘一家言’。至于其中文章，却很复杂，有游说者本人所作，也有后人追记的。”（《试论〈战国策〉的作者问题》，载《光明日报》1956年12月16日《文学遗产》第135期）[illegible]也认为“《战国策》基本上是一部先秦古书，其大部分内容是战国时人的作品，虽然书中也可能杂有蒯通或其他西汉人记述战国权变一篇章，但这只是一小部分，而书中绝大部分则应当是刘向所说是战国游士们的作品。”（《〈战国策〉的作者及其古今本问题》，载《郑州大学学报》（人文科学）1963年第4期。）

共7

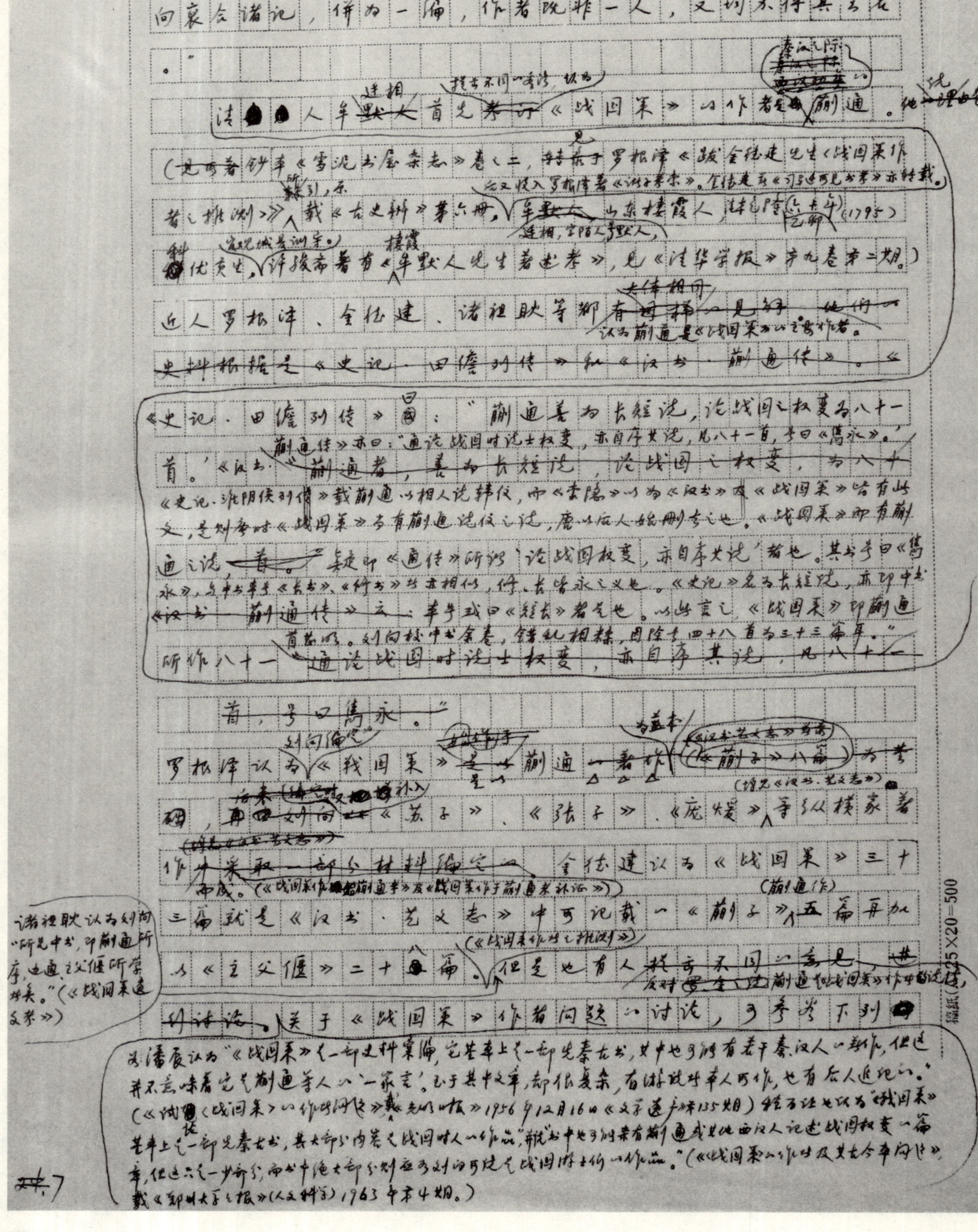

稿纸（25×20=500）

论文：①罗根泽：《〈战国策〉始作于蒯通考》、《〈战国策〉作于蒯通考补证》，载《古史辨》第四册及罗根泽著《诸子考索》。②金德建：《〈战国策〉作者之推测》，原载1932年《厦门图书馆声》第11期，又载《古史辨》第六册，后收入金德建著《古籍丛考》，中华书局1941年版。③罗根泽：《跋金德建先生〈战国策〉作者之推测》，载《古史辨》第六册，收入金德建著《古籍丛考》。④诸祖耿：《〈战国策〉逸文考》，原载《章氏国学讲习会学报》第一号，转载于金德建《古籍丛考·〈战国策〉作者之推测》附录四（节录一段）。⑤齐思和：《〈战国策〉著作时代考》，载《燕京学报》第34期，1948年出版。⑥潘辰：《试论〈战国策〉的作者问题》，载《光明日报》1956年12月16日《文学遗产》第135期。⑦罗根泽：《〈试论战国策的作者问题〉商榷》，载《光明日报》1957年5月19日《文学遗产》第157期。⑧程百让：《〈战国策〉的作者及其古今本问题》，载《郑州大学学报》（人文科学）1963年第4期。

总的来说，关于《战国策》的作者及其时代问题，现在的看法是：①《战国策》的原作者是谁，已难确考，虽然有人认为是蒯通所作，但无定证。②《战国策》非出于一人之手，也非成于一时。③《战国策》大部分是战国时期的作品，也有一小部分为后人所加。④《战国策》的原文很杂乱，名称不一，经西汉刘向整理后成为今本《战国策》。

稿纸(A)25×20=500

六8

《战国策》三十三篇自经刘向编定后，到东汉末年高诱为之作注二十卷。但此书流传不广，后来逐渐散佚，到北宋时已缺十一篇，高诱注已缺十二卷。北宋人曾巩又从各方搜集遗文，加以辑补，才编成了现在流传的本子。曾巩在《战国策目录序》中说：

"刘向所定《战国策》三十三篇，《崇文总目》称十一篇者阙。臣访之士大夫家，始尽得其书。正其误谬，而疑其不可考者，然后《战国策》三十三篇复完。"

不过曾巩所说"尽得其书"及"三十三篇复完"，恐不可靠，其中有些文字或经后人增改，或系后人（包括曾巩在内）取其他史书之文抄补，并非原作。如清朝人方苞指出《燕策》中"荆轲刺秦王"一段系后人从《史记》中抄补（见《望溪文集》卷一）；近人陆懋德也指出"书中各篇抄取《吕览》、《韩非》之文者尚多，盖皆曾巩为之。"（见《中国史学史讲义》第三章《周末之史学》）清朝末年在甘肃敦煌的石室中曾发现唐朝人的写本《战国策》，对校勘今本极有益处，可惜为帝国主义分子盗去，流入英国，将来我们一定要收回这份祖国的珍贵遗产。

《战国策》的内容（除采自各国史官之记录外）绝大部分是战国时游士的说辞，合纵连

稿纸(A)25×20=500

ZG.9

横的策略，历史事件的连续叙述很少，但也反映了新兴地主阶级与奴隶主贵族的斗争，各国统治集团间相互兼併的阴谋和权诈，人民在封建压迫与兼併战争下的痛苦生活，也反映了反对残酷的兼併战争、反对暴虐政治、要求统一的进步思想，是研究战国时期历史的直接材料。由于战国时期的历史记载流传到现在的极少，这些材料就显得特别宝贵。不过，其中也有一些夸张甚至虚构的地方，不完全与史实相符。如《齐策一》邹忌讽齐威王纳谏一段，结尾所记燕、赵、韩、魏朝齐之事，则是一种夸张的说法，与史实不符。又如《魏策四》唐且为安陵君劫秦王，当时使臣上殿禁止携带武器，故本文情节当出于虚构，不能视为真实的记载。此外，“《战国策》一书的重复、矛盾之处仍然不少。……都说明刘向在纂集该书时，在删除重复上也还不细致。”（缪文远）同时，该书在记载三家分晋之后，几乎百年无所记载，只魏策载有魏文侯、武侯事迹，又不太注意时序，与全书其他部分不同。

晁公武《郡斋读书志》卷十一：“予谓其纪事不皆实录，难尽信。”因而列于子类。

《战国策》的文笔优美，文字简洁明快，流畅生动，记述游士的说辞，娓娓动人，语言非常精练，笔锋常带感情，尤其在对话方面更具有特色，充分表达了各种人物的性格、情感和语气，能使读者受到强烈的感染和吸引，增长了学习历史知识的兴趣，在历史著作中，《战国策》的文学技巧有突出的表现。

《战国策》与《国语》虽同属记言体的史书，但它的材料来源与《国语》不同。《国语》的材料是出于各国史官的记载，而《战国策》除一部分采自史官记录外，大部分是取材于各家的文章及游士说客的著作。取材的范围扩大了，也表现出记言史的发展。

稿纸（A）25×20=500

二十.10

三、《战国纵横家书》

《战国纵横家书》是近来新发现的一部战国时期的史书。

1973年12月，在长沙马王堆三号汉墓中出土的帛书中，有一种类似今本《战国策》的书，分二十七篇，共一万七千多字，未标书名，经专家研究之后，定名为《战国纵横家书》。

在这书的二十七篇中，有十一篇的内容见于今本《战国策》和《史记》，其中六篇与《战国策》、《史记》相同，两篇与《战国策》相同，一篇与《史记》相同，两篇与《战国策》、《史记》相似。有十六篇是久已失传，自西汉以来就没有人见过的珍贵史料。

这二十七篇文献包括书信，游说词、对话记录等，有专门记言的，有记言兼记事的，还有记言、记事并附议论的。绝大多数篇章均无作者或游说者的姓名。编排次序杂乱无章，不按时间先后。有几篇已残缺不全，内容不够十分明了。还有几篇文字被抄书者颠倒了位置，经过仔细观察，才找到其原来的位置。

这二十七篇可分为三部分：第一部分包括第一至第十四篇，这十四篇都是苏秦游说的资料，其中有苏秦对燕王、齐王的说词和写给燕王、齐王的信。都是苏秦自公元前300年到公元前286年间的活动。有密切的联系，内容集中，应作一整体看待。其中除第四到第五的二章有都

稿紙(A)20×25=500

分和今本战国策相同以外，其余十二章都不见于今本战国策和史记。第二部分包括第十五到第十九篇，这五篇都是说词，内容并不完全有联系，但其特点是每篇之末都有字数统计，而且在第十九篇之末有这五篇字数的总计，可以证明这五篇是原来合编在一起的一个单元。第三部分包括第二十到第二十七篇，这八篇是一些零散的游说辞和记录，内容既无联系，又无字数统计，所记的事的时代距离也长，从公元前353年以后，到公元前235年，可能原来是零散的一篇篇。前五篇都见于今本战国策或史记，其中第二十到第二十二的三篇也属于苏氏游说辞，却没有和开首十四章苏秦资料汇编在一起。

《战国纵横家书》所记载的历史绝大部分是在战国中期和后期，即公元前三世纪，最早的在公元前353年以后，最晚的在公元前235年。据专家的研究，这书的编成年代，当在秦汉之际。

我国记载战国时期事迹的史书，流传至今的很少，在此以前有竹书纪年和战国策，但竹书纪年内容很简单，而且只记载到公元前299年，而此书的内容绝大部分是记公元前299年以后的事，恰好是竹书纪年所未记录的时期。战国策的记载虽然比较详细，但其中有些错误，而此书的大部分记载都是战国策所没有的。所以，此书的内容既可补竹书纪年及战国策之不足，又可订正其错误，史料价值是很高的。

（关于《战国纵横家书》，参考马王堆汉墓帛书整理小组《马王堆汉墓出土帛书〈战国策〉释文》、（文物1975年第4期）杨宽《马王堆帛书〈战国策〉的史料价值》（《文物》1975年第2期）、马雍《帛书〈别本战国策〉各篇的年代和历史背景》（《文物》1975年第4期）。）

稿纸(A)25×20=500

24.12

如上所述，在战国时期，记言史是有显著的发展的。但是，它的体例和内容终究存在着很大的缺陷，不能满足学习和研究历史的人的要求。因为：①读史的人主要是了解历史事件的原因、经过和结果，历史事迹的变化和发展，以及历史人物的活动。而记言史则以言语为主，事迹为附，历史人物的言语只能作为历史知识中的一部分材料，不能给人以完整的历史知识。②记言史大部分没有年月日的时间记载，不能使人得到明确的时间观念，不能清楚了解历史发展的过程。而且，随着社会制度及史学的发展，左右史官记言记事分工的制度到战国时期以后已经取消，记言的资料已不单独存在，编纂记言体的史书也增加了困难。所以，自西汉以后，记言史就开始没落，无人撰写了。过了数百年，虽有人想继记言史的传统，从事编纂，如东晋初年的孔衍辑录前代言语编成《春秋后语》、《汉尚书》、《后汉尚书》、《魏尚书》等书，但终由于不合乎历史著作的基本要求，不能受到史学界的重视，也就不能挽回记言史的颓势了。

稿纸(A)25×20=500

13

第二章 封建社会的史学(一)

~~——战国时期的史学~~

第二节 编年史的发展

在奴隶社会时代，虽然已经确定了按年时月日的顺序记事的方法，有了编年体的史书，但记事内容既极简单，又没有贯串历代的通史。到了封建社会初期的战国时期，出现了编年体的通史和记事翔实、内容比较丰富的编年史，标明了历史编纂学的进一步发展。

陈梦家《六国纪年·汲冢竹书考》："竹书出于汲县冢中，究为何人之冢，古有三说：一、古冢（杜序、太公碑表、晋谢子赞）。二、魏襄王冢（荀序、今本晋书、隋书经籍志）。三、魏安釐王冢（王隐晋书、今本晋书束皙传引或说、晋史）。……今按魏自惠王已徙都大梁，魏王陵不当在汲，竹书出于魏国大臣之墓，必非魏王之墓，杜、荀诸人所传，目为古冢是也。"

一、《竹书纪年》——编年体的通史

《竹书纪年》本称《纪年》，是战国时期魏国人撰写的一部编年体通史。这部书自于魏襄王（~~哀王~~）二十一年至二十二年（公元前297—296年）间写成后，埋于地下，在人间失传了五百七十多年，直到西晋武帝时才在汲郡汲县（今河南汲县西战国时的魏地）从地下发现。《晋书》卷三《武帝纪》云：咸宁五年（公元279年）十月，"汲郡人不准掘魏襄王冢，得竹简小篆古书十余万言，藏于秘府。"（关于汲冢竹书出土的年代，文献上~~史书记载~~有三种不同记载：一说在咸宁五年（公元279年），见《晋书·武帝纪》；一说在太康元年（公元281年），见卫恒《四体书势》、~~杜预~~《春秋经传集解后序》正义引王隐《晋书·束皙传》；一说在太康二年（公元281年），见唐修《晋书·律历志序》、荀勖《穆天子传序》、卢无忌《齐太公吕望表碑》、唐修《晋书·束皙传》。今从《晋书·武帝纪》之说。参见朱希祖《汲冢书考·汲冢书出土年月考第一》。）由于这次在汲冢出土的古书都是写在竹简上的，所以总称为《汲冢竹书》，《纪年》就是这批古书中的一种。其中的《纪年》

载晋书卷36卫恒传

《史记周本纪正义》："晋咸和五年汲郡汲县发魏襄王冢，得古书册七十五卷。"咸和应是咸宁之误。

~~《晋书·律历志》汲冢竹书出土，亦云太康元年。~~

朱希祖《汲冢书考·汲冢书校理年月考第四》："据余所考，汲冢书之出土在咸宁五年十月，藏于秘书监在太康元年正月，命官校理在太康二年春。"

陈梦家《六国纪年·汲冢竹书考》认为应从太康二年之说。又引《晋书成帝纪正义》："纪年之书，晋太康八年汲郡民发魏安釐王冢得之。"陈氏又云："杜预作于太康三年，是前后已见竹书，而据晋书本传谥卒于太康三年，故竹书之出不得晚于此年。八年之说，决不可信。"

稿纸(A)25×20=500

杨翼骧先生

中国史学史手稿存真

陈梦家《六国纪年·汲冢竹书考》：
"竹书字数，……一卷约一千三百余字。汲冢书共五十五卷，约十万字。以此计之，纪年十二卷当约一万六千余字。"又云："今存……诸书所引纪年佚文约五万字以上。"

便被称为《竹书纪年》，或称为《汲冢纪年》。

汲冢竹书被发现后，由荀勖、和峤、卫恒、束皙先后整理、校订，并把竹书上的古文改写为隶书。于是逐渐传布，学者诵读，对于我国古代学术的研究有重要意义。汲冢书共有十六种，七十五卷。

编校整理

朱希祖《汲冢书考·汲冢书校理年月考第四》："汲冢书之考正完成，全由于皙，纪年一书其致力最深，且有定本。王隐晋书及唐修晋书特以汲冢书七十五篇篇目皆著于束皙传，盖归功于皙也。"

《竹书纪年》的发现，对我国古代史的研究起了重要的推动作用，晋代学者如臣瓒、徐广、司马彪等都利用《纪年》来研究古史，……《汲书古文》，东晋人徐广著《史记音义》，也都引用《竹书纪年》以考证古代史事。（南朝宋人裴骃著《史记集解》，唐朝人司马贞著《史记索隐》，张守节著《史记正义》）

晋代一些学者根据出土古史来研究古史，最著名的一例是西晋史学家司马彪，他根据《竹书纪年》以驳正谯周《古史考》中一百二十二事的不当。（见《晋书》卷八二《司马彪传》。）

《竹书纪年》自西晋时发现后，到北宋末年又失传。后来有人蒐辑一部分佚文，并杂采《史记》、《通鉴外纪》、《路史》等书中的记载，又抄录《宋书·符瑞志》的文字以为附注，托名梁沈约注，伪作《竹书纪年》二卷，就是所谓的《今本竹书纪年》。不知什么时候伪托。

清孙星衍："今本纪年或编于元代，未可知也。明世所刊传之今本，本子出焉。……今本二卷，多据沈约附注，实属伪托。自来王之书出，今本之讹伪，已成定论。"

朱希祖《汲冢书考·汲冢书篇目考第三》："案纪年亡于宋世，南宋初陈骙撰中兴书目，纪年止有第四、第六及杂事三卷，下皆标云'荀氏叙录'，一纪年，一纪令应，三杂事，皆残缺。宋史艺文志'竹书三卷，荀勖、和峤编'，即此三卷也。"

清代学者有不少人对此书进行研究，为之校正补证，如洪颐煊、郝懿行等，并开始怀疑其伪作。朱右曾更加精心研究，举出今本可疑之处十二条，并为了恢复《竹书纪年》的真面目，从各种旧籍中广搜《竹书纪年》原文，辑成《汲冢纪年存真》二卷，贡献很大。1917年，王国维又依据朱氏之书加以补充和订正，成《古本竹书纪年辑校》一卷，比朱氏之书更为精审。今人范祥雍又依据王书加以订正和补充，成《古本竹书纪年辑校订补》一书，于1956年由上海新知识出版社出版，对于研究《竹书纪年》做了更有益的贡献。

朱希祖："今本纪年，盖后人以宋代竹书残本及师春等为蓝本，又杂采他书以补缀之。"

①洪颐煊的《校正竹书纪年》、②郝懿行的《竹书纪年校正》、③林春溥的《竹书纪年补证》、④徐文靖的《竹书纪年统笺》、⑤陈逢衡的《竹书纪年集证》、⑥雷学淇的《竹书纪年义证》、《考订竹书纪年》等。

稿紙(A)25×20=500

之15

首先记述这书的内容及体例的是西晋人杜预。他在《春秋经传集解后序》中说：

“太康元年三月，吴寇始平，余自江陵还襄阳，解甲休兵，乃申抒旧意，修成《春秋释例》及《经传集解》。始讫，会汲郡汲县有发其界内旧冢者，大得古书，皆简编科斗文字。发冢者不以为意，往往散乱。科斗书久废，推寻不能尽通。始者藏在秘府，余晚得见之。所记大凡七十五卷，多杂碎怪妄，不可训知。《周易》及《纪年》最为分了。……其《纪年》篇起自夏、殷、周，皆三代王事，无诸国别也。唯特记晋国，起自殇叔，次文侯、昭侯，以至曲沃庄伯。庄伯之十一年十一月，鲁隐公之元年正月也。皆用夏正建寅之月为岁首，编年相次。晋国灭，独记魏事，下至魏哀王之二十年，盖魏国之史记也。……哀王二十三年乃卒，故特不称谥，谓之今王。其著书文意大似《春秋》经，推此足见古者国史策书之常也。”

（荀勖曰：“和峤云纪年起自黄帝，终于魏之今王。”……）

史记魏世家集解：“《世本》：惠王生襄王而无哀王，今王者，魏襄王也。”

荀勖穆天子传序云：“纪年今王，于世本盖襄王也。”

史记魏世家索隐：“汲冢纪年终于哀王二十年。”

《晋书》卷五十一《束皙传》也记载了这书的内容，说：

“太康二年，汲郡人不准盗发魏襄王墓，或言安釐王冢，得竹书数十车。其《纪年》十三篇（按：应为十二篇。），记夏以来至周幽王为犬戎所灭，以（按：“以”下应有“晋”字。）事接之；三家分，仍述魏事，至安釐王（按：应为襄王。）之二十年，盖魏国之史书。大略与《春秋》皆多相应。其中经传大异，则云夏年多殷；益干启位，启杀之；太甲

稿纸(A)25×20=500

16

杀伊尹；文丁杀季历；自周受命至穆王百年，非穆王寿百岁也；幽王（按：应为厉王。）既亡，有共伯和者摄行天子事，非二相共和也。"

以上两段引文都说《竹书纪年》的记载从夏代开始，历夏、商，西周以后则以晋国为主，三家分晋后专记魏国，直到魏襄王二十年（公元前299年）为止。但也有说是从黄帝开始的，如裴骃《史记魏世家集解》引荀勖曰："和峤云：'《纪年》起自黄帝，终于魏之今王。'"而其他书籍所引《竹书纪年》的文字，也有从黄帝到舜的记载。雷学淇《竹书纪年义证序》云："考《纪年》原书十三卷，始黄帝，终今王，周宣王后用晋、魏之年纪事，其见于荀勖、和峤、杜预、郭璞及宋、魏、隋、唐人著述者无异辞。"朱右曾说："峤与束皙同被诏校竹书，而言各不同如此，岂编年纪事起于夏禹，而五帝之事别为一编乎？《隋志》：'《纪年》十二卷。'注云：'《汲冢书》并《竹书同异》一卷。'然则《纪年》正文止十二卷，所记夏殷以前事，或在《竹书同异》中，未可知也。"郝懿行《竹书纪年校正序》亦云："四子同时，所见仍尔乖张，而勖独被诏接次，或预、皙未睹全篇。勖、峤既同接次，自宜以起自黄帝者为定也。"朱希祖《汲冢书考·汲冢书篇目考第三》云："纪年原本亦有荀勖、和峤旧本与束皙改定本之别。一起自黄帝，一起自夏商。"《汲冢书校理年月考第四》云："考纪年一书，有初写之本，有重定之本。初写之本成于和峤，起自黄帝；重定之本成于束皙，起自夏代。"又《汲冢书校理人物考第五》："纪年一书，有和峤初定本与束皙重定本之别，已见前考。二本皆有流传，故后人有竹书同异一卷，隋书经籍志即以附于纪年十二卷之后也。今其书皆已亡佚，余别有竹书纪年考异一卷。朱右曾竹书纪年存真、王国维古本竹书纪年辑校皆不能分别，浑然搅而为一者也。"范祥雍《古本竹书纪年辑校订补》云：'案晋葛洪

朱希祖《汲冢书考·汲冢书篇目考第三》云："案：纪年十三篇，篇数疑误。王隐束皙传纪年十二卷，隋书经籍志纪年十二卷并竹书同异一卷，则此当作十二篇，方与下总数七十五篇相合。若作十三篇，则总数为七十六篇，又与王隐束皙传'大凡七十五卷'不合，故知三字为二字之误。"

画文17

稿纸(A)25×20=500

陈梦家《六国纪年表叙》："纪年之体例，因后来引述者擅意更易，绝之已略仅。然其零星遗迹，尚可得而言。……钟鼎款识黄陵庙碑云：'竹书纪年帝王之没皆曰陟。'……胡应麟三坟补逸云：'竹书于王之崩也书陟，于君之弑也书贼，于师之败也书逋。'史通惑经篇谓竹书纪年'弑君曰止，诛臣曰刺，杀其大夫曰杀。'此检诸书所引纪年，然……与不一致。"又："纪年之内容……，纪年亦以系年之史文记录，其事必当有年世，杜预后序所谓'编年相次'。……纪年以记史为主，偶亦记灾异，凡记灾异无不系年。"

与郭璞引《纪年》已有五帝时事，则由来甚久。杜预、束皙所说，或为未经编定之本。"由此看来，《竹书纪年》的记载当从黄帝开始，但黄帝到舜因年代不明而没有编年，编年记事则从夏代开始。

《竹书纪年》的内容，春秋时期以后~~春秋时期以后~~多与《春秋》、《左传》的记载相合，~~而与《尚书》、《史记》则多有不合~~如杜预《春秋经传集解后序》所说：

"文称'鲁隐公及邾庄公盟于姑蔑'，即《春秋》所书'邾仪父，未王命，故不书爵；曰仪父，贵之也。'文称'晋献公会虞师伐虢，灭下阳。'即《春秋》所书'虞师、晋师灭下阳，先书虞，贿故也。'

文称'周襄王会诸侯于河阳'，即《春秋》所书'天王狩于河阳。以臣召君，不可以训也。'诸若此辈甚多，略举数条，以明国史皆承告据实而书时事，仲尼修《春秋》以义而制异文也。又称'卫懿公及赤翟战于洞泽'，疑洞当为泂，即《左传》所谓荧泽也。齐国佐来献玉磬、纪公之甗，即《左传》所谓宾媚人也。诸所记多与《左传》符同。"~~……异不皆与《史记》、《尚书》同，然参而求之，可以端正学者。……~~

~~《纪年》~~文称'殷仲壬即位，居亳，~~其卿士伊尹。仲壬崩，伊尹放太甲于桐，乃自立也。伊尹即位，~~放太

稿纸(A)25×20=500

18

~~甲，七（宋本作十）年，太甲潜出自桐，杀伊尹，乃立其子伊陟、伊奋，命复其父之田宅而中分之。'《左氏传》伊尹放太甲而相之，卒无怨色。然则太甲虽见放，还杀伊尹，而犹以其子为相也。此为大与《尚书》叙说太甲事乖异。~~"

但是，春秋时期以前的事，则与《尚书》、《史记》的记载大异，如"舜囚尧"；"益干启位，启杀之"；"太甲潜出自桐，杀伊尹"；"文丁杀季历"；"共伯和干王位"等。

由于先秦史籍传世的很少，《竹书纪年》一书为历代学者所重视，可惜的是原本早已失传了，但就仅存的旧籍中所引的一部分原文来看，经过反复比较研究，都认为它的史料价值是很高的，尤其是战国时期的记载，是最为可信的。吕祖谦《大事记》说："竹书盖战国当时之史书，载当世治乱，虽多讹谬，至于书战国事，必可信。"雷学淇《竹书纪年义证序》云："读嘉禾徐圃臣《天元历理》，其言三正者甚详，辨历代岁差之说、交食之限者亦甚悉，而其证则取于《纪年》。余潜心两岁余，即以其法推之，乃知尧以来甲子朔食无不符验。由是余之信《纪年》也愈笃，苦《纪年》之无善本而欲为之整订也亦愈诚。辛酉仲秋后，取载籍中凡称引《纪年》者汇而录之，以校世之传本，……考订者凡三百余事，……周末之事乃灿然略备。阅五年书成，以之推验古事，凡书在秦火以前者无不

稿纸(A)25×20=500

0019

王国维曾用安阳殷虚出土的武丁时代的卜辞来证明《纪年》盘庚迁殷之可靠。陈梦家《殷虚卜辞综述》32页云："王国维于1925年秋季在清华学校研究院讲古史新证，其第三章第一节辨史记之误，因说'今龟甲兽骨所出之地，正在邺西，与古纪年说合；而卜辞中有父甲一牡父庚一牡父辛一牡（后编上第二十五叶）一骨，乃武丁时所卜；又卜辞中所记帝王讫于武乙、文丁，则知盘庚以后帝乙以前皆宅殷虚。知纪年所载，独得其实。'这一节证用安阳殷虚出土的武丁时代的卜辞来证明纪年盘庚迁殷之可靠。……"

符合。于是更作《义证》四十卷，凡正经史之疑义、旧说之违误者，又五百余事。由是观之，《纪年》岂非信史哉？其所纪甲子之实，有关于人世者甚重，有益于学术者甚宏，盖不惟于《孟子》书有合焉已也。"

近人钱穆研究先秦史事，力称《竹书纪年》为信史，尤其是关于战国时期的记载为确实可信，能以纠正《史记》的错误。他举出许多例证，说明《竹书纪年》的记载胜于《史记》，如《史记》对于战国时期一些重要史事的年代有许多记载错误之处，以致与《孟子》、《战国策》、《吕氏春秋》诸书的记载不合，若依照《竹书纪年》的记载，就可与诸书符合，而史事的真相也可明白了；又如关于魏国的事迹，若"专据《史记》，则自相乖违，不得其解"，而"据《纪年》则《史记》之说皆可通"。又如战国时期一些重大政治事件的变动颇为复杂，"《史记》于此，年事多误，未能条贯。今据《纪年》，证以先秦他书，为之发明，而当时情实犹可推见。"所以钱氏深以《竹书纪年》所记战国史事为确实，说："夫《纪年》乃战国魏史，其于春秋前事容采他书以成，至言战国事则端可信据。如《魏世家索隐》引《纪年》曰：'二十九年五月，齐田肦伐我东鄙。九月，秦卫鞅伐我西鄙。十月，邯郸伐我北鄙。王攻卫鞅，我师败绩。'此

稿纸(A)25×20=500

文20

陈梦家《六国纪年表叙》：“雷、朱二氏治纪年……■新通表（钱穆作）……凡此皆足以证今本世本测验纪年与史记之是非，而皆以纪年为可信。”又“六国铜器记年之铭文……（及）其他之金文材料，……亦可以纠正史记记载之错误，证明纪年记载之确实。”又“纪年为魏人之史书，于魏、越王世系谥号皆较准于史记，则所记三晋之可靠性自当胜于史记。”

非当时史家据■实书之之例乎？”又说：“要之，《纪年》乃魏史，魏在战国初年为东方霸主，据中国枢纽，其载秦孝以前东方史实，自当远胜《史记·六国表》。”（以上均见《先秦诸子系年考辨·自序》）

后世■史学家因受儒家思想学说的影响，认为凡与儒家所推崇的史书中所记史事不合者，都不足信。由于《竹书纪年》的记载有些是与《尚书》、《春秋》、《左传》等儒家经典的记载大异，而且与《史记》的记载有很多不同，于是对《竹书纪年》的记载不予置信，如“益干启位，启杀之”；“伊尹即位，放太甲七年，太甲潜出自桐，杀伊尹”；“文丁杀季历”；“共伯和干王位”等。

燕召公世家　孔颖达

如司马贞《史记索隐》谓“纪年之书，多是讹谬，聊记异耳。”又说“[illegible]”。杜预《春秋左传后序》以为“（战国）杂说……”。

实际上，对古史有不同的记载是不足为奇的，如钱穆所说：“丞益为启诛，太甲杀伊尹，则战国■杂说，其与儒家异者多矣，《纪年》亦本当时传说书之，孰信孰否，今且未能遽断，要是为考古者备一说，不当姝姝于一先生之言而深斥之也。”（《先秦诸子系年考辨·自序》）而且，上述的说法经过有些史家的研究，已证明《竹书纪年》的记载是正确的了，且已为学术界所公认。如“共伯和干王位”之说与《史记·周本纪》所云“召公、周公二相行政，号曰共和。”（《三代世表》、《十二诸侯年表》同）之说不同，直至今之历史著作中仍各有所从，未能一致，“从《史记》说者，有

稿纸(A)25×20=500

8.21

韦昭《国语解》、杜预《左传注》、司马光《稽古录》、崔述《丰镐考信录》。从《纪年》说者，有郦道元《水经注》、苏辙《古史》、罗泌《路史》、顾炎武《日知录》、梁玉绳《史记志疑》。”近人顾颉刚精研古史，对此问题经过反覆研究之后，说：“予累加探讨，知从《史记》不如从《纪年》。”郭沫若主编的《中国史稿》第一册也采用《竹书纪年》之说了。

《竹书纪年》是编年体通史，其最可贵之处是年代确实可靠。陈梦家《西周年代考》及《六国纪年》，认为《竹书纪年》所记的年代是可靠的。西周总年数合理，六国纪年可靠。又说：“余近年治年历之学，爰集录《竹书纪年》，重谱《六国纪年表》，以核六国金文，颇相胎合。”（《汲冢竹书考》）

当然，《竹书纪年》也并非完全确实，有些地方也是采取其他记载而未能据以为依的。崔述《丰镐考信录》卷七云：“《竹书纪年》，唐人多有称述之者，其文往往与《史记》异。以经传考之，自周东迁以后，《史记》不如《纪年》得实；（原注：如梁惠王有后元年，齐伐燕在宣王世之类。）自周东迁以前，《纪年》不如《史记》近正。（原注：如太甲杀伊尹、文丁杀季历之类。）盖此书乃战国时所撰，东迁以后本之晋魏旧史；而东迁以前则简策多逸，或旁采异端之说以补之，是以不能无谬。犹之《史记》纪汉事多得实，纪三代事多失真也。”

稿纸(A)25×20=500

文22

二、《左传》——言事兼备的编年史

在奴隶社会，由于记言、记事的分工，所编纂的史书有记言、记事两种。记言的史书中事迹很少，记事的史书中又不载言，不能表达详细的历史内容。到了封建社会初期，编年史有了显著的进步，不但记事加详了，而且采取了记言的资料，出现了言事兼备的编年史。《左传》就是这种编年史的代表作。

《左传》原名《左氏春秋》，西汉末年有人认为它是解释《春秋经》的著作，遂改称《春秋左氏传》或《左氏传》，简称《左传》。东汉刘熙《释名·释典艺》云："传者，传也，以传示后人也。"《文心雕龙·史传篇》云："传者，转也，转受经旨以授于后。"

《左传》的作者是谁，是历来争论不决的问题，直到现在还没有完全解决。最早说明《左传》作者的是司马迁，他在《史记·十二诸侯年表序》中说：

"孔子明王道，干七十余君莫能用，故西观周室，论史记旧闻，兴于鲁而次《春秋》，上记隐，下至哀之获麟，约其辞文，去其烦重，以制义法，王道备，人事浃。七十子之徒口受其传旨，为其有所刺讥褒讳挹损之文辞，不可以书见也。鲁君子左丘明惧弟子人人异端，各安其意，失其真，故因孔子史记，具论

稿纸（A）25×20=500

稿23

其语，成《左氏春秋》。"

班固据刘歆《七略》著《汉书·艺文志》，在"春秋家"类著录："《左氏传》三十卷"，并注作者为"左丘明，鲁太史。"从此以后，一般人都认为《左传》是春秋末年鲁国人左丘明所作。

陆懋德《中国史学史》讲义第三章《周末之史学》："据《史记·十二诸侯年表序》，'左氏本非太史，而《汉书·艺文志》作左氏传三十卷'，'鲁太史左丘明作，盖不可信。"

左丘明的名字最早见于《论语·公冶长篇》："子曰：'巧言、令色、足恭，左丘明耻之，丘亦耻之；匿怨而友其人，左丘明耻之，丘亦耻之。'"又《严氏春秋》引《观周篇》云："孔子将修《春秋》，与左丘明乘如周，观书于周史，归而修《春秋》之经，丘明为之传，共相表里。"（孔颖达《春秋左传注疏》引沈氏）（《春秋左氏传集解·序》）近人方孝岳曾考证过他的生卒年代，说他比孔子小四十多岁，约生于周敬王十五年（公元前505年）左右，卒于周威烈王元年（公元前425年）左右，是春秋末期到战国初期的人。（见方孝岳《左传通论·释疑篇》）

「西汉严彭祖一再述，隋唐时尚存十一卷，今皆亡佚，原文无从查证。」

曾编写了一种孔子家语（即今本家语），今本家语中尤严彭祖所引之文句。因此，这套材料不足据。」（陈）

但自唐朝以来，有不少人认为《左传》不是左丘明所作。如唐人赵匡首先指出："丘明者，盖夫子以前贤人，如史佚、迟任之流，见称于当时耳，焚书之后莫得详知。学者各信胸臆，见《传》及《国语》俱题左氏，遂引丘明为其人。"又云："自古岂止有一丘明姓左乎？何乃见题左氏，悉称丘明？"（《春秋集传纂例·赵氏损益义第五》）其后，北宋人王安石著《左氏解》，"疑左氏为六国时人者十

「成帝哀帝时，刘歆立《移让太常博士书》，东汉班固在《汉书·艺文志》、司马迁《传赞》、许慎《说文解字序》，都明确一致指出左丘明传春秋。」

「初汉以来，都认为左传一书作者是左丘明，而且说他是鲁国人，与孔子同时在世。」（陈茂同）

《汉书·班彪传》也说："定、哀之间，鲁君子左丘明论集其文，作《左氏传》三十篇。"

「严彭祖，宣帝时为博士，历任河南东郡太守，入为左冯翊，拜太子太傅。他的生活的年代，略迟于司马迁。杨伯峻在其所著《春秋左传注·前言》中说"严彭祖略早于司马迁"，疑误。」（陈茂同《左传一作者及其成书的年代问题——兼与杨伯峻商榷》，载《厦门大学学报（哲社版）》1984年第1期）

「序此数述，严氏中所引引来的孔子家语之古家语一[illegible]残文（据《汉书·艺文志》载，原有二十九卷），东汉时，家语佚，魏王肃」

唐人啖助说："左氏得此数国之史，以授门人，义则口传，未形于竹帛。后代学者，乃演而通之，总而合之，编次年月，以为传记。"（陆淳纂《春秋啖赵集传纂例》卷一《三传得失议第二》）

「他认为是一个姓左的人，口授门人，后代学者才编集成书。这个左某之作，没有说清那一时代编辑成书，也含糊其辞。然而，他不把与孔子同时代的鲁人左丘明之名，与他联系在一起的确论。」（陈茂同）

「赵匡认为左传是孔门后之门人所作，而左丘明是孔子以前的贤人。明确否认左传与左丘明的关系。」（陈茂同）

「宋人叶梦得、郑樵、刘敞、胡安国、王安石、郑樵一致认为左氏不是孔子同时之左丘明。」

「孔子修订的春秋止于哀公十四年，孔子死于哀公十六年，左传止于哀公二十七年，其所记历史比春秋多十三年。左传哀公二十七年载有"韩、魏、赵灭智伯"，此事发生在周定王十六年（前453），上距孔子死三十六年。孔子死时已七十三岁，与孔子同时的左丘明不可能活到三家灭智伯就此考求。……我们可以这样推断：第一，左传绝非与孔子同时的左丘明所作，第二，左传全书引用孔子评论历史时多以仲尼曰，可见其作者是孔门后徒。杨伯峻说的"儒家别派"似不可从。」

#24

稿纸(A)25×20=500

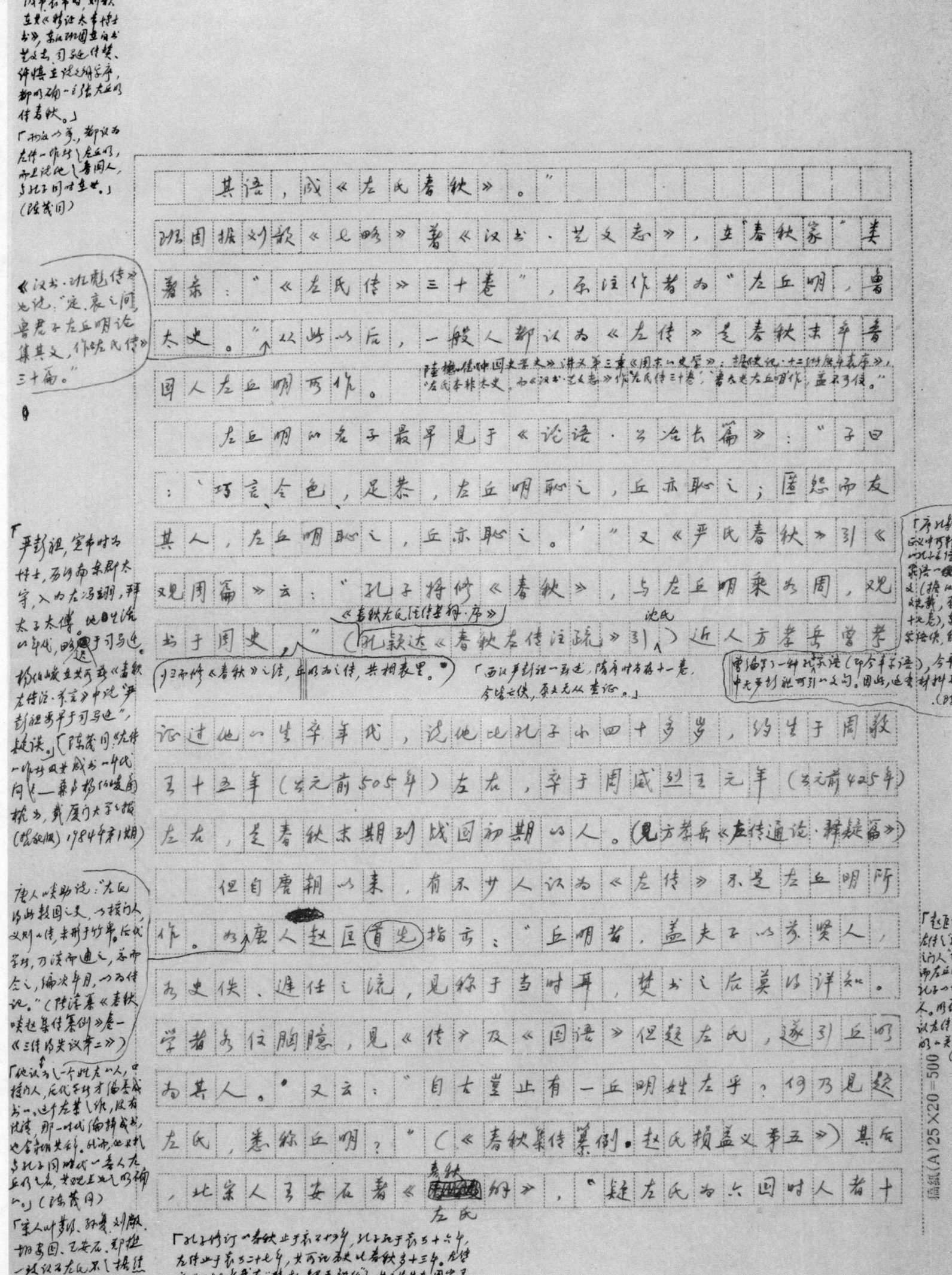

一字”。（王应麟《困学纪闻》卷六。按：王安石《左氏解》已佚。《直斋书录解题》卷三《春秋类》：“《左氏解》一卷，专辨左氏为六国时人，其明验十有一事。题王安石撰，实非也。”）南宋人郑樵列举八证，认为“左氏非丘明，是为六国时人，无可疑者。”（《六经奥论·春秋传·左氏非丘明辨》）清人姚鼐云：“左氏非一人，累有附益，而由吴起之徒为之者盖尤多。”（《左传补注序》）近人卫聚贤又主张“左氏”是地名，《左传》是左氏这个地方的人所作，并认成于子夏。（见《古史研究》第一集《左传的研究》）钱穆又云：“余考诸韩非书（外储说右上）‘吴起，卫左氏中人也。’此则所谓《左氏春秋》者，岂即以吴起为左氏人，故称，而后人因误以为左姓者耶？”（《先秦诸子系年考辨》卷二《吴起传〈左氏春秋〉考》）

清人刘逢禄于嘉庆十年（1805）著《左氏春秋考证》，认为《左氏春秋》是一部独立的著作，并不是为孔子《春秋》而作的传，所谓《春秋左氏传》是西汉末年的刘歆改加的。其后，康有为于光绪十七年（1891）著《新学伪经考》，更进一步认为不仅《春秋左氏传》是伪书，而且连《左氏春秋》也是刘歆伪造的；本来就没有《左传》这部书，《左传》是由刘歆把《国语》的一部分割裂出来而成的。崔适于宣统二年（1910）著《史记探源》、于民国七年（1918）著《春秋复始》，又补充其说。解放后，蒙文通和徐仁甫也主此说。

瑞典人高本汉（Bernhard Karlgren 贝恩哈德·卡尔格伦）著《左传真伪考》（陆侃如有译本），其结论是：①《左传》文法与《论语》、《孟子》

清人顾炎武说：“左氏之书，成之者非一人，录之者非一世。”（《日知录》卷四《春秋阙疑之书》条）

“《左传》当作于战国时代，就有流传，其内容广泛见于战国中期以后的书籍。”（郑君华）

「清代刘逢禄著《左氏春秋考证》，书认为左传记事是（考证）古译，而对书同记载不多，因此认以为孔子同时之鲁史官左丘明所作。康有为《新学伪经考》书中以古经学、及纬谶之经学通论，崔适之史记探源、春秋复始均反对左传书法之说。但皆在康氏之说影响下，再把左传完全否定为不可信，这是一种……异议。」（陈茂同）

“近人钱穆著《刘向歆父子年谱》，对康有为的学说进行批驳，指出《伪经考》说刘歆伪造群经只有通书有‘二十八不通’，从时间、条件、动机、造伪传授断限方面，条分缕析，彻底批驳了康氏之臆说。钱氏的观点今天看来仍然是正确的。”（郑君华）

稿纸(A)25×20=500

25

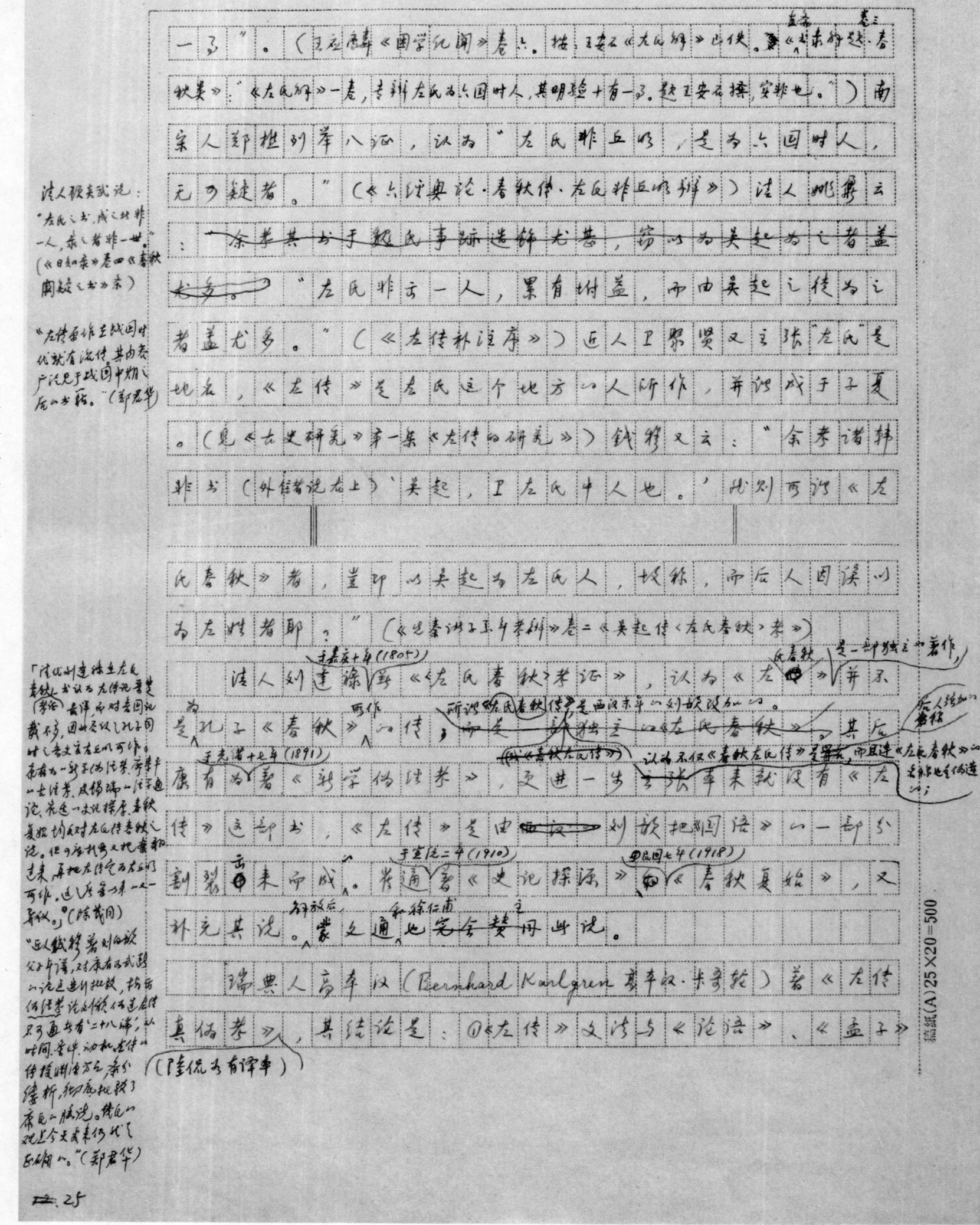

陈茂同：《左传——作者及其成书的年代问题》——兼与杨伯峻商榷（《厦门大学学报》哲社版1984年第1期）：「左传……成书于何时，古人也曾作过研究，但至今仍为悬案。十多年来陆淳说：'今考其文，乃是孝公以后之书，一手为之，非战国周秦间人无疑也。'"清姚鼐中间一字非先述左丘明《惜抱轩全集》中说："战国之文恣肆，而左传……绝不类战国时文，何况于秦？……其时作书之时，上距孔子卒未远，亦不得为战国后人也。"……左传对二百五十五年历史事件的记载，详略非常可观，在长篇详略繁简的问题，现分三段统计如下：一、自隐公元年至成公十八年共一百三十年，用七万三千多字；二、自襄公元年至昭公三十二年共六十三年，用七万九千多字；三、自定公元年至哀公二十七年共四十二年，用二万七千多字。……

左传在战国、西汉时人的著述中已被广泛引用，这已成为事实。例如：战国策十七记荀子为书谢春申君曰："春秋戒之曰……"韩非子·奸劫弑臣篇："故春秋记之曰……"荀子和韩非所说的"楚王围弑其君"和"崔杼弑齐庄公"二事，乃是引自左传昭公元年和襄公二十五年原文。孔子春秋无此记载。吕氏春秋·求人："观于春秋，……此二国者，虽至今存可也。"……可见左传僖公二年、五年，"伍子胥谏吴王"可见左传哀公元年、十一年。而二子孔子修的春秋没有记载。史记吴太伯世家："太史公曰：余读春秋古文，乃知中国之虞与荆蛮句吴兄弟也。"……可见左传僖公五年。孔子所修春秋没有记载。这证明，左传已是春秋史书之一种，在战国秦汉时期已流行于世，并被许多学者所征引或摘录。问题在于是战国前写成，或战国初写成。"

郑君华：《略论〈左传〉成书年代的有关问题》（《文史哲》1984.1）："左传究竟何时写定？国内学者有多种意见：一种认为写于春秋末年，一种认为写于公元前375—前351年（徐中舒），一种认为写于公元前403—前386年（《文史》第六辑《左传成书年代论述》）。这些意见都是有道理的。在此，我也提出一种意见：左传很可能成书于战国中前期，公元前353年至前341年之间。……我的结论是：左传这部书在之前的战国时代就存在，左传为汉人刘歆伪造的说法是无据的，因而是不能成立的。左传写定于战国中前期，成书区间约为公元前353—341年。"

这一点驳斥了左邱明是"鲁君子"或"鲁太史"的说法。

文法不同，其语言非鲁语，故《左传》非鲁人所作。②《左传》与《国语》文法相近。③《左传》有一律的文法，绝非后人所能伪造。④《左传》成书大概在公元前468—300年之间（周贞定王元年—周赧王十五年）。徐中舒认左传作者是子夏之徒。（《左传的作者及其成书年代》）

关于《左传》成书的年代，近人多从书中所载占卜及预言之有验与不验，以推知作者所及见及未见之事，因而判断其成书年代。如刘汝霖《中国学术编年方法》（载《汉晋学术编年》第一册），断定《左传》作于公元前375年至公元前340年之间。徐中舒《左传的作者及其成书年代》（载《历史教学》1962年第11期）断定《左传》作于公元前375年至公元前351年之间。

我们认为《左传》并非由《国语》割裂而成。《左传》确是一部独立的著作。

综上所述，关于《左传》的作者是谁，这部书写成于何时？历来都有不同的说法。我们认为，《左传》的作者虽然现在难以断定，但它是在战国初期写成的，当无疑义。

《左传》以编年的体例，记载了从周平王四十九年（鲁隐公元年，公元前722年）到周贞定王元年（鲁哀公二十七年，公元前468年）共二百五十五年的历史。全书三十卷，计十八万多字。为《春秋》的十倍。

「春秋一万六千五百七十二字，而左传一十八万二千三百一十字，为春秋之十一倍。」（汪受宽：左传对编年史体的完成。兰州大学学报（社科版）中国古代史论文辑刊1983年1月出版）

「左传之所以成为一部不朽的著作，正是由于和春秋对照起来看，便可发现其相互间有着明显的抵触。在许多记载上，两书不相适应的占三分之一，春秋有的而左传没有，左传有的春秋没有。」（陈茂同）……这段话的意思与原文"并相表里"。

《左传》的内容，主要是春秋时期（周王朝及各诸侯）国之间的政治、军事活动，也有一些有关经济和文化的记载。由于

汪受宽：左传终属年代辨正（中国古代史论丛1981年第三辑，福建人民出版社）："左传的终属年代，历来说法不同。（三说：①鲁哀公二十七年②悼公四年③悼公十四年）……归结全文，我们认为，对左传起止年代的正确说法应该是：起于鲁隐公元年（前722），终于鲁悼公四年（前464）。而其所叙史事的涉及范围是从鲁孝公二年（前805，见桓公二年"晋穆侯之夫人姜氏以条之役生太子，命之曰仇。"据史记晋世家，条之役发生于晋穆侯七年，即鲁孝公二年。）到鲁悼公十四年（前453）。"

3.26

稿纸（A）25×20=500

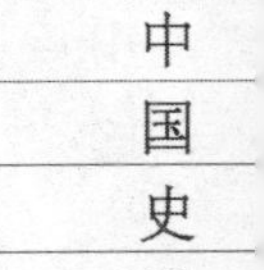

古时列国之间长期进行兼并战争，所以记载战争的篇幅，后人有称为"相斫书"的。从这些记载中，可以反映出由生产发展所决定的社会上的种种变动，各国统治集团之间的种种矛盾，奴隶主贵族的荒淫残暴，列国兼并战争对劳动人民的灾难，以及劳动人民对统治阶级的英勇反抗。

《左传》的作者采取周王室及各诸侯国的史官记录，所载的事基本上是真实可信的。即使认为这部书是由刘歆割裂而成的人，也不能否认其为信史。

《左传》的价值，是第一次充实了编年史的内容，融合言、事为一体，完整地叙述了历史事件的发展过程。过去的编年史如《春秋》，记事太简单，使人读了仅能知道有过这样一件事，而不能知道这件事发生的原因、经过和结果，也就失去了阅读历史的意义。如《春秋》在鲁隐公元年夏五月记载"郑伯克段于鄢"一条，仅有六个字，读者当然不会知道它的具体内容；而《左传》叙述此事则用了五百四十一字（包括作者的评论三十一字），把事情的原原本本都表述出来了。又如鲁僖公二十八年（周襄王二十年，公元前632年）的城濮之战，是春秋时代有名的大战，《春秋》只用了"晋侯、齐师、宋师、秦师及楚人战于城濮，楚师败绩"共十九个字；而《左传》则用了七百八十

「春秋对晋楚邲之战的记载只有"夏六月乙卯，晋荀林父帅师及楚子战于邲，晋师败绩。"二十一个字，而左传对这同一事件却用了二千五百二十五字描写。」([illegible])

「成公二年六月鞌之战，春秋只有"季孙行父、臧孙许、叔孙侨如……战于鞌，齐师败绩"，共三十五字。左传却用一千四百余字，对战争发生的原因、战况作了全面、细致、生动的记述。」(汪受宽：左传对编年史体的贡献)

#.27

稿纸(A)25×20=500

杨翼骧先生中国史学史手稿存真

六个字，把有关这次战争的人物、语言、始末情况详细叙述出来了。所以东汉人桓谭说："《左氏》经之与传，犹衣之表里，相持而成。经而无传，使圣人闭门思之，十年不能知也。"（《新论》）这是说，若没有《左传》的详细记载，再高明的读者也不会了解历史事实的具体内容。也就是唐人刘知几所说的："向使孔《经》独用，《左传》不作，则当代行事安得而详者哉？"（《史通·申左篇》）刘知几又说："逮左氏为书，不遵古法，言之与事同在传中。然而言事相兼，烦省合理，故使读者寻绎不倦，览讽忘疲。"（《史通·载言篇》）所谓"不遵古法"，就是打破了过去的记言、记事分别编纂的规矩和界限，予以新的综合和创造，写成为适合读者要求的编年史。近人梁启超曾称赞《左传》说："其叙述有系统，有别裁，确成为一种'组织的'著述。彼'帐簿式'之《春秋》，'文选式'之《尚书》，虽极庄严典重，而读者寡味矣。左氏之书，其断片的叙事虽亦不少，然于重大问题，时复溯源竟委，前后照应，使读者相悦以解。"（《中国历史研究法》第二章）朱希祖也说自《左传》书出，"使人因事以观言，不因空言而求意，以与实事相背驰。于是记述之史学出，而编年之文法定。"（《中国史学通论》）我国编年史起源虽早，但在战国以

「啖助：左传"博采诸家，叙事尤备，能令百代之下，颇见本末。"（陆淳《春秋啖赵集传纂例》卷一"三传得失议第二"）

「左传中共有五十凡，有论史的，也有论礼的，其中属于史官记事法则，即所谓"史法"的有九条，如"凡诸侯有命，告则书，不然则否。……不书于策。"（左隐11年）属于论修史用词，即所谓"书法"的有二十二条，如"凡师有钟鼓曰伐，无曰侵，轻曰袭。"（左庄29年）"凡自虐其君曰弑，自外曰戕。"（左宣18年）等。属于论礼的，即所谓"礼经"的有十九条，如"凡侯伯救患分灾、讨罪，礼也。"（左僖元年）左传中的凡例，对我们研究先秦史学、礼制，理解《春秋》含义及文字，有很大的参考价值。在史学史上，《左传》作为第一次出现的一部史学著作中比较全面地总结了当代修史的法则，其首创之功是不应磨灭的。」（闫崇宽：左传对编年史体的贡献）

卡.28

稿纸(A)25×20=500

一一

郑良树《再论左传"君子曰"非后人所附益》："……笔者最近又发现，杨向奎在《中国古代社会与古代思想研究》一书的乙编第五章《古文经学中的左传和周礼》里，也谈到同样的问题。杨向奎早年在浙江省立图书馆《文澜学报》第二期里，曾经发表过《论君子曰》一文，讨论《左传》的"君子曰"，……《中国古代社会与古代思想研究》里的"重述"（原书可以互相参照）。……杨向奎在原书里谈及"君子曰"的问题，是杨向奎旧文的……第三〇四页里说："国语中亦见'君子曰'，如晋语内七、八、十、十二等卷全有，和左传君子曰相类似的惟晋语八荀息死节一节，其他繁简不同，而内容相似。由以上几条来看，知道这种体裁是先秦史家所共有，不独左传。……便知国语中所有的君子曰全在晋语。这给我们一种指示，'君子曰'的体裁，是晋国史家所习用。"如果仔细的加以观察，他为甚么偏偏加上晋语内？晋语并没有卷十及卷十二，所谓晋语内七、八、十、十二，应当改作"晋语内一、二、四、六"，或"国语内卷七、八、十、十二"，杨氏把国语的卷次和晋语的次序混在一起了。晋语除了一、二、四及六有君子曰之外，晋语七也有君子曰。……杨氏书中举出好些相当坚强的证据。……杨氏说："左传中一名人言论在史纪书内也有化为君子曰的，如述范宣子、君子谓……述范君子的话，就是藏史作说的繁衍。"……杨氏的结论是："左传的君子曰为原来所有，已成铁案。史记秦本纪、鲁世家、晋世家也全有'君子曰'，大体本于左传。"只要我们对这一切证据，绝不能说左传和史记的君子曰全是伪窜。"……"

一部历史书应当具有三项内容：时间的顺序，历史事件的始末，历史人物的言行。这样，才能符合读者掌握历史知识的要求。所以，《左传》以前之书，《春秋》等都不具备这三项内容，只能有史一部分。

前，都是《春秋》之类的简单记载，不能叙述历史的具体内容，自《左传》问世，才有了比较系统的、详细叙述历史事实的著作，实为编年史的一大进步，在史学史上具有划时代的意义。

晋、楚、郑、齐、卫、宋、吴、秦、越、陈等

《左传》的纪年虽以鲁国的君主为准，而记事的内容则兼及周王室和~~春秋时期~~十几个诸侯~~各~~国家，但由于作者所掌握各国的史料有多有少，所记~~而~~各国事迹也有详有略。据白寿彝统计："总的说来，晋事最多，有四万几千字，约占全书四分之一。其次是鲁事、楚事，各有三万字上下。其次是郑事、齐事，各有一万五千字上下。再次是卫、宋、周、吴，最多者不到一万字。再次是秦、越、陈，多不过三千多字，少到只有一千字。"（《论〈左传〉三事》，1962年12月19日《光明日报》《史学》双周刊第252号。）~~这主要是作者掌握资料的多少而决定的。~~

郑良树：《论〈左传〉"君子曰"非后人所附益》："平情来说，左传君子曰可以分为两类：一类是'君子曰'（如隐公元年）……一类是'君子谓'（如隐公十年）……'君子谓'有时又作'君子是以知'、'君子以为'及'君子以'等。……笔者一概以'君子曰'来概括它们。这里附上一表，以明左传君子曰分配的次数：隐公—11次，桓公—2次，庄公—5次，闵公—0次，僖公—8次，文公—8次，宣公—6次，成公—8次，襄公—19次，昭公—9次，定公—1次，哀公—1次。左传君子曰大概就有上述的七十八则。假如每则平均长二十个字的话，七十八则就有一千五百六十个字。"又"左传君子曰既是作者在撰著时所写下的文字，那么，作者的用意何在呢？他的案语、评语的目的是甚么？这是一个颇有意义的问题。笔者认为，左传作者插入'君子曰'，大约有下列几个用意。第一、'君子曰'乃作者之评语。这种评语，包括人事的褒贬，也包括了预言式的批评以及感慨式的批评。兹各举一例以明之。①人的褒（隐元年）……②人的贬（隐十一年）……③事之褒（僖28年）……④事之贬（僖22年）……⑤预言式之批评（昭18年）……⑥感慨式之批评（哀5年）……第二、'君子曰'乃作者引述古贤人语。……左传君子曰可能是左传作者引述古贤人的话语，笔者比较说是都是出于此，但是，至少有一部分，换句话说，左传君子曰有一部分是左传作者的案语，有一部分是左传作者引述古贤人的话语。第三、君子曰乃作者对春秋的解释……左传本来为左氏春秋，大概没甚么问题。……就以左传作者的案语君子曰来说，也有许多确实是在解经，例如①僖元年……②文元年……③文四年……④成十四年……⑤襄三十年……⑥昭三十一年……。所以君子曰是左传作者自己的意见的话，那么，至少在左传作者在撰述左传时，有一部分的用意是在解释春秋经。"

在《左传》里，每一重要历史事件叙述完毕之后，时常加上作者的评论，标以"君子曰"三字。在这些评论中，有些是各国史官的意见，有些是统治阶级的舆论，有些是作者个人的意见。这种作法对未来史书有深远的影响，许多史家都模仿这种法式，以发表自己的见解，如《战国策》中的"君子曰"，《史记》的"太史公曰"，《汉书》的"赞曰"，《汉纪》中的"荀悦曰"，《资治通鉴》的"臣光曰"等等。

对历史事件和历史人物进行评论

"君子曰"
"君子谓"
"君子以为"

~~《再论左传君子曰非后人所附益》~~：
「左传全书有一百三十多次评论，其中作者个人的评论有八十四次（"君子曰"四十六次，"君子谓"二十三次，"君子以为"等十五次）。」（汪受宽：《左传对编年史体的贡献》，见兰州大学学报（社版）中国古代史论文辑刊，1983年1月出版）

稿纸(A)25×20=500

29

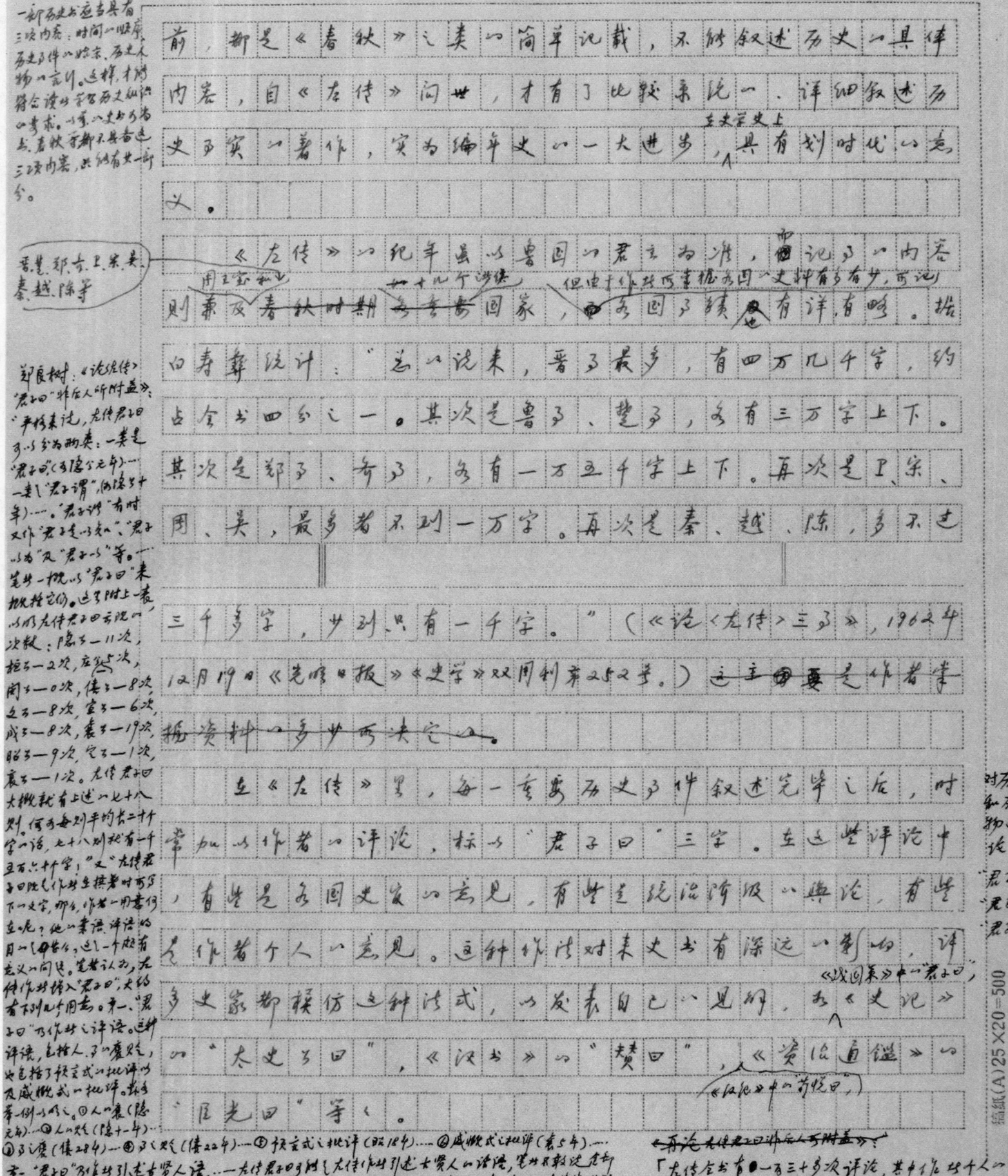

《左传》的文笔是非常优美的，无论记言记事都显示了作者的高度文学修养。记言的如曹刿论战、王孙满答问鼎、魏绛谏伐戎、吕相绝秦之类，真可谓"如见其人，如闻其声"；记事的特别是记几次著名的战争，如晋楚城濮之战、秦晋殽之战、邲之战、鞌之战、晋楚鄢陵之战等，有层次，有条理，切实生动，使人有亲临其境之感，给读者以深刻的印象和浓厚的兴趣，读之不厌，对历史知识的传播起了积极的作用。

《左传》的作者用简练的文字叙述复杂的历史事件，尤其在刻划历史人物的特点上，鲜明生动，"如郑庄公、晋文公、……郑国的子产、晋国的叔向、齐国的晏婴等。"

一部好的历史书，不但要叙事真实，而且还应当表述切实生动，才能对传播历史知识起到广泛而深刻的影响。《左传》在这方面为后来的历史著作起了典范的作用。

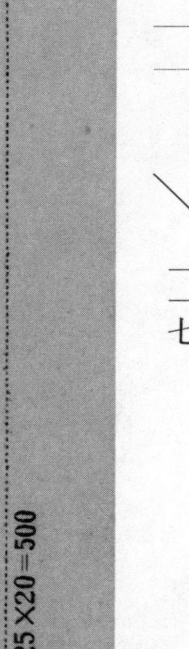

稿纸(A)25×20=500

17.30

由于历史记载繁多，有人从中分类编纂成书。

第三节 其他体例的史书的出现

战国时期，除记言史与编年史有显著的发展外，还出现了一些其他体例的史书，对史学的发展也有一定的积极作用。

一、《铎氏微》

《铎氏微》为战国中期楚国太傅铎椒所作。《史记·十二诸侯年表序》云："铎椒为楚威王傅，为王不能尽观《春秋》，采取成败，卒四十章，为《铎氏微》。"《索隐》："铎椒所撰名《铎氏微》者，《春秋》有微婉之词故也。"《汉书·艺文志·春秋家》著录"《铎氏微》三篇，楚太傅铎椒撰。"颜师古注曰："微，释其微指。"《春秋左传序正义》引刘向《别录》叙述《左传》的传授说："左丘明授曾申，申授吴起，起授其子期，期授楚人铎椒，铎椒作《抄撮》八卷。"

铎椒约生于公元前380年，约卒于公元前320年。（据钱穆考证）《铎氏微》一书早已亡佚，其内容大概是根据《左传》（《史记·十二诸侯年表序》所说的《春秋》即指《左传》）的记载，把其中重要的历史事件的发生、发展和结果的全部过程采录下来，每一历史事件为一章，共四十章，作为楚王的读本，以为政治上的借鉴。在体例上，与后世所谓的纪事本末相似。（参见金德建《司马迁所见书考·论铎氏微、虞氏春秋为纪事本末体裁》）

二、《虞氏春秋》

《虞氏春秋》为战国时人虞卿所作。虞卿约生于公元前305年，约卒于公元前235年，七十一岁。（据钱穆考证）

《史记·十二诸侯年表序》说："虞卿上采春秋，下观近世，亦著八篇，为《虞氏春秋》。"《史记·虞卿列传》说："虞卿……不得意，乃著书，上采《春秋》，下观近世，曰《节义》、《称号》、《揣摩》、《政谋》，凡八篇，以刺讥国家得失，世传之曰《虞氏春秋》。"《汉书·艺文志·儒家》著录《虞氏春秋》十五篇，《春秋家》著录《虞氏微传》二篇。《春秋左传序正义》引刘向《别录》云："虞卿作《钞撮》九卷。"

把春秋战国时期的政治经验分类编写，以批评国家政治的得失，作为执政者之参考。

《虞氏春秋》久已亡佚，其内容不可详知。近人金德建以为《虞氏春秋》同《铎氏微》一样是纪事本末体裁，但据《史记》所说，此书的内容恐与《铎氏微》不同，尚待进一步研究。

三、《晏子春秋》

《晏子春秋》是专记一个人的言行的历史著作。晏子名婴，曾相齐灵公、庄公、景公，是春秋时著名的贤臣。《晏子春秋》共八篇，二百一十五章，每一章记载他生活中的一件事：有的是谏齐国的君主，有的是回答齐国君主提出的一些问题，此外还记述了其他一些言行。其中有几章和《左传》相同。《晏子春秋》所记述的有的是事实，有的也许是一些民间传说。古代的历史著作，多是或多或少地有一些民间传说的成分。《晏子春秋》的成书年代，据近人金德建考证，在战国中期以后。（金德建《司马迁所见书考·晏婴的年代和〈晏子春秋〉的产生时代》）

稿纸(A)25×20=500

32.

四、《世本》

《世本》是一部重要的史书，记载了从黄帝到春秋时期的历史。西汉人刘向说："《世本》，古史官明于古事者之所记也，录黄帝已来帝王诸侯及卿大夫系谥名号，凡十五篇也。"（《史记集解序索隐》引）东汉人班彪说："又有记录黄帝以来至春秋时帝王公侯卿大夫，号曰《世本》，一十五篇。"（《后汉书·班彪传》）班固《汉书·艺文志》春秋家著录《世本》十五篇，自注云："古史官记黄帝以来，讫春秋时诸侯大夫。"《汉书·司马迁传赞》也说："又有《世本》，录黄帝以来至春秋帝王公侯卿士大夫祖世所出。"（《史通·古今正史篇》云："楚汉之际，有好事者录自古帝王公侯卿大夫之世，终乎秦末，号曰《世本》。"所记成书时代及记事下限与上述诸说不同，疑刘知几所见为后人增补之本。陆懋德《中国史学史讲义》云："此书当出于周末，而秦汉人增修者亦不少。"）

西汉刘向、东汉宋衷（一作宋忠）、曹魏宋均等先后为《世本》作注。到了唐代，《世本》已有残缺。北宋以后，全书就亡佚了。南宋以后，连刘向、宋衷、宋均等人的注本也亡佚了。

刘向等人都没有说明《世本》的作者姓名及成书年代。根据《史记·赵世家集解》引《世本》原文："[赵]孝成王丹生悼襄王偃，偃生今王迁。"书中既称"今王迁"，可知写成于赵王迁在位之时，作者亦当为战国末年赵国人。赵王迁于公元前235年即位，至公元前228年为秦国所灭，《世本》成书也就在此数年之间了。（参见清人张澍《世本辑本序》、近人陈梦家《六国纪年·世本考略》。）

稿纸(A)25×20=500

33.

《世本》自宋代亡佚后，南宋人高似孙曾作辑佚之工作，他说："《世本》叙历代君臣世家，是书不复见，犹有传者，刘向、宋衷、宋均三家而已。予阅诸经疏，惟《春秋左氏传》疏所引《世本》者不一，因採摭案次为一书，题曰《古世本》。"（高似孙《史略》）但其辑本已久佚。

~~辑本自洪饴孙首先做《世本》之辑佚工作，以后继作者不下十余家~~

到了清代乾嘉以后，辑佚之风盛行，存留至今者有王谟、孙冯翼、陈其荣、秦嘉谟、张澍、雷学淇、茆泮林诸家之《世本》辑本。（详见《世本八种》，商务印书馆1957年12月初版。）其中"王谟本成书最早，在清代辑本中开风气之先，引书出处忠实，而失之于简。孙本成书亦早，但年代无序，去取失宜，似乎是随笔采录，未经详校。陈其荣于孙本之芜杂，稍加整理；然而刊误未合，增补无多，本身亦有讹舛。""以秦本最为赅备。但秦本过于旁披……未免失之于泥。""引书之谨严，以茆氏为最，雷本次之。张澍本每多以意删改原文，致失原文之真。"（《世本八种出版说明》）

《世本》的内容，各家辑本不一，有分为四篇的，（王谟辑本：世系、氏姓篇、居篇、作篇。）五篇的，（陈其荣辑本：作篇、居篇、氏姓篇、帝系篇、王侯大夫谱。）（及张澍）有分为九篇、（茆泮林辑本：帝系篇、帝纪、世家、传、谱、氏姓篇、居篇、作篇、谥法。）十篇的，（秦嘉谟辑本：帝系篇、纪、王侯谱、世家、大夫谱、传、氏姓篇、居篇、作篇、谥法。）以雷学淇辑本所分七篇最为符实而得宜。其七篇次序及简单内容如下：一、帝系，（记黄帝至禹之世系）二、王侯谱，（自夏殷起，为记夏、商、周、及鲁、邾、燕、蔡、曹、卫、滕、郑、晋、陈、杞、宋、吴、楚、秦、郑、赵、韩、魏世系。）三、卿大夫谱，（记周、陈、宋、鲁、齐、卫、晋、楚、郑、的卿大夫之世系）四、氏姓篇，（有帝王氏姓、侯国氏姓、卿大夫氏姓。）五、谥法篇，（记周初至春秋的谥法）六、居篇，（记帝王都及卿邑。）七、作篇。（记自燧人氏、伏羲氏、神农氏、黄帝、尧、舜、夏、商、周时期的制作，包括生产工具、生活用具、兵器、乐器、饮食、文化用品、衣服、交通工具、建筑、刑法、医药、等器物。）（书室、宫、井、耒耜、弓矢、酒、盐、鼓、琴等。）

《世本》分类记述史事，开分类记载法、综合多类记载为一书，在体例上是创作，也是历史编纂学的一大进步，~~近代学者~~自清朝以来，学者颇多称赞，认为实开纪传体例的先河，为后来司马迁作《史记》所取法。如洪饴孙说："夫《春秋》为编年，《世本》为纪传，太史公述《世本》以成《史记》，纪传不自《史记》始也。"（秦嘉谟《世本辑补自序》）近人梁启超、吕思勉、朱希祖等都附从其说。但也有反对此说的，如刘咸炘《史学述林·史体论》云："洪氏表章《世本》是也，而以《世本》为纪传，则言之过当矣。居、作二篇为志之源，说诚不谬，然但记居、作，与食货、艺文、官礼广狭不侔矣。《世本》诚是周谱，而周谱不止《世本》。若夫纪、传、世家之名，则《正义》、《索隐》孤文难据，即使有之，而但记世系，无记事之文，安得与纪经传纬之义相比附乎？赵怀玉序洪氏书曰：'史之体裁，尤莫重于表志。《世本》者，表、志之所繇仿也。'此说当矣。"

从《世本》的内容来看，记载简略，还不能称为纪传体的，但它分门别类来记载史事，确是史书体例的创举，对后来纪传体史书的出现，予以直接的启发和影响，是可以肯定的。

《世本》的体例与内容，在历史编纂学上是有创造性的贡献的，近人每加称赞。如梁启超说："今传但观其篇目，即可知其书与前史大异者两点：其一，开后此分析的综合的研究之端绪。彼能将史料纵切横断，分别部居，俾读者得所比较以资推论也。其二，特注重于社会的事项。前史纯以政治为中心，彼乃详及氏姓、居、作等事，已颇具文化史的性质也。”（《中国历史研究法》第二章）吕思勉说：“自来条理，编纂古史者，当首推《世本》。……~~盖《史记》六书可本~~其体例实为《太史公书》所沿袭。故洪饴孙撰《史表》，冠诸正史之首也。”（《先秦史》第二章《古史材料》）齐思和说：“就其篇目与各书所征引之只辞片语观之，可知其书于史料之部勒，已开始为分类之研究与综合之叙写，开后来纪传体之先河，斯史学上之又一大进步。惜原书久佚，史体递嬗之迹，遂无由参睹耳。”（《史学概论》讲义）

稿纸(A)25×20=500

36.

附：《楚汉春秋》

《楚汉春秋》是西汉初年陆贾所著的一部史书。《汉书·艺文志·春秋家》著录"《楚汉春秋》九篇"，自注云："陆贾所记"。《汉书·司马迁传赞》："汉兴，伐秦定天下，有《楚汉春秋》。"《后汉书·班彪传》："汉兴，定天下，太中大夫陆贾记录时功，作《楚汉春秋》九篇。"《隋书·经籍志·杂史类叙》："陆贾作《楚汉春秋》，以述诛锄秦项之事。"

但是，在《史记》和《汉书》的《陆贾传》里，都没有说陆贾著《楚汉春秋》，而只说他著《新语》。《史记·郦生陆贾列传》："陆贾者，楚人也。以客从高祖定天下，名为有口辩士，居左右，常使诸侯。……中国初定，……高祖使陆贾赐尉他印为南越王，……归报，高祖大悦，拜贾为太史大夫。……乃谓陆生曰：'试为我著秦所以失天下，吾所以得之者何？及古成败之国。'陆生乃粗述存亡之徵，凡著十二篇，每奏一篇，高帝未尝不称善，左右呼万岁，号其书曰《新语》。"这是什么原故呢？近人金德建认为《史记》里所说的《新语》，就是《汉书》里所说的《楚汉春秋》，即原名《新语》，后来改名《楚汉春秋》。（详见金德建著《〈楚汉春秋〉的记事范围和性质》，载《司马迁所见书考》）至于流传到现在的《新语》，并非陆贾所著的原书，而是出于后人的伪作。（

稿纸(A)25×20=500

37.

见金德建《〈新语〉的流传和产生时代》，载《司马迁所见书考》。）

《楚汉春秋》流传到北宋时期。《隋书经籍志》及《新唐书艺文志》均著录《楚汉春秋》九卷，惟《旧唐书经籍志》作十二卷，恐有误。于北宋的《太平御览》还引用其文，但南宋末年马端临的《文献通考·经籍考》就不见其著录了，大概在南宋时期已佚了。（参见沈钦韩《汉书疏证》。）清朝人洪颐煊有《楚汉春秋辑本》。（见洪著《经典集林》卷十）

《楚汉春秋》的体例，刘知几《史通·六家篇》说，“晏子、虞卿、吕氏、陆贾，其书篇第，本无年月，而亦谓之《春秋》。”可知此书记述史事时不详年月，不是编年体。

《楚汉春秋》的内容，主要是记述秦末项羽与刘邦起义及楚汉战争时期的事迹，在刘邦死后，陆贾仍然继续撰述，直到汉惠帝及汉文帝初年。司马贞《史记集解序索隐》称《楚汉春秋》“记项氏与汉高祖初起及说惠文间事。”但“惠文间事”所记述甚少。据洪颐煊《楚汉春秋辑本》，其中绝大部分是记秦末及楚汉战争时期的事迹，惠帝死后的事只有两条。总的说来，《楚汉春秋》的记述是从秦朝末年起到汉文帝初年止。

稿纸(A)25×20=500

38.

第四节　战国时期的历史观与史学思想

一、历史观

在奴隶社会时代，历史观的发展是由天命观到人事观的发展。进入封建社会之后，虽然单纯的天命观已不能控制人们的思想，不能有独立的发展，但它的影响依然存在。在人事观发展的进程中，有些人吸收了天命观的思想影响，创立了历史循环论的学说；有些人把人事观的理论向前推进了，创立了历史进化论的学说。历史循环论和历史进化论这两种历史观，虽然同属于历史唯心论的范畴，但有其显然不同的倾向，即历史循环论是不符合历史发展的实际情况的，历史进化论是比较合乎历史发展的实际情况的。

战国时期出现了关于历史发展规律的观点和论述，从而发展了对历史发展的看法。

在战国时期，诸子迭兴，百家争鸣，在哲学上、政治思想上都出现了各种不同的学派，一些哲学家和政治思想家在阐述和发挥他们的学说时，为了加强说服力，往往以历史的发展作为理论根据，因而明显地表露了他们的历史观。

1. 历史循环论

战国时期的历史循环论有两种：一是孟轲的一治一乱说，一是邹衍的五德终始说。

冯友兰《中国哲学史新编》：孟子（约前371—289）

孟轲，字子舆，邹（今山东邹县）人，（约生于公元前390年（一说370年），卒于公元前305年（一说289年），八十六岁。）孟轲受业于孔子的孙子孔伋（字子思）的门人，是战国中期儒家学派最有权威的代表人物。他曾到梁游说梁惠王（即魏惠王），

稿纸(A)25×20=500

39.

不见用；又到齐国去见齐宣王，齐宣王虽尊礼他为客卿，但终不能用。于是他归而授徒讲学。他死后，门人万章、公孙丑等记录他的言行，写成《孟子》七篇，是研究孟轲的思想和观点的原始资料。

孟轲的历史观，总的来说，是一治一乱的历史循环论。他说："天下之生久矣，一治一乱。"（《孟子·滕文公下》）这是他对于有史以来社会历史的看法，也就是他心目中的历史发展规律。他从黄帝以来，历唐、虞、夏、商、周的治乱兴亡的表面现象，得出这一结论，并认为这种一治一乱的循环，是五百年左右为一周期。他说："五百年必有王者兴，其间必有名世者。"（《孟子·公孙丑下》）对于五百年一周期的说法，他还举出历史事例来证明，说："由尧、舜至于汤，五百有余岁；……由汤至于文王，五百有余岁；……由文王至于孔子，五百有余岁。"（《孟子·尽心下》）他这种五百年一循环的说法，可能是把古天文学家对于自然规律的认识运用到社会历史的发展上来。《史记·天官书》云："夫天数三十岁一小变，百年中变，五百年大变。"但这种说法是不符合历史实际情况的，姑不论其所说从尧、舜到汤，从汤到周文王以及从文王到孔子的绝对年岁是否属实，就其所举事例的本身也是错误的，因为孔子既不

稿纸(A)25×20=500

孟子的一治一乱的历史循环论，从历史的表面现象来解释社会历史发展的规律，虽然是错误的，是唯心的，但由于在长期封建社会中存在着屡次王朝更迭的现象，一般的人很容易被一治一乱的表面现象所蒙蔽，都误认为历史循环论是社会发展的规律，因而仅从这种说法，（并产生一兴一亡、一盛一衰、一合一分等说法。）可以，孟子的一治一乱的历史循环论，对后世的影响是很大的。

是王者，而其所处的时代也不是治世。当然，孟轲也曾为他的讲不通的说法辩解，说孔子之所以未能成为掌握政权的王者，是因为没有天子把他"荐之于天"（《孟子·万章上》）。这种辩解是非常牵强而不能令人相信的。

在孟轲之后，邹衍是另一派著名的历史循环论的宣传者。

邹衍，战国后期齐国人，约生于公元前305年，卒于公元前240年，六十四岁。（钱穆《邹衍考》："其生当在齐宣之晚年。"）

邹衍是阴阳五行家的重要领袖，是当时社会上著名的人物，他周游各国，很受统治阶层的尊敬。《史记·孟子荀卿列传》说："邹子重于齐。适梁，梁惠王郊迎，执宾主之礼。适赵，平原君侧行撇席。如燕，昭王请列弟子之座而受业，筑碣石宫，身亲往师之。作《主运》。其游诸侯见尊礼如此。"

（五行相次转用事，随方面为服。）

邹衍的著作，《汉书·艺文志·阴阳家》著录"《邹子》四十九篇"，又有"《邹子终始》五十六篇"。据《史记·封禅书》云："自齐威、宣之时，驺子之徒论著《终始五德》之运。"又云："驺衍以阴阳《主运》显于诸侯，而燕、齐海上之方士传其术不能通。"（《史记集解》引如淳曰："今其书有《主运》。"《史记索隐》："《主运》是邹子书篇名。"）大概《邹子》四十九篇是邹衍本人的著作，而《邹子终始》五十六篇则是邹衍的门人阐述其学说的著作。（参见钱穆《先秦诸子系年考辨》卷四附《邹衍著书考》）但他的著作早已亡佚，详情已不得而知了。

（《集解》引如淳曰："今其书有《五德终始》，五德各以所胜为行。"）

邹衍宣传"五德终始说"，以阴阳五行的循环、周而复始的说法来解释社会历史现象。《史记·孟子荀卿列传》说邹衍"乃深观阴阳消息，而作怪迂之变，《终始》《大圣》之篇十余万言。……先序今以上至黄帝，学者所共术（述），大并世盛衰，因载其禨祥度制（大振），而远之，至天地未生，窈冥不可考而原也。……称引天地剖判以来，五德转移，治各有宜，而

25×20=500

41.

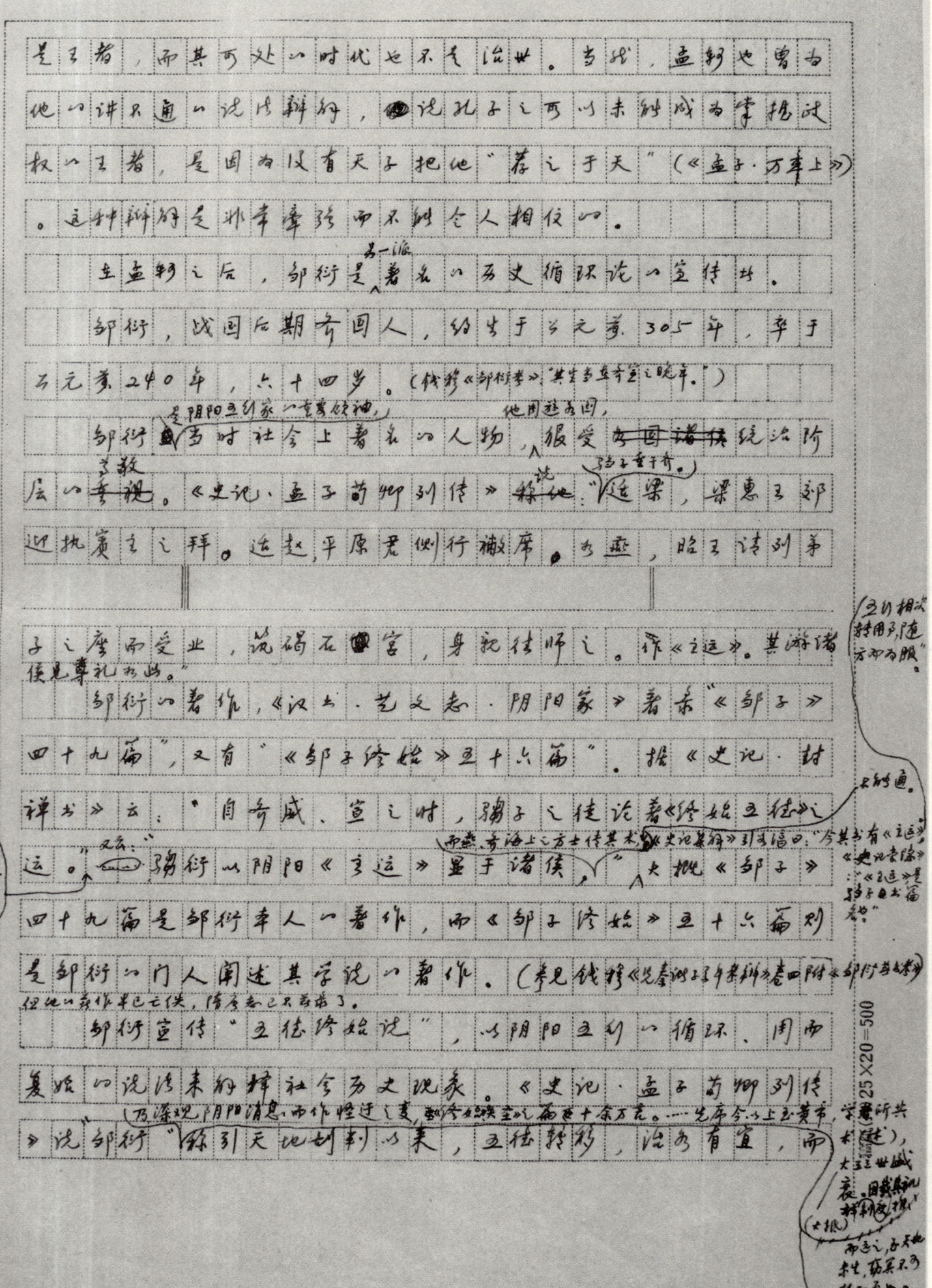

《史记·历书》："其后战国并争，……是时独有邹衍明于五德之传，而散消息之分，以显诸侯。"

符应若兹。"《文选·魏都赋》注引《七略》："邹子有《终始五德》，从所不胜，土德后木德继之，金德次之，火德次之，水德次之。"这是五德"转移"或"终始"的顺序。《文选·沈休文故安陆昭王碑》文注引《邹子》："五德从所不胜，虞土、夏木、殷金、周火。"

邹衍的"五德终始说"，是从殷、周以来五行学说演变而来的，是一种以"五行相胜"的理论为基础的历史循环论。~~他所说的~~"五行"一词起源很早。《尚书·甘誓》说："有扈氏威侮五行。"但这是指在天上五星运行的，并不是指后来地上的金、木、水、火、土的五行。到了《尚书·洪范》，才指明五行是"一曰水，二曰火，三曰木，四曰金，五曰土。"《左传·昭公三十二年》载史墨说："天有三辰，地有五行。"史墨又说："火胜金"（见左昭31年），"水胜火。"（左哀9年）五行原是指地上的五种主要物质，有时也称为"五材"或"五才"，如《左传·襄公廿七年》载宋子罕曰："天生五材，民并用之，废一不可，谁能去兵？"《后汉书·马融传》引用此文时作"五才"，章怀注："五才，金、木、水、火、土也。"《左传·昭公十一年》载晋叔向曰："且譬之如天，其有五材，而将用之。"《国语·郑语》载史伯说："故先王以土与金、木、水、火杂，以成百物。"称"五材"。还有称为"六府"的，如《左传·文公七年》载郤缺说："水、火、金、木、土、谷，谓之六府。"这些关于五行的说法，都是根据生产及生活的实践，说明人们对于五种物质的需要，是朴素的唯物主义思想。但是，到

天有五星，地有五行。

稿纸(A)25×20=500

42.

了战国时期，这些唯物的思想学说就被一些阴阳家所利用，加上了唯心的说教和神秘的色彩。

五行的思想学说中，有五行相生相胜（克）的说法。五行相生是木生火，即木料燃烧生火；火生土，即物质被火燃烧后变成灰土；土生金，即金属矿物是从土里产生的；金生水，即金属加热到高度时化为液体；水生木，即水分使树木等植物生长。五行相胜是水胜火，即水可扑灭火；火胜金，即火烧金属物质可使之变形或消失；金胜木，即金属工具可以砍伐木材；木胜土，即树木等植物吸收土壤中的营养；土胜水，即土可把水吸收。这些说法也是符合物质的实际情况的，因而也是唯物的。

然而，邹衍却把五行相生相胜的说法应用社会历史的变化，加以唯心的解释。他把五行说成是五德，金、木、水、火、土之德，各有它的一德，并把五行的德比附于历代王朝。德有盛有衰，他又把五德的盛衰比附于历代王朝的兴亡。所以说，"五德从所不胜，虞土，夏木，殷金，周火。"他把每一朝代都受一种德的支配，并按五行相胜的次序来说明历朝兴亡之来历，终而复始，以此来揭示历史发展的规律，显然是穿凿附会的强加于客观存在的唯心论的历史循环论。所谓"五德转移，治各有宜"，就是历代王朝都要按土、木、金、火、水五德的次序循环运行，终而复始，这

每一王朝都受五德中一德的支配，兴时由一德兴，衰亡时为另一德所代表的朝代代替。终而复始。

稿纸(A)25×20=500

43.

就是符应，也就是规律。每一王朝都要有和它的德相适应的政治措施。这就是"治各有宜"。

邹衍的历史循环论，在战国时期发生了很大的影响。在《吕氏春秋·应同篇》里有一段话，就是对邹氏学说的阐述和发挥，说："凡帝王者之将兴也，天必先见祥乎下民。黄帝之时先见大螾大蝼。黄帝曰：'土气胜'。土气胜故其色尚黄，其事则土。及禹之时，天先见草木秋冬不杀。禹曰：'木气胜'。木气胜故其色尚青，其事则木。及汤之时，天先见金刃生于水。汤曰：'金气胜'。金气胜故其色尚白，其事则金。及文王之时，天先见火赤乌衔丹书，集于周社。文王曰：'火气胜'。火气胜故其色尚赤，其事则火。代火者必将水。天且先见水气胜。水气胜故其色尚黑，其事则水。水气至而不知，数备将徙于土。"总括起来，他的中心思想学说就是"递兴废，胜者用事。"（《吕氏春秋》注）

秦始皇统一中国后，为了巩固他的统治，便极力宣传邹衍的五德终始说，以为他的政权合法的理论根据。《史记·秦始皇本纪》说："始皇推《终始五德之传》，以为周得火德。秦代周德，从所不胜，方今水德之始。改年始朝贺，皆自十月朔，衣服旄旌节旗皆上黑，数以六为纪，符法冠皆六寸，而舆六尺，六尺为步，乘六马。更名河曰德水，以为水德之始。刚毅戾深，事皆决于法，刻削，毋仁恩和义，然后合五德之数。"《史记·历书》也说：

《史记·封禅书》："自齐威宣之时，驺子之徒论著终始五德之运。及秦帝而齐人奏之，故始皇采用之。"

稿纸(A)25×20=500

44

“秦……亦颇推五胜，而自以为获水德之瑞，更名河曰德水，而正以十月，色上黑。”这套五德终始说“不仅被用来说明秦的统治是受于天命，是不抗拒的必然发展，并且还被用来辩护秦的残暴实践的理论。”

秦朝灭亡后，汉朝人也有宣传邹衍的五德终始学说的。因为若按照五德终始的说法，秦既是水德，而汉代秦称帝，那末汉朝就应该是土德了。《史记·封禅书》：“孝文帝十三年……鲁人公孙臣上书曰：‘始秦得水德，今汉受之，推《终始传》，则汉当土德。土德之应，黄龙见，宜改正朔，易服色，色尚黄。’”

五德终始说作为掌握政权的理论根据，对于以后政治也很有深远的影响，许多封建王朝的创始者都~~自称~~以天命攸归，自称“奉天承运皇帝”，这就是奉了天的意志及五德的运行来掌握政权，统治人民的，以麻痹反抗者的意志。

这种历史观，对于后世研究历史的人也有深远的影响。因为历代王朝屡相更迭，于是一盛一衰，一兴一亡，一治一乱，一分一合的表面现象深入人心，人们为之迷惑，误认为历史的发展就是这样不断地反复循环的。甚而有人认为历史时常是重演的，直到近代，还有人著《历史之重演》一书，从一些表面现象来比拟附会，以循环论的观点来解释历史。

邹衍的五德终始说，虽是唯心的历史循环论，但也有人认为有其合理的成分。如冯友兰说："这种历史观认为历史是常变的，朝代不是永恒的；历史的变动和朝代的交替，是受一些不以人的意志为转移的力量的支配。认为历史的变动，不是决定于大人物的行动，也不是以人的意志为转移，这是邹衍的历史观中合理的成分。"（《中国哲学史新编》第一册第十四章第四节，该书454页）不过，冯氏又说："但是，他用"五行相胜"说明历史上朝代的变化，这就肯定，历史的变化是循环的。朝代的变革不过是历史变革的一些表面现象；邹衍把这种现象认为有本质的意义。他又把这种现象归结为"五行相胜"的机械运动的结果。这就完全忽视了历史演进的社会的经济的原因。这就完全陷入了历史唯心主义和神秘主义。"

冯氏还认为邹衍的历史循环论在当时是起进步作用的。他说："这种历史观，在当时说来，是为地主阶级的新政权作理论的根据。秦国经过商鞅的改革，本来是'事皆决于法'；'法'代替了'礼'。这些社会上、政治上的措施，跟'水德'配合起来，好像就有了一个理论的根据。这种历史哲学在当时还是为历史的进步趋势服务的。"

稿紙(A)25×20=500

46.

2. 历史进化论

战国时期的另一种历史观，是历史进化论，以战国中期的商鞅和战国末期的韩非为代表。

商鞅，（卫国人，姓公孙，名鞅），又称卫鞅。因在秦变法有功，封于商（今河南内乡县东），号商君，历史上多称他为商鞅。他是战国时期著名的法家代表人物之一。他的言论经后人编辑为《商君书》，流传至今。

商鞅认为人类社会是不断变化的情况下发展的，他说：在太古时代的"昊英之世"，"人民少而木兽多"，所以人民只是"伐木杀兽"，就可以维持生活。到了神农之世，"男耕而食，妇织而衣。刑政不用而治，甲兵不起而王。"在这以后，"神农既没，以强凌弱，以众暴寡。"到了这个时候，就需要建立等级秩序和国家机器，以暴力进行统治。"故黄帝作为君臣上下之义，父子兄弟之礼，夫妇妃匹之合。内行刀锯，外用甲兵。"（《商君书·画策》）内行刀锯，就是对内用刑罚；外用甲兵，就是对外用战争。随着社会变化发展的情况，要采用相应的措施，所以他说："圣人知必然之理，必为之时势，故为必治之政，战必勇之民，行必听之令。是以兵出而无敌，令行而天下朝。"（同上）理指历史发展的规律，也就是社会的不断变化；时势

稿纸(A)25×20=500

指某一历史时期的具体情况。他认识到社会必然要变化发展，每一时期都有不同的具体情况，统治者必须采取与之相适应的具体措施，所谓"世事变而行道异也。"这种认识是大体符合社会历史发展的实际情况的，是一种历史进化论。

他认为古代的帝王"各当时而立法，因事而制礼。礼法以时而定，制令各顺其宜。"所以说："治世不一道，便国不必古。"

商鞅又把历史分为上、中、下三世。三世的特点是："上世亲亲而爱私，中世上贤而悦仁，下世贵贵而尊官。"并认为"三世"的变化，是由于世事的变动，世事变了，人们的行事就跟着变，所谓"世事变而行道异"，就是历史进化论的观点。"行道"是人的措施，"世事"是不以人的意志为转移的社会客观情况。后者决定前者。

商鞅认为历史是不断发展的，社会上没有永恒不变的制度，时代变了，制度就应该改变，从而打击了为奴隶主旧贵族服务的形而上学的历史观。

韩非（约公元前280年？—公元前233年）韩国人，出身于战国时期韩国没落贵族，是荀子的学生。

韩非认为历史是变的，是进步的。《韩非子·五蠹篇》说："上古之世，人民少而禽兽众，人民不胜禽兽虫蛇。有圣人作，构木为巢以避群害，而民悦之，使王天下，号曰有巢氏。民食果蓏蚌蛤，腥臊恶臭而伤害肠胃，民多疾病。

稿纸(A)25×20=500

48.

有圣人作，钻燧取火，以化腥臊，而民悦之，使王天下，号曰燧人氏。”接着说：“中古之世”，鲧禹决渎排水。“近古之世”，桀纣暴乱，汤武征伐暴乱。如果时代已进入“中古”，还有人搞“构木为巢”，“钻燧取火”，必为鲧禹所笑。如果到了殷、周时代，还有人无故决渎排水，必为汤武所笑。现在如果还有人称赞古“然则今美尧舜禹汤武之道于当今之世者，必为新圣笑矣。”代尧舜汤武的功德事业，也必为“新圣”所笑。这就是说，时代不同，生活中的问题也不同，问题不同，解决的办法也不同。韩非作法论说：“是以圣人不期修古，不法常可，论世之事，因为之备。”又说：“故事因于世，而备适于事。”“世”指时代，“事”指事务或问题；“备”指处理事务或解决问题的办法。事因世的不同而不同，备因事的不同而不同。古代的东西不适于今，可以“不期修古”。本来没有“常可”的东西，可以不法常可。

韩非这种反对赞美古代圣王的论点，与儒家所称的法先王、美化尧舜禹汤文武的论点正相反，足见韩非的论点在历史上进步意义与作用。

韩非肯定了古今在变，肯定了古不如今，历史是前进的。这种历史进化论的观点是进步的。

后来李斯说：“五帝不相复，三代不相袭，各以治，非其相反，时变异也。”（史记·秦始皇本纪）

由以上的两种历史观，我们有以下的认识：①历史循环论与历史进化论同属唯心史观。②虽然同属唯心史观，但比较起来，历史进化论是符合事实的、正确的，是有重要的进步意义与作用的。历史循环论只从表面现象看问题，是错误的，而且带来认识上的混乱。③在历史循环论的两种说法中，比较起来，一治一乱说还有些符合表面现象之处，而五德终始说则全属虚造，五行与改朝换代是毫无联系的，联系不到一起的，因而是完全错误的。④历史进化论是唯心史观，但在历史上起了进步作用，可以说，那些认为唯心史观不会在历史上起进步作用，将其一笔抹煞，甚而认为唯心史观都是反动的论调，是错误的。唯心论在历史上、哲学史上起过进步作用，唯心史观在历史上也起过进步作用。

稿纸(A)25×20=500

49.

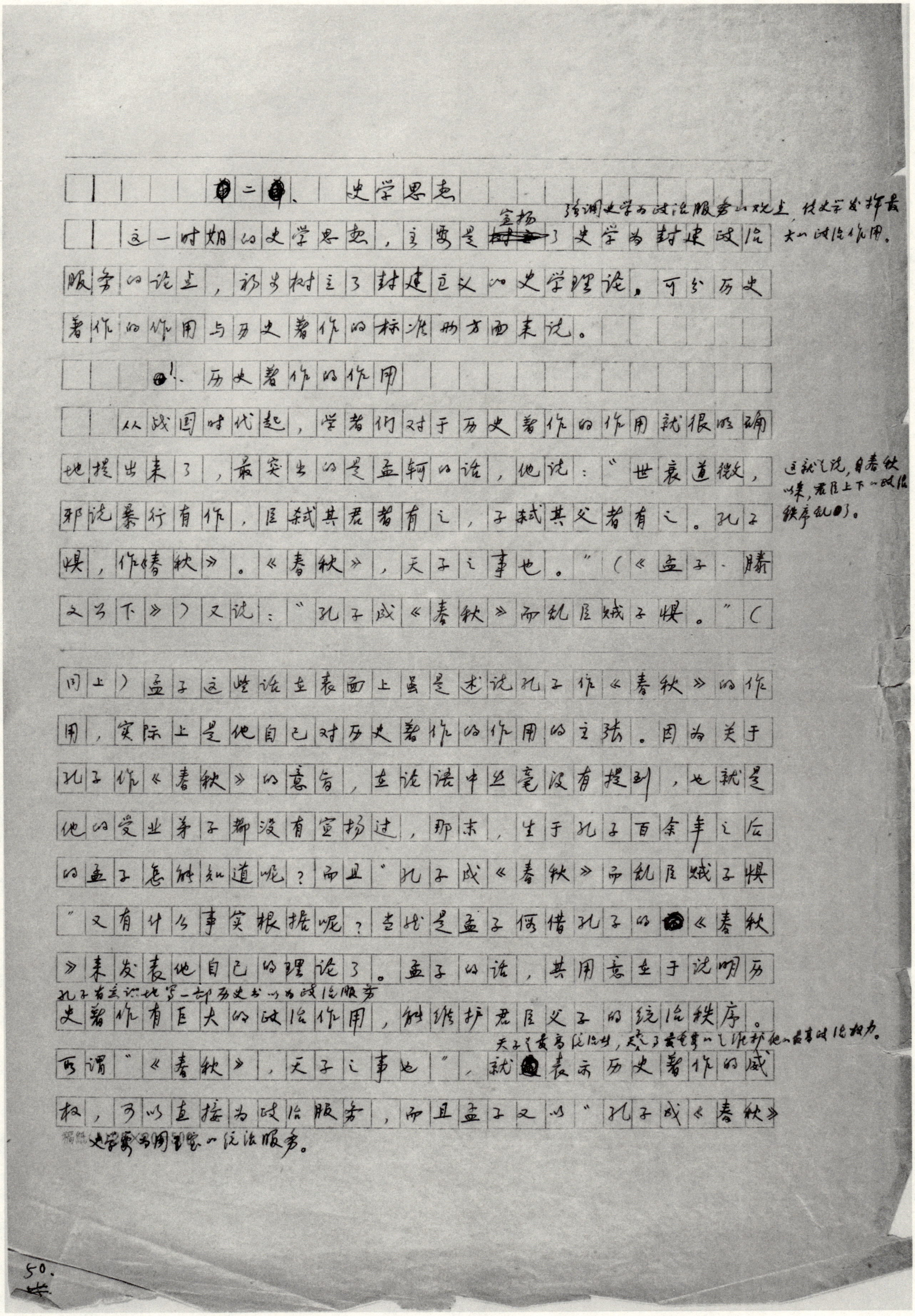

第二章、史学思想

这一时期的史学思想，主要是宣扬了史学为封建政治服务的论点，初步树立了封建主义的史学理论。可分历史著作的作用与历史著作的标准两方面来说。

强调史学为政治服务的观点，使史学发挥最大的政治作用。

一、历史著作的作用

从战国时代起，学者们对于历史著作的作用就很明确地提出来了，最突出的是孟轲的话，他说："世衰道微，邪说暴行有作，臣弑其君者有之，子弑其父者有之。孔子惧，作《春秋》。《春秋》，天子之事也。"（《孟子·滕文公下》）又说："孔子成《春秋》而乱臣贼子惧。"（同上）孟子这些话在表面上虽是述说孔子作《春秋》的作用，实际上是他自己对历史著作的作用的主张。因为关于孔子作《春秋》的意旨，在论语中丝毫没有提到，也就是他的受业弟子都没有宣扬过，那末，生于孔子百余年之后的孟子怎能知道呢？而且"孔子成《春秋》而乱臣贼子惧"又有什么事实根据呢？当然是孟子假借孔子的《春秋》来发表他自己的理论了。孟子的话，其用意在于说明孔子有意识地写一部历史书以为政治服务，历史著作有巨大的政治作用，能维护君臣父子的统治秩序。所谓"《春秋》，天子之事也"，就表示历史著作的威权，可以直接为政治服务，而且孟子又以"孔子成《春秋》"……

这就是说，自春秋以来，君臣上下的政治秩序乱了。

天子是最高统治者，天子才有资格以褒贬他人的最高政治权力。

史学要为周王室的统治服务。

稿纸

50.

就了说史学发挥了最大作用。

而乱臣贼子惧"来宣扬历史著作为政治服务的伟大效果。孟子虽然不是史学家，但是他明确提出了史学为政治服务的目标，宣传了历史著作的意义，为封建主义的史学理论奠定了基础。有意识地写一部历史书来为政治服务，比之于从已有的历史书吸取政治经验教训以为鉴戒（比●史学为政治服务一步更）又进了一步。

指出了历史著作的作用，受到了

孟子~~的话奠定了封建主义史学理论的基础~~，后来学者的重视~~又不断加以发挥~~。如"铎椒为楚威王傅，为王不能尽观《春秋》，采取成败，卒四十章，为《铎氏微》。"（《史记·十二诸侯年表序》）虞氏春秋"以刺讥国家得失"，可见铎椒也明确认为历史著作能为政治服务。与虞卿也都有意识地写一部历史书来为政治服务。又如陆贾著《楚汉春秋》（即《新语》），也是为了供汉高祖作为政治上得失成败的借鉴。

二、历史著作的标准

为了发挥历史著作的作用，实现为封建政治服务的目的，封建统治阶级对于历史著作的质量要达到什么样的标准也非常重视。在战国时代，曾经提出了一个标准，就是在《左传·成公十四年》里所说的："故君子曰：《春秋》之称，微而显，志而晦，婉而成章，尽而不污，惩恶而劝善。非圣人谁能修之？"这也是假借孔子的《春秋》来发表其史学理论的，认为历史著作要用一种特殊的文笔技巧以起到褒贬的作用，并不是一般人都能做到的。这种说法虽陈义甚高，为封建统治阶级的人所景仰，但对于历史

稿纸(A)25×20=500

51.

著作都是很大的限制，实际上并未被接受。

战国至秦这一时期的史学，是我国史学的初步发展期。

稿纸(A)25×20=500

52

自从公元前221年秦灭六国之后，便出现了前所未有的封建统一大帝国。到了西汉武帝时期，统一国家更为巩固，就更促进了经济和文化的发展。在这种情况下，史学也有了巨大的进步和发展，最突出的成就是司马迁写出的一部包括古今的纪传体的通史——《史记》，在中国史学史上放出了特别灿烂的光彩，对史学的发展起了承先启后的重大作用。

汉帝国建立后，是空前强盛的统一的封建国家，在政治、经济、文化各方面都有很大的发展，在疆域上也有很大的扩充，这样一个空前统一而强盛的封建大帝国，需要一部综合内容丰富的通史。

当时汉帝国是亚洲最先进的国家，与西方的罗马帝国东西并立，为世界上最著名最重要的两个大国。汉族之名亦起于此时。

社会发展的客观要求，出现一部中国通史，一部完整的历史书。史记是社会发展的产物，是秦汉统一专制主义政治、经济、文化高度发展的产物。

汉统一后，各方搜集历史资料。秦亡时，萧何独先取咸阳所藏的图表、书籍、档案（如文、法令、户籍等）。汉兴"百年之间，天下遗文古事，靡不毕集太史公。"

第三章　封建社会的史学（二）

——秦汉时期的史学

第一节　司马迁的史学

一、司马迁的生平

（今陕西韩城以南二十里芝川镇有司马迁墓及太史祠。）（史记太史公自序称"迁生龙门"，龙门在韩城以北。）

司马迁，字子长，西汉左冯翊夏阳（今陕西韩城）人，生于汉武帝建元六年（公元前135年），卒年不详，约在汉武帝末年。（关于司马迁的生卒年代，因史无明文记载，过去学者有好几种不同的说法，至今尚未有一致意见。今据司马贞《史记索隐》引《博物志》云："太史令茂陵显武里大夫司马[迁]年二十八，[元封]三年六月乙卯除六百石也。"今本《博物志》无此文，当在逸篇中。按汉武帝元封三年为公元前108年，是年司马迁二十八岁，则知其生于建元六年，即公元前135年。关于司马迁生卒年问题，可参考王国维《太史公系年考略》，1916年作，载《广仓学窘丛书》；王国维《太史公行年考》，1923年作，载《观堂集林》卷十一；张惟骧《太史公疑年考》，1928年作，1928年3月《小双寂庵》刊；日本桑原骘藏《关于司马迁生年之一新说》，1928年作，载日本《史学研究》杂志；日本山下寅次《史记编述年代考》；郑鹤声《司马迁年谱》，商务印书馆出版；李长之《司马迁生年为建元六年辨》，载《司马迁之人格与风格》第一章《附录》，1948年9月开明书店出版；方克之《太史公行年考辨疑》，载《东方杂志》第40卷16号，1944年8月出版；郭沫若《　　　　》，载《历史研究》19　年第　期；程金造《从史记三家注商榷司马迁的生年》，载　　　　；程金造《司马迁生卒年月四考》，载《文史哲》月刊编辑部编《司马迁与史记》等。）

赞同王国维之说的，有梁启超《要籍解题及其读法》，张鹏一《太史公年谱》，郑鹤声《司马迁年谱》，日本泷川资言《太史公年谱》，朱东润《史记考索》，李镇淮《司马迁》，游国恩主编的《中国文学史》，中国科学院文学研究所编写的《中国文学史》，刘大杰的《中国文学发展史》等。

稿纸(A)25×20=500

1.

司马迁出身于世代史官的人家。他的远祖在西周宣王（前827—前782）时期曾任史官（负责周朝历史资料的保管和编写）。

司马迁的父亲司马谈，曾学天官于唐都，受易于杨何，习道论于黄子（《史记·太史公自序》），是当时著名的学者，除精通太史令所职掌的天文、历法、历史等知识外，对哲学也有深入的研究。他所著《论六家要指》一文，对先秦时代的阴阳家、儒家、墨家、名家、法家、道家等学派的思想学说作了精辟的分析和评论，是一篇言简意赅的先秦诸子哲学的总结，有很高的学术价值。

司马谈于汉武帝时为太史令，掌握官家聚集的史料，又勤于采访旧闻，积累了丰富的历史知识，有志于撰写一部历史书，并且在临死前写成了一些文稿。据顾颉刚考证，《史记》中的《刺客列传》、《郦生陆贾列传》及《樊郦滕灌列传》三篇均为司马谈所作；《张释之冯唐列传》及《赵世家》亦为司马谈的旧稿；《太史公自序》亦本为司马谈所录稿，司马迁又加以增续而成。（顾颉刚《司马谈作史考》，原载《周叔弢先生六十寿日纪念论文集》，后经作者修改，编入《史林杂识初编》，题为《司马谈作史》，1963年2月中华书局出版。）司马谈在临死时对司马迁说："予死，尔必为太史。为太史，毋忘吾所欲论著矣。"又说："今汉兴，海内一统，明主、贤君、忠臣、死义之士，余为太史而弗论载，废天下之史文，余甚惧焉，

稿纸(A)25×20=500

2.

杨翼骧先生

中国史学史手稿存真

汝其念哉！"可见司马谈对于撰写一部历史著作，是有强烈的愿望的。而司马迁回答说："小子不敏，请悉论先人所次旧闻，不敢阙。"（均见《史记·太史公自序》）可见司马谈已经搜集了一些历史资料并整理编写了一些篇章了。这对司马迁后来著作《史记》是有启示、引导及开创的作用的。

司马迁幼年在农村度过几年的耕牧生活。十岁时到了长安，开始诵读用先秦时代的文字写成的书籍。又曾从古文大师孔安国学《古文尚书》，又从今文大师董仲舒学习《公羊春秋》。经过十年的学习，打下了知识的基础。二十岁那年去外地进行了远方的游历，据他自己说："二十而南游江淮，探禹穴，阚九疑，浮于沅湘，北涉汶泗，讲业齐鲁之都，观孔子之遗风，乡射邹峄，厄困鄱、薛、彭城，过梁楚以归。"（《史记·太史公自序》）

"他从京师长安出发，大概先到鄠（今陕西省扶风县附近）经南阳（今河南南阳市），南越汉水，再取道南郡（今湖北江陵）渡江，到了湖南长沙并在汨罗江……到湖南，想起了古代史籍有舜葬九疑的记载，便专往九疑山瞻仰了一番。此后，他从湖南转到了湘西，顺沅江而下，再东浮大江，南登庐山，考察了禹疏九江的所在地。……接着他又到浙江会稽（今浙江绍兴），考察禹穴。……会稽又是夏禹后裔越王句践的都城。……司马迁在这里还听到关于范蠡（范蠡）、伍子胥、秦始皇的故事。他得知许多记载的越王句践世家和吴太伯世家。司马迁到江苏姑苏（今江苏苏州），游览了五湖，……参观了楚国春申君黄歇的故城宫室，……发出'宫室盛矣哉'的感叹。随后他渡江北上，到了淮阴（今江苏淮阴东南）……（访问了韩信的故事）……北上到山东，沿途考察了许多河流的水利情况，……到曲阜时，这里的孔子的庙堂和保存着的车服礼器。……至薛（今山东滕县东南）……（考察风俗，并寻孟尝君的遗迹）……走向彭城（今江苏徐州市）……丰（今江苏丰县）、沛（今江苏沛县）……（访问汉初功臣的遗事）……折而向西，过梁楚。……使他接触了广大的人民群众，考察了历史遗迹，搜集了历史的传闻逸事，了解了许多地方的民情风俗和经济生活，对后来的写作有着了很大的帮助。"

这次旅行到了现在的安徽、江西、浙江、江苏、湖南、山东、河南等省的许多地方，使司马迁大开眼界，增长了许多社会知识。

二十岁游历归来之后，开始任郎中——皇帝的侍从官。二十四岁时，曾跟随汉武帝去巡（第11之年，"跟随汉武帝西到崆峒山（今甘肃平凉县西）"），从现在的陕西到甘肃一带。二十五岁时奉命去使到现在的四川、云南一带。（"由长安起程，大概南去汉中，经巴郡（今四川重庆一带）到犍为郡（今四川宜宾一带）、牂牁郡（今贵州福泉一带），此后到蜀郡（今四川成都一带），到越巂郡（今四川西昌一带），到沈黎郡（今四川汉源一带），南到益州郡（今云南保山、腾冲一带）。（[illegible]）"）二十六岁时（元封元年，公元前110年），这年四月随汉武帝从海上到了泰山，参加封禅（"游历了山东半岛，向北到碣石，经过辽西一带，从北边九原（今内蒙古乌拉特前旗之地），回到甘泉（今陕西淳化）。"）；五月，由海上到今辽宁锦县、河北承德一带，又往内蒙古五原，回到甘泉。这在这时（？）（确生几月），司马迁的父亲司马谈病逝了，临死前嘱咐他写一部历史书。司马迁巷居下来，决心完成他父亲的遗愿。

二十七岁（元封二年，前109年），随汉武帝“到河南山东上泰山”到河南濮阳县南的瓠子，负薪塞河。

二十八岁（元封三年，前108年），司马迁奉命担任太史令的官职，得到阅读皇室藏书的便利，所掌握的历史知识也愈益丰富。

二十九岁（元封四年，前107年），扈从封禅，自雍（长安西扶风）出萧关（甘肃东北），经独鹿、鸣泽（河北涿鹿），又到恒山（山西北部），然后返回长安。

三十岁时又扈驾南巡，到了南郡（湖北）、九疑山（湖南南部宁远县境）、潜天柱山（安徽东南霍山）、寻阳（江西九江）、枞阳（安徽桐城东南），过庐山、彭蠡（鄱阳湖），又北上，到琅邪，从海上到泰山。

三十二岁（太初元年，前104年）时，汉武帝约请全国著名的历法家改订历法，制订了有名的“太初历”，司马迁是参与这次工作的重要人物之一。“太史令主持中国古代修订天文历法的工作”——司马迁和公孙卿、壶遂建议改定历法，奉命造太初历，这个历法也称之“夏历”。一以正月为岁首，既符合天象也适应农业生产上的需要，……较当时人员也更……精确。

~~订太初历，以正月为岁首（秦以十月为岁首），改定晦朔弦望，为阴历奠定基础，支配了中国的时间观念，达两千年以上。~~

就从这年起，司马迁在掌握大量史料的基础上，开始了《史记》的撰著。但在五年之后（天汉二年，前99），到他三十七岁时，不幸因李陵案件被罪系狱。次年（天汉三年，前98），又受了残酷的腐刑。过了两年（太始元年，前96），四十岁时，逢大赦出狱，任中书令——宫廷里的宦

“李陵是名将李广的孙子，……本来是在酒泉（今甘肃酒泉）、张掖（今甘肃张掖西北）担任骑都尉一类的官。前99年，汉武帝派遣宠姬李夫人的哥哥贰师将军李广利带领三万骑兵，自酒泉出发，进攻匈奴，……并调派李陵随征。李陵……在浚稽山（今蒙古人民共和国喀尔喀河与土剌河之间，及郅居水之间）被匈奴骑兵包围，……最后，战败中被俘，投降了匈奴。”

“司马迁认为——李陵当时力竭投降，还可以找机会立功报答国家。……司马迁替李陵辩护，……武帝听了……大为恼怒……，司马迁被投入监狱。”

“过了一年，投降匈奴的李绪正在为匈奴练兵，误传为李陵。汉武帝十分大怒，下令把李陵的妻子、儿女和母亲都杀了。司马迁也受到牵连，被……定了一个死罪。”

“当时法律规定，判处死刑的人，可以用钱来赎罪，或者是受‘腐刑’都可以免死。司马迁官微家贫，拿不出巨款，又得不到亲友的帮助，不得不接受腐刑。”

“李陵投降的话出于李夫人手下[illegible]。”

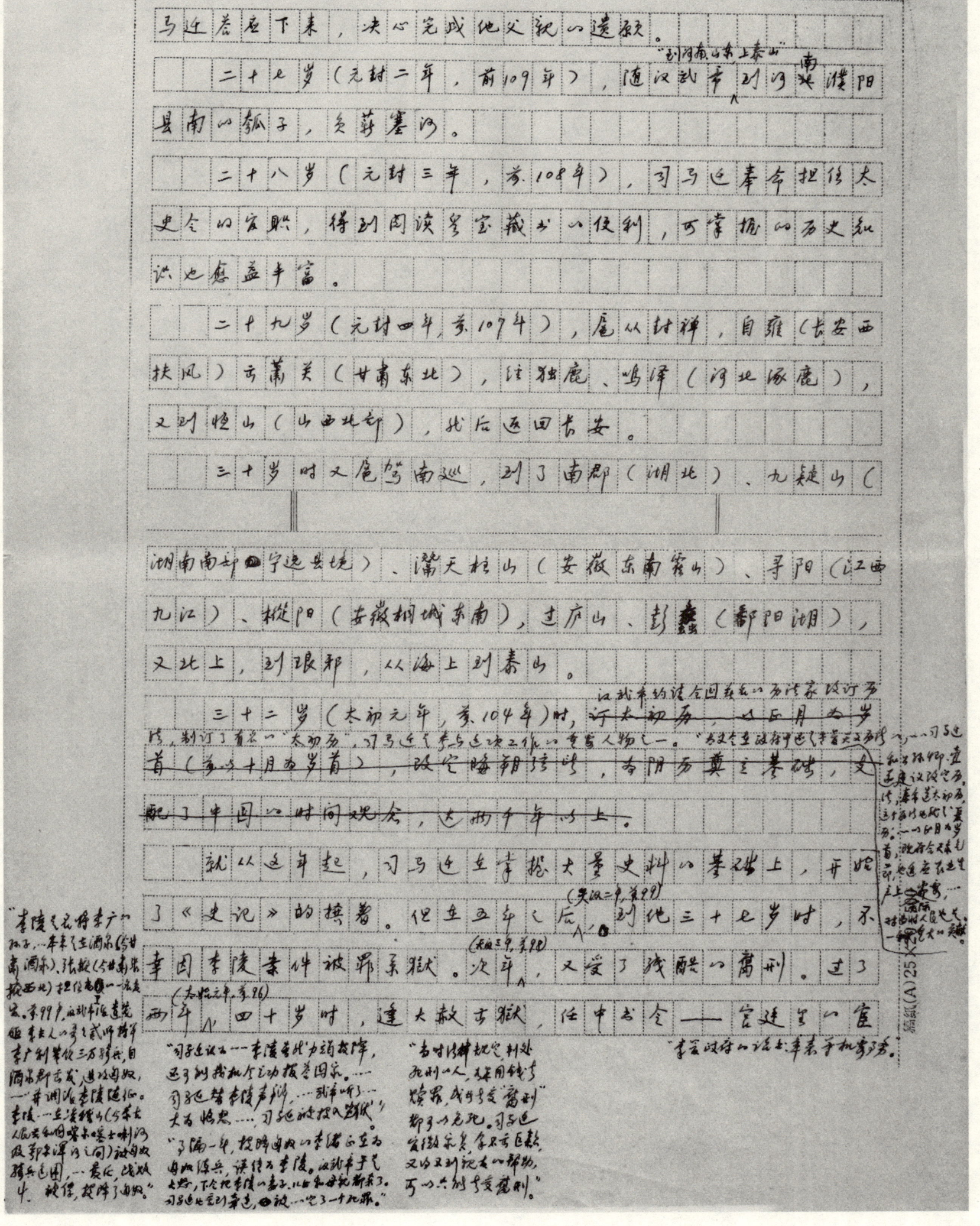

稿纸(A)25×

杨翼骧先生

中国史学史手稿存真

“中书令”虽然是一个显贵的官职，却并不是一个有尊严的职位。他的性质已成为很低贱的。……

官。这时的司马迁自然怀着极大的悲愤，但为了完成《史记》的撰著，仍然忍受着深深的痛苦，执笔写作。

四十五岁（前91年）时，司马迁在给他的朋友任安的信中详述他的心情，说：“顾自以为身残处秽，动而见尤，欲益反损，是以抑郁而无谁语。……若仆大质已亏缺，虽材怀随、和，行若由、夷，终不可以为荣，适足以发笑而自点耳。……故祸莫憯于欲利，悲莫痛于伤心，行莫醜于辱先，而诟莫大于宫刑。刑馀之人，无所比数，非一世也，所从来远矣。……夫中材之人，事关于宦竖，莫不伤气，况慷慨之士乎。……所以隐忍苟活，幽于粪土之中而不辞者，恨私心有所不尽，鄙没世而文采不表于后也。……盖西伯拘而演周易，仲尼厄而作春秋，屈原放逐迺赋离骚，左丘失明厥有国语，孙氏膑脚兵法修列，不韦迁蜀世传吕览，韩非囚秦说难孤愤，诗三百篇，大抵贤圣发愤之所为作也。此人皆意有所郁结，不得通其道，故述往事思来者。及如左丘明无目，孙氏断足，终不可用，退论书策以舒其愤思，垂空文以自见。仆窃不逊，近自托于无能之辞，网罗天下放失旧闻，考之行事，稽其成败兴坏之理，凡百三十篇，亦欲以究天人之际，通古今之变，成一家之言。草创未就，适会此祸，惜其不成，是以就极刑而无愠色。仆诚以著此书，

（文选：鄙下有“陋”字，属上句读。）

（文选：及作乃）

（文选：事下有“综其终始”四字。）

（文选：“理”作“纪”，“纪”下有“上计轩辕，下至于兹，为十表，本纪十二，书八章，世家三十，列传七十”二十六字。）

稿纸（A）25×20=500

5.

藏之名山，传之其人，通邑大都，则仆偿前辱之责，虽万被戮，岂有悔哉？”（《报任安书》）

《史记》中的记载最晚而可信出自司马迁之手者，为汉武帝征和三年（前90年）李广利降匈奴了，见《匈奴列传》。大概在这年以后，司马迁就死了，至于怎么死的，史无明文，难以确知。裴骃《史记集解》（《太史公自序》）引卫宏《汉(书)旧仪注》云：“司马迁作景帝本纪，极言其短及武帝过，武帝怒而削去之。后坐举李陵，陵降匈奴，故下迁蚕室。有怨言，下狱死。”这条记载的著大年载~~但此说~~不可据信，王鸣盛已驳之。但最后的有怨言，下狱死。还是可信的。《汉书·司马迁传赞》云：既陷极刑之后，又说他不能保全其身……

司马迁死后，他的《史记》到(汉)宣帝始传于世。

“史记这本书，从公元前108年司马迁任太史令准备材料起，到前91年完成，共18年。从前104年正式动笔算起，也有十四年。若果把他二十岁后就在积极进行着的搜集材料，实地采访，以及全书写成后的删订、修改等工作加在一起，……实是花费了四十年时间。”

《汉书·司马迁传》云：“迁既死后，其书稍出。宣帝时，迁外孙平通侯杨恽祖述其书，遂以布焉。”

“司马迁的著述，除了史记之外，相传还有历书一卷（一说不是司马迁所著），未见妙论一卷，文集二卷和辞赋八卷，今大都已经散佚。”

“司马迁的儿子，名字没有留传下来。据说是因为司马迁受了腐刑，发了怨言，所以统治者不再任用他的子孙做史官。司马迁有个女儿，嫁给杨敞。杨敞后来做到了大司农。……杨恽——司马迁的外孙，是一个有才能的文学家，史记就是由他传布开来的。”

司马迁是我国历史上伟大人物之一，综观他的一生，有如下几个特点：

一是学识渊博。司马迁~~博读群书~~除精通史学外，对文学、哲学、天文、历法，也都有很深的研究。~~知识面很广~~。他写的《史记·天官书》，是我国古代天文学的第一篇总结。他参与了汉武帝太初元年（前104年）制订“太初历”的工作，这个历法是我国古代最著名的历法之一，以正月为岁首（前以十月为岁首），晦朔弦望，为阴历奠立基础，支配了中国的时间观念达两千

稿纸(A)25×20=500

6.

年以上。他的《史记》不但是史学著作，也是优秀的文学作品；其中的许多论说，又证明他是唯物的哲学思想家。所以，司马迁是我国古代的史学家、文学家、思想家、天文学家、历法学家，是一位有多方面成就的学者。

二是见闻广阔。司马迁不但有渊博的书本知识，而且从二十岁起到三十岁的十年间，屡次外出，到过许多地方。以当时汉帝国的疆域来说，他的足迹几乎遍及各个地区；即以现在中国的~~疆域~~省区来说，~~除了吉林、黑龙江、新疆、青海、贵州、广东、广西、福建、台湾之外，他都到过了。~~他到过陕西、甘肃、内蒙、山西、辽宁、河北、山东、河南、湖北、湖南、江西、安徽、江苏、浙江、四川、云南共十六省区。他每到一地，不只欣赏风景，而是留心于山川分布、~~流~~源流、地理形势，探访古迹，考察社会经济情况，了解风俗人情，接触各阶层人士，搜集史料，做了细致的调查研究工作。清人顾炎武云："读万卷书，行万里路。"司马迁可以当之无愧。

三是他是一个富有正义感和爱国热情的人。从他的著作里，可以看出他对于暴虐的君主，祸国的奸臣，残酷的官吏以及邪恶的小人，都表示了强烈的憎恨和斥责，而对于忠贞爱国，有功于人民，反抗压迫、不畏强暴、豪侠义气的人，则表示了高度的称赞。我们读他的书，可以想见其高尚的人格，正直的性情，表彰正义、斥斥邪恶的作风，实为品质优良的学者。

他表彰齐桓公的"存亡继绝"（《齐太公世家》），赞扬"宋襄公修行仁义"，"有礼让"（《宋微子世家》），他对孝文帝极力称赞（《孝文本纪》）。

稿纸(A)25×20=500

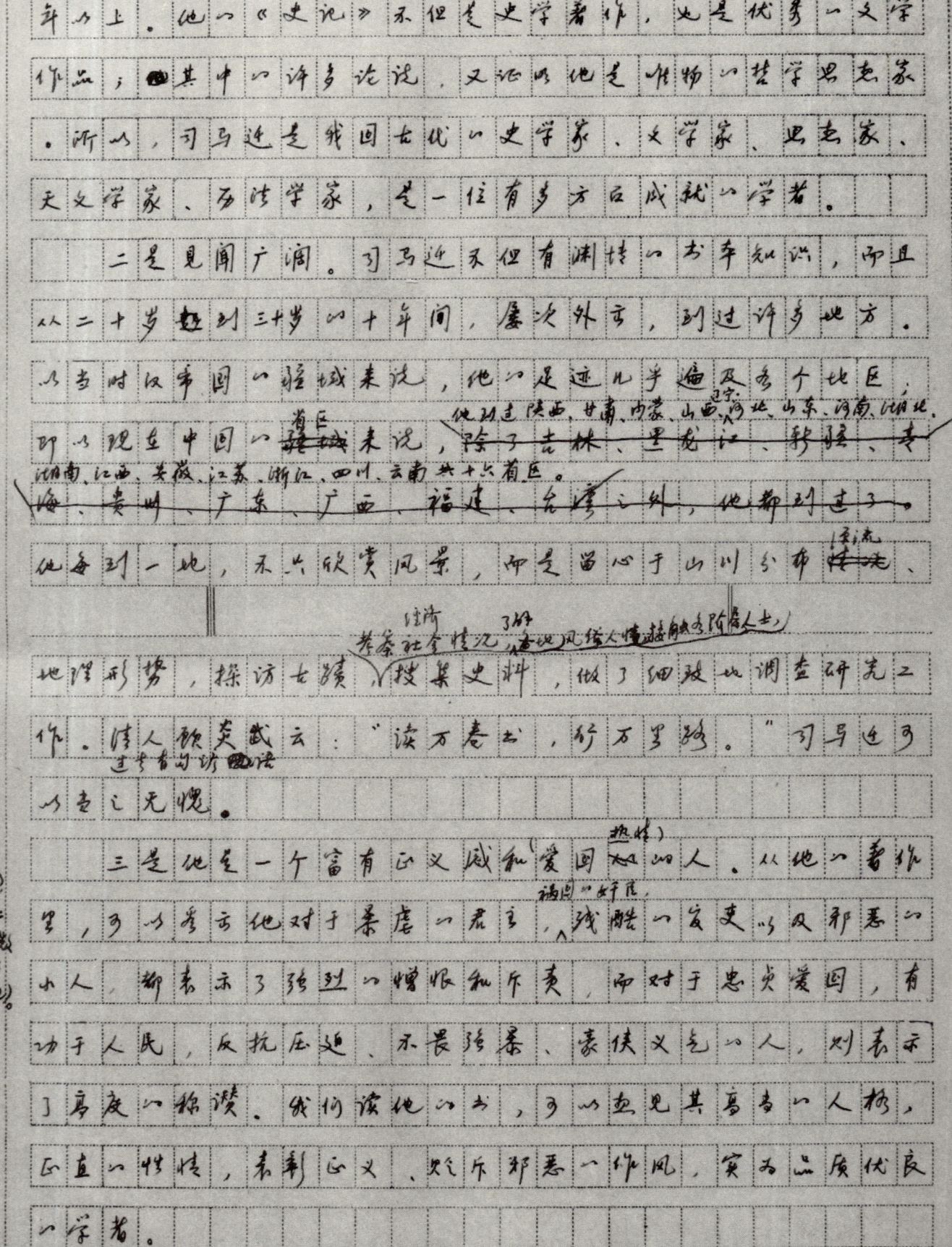

四是他是一个有理想、有志气、有毅力的人。他为了写出一部通贯古今的历史书，花费了二十多年的功力，搜集了丰富的资料，精心撰著，而且在遭受了残酷的腐刑之后，仍能含辱忍痛，矢志不渝地继续完成这部伟大的著作，终于给后人留下了宝贵的史学财富，作出了不朽的贡献。假使他在受刑之后灰心丧气而放弃写作，岂非莫大的损失！他这种顽强的毅力，为史学而艰苦奋斗的精神，是非常值得敬仰的。

二、《史记》的体例、内容与价值

《史记》~~原名《太史公书》~~一书，原无固定的名称，或称《太史公》（汉书艺文志），或称《太史公记》（汉书杨恽传、风俗通卷一、卷六），或称《太史公书》（汉书宣元六王传、班彪论略、王充论衡），或称《太史记》（风俗通卷二），自东汉桓帝时始称《史记》。（参阅陈直《太史公书名考》，载《文史哲》1956年6月号。）荀悦《汉纪》卷14及《三国志·王肃传》均称《史记》，自此《史记》便成为固定的书名了。

梁玉绳史记志疑："盖史公作书不名史记。史记之名，当起叔皮父子，观汉五行志及后书班彪传可见。盖取古史记之名以名迁之书，尊之也。"

《史记》~~包括~~叙述了从黄帝时期到汉武帝时期共约三千年的历史，是一部通史，包括本纪、表、书、世家、列传五部分，共有一百三十篇，总计五十二万六千五百字。

本纪十二篇，有《五帝本纪》（五帝为黄帝、颛顼、帝喾、尧、舜，据传说记载，没有年代。）、《夏本纪》（略叙，略有年纪）、《殷本纪》（略有年纪）、《周本纪》（文王以后纪年，至周赧王五十九年（前256）卒。）、《秦本纪》（

25×20=500

8

秦襄公至秦始皇以前。周赧王卒后无统34年，秦实灭六国，统一天下，故纪之。）、《秦始皇本纪》（包括秦始皇及秦二世。）、《项羽本纪》（自秦子婴亡至汉高称帝，中间无统者四年，而秦子婴、封诸王者为项羽，故列为本纪。）、《高祖本纪》、《吕后本纪》（不立惠帝纪而立吕后纪者，以惠帝既为虚君，惠帝死后，吕后实以母后即帝位，故纪之。）、《文帝本纪》、《景帝本纪》、《今上本纪》（~~原作~~今上即汉武帝，原称"今上本纪"，见《太史公自序》，今本本作"孝武本纪"，盖此篇亡阙，后人取封禅书以补之者也。）。在十二本纪中，有七篇叙汉以前事，五篇叙汉事。

秦始皇元年即前246年

杨燕起：《司马迁关于"势"的思想》：（人文杂志，1983.5.）
「应该说，司马迁为之立本纪者，着眼点不是"天子"而是主宰天下一大势者。……本纪乃记述某一历史时期之势之掌握者之迹的一种体裁。十二本纪中历来有争议的有五帝本纪、秦本纪、项羽本纪、吕后本纪四篇，而这四篇正充分体现了司马迁着眼于天下大势的思想。」

本纪是按历代帝王世系年代的顺序记载社会国家大事的，使人了解中国历史发展的线索。裴松之《史目》云："天子称本纪。……本者，系其本系，故曰本。纪者，理也。统理众事，系之年月，名之曰纪。"司马贞《史记索隐》云："本其事而纪之，故曰本纪。"刘知几《史通·本纪篇》云："盖纪者，纲纪庶品，网罗万物，考篇目之大者，其莫过于此乎？及司马迁之著《史记》也，又列天子行事，以本纪名篇。后世因之，守而勿失。……盖纪之为体，犹《春秋》之经，系日月以成岁时，书君上以显国统。"

宋人林駉：《古今源流至论·史学》："子长一书之系于天下则谓之纪。"

刘咸炘：《史学述林·史体论》："本纪者一书之纲，收一时势之所集，无择于王、伯、帝、后。"

吕思勉按云："为天子而后可称纪"乎？以"正统僭伪之别，亦后世始有。"（《史通评·内篇·本纪》）

刘咸炘：《太史公书知意》："古之纪但取事势所归，以为一时之纲领，初无正统之嫌。"

表十篇，是以表格的形式，按时间顺序来排列帝王

稿纸(A)25×20=500

9.

"从十表看，司马迁将他所写的中国通史，已划分为春秋及其以前、战国、秦楚之际及汉代四个阶段了。"（杨燕起：《司马迁关于势的思想》，人文杂志1983.5）

诸侯将相的爵位和简要事迹的。《史记·三代世表索隐》："应劭云：'杂其事而见之，按《礼》有表记。'而郑玄云：'表，明也，谓事微而不著，须表明也，故言表。'"

《史记》的表分世表、年表、月表三种，其中主要的是年表，按年来表明史事，有《十二诸侯年表》、《六国年表》、《汉兴以来诸侯年表》、《高祖功臣侯者年表》、《惠景间侯者年表》、《建元以来侯者年表》、《王子侯者年表》、《汉兴以来将相名臣年表》。世表只有《三代世表》，三代本指夏、殷、周三代，但是记载黄帝到西周共和元年以前的世系，实际是五帝三代世表。因为这时期年次不明，只能按世系次序列为世表。月表是按月来排列史事的，只有《秦楚之际月表》，表列秦二世元年（前209）到汉五年（前202）共八年间的事迹，因为秦楚之际政治变化急剧复杂，仅按年排列则不足以表明，所以逐月排列为月表。《史记·太史公自序》说："八年之间，天下三擅，事繁变众，故详著《秦楚之际月表》。"表的功用在于"使读者阅文便睹，举目可详。"（《史通·杂说上篇》）简明概括历史事迹。

书八篇，是分别记载天文、历法、地理、经济情况及典章制度的，《史记·礼书索隐》云："书者，五经六籍总名也。此之八书，记国家大体。"八书的名目及内容是：《礼书》——~~记载历代礼仪~~；《乐书》——；《律书》——即兵书；《历书》——历法；《天官书》——是汉以前天文学

稿纸(A)25×20=500

知识的总结；《封禅书》—记载帝王宗教迷信。《史记封禅书正义》："此泰山上筑土为坛以祭天，报天之功，故曰封。泰山下小山上除地，报地之功，故曰禅。"《河渠书》—记述水利工程。先言夏禹治水之源流，次言战国秦汉治渠之利害，正以知历代水利之由。历述治河修渠之情况。《平准书》—记经济。

史记索隐："世家者，记诸侯本系也。"

世家三十篇，可分为四类：一类是记载西周、春秋、战国时期诸侯国的历史，如《吴太伯世家》、《齐太公世家》、《鲁周公世家》、《晋世家》、《楚世家》、《郑世家》、《韩世家》、《赵世家》、《魏世家》等；一类是记载汉朝宰相及功臣侯的事迹，如《萧相国世家》、《曹相国世家》、《留侯世家》、《陈丞相世家》等；一类是记述在历史上有特殊地位的人物，如《孔子世家》、《陈涉世家》。孔子"为天下制仪法，垂六艺之统纪于后世。"（《史记·太史公自序》）在文化上有重大的影响。陈涉（即陈胜），"秦失其政而陈涉发迹，诸侯作难，风起云蒸，卒亡秦族，天下之端，自涉发难。"（《史记·太史公自序》）"陈胜虽已死，其所置遣侯王将相竟亡秦，由涉首事也。"（《史记·陈涉世家》）推翻秦朝的事件是由陈涉倡导的，在政治上有重大的作用。一类是记载汉朝皇室的外戚和宗族的，如《外戚世家》、《楚元王世家》、《五宗世家》、《三王世家》等。

稿纸(A)25×20=500

11.

司马迁在《太史公自序》中谈到他写《史记》时说：“……凡百三十篇，五十二万六千五百字。”篇数、字数都有确切的统计，当此是已经完成了。但《汉书·司马迁传》说：“而十篇缺，有录无书。”颜师古注引张晏曰：“迁没之后，亡景纪、武纪、礼书、乐书、兵书、汉兴以来将相年表、日者列传、三王世家、龟策列传，傅靳列传。元成之间（前48—前7）褚先生补缺，作武帝纪、三王世家、龟策、日者列传，言辞鄙陋，非迁本意也。”吕祖谦说：“以张晏所列亡篇之目，校之《史记》，或其篇俱在，或草具而未成，非皆无书也。……（惟武帝纪一篇亡）……方班固时，东观兰台所藏，十篇虽皆有录无书，正如古文尚书，两汉诸儒皆未尝见，至江左始盛行，固不可以其晚出，遂疑为伪也。”（王应麟汉书艺文志考证）王鸣盛以为“汉书所谓十篇有录无书者，今惟武纪灼然全亡，三王世家、日者、龟策传为未成之笔，但可云缺，不可云亡，其余皆不见所亡何文。”（十七史商榷卷一《史记十篇有录无书》条）赵翼以为“史公已订成全书，其十篇之缺，乃后人所遗失，非史公未及成而有待于后人补之也。”（廿二史劄记）

《史记》叙事从黄帝时期开始，是没有问题的。但叙事止于何年，则是历来争论不决的问题。而且在《太史公自序》中也有两种不同的说法，一是“卒述陶唐以来，至于麟止，自黄帝始。”《汉书·扬雄传》和《后汉书·班彪传》也都说《史记》记事止于获麟。一是“余述历黄帝以来，至于太初而讫。”《汉书·叙传》也说《史记》“太初后阙而不录”。《汉兴以来诸侯年表》及《建元以来王子侯者年表》，都讫于太初四年。按获麟在汉武帝元狩元年冬十月（前122年），太初四年（前101），二者相距二十一年。但是，《汉书·司马迁传赞》说：“述楚汉春秋，接其后事，讫于天汉。”裴骃《史记集解》及司马贞《史记索隐》，都主此说。天汉接太初之后，共四年，天汉四年（前97年）距获麟之年为二十五年。若从《史记》所记载来看，说法更多，如有人根据《曹相国世家》末言：“征和二年中，宗坐太子死，国除。”（《史记会注考证》：“征和二年以下十二字，后人妄增，当删。”）认为讫于征和二年（前91年）。王国维认为《史记》记事最晚而确实出于司马迁手笔者，为《匈奴列传》中李广利于征和三年降匈奴事，则讫于征和三年（前90年）。（此与司马迁卒年有关）而《建元以来侯者年表》末附褚先生曰：“太史公记事，尽于孝武之事。”则讫于汉武帝后元二年（前87年）。但是，在今本《史记》中还有一些记载汉武帝以后之事迹的，如《酷吏传》载杜周捕治桑弘羊昆弟子事，在昭帝元凤（前80—前75）；《楚元王世家》载宣帝地节二年（前68）中人上书告楚王谋反。《齐悼惠王世家》载成帝建始三年（前30年）城阳王景卒，同年菑川王横卒。《将相名臣表》武帝后续以昭宣元成四帝，直至成帝鸿嘉四年（前20年）。这都非史公手笔，乃后人所补窜无疑矣。

稿紙(A)25×20=500

《史记》是一部有特殊价值的史书，对于史学有非常伟大的贡献，归纳起来约有~~他的特殊价值在于~~以下几个方面：

(一)开创了纪传体的体例

包括本纪、表、书、世家、列传五个部分的纪传体，是司马迁创立的一种进步的历史著作体例。用这种体例写成的历史书，其内容是大为丰富了，受到人们前所未有的重视，史学在学术中的地位也显著提高。这种体例的创立在史学史上具有划时代的意义，是司马迁对史学建立的不朽的功绩。

当然，司马迁创立纪传体，并不是他凭空想出来的，而是有其根据和渊源的。在他~~《史记》~~以前，本纪、世家、列传、表、书这五种体裁都已~~分别~~单独存在了，在《史记》里曾经分别提到。如《大宛列传赞》云："《禹本纪》言河出昆仑。"又云："《禹本纪》及《山海经》所有怪物，余不敢言之也。"《卫世家》云："余读《世家》言。"《伯夷列传》云："其《传》曰：'伯夷、叔齐，孤竹君之二子也。'"是古有《伯夷叔齐传》。~~西晋时汲冢发现的《穆天子传》，司马迁虽未见过，但可证明战国时已有史家为一个人作传的体裁了~~。表在以前称为谱、牒、牒记，谱牒、历谱牒等，司马迁改名为表，如《史记·三代世表序》

稿纸(A)25×20=500

15.

云："自殷以前，诸侯不可得而谱，周以来乃颇可著。"又云："余读《谍记》，黄帝以来皆有年数，稽其《历谱谍》、《终始五德》之传。"《十二诸侯年表序》云："太史公读《春秋历谱谍》。"又云："《谱谍》独记世谥，其辞略。"东汉桓谭说："太史公《三代世表》，旁行斜上，并效周谱。"（《梁书·刘杳传》引）这都说明了表的来源。而且战国末年人所著的《世本》，其中也有谱的体裁。书的名称本于《尚书》，《尚书》中的《尧典》、《禹贡》、《洪范》等篇有关于天文、历象、礼乐、刑律、祭祀以及地理、谷殖等的记载；《世本》也有《居篇》、《作篇》；司马迁在《史记》中列八书以记载天文、地理及各种典章制度，也是沿用前人著作中的体裁。由此可见，若就本纪、世家、列传、表、书每一种体裁来说，在司马迁以前都已单独出现了，但是，司马迁把这五种体裁综合起来，成为一部书的体例，能把各种繁散的、零乱的历史资料分类归纳记载，因而扩大了记录范围，丰富了史书的内容，发挥了更大的作用，便是司马迁的创造性贡献了。

司马迁创立纪传体，促进了史学的发展，给予后世以深远的影响。宋人郑樵在《通志总序》里说："司马氏……勤成一书，分成五体：本纪纪年，世家传代，表以正历，书以类事，传以著人。使百代而下，史官不能易其法，学者不能舍其书。"清人赵翼在《廿二史劄记》卷一《各史

稿纸(A)25×20=500

例目异同》里说："司马迁参酌古今，发凡起例，创为全史。本纪以序帝王，世家以记侯国，十表以系时事，八书以详制度，列传以志人物。然后一代君臣政事，贤否得失，总汇于一编之中。自此例一定，历代作史者遂不能出其范围，信史家之极则也。"

（二）《史记》是第一部全面的中国通史。

一部中国通史，应当不仅在时间上贯通古今，而且在空间上（地域上）也要包括全中国的地域。战国时人写的《竹书纪年》，虽然在时间上是贯通古今了，但在空间上未能作到，因它自西周以后专记晋国事，三家分晋后只记魏国事，没有包括当时整个中国的事迹。只有《史记》才第一次从时间和空间上都[illegible]记载了[illegible]中国的历史，是真正的中国通史。

（三）《史记》包括了比较丰富的政治、经济、文化各方面的历史内容。

过去的历史书，如《尚书》、《春秋》、《竹书纪年》、《左传》、《国语》、《战国策》等，都是详于政治史的记载，而经济史和文化史的记载极少。《史记》本纪、表、和世家偏重，则除了政治史外，在书、列传中对于经济史和文化史都有专篇叙述，如叙述国家财政~~经济~~的有《平准书》，叙述包括农工商业的社会经济的有《货殖列传》；叙述文化的有《礼书》、

稿纸(A)25×20=500

17.

《乐书》、《历书》、《孔子世家》、《老庄申韩列传》、《孙子吴起列传》、《仲尼弟子列传》、《孟子荀卿列传》、《屈原贾生列传》、《扁鹊仓公列传》、《司马相如列传》、《儒林列传》等。虽然由于时代及观点的限制，它的记载远不能合乎我们现在的要求，但已明显地表示出对于经济和文化的重视，也确实记载了不少的材料，这和以前的史书比较起来，其内容显然丰富得多了。

（四）《史记》比较广泛地记载了社会上各阶层各种各样的人物。

过去的史书所记载的多是统治阶级上层的人物，对于社会上其他人物的活动则极少叙述。《史记》里所记载的人物就广泛得多了，除了统治阶级上层人物外，还有农民起义领袖、工商业者、哲学家、文学家、医生、卜者、巫者、演员、游侠、刺客等，从这些人物的传记中，比较广泛地反映了社会上多方面的现象。

（五）《史记》比较详细地记载了亚洲各民族国家的历史。

过去的历史书对于中国四周各族各国的情况是很少记载的，随着中国与四周各民族国家的关系的密切，中国人民地理知识的扩大，在这方面的材料已逐渐增多，尤其是战国秦汉以来与中国发生关系最多的匈奴、朝鲜、大宛等，《史记》都有比较详细的记载，成为研究亚洲各国历史的最早的资料。

~~《史记》的价值在古代史籍中是首屈一指~~

（六）《史记》叙事翔实，文字优美，为历史著作的典范。

《汉书·司马迁传赞》云：“自刘向、扬雄博极群书，皆称迁有良史之材，服其善序事理，辨而不华，质而不俚，其文直，其事核，不虚美，不隐恶，故谓之实录。”

苏辙论司马迁文章的特色。

《史记》文笔优美，在文学史上也有不朽的价值，鲁迅称“不拘于史法，不囿于字句，发于情，肆于心而为文。”为“史家之绝唱，无韵之《离骚》”，（鲁迅：《汉文学史纲要》第十篇《司马相如与司马迁》）是历史与文学相结合的典范。

《史记》的价值在古代史籍中是首屈一指的，总的说来是一部~~信史~~内容丰富、叙事真实、文笔生动而且有作者独到见解的良史，但是，在叙述事实上也有它的缺点。东汉初期的班氏父子已指出：“其采经摭传，分散数家之事，甚多疏略，或有抵牾。”（《汉书·司马迁传赞》）若与《汉书》相比较，可知《史记》中删掉或漏记了许多事迹。

殿本史记校刊跋：“尚书臣张照谨言：……其书前后重复互异甚多，读者举矛刺盾，往往而是。原其所以，盖有三焉：一曰：春秋之义，信以传信，疑以传疑。子曰：吾犹及史之阙文。夫与其过而弃之，无宁过而存之。一事而传闻异辞，则并举而互见，不敢以己之臆，横断往古之人，迁之慎也。一曰：迁，武帝之臣也，则尤所称今上

稿纸(A)25×20=500

19.

本纪者，固宜有录无书，其他文字叙至迁作史记时而止者，其文字似未了而义已了，后人不知，妄为增益，于是金鍮莫辨，所谓褚先生者，固不足以述迁之绪，况又未必皆褚先生为之，所以益杂乱而无章也。一曰：迁之为史，祖述春秋，欲春秋之义微矣，迁岂能仿佛万一哉？其体例实迁草创，其为言述古讽今，不专为一代之史，与后代史家专叙一代者不同，且非异代而为之。其所笔削，即本朝之事也，固不得不以微辞见指，而后世或懵焉以为有阙遗而转增益之，或失其指趣而妄加非议。有是三者，是以读史记之难，异于他史。”

赵翼《陔余丛考》云：“史迁网罗旧闻，仅编辑成书，未及校勘，是以当多疏误。”《廿二史劄记》云：“史记列传次序，盖成一篇即编入一篇，不待撰成全书后重为排比，故……其次第皆无意义，可知其随得随编也。”

史记于春秋战国时期之记载，错误很多，而于战国尤甚，近人钱穆曾言“史记实多错误，未可尽据。”（《先秦诸子系年考辨·自序》）“史记载春秋后事最疏失者，在三家分晋、田氏篡齐之际。其记诸国世系错误最甚者，为田齐、魏、宋三国。”又言“史记之误不一端，而有可以类比件附，以例说之者。”如“误以一王改元之年为后王之元年”；“有一王两谥，而

稿纸(A)25×20=500

20.

误分以为两人者"；"有一事之年，误而移之于他人者"；"亦有一人之事，误而移之于他人者"；"有误于一事之年，而未误其并世之时者"；"有其事本不误，以误于彼而遂若误于此者"；"亦有似有据而实无据者"；"有史事有据，而轻率致误者"；"亦有史事无据，而勉强为说以致误者"；"亦有史文特殊，所据异本，未能论定以归一是者"；等。

三、司马迁的治史方法（史料学）

司马迁能写出一部具有高度价值的历史书，是与他的治史方法有密切关系的，他对史料进行了广泛的搜集与精心的审查，我们从《史记》里可以看出他在这方面所下的功夫。主要有以下数点：

（一）广泛搜集文字史料（典籍）

撰写历史不能凭空记述，必须广泛地搜集资料，并进行慎重的整理与选择，以求得历史的真相。撰写一部内容丰富的中国通史，更要全面占有史料，才能对历史作出真实的叙述。司马迁在这方面的功力是很深的，他自十岁起

稿纸(A)25×20=500

21.

张大可《论史记取材》（社会科学（双月刊）（甘肃））："……㊀从载于史记中的资料考司马迁怎样搜求史料……他用多种途径搜求史料，大大超出了文献的范围，……搜求史料的途径，可以归纳为五个方面：(一)紬史记石室金匮之书，即阅读皇家所藏图书档案。……(二)金石、文物、图象及建筑。……(三)游历访问，实地调查。……(四)接触当事人或他人的口述材料。……(五)采集歌谣诗赋、俚语俗谚。此分三项：一是乐府歌谣、文人诗赋，二是民歌童谣，三是俚语俗谚。史记中所载三项资料五十六条，第一项六条，第二项十四条，第三项三十六条。这就说明司马迁大量采录民歌童谣、俚语俗谚，往往标明"谚曰"、"语曰"、"鄙语曰"云云。……这五种途径，第一种阅读皇家所藏图书档案是最基本的一种途径，载于史记中的司马迁所见书共九十六种。……以传统的四部分类归类，列书目于下：(1)六经及其训解书二十四种，存十八，亡五，残一。……(2)诸子百家及方技书四十六种，存16，亡24，残6。……(3)历史地理及汉室档案二十种，存一，亡十九。……(4)文学书六种，存三，亡二，残一。……以上合计96种书，存38种，亡50种，残8种，这本数是存……。值得注意，班氏父子论史记取材，只列了左氏、国语、世本、战国策、楚汉春秋五种，……竟有三种未论及，即世本、战国策、楚汉春秋。……㊁司马迁取舍材料的标准……史记论赞有明确的交代，大体可归纳为：……(一)考信于六艺，折中于夫子。（伯夷列传、孔子世家赞）……司马迁第一个提出了以经书为史料的凡例，……(二)择其言尤雅者，荐绅先生难言之。（五帝本纪赞、仲尼弟子列传赞）……所谓"择其言尤雅者"，司马迁有着明确的解义，……以古文记载的印证，不一、文献记载要经过实地调查的考校，反过来，传闻材料要有古文记载的印证。……第二，对重大历史事件，要经过多种史料进行排比、考校，然后谨慎地取舍、综合。……(三)铨其可说，不书，所有怪物，余不敢言之也。（大宛列传赞）……"铨其说"对天异灾变加以记载；而"说不书"即对风后的说法不加记载。……(四)非天下所以存亡，故不著。（留侯世家、张丞相列传、管晏列传赞、孙子吴起传赞、孟子荀卿列传）……(五)经之传说，杂以传记。（三代世表序、仲尼弟子列传赞）……(六)厥协六经异传，整齐百家杂语。（自序）……"厥协"即综合；"整齐"即删汰别择而纳入"一家之言"中。司马迁取材、"整齐"各种资料，即要通过手法上有四种：①剪裁摘要，②译文补史，③训释文字，④镕铸改写。这四种手法常常交互运用，而以镕铸改写为主。……本文所述，史记取材有着严密的史法义例，字字成一家之言。司马迁取材义例，不仅表现了他的创造精神和卓越史识，而且许多方法至今仍有借鉴意义。"

就逐渐阅读了大量的古籍，又在做了太史令之后，"紬史记石室金匮之书"、"网罗天下放失旧闻"，凡是可以找到的史料，他都完全阅读了。后来东汉时班彪、班固父子说到《史记》的撰著，仅说他"据左氏、国语，采世本、战国策，述楚汉春秋"，这是指主要的几部史书而言，并非只限于此。但是，南宋人郑樵在《通志总序》里也仅说他"会诗、书、左传、国语、世本、战国策、楚汉春秋之言"，并说："至三千年之史籍，而跼蹐于七八种书，所可为迁恨者，博不足也。"这是不符合实际情况的。

司马迁阅读的典籍是很多的，在《史记》里时常提到他所根据的史料，可以知道他[多]

"吾读《秦记》。"（《秦始皇本纪》）

"余读《谍记》，……稽其历谱谍。"（《三代世表》）

"余每读《虞书》。"（《乐书》）

"余读《春秋》古文，知中国之虞，与荆蛮句吴乃兄弟也。"（《吴太伯世家》）

"吾读管氏《牧民》、《山高》、《乘马》、《轻重》、《九府》及《晏子春秋》，详哉其言之也。既见其著书，欲观其行事，故次其传。"（《管晏列传》）

"余读《司马兵法》，闳廓深远，虽三代征伐，

稿纸(A)25×20=500

22.

未能竟其意、为其文也。"(《司马穰苴列传》)

"余以弟子名姓文字，悉取《论语》弟子问，并次为篇，疑者阙焉。"(《仲尼弟子列传》)

"余尝读商君《开塞》、《征战》书。"(《商君列传》)

"余读《孟子》书。"(《孟子荀卿列传》)

"余读《离骚》、《天问》、《招魂》、《哀郢》，悲其志。"(《屈原贾生列传》)

"余读陆生《新语》书十二篇，固当世之辩士。"(《郦生陆贾列传》)

"余读《功令》。"(《儒林列传》)

总之，从《史记》的内容可以看出，举凡自古以来的典籍，诸子百家的著作，历代学者的文章，以及一切典章制度，公文法令，图表、表册、档案，轶事旧录，他都采用为著作《史记》的资料了。诚如东汉初年的史学家班彪所说："采获古今，贯穿经传，至广博也。"(《后汉书·班彪传》)至于南宋郑樵所说司马迁"博不足也"的话，是错误的。

泰山石刻、琅邪石刻、之罘石刻，见秦始皇本纪。

(二)实地考察

司马迁行踪很广，已见前述。他每到一地，必留心考察地理、风俗、古迹、名胜等，以实际情况与典籍的记载相对证，并补充书本材料之不足。他的著作不仅是坐在书

到过长江流域、珠江流域和黄河流域的许多地方。"他[illegible]为了游山玩水，而是…作为史的调查研究工作。他走遍各地，实地考察了秦汉之际大小战役的地理环境，采访了许多史料，熟悉了人民的生活习惯。他随时随问随记，很用功，很细心，观察力又很敏锐。就这样，通过长期多次游历祖国的名山大川和历史胜地，开拓了眼界，扩大了胸襟，也积累了无数宝贵的历史资料，为他后来写作史记奠定了基础。"

23、

稿纸(A)25×20=500

旁的写的，而且费了许多实地调查研究的功夫。在《史记》里时常谈到他实地考察的结果，如

"余尝西至空峒，北过涿鹿，东渐于海，南浮江淮矣。至，长老皆各往往称黄帝、尧、舜之处，风教固殊焉。"（《五帝本纪》）

"余从巡祭天地诸神名山川而封禅焉，入寿宫，侍祠神语，究观方士祠官之意，于是退而论次。"（《封禅书》）

"余南登庐山，观禹疏九江，遂至于会稽、太湟，上姑苏，望五湖；东窥洛汭大邳，迎河行淮泗、济、漯、洛渠；西瞻蜀之岷山及离碓；北自龙门至于朔方。曰：甚哉！水之为利害也。"（《河渠书》）

"吾适齐，自泰山属之琅邪，北被于海，膏壤二千里，其民阔达多匿知，其天性也。"（《齐太公世家》）

"余读孔氏书，想见其为人。适鲁，观仲尼庙堂，车服礼器，诸生以时习礼其家。余祗回留之不能去云。"（《孔子世家》）

"余登箕山，其上盖有许由冢云。"（《伯夷列传》）

"吾适楚，观春申君故城宫室，盛矣哉！"（《春申君列传》）

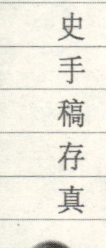

除文字资料外，还参考到许多文物（实物）以及其他各地的古迹、遗物等。

稿纸(A)25×20=500

"余……适长沙，观屈原所自沈渊，未尝不垂涕，想见其为人。"（《屈原贾生列传》）

"吾适北边，自直道归，行观蒙恬所为秦筑长城亭障，堑山堙谷，通直道，固轻百姓力矣。"（《蒙恬列传》）

司马迁不仅有书本上的地理知识，而且在实地考察的过程中增长了实际的感性知识，这不仅使他的叙述符合实际情况，而且更加具体生动。顾炎武《日知录》说："秦汉之际，兵所出入之途，曲折变化，唯太史公序之如指掌。……盖自古史书兵事地形之详，未有过此者。太史公胸中固有一天下大势，非后代书生之所能几也。"

在蒙恬列传中，司马迁还~~……~~叙述了当地的时代条件、地理环境，而交待说对于人民生产、生活的影响，也是经过实地考察、调查研究得来的。

（三）亲身访问

司马迁在出外游历和平时交往中，常常亲身访问史事，以亲见亲闻的材料来丰富其著作的内容，并解决阅读典籍时存在的疑问。在《史记》里也有不少这种例子。如：

"吾闻之周生曰：'舜目盖重瞳子'。又闻项羽亦重瞳子，羽岂其苗裔邪？"（《项羽本纪》）

"吾闻冯王孙曰：'赵王迁，其母倡也，嬖于悼惠王。'"（《赵世家》）

稿纸（A）25×20=500

25.

荆轲刺秦王的情况，"当时目击者有秦始皇的侍医夏无且，司马迁父亲的朋友公孙季功、董生都曾和夏无且交游，史记这部分记载，可能就是他从父亲那儿听来的，所以写得非常生动精采。"

又如郦生陆贾传赞、田叔列传赞、卫将军骠骑列传赞、项羽本纪、留侯世家赞、李将军列传赞、游侠列传赞都有亲见亲闻的材料。

"吾适故大梁之墟，墟中人曰：'秦之破梁，引河沟而灌大梁，三月城坏，王请降，遂灭魏。'"（《魏世家》）

"吾尝过薛，其俗闾里率多暴桀子弟，与邹鲁殊。问其故，曰：'孟尝君招致天下任侠奸人入薛中，盖六万余家矣。'世之传孟尝君好客自喜，名不虚矣。"（《孟尝君列传》）

"吾过大梁之墟，求问其所谓夷门。夷门者，城之东门也。"（《信陵君列传》）

魏公子

尤以汉朝初年的史迹，得之于亲身访问和亲见亲闻者更多，如

"吾如淮阴，淮阴人为余言：'韩信虽为布衣时，其志与众异。其母死，贫无以葬，然乃行营高敞地，令其旁可置万家。'余视其母冢，良然。"（《淮阴侯列传》）

"吾适丰沛，问其遗老，观故萧、曹、樊哙、滕公之家及其素，异哉所闻！方其鼓刀屠狗卖缯之时，岂自知附骥之尾，垂名汉庭，德流子孙哉？余与他广通，为言高祖功臣之兴时若此云。"（《樊郦滕灌列传》。《索隐》云："案他广，樊哙之孙，后失封。盖尝访太史公序萧、曹、樊、滕之功悉具，则从他广而得其事，故备也。"）

除了他自己亲身访问之外，还有他父亲访问得来的材料。

稿纸(A)25×20=500

武帝时的人和事，他亲见亲闻的，如

"武帝立，求贤良，举冯唐。唐时年九十余，不能复为官，乃以唐子冯遂为郎。遂字王孙，亦奇士，与余善。"（《张释之冯唐列传》）

"余睹李将军悛悛如鄙人，口不能道辞。"（《李将军列传》）

"吾视郭解，状貌不及中人，言语不足采者。"（《游侠列传》）

又如

"余至江南，观其行事，问其长老，云龟千岁乃游莲叶之上，蓍百茎共一根。又其所生，兽无虎狼，草无毒螫。江傍家人常畜龟，饮食之，以为能导引致气，有益于助衰养老。"

其他如关于游侠、刺客的故事，也有很多是不见于典籍，是亲身访问得来的。

（四）慎重取舍史料

司马迁虽然占有了大量的史料，但并非把所有的史料都写在《史记》里，而是在引用时经过慎重地鉴别和选择之后，才决定取舍的。对于不可靠的传说和记载，则舍弃不用，在《史记》里常对此有所说明，如

稿紙(A)25×20=500

27.

"学者多称五帝，尚矣！然《尚书》独载尧以来，而百家言黄帝，其文不雅驯（自序索隐作"雅纯"），荐绅先生难言之。"（《五帝本纪》）

"故言九州，《尚书》近之矣。至《禹本纪》、《山海经》所有怪物，余不敢言之也。"（《大宛列传》）

"（张良）所与上（刘邦）从容言天下事甚众，非天下所以存亡，故不著。"（《留侯世家》）

"燕齐之事，无足采者。"（《三王世家》）

这里可以看出司马迁对于"不雅驯"、"怪物"、"非天下所以存亡"的史料，是不予采纳的。

对于远古时期的情况，因缺乏史料，只好阙记。这在《史记》里屡次提到，如

"神农以前尚矣。"（《历书》）

"自高辛氏以前尚矣，靡得而记云。"（《平准书》）

"五帝三代之记尚矣！"（《三代世表》）

"殷以前尚矣！"（《汉兴以来诸侯年表》）

"夫神农以前，吾不知已。"（《货殖列传》）

"唐虞以上，不可记已。"（《龟策列传》）

由于远古史料缺乏，所以《五帝本纪》记载很少，仅有三千八百六十一字。

稿纸(A)25×20=500

28.

还有一些史迹，在资料中有多种不同的记载，难以判断孰是孰非，对于这种疑似难明的材料，则仍然并列保存，以待后人解决，所谓"疑则传疑，盖其慎也。"（《三代世表》）如

"或曰：老莱子，亦楚人也。著书十五篇，言道家之用，与孔子同时云。盖老子百有六十余岁，或言二百余岁，以其修道而养寿也。自孔子死之后，百二十九年，而史记周太史儋，见秦献公曰：'始秦与周合而离，离五百岁而复合，合七十岁而霸王者出焉。'或曰：儋即老子；或曰：非也。世莫知其然否？"（《老庄申韩列传》）

张守节史记正义云："'盖'、'或'，皆疑辞也。世不的知，故言'盖'及'或'也。"）

又如

"盖墨翟，宋之大夫。善守御，为节用。或曰并孔子时，或曰在其后。"

这诚如司马贞《史记索隐》所说："太史公闻疑传疑。事难的据，欲使两存。"

司马迁还说："疑者阙之。"（《高祖功臣侯年表》）"疑者阙焉。"（《仲尼弟子列传》）从《史记》的内容来看，司马迁对史料的取舍是煞费苦心的。

稿纸(A)25×20=500

29.

四、司马迁的历史观点

司马迁以深厚的功力写成了内容丰富的第一部中国通史，其中除了记载史实外，还表达了明确的历史观点。这些历史观点，都是在他对历史作了细心研究之后的论断，~~所谓~~有些是"寓论断于序事"，有些则是明白阐述的。

(一)对于历史发展规律的看法

司马迁对于历史发展规律的看法，总起来说是一个"变"字。他在~~《报任安书》~~及《太史公自序》中谈到他著《史记》的目的之一是"通古今之变"，又说："礼乐损益，山川改易，兵权、山川、鬼神、天人之际，承敝通变，作八书。"又说作《礼书》的目的是"略协古今之变"，又说"作《平准书》以观事变"。他在《平准书》中也说："物盛则衰，时极而转，一质一文，终始之变也。"他把古往今来的历史认为是不断变化的，可说是一种"历史变化论"。

杨燕起：司马迁关于势的思想："司马迁关于势的思想，帮助他形成一种社会历史发展规律性的认识。……他在关于在人的主观因素之外存在着社会历史的客观力量，这种客观力量对历史的实际发展是有一定的支配作用，人们只有顺应这个客观力量才能取得事业的成功和发展，以及人的智谋能力的认识又可在一定的历史条件下作用于这个客观力量的见解，都是极为深刻的思想，它都来于变化。"

司马迁在论述历史发展的时候，常用变化的观点来作说明。但他认为历史的变化不是偶然的，突然的，而是有多方面的原因和经历一定的过程的。他说："变所从来，亦多故矣。"（《郑世家》）"故曰：臣弑君，子弑父，非一旦一夕之故也，其渐久矣。"（《太史公自序》）正因为如此，必须掌握、考察历史事件的全部过程，才能了解历史变化的情况及历史发展的规律。他说："网罗天下放失旧闻，王迹所兴，原始察终，见盛观衰。"（《太史公自序》）"

稿纸(A)25×20=500

30.

于是谱其终始，表见其文。"（《高祖功臣侯年表》）"儒者断其义，驰说者骋其词，不务综其终始。"（《十二诸侯年表》）"学者牵于所闻，见秦在帝位日浅，不察其终始，不敢道。"（《六国表》）所谓"谱其终始"，就是要掌握历史过程的可靠资料（情况），"综其终始"，就是要全面了解历史演变的情况；"察其终始"，就是考察历史过程的变化~~及其原因和结果~~。只有"原始察终"，才能"见盛观衰"，才能了解变化的原因和结果。他在论述夏商周三代以迄秦汉盛衰的变化~~的情况~~时说："夏之政忠，忠之敝，小人以野，故殷人承之以敬。敬之敝，小人以鬼，故周人承之以文。文之敝，小人以僿，故救僿莫若以忠。三王之道若循环，终而复始。周秦之间可谓文敝矣，秦政不改，反酷刑法，岂不缪乎？故汉兴，承敝易变，使人不倦，得天统矣。"（《高祖本纪赞》）他评论秦的统一，从秦微弱时说起，历叙■六国势力的消长变化，直到秦统一的成功，得出结论说："秦取天下多暴，然世异变，成功大。"（《六国表序》）（"世异变，成功大"的意思是：社会经过了异常的变化，所以成功也大。）他在评论汉武帝时期经济情况的变化时说："物盛而衰，固其变也。"（《平准书》）这都是以变化的观点来解释，说明历史发展的规律。

他还认为，历史是在变化中发展的，但发展的~~趋势~~结果不

稿纸(A)25×20=500

31

是某一个人所能决定的，也不是单靠军事力量和地理形势所能决定的，而是由客观的历史趋势所造成的。如他在论述黄帝到商汤之间的兴亡时说："递兴递废，胜者用事，所受于天也。"（《律书》）又他在论述秦的统一时说："说者皆曰：'魏以不用信陵君，故国削弱，至于亡。'余以为不然。天方令秦平海内，其业未成，魏虽得阿衡之佐，曷益乎？"（《魏世家赞》）又说："论秦之德义，不如鲁卫之暴戾者；量秦之兵，不如三晋之强也。然卒并天下，非必险固便，形势利也，盖若天所助焉。"（《六国表序》）以上这三段话里的"天"，都是作客观的历史发展趋势讲，而不是作"天志"或"天命"讲的。

司马迁是不相信"天志"或"天命"的，而且还驳斥了这种说法。他在评论伯夷、叔齐时说："或曰：'天道无亲，常与善人。'若伯夷、叔齐，可谓善人者非邪？……余甚惑焉！傥所谓天道，是邪非邪？"（《伯夷列传赞》）又在评论项羽时说："身死东城，尚不觉寤，而不自责过矣，乃引'天亡我非用兵之罪'也，岂不谬乎？"（《项羽本纪赞》）

肖黎《司马迁思想中的"天与变"》（晋阳学刊，1985.2）：「史记经常运用"天"这个概念，其含义是多方面的。……在天官书里，……"天"、"天变"，应是指自然的天。……从史记全书来看，他在运用"天"这个概念时，往往是指天下大势而言的。在秦楚之际月表中，……"天"、"受命"，是指客观的历史事件，并不是天命之意。在六国年表中，……"天所助"，也不是指天命，而是说客观历史发展趋势……。魏世家的"太史公曰"中……"天"也是天下大势而言。……在天命论统治人们思想的情况下，司马迁对"天"的认识也是复杂的。从许多篇章里，可以看出他对"天"既有怀疑，也有批判。……伯夷列传中，……对天表示了大胆的怀疑，并质问说："傥所谓天道，是邪非邪？"……其气魄之大，直接地表明了他反对天命的态度。在项羽本纪的太史公曰中，……是对天命论思想的批判。……反对天命论。……史记中也有不少赞同天命论的论述。五帝本纪……外戚世家……，在天官书的太史公曰中，……把天象与人事附会在一起。……在司马迁的思想中，既有天命论的影响，也有反天命的思想。」

肖黎：《论司马迁的政治思想》（北方论丛1983.5）："……他的政治观……他以大一统的政治思想来评价历史现象。（如对秦统一的评价，赞扬）……不仅对历史事件的评论上体现他的大一统思想，在对待政权的态度上，更加明确地表现出他的这种政治思想。首先，他赞扬汉初的削藩政策。（太史公自序、汉兴以来诸侯王年表序、淮南衡山列传、淮阴侯列传）……其次，他对汉的统一政权抱肯定态度。（……货殖列传、建元以来侯者年表序）……在当时对待……少数民族的关系上，也表明了司马迁的民族统一思想。（太史公自序）……还一再宣称中国境内的少数民族都是黄帝的子孙。（吴太伯世家、楚世家、越王句践世家）……从史记的编纂上，也反映出他的大一统思想。（太史公自序）——史记的五体结构，也体现了他的大一统史志。（太史公自序）……。认真总结治国安邦的历史经验，是他写史的目的。……司马迁对治国之道颇有研究，他赞扬汉初的黄老的无为之治，批评任政，主张贤人政治。——黄老的无为之治的内容，……主要有两个方面：一是无为，二是无言。（曹相国世家、吕后本纪、万石张叔列传……）……他批评任政思想，一再论述仁义的重要。（……）——在具体撰史时，……揭露苛政。（……）……既批任政，自然要歌颂德政。（……）……既批任政，……也就主张贤人政治。（……）

（……列传）……他对战争的认识……（律书）……认为战争有两种……（律书）……

32

稿紙（A）25×20=500

张大可：《司马迁的经济思想述论》（见学术月刊，1983.10期）："在中国古代史上，司马迁第一个系统地考察了商品经济的特征，还考察了经济与政治、经济与道德风俗的关系，提出了一整套发展生产、扩大交换、富国富家的经济理论，闪耀着朴素唯物史观的思想光辉。……一、首创经济史传，并重农工商虞——《货殖列传》与《平准书》在翔实的序文中表述了司马迁进步的经济史观。……二、宣扬欲望动力论，批判了"贵义贱利"之说……三、崇势利，羞贫贱……1.……司马迁对……的论述……2.……四、为商人立传，总结致富之术……列述各种致富之术有两个方面：一是考察商品的流通，总结财货增殖的经验；二是考察~~商品的流通~~地区经济和风俗，总结商业活动推动生产发展的作用。……五、结论。司马迁创立货殖列传和平准书，是学术史上的一件大事，它开创了我国正史记载生产活动的先例，提供了大量的经济史料，成为中国史学的优秀传统。"

（二）对于经济在社会历史发展中的作用的认识

在司马迁以前，撰写历史的人都是只重视政治而不重视经济的，司马迁是第一个重视经济在历史发展中的作用的史学家。

在《史记》里，有两篇是专门记述经济方面的历史并评论其重要性的，一是《平准书》，论述西汉初年以来的经济情况；一是《货殖列传》，论述全国各地春秋以来的经济情况。

司马迁~~非常~~很重视社会的物质生产和人们的物质生活，他在《货殖列传》里有一段非常精采的论述~~列举国内各地的物质财富~~，说："夫山东饶材、竹、穀、纑、旄、玉石，山东多鱼、盐、漆、丝、声色，江南出柟、梓、姜、桂、金、锡、连、丹沙、犀、瑇瑁、珠玑、齿革，龙门、碣石北多马、牛、羊、旃裘、筋角，铜铁则千里往往山出棊置，此其大较也。~~这些物品~~皆中国人民所喜好，谣俗被服饮食奉生送死之具也。~~但这些物品必须通过生产劳动才能得到~~故待农而食之，虞而出之，工而成之，商而通之。此宁有政教发征期会哉？人各任其能，竭其力，以得所欲。故物贱之征贵，贵之征贱，各劝其业，乐其事，若水之趋下，日夜无休时，不召而自来，不求而民出之，岂非道之所符而自然之验邪？《周书》曰：'农不出则乏其食，工不出则乏其事，商不出则三宝绝，虞不出则财匮少，财匮少而山

因为物质生活是人们的自然要求，经济活动是人们主要的社会活动，"故曰：天下熙熙，皆为利来；天下攘攘，皆为利往。"（货殖列传）

稿纸(A)25×20=500

33.

泽不辟矣。'此四者，民所衣食之原也。原大则饶，原小则鲜。上则富国，下则富家。贫富之道，莫之予夺，而巧者有余，拙者不足。"司马迁指出各地有"皆中国人民所喜好"的物产，但这些物产必须通过农人、虞（开采）人、工人、商人的生产劳动才能供应社会上的物质需要，才能增加国家和人民的财富，才能促进经济的发展。经济的发展是符合客观规律的自然趋势，并认为治理国家的人应顺应趋势而不应予以压制，所以他又说："故善者因之，其次利道（导）之，其次教诲之，其次整齐之，最下者与之争。"他反对汉武帝与民争利的政策，反对打击工商业以及盐铁官营的措施。

司马迁还认为一个国家的强弱与经济的繁荣与否有直接的关系，经济繁荣才能导致国家富强；一个国家要取得政治优势，必先取得经济优势。他以西周、春秋时的齐国为例："故太公望封于营丘，地潟卤，人民寡。于是太公劝其女功，极技巧，通鱼盐，则人物归之，襁至而辐凑，故齐冠带衣履天下，海岱之间敛袂而往朝焉。其后齐中衰，管子修之，设轻重九府，则桓公以霸，九合诸侯，一匡天下，而管子亦有三归，位在陪臣，富于列国之君。是以齐富强至于威、宣也。"（《货殖列传》）又如春秋时的越国，由于越王勾践实行发展生产的政策，才为报吴国之仇准备了条件。"昔者越王勾

稿纸(A)25×20=500

践困于会稽之上，乃用范蠡、计然。计然曰：'知斗则修备，时用则知物，二者形，则万货之情可得而观已。……旱则资舟，水则资车，物之理也。……夫粜，二十病农，九十病末，末病则财不出，农病则草不辟矣。上不过八十，下不减三十，则农末俱利，平粜齐物，关市不乏，治国之道也。积著之理，务完物，无息币，以物相贸易，腐败而食之货勿留，无敢居贵。论其有馀不足，则知贵贱。贵上极则反贱，贱下极则反贵。贵出如粪土，贱取如珠玉。财币欲其行如流水。'修之十年，国富，厚赂战士，士赴矢石，如渴得饮，遂报强吴，观兵中国，称号五霸。"

（《货殖列传》）

司马迁对于经商致富之人是很推崇钦佩的，认为经商和治国、用兵一样，必须有卓越的见识和才能，不是一般人所能做到的。如"范蠡既雪会稽之耻，乃喟然而叹曰：'计然之策七，越用其五而得意。既已施于国，吾欲用之家。'乃乘扁舟浮于江湖，变名易姓，适齐为鸱夷子皮，之陶为朱公。朱公以为陶天下之中，诸侯四通，货物所交易也。乃治产积居与时逐，而不责于人。故善治生者，能择人而任时。十九年之中，三致千金，再分散与贫交疏昆弟，此所谓富好行其德者也。年衰老而听子孙，子孙修业而息之，遂

稿纸(A)25×20=500

35.

致巨万。故言富者皆称陶朱公。”（《货殖列传》）又如“白圭，周人也。当魏文侯时，李克务尽地力，而白圭乐观时变，故人弃我取，人取我与。……积著率岁倍。欲长钱取下谷，长石斗取上种。能薄饮食，忍嗜欲，节衣服，与用事僮仆同苦乐。趋时，若猛兽挚鸟之发。故曰：‘吾治生产，犹伊尹、吕尚之谋，孙、吴用兵，商鞅行法是也。是故其智不足与权变，勇不足与决断，仁不能以取予，强不能有所守，虽欲学吾术，终不告之矣。’盖天下言治生祖白圭。白圭其有所试矣，能试其所长，非苟而已也。”（《货殖列传》）

司马迁称赞那些因从事经济活动而发家致富的人，为的是他们的活动有益于整个社会经济的发展，在农业和工商业中，农业最为重要，但他认为发家致富必须通过当时社会条件下的正当手段，“是故本富为上，末富次之，奸富最下。”（《货殖列传》）奸富就是用奸诈、欺骗或掠夺的手段来发家致富，这对于社会和人民都是有害的。

司马迁以地主阶级进步人物的立场和观点来看待经济的作用，他说：“故曰：‘仓廪实而知礼节，衣食足而知荣辱。’礼生于有，而废于无。故君子富好行其德，小人富以适其力。渊深而鱼生之，山深而兽往之，人富而仁义附焉。”（《货殖列传》）

稿纸（A）25×20=500

（三）对于历史人物的评论

司马迁在《史记》中记载了许多各种各样的历史人物，并对每一个历史人物都有所评论。他对于历史人物的评论，大体可归为赞扬与斥责两类。他所赞扬的人物，都是其行为有益于社会、人民，对政治、经济和文化的发展有贡献的人物；他所斥责的人物，都是其行为有害于社会、人民，对政治、经济和文化的发展起破坏作用的人物。

司马迁称赞的人物，约有以下几种：一是对历史发展有功的帝王，即传说中的“五帝”及后来善于统治中国的帝王，都受到他的赞扬。如他称黄帝是“法天则地”，称唐尧、虞舜“厥美帝功，万世载之。”（《太史公自序》）称夏禹之功为“九州攸同”。（同上）称汉高祖统一中国，“天下惟宁，改制易俗”。（同上）“承敝易变，使人不倦，得天统矣。”（《高祖本纪》）称汉文帝“德至盛也”。（《孝文本纪》）

一是推翻残暴统治的人物。他赞扬商汤讨伐夏桀，周武王讨伐商纣，也赞扬陈胜、吴广、项梁、项羽、刘邦等反抗秦朝的残暴统治。他说：“桀纣失其道而汤武作”，“秦失其政而陈涉发迹”。（《太史公自序》）“陈胜虽已死，其所置遣侯王将相竟亡秦，由涉首事也。”（《陈涉世家》）

稿纸(A)25×20=500

一是爱国的人物。如对于战国时楚国的屈原，称赞说："推此志也，虽与日月争光可也。"（《屈原贾生列传》）对于赵国的蔺相如，推许其"先国家之急而后私仇"的高尚精神，並称赞他退而让颇，名重太山。"（《廉颇蔺相如列传》）

一是奉职循理的循吏。他在《循吏列传》中记载了孙叔敖、子产等人，并说："奉职循理，亦可以为治，何必威严哉？"

一是豪侠义气的正直人物。他在《游侠列传》中说："今游侠其行虽不轨于正义，然其言必信，行必果，已诺必诚，不爱其躯，赴士之阨困。既已存亡死生矣，而不矜其能，羞伐其德，盖亦有足多者焉。"

此外，他对于医生、商人、伶人等，也都有所称赞。

司马迁所责的历史人物，主要是施行暴政的统治阶级的人物，包括残暴、专利和滥用民力的人，其行为不利于社会人民的人。

一是暴虐统治的帝王将相。如夏桀、殷纣、秦二世等特别暴虐以致亡国的帝王，当然在斥责之列；又如秦始皇、汉武帝等著名的有雄才大略的帝王，以其有残暴的一面，也受到斥责。如司马迁对于汉武帝穷兵黩武的行为，曾数次评评说：“招来东瓯，事两越，江淮之间，萧然烦费矣！……开路西南夷，凿山通道千余里，……巴蜀之民罢（疲）焉！……匈奴绝和亲，侵扰北边，兵连而不解，天下苦其劳，而干戈日滋。”（《平准书》）又如商鞅，虽他变法使秦国富强，但他以严厉的强暴手段而被斥责，说他“天资刻薄”、“少恩”，“卒受恶名于秦，有以也夫！”（《商君列传》）又如蒙恬，虽对防御匈奴入侵有功，但由于他滥用民力，而被斥责说：“吾适北边，自直道归，行观蒙恬所为秦筑长城亭障，堑山堙谷，通直道，固轻百姓力矣！”（《蒙恬列传》）

一是残酷之官吏。司马迁在《酷吏列传》中记载十个酷吏，除郅都景帝时人外，其余都是武帝时人。他认为残酷之官吏表现了吏治之败坏。

一是地方豪强。

(4)司马迁评论的对象，说明他具有反抗强暴、同情人民的思想。

司马迁评论历史人物，本着实事求是的态度，对他所赞扬的人物，不讳言其缺点；对他所斥责的人物，也不抹煞其优点。

五、司马迁的史学思想

（一）学习和研究历史的意义

学习和研究历史有什么意义，先秦时期的学者已有说明，那就是鉴往知来、古为今用的鉴戒、垂训作用。司马迁继承了这种主张，说："述往事，思来者。"（《太史公自序》）"居今之世，志古之道，所以自镜也。"（《高祖功臣年表》）

在鉴往知来、古为今用的原则下，时代愈近的历史对当今所发生的鉴戒、垂训作用也愈大。在司马迁的时代，战国以来的历史可说是近代史，汉初的历史可说是现代史，因而特别引起他的重视。他在《六国年表序》中说："战国之权变，亦有可颇采者，何必上古？秦取天下多暴，然世异变，成功大。传曰：'法后王'，何也？以其近己而俗变相类，议卑而易行也。学者牵于所闻，见秦在帝位日浅，不察其终始，因举而笑之，不敢道。此与以耳食无异，悲夫！"在《高祖功臣年表》中说："观所以得尊宠及所以废辱，亦当世得失之林也，何必旧闻？"

由于司马迁重视近现代史，特别是现代史，所以在《史记》这一部通史中虽然记载了黄帝以来到汉武帝时近三千年的历史，秦朝以前二千多年的历史仅约占全书篇幅的十分之三四，而秦汉百余年间的历史则占全书篇幅的大半。这种详近略远的情况，从书中篇目分配的数量上也可看出。如本纪十二篇，其中五帝合为一篇，

稿纸(A)25×20=500

40.

夏、殷、周各为一篇，而秦则有《秦本纪》和《秦始皇本纪》两篇，秦汉之际以项羽一篇，汉代以高祖、吕后、文帝、景帝、今上（武帝）各为一篇，共占五篇，十二篇中汉占其五；表十篇中，从黄帝到西周共和以前的三千多年为一篇（《三代世表》），自共和元年（前841）到周敬王四十三年（前477）三百六十多年为一篇（《十二诸侯年表》），自周元王元年（前476）到秦始皇二十六年（前221）统一中国为一篇（《六国年表》），自秦二世元年（前209）到汉高祖五年（前202）的八年为一篇（《秦楚之际月表》），自汉高祖到汉武帝一百多年则有六篇；书八篇中，汉代的篇幅约占其半；世家三十篇，汉占十二篇；列传七十篇，汉约占三十八篇。总的看来，汉以前有六十五篇，汉五世也有六十五篇，而在汉六十五篇中，武帝时又约占二十六篇，居五分之二。司马迁重视现代史的意图是很明显了。所以《汉书司马迁传》说"其言秦汉详矣！"

杨燕起：《司马迁关于势的思想》（人文杂志，1983.5）：「司马迁写史记……自己的作史目的之一"稽其成败兴坏之理"。……[illegible]……"规律"。」

(二) 编写历史的目的

司马迁编写历史的目的，在《报任安书》中曾有明确的自白，说："仆窃不逊，近自托于无能之辞，网罗天下放失旧闻，考之行事，稽其成败兴坏之理，凡百三十篇，亦欲以究天人之际，通古今之变，成一家之言。"这三句话就是他编写历史的目的。

在《太史公自序》中又说："网罗天下放失旧闻，王迹所兴，原始察终，见盛观衰，论考之行事，略推三代，录秦汉，上记轩辕，下至于兹。……凡百三十篇，……以拾遗补艺，成一家之言，厥协六经异传，整齐百家杂语，藏之名山，副在京师，俟后世圣人君子。"

什么是"究天人之际"呢？对于"天"这个字，自西周到

杨燕起：《司马迁关于势的思想》（人文杂志，1983.5）：[illegible]

41.

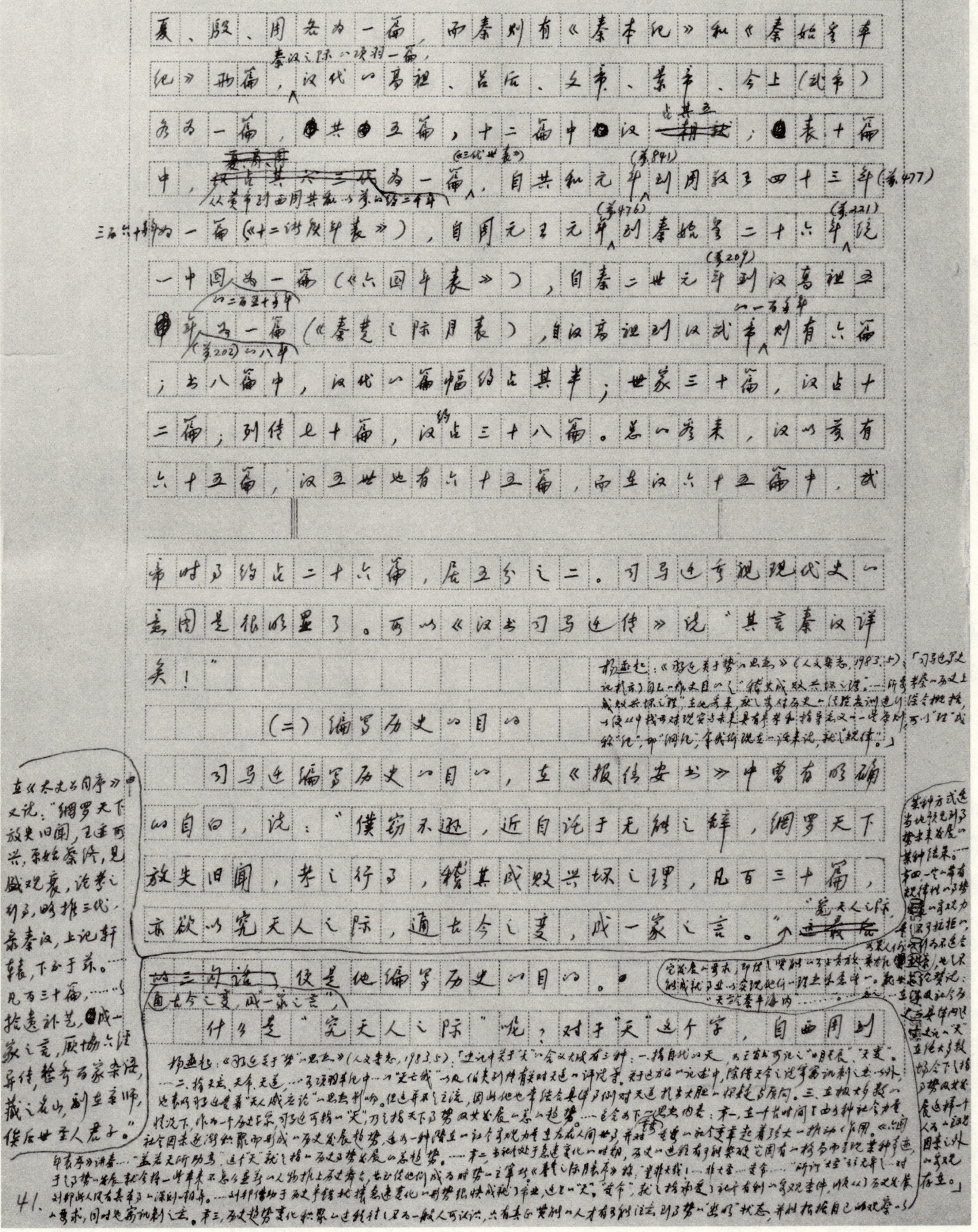

刘咸炘《太史公书知意》："史迁所谓天人之际者，亦非那此纬史书五行家等言，而所谓天人者实道家之言。盖谓古今之变，有非人力之所能为者，则归之于天。此所谓天，非有深意，即孟子所谓莫之为而为者。故秦之成则归之天助，项之失则归之为天亡，后妃之得则委之于命，此皆讽词，以明古今大变，有不可全以人力解者，势之成也。天人参焉，故曰际也。"

"司马迁的史学思想基本上来自孔子，……他写史记就是要上继春秋，以阐发儒家王道褒贬的精神。史记中对于'善恶'的标准，与春秋一脉相承。……孔子曾说：'我欲载之空言，不如见之于行事之深切著明。'司马迁把这句话写进太史公自序，作为自己……'一家之言'的根据，就是最好的说明。"（吴汝煜：司马迁的儒道思想辨析．人文杂志1984.3.）

西汉有三种不同的用法和解释：一是作"天神"、"天命"、"天意"解；一是指自然环境，自然界，或可谓"天时"而言；一是指客观的社会条件，形势，亦即"时势"而言。在这里，司马迁所说的"天"兼有自然环境与社会条件的意义。所谓"究天人之际"，就是探究客观时势与人事之间的关系。这种关系是很复杂的，一般是时势支配人事、制约人事，但有时人事也能发挥其主观能动作用，以改变时势，如转弱为强，转危为安，过去所谓"时势造英雄，英雄造时势"，就是说的这种关系。所谓"通古今之变"，就是弄清古今历史变化的情况及其因果，也就是探明人类社会历史的发展情况及其规律。他所说的"考之行事，稽其成败兴坏之理"，"原始察终，见盛观衰"，便是"通古今之变"的方法。"厥协六经异传，整齐百家杂语。"是说综合各种史料记载，以观察历史的真相，也是"通古今之变"的方法。所谓"成一家之言"，就是一部著作要有作者个人独到的见解，有著作的特点。编写一部历史书，不但记述史实，还要表达作者的见解和论断。在《史记》中，除了有"太史公曰"以文字来表达作者的见解和论断外，还在叙事中附见作者的见解和论断。如顾炎武《日知录·史记》条所说："古人作史，有不待论断，而于序事之中即见其指者，惟太史公能之。《

稿纸(A)25×20=500

平准书》末载卜式语，王翦传末载客语，荆轲传末载鲁句践语，晁错传末载邓公与景帝语，武安侯田蚡传末载武帝语，皆史家于叙事中寓论断法也。"总起来说，司马迁编写历史的目的就是通过历史事实的叙述，以探究客观的自然环境与社会条件和人事之间的关系，说明古今历史的变化，以全部述往的独到见解，表达作者的观点和著作。

（三）史书的作用

史书是为了使人们从历史事实中吸取经验教训，以指导自己的行动，从而起着教育作用的。

他曾以孔子作《春秋》的作用来说明史书的作用。在《太史公自序》里有一段话："上大夫壶遂曰：'昔孔子何为而作《春秋》哉？'太史公曰：'余闻董生曰："周道衰废，孔子为鲁司寇，诸侯害之，大夫壅之。孔子知言之不用，道之不行也，是非二百四十二年之中，以为天下仪表，贬天子，退诸侯，讨大夫，以达王事而已矣。"子曰："我欲载之空言，不如见之于行事之深切著明也。"夫《春秋》，上明三王之道，下辨人事之纪，别嫌疑，明是非，定犹豫，善善恶恶，贤贤贱不肖，存亡国，继绝世，补敝起废，王道之大者也。……《春秋》以道义。拨乱世，反之正，莫近于《春秋》。……《春秋》辨是非，故长于治人。……《春秋》之中，弑君三十六，亡国五十二，诸侯奔走不得保其社稷者，不可胜数。察其所以，皆失其本已。……故有国者不可以不知《春秋》，前有谗而弗见，后有贼而不知。为人臣者不可以不知《春秋》，守经事而不知其宜，遭变事而不知其权。为人君父而不通于《春秋》之义者，必蒙首恶之名；为人臣子而不通于《春秋》之义者，必陷篡弑之诛，死罪之名。其实皆以为善为之，不知其义，被之空言而不敢辞。"可见史书不仅给人以历史知识，不仅是为历史而编写历史，更重要的是

稿紙(A)25×20=500

43.

~~由~~使人从历史事实中吸取经验教训，接受教育，以选择立身行事之道，取得实际的效用。~~所以他又说：“《春秋》辩是非，故长于治人。”~~后世的人从历史事实中辨明是非，择善去恶，那么，人们会一代比一代进步，社会自然也一代比一代进步，这就是史书的最大作用。

司马迁编写~~的~~《史记》是抱有伟大的理想的，他希望能像孔子的《春秋》那样，能起到辨明是非、拨乱反正的教育作用，对后世发生重大的影响。但~~他本人却很谦虚~~，当壶遂以他的著书和《春秋》相比时，~~他~~并说：“余所谓述故事，整齐其世传，非所谓作也。而君比之于《春秋》，谬矣。”（《太史公自序》）他却说著书不述是他的职责，并实现他父亲的遗意，说：“余尝掌其官，废明圣盛德不载，灭功臣世家贤大夫之业不述，堕先人所言，罪莫大焉！”

稿紙(A)25×20=500

六、司马迁在史学史上的地位与影响

司马迁创立了纪传史的体例，写成了第一部中国通史，既改进了编写历史的方法，又丰富了历史著作的内容，显示了卓越的史学见识与才能，为后代史家树立了典范，奠立了封建社会史学的基础，对中国史学的发展有创造性的贡献，实为中国古代最杰出的史学家。

自西汉末年以来，司马迁就受到学者们极大的赞扬与高度的推崇。《汉书·司马迁传赞》说："自刘向、扬雄博极群书，皆称迁有良史之才，服其善序事理，辨而不华，质而不俚。其文直，其事核，不虚美，不隐恶，故谓之实录。"《后汉书·班彪传》中也记载班彪称赞司马迁的话，说他"善序述事理，辩而不华，质而不俚，文质相称，盖良史之才也。"唐人刘知几著《史通》，比较全面地评论了过去的史学家，虽然指出了司马迁的缺点，但总的说来对他还是尊崇的。宋人郑樵对司马迁作了极高的评价。尤其是他创立的纪传体，对后世的影响最大。说："百代而下，史官不能易其法，学者不能舍其书。"（《通志·总序》）清人赵翼也说："自此例一定，历代作史者遂不能出其范围。"（《廿二史劄记》）"二十四史"，都是纪传体的史书。直到近现代，史学家对司马迁仍然尊崇备至，如梁启超称为"史家太祖"（ ），并说："《史记》以社会全体为史的中枢，故不失为国民的历史。"（《中国历史研究法》第二章）翦伯赞称为"中国历史学的创立者"（ ）。或称为"历史家之父"，外国人称为"中国历史学之父"。

45.

司马迁在世界史学史上也有崇高的地位，若与他所处的时代前后差不同的世界上著名的史学家相比，他的贡献是杰出的。

在司马迁以前的数百年中，世界史学界以希腊三大史家希罗多德（Herodotus 约 B.C. 484—425，Shotwell《西洋史学史》称约生于 B.C. 480，卒于 B.C. 430之后）、修昔的底斯（Thucydides B.C. 471—400 或460?）、色诺芬（Xenophon B.C. 435—354）为最著名。希罗多德生当中国春秋战国间周敬王至周威烈王时，后世称为史学之鼻祖，著《通史（Histories）》（或称《历史》，书名为后人所加）九卷，分三节，每节三卷，主要记述希腊与波斯间的战事为最详。成书时代与《左传》相若，记事内容亦相似。

但其体例为不拘一格的记述体。修昔的底斯生当中国战国初期周贞定王至周安王时，著《比罗奔尼战史（History of Peloponnesian）》，记述比罗奔尼人与雅典人战争的历史，于叙事之外，又加以作者的理解和评论，颇有我国"鉴往知来"的意味。书未完成而卒，其后色诺芬续成之。色诺芬生当中国战国周考王至周显王时，著《万人军东征记（The Anabasis）》，记波斯王塞流士（Cyrus，一译居鲁士）与其兄（Artaxerxes 阿塔薛西斯）的战争，及希腊万人军（Cyrus所部）退兵情形；又著《希腊史（Hellenica）》，记事自结束比罗奔尼战争起（B.C. 411年秋）至 B.C. 362年孟铁尼亚（Mantinea）一役为止。

稿纸(A)25×20=500

与司马迁同时之世界著名史学家有波里比阿（Polybius约B.C.198—121（到117）），生当中国汉高祖至汉武帝时期，希腊人，本为希腊贵族，青年时即任国家重职，力主与罗马媾和。公元前168年皮德那（Pydna）之战，被虏赴罗马，因人格可敬，极受罗马人之优待。著《历史》（后称《罗马史》，亦称《世界史》）四十卷，记事始于公元前264年罗马人初自意大利渡海，历述迦太基战争（Punic War）之胜负以讫公元前146年迦太基（Carthage）与希腊历史终了之时。除罗马史外，并叙述当时世界各国的重要事件。惟前五卷完全流传至今，其余三十五卷仅有残缺断片。他为明晰起见，于正文之外加以详注，非特为读者之指导，且表明作者之态度。且每三卷之首且作一大纲，提要钩玄，使读者瞭如指掌。其书中常参以个人之实用主义观点，以为历史之为用在于察往事以明瞭事理，而为异日应事之资。但氏书记事真实详确，非易事实而妄谈空理者。氏居罗马近五十年，专心著史，并游历各地，实地考察史迹。他主张历史必须求真，次求实用。他痛恨专讲修辞，颠倒事实。惟他不擅长文学，致文笔技巧不佳，读其书者不免顿减兴趣耳。其书专重政治，为以罗马为中心的世界史。

总观波里比阿~~编著历~~史学之特点：①力求真实而详细地叙述

历史事件之原因、过程及结果。②书中有注解，帮助读者了解历史事实，且表明作者之态度。③他认为研究历史的目的在求实用，鉴往知来，是"实用的"历史观之最先发挥者。又以欲求历史之为用，首须求真，求真方能致用。

波里比阿曾被称为西方古代最伟大的史家。

比司马迁稍晚的西方著名史学家有波息多尼阿(Posidonius)、萨拉斯特(Sallust)、李维(Livy)、普鲁塔克(

波息多尼阿，希腊人，著《历史》(«History»)一书，于公元前74年开始写作，以续波里比阿之世界史。书中纪事自公元前144年至前82年萨拉(Sulla)为执政官(萨执政)之时，凡五十二卷。他与波里比阿相似，不喜讲修辞，亦曾周游各地。

萨拉斯特(约BC 86—34)，为罗马最早的大史家，著有①《卡特林谋乱记》(«Conspiracy of Cataline»)，记述卡特林党谋刺凯撒之经过。②《裘格他战争》(«The Jugurthine War»)，记述Numidia的国王Jugurtha被罗马俘获时的大战争。前者兼写罗马贵族之堕落及其社会行政制度之失败。后者兼斥罗马派元老之贪利。他注重求真，行文亦可称。善于描写人物。其缺点为不注意于年代学及地理学，又欠科学方法整理史料。有推崇之者，亦有非议之者。

稿纸(A)25×20=500

48.

李维（B.C.59—A.D.17）为罗马之爱国史家，著《罗马城建设以来史记》（《Ab Urbe Condita》），为编年体之罗马通史，上起公元前750年（罗马初年。前753年罗穆路建立罗马王国，为罗马纪元之岁。），下至公元前9年（奥古斯都时代），有一百四十二卷之多，现存者仅三十五卷。其书提纲挈领，始终一贯，详于政治及战争之记述，行文流畅活泼。惟他长于记述而不长于考订，取材亦不鉴别。又以爱国心切，故对罗马史迹不免有夸大非实之处。

约47—100

普鲁塔克（约46—120），希腊人，著《希腊罗马四十六人传》，为传记之杰作。但所记仅限于政治家和军事家，对希腊的思想家、科学家如亚里斯多德一字未提。对社会经济的记载更没有。

若以司马迁的史学成就与贡献与当时世界著名的史学家相比较，我们可以看出：①以上史家的著作，其内容都偏重于政治及战争，不如《史记》那样包括政治、经济、文化等社会各方面的情况。②他们所写的历史人物都是政治家、军事家，都是社会上层人物，而司马迁则写了许多政治家、军事家以外的各种各样的人物，还有一些社会下层人物。③他们的史书体例多是记述体，只是叙述了一系列重大的政治事件和战争，没有能够象司马迁用纪传体写出包罗宏富的历史，如表、书。当然也有相同的地方，如有的人也曾游历各地，从实地调查中搜集史料；又多有的文笔优美生动等。但总的来说，司马迁的史学成就是比他们毫不逊色的，绝不在他们之下，应是高于他们的。

"司马迁和希罗多德一样，都是知识渊博，阅历丰富，行踪极广的历史家。希罗多德不但记载了古希腊，而且记载了古代北非与西亚各国的历史。司马迁除了中国以外，也记载了朝鲜、大宛、乌孙、康居、奄蔡、大月氏、安息诸国的历史，这些记载，是研究这些亚洲国家初期历史，极其重要的材料。因此，史记不但是研究古代中国的重要史料，也是研究许多亚洲国家古代历史的主要史料。"（齐思和）

49.

"和希腊史学名著比起来，史记的特点，在于它的全面性，尤其是对于生产活动、学术思想和普通人在历史上的地位的重视。希腊历史家的著作，往往集中到一个战争，重视政治军事，即是普鲁塔克的传记集编所收的人物，也限于政治、军事家，即是最著名的希腊思想家、科学家如亚里斯多德，在他的书传中，也没有一字提到，更没有一个关于从事于生产活动者的传记了。"（齐思和）

稿纸(A)25×20=500

司马迁在世界史学界的影响也是很大的。他的《史记》的某些部分，已被分别译成英、法、德、俄、日五种文字，在各国流传。如法国汉学家沙畹曾把《史记》的《五帝本纪》到《孔子世家》译成法文，并加以注释。尤以在日本的影响更大。

“此外美德汉学家，都翻译过史记许多篇。”

日本在公元757年（日本天平宝字元年，唐肃宗至德二年）已有学者讲习《史记》。769年（日本神護景云三年，唐代宗大历四年），皇家图书馆（太宰府）开始收藏《史记》。875年（日本贞观十七年，唐僖宗乾符二年），帝始读《史记》。906年（日本延喜六年，唐昭宗天祐三年），天皇始读《史记》。1251年（日本建长三年，南宋理宗淳祐十一年），小童（六岁）读《史记》。

在日本，《史记》的版本也很多。有唐、宋时钞本数种（仅其中一篇或数篇）。流传在中国的泷川资言（龟太郎）的《史记会注考证》，是其中较好的一部。

稿纸(A)25×20=500

司马迁在世界史学史上的地位：①第一个创立纪传体的史学家 ②第一个注意社会经济与文化的史学家 ③最早记载亚洲史的史学家之一 ④考订史料与叙述史事的才能最高的史学家之一 ⑤古代学识丰富、思想进步的史学家之一 ⑥在国外影响最大的中国古代史学家。

~~《注汉记》便是其中较好的一部~~在苏联，司马迁也受到非常的尊敬。1955年12月22日，苏联对外文化协会东方学部会和苏联科学院东方研究所在莫斯科举行了[晚会，纪念司马迁诞生二千一百周年。]司马迁的纪念会，苏联历史学家[硕士]图曼在会上作了报告，说："司马迁真正应当在大家公认的世界科学和文化泰斗中占有重要的地位。……他在那样遥远的时代努力求研究的并不是帝王的生活，而是历史过程和一些现象转变为另一社会现象的原因。"又说："司马迁是把普通人民的生活当作历史主体和研究对象的第一个人，在这些普通人物中有反对封建统治阶级的人，有领导人民起义的人，有手持匕首独自去谋刺暴君的人。他的功绩在于他在《史记》列传中把自己的主要的注意力不是放在人物的名声上，而是放在他们的重大意义上和他们对社会的贡献上。他经常侧重于对统治阶级表现出英勇行为的那些从普通人民中出身的人。"图曼在报告中又指出"司马迁的创作的人民性和他世界观中的自发的辩证法因素"，同时也指出："当然，由于客观的条件，司马迁没有能够进一步指出社会上的不平等现象。"近几年来，苏联学者在研究中国古代史和中亚细亚各民族的时候广泛地在利用《史记》这不朽的著作。苏联国立文学出版局在出版《司马迁选集》。

稿纸(A)25×20=500

51.

第二节　班固的史学

班固是继司马迁的中国古代的著名史学家。他所著的《汉书》，记载西汉一代史事，开创了断代史的体式，而且记事比较详备、真实，为研究历史的人们所推崇，为编纂史书的人们所效法。他的名声经常与司马迁并称，为"马班"、"迁固"、"史汉"等，他的著作为中国古代史学的发展做出了巨大的贡献，发生了深远的影响。

第一部纪传体的断代史。

一、班固的生平

班固，字孟坚，东汉扶风郡安陵县（今陕西咸阳东）人，生于汉光武帝建武八年（公元32年），卒于汉和帝永元四年），活了六十二岁。

班固出身于世代为官的家庭。他的曾祖班况，在西汉成帝时历任上河农都尉、越骑校尉；祖父班稚，在哀帝时历任西河属国都尉、广平相；父班彪，在西汉末年农民大起义期间，先后跟随割据西北的隗嚣及窦融，曾任窦融的从事。东汉初期光武帝时历任徐令、司徒掾、望都长等职。班固的弟弟班超，在汉和帝时官至西域都护，封定远侯，是东汉时通西域的著名英雄。妹妹班昭是中国古代最早的女史学家。

班彪字叔皮，生于西汉平帝元始三年（公元3年），卒于东汉光武帝建武三十年（公元54年），五十二岁。

班彪是当时著名的学者，尤精心于史学。班彪以司马迁的《史记》叙事到汉

稿纸(A)25×20=500

武帝时为止，其后以事续虽有刘歆、冯商、扬雄等人相继记述，但质量很低，不足以接续司马迁之著作，遂博览典籍，采辑遗闻旧事，作《后传》六十五篇（只有纪、列传，没有世家、表、志），以接续《史记》。

《后汉书·班彪传》云：

“班彪才高而好述作，遂专心史籍之间。武帝时司马迁著《史记》，自太初以后阙而不录。后好事者颇或缀集时事，然多鄙俗，不足以踵继其书。（李贤注云：好事者谓扬雄、刘歆、阳城衡（弘即衡衡）、褚少孙、史孝山之徒也。）彪乃继採前史遗事，傍贯异闻，作《后传》数十篇。”

《论衡·超奇篇》：

“班叔皮续《太史公书》百篇以上，记事详悉，义浅理备。”

《史通·古今正史》：

“《史记》所书年止汉武，太初以后阙而不录。其后刘向、向子歆及诸好事者若冯商、卫衡、扬雄、史岑、梁审、肆仁、晋冯、段肃（《班固集》作段肃，《后汉书·班固传》作殷肃）、金丹、冯衍、韦融、萧奋、刘恂等相次撰续，迄于哀平间，犹名《史记》。（大事皆称《续太史公》）至建武中，司徒掾班彪以为其言鄙俗，不足以

稿纸(A)25×20=500

53.

踵前史；又雄、歆褒美伪新，误后惑众，不当垂之后代者也，于是採其旧事，旁贯异闻，作《后传》六十五篇。”

班彪所撰写的后传早已亡佚，其中的文字，仅在《汉书》里还保存了一小部分，就是汉元帝、成帝二纪及韦贤、翟方进、元后三传的赞语。《汉书·元帝纪》应劭注云：“元、成帝纪，皆班固父彪所作。”韦贤、翟方进、元后三传赞语，都称“司徒掾班彪曰”。

《赵尹韩张两王传赞》：“自孝武置左冯翊、右扶风、京兆尹，而吏民为之语曰：‘前有赵、张，后有三王。’然刘向独序赵广汉、尹翁归、韩延寿，冯商传王尊，扬雄亦如之。”这可能也是班彪的原传，由班固采用了的。

对于班彪接续《史记》的撰写工作，南宋学者郑樵深为称赞，说：“善学司马迁者莫如班彪。彪续迁书，自孝武至于后汉，欲令后人之续已，如己之续迁，既无衍文，又无绝绪，世世相承，如出一手，善乎其继志也。其书不可得而见，所可见者，元、成二帝赞耳，皆于本纪之外别纪所闻，可谓深入太史公之阃奥矣。”（《通志总序》）

班彪除作《后传》外，并对过去的史籍作了系统的论述，尤其着重对于司马迁《史记》的评论，可说是我国第一篇有关于史学史的文章。《后汉书·班彪传》记载了这篇文章的要略，今转录于下：

“彪乃继採前史遗事，傍贯异闻，作《后传》数十篇，因斟酌前史而讥正得失，其略论曰：‘唐虞三代，《诗》《书》所及，世有史官，以司典籍；暨于诸侯，国自有史。

稿纸(A)25×20=500

故孟子曰：楚之《梼杌》，晋之《乘》，鲁之《春秋》，其事一也。定、哀之间，鲁君子左丘明论集其文，作《左氏传》三十篇；又撰异同，号曰《国语》，二十一篇。由是《乘》、《梼杌》之事遂闇，而《左氏》、《国语》独章。又有记录黄帝以来至春秋时帝王公侯卿大夫，号曰《世本》，一十五篇。春秋之后，七国并争，秦并诸侯，则有《战国策》三十三篇。汉兴，定天下，太中大夫陆贾记录时功，作《楚汉春秋》九篇。孝武之世，太史令司马迁采《左氏》、《国语》，删《世本》、《战国策》，据楚汉列国时事，上自黄帝，下讫获麟，作本纪、世家、列传、书、表凡百三十篇，而十篇缺焉。迁之所记，从汉元至武以绝，则其功也。至于采经摭传，分散百家之事，甚多疏略，不如其本。务欲以多闻广载为功，论议浅而不笃。其论术学则崇黄老而薄五经，序货殖则轻仁义而羞贫穷，道游侠则贱守节而贵俗功，此其大敝伤道，所以遇极刑之咎也。然善述序事理，辩而不华，质而不俚，文质相称，盖良史之才也。诚令迁依五经之法言，同圣人之是非，意亦庶几矣。夫百家之书，犹可法也。若《左氏》、《国语》、《世本》、《战国策》、《楚汉春秋》、《太史公书》，今之所

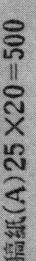

55.

以知古，后之可由观今，圣人之耳目也。司马迁序帝王则曰本纪，公侯传国则曰世家，卿士特起则曰列传，又进项羽、陈涉而黜淮南、衡山，细夫委曲，条例不经。若迁之著作，采获古今，贯穿经传，至广博也。一人之精，文重思烦，故其书刊落不尽，尚有盈辞，多不齐一。若序司马相如，举郡县著其字；至萧、曹、陈平之属及董仲舒并时之人，不记其字，或县而不郡者，盖不暇也。今此后篇，慎核其事，整齐其文，不为世家，唯纪传而已。传曰：杀史见极，平易正直，《春秋》之义也。'"

班固在整理史料和编纂史书上是有其贡献的，但他的历史观却是一种天命论和五德终始说的循环论混合的唯心论。他著有一篇《王命论》，论述历代帝王所以能掌握政权的原因，可以明显地看出这种论点，他说：

"昔在帝尧之禅曰：'咨尔舜，天之历数在尔躬。'舜亦以命禹。至于稷、契，咸佐唐、虞。……至于汤、武而有天下。虽其遭遇异时，禅代不同，至于应天顺民，其揆一也。是故刘氏承尧之祚，氏族之世，著乎《春秋》。唐据火德，而汉绍之。……未见运世无本，功德不纪，而得屈起在此位者也。世俗见高

稿纸(A)25×20=500

~~祖~~祖兴于布衣，不达其故，以为适遭暴乱，得奋其剑，游说之士至比天下于逐鹿，幸捷而得之。不知神器有命，不可以智力求也。……盖在高祖，其兴也有五：一曰帝尧之苗裔，二曰体貌多奇异，三曰神武有征应，四曰宽明而仁恕，五曰知人善任使。……”（《汉书·叙传》）

可见班彪的论点是完[全]继承了儒家传统的天命论，又参以阴阳五行家邹衍的五德终始说的历史循环论。而这种观点又为他的儿子班固所继承，所以在《汉书》里[也]充分表现了这种理论和观点。

班固~~生在这样一个儒学世家的家庭里~~[自幼读书，九岁时已能作文，诵诗赋。]，从十六岁到廿三岁~~的青年时代~~在洛阳太学里读书[前后八年]，史称他“博贯载籍，九流百家之言，无不穷究。”（《后汉书·班固传》）二十三岁时他的父亲班彪死了，[离开洛阳，]遂回到家乡[扶风安陵]。这时他觉得班彪所作的《史记后传》还不够详备，准备[再]广泛搜集资料，详为撰写。后来又认为西汉一代的历史应当成一书，不[宜]附于前史之末，遂于二十七岁的那年（汉明帝永平元年，公元58年）开始了《汉书》的著作。[永平五年(62)？]过了几年，有人向朝廷控告班固私自改作国史，班固被捕囚于京兆的监狱，并搜取其书稿。这时他的弟弟班超设法营救，辩明班固著书的意志。汉明帝为

陈汉章《马班作史年岁考》：“永平元年，奏记东平王苍，即以是年续父业。”（《缀学堂初稿》卷二）

《后汉书集解》引《东观记》：“具陈固不敢妄作，但续父所记汉事。”

稿纸(A)25×20=500

57.

"召诣校书部，除兰台令史"

了他的书稿，重其才学，不但不加罪，反而授以兰台令史的官职，这时班固已三十一岁了。次年又迁为郎，典校秘书。

兰台是东汉皇家藏书的地方，兰台令史的职务就是掌管图书。

《论衡·别通篇》："兰台之史，班固、贾逵、杨终、傅毅之徒，名香文美，委积不紲，大用于世。"

汉明帝为了撰述东汉建国的历史，乃命班固与睢阳令陈宗、长陵令尹敏、司隶从事孟异等共同撰作《世祖本纪》。班固自己"又撰功臣、平林、新市、公孙述事"，写成列传、载记二十八篇，以叙述从绿林军起义到东汉统一全中国这一时期的历史。这个工作完成之后，汉明帝又让班固继续撰著《汉书》，以遂其私愿。

汉章帝时，班固也很受重视，屡次到宫中侍读书，又迁官为玄武司马。建初四年（公元79年）汉章帝召集一些学者在白虎观聚会，讨论五经同异，并命班固将讨论的结果写成《白虎通义》（又名《白虎通德论》或《白虎通》）一书。此后章帝每次出巡，班固都跟随左右，并写作赋颂以献，如《南巡颂》、《东巡颂》（见《班兰台集》），以歌颂汉朝的功德。

汉和帝永元元年（公元89年），班固五十八岁，东汉政府派车骑将军窦宪出征北匈奴，以班固为中护军（参谋）。这次出征大获胜利，追匈奴军到燕然山（今内蒙古境内杭爱山），刻石记功，石上的铭文即班固所作。次年窦宪以大将军的官职出镇凉州。这时北匈奴单于，有意降汉称臣，和帝乃以班固行中郎将事率领数百骑出塞迎接，但因北匈奴为南匈奴所破逃走，班固到私渠海得知北匈奴单于，已然逃回。再一年（永元三年 91），窦宪派军大破北匈奴，获得全胜而还。班固即充任窦宪的幕僚，这年已六十岁了。

"班固还作了窦车骑北征颂和《涿邪山祝文》。这些都是作品，也都是为窦宪歌功颂德的文章。"

汉和帝永元四年（公元92年），窦宪因专权跋扈，引起汉和帝的愤恨，被收夺了官爵和兵权，失势自杀，班固由于是窦宪的[illegible]而被捕，死于狱中，六十一岁。

稿紙(A)25×20=500

清嘉庆扶风县志："兰台令史班固墓在县东十八里殊将侧。"

陕西省历史博物馆藏照片：①班固墓（陕西扶风县班家村附近）②班固故乡——陕西扶风县班家村。

58.

班固著《汉书》，在他死前是否已经全部完成了呢？史书上有两种不同的记载：一是说在他死前早已完成了。《后汉书·班固传》云："固自永平中始受诏，潜精积思二十余年，至建初中乃成。当世甚重其书，学者莫不讽诵焉。"（《后汉纪》卷十三《和帝纪》略同）一是说在他死前还没有全部完成，剩下的一部分是由他的妹妹班昭和马续完成的。如《后汉书·列女·曹世叔妻传》云："扶风曹世叔妻者，同郡班彪之女也，名昭，字惠班，一名姬，博学高才。……兄固著《汉书》，其八表及《天文志》未及竟而卒。和帝诏昭就东观藏书阁踵而成之。帝数召入宫，令皇后、诸贵人师事焉，号曰"大家"。……时《汉书》始出，多未能通者，同郡马融伏于阁下，从昭受读，后又诏融兄续继昭成之。"又《后汉纪》卷十九《顺帝纪》云："（马）续博览古今。同郡班固著《汉书》篇，其七表及《天文志》有录无书，续全踵而成之。"可见在同一部《后汉书》或《后汉纪》中，都有两种不同的说法。近人范文澜在《正史考略》中认为《汉书》在班固死前已完成，应从《后汉书·班固传》之说，"且书出而传诵甚广，决无散失之虞。"《曹世叔妻传》虽云班昭及马续续成其书，但《后汉书·马援传附马严传》中叙马续事迹，并未言及续作《天文志》之事。再昭续作《

班昭、马续补作汉书八表及天文志志疑》一文（载1963年4月24日《光明日报》《史学》260号），也提出了怀疑。

现此《后汉书·班固传》明言班固著《汉书》已在汉章帝建初中完成，而马续传中又无其补续《汉书》之事，则《后汉书·曹世叔妻传》中所述可能有错误之处。我们还是认为班固是早在死前已完成《汉书》的著作的。~~王季思~~陈汉章《马班作史年岁考》考订班固于汉章帝建初七年著成《汉书》（班固时年五十一岁），应是可信的。徐松《汉书西域传补注》卷下云："孟坚生于建武八年，明帝永平五年始诣校书部修《汉书》，至建初乃成。"（王先谦《汉书补注》《汉书西域传赞》下引其文）

班固除著《汉书》外，还与马严、杜抚等修定《建武注记》。（见后汉书马严传）

班固还是当时著名的文学家，在中国文学史上也有一定的地位，他的文学作品有两都赋、答宾戏、神雀颂等。其他著作还有《典引篇》（载后汉书班固传，又见文选。）

二、《汉书》的体例与内容

《汉书》记述西汉一代二百三十年的历史（前206—元24），计有纪十二卷、表八卷、志十卷、列传七十卷，共一百卷，八十多万字。（今本一百二十卷，是把其中的某些卷分为子卷，如高帝纪分为上下两卷，五行志分为五卷，王莽传分为三卷。）

《汉书》的书名是班固自定的。《汉书·叙传下》云："固以为唐虞三代，《诗》、《书》所及，世有典籍，故虽尧、舜之盛，必有典谟之篇，然后扬名于后世，冠德于百王。故曰：巍巍乎其有成功也，焕乎其有文章也。汉绍尧运，以建帝业，至于六世，史臣乃追述功德，私作本纪，编于百王之末，厕于秦项之列，太初以后，阙而不录。故探纂前记，缀辑所闻，以述《汉书》。起于高祖，终于孝

稿纸(A)25×20=500

60.

平王莽之诛，十有二世，二百三十年，综其行事，旁贯五经，上下洽通，为春秋考纪表志传，凡百篇。"后人为了与《后汉书》区别，也称《前汉书》。（《汉书》加前字，始见于梁元帝所撰《金楼子·聚书篇》，云："又使孔昂写得《前汉》、《后汉》、《史记》、《三国志》、《晋阳秋》……合目五百三十卷。"）

《汉书》沿用《史记》的纪传体例而又稍有变易，为：改本纪为纪，改书为志，取消世家，将《史记》中列为世家的一部分人改为列传。（改本纪为纪，取消世家，大抵承班彪《史记后传》的体例。）共一百篇。今分别论述于下：（今本一百二十卷，是因为有的分为上下篇或上中下篇。）

纪十二卷，计为《高帝纪》、《惠帝纪》、《高后纪》、《文帝纪》、《景帝纪》、《武帝纪》、《昭帝纪》、《宣帝纪》、《元帝纪》、《成帝纪》、《哀帝纪》、《平帝纪》。与《史记》不同的是增加《惠帝纪》，置于《高后纪》之前，这是合理的，因惠帝在位七年，应当立纪。王莽称帝十余年，按理也应立纪，虽然详述王莽事迹，但班固为了尊汉，遂列王莽为传。刘咸炘《汉书知意》："宋刘子翚《汉书杂论》曰：'班固作《汉书》，帝纪最为严密，事皆详载于传，而提其要书于纪。固自言之曰春秋考纪，其言有深意焉。'"

表八卷，计为《异姓诸侯王表》、《诸侯王表》（刘氏为侯王者）、《王子侯表》（诸侯王推私恩分子弟邑者）、《高惠高后孝文功臣侯表》、《外戚恩泽侯表》、《百官公卿表》、《古今人表》。其中的《百官公卿表》既有表格以明列年爵，又有文字叙述官制的沿革和职掌，史料价值很高，是《史记》所没有的。（"百官公卿表记叙秦汉官制演变和汉代公卿的任免。"）《古今人表》分九品以排列上古到秦相等的人物，虽然品列多不恰当，但可供读史者参考

稿纸(A)25×20=500

，并表露了他对历史人物评价的观点，又保存了不少的古代历史人物的姓名，也有查考之用。但表中所列都是西汉以前的人物，没有"今"人，称为《古今人表》是不符实的。后人对于《汉书》八表毁誉都有，而对于《古今人表》的意见尤多。唐朝人刘知几曾严厉指责《古今人表》说："异哉班氏之《人表》也！区别九品，网罗千载，论世则异时，语姓则他族，自可方以类聚，物以群分，使善恶相从，先后为次，何藉而为表乎？且其书上自庖牺，下穷嬴氏，不言汉事而编入汉书，鸠居鹊巢，茑施松上，附生疣赘，不知剪截，何断而为限乎？"（《史通·表历》）又说："如班氏之《古今人表》者，唯以品藻贤愚，激扬善恶为务尔。既非国家递袭，禄位相承，而亦复界重行，狭书细字，比于他表，殆非其类欤？"（《史通·杂说上》）南宋人郑樵亦指责"班固不通旁行邪上，以古今人物强立差等。"（《通志总序》）清朝人赵翼认为"《古今人表》既非汉人，何烦胪列？且所分高下，亦非定评，殊属赘设也。"（《廿二史劄记》卷一《各史例目异同》）刘知几曾怀疑《古今人表》非班固所作，（《史通·杂说上》）章学诚也怀疑《古今人表》不一定出于班固之手，或为西汉学者所作而为班固收入《汉书》的。

志十卷，内容最为丰富，除《礼乐志》、《律历志》、《天文志》（相当于《史记》的《天官书》）、《郊祀志》（相当于《史记》的《封禅书》）、《沟洫志》（相当于《史记》的《河渠书》）、《食货志》（相当于《史记》的《平准书》）为《史记》已有的篇目外，又新增了《刑法志》、《五行志》、《地理志》、《艺文志》。即在《史记》已有篇目中，如《沟洫志》、

稿纸(A)25×20=500

62.

章学诚：亳州志·人物表例议上："马班而后，史有门类，固则补之。非可纪传所列尽述，但惟西京为然也。（以地理因于禹贡，用宫，王子罗列春秋战国。八表之例，乃其推广。"

陈直《汉书新证》论汉书地理志："其州国郡县，山川夷险，时俗之异，经星之分，风气所生，区域之广，户口之数，各有攸叙。"
后汉书郡国志序："汉书地理志记天下郡县本末，及山川奇异，风俗所由，至矣！"
班固在郡县以下，自加详细注释。（凡注中称故人姓名，均补注系注。）《地理志》以行政区域为主，也记载了山川物产及各郡县户口数字，第一次统计了全中国之人口数字五千九百五十九万多人。
洪颐煊：汉水道疏证，论汉书地理志"纲而渊论，详而有法，……非常不苟，取重后世。"
王先谦：汉书补注序例："班志地理，存禹贡之轨迹，立来史之准绳，兼详水道源流，使后人水利相资，以求往迹，可谓功存千古者也。"
张孟伦：论汉书地理志："详尽地讲述了自三代以至秦汉之疆土疆域，建置沿革，封建世系，形势风俗，实为中国史学史上第一部重要而大有补益于文献掌故之历史地理。"（论丛）
包慎言：杭州汉书地理志补注序：班固之地理志，"制度沿革，搜摘详慎，足以为后世言地理者之祖，不祖述班氏，拔代鉴沿。"

《食货志》，其内容也远比《史记》丰富。十志最大之优点，不但是记载详明，而且都是从上古叙起，直到西汉末年为止，实际上是一部典章制度之通史。如《食货志》上卷言食，即农业；下卷言货，即工商业，是我国第一篇系统地论述农工商业发展之文献。又如《地理志》，详述上古到西汉之地理沿革，叙首全录《禹贡》，故唐朝人刘知几曾讥评"何必重述古文，益其辞费"。（《史通·断限》）清朝人王鸣盛在《十七史商榷》卷十四《汉志八·地理论古》条云："《汉书》《地理志叙》首论古太繁，刘知几讥之云：'《春秋》载诗见志，《左氏》惟录章名，《地理》论古至夏世，宜曰《禹贡》论古已详，何必重述古文，益其辞费？'"但宋一新《无邪堂答问》反对此说，云："班书多补《史记》之缺，《史记》无《地理志》，故孟坚详述古制以补之，非繁也。"又如《艺文志》，取材于刘歆之《七略》，把上古到西汉之书籍名称、作者、卷数，分门别类举其源流，是我国现存最古之图书目录，史料价值极高，弥足珍贵。

《汉书》十志自上古叙至西汉末年，为本一部典章制度之通史，以补《史记》之缺漏，其史料价值超过《史记》之八书，是其最大优点。刘咸炘《汉书知意》云："《食货志》……改'平准'之名者，史公本止记武帝事，今通武帝之前之后，固不能以'平准'该之矣。《史通》以为好奇，非也。加详三代食货之制，亦以补

稿紙(A)25×20=500

史家之阙也。……（《食货志》）篇首撮述古先居民、养民、教民之之大要，甚简而精，不独言食，已别有专篇笺论。班氏尝作《白虎通义》，于经说有荟萃折中之功，故叙述三代优于马迁。志乃其全书擅美之处，可谓'穷贯五经，上下洽通'者，《食货志》、《刑法志》尤多见。"

但《汉书》的志还是有缺点的，如没有把历代兵制列入。明朝人凌稚隆《史汉评林》曾说："班志刑而不志兵，盖取大刑用甲兵之义，而以兵附刑。然述之不详，使一代制度漫无从考，殊为阙典。"清朝人王鸣盛也对十志的次序提出意见，并认为改河渠为沟洫亦不当，说："志之次，窃谓先后颠倒，叙次错杂，殊属无理。愚見当改为一天文，二五行，三律历，四地理，五沟洫，六食货，七礼乐，八郊祀，九刑法，十艺文，如此方顺。改河渠为沟洫，名实不相应，亦非，故后世无从者。"（《十七史商榷》卷十一《汉书五·志次当改》）

列传七十卷，基本上与《史记》相同，有专传、合传、分传传与作者自传。但稍有改变，如因取消世家，凡在《史记》中列为世家的（如陈胜、萧何、曹参、张良、外戚等）都改为列传，项羽在《史记》中列为本纪，也改为列传。分类传与《史记》相较，少《刺客》、《滑稽》、《日者》、《龟策》四传，而新增《西域传》，详记西域情况，价值很高。作者自传称《叙传》，与《史记》称《自序》不同。

《汉书》以传与《史记》所载同时期相比较，不仅篇目增多了，而且内容也增加了，有些传是《史记》所没有的，有些传在《史记》中是附传，而《汉书》列为专传，事迹也增加了。如"《史记》无《吴芮传》，蒯通则附韩信传内，伍被则附淮南王传内，《汉书》俱立专传。""景帝子为王者十三人，《史记》以同母者为一宗，作《五宗世家》。《汉书》则十三王各立传，而《河间献王传》详叙其好古爱儒，所献书与汉朝等；《鲁共王传》叙其好治宫室，坏孔子宅广其宫，因得壁中古书，《史记》皆不载。《史记》张骞附《卫青传》后，寥寥数语，而详其事于《大宛传》，《汉书》另立骞传。""《史记》李陵附《李广传》后，但云陵将步骑五千人出居延，与单于战，杀伤万余人，兵食尽，欲归，匈奴围陵，陵降匈奴，其兵遂没，得还者四百余人。盖迁以陵事得祸，故不敢多为辨雪也。《汉书》特为陵立传，详叙其战功，极有精采；并述司马迁对上之语，为之剖白。"（以上见赵翼《廿二史劄记》卷二《汉书增传》条）此外，在《韩信传》、《楚元王传》、《萧何传》、《王陵传》、《淮南王安传》、《卫青传》等传中都增加了一些事迹。（参见

稿纸(A)25×20=500

65.

「班固断代为史，总其目为百卷，他的方法是：叙帝皇，列官司，建侯王。（按：以上指帝纪、百官表及诸侯王表）准天地，统阴阳，阐元极，步三光。（按：以上指天文志、五行志、律历志）分州域，物土疆，穷人理，该万方。（按：以上指地理志、沟洫志、古今人表及郊祀志）纬六经，缀道纲，总百氏，赞篇章。（按：以上指艺文志和人物列传）函雅故，通古今，正文字，惟学林。（按：以上是说汉书文字的典雅和内容的宏富）这一段话，集中反映了班固撰写汉书的写作方法，即首叙帝王、百官，天文、五行、律历次之，地理、沟洫、郊祀又次之，艺文又次之，末叙各种人物。」（瞿林东：论通典的方法和旨趣。历史研究1984.5）

赵翼《廿二史劄记》卷二《汉书增事迹》条）《汉书》不但比《史记》增加了一些事迹，而且还增加了一些重要的文章，如贾谊的《治安策》，晁错的《教太子疏》、《言兵事疏》、《募民徙塞下疏》、《贤良策》等，贾山的《至言》，邹阳的《谏吴王书》，枚乘的《谏吴王（谋逆）书》，~~韩安国的《与王恢论伐匈奴事》~~，公孙弘的《贤良策》等。（参见赵翼《廿二史劄记》卷二《汉书多载有用之文》）

《汉书》仿效《史记》，于每篇之后加以作者评论，~~并~~标为"赞曰"。

班固是著名的文学家，《汉书》的文字技巧是很高明的，如赵翼~~尝说~~《廿二史劄记》卷二《汉书评传》云："《史记》无苏武传，盖迁在时，武尚未归也。《汉书》为之传，叙次精采，千载下犹有生气。合之《李陵传》，慷慨悲凉。使迁为之，恐亦不能过也。"

《汉书》组织严密，内容丰富，叙事详审，文字精练，为继《史记》之后的名著，二书可以比美。范晔《后汉书·班固传论》云："司马迁、班固……，议者咸称二子有良史之才，迁文直而事覈，固文赡而事详。若固之序事，不激诡，不抑抗，赡而不秽，详而有体，使读者亹亹而不厌，信哉其能成名也。"刘知几~~《史通·六家篇》说：~~称赞《汉书》~~究西都之首末，穷刘氏之废兴，包举一代，撰成一书，~~"言皆精练，事甚该密。"~~故学者寻讨，易为其功。~~（《史通·六家篇》）清朝人齐

稿纸(A)25×20=500

66.

召南《汉书跋语》（殿本《汉书·叙传》末）云："史之良，首推迁、固。固才似若不及迁者，然其整齐一代之书，文赡而详，与迁书异曲同工，要非后世史家所能及。故其书初成，学者即已莫不讽诵。"

然而，《汉书》还是有其缺点的，如（一）班固没有象司马迁那样广泛地游历各地，进行实地考察和亲身访问，缺乏亲见亲闻的了解，在取材上就受到限制，没有《史记》所记载的社会情况那样广泛。（二）班固对社会各阶层尤其下层人物的重视不够，因而对社会情况的叙述不如《史记》那样广泛；（三）班固以纯儒学的思想观点来写历史，对其他各学派的学术思想以及文化方面各领域的叙述很少；

（四）班固对农民起义不够重视，西汉末年的几位农民起义领袖如樊崇、王匡、王凤都没有专传，仅附叙他们的事迹于《王莽传》中，且简略不详。此外，在具体事实上也有错误，如殿本《汉书校刊跋》所说："夫古人撰述既博，不无失检，纪、表、志、传或彼此乖违，郡国、官名或后先错出，如《高纪》书太上皇后、书丞相哙将兵，《文纪》书内史栾布，《景纪》书御史大夫青翟、书三辅举不如法者，《宣纪》书元康元年复高帝功臣后之类，皆本书自误，非关后人。"（五）班固在抄袭《史记》原文时未加甄别，致有大误，如史记陈涉世家有"至今血食"之语，汉书照抄。

稿纸(A)25×20=500

67.

三、班固的历史观与史学思想

(一)历史观

1、对于历史发展规律的观点

班固对于历史发展规律的观点，是属于天命论、循环论的范畴，这突出表现在他对于刘邦建立汉朝的论调上，如他说："汉绍尧运，以建帝业。"（《汉书·叙传》）又说："汉承尧运，德祚已盛，断蛇著符，旗帜上赤，协于火德，自然之应，得天统矣。"（《汉书·高帝纪赞》）

班固的历史观，基本上继承了他父亲班彪的《王命论》的观点。在《王命论》中，班彪认为刘邦之所以建立帝业，总的说来是"神器有命"；具体原因有五条，头三条是"帝尧之苗裔"、"体貌多奇异"、"神武有征应"。这些都是天命论的观点。班固在天命论之外又加上五德终始说的循环论的观点，认为汉朝是得火德，继承尧的火德，直接代替周的木德。

在西汉初年，历史循环论者采取邹衍的五行相胜说，认为汉朝是土德，以胜秦朝的水德。到了西汉末年，又流行一种新的五行相生的说法，认为尧是火德，舜是土德，夏是金德，商是水德，周是木德，他们把秦朝抹掉不算，而以汉直接继承周统，与尧一样是火德。《汉书·郊祀志赞》说："汉兴之初，庶事草创，唯一叔孙生略定朝廷之仪。若迺正朔、服色、郊望之事，数世犹未章焉。至于孝文，始以夏郊，而张苍据水德，公孙臣、贾谊更以为土德，卒不能明。孝武之世，文章为盛，太初改制，而兒宽、司马迁等犹从臣、谊之言。服色数度，遂顺黄德。彼以五德之传，从所不胜，秦在水德，故谓汉据土而克之。刘向父子以为帝出于震，故包羲氏始受木德。其后以母传子，终而复始。自神农、黄帝，下历唐虞、三代，而汉得火焉。故高祖始起，神母夜号，著赤帝之符，旗章遂赤，自得天统矣。昔共工氏以水德间于木火，与秦同运，非其次序，故皆不永。由是言之，祖宗之制，盖有自然之应，顺时宜矣。究观方士祠官之变，谷永之言，不亦正乎！不亦正乎！”

2. 对于经济发展的观点（认识）

班固对于社会经济发展的认识是错误的，若与司马迁的经济观点相比较，便可明显地看出来。司马迁认为社会经济的发展决定于农、工、虞、商等生产劳动者的作用，是正确的、唯物的观点。班固则认为经济发展是由帝王（圣人）的安排与治理所决定的。他说：“财者，帝王所以聚人守位，养成群生，奉顺天德，治国安民之本也。”（《汉书·食货志》）又说：“备物致用，立功成器，以为天下利，莫大乎圣人。”（《汉书·货殖列传》）

稿纸(A)25×20=500

69.

他对春秋、战国以来工商业的发展，认为是危害社会的现象。他在《汉书·货殖列传序》中说："昔先王之制，自天子公侯卿大夫士，至于皂隶、抱关、击柝者，其爵禄奉养宫室车服棺椁祭祀死生之制，各有差品，小不得僭大，贱不得逾贵。夫然，故上下序而民志定。……然后四民因其土宜，各任智力，夙兴夜寐，以治其业，相与通功易事，交利而俱赡，非有征发期会而远近咸足。故《易》曰：'后以财成辅相天地之宜以左右民，备物致用，立功成器，以为天下利，莫大乎圣人。'此之谓也。……是以欲寡而事节，财足而不争，于是在民上者道之以德，齐之以礼，故民有耻而且敬，贵谊而贱利。此三代之所以直道而行，不严而治之大略也。及周室衰，礼法堕，诸侯刻桷丹楹，大夫山节藻棁，……其流至于士庶人莫不离制而弃本，稼穑之民少，商旅之民多，谷不足而货有余。陵夷至乎桓、文之后，礼谊大坏，上下相冒，国异政，家殊俗，耆(嗜)欲不制，僭差亡极。于是商通难得之货，工作亡用之器，士设反道之行，以追时好，而取世资。伪民背实而要名，奸夫犯害而求利。……礼谊不足以拘君子，刑戮不足以威小人。富者木土被文锦，犬马馀肉粟，而贫者短褐不完，含菽饮水。其为编户齐民，同列而以财力相君，虽为仆虏，

稿纸(A)25×20=500

犹亡愠色。故夫饰变诈为奸轨者，自足乎一世之间；守道循理者，不免于饥寒之患。其教自上兴，繇法度之无限也。”

班固不象司马迁那样认为工商业的发展是社会经济发展的必然趋势，是符合社会人民客观的要求和利益的，而是执守儒家的所谓“礼法”，及孟子的“王何必曰利”的思想，对工商业的发展采取了敌视的态度，认为是先王制度遭到破坏的不良后果。可见班固的经济观点是落后的、保守的。

3、对于历史人物的评论和看法

班固对于农民起义~~领袖~~是不够重视的，如把项羽和陈胜都由《史记》的本纪和世家中降为列传，而在《叙传》又都目之为“盗”。对于西汉末年各地的农民起义领袖，如最初起义的吕母，赤眉军的领袖樊崇，绿林军的领袖王匡、王凤等都没有立专传，而仅附叙其事迹于《王莽传》中。

班固对历史人物的评价，也有很多是不适当的。如在《古今人表》中列商汤、周武王为上上，而被司马迁比其功业于汤、武的陈胜、吴广却列为中下；秦始皇与项羽都为中下；管仲为上中，齐桓公都为中中。如果司马迁来品评，是会与班固有很大差别的。

稿纸(A)25×20=500

71.

班固对于西汉之皇帝，都是歌功颂德，极力称赞之，即使对于元、成、哀诸帝，也是以颂扬为主，只是轻描淡写地指出其缺点而已。

班固对于游侠之看法，也与司马迁不同。司马迁对游侠之行为是基本上肯定之，而班固则加以贬斥，他说："于是背公死党之议成，守职奉上之义废矣。……权行州域，力折公侯。……以匹夫之细，窃杀生之权，其罪已不容于诛矣。观其温良泛爱，振穷周急，谦退不伐，亦皆有绝异之姿。惜乎不入于道德，苟放纵于末流，杀身亡宗，非不幸也。"（《汉书·游侠列传序》）

稿纸(A)25×20=500

72.

（二）史学思想

班固撰写《汉书》的目的，在于宣扬汉朝在历史上的崇高地位，歌颂西汉帝王的功德，直接为东汉政权的统治服务。

他以西汉为火德，得天统，不承认王莽政权的历史地位，而以东汉为火德直承西汉，当然也是正统。

但他在史事的编纂上力求详备，他在《汉书·叙传》中说："凡《汉书》：叙帝皇，列官司，建侯王，准天地，统阴阳，阐元极，步三光，分州域，物土疆，穷人理，该万方，纬六经，缀道纲，总百氏，赞篇章，函雅故，通古今，正文字，惟学林。"颜师古注云："凡此总说帝纪、表、志、列传，备有天地、鬼神、人事、政治、道德、术艺、文章，泛而言之，尽在《汉书》耳。"

稿纸(A)25×20=500

73.

~~第二章 断代史的出现与班固的史学~~

~~第一节 断代史的出现及其在史学史上的~~

（四）、班固~~[illegible]~~对于史学的贡献与影响

班固对于史学的贡献，首先是开创了断代为史的法式，他写的《汉书》[illegible]，~~东汉初期，史学家班固写成了一部记载西汉历史的《汉书》~~是最早的一部断代史。

所谓断代史，是专记一个朝代的历史，即从一个王朝开始建立到它灭亡的历史。在《汉书》以前，还没有这样的断代史。《尚书》包括几个朝代；《逸周书》从西周开始写起，但不及周朝之亡；《春秋》只记周朝的一段时期，我们现在虽把"春秋"作为一个单独的时期来看，但它不是一个朝代；《左传》也是如此；《国语》记载从西周中叶到战国初年，也不是完整的朝代；《战国策》虽主要记载战国时期的言语事迹，但战国也不是一个朝代。所以，专记一个朝代始终的断代史，应以班固的《汉书》为最早。

断代史的出现是有其客观条件的。作为中国历史上第一次中央集权的统一大帝国，虽然从秦朝开始，但秦朝只有十五年就灭亡了；到了西汉王朝，不仅统一的制度更为完备，帝国疆域更加扩大，而且统治的时间长达二百年之久，实为第一个强大长久的朝代，在政治、经济、文化各方面都有丰富的内容，足以把这一朝代的史料编纂成为一

稿纸(A)25×20=500

部壮观的历史书，因而班固的《汉书》出现了。

班固的《汉书》写成后，随着在长期封建社会中王朝的递兴递灭，断代史也连续不断地出现，在史学史上具有重要的意义。

断代史在史学上的重要意义，主要有以下几点：①断代史便于及时搜集、编纂前代历史资料保存史料——在前一朝代结束后，下一朝代的人即搜集其资料编纂成书，以免日久散佚。这样连续下来，历代的史事都易于留传连贯的史。②断代史便于表述每一朝代的特点——每一朝代大都有其比较特殊的典章制度和政治措施，也有其经济和文化上的特点。因为在封建社会中，每一朝代的更易主要是政治的变动，而政治往往对社会发展起决定作用，所以朝代的兴亡在封建社会的历史中有重要意义，而断代史则便于反映这个特点。③断代史便于按照时代的段落来研究历史——由于中国封建社会时间很长，一时不易全面掌握史料，必须按时代的段落逐步研究，然后再作总的考察。有了断代史，可以按照朝代分别进行，这就是刘知几所说的"包举一代，撰成一书，言皆精练，事甚该密。学者寻讨，易为其功。"（《史通·六家篇》）由于断代史有以上的便利，所以不但在封建时代有编纂断代史的必要，即使现在我们仍然需要断代史的研究和著作。不过断代的

政治对于经济、文化的发展有重大影响，一朝的政治、典章具有特色，宜独立成书。

稿纸(A)25×20=500

75

范围不必限得太死，只拘束于一个王朝，而是可以把两个以上的朝代连接在一起来进行研究，如秦汉史、南朝史、隋唐史、明清史等。

有人认为断代史的著作会割断历史，妨害对历史发展的研究，如郑樵指责班固说：“自春秋之后，惟史记擅制作之规模，不幸班固非其人，遂失会通之旨，司马氏之门户自此衰矣。……由其断汉为书，是以周秦不相因，古今成间隔。……迁之于固，如龙之于猪，奈何诸史弃迁而用固，刘知几之徒尊班而抑马？……自班固以断代为史，无复相因之义，……会通之道，自此失矣。”（《通志总序》）其实，这要看研究历史的人的态度和方法如何，断代史本身并不负这种责任。因为所谓断代史并不是仅限于这一朝代的叙述，而在这个朝代以前的历史情况也要叙述，以阐明本朝代历史的渊源，甚至有些地方要追述到很久以前。即以班固的《汉书》来说，志这一部分都是从上古叙起；表中的《百官公卿表》历叙官职的沿革，有古官、周官、秦官等，都说明其渊源；而《古今人表》则完全是西汉以前的人物；列传中也是从西汉以前叙起，如陈胜、项羽、张耳、陈馀、魏豹、田儋等，而在《货殖列传》中则包括春秋、战国以来的人物如范蠡、子贡、白圭、猗顿、乌氏、巴寡妇清等。其后的断代史也都不能不从与本朝代有关的人物或事迹说起。

断代史并非割断历史，不妨害通史之研究，而且加深对通史之研究。

汉书的断代体例并不是严格的，很多篇都是从汉朝以前叙起，甚至从上古叙起。而古今人表竟不叙及汉朝。

稿纸(A)25×20=500

76
~~25~~

~~（四）班固对史学的贡献与影响~~

第三节　纪传、编年两种体例的确立

自从编年体的《左传》、纪传体的《史记》、《汉书》问世后，史书编纂的体例已有轨可循，到了东汉中叶以至末年，又有纪传体的《东观汉记》和编年体的《汉纪》出现，史书的两种体例就确立了。

一、《东观汉记》

《东观汉记》是东汉官修的一部纪传体的当代史。东汉统治者为了宣扬本朝的威德，从汉明帝时开始编写，以后陆续进行，到汉灵帝时为止（十二个皇帝）。因为东汉政府藏书的地方称"东观"，而这部书就是在这里修成的，所以名为《东观汉记》。

汉明帝时，始命班固与陈宗、尹敏、孟异、刘復、贾逵、马严、杜抚等撰《世祖本纪》，记述汉光武帝的事迹，并搜集东汉开国功臣及新市军、平林军、公孙述等事迹写成列传和载记二十八篇。汉安帝时，又命刘珍、李尤、刘毅、刘騊駼等记述自汉光武帝建武至安帝永初年间的事迹，撰纪、表及名臣、节士、儒林、外戚等传，在将要完成的时候，刘珍和李尤相继去世了，又命伏无忌与黄景作《诸王王子功臣恩泽侯表》、《匈奴南单于传》、《西羌传》、《地理志》。（《史通·古今正史》）到了桓帝元嘉元年（公元151年），又命边韶、崔寔、朱穆、曹寿、延笃、邓嗣等撰孝穆、崇二皇（浦起龙《史通通释》认为当作"献穆、孝崇二皇后"，非是，余嘉锡《四库提要辨证》已指其妄。）

（见《后汉书·齐武王縯传附北海靖王兴传》卷14、《后汉书·马援传附马严传》卷24、《东观汉记》卷16马严传、《太平御览》卷184引《东观汉记》、《史通·古今正史》）

（见《后汉书》卷110上文苑《刘珍传》、《李尤传》，卷14《齐武王縯传附北海靖王兴传》，卷89《张衡传》、《史通·古今正史》）

稿纸(A)25×20=500

78

~~74~~

及顺烈皇后传，又增撰《外戚传》及《儒林传》多篇；崔实、曹寿、延笃又作《百官表》及顺帝功臣孙程、郭镇（《史通·古今正史》作郭愿，误，见余嘉锡《四库提要辨证》。）及郑众、蔡伦等传，（见《后汉书》卷110上文苑《边韶传》、卷56《伏湛传》、卷82《崔骃传附崔实传》、卷《郑兴传》、《史通·古今正史》）连同以前所作，共有一百一十四卷，名为《汉记》。灵帝熹平（公元172—177年）中，又令马日磾、蔡邕、杨彪、卢植、韩说等补续《汉记》，作纪、传多篇。（见《后汉书》卷84《杨震传附杨彪传》注引华峤《汉后书》、卷94《卢植传》、卷90下《蔡邕传》、《史通·古今正史》）蔡邕又编纂东汉一代的典章制度，称为十志（《汉书》叫志），已撰成律历、礼、乐、郊祀、天文、车服六志，后来因被王允杀害，未能全部完成。（见《后汉书·蔡邕传》注引《蔡邕别传》）

由于东汉末年统治阶级之内乱，撰史工作遭受破坏，《东观汉记》的编纂没有最后完成。

《东观汉记》在东汉末年以后到唐初以前一直流传着，与《史记》、《汉书》并称为"三史"。

《隋书·经籍志》著录一百四十三卷，《旧唐书·经籍志》著录一百二十六卷，可见唐以后已有残缺。自宋以后，即逐渐散佚，我们现在可见到的《东观汉记》二十四卷，只是后人辑录的一小部分残余了。

稿纸(A)25×20=500

（二）《汉纪》

《汉纪》是东汉末年荀悦编写的一部编年体的西汉史。

荀悦字仲豫，颍川郡颍阴县（今河南许昌）人，生于汉桓帝建和二年（公元148年），卒于汉献帝建安十四年（公元209年），六十二岁。

荀悦出身于世代读书的官僚家庭。祖父荀淑，历任郎中、当涂长、朗陵侯相。叔父荀爽，历任郎中、光禄勋、司空。都是士大夫中的名流。荀悦自幼好学，“年十二能说《春秋》”。献帝时历任黄门侍郎、秘书监、侍中。目睹时政败坏，著《申鉴》五篇，是政论名著。主张去除伪、私、放、奢四患，扶植兴农桑、审好恶、宣文教、立武备、明赏罚五政。又建议重视史官，随时记载善恶成败，用以劝善惩过。又著有《崇德》、《正论》等文章数十篇。”

汉灵帝时托疾隐居

“建安元年，他已四十八岁，……由曹操推荐引，到曹操的镇东将军府工作。不久，汉廷移都许昌，……任……黄门侍郎。”

“（建安元年至二年）写成申鉴”

荀悦的《汉纪》是奉汉献帝之命而编撰的。《后汉书·荀悦传》云：“帝好典籍，常以班固《汉书》文繁难省，乃令悦依《左氏传》体，以为《汉纪》三十篇。”荀悦于建安三年（公元198年）开始撰写，将《汉书》中纪、表、志、传的记载删繁撮要，重新按年月顺序编排，于建安五年（公元200年）完成，共三十卷，八万二千多字（见《汉纪·目录》）。

“其文字省约，而书之要一。”

荀悦《汉纪·序》说：“臣悦职监秘书，攝官承乏，祗奉明诏，窃惟其宜。谨约撰旧书，通而叙之，总为帝纪，列其年月，比其时事，撮要举凡，存其大体，旨少所缺，

稿紙(A)25×20=500

80.

"荀悦的史学思想，中心是一种强调资治的鉴戒史观。他认为历史书籍的根本作用，就在于能为统治者提供历史的鉴戒。""把写史同封建政治结合得这样自觉，公开宣称写史的宗旨，就是拿历史的鉴戒为当时的政治斗争服务，并为此对于写史书应达到的标准和记事范围作出明确规定，在我国古代史学史上，荀悦可是第一人。"（刘隆有）

荀悦虽然采用汉书的材料，但有着自己的裁断

务从省约，以副本书，以为要纪。"（《汉纪卷一》）

荀悦把一百卷的《汉书》改编为三十卷的《汉纪》，必须删繁撮要，制订取舍的准则。他在《汉纪·序》中说："夫立典有五志焉：一曰达道义，二曰彰法式，三曰通古今，四曰著功勋，五曰表贤能。于是天人之际，事物之宜，粲然显著，罔不备矣。……于是缀叙旧书以述《汉纪》，中兴以前明主贤臣得失之轨，亦足以观矣。"他所说"立典的五志"，也就是编写历史的五项准则，遵这五项原则编写的历史书，就可以了解"明主贤臣得失之轨"，以为当代及后世封建政治的鉴戒。他认为历史著作的目的是"惩恶而劝善，奖成而惧败。"（《汉纪·目录》），也就是为封建政治服务。

荀悦对于《汉纪》的内容是非常自负的，~~他认为重要的事迹都已写无遗了~~他说："凡《汉纪》有法式焉，有监戒焉；有废乱焉，有持平焉；有兵略焉，有政化焉；有休祥焉，有灾异焉；有华夏之事焉，有四夷之事焉；有常道焉，有权变焉；有策谋焉，有诡说焉；有术艺焉，有文章焉。"（《汉纪·目录》）这些话表明他认为各方面的重要史迹，是应有尽有了。虽然不能把《汉书》的内容全部包括下来，但也是"撮要举凡，存其大体"了。

"所说的十六'有'，都是帝王应有的史的知识。"（梁启超语）

稿纸(A)25×20=500

81

"有四十多则荀悦曰，专论政治得失。大至政治、军事、经济、刑赏、君道、臣道、典章制度、封建伦常、民族政策、天人之际，小至皇帝家事、宦吏传播、丧制葬仪、性理学术，对其成败得失，他都议论到了。"（以所有）"如卷二高祖元年纪秦亡以后，用五百余字节录了贾谊过秦论，以总结秦亡的原因，——此后，又载贾山'借秦为喻'，而言治乱之道的至言。"（同上）

在《汉纪》一书里，荀悦发表了自己对史事的评论，以"荀悦曰"标示，共计三十七条，最短的二十七字，长的近千字，他说："臣悦所论，粗表其大事，以参得失，以广视听也。"（《汉纪》卷三十）从这些史论里，可以看出荀悦的历史观点与史学思想。

荀悦的《汉纪》问世后，受到后人的好评，史称其书"辞约事详，论辨多美。"（《后汉书·荀悦传》）但其更重要的意义在于《汉纪》的体例。《汉纪》可说是我国第一部编年体断代史，这种断代史有其独自的优点，可与纪传体的断代史相辅而行。如《史通·六家篇》所说："当汉代史书以迁、固为主，而纪传互出，表志相重，于文为烦，颇难周览。至孝献帝始命荀悦撮其书为编年体，依《左传》著《汉纪》三十篇。自是每代国史，皆有斯作。"

自此以后，纪传、编年两种体例并行不悖，成为编纂史书的两种主要格式。如刘知几所说："班、荀二体，角力争先，欲废其一，固亦难矣。后来作者，不出二途，……各有其美，并行于世。"（《史通·二体》）

近人梁启超对荀悦极为推崇，列为中国古代最有贡献的史家之一，说："自有左丘、司马迁、班固、荀悦、杜佑、司马光、袁枢诸人，然后中国始有史"，并称《汉纪》为"此既存新编年体之第一"

稿纸(A)25×20=500

82.

史通二体："史记者，纪以包举大端，传以委曲细事，表以谱列年爵，志以总括遗漏，逮于天文地理，国典朝章，显隐必该，洪纤靡失，此其所以为长也。"

隋书卷58魏澹传引范晔语："春秋者，文既总略，好失事形，今之所作，所以为短。纪传者，史、班之所变也，网罗一代，事义周悉，适之后学，此焉为优，故继而述之。"

（三）纪传体与编年体的优点和缺点

纪传体与是各有其优点和缺点的。

纪传体的优点主要有三：①便于记载多方面的历史事迹——纪传体是由几个部分组成的，每一部分都有其特点，各方面的资料都可分别纳入，尤以列传和志这两部分包罗的范围更为广泛。任何人物的事迹都可以写入列传，而且详略不拘，有年月的事可写，无年月的事也可写。无论自然现象和社会现象都可写为志，天文、地理、物产可写，社会状况、典章制度、学术文化也可写，而且也不受年月的限制。②可以集中表现某一方面的历史事迹（便于记载不能按年（月日）编排的事迹）——纪传体的每一部分都可分为若干篇，每篇都可以集中叙述某一方面的事迹，如在表中有《诸侯表》、《功臣表》、《百官公卿表》等等，在志中有《食货志》、《刑法志》、《艺文志》等等，而且可以分得更小更细，以便更集中地叙述。③可以详细叙述历史人物的事迹（便于广泛地记载历史人物）——社会的发展离不开人物的活动，各阶级、各阶层的形形色色的人物，其具体表现都不一样，通过人物的事迹，可以从各个角度反映社会现象。纪传体史书中列传总是占最多的篇幅，每一个人的传都可以尽量记载其思想、言语和行动。这些优点总的说来是便于保存、编纂资料，不致有所遗漏，如《史通·二体篇》所说的"显隐必该，洪纤靡失。"我们现在编纂资料时，仍可采用这种体例。

纪传体的缺点在于：①不能完整地表现历史事件的发（不能集中叙述历史事件的全部情况）

稿纸(A)25×20=500

83

史通二体："若乃同为一事，分在数篇，断续相离，前后屡出，于高纪则云语在项传，于项传则云事具高纪。又编次同类，不求年月，后生而擢居首帙，先辈而抑归末章，遂使汉之贾谊将楚屈原同列，鲁之曹沫与燕荆轲并编，此其所以为短也。"

展过程——纪传体把历史事件分散在纪、表、志、传之中，读者很难弄清楚每一事件的全部内容，如《史记》所载楚汉战争，在《项羽本纪》、《汉高祖本纪》、《秦楚之际月表》、《萧相国世家》、《淮阴侯列传》以及所有参与这个战争的重要人物的世家和列传中都记述了一部分，要了解这个事件的全部内容，必须阅读十几篇，然后再加以排比贯穿。这样就使读者感到分散交错，劳于翻检。②不易

不易表明某些历史事件之间的关系

表现历史事件之间的关系——由于每一事件的记载都分散在若干篇中，支离破碎，对这一事件与那一事件之间的关系就更难看出。在本纪和表中虽可看出事件发生的前后次序及其相互关系，但又以记载简略，难以明确。在列传中则连前后次序有时都难表明，读者往往感到零散混乱。若弄清历史事件彼此之间的关系，必须花费很多的功夫。③易于夸大

某些历史人物的作用

个别人物在历史发展中的作用——由于纪传体史书的内容大部分是人物传记，每篇以人物为主体，因而往往把历史人物凌驾于历史事件之上，好象历史事件的发展决定于个别人物的意志和行动，人物支配历史的发展，成为英雄造时势。这些缺点，总的说来不能系统地叙述历史事迹，给人以分散凌乱的感觉，如《史通·二体篇》所说的"同为一事，分在数篇，断续相离，前后屡出。"所以我

稿纸(A)25×20=500

84.
~~85~~

们现在对历史现象作系统的叙述，就没有人采用这种体例了。

编年体的优点主要有三：

①便于表明历史事迹的时间顺序——编年体必须按年、时、月、日的顺序来记载史事，史事发生的时间及其先后次序一目瞭然，这就清楚表明了历史现象发展的始末过程，使读者不必在历史事迹发生的时间上费心寻核，对于进行分析和研究有很大的便利。

②便于表明历史事件之间的联系——编年体史书既能把全部历史发展的过程表现清楚，则此一事件与其他事件的关系也就容易考察、了解，如此事由何而起，对他事的影响如何，必须首先知道它们的先后次序，才能加以判断。

③可以避免叙述重复。总的说来，编年体能使历史事迹排比清楚，没有重复错乱的弊病，如《史通·二体篇》所云："系日月而为次，列时岁以相续，中国外夷，同年共世，莫不备载其事，形于目前，理尽一言，语无重出。此其所以为长也。"

编年体的缺点在于：

①不能集中叙述历史事件的全部情况——因为编年体是按年时月日来记载史事，一年之中的事件都要排列，所以读者只见若干事件的忽断忽续出现，彼此交错，不

稿纸(A)25×20=500

85.

“唐代后期皇甫湜撰《编年纪传论》一文一篇明确表达此意之文字：
“论曰：古史编年，至汉司马迁始更其制而为纪传。……予以为合圣人之经者，以心不以迹；得良史之体者，在适不在同。编年、纪传，系于时之所宜、才之所长者耳，何常之有？故是非与众人同辨，善恶得圣人之中，不虚美，不隐恶，则为纪、为传、为编年，是皆良史矣。……又编年之史，束于次第，牵于浑并，必举其大纲而简于叙事，是以多阙载、多逸文，乃别为著录，以备时之语言，而尽事之本末。……子长病其然也，出太古之轨，凿无穷之门，作为纪、传、世家、表志，首尾具叙录，表里相发明，庶为得中，将以垂无穷。太初以来，千有余岁，史臣接踵，文人比肩，莫不祖述张、班，奉而遵行，传以相授，斯亦可矣。唯荀氏为汉纪，裴氏为宋略，强欲复古，皆为编年。然其善语嘉言，细事详说，所遗多矣。如览正史，方能备明，则褒然得失，章于是矣。今之作者，苟能遵纪传之体裁，同春秋之是非，文敏迁固，直殊南董，亦无上矣。倘诉乎此，则虽服仲尼之服，手握绝麟之笔，等古人之章句，署王正之月日，谓之好古则可，谓其书何以哉！”（文苑英华卷742）

能专一。而且往往一个事件前后过程经历十几年，其记载也就分散夹杂在十几年内若干大小事件之中，使人难以分清头绪。若研究某一事件的发展过程，必须从复杂多端的记载中细心抽绎，因而使人感到不便。

②时间不明或难以按时间编排的历史事迹易于遗漏（难以记载不能编年的历史事迹）——编年体必有时间顺序，而时间不明则无法编入，所以有的事迹虽然重要，作者因不能确定其年月往往弃而不载；还有一些事迹，如经济的变动、地理的情况、文化的传布等，其发生和发展很难确定其年月，不知编在何处为适宜，作者也往往删略不叙。于是，就发生了这种情况：一个事迹虽然不重要，但因有明确的年月，就被编载了；反之，一个事迹虽然很重要，但因时间不明或难以按具体的年月来编排，也就被舍弃了。如《史通·二体篇》所说：“论其细也，则纤芥无遗；语其粗也，则丘山是弃。此其所以为短也。”

③易于偏重政治事件，忽略经济与文化方面的事迹。

总的说来，编年体由于时间顺序的限制，难以集中而详备地叙述历史现象，所以编年体史书的内容总是比纪传体史书简略。

纪传体和编年体各有优缺点，但在那时以至后来很长的时期内，还不能取长补短，把两种体例统一起来，或者另创一种新的体例，因而也只能并存兼行以发挥历史编纂学的作用了。

稿纸(A)25×20=500

·27 86

班固著汉书·艺文志，分书籍为六类，即六艺（六经）、诸子、诗赋、兵书、数术、方技。史书主要附于六艺类的春秋家。春秋家共二十多种（据刘歆七略），除专门解释春秋经文者外，史书仅十余种。再加上书家的尚书、周书，以及诸子类中的虞氏春秋等，也不过二十种。这是西汉末年以前的书目，由于史书数量少，所以不能独立成为一类，只附属在经类书籍之中。

经过东汉、三国时期，史书的数量增多了，可以独立成为一类了，所以西晋时荀勖的中经新簿，分书籍为四类，按甲、乙、丙、丁次序，史书为丙部。甲部为六经小学，乙部为诸子，丙部为史部，丁部为诗赋。史书在书籍中居于第三位。到东晋时李充作书目时，因史书数量增多，于是改以史学为乙部，而以诸子为丙部，史书便升居第二位了。以后隋书经籍志分书籍为经史子集四部，史书仅次于经书而居第二位的书目排队便确立了。这说明经过东汉、三国两晋南北朝时期史学的发展，史书数量增多，提高了史学在学术上的地位，不仅成为独立的学科，而且已有仅次于经书的重要地位了。（盛行全集补上）

第四章 封建社会史学的第三阶段

——三国两晋南北朝時期的史学

第一节 历史著作的繁盛

我国封建社会的史学，经历战国秦汉时期以后，到了三国两晋南北朝时期，治史风气空前高涨，历史著作的数量大为增多，有了非常显著的发展。《隋书·经籍志·史部》著录历史著作八百七十四部（种）（姚振宗统计867种）（包括亡书），其中三国时期以前的著作不过四十种，隋统一以后的著作不过十余种，绝大部分都是三国两晋南北朝时期的著作。其中尤以晋朝人所著最多，所以过去曾有人（梁启超）称晋朝为我国史学的全盛时代。

为什么到了三国两晋南北朝时期，史学有如此显著的发展呢？推其原因，约有以下数端：

㈠史学本身发展的结果

经历战国秦汉时期，特别在汉代司马迁的《史记》与班固的《汉书》问世以后，历史著作的内容大为丰富，东汉末年荀悦的《汉纪》写成，纪传与编年两种体例确立，而且封建主义的史学理论已逐渐形成，这就奠定了封建主义的史学基础，使从事历史著作的人，在体例、内容与编纂方法等方面都有准则可以遵循。其次，司马迁的《史记》

稿纸(A)25×20=500

102

不仅历史内容丰富，而且文采灿烂，"疏宕有奇气"，无论叙人叙事，都极为生动活跃，予人以深刻的印象，使人不仅了解历史，而且作为优秀的文学作品，使人讽诵欣赏，其味无穷。班固的《汉书》，除叙事详赡外，也发挥其文学技巧，语句精练，奉为叙事的标准。司马迁与班固的成就，使史学在学术界放出异彩，取得独立的地位，因而使爱好史学的人受到莫大的鼓舞，发生浓厚的兴趣，遂群相仿效，挥笔著史，以期能继司马迁与班固之后在史学上做出不朽的贡献。

㊁抄辑史料的便利

东汉以前，抄写工具只有竹简和缣帛，竹简太笨重，缣帛又昂贵，一般人从事抄辑史料和著作，都有很大的不便。西汉末年以来虽然有纸的出现，但那时的纸是用丝绵制造的，生产稀少，价值昂贵，除皇室贵族外，一般人难以使用。自东汉中叶，蔡伦改进造纸术后，才有了大量生产、价值低廉的纸，一般人都可使用以抄写史料和著书。而且在造纸术改进以后，随着纸的普遍使用，史料的流传也广，一般人也可缀辑抄录过去难以见到的史料，过去史官所专有独占的材料，也可逐渐流传出来了。同时，自东汉以来，文字的形体也愈益简化，由西汉时的隶书进为楷书

稿纸(A)25×20=500

103.

，三国以后，行书及草书相继出现，提高了写字的速度，节省了搜集资料、从事写作的时间，也使更多的人能有从事撰写历史著作的方便。

③封建割据政权的提倡

三国两晋南北朝是一个长期分裂割据的时期，无论南方或北方的统治者，汉族或少数族的统治者，都以正统自居，希望自己的政权成为合理的、合法的或将来能够统一全中国的政权。为了达到这一目的，封建统治者都重视或找人撰修本国的历史，或撰修前代已被公认的正统的王朝的历史，所以对于撰写历史的人都予以方便、奖励和礼遇，鼓励他们从事写作，而有些读书人也愿意撰写历史以取得政治地位，并藉自己撰写的史书使自己传名后世。

④品评人物风气的盛行（对历史人物研究兴趣的培长）

东汉末年以来，地主阶级中品评人物的风气颇为盛行，如许劭的"月旦评"，刘劭著《人物志》，都引人注意。晋代清谈风起，于个人的奇才异行，特识雅趣，更津津乐道。因此，魏晋以后，别传、家传、合传等传记的著作至为繁富。纪传体史书本以人物为主，这些传记遂为著史者所取资；而有些人虽不能撰写一代的历史，却可以撰写一些传记来发挥其才能，所以很多人撰写传记，或者由撰谢保成：《魏晋南北朝目录学的新起点》："……七略在图书分类上确立了……六大部类，已东汉班固作汉书所沿袭这种分类方法，魏晋时期即发生了动摇。先是魏秘书郎郑默择秘书中外三阁藏书编为中经目录，於是西晋秘书监荀勖'因中经更著新簿，分为四部，总括群书。'（隋书经籍志序）甲部纪六艺、小学；乙部纪古诸子家、近世子家、兵书、兵家、术数；丙部纪史记、旧事、皇览簿、杂事；丁部纪诗赋、图赞、汲冢书。后又有东晋著作郎李充'因荀勖旧簿四部之法，而换其乙丙之书'，撰《晋元帝四部书目》。（阮孝绪：七录·序）从此以后，四部之法'秘阁以为永制。'（晋书李充传）……四部分类法沿用一千七百余年至今未发生根本的动摇。

关于这一时期图书分类体例的变迁，有以下问题值得讨论：1.究竟是郑默的魏中经开创了四部分类法，还是荀勖的晋中经新簿开创了四部分类法？……对这一问题，有两种不同的认识。一种以汪辟疆先生为代表（目录学研究·唐以前目录书）……认为郑氏中经已有四部分类法。另一种认识以余嘉锡先生为代表（目录学发微·目录学源流考）……断定郑氏中经未用四部之法而沿用七略分类法。……今案：荀勖'因魏中经，更著新簿'，因者，因其成例也。……非创郑默已用四部分类法，但难定乎其人。……魏时的中书令虞松所说'而今而后，朱紫别矣'是可作为魏中经已用四部分类法的重要依据。……四部分类法实开创于魏郑默的中经，并以此标志着古代目录学的发展开始了新的历史时期。2.这一时期的"四部分类法"是怎样一种分类法？……这一时期的四部分类法尚未完善。第一，四部无明确的名称。甲乙丙丁，只表示一种次序而已，不能表示部次的内容。……后来，至梁元帝校书时，虽开始有用经史子集之称（见北齐书颜之推传引颜之推观我生赋自注），但未见用于书目。第二，子部范围尚未确定。……四部分类只不过是一种把略的大体上的轮廓和次序而已，并无严格周密的规定。第三，"四部"有时演为"五部"。梁以《文德殿四部书目》虽称四部，但其中丙部术数类又单独析出而自成一部，实为五部。……3.七略分类法是怎样演化为四部分类法的？……演化的主轨集中地体现在这一时期两部重要的目录著作七志和七录上。……七志的体例，体现了这一时期七略分类法仍有一定的生命力。……七录，则体现了我们不难看出，七录的内篇五录已经是经史子集术技的基本结构，这不正是梁《文德殿四部目录》的一个分类子流吗？……至于佛道二录只是作为附录。……七录分类的实质是四部法，它的出现标志着七略分类法终于退出历史的"舞台"。

写传记进而撰写一代的历史。

（三）史官制度的影响

三国时期开始建立了独立的史官制度，把任史官的人不仅地位清高，而且待遇优渥。有所谓"史才"的人，往往被任命为史官，享有嘉名。地主阶级的人往往在史学上能研用功，以期跻于史官之列，而扬名后世，于是都努力搜集资料，撰写历史，使史学成为当时的学问，推进史学风气的高涨。

东汉以前，历史书籍在图书分类中居于附庸的地位，如西汉刘歆《七略》把图书分为六大类，每一大类称为"略"，①六艺略②诸子略③诗赋略④兵书⑤术数略⑥方技略。以历史书归入《六艺略》中的《春秋》类；东汉班固著《汉书·艺文志》，沿用刘歆的分类法，尚书家与春秋家都在六艺一类，历史书都在这一类中的春秋家。到了曹魏末年、西晋初年（魏秘书监荀勖）的荀勖著《中经新簿》，把图书分为四（甲乙丙丁（即经.子.史.集））部，以历史书列为丙部，历史书才从附庸的地位独立成为一类。东晋李充又重分四部，以历史书为乙部，排列在经部之下，子部之上。南朝宋王俭著《七志》，又把图书分为七类，以历史书列入《经典志》，又把历史书由独立的地位拉回附庸的地位。到了梁时阮孝绪著《七录》，又把历史书独立列为《记传录》，并说明把历史书列于附庸地

荀勖以魏秘书郎郑默之中经

荀勖：甲部（六艺、小学），乙部（诸子、兵书、术数），丙部（史学），丁部（诗赋）。

李充：甲—五经，乙—史学，丙—诸子，丁—诗赋。

王俭：1.经典（六艺、小学、史记、杂传）……

阮孝绪：1.经典，2.记传（史学）……

稿纸(A)25×20=500

阮孝绪七录序："魏晋之世，文籍逾广，皆藏在秘书中外三阁。魏秘书郎郑默删定旧文。时之论者，谓为朱紫有别。晋领秘书监荀勖因魏中经，更著新簿。"

隋书经籍志序："魏氏代汉，采掇遗亡，藏在秘书中外三阁。魏秘书郎郑默始制中经。秘书监荀勖又因中经更著新簿，分为四部，总括群书。"105.

晋书郑袤传："默，袤子，字思元。……起家秘书郎，考核旧文，删省浮秽。中书令虞松谓曰：'而今而后，朱紫别矣。'"

初学记卷十二引王隐晋书："郑默，字思元，为秘书郎，删省旧文，除其浮秽，著《魏中经簿》。中书令虞松谓默曰：'而今而后，朱紫别矣。'"

（现存《广弘明集》卷三。七录序论记传录云：）

位的是不合理的，他说：“刘（歆）、王（俭）并以众史合于《春秋》。刘氏之世，史书甚寡，附见《春秋》，诚得其例。今众家纪传倍于经典，犹从此志，实为繁芜。”由于到了这时史书繁多，阮氏又把史书分为十二类：①国史（包括编年、纪传），②注历，③旧事，④职官，⑤仪典，⑥法制，⑦伪史，⑧杂传，⑨鬼神，⑩土地，⑪谱状，⑫簿录。到了唐朝初年编修《隋书·经籍志》的时候，又把图书分为经、史、子、集四类，史书的独立地位便完全确定了。

稿纸(A)25×20=500

第二节　断代史的发展

三国两晋南北朝时期历史著作兴盛，最突出的是断代史，自东汉以下，每代都有很多种，而且编年体和纪传体兼备。西汉以前的断代史，虽然也偶而有人编撰，如乐资的《春秋后传》、孔衍的《春秋时国语》及《春秋后语》，但不过抄录《战国策》及《史记》二书中的文字集合而成，算不上什么著作。《史通·六家篇》云："晋著作郎鲁国乐资乃追采二史（《战国策》、《史记》），撰为《春秋后传》，其书始以周贞王续前传鲁哀以后，至王赧入秦；又以秦文王之继周，终于二世之灭，合成三十卷。"又云："孔衍（字舒元，鲁国人，晋元帝时历任中书郎、太子中庶子、广陵郡相，太兴三年卒。）以《战国策》所书，未为尽善，乃引太史公所记，参其异同，删彼二家，聚为一录，号为《春秋后语》，除二周及宋、卫、中山，其所留者七国（燕、赵、韩、魏、齐、楚、秦）而已。始自秦孝公，终于楚汉之际，比于《春秋》，亦尽二百三十余年行事。始，衍撰《春秋时国语》，复撰《春秋后语》，勒成二书，各为十卷。今行于世者，唯《后语》存焉。案其书序云：'虽左氏莫能加。'世人皆尤其不量力，不度德。寻衍之此义，自比于丘明者，当谓《国语》，非《春秋传》也。"

稿纸(A)25×20=500

107

后汉书13种：谢承、薛莹、华峤、司马彪、谢沈、张莹、张璠、袁山松、袁宏、袁晔、刘义庆、范晔、萧子显。其中编年4，纪传9。

现存者：晋司马彪续汉书，袁宏后汉纪，刘宋范晔后汉书。

一、东汉史

这一时期撰著东汉一代史书的有十二家（有三国时吴人谢承著《后汉书》130卷，吴人薛莹著《后汉记》100卷，晋人司马彪著《续汉书》80卷，华峤著《汉后书》97卷，谢沈著《后汉书》122卷，张莹著《后汉南记》55卷，袁山松著《后汉书》100卷，张璠著《后汉纪》30卷，袁宏著《后汉纪》30卷，宋人范晔著《后汉书》90卷，梁人萧子显著《后汉书》，刘义庆著《后汉书》58卷(?)，共计），除张璠与袁宏所著为编年体外，都是纪传体。今举其重要者分别按其著作时代叙述如下：

此外尚有（袁晔献帝春秋十卷，刘芳（唐志作刘艾）汉灵献二帝纪六卷，乐资山阳公载记十卷，王粲汉末英雄记十卷，侯瑾汉皇德记三十卷，汉献帝起居注五卷，（以上均见隋志）孔衍后汉尚书六卷、后汉春秋六卷，张温后汉尚书十四卷。（以上见新旧唐志））

范著之史家略："后汉著述，迄范(晔)书，自东观汉记以下无虑数十家。"

1. 谢承著《后汉书》

谢承，字伟平，三国时吴国会稽郡山阴县人，是吴主孙权谢夫人的弟弟，官至武陵太守。他以个人的功力，著成纪传体的《后汉书》一百三十卷，为私撰的东汉史中最早的一部。

《隋书·经籍志·正史类》著录谢承《后汉书》，注云："无帝纪"。不知是否本来没有，抑或后来散佚。但据裴松之《三国志注》、《文选注》、《初学记》、《北堂书钞》及《太平御览》等书所引谢书之文，有列传、志、论赞（称曰"诠"）及叙传，显是仿效班固《汉书》的体例，不应缺少帝纪的。而且刘知幾《史通》详论众书，也无述及谢书缺少帝纪之语，《隋志》所云恐有讹误。所谓"无帝纪"，当是在唐朝初年修《隋书·经籍志》时，谢书中的帝纪已经失传了。

谢承的《后汉书》，以取材繁博著称。清代姚之骃曾说："谢伟平之书，东汉第一良史也。凡所载忠义名卿及通贤逸士，其芳言懿矩，半为范书所遗。"大概他的长处

稿纸(A)25×20=500

108

虽在能以广採史料，而剪裁去取之间容有未当，以致失之于芜杂，所以范晔著《后汉书》时，对于谢书中的材料多所删削。但谢承以一个偏处东南的人，研治东汉一代的史事，能有如此的成就，也足见其读书之多，功力之勤，与治史兴趣的浓厚了。

2、薛莹著《后汉记》

薛莹，字道言，三国时吴国沛郡竹邑县人。孙休时代，曾为散骑中常侍。孙皓时代，为左执法、选曹尚书、太子少傅。后来因坡云任武昌左部督，又被罪流徙广州。但不久复被召回，为左国史，迁光禄勋。他曾与韦曜、华覈等共修《吴书》。此外，他个人又著成《后汉记》一百卷，《隋书经籍志》、《旧唐书经籍志》及《新唐书艺文志》都列入正史类。但是《三国志》本传里却没有关于他著《后汉记》的记载，大概他的《后汉记》在他死后很久才流传于世，陈寿撰作《三国志》的时候还不知道。

薛莹在吴国的学术地位很高，撰修《吴书》的功绩很大，华覈称赞他说："莹涉学既博，文章尤妙，同寮之中，莹为冠首。今者见吏虽多经学，记述之才如莹者少。"吴国于晋武帝泰康元年（公元280年）灭亡后，他又仕晋为散骑常侍，但在泰康三年（公元282年）即死。隋唐志著

稿纸(A)25×20=500

袁其《后汉记》，都称“晋散骑常侍薛莹撰”，实际上他的著书，应当在吴亡之前完成。因为他入晋后两年就死了，绝不会在这短短的期间写就一部百卷的史书的。

3、司马彪著《续汉书》

司马彪，字绍统，西晋时人，为晋朝的宗室。晋武帝泰始中为秘书郎，转秘书丞，后拜散骑侍郎，卒于晋惠帝末年，年六十余。

司马彪作续汉书·叙传，见三国志魏志武纪建安二十一年注及司马朗传注引。

司马彪著纪传体的《续汉书》八十卷，包括本纪、列传五十卷，志三十卷。《晋书》卷82本传云：“（彪）以为先王立史官以书时事，载善恶以为沮劝，撮教世之要也。是以《春秋》不修，则仲尼理之；《关雎》既乱，则师挚修之。前哲岂好烦哉？盖不得已故也。汉氏中兴，讫于建安，忠臣义士亦以昭著，而时无良史，记述烦杂，谯周虽已删除，然犹未尽；安顺以下，亡缺者多。彪乃讨论众书，缀其所闻，起于世祖，终于孝献，编年二百，录世十二，通综上下，旁贯庶事，为纪志传凡八十篇，号曰《续汉书》。”

《续汉书》的纪、传五十卷于宋代以后已亡佚，惟其中的志三十卷，因于宋真宗乾兴元年（公元1022年）合刊于范晔的《后汉书》而得以保存至今。志分八类，包括《天文志》、《律历志》、《礼仪志》、《祭祀志》、《五行志》、《郡国志》、《百官志》、《舆服志》。“此志多因史汉，仅变班氏郊祀志为祭祀志，改地理志为郡国志，其新创者有舆服志、百官志。”

刘勰《文心雕龙·史传》篇称司马彪的著作“详实”。

司马彪虽然写了八志，但没有继承班固《汉书》的内容来写《食货志》，缺少东汉一代经济史料的记载，是一个重大的缺点。

稿纸(A)25×20＝500

司马彪对历史有不少的研究，除著《续汉书》外，还著有《九州春秋》，并纠正谯周所著《古史考》中的错误，都是史学方面的贡献。

4、华峤著《汉后书》

华峤，字叔骏，西晋时平原高唐人。祖父歆，仕魏至太尉。父表，于曹魏时历任散骑黄门郎、侍中，晋武帝泰始中拜太子少傅，转光禄勋，迁太常卿。峤于曹魏时历任尚书郎、车骑从事中郎，晋武帝时历任太子中庶子、散骑常侍典中书著作领国子博士、侍中，晋惠帝元康初历任尚书、秘书监~~及中书散骑著作~~等官，以"博闻多识，属书典实，有良史之志"著称。（晋书卷44华表传附传）元康三年（公元293年）卒。

《晋书》卷44本传云："初，峤以汉纪烦秽，慨然有改作之意。会为台郎典官制事，由是得遍观秘籍，遂就其绪。起于光武，终于孝献，一百九十五年，为帝纪十二卷，皇后纪二卷，十典十卷，传七十卷，及三谱、序传、目录，凡九十七卷。峤以皇后配天作合，前史作外戚传以继末篇，非其义也，故易为皇后纪，以次帝纪。又改志为典，以有《尧典》故也。而改名《汉后书》，奏之。诏朝臣会议。时中书监荀勖、令和峤、太常张华、侍中王济，咸以峤文质事核，有迁固之规，实录之风。藏之秘府。后太尉汝南王亮、司空卫瓘为东宫傅，列上通讲事，遂施行。……而撰十典，未成而终。秘书监何劭奏峤中子彻为佐著作郎，使踵成之，未竟而卒。后监缪徽又奏峤少子畅为佐著作郎，克成十典。……永嘉丧乱，经籍遗没，峤书存者五十余卷。"

华峤作汉后书谱叙，见后汉书朱穆传注、三国志魏书华歆传注及世说新语·德行篇文方正篇注引。

华峤的《汉后书》写成后，是当时最完备的一部后汉史，~~后来范晔编写《后汉书~~深得后人推重。《史通·古今正史篇》云："自斯以往，作者相继，为编年者四族，创纪传者五家，推其所长，华氏居最。"所以后来南朝的范晔著《后汉书》时即以华峤的《汉后书》为蓝本，为沿用

稿纸(A)25×20=500

111

周天游《后汉纪》前言：袁宏一生写下诗赋诔表等杂文三百余篇。后汉书约廿一万多字。袁纪注重论赞，全书之论共计55条（包括所引华峤论四条），最长的达一千零二十四字，最短的四十一字，一般都在三百字上下，共计约一万七千字左右，占全书篇幅十二分之一，为历来史书所仅见。

华氏的体例而为皇后主纪；肃宗纪论及二十八将传论等也多沿用华氏书中的文字。

5. 袁宏著《后汉纪》

袁宏字彦伯，东晋时陈郡阳夏人，历任安西将军豫州刺史谢尚的参军及大司马桓温的记室，转吏部郎，出为东阳太守。以文才著称。王珣说："当今文章之美，故当共推此生。"（《晋书》卷92《文苑袁宏传》）为当时著名的文学家和史学家。曾作《咏史诗》及《三国名臣颂》。又作《东征赋》及《北征赋》。除撰《后汉纪》三十卷外，又撰《竹林名士传》三卷。生于晋成帝咸和三年（公元328年），卒于晋孝武帝太元元年（公元376年），年四十九。

袁宏自述其著《后汉纪》的经过说："予尝读后汉书，烦秽杂乱，睡而不能竟也。聊以暇日撰集为《后汉纪》。其所缀会汉纪（应是东观汉记）、谢承书、司马彪书、华峤书、谢沈书、《汉山阳公记》、《汉灵献起居注》、《汉名臣奏》，旁及诸郡耆旧先贤传，凡数百卷。前史阙略，多不次叙，错谬同异，谁使正之？经营八年，疲而不能定。颇有传者，始见张璠所撰书，其言汉末之事差详，故復探而益之。"（《后汉纪·自序》）可见袁氏不但博采群书，花费苦功，而且态度审慎，一丝不苟，务必使历史记载合乎事实。

袁宏后汉纪自序："夫史传之兴，所以通古今而笃名教也。丘明之作，广大悉备；史迁剖判六家，建立十书，非徒记事而已，信足扶明义教，网罗治体，然未尽之。……今因前代遗事，略举义教所归，庶以弘敷王道，前史之阙。……"

刘知几批评袁宏之论："务饰玄言，玉卮无当。"

由于袁氏深厚的功力及审慎谨严的态度，《后汉纪》成为我国编年史中的名著，有很高的学术价值，为后世所推崇。刘知几《史通·正史篇》说："世言汉中兴史者，唯范、袁二家而已。"《四库全书总目提要·史部·编年类》说："体例仿荀悦书。然悦书因班固旧文，剪裁联络；此书则扶择去取，自出鉴(?)裁，抑又难于悦矣。刘知几以配蔚宗，要非溢美也。"

稿纸(A)25×20=500

112.

6、范晔与《后汉书》

①范晔的生平

范晔，字蔚宗，顺阳（郡名，在今河南淅川县一带）人。生于晋安帝隆安二年（公元398年），死于宋文帝元嘉二十二年（公元445年），四十八岁。父泰为车骑将军。

年十七，州辟主簿，不就。后为秘书丞，父丧去职。服阕为征南大将军檀道济司马，领新蔡太守。后为尚书吏部郎。宋文帝元嘉元年冬，彭城太妃薨，将葬祖，晔与弟司徒祭酒广渊，夜中酣饮，开北牖听挽歌为乐。彭城王义康大怒，左迁晔为宣城太守。晔不得志，乃删众家后汉书为一家之作。在郡数年，迁长沙王义欣镇军长史。宋文帝爱其才，后迁为左卫将军、太子詹事。

范晔是一个有才华的文人，史称其"少好学，博涉经史，善为文章，能隶书，晓音律。""善弹琵琶，能为新声"。（《宋书》卷69《范晔传》）于宋文帝时为尚书吏部郎。元嘉元年（424）冬，因得罪彭城王刘义康，左迁为宣城太守。宋文帝因爱他之文才，又把他调升为左卫将军、太子詹事。元嘉廿二年（445），有人告他谋反，下狱，被杀。关于范晔谋反之事，后人有抱不平的，认为是沈约的忌笔，清代学者王鸣盛、陈澧（著《申范》）都为之辩解。

[illegible]孔熙先，博学有纵横才，文史星算无不兼善。熙先与晔友善，谋起事变，并拟于元嘉二十二年（445）九月起兵。未发，为人告发，晔乃被捕入狱，未几弃市，年四十八。

②范晔撰著《后汉书》的经过

《宋书》本传说范晔左迁宣城太守后，"不得志，乃删众家后汉书为一家之作"。从他任宣城太守到被杀，共历二十一年，可知范晔撰著《后汉书》大约经过了二十年的时间。

范晔在其《狱中与诸甥侄书》中说："本未关史书，政（同正）恒觉其不可解耳。既造后汉，转得统绪，详观古今著述及评论，殆少可意者。班氏最有高名，既任情无例，不可甲乙辩。后赞于理近，无所得，唯志可推耳。博赡不可及之，整理未必愧也。吾杂传论皆有精意深旨，既有裁味，故约其词句。至于循吏以下及六夷诸序论，笔势纵放，实天下之奇作，其中合者，往往不减《过秦篇》。尝共比方班氏所作，非但不愧之而已。欲遍作诸志，前汉所有

稿纸（A）25×20=500

113.

王利器：《后汉书有序例无叙传说》（四川师院学报，1985.1.）：「隋书·魏澹传引范晔曰：“春秋者，……故传而述之。”案此所引，当是范晔《后汉书·序例》。史记高祖本纪，索隐引范晔曰：“将城曰拔。”此之所引，亦当是后汉书·序例。刘昭后汉书注补志序曰：“范晔后汉良史，……序例所论，……”据此，则范书自有序例，……。寻后汉书光武纪上注引例曰：“多所省削之事。”注又曰：“贤案：范晔序例云：‘光武时依春秋，一余悉备于志。’”谦案曰序。”注又曰：“贤案：范晔序例云……”又孝安帝纪注：“序例曰：‘凡瑞应，……自和帝以上，……自安帝以下，王道衰缺……其书则唐人犹及见之，故李贤注引其例以释其书也。……史通·序例篇曰：“……至……范晔，……切而多功。……皆序例之美者。”是唐人于范晔序例，赞之者云云，……不知何时，竟遭删落，岂其在宋代以刘昭续汉志合刻补阙之时乎，……范晔后汉书……有序例而无叙传……而武英殿本乃有自序云：“吾少懒学问……无愧此名。”此实范晔《狱中与诸甥侄书》，陈说识人乃删削而首“吾狂衅覆灭……此等或不悉知”四十三字而为之。……乃欲以一手掩天下后世之耳目乎？」

著悉全备，虽事不必多，且使见文得尽；又欲因事就卷内发论，以正一代得失，意復未果。赞自是吾文之杰思，殆无一字空设，奇变不穷，同合異体，乃自不知所以称之。此书行，故应有赏音者。纪传例为举其大略耳，诸细意甚多。自古体大而思精，未有此也。恐世人不能尽之，多贵古贱今，所以称情狂言耳。”从这些话看来，范晔对[redacted]自己撰着的《后汉书》是非常自负的。

范晔着《后汉书》虽然经历了二十年的时间，但原拟撰写的志未能完成就死了。也有人说范晔曾托同时人谢俨撰述，或已撰成一部分。唐李贤（章怀太子）注《后汉书·皇后纪十皇女下》云：“沈约《谢俨传》云：范所撰十志，一皆托俨搜撰，垂毕范败，悉蜡以覆车，不復得。”王先谦云：‘此引《谢俨传》，今《宋书》不载，无可考。但范之《百官志》见帝后纪，《礼乐志》、《舆服志》见《东平王苍传》，《五行志》、《天文志》见《蔡邕传》，又《南齐书·文学传》亦云：‘檀超掌史职，议立十志，百官依范晔合州郡。’则范本作志，齐时尚有存者，专记日见所撰例，至梁乃全佚，恐蜡以覆车之说，特指馀志未成者也。”按照这个说法，范晔已撰成《百官志》、《礼乐志》、《舆服志》、《五行志》、《天文志》，未完成而入狱。入狱

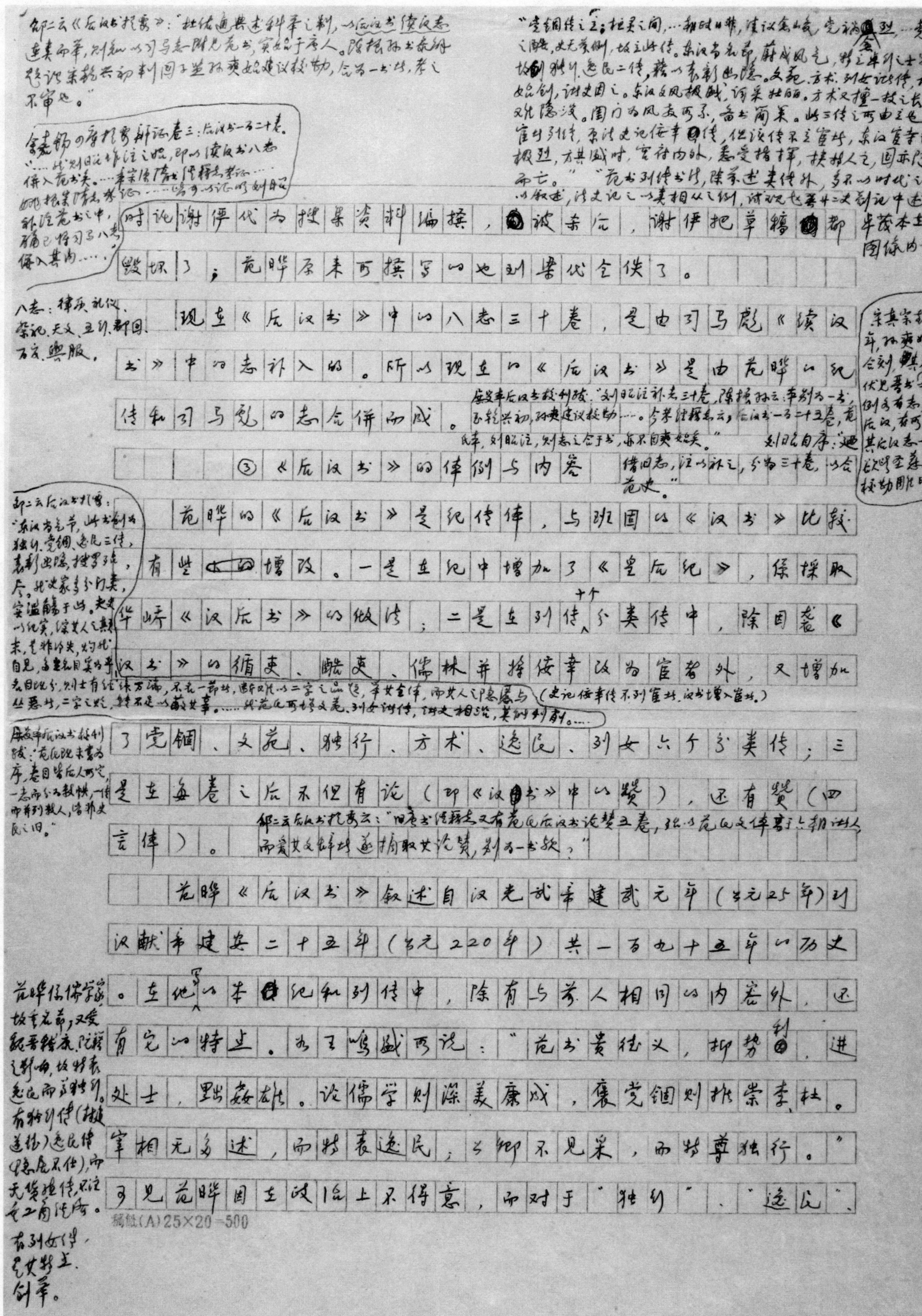

《册府元龟·国史部·采撰门》：“晔所撰十志，一皆托谢俨搜撰，垂毕，遇晔败，悉蜡以覆车。宋文帝令丹阳尹徐湛之就俨寻求，已不復得，一代以为恨。”

“范氏是否为后汉书作志，有二说：一为撰定十志，以补汉书，会以罪被诛，十志未成而了（？）。或谓范晔所撰十志，皆托谢俨收撰，垂毕，遇晔败，悉蜡以覆车。”

稿纸(A)25×20=500

114.

“邵二云《后汉书提要》：“杜佑通典述科举之制，以后汉书续汉志连类而举，则知以司马志附范书，实始于唐人。陈振孙书录解题谓宋乾兴初判国子监孙奭始建议校勘，合为一书者，考之不审也。”

余嘉锡四库提要辨证卷三：后汉书一百二十卷。“……此则刘昭作注之时，即以续汉书八志併入范书矣。……本宋陈振孙隋书经籍志考证……姚振宗隋书经籍志考证……皆可以证明刘昭补注范书之中，确已将司马八志併入其内……”

“党锢传之序：桓灵之间，……朝政日非，清议急峻，党祸酷烈，……党禁之酷，史无前例，故立此传。东汉尚名节，蔚成风气，特立独行之士特多，故创独行、逸民二传，藉以表彰幽隐。文苑、方术、列女诸传，范氏始创，诸史因之。东汉文风极盛，词采壮丽。方术又擅一技之长，又恐隐没。闺门之风教可示，前书阙如。此三传之所由立也。……宦者列传，原从史记佞幸传，但该传不立宦者，东汉宦寺之祸极烈，方其盛时，贵倾内外，悉受指挥，扶植人主，国亦随之而亡。”“范书列传书法，除分述类传外，多不以时代之先后叙述，仿史记之以类相从之例，故赵瓯北廿二史劄记中述云：‘半参本书类合同编的……’”

时论谢俨代为搜集资料编撰，被杀后，谢俨把草稿都毁坏了；范晔原来所撰写的也到宋代全佚了。

八志：律历、礼仪、祭祀、天文、五行、郡国、百官、舆服。

现在《后汉书》中的八志三十卷，是由司马彪《续汉书》中的志补入的。所以现在的《后汉书》是由范晔的纪传和司马彪的志合併而成。

宋真宗乾兴元年，孙奭始奏请合刻，其奏云：“伏见晋书……例有有志，独范后汉，有所未全，其后汉志卅卷，欲望圣慈许令校勘雕印。”

乐安本后汉书校刊跋：“刘昭注补志三十卷，陈振孙云：本别为一书，乾兴初，孙奭建议校勘……。今考隋经籍志云，后汉书一百二十五卷，范晔本，刘昭注，则志之合于书，亦不自奭始矣。”刘昭自序：“乃借旧志，注以补之，分为三十卷，以合范史。”

③《后汉书》的体例与内容

范晔的《后汉书》是纪传体，与班固的《汉书》比较有些增改。一是在纪中增加了《皇后纪》，係採取华峤《汉后书》的做法；二是在列传十个分类传中，除因袭《汉书》的循吏、酷吏、儒林并将佞幸改为宦者外，又增加了党锢、文苑、独行、方术、逸民、列女六个分类传；三是在每卷之后不但有论（即《汉书》中的赞），还有赞（四言体）。

邵二云后汉书提要：“东汉尚气节，此书创为独行、党锢、逸民三传，表彰幽隐，搜罗殆尽，然史家多分门类，实滥觞于此。夫史以纪实，综其人之颠末，是非得失，灼然自见，多立名目奚为乎？名目既分，则士有经纬万端，不名一节者，断难以二字之品题，举其全体，而其人之有隐慝与丛恶者，二字之贬，转不足以蔽其辜。……此范氏所增文苑、列女诸传，诸史相沿，莫能刊削。……”（史记佞幸传不列宦者，汉书增入宦者。）

乐安本后汉书校刊跋：“范氏论赞未书为序，卷目皆后人所定，一志而分为数帙，一传而并列数人，皆非史氏之旧。”

邵二云后汉书提要云：“旧唐书经籍志又有范氏后汉书论赞五卷，殆以范氏文体高于六朝诸人，而爱其文辞者遂摘取其论赞，别为一书欤？”

范晔《后汉书》叙述自汉光武帝建武元年（公元25年）到汉献帝建安二十五年（公元220年）共一百九十五年的历史。在他写的本纪和列传中，除有与前人相同的内容外，还有它的特点。如王鸣盛所说：“范书贵德义，抑势利，进处士，黜奸雄。论儒学则深美康成，褒党锢则推崇李杜。宰相无多述，而特表逸民；公卿不见采，而特尊独行。”可见范晔因在政治上不得意，而对于“独行”、“逸民”、

范晔係儒学家，故重名节，又受魏晋玄学、阮籍之影响，故特表逸民而立独行。有独行传（拔遗俗）逸民传（隐居不仕），而无货殖传，不注重工商阶层。有列女传，是其特立、创举。

稿纸(A)25×20=500

115.

"范氏模仿了班固的做法，将有关政治的论文和文学价值较高的词赋，都收入到每个作者的传中。如《冯衍传》载其政论，王符传载其《潜夫论》中五篇，仲长统传载其《乐志论》及《昌言》中二篇……班固传载《两都赋》……"

"方術"、"列女"之类的人表示同情，加以记载。

范晔为了叙述东汉政权的由来，也记载了西汉末年绿林、赤眉农民起义的事迹，但仅列《刘玄传》及《刘盆子传》，把王匡、王凤、樊崇等农民领袖的事迹附入，而未为他们立专传。

范晔《后汉书》记载了政治和文化的历史，而忽略了经济情况，他没有仿效《史记》、《汉书》的《货殖传》，以致从事工商业的人的事迹不传，这一方面是他没有搜集到足够的资料，一方面也是由于他对于社会经济现象不重视。而且在其他列传中对于社会经济的记载也很少。

④范晔《后汉书》的价值

历来对于范晔《后汉书》的评价是很高的，如刘知几称为"穷览旧籍，删烦补略"，"简而且周，疏而不漏"。在文章结构上，范晔是下了功夫的，但这并不是范晔一个人的功力，是他在前人成就的基础上加工的结果。

范晔以前，已有不少的后汉史书出现。陈振孙《直斋书录解题》说他删取《东观汉记》以下诸家之书，以为一家之作。范晔是以华峤的《汉后书》为蓝本，又加以补充、删削、整理而成的。清人章宗源《隋书经籍志考证》云："范氏撰史多采华峤，峤书易外戚为后纪，范亦仍之，而肃宗纪论、二十八将传论、桓谭冯衍传论、袁安传论、刘赵淳于江刘周赵传

稿纸(A)25×20=500

[illegible]序、班彪传论，其文中之一部，章怀并注为峤之辞。王允传论，章怀漏注，以魏志董卓传注参校，知亦峤辞。”但也有人认为不尽根据华峤之书，如王先谦《后汉书集解、述略》云：“范书因于华氏之六事，大都掌故类的，不关纪传正史，实因峤辞未善，而加以改正，不得因此遂谓其悉本华书。”但范晔根据以前的著作而加以删削整理，是比较容易成功的。

论为散文，赞为四言诗。

范晔对于他写的《赞》极为自负，说：“赞自是吾文之杰思，殆无一字空设，奇变不穷，同合异体，乃自不知所以称之。”但陈振孙《直斋书录解题》说：“无乃赘矣！”

颜师古匡谬正俗曰：“…而范蔚宗、沈休文之徒撰史书，详论之外，别为一首华文丽句，标举得失，谓之为赞，自以取则班马，不其惑欤？刘轨思（颜之误）文心雕龙出时晚于萧而亦之未备。” 赵翼廿二史劄记论精赞后汉书。

~~⑬刘子骥的读汉志~~

“续志多因史汉，但变班氏郊祀志为祭祀志，改地理志为郡国志，其新创者有舆服志、百官志。”

稿纸(A)25×20=500

有王沈《魏书》44卷，鱼豢《魏略》89卷，王崇《蜀书》，谯周《蜀本纪》，阴澹《魏纪》，孙盛著《魏氏春秋》，韦曜《吴书》55卷，环济《吴纪》，张勃《吴录》，陈寿《三国志》65卷等，

七种。现存者只有陈寿《三国志》

二、三国史

这一时期撰著三国时期的历史书的，~~有~~王沈、鱼豢、韦曜、陈寿的著作最为重要，兹分别叙述如下：

1. 王沈著《魏书》

王沈，字处道，太原晋阳人。魏明帝末年，在大将军曹爽属下做官，渐升为中书黄门侍郎。齐王（曹芳）嘉平元年（公元249年）曹爽被诛，他因是曹爽的部下，也被免官。但不久又起用为治书侍御史，秘书监。高贵乡公（曹髦）正元年间，升散骑常侍，侍中，并兼掌著作郎的职务，和荀顗、阮籍等共同撰修《魏书》。甘露三年（公元260年），曹髦密议诛除司马昭，因他是曹髦的旧人，遂将计划告诉他，希望他从中相助。不料他不但不帮助曹髦，反把消息传给司马昭，结果曹髦竟见被杀害。当时的舆论对他这种不忠于皇室的行为很是不满，但他却因有功于司马氏，官运日渐亨通。魏亡后，他便成了晋朝的佐命元勋，为朝中的显要权贵。晋武帝泰始二年（公元266年）去世，因生年不详，不能推知他的年龄。

《魏书》是一部纪传体的史书，由卫觊、应璩等多人连续撰著，而王沈最后修勒成功的。《宋书·五行志·序》说："王沈《魏书》，志篇阙，凡厥灾异，但编帝纪而

稿纸(A)25×20=500

118.

已。”《宋书·律志》文说：“自杨律改制景初而《魏书》阙志。”似乎《魏书》只有本纪与列传，而没有志。但据章宗源的《隋书经籍志考证》，在《水经颍水注》里，有标明引用《魏书郡国志》的原文，那末《魏书》并非无志，只是不完备，或仅缺少《五行志》和《律志》而已。

王沈《魏书》所得的批评不佳，《晋书》本传里说他“多为时讳，未若陈寿之实录。”《太平御览》卷233引王隐《晋书》云：“王沈著《魏书》，多为时讳，而善叙事。”因为王沈既依附于司马氏权势之下，对于司马懿父子在魏国的行事，必然曲为护饰，以取好求功。所谓“多为时讳”，便是叙述有关司马氏事迹的地方，都隐讳其过恶而增饰其美善。裴松之在《三国志注》里已指摘他记事不真实，刘知几在《史通》里也几次评其秽滥失体。所以一个撰修历史的人，尤其是本国的历史，必须站在客观的地位，忠实地记载事实，否则，因个人的私意而加以讳饰，当然要遭受后人的讥斥，而减低其著作的价值的。

李慈铭议谋司马昭，王沈减史多于昭，竟未见。晋开国后，沈为元勋。

王沈魏书多载有用的社会经济史料，不能以曲笔抹煞其价值。

2、鱼豢著《魏略》

王沈的《魏书》是奉命修撰的，那时还有一部私家撰作的魏国史书，就是鱼豢的《魏略》八十九卷。

鱼豢是魏国京兆人，曾做过郎中。因为陈寿《三国志》

里既没有他的传，也没有一字提到他，所以事迹不详。仅在裴松之《三国志注》所引《魏略》的原文里，知道他曾与隗禧、韦诞、董遇、贾洪、乐详等人有过往来。他什么时候开始写《魏略》，什么时候写成的，都不能确知。但他以一个"身非史官"的人，能以搜集资料，撰作史书，在当时确是不容易的事。

鱼豢的《魏略》早已失传，但从现存的记载里，可以考知他的书有本纪、列传及志，是一部纪传体的史书。列传之中，又有分类的标目，如《佞倖传》、《游说传》、《纯固传》、《儒宗传》、《清介传》、《苛吏传》、《勇侠传》、《知足传》等；志有《五行志》、《中外官志》、《礼志》等。《史通·古今正史》篇说《魏略》记事到魏明帝为止，然而在裴松之《三国志魏志卷四注》所引《魏略》的原文里，有记载齐王芳嘉平六年九月废立的事；而且其他的引文里，有"司马宣王"、"司马景王"的称呼，景王司马师死于高贵乡公正元二年；又有记载陈留王奂景元四年司马文王（昭）西征的事，已是魏国末叶。那末，《魏略》记事不但不止于明帝，且到了魏亡的前一二年。而这仅限于裴松之所引。我们由此推想，《魏略》记至或讫于魏亡，它的写成，当在晋朝开国之后了。

稿纸(A)25×20=500

裴松之《三国志注》，引用《魏略》的原文很多，能够做陈寿叙事的参考与补正。其他如《世说新语注》、《后汉书注》、《文选李注》、《艺文类聚》、《北堂书钞》、《初学记》、《元和郡县志》、《通典》、《太平御览》、《寰宇记》、《高似孙史略》及萧常《续后汉书》等书里，也都有征引，虽然是零鳞片爪，而足能为史实的资证。

鱼豢以个人的功力，撰著一代的历史，难免有资料不全、考订未周、传闻失实的地方，裴松之和刘知几都曾指摘他记述芜杂乖谬之处。然而他能勤于搜访，有志撰述，保存了许多史料，对于史学的贡献，实在不可忽视。如《魏略·西戎传》详记当时外国异族的风俗习尚、地理物产、及与中国往来的关系，今日视之，诚为有关中西交通史的珍贵的史料。其他纪、传、志中所载，当亦为后来著史者取资不少。比较王沈《魏书》的价值，实有过之无不及。

鱼豢除撰作《魏略》外，又著《典略》，后人每以二书混为一谈。如《隋书经籍志·杂史类》著录鱼豢《典略》八十九卷，而无《魏略》；《新唐书艺文志·杂史类》有《魏略》五十卷，而无《典略》；《太平御览》书目有鱼豢《魏典略》。只有《旧唐书经籍志》里分别著录了两书

稿纸(A)25×20=500

、正史类有《魏略》三十八卷，杂史类有《典略》五十卷。杭世骏的《诸史然疑》里说：“《唐书艺文志》称鱼豢《魏略》有五十卷，并不言有《典略》，《隋志》则并《魏略》亦无。《三国志注》引《魏略》，又引《典略》，即一书也，《太平御览》直称《魏典略》焉。”杭氏未加深究，遂即认为《魏略》、《典略》是一书。杭氏之后，侯康也陷于这种错误，在侯氏所作的《补三国艺文志》里，仅载《魏略》八十九卷，把《典略》的卷数合併在内了。此后章宗源作《隋书经籍志考证》，姚振宗作《补三国艺文志》，才加以辨正，以为《魏略》是专记曹魏一代的正史，而《典略》则是记述自古以来的杂史，体例及内容显然不同，自是二书；且裴松之奉诏注书，慎重其事，必不至在注文内有一书两称的错误。但是民国以后陕西张鹏一氏作《魏略辑本》，仍然蹈袭杭世骏与侯康的错误，认为二者为一，于是把《魏略》及《典略》的佚文全辑在一起，以致芜杂混乱，真是劳而少功了。

鱼豢著书已略如上述，至于他死于何时，则不能确知。由《魏略》叙事到曹魏末叶来推测，大概在晋朝受禅之后。张鹏一氏作《鱼豢传》（载《魏略辑本》）云：“豢卒在泰康（晋武帝年号）以后，上距泰始禅让之初，年踰二纪，而未委质新朝，故书仅止此也。”但并未说明根据何书，恐怕也祇是臆测之辞而已。

稿紙(A)25×20=500

3. 韦昭著《吴书》

韦曜，一名昭，字宏嗣，吴郡云阳人。在孙权时代，曾为尚书郎、太子中庶子、黄门侍郎等官。孙亮时，为太史令，与薛莹、华覈、周昭、梁广等共修《吴书》。孙休时，又为中书郎、博士祭酒，校定国家的典籍。孙皓时，受封为高陵亭侯，又以侍中兼领左国史，秉掌撰修国史的工作。孙皓想为他父亲孙和（孙权时曾为太子，后被废。）在《吴书》里立"本纪"，但韦曜以孙和未登帝位，只能作传，坚持不从。因此孙皓深为忿恨，在凤凰二年（公元273年）藉故将他下狱治罪。这时他已是七十岁的老翁，华覈极力援救，请求赦免其罪，然而孙皓不听，竟将这位修史有功的老臣杀死。

韦曜是吴国的博学大儒，又做过很久的史官，撰修《吴书》的功力也最多。不过在他临死的时候，《吴书》并没有完全修成，所以当他下狱时，华覈怜惜他的史才，请求孙皓使他继续著书。华覈的奏表里说："曜自少勤学，虽老不倦，探综坟典，温故知新，识古今行事，外吏之中，少过曜者。昔李陵为汉将，军败不还而降匈奴，司马迁不加疾恶，为陵游说；汉武帝以迁有良史之才，欲使毕成所撰，忍不加诛，书卒成立，垂之无穷。今曜在吴，亦汉之史迁也。……《吴书》虽已有头角，叙赞未述。昔班固作《汉书》，文辞典雅。……今《吴书》当垂千载，编次诸史，……非得良才如曜者，实不可使阙不朽之书。如臣顽蔽，诚非其人。曜年已七十，余数无几，乞赦其一等之罪，为终身徒，使成书业，永足传示，垂之百世。"可惜孙皓不能采纳，以致《吴书》没有成为首尾完备的著作。

《吴书》是纪传体，本为五十五卷，后来渐渐散亡。裴松之注《三国志》，引用《吴书》的原文很多。韦曜又作《洞纪》三卷，自叙云："昔见世间有古历注，其所纪载，既多虚无，在书籍者，亦复错谬。因寻按传记，考合异同，采撷耳目所及，以作《洞纪》，起于庖羲，至于秦汉，凡为三卷。"刘知几《史通·表历篇》说《洞纪》系史表之类的作品，《隋书·经籍志》列于杂史类。

稿纸(A)25×20=500

124.

4. 陈寿著《三国志》

①陈寿传略

陈寿字承祚，巴西郡安汉县（今四川南充县）人，生于三国蜀后主建兴十一年（公元233年），卒于西晋惠帝元康七年（公元297年），六十五岁。~~他的父亲任为马谡参军，马谡（因失守街亭）与诸葛亮被杀后，受了髡刑。~~

陈寿年少时受学于同郡人著名学者谯周，精通史籍，富于文才。蜀后主时历任卫将军主簿、东观秘书郎、散骑黄门侍郎、~~观阁令史~~、观阁令史等职。当时宦人黄皓专弄威权，大臣皆曲意附之，寿独不为之屈，由是屡被谴黜。”（《晋书》卷82《陈寿传》）蜀亡后，在西晋历任佐著作郎、巴西郡中正、平阳侯相、著作郎、治书侍御史等职。陈寿在任佐著作郎时，曾奉中书监荀勖及中书令和峤之命，整理诸葛亮的著作，于晋武帝泰始十年（公元274年）编成《诸葛亮集》二十四卷。咸宁元年（公元275年）又撰成《益部耆旧传》十卷。西晋武帝太康元年（公元280年）灭吴统一中国后，陈寿又搜集魏、蜀、吴三国史料，约于晋惠帝元康二年（公元292年）撰成《三国志》六十五卷（前后盖历十载）。此外，又撰《古国志》五十卷。

(古谓即故字，谓蜀以也。)(见前几张时)

~~陈寿在著作上虽然有不少的成就，但在政治上是不得意的，时常受到挫折。《晋书》卷82《陈寿传》云：“仕蜀为观阁令史，宦人黄皓专弄威权，大臣皆曲意附之，寿独不为之屈，由是屡被谴黜。”又云：“遭父丧，有疾，使婢丸药，客往见之，乡党以为贬议。及蜀平，坐是沉滞者~~

稿纸(A)25×20=500

125.

刘咸炘《史目论》（《史学述林》）："凡一时数国并立者，必须有表，此理甚明。太史公书十二诸侯年表、六国年表、秦楚之际月表创之，欧五代史记十国年谱从之，三国志、晋书、南北史皆当立而不立。万氏及周嘉猷补之，周氏《晋略》亦立表，是也。"

~~罢年。"又云："少母要专职，母遗言令葬洛阳，寿遵其志~~

~~，又坐不以母归葬，竟被贬议。~~

~~⑵陈寿撰著《三国志》的经过~~

陈寿~~于西晋灭吴统一中国之后~~撰著魏、蜀、吴三国史事，撰著成《三国志》~~六十五卷~~（之后），深为当时所称。《晋书》本传云："~~撰魏蜀吴三国志，凡六十五篇~~，时人称其善叙事，有良史之才。夏侯湛时著《魏书》，见寿所作，便坏已书而罢。张华深善之，谓寿曰：'当以《晋书》相付耳。'"在陈寿死后，"梁州大中正尚书郎范頵等上表曰：'昔汉武帝诏曰："司马相如病甚，可遣[使]悉取其书。"使者得其遗书，言封禅事，天子异焉。臣等按故治书侍御史陈寿作《三国志》，辞多劝诫，明乎得失，有益风化（风俗教化），虽文艳不若相如，而质直过之，愿垂采录。'于是诏下河南尹、洛阳令就家写其书。"（《晋书》本传）

《华阳国志》卷11《陈寿传》云："中书监荀勖、令张华深爱之，以班固、史迁不足方也。"

风化—忠孝教，维护封建伦纪。

⑵《三国志》的内容（体例）与价值

《三国志》包括《魏志》三十卷，《蜀志》十五卷，《吴志》二十卷，虽为纪传体，但无表、志；虽然在《魏志》中有本纪，列传中也无以类传以标目，~~也无表、志~~，在纪传体史书中可说是最简单的了。

"魏帝称纪，后称皇后；蜀则称主称后；吴惟孙权称主，其余皆称名，妻皆称夫人。"

晁公武《郡斋读书志》："三国志六十五卷，晋陈寿撰……以魏为纪，而称汉吴曰传，又改汉曰蜀，世颇讥其失。"

"传以种类为标目者，仅有方技传。"

《三国志》叙事约起于汉灵帝中平元年（公元184年）黄巾大起义，止于吴国灭亡（公元280年），首尾九十多年。内容详于政治及战争，而略于经济和文化。

稿纸(A)25×20=500

126

刘咸炘《三国志知意》："承祚诚长叙事，此其佳乃在遣词而非在去取。其所去者多▢泥可采固多不足信，而其取者则亦嗜非要切，每载同卷怀嘲之琐言，常仍旧史碑颂之冗语，称谓参差，书人字而不名，此皆沿自旧文，未及删改，岂小节不必苛责，然亦可见寿之简洁，排除者之未审也。"

在陈寿之前，虽有王沈《魏书》、鱼豢《魏略》及韦昭《吴书》，但陈寿在撰着《三国志》时并不转抄它们的内容，而是对材料重新剪裁，谨慎去取，用很大的功力删削而成，所以在《三国志》中（记了真实，）很少芜杂堆积的材料。但它的缺点是太简略了，许多重要的史事都被删掉，如关于曹魏屯田事，王沈《魏书》记载较详，而陈寿《三国志》则极简略；（又如马钧是三国时期著名的科技发明家，而陈寿却只字未提。）从卷数上也可看出《三国志》的简略，如王沈《魏书》有四十四卷，鱼豢《魏略》有~~六十九~~五十卷，而陈寿《三国志》中的《魏志》仅有三十卷；韦昭《吴书》有五十五卷，而陈寿的《吴志》仅有二十卷；蜀国的史书无专着，但陈寿身为蜀人，对于蜀国应当知道较多，但《蜀志》仅有十五卷，未免太少了。所以，陈寿《三国志》的特点是一个"简"字，对于后世研究三国历史的人来说，实在以其简而深为遗憾，也是《三国志》的最大缺点。

晁公武郡斋读书志称寿书高简有法。

总之，陈寿《三国志》（取材谨严）叙事核实，（而且行文简洁）没有烦杂~~芜~~芜累的毛病，但叙事过于简略，是其最大的缺点。后来南朝宋人裴松之在《上三国志注表》中说："寿书铨叙可观，事多审正，诚游览之苑囿，近世之嘉史。然失在于略，时有所脱漏。"可以说是对陈寿《三国志》的优点和缺点作了（简明概括）恰当的评论。

"《三国志》出，刘知几论之曰：'魏氏之成……一部妄作也。'晋书陈寿本传论曰：'……'……晁公武读书志称寿书高简有法。已成……标班马而后，定推寿作为佳史……。"

稿纸(A)25×20=500

刘咸炘《三国志知意》："承祚之于史，有才学而已，识则颇浅。非特不及马班，且视蔚宗犹逊。马班范皆有为书之宗旨，而承祚无有也。马班范皆能发明一代之风势，而承祚不能也。此非可举例以明此，即观其评已可见矣。……承祚之评，惟刘馥等传、武文世王公传、杜陪等传泛篇论及大势，稍见史识，余悉论人之语，人多数言，沿袭班书之体而益破碎。……夫三国之时，于古今之变不为不重矣，州郡镇之渐成，门阀之风益显；横列矣传名士之首，而魏书建子之例；从刘刑名之术风行，而老庄之家渐起。若在马班，必适其因神之传，以显其推移之迹。承祚既不制为表志，而纪传之中复少综合提挈之例，令促方幅，徒以简絜称焉，岂不惜乎？"

127.

③ 关于陈寿《三国志》的几个问题

过去对于陈寿撰写《三国志》曾提出几个问题，议论纷纷，历时甚久，现在略为介绍并加以评论。

一是陈寿著史的品质问题。

《晋书》卷82《陈寿传》云："或云：丁仪、丁廙有盛名于魏，寿谓其子曰：'可觅千斛米见与，当为尊公作佳传。'丁不与之，竟不为立传。寿父为马谡参军，谡为诸葛亮所诛，寿父亦坐被髡；诸葛瞻又轻寿。寿为亮立传，谓亮将略非长，无应敌之才；言瞻惟工书，名过其实。议者以此少之。"

关于求米的事，北周人柳虬、唐朝人刘允济、后来还有刘知几予以指责，为《史通》，但实不足相信。清人王鸣盛曾综合朱彝尊、杭世骏的意见加以辨解。他说："《晋书》好引杂说，故多芜秽，此亦其一也。索米一说，周柳虬、唐刘允济、刘知几皆信之。近朱氏彝尊、杭氏世骏辨其诬，谓寿于魏文士惟为王粲、卫觊五人立传，粲取其兴造制度，觊取其多识典故，若徐幹、陈琳、阮瑀、应瑒、刘桢仅于粲传附书。今《粲传》附书云：'沛国丁仪、丁廙、弘农杨修、河内荀纬等亦有文采'，又于《刘廙传》附见云：'与丁仪共论刑礼'，为此亦足矣，何当更立专传乎？且寿岂特不为立传而已，于《陈思王传》云：

'植既以才见异，而丁仪、丁廙、杨修等为之羽翼'；于《王粲传》云：'太祖久不立太子，方奇贵临菑侯，丁仪等为之羽翼'，是夺嫡之罪，仪、廙为大；又毛玠、徐奕、何夔、桓阶之流，皆叙为硕辅，仪等交构其恶疏斥之，然则二人盖巧佞之尤，安得立佳传？然此犹陈寿一人之言也，王沈撰《魏书》，一则曰'好以忌君'，一则曰'果以凶伪败'；鱼豢撰《魏略》，称文帝欲仪自裁，仪向夏侯尚叩头求哀；张骘撰《文士传》，称廙盛誉临菑侯，欲以劝动太祖。则知寿所书仪、廙事皆实，而寿之用心实为忠厚。毛玠，仪所谗也，玠出，见黥面、其妻子没为官奴婢者，曰'使天不雨者盖此也'，寿不屈之仪，而第曰：'后有白玠者'。白者为谁？非仪则廙，寿为之讳也，安得谓因索米不得而有意抑之乎？"（《十七史商榷》卷39《陈寿史皆实录》）

关于贬低诸葛亮之事，王鸣盛也说："街亭之败，寿直书马谡违亮节度，为张郃所破，初未尝以私隙咎亮；至谓亮将略非长，则张俨、袁准之论皆然，非寿一人之私言也。朱、杭所说，最为平允。寿入晋后，撰次亮集表上之，推许甚至，本传特附其目录并上书表，创史家未有之例，尊亮极矣！评中反覆盛称其刑赏之当，则必不以父坐罪为嫌。廖立、李平为亮废窜，而犹感泣无怨，明述于寿，顾

稿纸(A)25×20=500

129.

主、平之不若耶；亮六出祁山，终无一胜，则可见为节制之师，于进取稍钝，自是实录。”（同上引）

王氏结论说：“宋末以后，持史家好采稗野，随手掇拾，聊助谈资耳。”（同上引）

赵翼《廿二史劄记》卷六《陈寿论诸葛亮》条，也对此问题作了论述。

二是帝魏亦即以魏为正统的问题

陈寿的《三国志》以魏为正统，称魏国之君为“帝”（如武帝、文帝、明帝等），而称刘氏、孙氏则为“主”。

关于蜀国不置史官的问题。刘咸炘《三国志知意》：“蜀书后主传评‘又国不置史，注记无官’：“陈氏所言无官者，乃记注之史，若乃著作属，不必史官所言，盖蜀本多术数之学，王嘉、黄崇见者乃占天之史官，许慈、王崇、郤正则著书之官，皆非记注之史。如汉所谓典校无厕乃掌书之职，而彭羕有所剧肥度之词。东观乃专记注之职，然沿旧制而有此官，未必有其地、何其职。不然，刘彦和斯为秘书郎，岂忘其此？即诬讥蜀又何所出之措手？”

习凿齿：“寿则身为晋武之臣……”

18—21种，现存则无。

三、晋史

关于晋朝史事的编著最多，有专记西晋的，有专记东晋的，有通记西晋和东晋的，唐朝称为"晋史十八家"，实际不止此数，约在二十种以上，今分别叙述如下：

1、西晋史

①陆机著《晋纪》四卷

陆机字士衡，吴郡人。晋惠帝时为著作郎，参与议定晋书限断。陆机的《晋纪》只是记载晋武帝即位以前、司马懿（晋宣帝）司马师（晋景帝）司马昭（晋文帝）时期的事迹，实际上不是晋朝的历史，不过是晋朝历史的序幕。《文心雕龙·史传》云："晋代之书，陆机肇始而未备。"《史通》卷12《古今正史》篇云："晋史：洛京时，著作郎陆机始撰三祖纪。"又卷二《本纪》篇云："陆机《晋书》，列纪三祖，直叙其事，竟不编年。年既不编，何纪之有？"为什么陆机只写晋武帝以前的历史呢？可从他在议定晋书限断时的意见得到解答。《初学记》卷21引陆机晋书限断议："三祖实终为臣，故书为臣之事，不可不如传，此实录之谓也。而名同帝王，故自帝王之籍，不可不称纪，则追王之义。"

稿纸(A)25×20=500

罗秉英：《关于王隐〈晋书〉的评价问题》（思想战线1985.1）：「唐修晋书关于王隐的评述的记载，存在着两个方面，而且是相互矛盾的。一方面说他"文辞鄙拙"，"叙事……"；但在另一方面的记载，又在另一方面说他"好著述"，"博学多闻"，而且对于修史有他可取的见解，是值得肯定的。书说他"好著述"，……以史……认为"华夷成败皆在耳目，……"至于……当时有识的上疏晋元帝，推荐王隐和史……张傅揭同……"可平以失之远"。……晋……对他的评论是："若使修著一代之典，褒贬与夺，诚一时之佳也。"……元帝见……有史才。……王隐……书九十三卷，上始西晋（……年代，为记……）……一代，下及东晋元明成三朝。（王书的下限，当及东晋成帝咸康之间，如《类聚》卷五十五引王书云："咸康元年，……"可证。）又其纪志传俱备的史书。……」

「王隐除修有《晋书》外，尚撰有蜀记（三国志蜀志卷三裴注引王隐蜀记，又……隋书经籍志杂记云："……蜀记七卷，王隐撰。"可证）和交广记，（三国志吴志卷十五裴注引王隐交广记，可证。）唐修晋书本传没有记载。」（罗）

「王书虽然已经亡佚，但见三国志裴注、世说刘注、文选李注，以及北堂书钞、艺文类聚、太平御览等（征引此书较多。检其佚文，除志记（如地理记，即地道志）外，纪传人物尚有三百余人，可见其书篇帙之大概。王书为……晋史之始，就这一点说，……了王隐"皆在耳目"的当代史事，为后世晋史……提供和研究，有着不可磨灭的作用。」

「在体例上，王书改皇后传为皇后纪，冠于列传之首。（史记卷49……）……王书有志也值得肯定。……书……州郡志……王隐地道记……相互参证，《宋书州郡志序》……三国志……引地道记达六十余条，水经注等也大量征引。」（罗）

「以王书着录内容和……来说，也不像晋书……那样。……以佚文"文辞"来说，表述……明白易懂，语言……并不生涩、隐晦，更不是"文不可耐"……上述佚文，……都分别收进晋书的各自列传中，……这些文辞，除个别字有所更动外，它和王书基本相同，……有理由说晋书所采这些，多例就是袭用王书，或是源于王书。……宋高似孙对于王书这是有所肯定的，他细读的晋史佚文，多举其例评论说："王隐、谢沈、虞预、……晋书，世不多见，今读其……，……之美矣。"（《史略·晋书》）此外，王隐蜀记的……，……叙述……宜……

129.

② 干宝著《晋纪》二十卷

干宝字令升，新蔡人，东晋元帝时为史官，其后著成《晋纪》二十卷，叙事自司马懿专曹魏掌握政权起，至西晋灭亡止，是一部完整的西晋史。《晋书》卷82《干宝传》云："~~干宝，字令升，新蔡人也。~~宝少勤学，博览书记，以才器召为著作郎。……著《晋纪》，自宣帝迄于愍帝，五十三年，凡二十卷，奏之。其书简略，直而能婉，咸称良史。"此书已佚，《文选》录存其中的《晋纪总论》一篇，表达了干宝对西晋历史的观点。

干宝所著《晋纪》为编年体，仿效《左传》及荀悦《汉纪》的体例及笔法，深得刘知几的称赞。

③ 王隐著《晋书》八十九卷

《晋书》卷82《干宝传》：王隐，字处叔，陈郡陈人也。世寒素。父铨，历阳令，少好学，有著述之志，每私录晋事及功臣行状，未就而卒。隐以儒素自守，不交势援，博学多闻，受父遗业，西都旧事多所谙究。建兴中过江，……太兴初，典章稍备，乃召隐及郭璞俱为著作郎，令撰晋史。……时，著作郎虞预私撰晋书，而生长东南，不知中朝事，数访于隐，并借隐所著书窃写之，所闻见广；是后更疾隐，形于言色。预既豪族，交结权贵，共为朋党以斥。隐竟以谤免，黜归于家，贫无资用，书遂不就，乃依征西将军庾亮于武昌。亮供其纸笔，书乃得成，诣阙上之。

稿纸(A)25×20=500

……笔中论，也颇具声色。总之，晋书本传对王书的评述（缺乏可靠根据的，后人以此认为王书"质量低劣"，把它作为六朝史籍质量太差的典型例证，是不妥当的。」（罗）

「据史记载，北齐有宋绘曾注"依准裴松之注国志体，注王隐晋书"。（北齐书卷二十宋显传。又张鹏一《隋书经籍志补》作"王隐晋书"。）那时二十余家晋史……已先后问世，宋绘在……晋书注，隋或……宋绘。"那时二十余家晋史，……已基本问世，宋绘在众家晋史中选择王书为之作注，……也可窥见王书的史质量或作用取胜的。」（罗）

隐虽好著述，而文辞鄙拙，芜舛不伦。其书次第可观者，皆其父所撰；文体混漫，义不可解者，隐之作也。年七十余，卒于家。”据《史通》卷12《古今正史篇》，王隐奏上《晋书》在东晋成帝咸康六年（公元340年）。（经过二十余年始成）

王隐《晋书》依纪传体，有纪、传、志，而把“志”改称为“记”，把论赞改称曰“议”。（王隐的《晋书》已失传，）据史书所引，有《石瑞记》、《地道记》等。列传中有分类传，如《寒儁传》、《处士传》等。

「并王与历经（齐）五代、北宋，直至南宋才告亡佚。（据高似孙史略云，王书“世不可见”，始知其书至南宋已佚。高氏史略约在宋理宗宝庆年间成书，见其自序。）」（罗）

「又王书本93卷，隋志作存86卷，新旧唐志复聚（三卷）作89卷。[illegible]云：“[illegible]晋书76卷，王隐撰。”这些卷帙不同，又说明王书原先[illegible]也较流广。但至南宋终是亡佚。……[illegible]，王书之亡佚，[illegible]。」（罗）

2、东晋史

①徐广著《晋纪》四十六卷

徐广，字野民，东莞姑幕人，东晋安帝时任著作郎，于晋安帝义熙二年（公元406年）开始撰著编年体的《晋纪》，历时十年，于义熙十二年（公元416年）撰成四十六卷。（据《宋书》卷55《徐广传》）

②何法盛著《晋中兴书》七十八卷

《史通》卷12《古今正史篇》：“晋江左史，自邓粲、孙盛、王韶之、檀道鸾已下相次继作，远则偏记两帝，近则唯叙八朝。至宋湘东太守何法盛，始撰《晋中兴书》，勒成一家，首尾该备。”

南史郗绍传：“高平人。[illegible]以书示何法盛，法盛有意图之，谓绍曰：‘卿名位贵达，不复俟此延誉。我寒士无闻于时，如袁宏、干宝之徒，赖有著述流声于后，宜以为惠。’绍不与。至书成，在斋内厨中，法盛诣绍，绍不在，直入窃书。绍还，失之，无复兼本，于是遂行何书。”

3、通纪西晋与东晋的历史

①孙盛著《晋阳秋》三十卷——自西晋之初迄于东晋哀帝（365年），编年体，即晋春秋，因避简文郑太后讳（阿春），改春为阳。晋书本传称其书词直而理正，又称桓温见之不改可著。史通称此篇有孙盛实录取嫉权门之语。

②南齐臧荣绪著《晋书》一百一十卷

稿纸(A)25×20=500

王鸣盛《十七史商榷》卷43："又见荣绪书叙，钞上谢沈诸家之书，成本绪之，别加为东西晋之全史。"

《南齐书》卷54《臧荣绪传》："臧荣绪，东莞莒人也。……纯笃好学，括东西晋为一书，纪、录、志、传百一十卷。"

南史隐逸传："司徒褚渊启太祖曰：'荣绪朱方隐者，蓬庐守志，漏湿是安，灌蔬终老，撰晋史十帙，赞论虽无逸才，亦足弥纶一代。'"

③沈约著《晋书》一百一十卷

④萧子云著《晋书》一百〇二卷

《梁书》卷35《萧子恪传附萧子云传》："子云字景乔，子恪弟九弟也。年十二，齐建武四年封新浦县侯，自制拜章，便有文采。……及长，勤学。以晋代竟无全书，弱（强）冠便留心撰著。至年二十六，书成，表奏之。诏付秘阁。"又《南史》卷42《豫章文献王嶷传附萧子云传》："弱冠撰《晋书》，至年二十六，书成百余卷，表奏之，诏付秘阁。"又《隋书·经籍志·史部·正史类》："《晋书》十一卷，本一百二卷，梁有，今残缺，萧子云撰。"案：据《梁书》本传所云，齐建武四年（公元497年）子云年十二，则其二十六岁著成《晋书》当在梁武帝天监十年（公元511年）。

~~③沈约著《晋书》一百一十卷~~ 南史沈约传："约少时常以晋氏一代竟无全书，年二十许便有撰述之意。宋泰始初，征西将军蔡兴宗为启明帝，有敕许焉。自此迄二十余年，所撰之书方就，凡一百余卷，条流虽举而采掇未周。永明初遇盗，失第五帙。"

稿纸(A)25×20=500

131.

四、十六国史

在所谓"十六国"中，除西秦外，都有史官记录国事。除西秦与西凉外，都有著成的史书。

前赵——和苞撰《汉赵记》十卷。《史通》卷12《古今正史篇》："刘曜时，平舆子和苞撰汉赵记十篇，事止当年，不终曜灭。"

后赵——田融撰《赵书》十卷。王度撰《二石传》二卷。《隋书经籍志·霸史类》："《赵书》十卷，一曰《二石集》，记石勒事，伪燕太傅长史田融撰。《二石传》二卷，晋北中郎参军王度撰。《二石伪治时事》二卷，王度撰。"《史通》卷12《古今正史篇》："其后，燕太傅长史田融、……北中郎参军王度，追撰二石事，集为《邺都记》、《赵记》等书。"

前燕——崔逞著《燕记》。杜辅全著《燕纪》。范亨著《燕书》。《魏书》卷32《崔逞传》："崔逞，字叔祖，清河东武城人也。……逞少好学，有文才。……慕容暐时，郡举上计掾，补著作郎，撰《燕记》。"《史通·古今正史篇》："前燕有起居注，杜辅全录以为《燕纪》。"《隋书经籍志·霸史类》："《燕书》二十卷，记慕容儁事，伪燕尚书范亨撰。"

后燕——董统著《后燕书》三十卷。封懿著《燕书》。《史通·古今正史篇》："后燕建兴元年（公元386年），董统受诏草创后书，

稿纸(A)25×20=500

“封懿，字处德，渤海蓨人也。仕慕容宝，位至中书令、民部尚书。宝败，归阙。……太祖数引见，问以慕容旧事。……懿撰《燕书》，颇行于世。”

著本纪并佐命功臣王公列传，合三十卷。慕容垂称其叙事富赡，足成一家之言。但褒述过美，有惭董史之直。其后申秀、范亨各取前后二燕合成一史。”《魏书》卷32《封懿传》：

南燕——张诠著《南燕录》五卷。王景晖著《南燕录》六卷。《隋书·经籍志·霸史类》：“《南燕录》五卷，记慕容德事，伪燕尚书郎张诠撰。”又“《南燕录》六卷，记慕容德事，伪燕中书郎王景晖撰。”《史通·古今正史篇》：“南燕有赵郡王景晖，尝事德、超，撰二主起居注。超亡，仕于冯氏，官至中书令，仍撰《南燕录》六卷。”

北燕——韩显宗著《燕志》十卷。《魏书》卷60《韩麒麟传附韩显宗传》：“显宗，字茂亲。……太和初，举秀才，对策甲科，除著作佐郎。……高祖……又谓显宗曰：‘见卿所撰《燕志》……’……（太和）二十三年（公元499年）卒。显宗撰冯氏《燕志》、《孝友传》各十卷。”《史通·古今正史篇》：“韩显宗记冯氏。”

前秦——车频著《秦史》三卷。裴景仁著《秦记》十一卷。《史通·古今正史篇》：“先是，秦秘书郎赵整参撰国史，值秦灭，隐于商洛山，著书不辍。有冯翊车频，助其经费。整卒，（吉）翰乃启频纂成其书。以元嘉九年起，至二十八年方罢，定为三卷。而年月失次，首尾不伦。”

稿纸(A)25×20=500

（三十卷？）

《宋书》卷54《沈昙庆传》："大明元年（公元457年）[沈昙庆]监徐、兖二州及梁郡诸军事，辅国将军，徐州刺史。时殿中员外将军裴景仁助戍彭城，本伧人，多悉戎荒事。昙庆使撰《秦记》十卷，叙苻氏僭伪本末，其书传于世。"《南史》卷34《沈怀文传附沈昙庆传》："大明元年，[沈昙庆]为徐州刺史，时殿中员外将军裴景仁助戍彭城。景仁本北人，多悉关中事，昙庆使撰《秦纪》十卷，叙苻氏事，其书传于世。"《史通·古今正史篇》："河东裴景仁又正其讹僻（指车频所著《秦史》），删为《秦纪》十一篇。"《隋书·经籍志·史部·霸史类》："《秦纪》十一卷，宋殿中将军裴景仁撰，梁雍州主簿席惠明注。"

后秦——姚和都著《秦纪》十卷。《史通·古今正史篇》："后秦扶风马僧虔、河东卫隆景，并著秦史。及姚氏之灭，残缺者多。[姚]泓从弟和都，仕魏为左民尚书，又追撰《秦纪》十卷。"《隋书·经籍志·史部·霸史类》："《秦纪》十卷，记姚苌事，魏左民尚书姚和都撰。"

前凉——索绥著《凉国春秋》五十卷。刘庆著《凉记》十二卷。索晖著《凉书》。刘昞著《凉书》十卷。《史通·古今正史篇》："张重华护军参军刘庆，在东苑专修国史二十余年，著《凉记》十二卷。建康太守索晖、从事中郎刘昞，又各著《凉书》。"

《太平御览》卷124引崔鸿《十六国春秋·前凉录》：前凉张骏太元十五年："命西曹掾集阁内外事付索绥，以著《凉春秋》。"《史通·古今正史篇》："前凉张骏十五年，命其西曹边浏集内外事以付秀才索绥，作《凉国春秋》五十卷。"

《魏书》卷52《刘昞传》："刘昞，字延明，敦煌人也。……著……《凉书》十卷，《敦煌实录》二十卷。"《隋书·经籍志·霸史类》："《凉书》十卷，记张轨事，伪凉大将军从事中郎刘景撰。"（刘景即刘昞，唐避讳改昞为景。）

后凉——段龟龙著《凉记》十卷。《隋书·经籍志·霸史类》："《凉记》十卷，记吕光事，伪凉著作佐郎段龟龙撰。"《史通·古今正史篇》："段龟龙记吕氏。"

南凉——《史通·古今正史篇》："失名记秃发氏。"《隋书·经籍志·霸史类》："托跋凉录十卷。"（缺作者名）

北凉——宗钦著凉史。高谦之著《凉书》十卷。《魏书》卷52《宗钦传》："宗钦，字景若，金城人也。……仕沮渠蒙逊为中书郎、世子洗马。……钦在河西撰《蒙逊记》十卷，无足可称。"《史通·古今正史篇》："宗钦记沮渠氏。"《隋书·经籍志·霸史类》："《凉书》十卷，沮渠国史。"《魏书》卷77《高崇传·附高谦之传》："谦之，字道让。……以父舅氏沮渠蒙逊曾据凉土，国书漏阙，谦之乃修《凉书》十卷，行于世。"《隋书·经籍志·霸史类》："《凉书》十卷，高道让撰。"

蜀——常璩著《蜀李书》十卷。《史通·古今正史篇》："蜀初号曰成，后改称汉。李势散骑常侍常璩撰《汉书》十卷，后入晋秘阁，改为《蜀李书》。"《颜氏家训·书证篇》："《蜀李书》一名《汉之书》。"《隋书·经籍志·霸史类》："《汉之书》十卷，常璩撰。"

夏——赵逸著夏史。《魏书》卷52《赵逸传》："赵逸，字思群，天水人也。……世祖平统万，见逸所著，……"。《史通·古今正史篇》："夏：天水赵思群、北地张渊，于真兴（赫连勃勃年号）、承光（赫连昌年号）之世，并受命著其国书；及统万之亡，多见焚烧。"

稿纸(A)25×20=500

135

北魏时，崔鸿综合"十六国"的史料，编撰排比，著成《十六国春秋》一百卷，于是散乱的"十六国"史乃有完整的著作。

崔鸿，字彦鸾，东清河鄃人。在北魏孝明帝时历任员外郎兼尚书虞曹郎中、司徒长史、给事黄门侍郎、齐州大中正等官，曾参与撰修起居注及国史的工作。卒于魏孝明帝孝昌初年(525)。《魏书》卷67《崔光传附崔鸿传》云："鸿弱冠便有著述之志，见晋魏前史皆成一家，无所措意；以刘渊、石勒、慕容儁、苻健、慕容垂、姚苌、慕容德、赫连屈孑、张轨、李雄、吕光、乞伏国仁、秃发乌孤、李暠、沮渠蒙逊、冯跋等，并因世故，跨僭一方，各有国书，未有统一，鸿乃撰为《十六国春秋》，勒成百卷，因其旧记，时有增损褒贬焉。鸿二世仕江左，故不录僭晋、刘、萧之书，又恐识者责之，未敢出行于外。世宗闻其撰录，遣散骑常侍赵邕诏鸿曰：'闻卿撰定诸史，甚有条贯，便可随成者送呈，朕当于机事之暇览之。'鸿以其书有与国初相涉，言多失体，且既未讫，迄不奏闻。鸿后典起居，乃妄载其表曰：'……自晋永宁以后，虽所在称兵，竞自尊树，而能建邦命氏，成为战国者十有六家，善恶兴灭之形，用兵乖会之势，亦足以垂之将来，昭明劝戒。但诸史残阙，体例不全，编录纷谬，繁略失所，宜审正不同，定为一书。……诚知敏谢允南，才非承祚，然《国志》、《史考》之美，窃亦辄所庶几。使自景明之初（魏宣武

稿纸(A)25×20=500

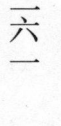

帝景明元年，公元500年），搜集诸国旧史，属迁京甫尔，率多分散，求之公私，驱驰数岁。又臣家贫禄薄，唯任孤力，至于纸尽，书写所资，每不周接。暨正始元年（魏宣武帝正始元年，公元504年），写乃向备。谨于吏按之暇，草构此书，区分时事，各系本录。破彼异同，凡为一体，约损烦文，补其不足；三豕五门之类，一事异年之流，皆稽以长历，考诸旧志；删正差谬，定为实录，商校大略，著《春秋》百篇。至三年之末，草成九十五卷。唯常璩所撰李雄父子据蜀时书，寻访不获，所以未及缮成。辍笔私求，七载于今。此书本江南撰录，恐中国所无，非臣私力所能终得。其起兵僭号事之始末，乃亦颇有；但不得此书，惧简略不成。今谨以所讫者附臣邑里奏。臣又别作序例一卷、年表一卷，仰表皇朝统括大义，俯明愚臣著录微体。……'鸿意如此。然自正光以前，不敢显行其书，自后以其伯光贵重当朝，知时人未能发明其事，乃颇相传读。……鸿经综既广，多有违谬，至如：太祖天兴二年姚兴改号，鸿以为改在元年；太宗永兴二年慕容超擒于广固，鸿又以为事在元年；太常二年姚泓败于长安，而鸿以为灭在元年。如此之失，多不考正。”

崔鸿卒后数年，约至魏孝庄帝永安二年（公元529年），其子崔子元上书《十六国春秋》。《魏书》卷67《崔光传附崔子元传》："[崔鸿]子子元，秘书郎。后永安中乃奏其父书曰：'臣亡考……鸿，……正始之末，任属记言，撰缉余暇，乃刊著赵、燕、秦、夏、凉、蜀等遗载，为之赞序，褒贬评论。先朝之日，草构悉了，唯有李雄蜀书，搜索未获。阙兹一国，迟留未成。去（应为至）正光三年（魏孝明帝，公元522年），购访始得。讨论适讫，而先臣弃世。凡十六国，名为《春秋》，一百二卷。近代之事，最为备悉，未曾奏上，弗敢宣流。今缮写一本，敢以仰呈，傥或浅陋，不回睿赏，乞藏秘阁，以广异家。'"《史通·古今正史篇》："魏世黄门侍郎崔鸿，乃考覈众家，辨其同异，除烦补阙，错综纲纪，易其国书曰录，主纪曰传，都谓之《十六国春秋》。鸿始以景明之初，求诸国逸史，逮正始元年，抄集稍备，而犹阙蜀事，不果成书。推求十有五年，始于江东购获，乃增其篇目，勒为一百二卷。鸿殁后，永安中其子缮写奏上，请藏诸秘阁。"

《隋书·经籍志·史部·霸史类》："《十六国春秋》一百卷，魏崔鸿撰。"崔书有表、赞、序例，区分时代，各系本末，体裁详备，足以包举诸家。北宋以后亡佚。

稿纸(A)25×20=500

138

五、南朝史

共24种，现存的只有沈约的宋书及梁萧子显南齐书。

1. 宋史

关于宋朝的史书约有七种，其中以沈约《宋书》及裴子野《宋略》最为著名。

① 沈约著《宋书》一百卷

沈约的祖父林子，宋征虏将军；父璞淮南太守，元嘉末被诛。约笃志好学，博通群籍，善属文。蔡兴宗为郢州刺史，引为安西外兵参军兼记室。后入为尚书度支郎。齐初为征虏记室带襄阳令，旋官著作郎，迁中书郎、本邑中正，黄门侍郎。迁御史中丞，转车骑长史。隆昌元年（494）除吏部郎。明帝即位，进号辅国将军，迁国子祭酒。梁武帝的同，约与有力焉，迁尚书左仆射。

齐初，迁太子家令，后以本官兼著作郎。

沈约字休文，吴兴武康人。生于宋文帝元嘉十八年（公元441年），卒于梁武帝天监十二年（公元513年），年七十三。约好坟籍，聚书至二万卷，京师莫比焉。著有《晋书》百一十卷，《宋书》百卷，《齐纪》二十卷，《高祖（梁武帝）纪》十四卷，迩言十卷，谥例十卷，宋文章志三十卷，文集百卷，又撰四声谱，皆行于世。

沈约《宋书》卷一百《自序》：“［齐武帝永明］五年（公元487年）春，又被敕撰《宋书》，六年（488）二月毕功，表上之曰：‘……宋故著作郎何承天始撰宋书，草立纪传，止于武帝功臣，篇牍未广；其所撰志，唯天文、律历，自此外悉委奉朝请山谦之。谦之孝建初又被诏撰述，寻值病亡，仍使南台侍御史苏宝生续造诸传，元嘉名臣皆其所撰。宝生被诛，大明中又命著作郎徐爰踵成前作。爰因何、苏所述，勒为一史，起自义熙之初（晋安帝，405），讫于大明之末（464）。至于臧质、鲁爽、王僧达诸传，又皆孝武所造。自永光以来至于禅让，十余年内阙而不续，一代典文，始末未举。且事属当时，多非实录；又立传之方，取舍乖衷，进由时旨，退

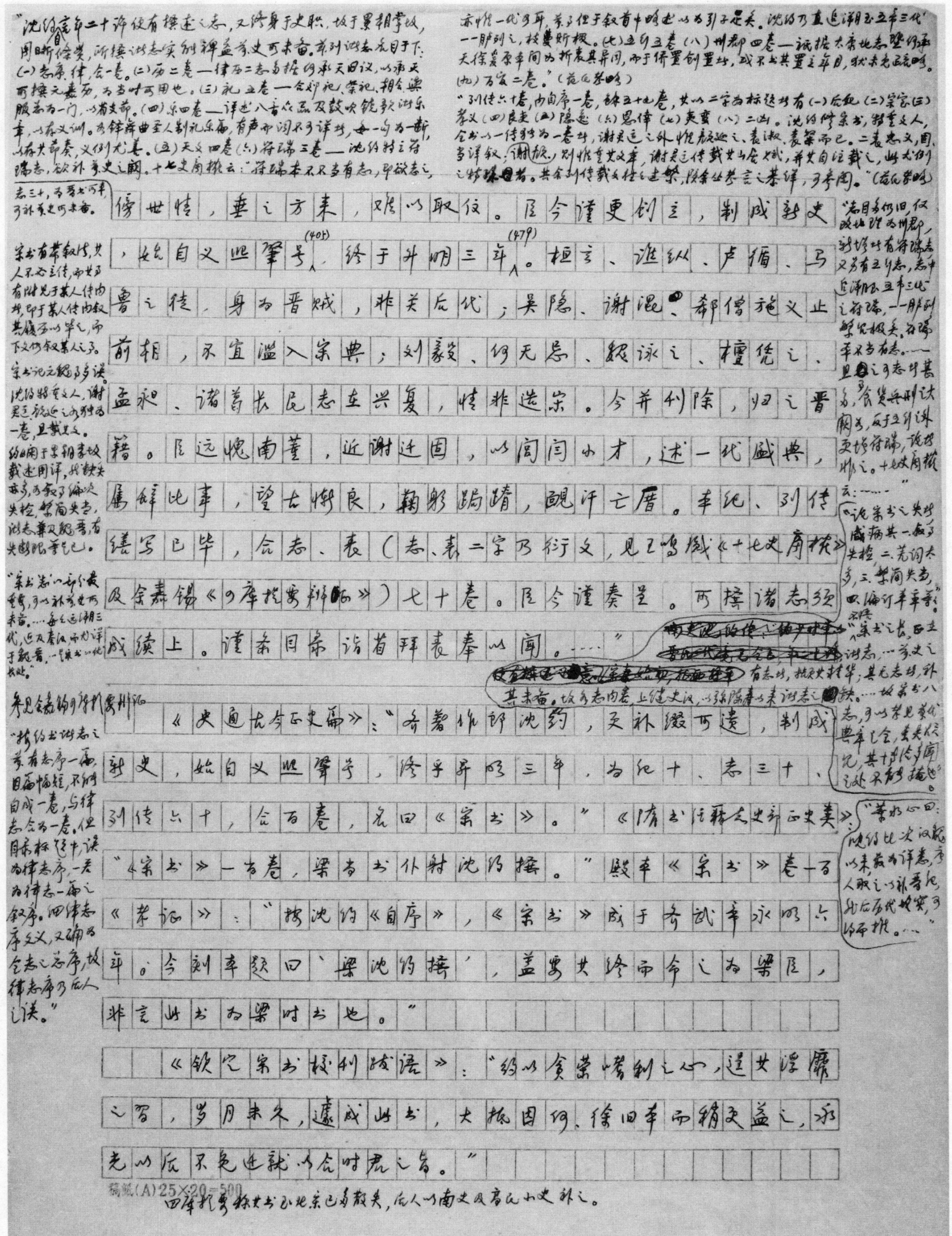

黄氏校略：“沈约自序称于齐武帝永明五年春，被敕撰宋书，至六年二月，纪传毕功，表上之。又九王传、建平王景素传末云‘今上即位’，今上者齐武帝也。又沈攸之传，‘攸之既死，其党臧涣请益城自归，今上帝命斩之。’今上帝者，亦齐武帝也。观此则知约修宋书立齐武帝时，入梁未及追改。

廿二史劄记：“沈约……古来修史之速未有若此者……人但知宋书为沈约作，而不知大半乃徐爰作也。……”

稿纸(A)25×20=500

"沈约自言年二十许便有撰述之志，又终身于史职，故于累朝掌故，周晰条贯，所撰诸志实到裨益前史所未备。兹列诸志名目于下：(一)志序、律，合一卷。(二)历二卷——律历二志为据何承天日议，以承天所撰之嘉历，为当时所用也。(三)礼五卷——合郊祀、宗祀、朝会、舆服为一门，以省文节。(四)乐四卷——详述八音众器及鼓吹铙歌诸乐章，以存义训。为钟舞曲至人制礼乐篇，有声而词不可详者，每一句为一断，以存其节奏，义例尤善。(五)天文四卷(六)符瑞三卷——沈约特立符瑞志，欲补前史之阙。十七史商榷云：'符瑞本不必专有志，即欲志之，亦惟一代可耳，前可但于叙首中略述以为引子足矣。'沈约乃直追溯至五帝三代，一一胪列之，枝蔓斯极。(七)五行五卷(八)州郡四卷——祇据太康地志暨何承天徐爰原本间为析表其异同，而于侨置创置者，或不书其置之年月，然未免疏漏。(九)百官二卷。"（范氏举略）

"列传六十卷，内自序一卷，余五十九卷，其以二字为标题者有(一)后妃(二)宗室(三)孝义(四)良吏(五)隐逸(六)恩倖(七)夷蛮(八)二凶。沈约修宋书，对于文人，全书以一传独为一卷者，谢灵运之外惟颜延之、袁淑、袁粲而已。二袁忠义，固当详叙；谢、颜，则惟重其文章，谢灵运传载其山居赋，并其自注载之，此尤例之特殊者。其余列传载文往往过繁，陈余丝参言之甚详，可参阅。"（范氏举略）

志三十，为前书所无，可补前史所未备。

宋书有带叙法，其人不必立传，而其事有附见于某人传内者，即于某人传内叙其履历以毕之，而下文仍叙某人之事。

宋书记元魏多有诬误。

沈约对于文人，谢灵运、颜延之均独为一卷，且载其文。

约于宋朝掌故载述周详，然缺失亦多，如叙事编次失检，繁简失当，诸志兼及魏晋，有失断限等是也。

"宋书志八篇，所载最重，可以补前史所未备。……每志追溯三代，近及秦汉，而尤详于魏晋，一[illegible]以此长处。"

参见余嘉锡《四库提要辨证》

"按约书诸志之前有志序一篇，因篇幅短，不能自成一卷，与律志合为一卷。但目录标题中误为律志序，一若为律志一篇之叙序。细读志序文义，又确为全志之总序，故律志序乃后人之误。"

傍世情，垂之方来，难以取信。臣今谨更创立，制成新史，始自义熙肇号(405)，终于升明三年(479)。桓玄、谯纵、卢循、马鲁之徒，身为晋贼，非关后代；吴隐、谢混、郗僧施，义止前朝，不宜滥入宋典；刘毅、何无忌、魏咏之、檀凭之、孟昶、诸葛长民，志在兴复，情非造宋。今并刊除，归之晋籍。臣远愧南董，近谢迁固，以闾闾小才，述一代盛典，属辞比事，望古惭良，鞠躬跼蹐，腼汗亡厝。本纪、列传缮写已毕，合志、表（志、表二字乃衍文，见王鸣盛《十七史商榷》及余嘉锡《四库提要辨证》）七十卷。臣今谨奏呈。所撰诸志，须成续上。谨条目录，诣省拜表奉以闻。……"

"志目多仍旧，仅改地理为州郡，新增者有符瑞志，又另有五行志，志中追溯至五帝三代之符瑞，一一胪列，繁冗极矣。符瑞本不当有志。——且无之可志者甚多，食货兵刑诸阙焉，反于五行外更增符瑞，诚然非之。十七史商榷云：……"

"论宋书之失者，盛称其一叙事失检，二芜词太多，三繁简失当，四编订年事。"

"宋书之长，在立诸志，……前史之有志者，撰史补华；其无志者，补其未备。故为志内卷上继史汉，以补陈寿以来诸志之缺。……故宋书八志，可以参见历代典章之全，其长处，其十志修于南之处不能掩也。"

《史通·古今正史篇》："齐著作郎沈约，更补缀所遗，制成新史，始自义熙肇号，终乎昇明三年，为纪十、志三十、列传六十，合百卷，名曰《宋书》。"《隋书·经籍志·史部·正史类》："《宋书》一百卷，梁尚书仆射沈约撰。"殿本《宋书》卷一百《考证》："按沈约《自序》，《宋书》成于齐武帝永明六年。今刻本题曰'梁沈约撰'，盖以其终而命之为梁臣，非言此书为梁时书也。"

"蒋氏曰：沈约此志所载，以来最为详悉，后人取之以补晋志，非后历代故实，可资参考。……"

《钦定宋书校刊跋语》："约以贪荣嗜利之心，逞其浮靡之习，岁月未久，遽成此书，大抵因何、徐旧本而稍更益之，永光以后不免迁就以合时君之旨。"

稿纸(A)25×20=500

四库提要称其书至北宋已多散失，后人以南史及高氏小史补之。

② 裴子野著《宋略》二十卷

裴子野，字几原，河东闻喜人，生于宋明帝泰始三年（467），卒于梁武帝大通二年（528），年六十二。

《梁书》卷30《裴子野传》：“……曾祖松之……（天监）二年，时中书范缜与子野未遇，闻其行业而善焉。会迁国子博士，乃上表让之曰：‘伏见前冠军府录事参军河东裴子野，年四十（时在梁武帝天监五年，公元506年），……家传素业，世习儒史，苑囿经籍，游息文艺。著《宋略》二十卷，弥纶首尾，勒成一代，属辞比事有足观者。……’初，子野曾祖松之，宋元嘉中受诏续修何承天宋史，未及成而卒。子野常欲继成先业。及齐永明末，沈约所撰《宋书》既行，子野更删撰为《宋略》二十卷，其叙事评论多善，约见而叹曰：‘吾弗逮也！’兰陵萧琛、北地傅昭、汝南周舍咸称重之。至是吏部尚书徐勉言之于高祖，以为著作郎，掌国史及起居注。”《南史》卷33《裴子野传》：“……初，子野曾祖松之，宋元嘉中受诏续修何承天宋史，未成而卒。子野欲继成先业。及齐永明末（齐武帝，493），沈约所撰《宋书》称松之已后无闻焉，子野更撰为《宋略》二十卷，其叙事评论多善，而云戮淮南太守沈璞，以其不从义师故也。约惧，徒跣谢之，请两释焉。叹其述作曰：‘吾弗逮也！’兰陵萧琛言其评论可与《过秦》、《王命》分路扬镳，于是吏部尚书徐勉言之于武帝，以为著作郎，掌修国史及起居注。”

《文苑英华》卷七百五十四[31]、裴子野《宋略总论》：“余兴后数十年，宋之新史既行于世也。子野生乎泰始之季，长于永明之年，家有旧书，闻见又接，是以不用浮浅，因宋之新史为《宋略》二十卷，剪截繁文，删撮事要，即其简寡，志以为名。夫黜恶章善，臧否与夺，则以先达格言，不有私也。岂以勤成一家，然之好事？盖司典之后而不忘焉。”

《隋书·经籍志·史部·杂史类》：“《宋略》二十卷，梁通直郎裴子野撰。”

《史通·古今正史篇》：“永明末，其书（沈约宋书）既行，河东裴子野更删为《宋略》二十卷。沈约见而叹曰：‘吾弗逮也！’由是世之言宋史者，以裴略为上，沈书次之。”

稿紙(A)25×20=500

"萧子显本齐高帝萧道成之孙，豫章王嶷之子，故子显为父作传，铺张至九千余字，且不入高祖十二王传内，（高祖十二王传编在三十二卷）而上与文惠太子相次比（编在二十五卷），苟欲以此尊父，殊无当也。"

李俊卿引馆阁书目云："南齐书本六十卷，今存五十九卷，亡其一。"刘知几史通、曾巩叙录则皆云八纪、十一志、四十列传合为五十九卷，则馆阁书目不为无据。南史载子显自序，序自叙撰史叙传之词。又晁公武读书志载史进书表云："天文事秘，户口不知，不敢私载。"疑原书本六十卷为子显叙传，末附以表，与李延寿北史例同。至唐已佚其叙传，而其表至宋犹存，今又并其表佚之，故缺本传缺一篇也。"（齐志六十卷，但传抄旧本，不可改。南史子显传其自序二百余字，延寿撮取入史。高似孙史略亦云"本传为齐书六十卷，今但五十九卷。"）（张元济跋）

南齐书"列传多同类叙传，根为详悼。由一事而括及他事，由一人而兼叙兼千人。这是根据这种方法为最好。"（见廿二史劄记卷9）

"南齐书为研究佛道二教互相排斥之重要史料，盖时为佛教之极盛时期，梁武帝又好佛，而道教亦大兴，与佛教对抗争衡。史檀超传载修史条例，亦极有价值。南齐书颇简洁，故李延寿作南史，于宋书删去较多，于南齐书则有增无删。南齐书亦有所本，即齐国史、齐纪、齐典、齐春秋等书也。"（张元济跋）

"子显八志，本于江淹之十志。但仍缺食货、艺文、刑法三目。天文志中但纪灾祥，州郡志内仅述建置，不著户口，祥瑞志中多载图谶。而其自表中亦云："天文事秘，户口不知，不敢私载。"然祥瑞于天文之外，对于食货、艺文、刑法之大，竟皆阙焉。"

"史通序例篇评"——"至刘子显虽违于文而长于义。又其书诸用笔，也颇有若斟酌。为论多对为彰好评，于宋齐革易之际，亦不以为篡弑之迹，而文中则时微存其意，又子显付书至梁武时，其叙世祖之失措之处，不过点七百字；叙东昏之无道之处，则二千余字，其东昏之暴，亦以见梁武之兵以文章，亦作史之微旨。又如褚渊中不言于渊之失节负友之处，不置一议，而其失节之意自见。又如王晏传、萧谌传、萧坦之传，皆为叙事实，不著一议，而其忠恩负义趋炎附势之人品自见。此外列传中类叙明孟坚之，带叙用体之法。故每一传辄兼序数人，如褚澄传叙其精于医，而因叙徐嗣医术，及精于此。郭灵叙传叙其妻韦氏守节，因而及吴庆之妻赵氏、蒋隽之妻黄氏、倪翼之母丁氏。孝义传用其序传，尤见伪法，传不立而人自留载，以免人各一传，则不胜传，而不立传则竟遗之。"

四、南朝史 又、齐史

记述萧齐一朝史事的书籍有七种，以下数种较为重要。

①江淹著《齐史十志》

《梁书》卷14《江淹传》："江淹，字文通，济阳考城人也。……建元（齐高帝年号）初，又为骠骑建安王记室，带东武令，参掌诏册，并典国史。寻迁中书侍郎。永明（齐武帝年号）初，迁骠骑将军，掌国史。……［天监］四年卒，时年六十二。凡所著述百余篇，自撰为前后集；并《齐史十志》，并行于世。"《隋书经籍志史部正史类》："梁有江淹《齐史》十三卷，亡。"《史通·古今正史篇》："江淹始受诏著述，以为史之所难，无出于志，故先著十志，以见其才。"又见《南齐书》卷52《檀超传》、《南史》卷59《江淹传》及卷72《檀超传》，参阅《南北朝史学编年》59页。

②沈约著《齐纪》二十卷

钱大昕廿二史考异卷25谓今本失传其印文，当为一卷。

③萧子显著《南齐书》五十九卷

（太尉高子季胱。好学，工属文。）

萧子显生于齐武帝永明七年（489），卒于梁武帝大同三年（537）。

《梁书》卷35《萧子恪传附萧子显传》："子显字景阳，原籍兰陵，为齐豫章王嶷第八子，齐高帝道成之孙。七岁封宁都县侯，永元（齐东昏侯499—501）末以王子例拜给事中，累官司徒、主簿……天监初，降爵为子。……又启撰齐史，书成表奏之，诏付秘阁。累迁太子（出为仁威将军，吴兴太守，至郡未几）大同三年（537）卒，时年四十九。（中舍人、建康令。梁武帝中大通二年（530）迁侍中。又迁国子祭酒，加侍中。五年（533）迁吏部尚书侍中。）……子显所著《后汉书》一百卷，《齐书》六十卷（今本盖缺自序一卷，南史载其自序二百余字），（普通北伐记五卷，贵俭传三十卷，文集二十卷。）"《隋书经籍志史部正史类》："《齐书》六十卷，梁吏部尚书萧子显撰。"唐书艺文志"萧子显齐书六十卷，李百药北齐书五十卷。"曾巩叙始称"南齐书五十九卷。"李俊卿山堂考索引馆阁书目亦称"南齐书"。可见冠南字于齐书之上，始于宋代，所以别李百药齐书也。"史通正史篇："子显为纪八，志十一，列传四十，合成五十九篇。"曾巩南齐书序改为八纪、十一志、四十列传，则似纪有八，志有十一矣。实则纪仅七，高帝纪分上下篇，不得谓为两纪也。"

列传中以二字为题者，有（一）皇后（二）宗室（三）文学（四）良政（五）高逸（六）孝义（七）倖臣。四库提要云："史通序例篇讥令升先觉，远述丘明，史例中兴，于斯为盛。沈约之志序，萧齐之序录，虽以序为名，其实例也。子显各以传类叙题，而又甚优长，而序例之类无。今考此书良政、高逸、孝义、倖臣诸传皆有序，而文学传独无序，殆亦宋以后所残缺欤？"

"南齐书志十一篇，为目仅八：①礼二篇 ②乐一篇 ③天文二篇 ④州郡二篇 ⑤百官一篇 ⑥舆服一篇 ⑦祥瑞一篇 ⑧五行一篇。梁书江淹传称齐有十志行于世，据此，子显八志盖本于此。"

赵翼廿二史劄记："齐书亦有所本。建元二年，即诏檀超与江淹掌史职。超等表上条例……此齐时修国史体例也……今按萧子显齐书……其体例与超淹所议皆小有不同……此可见子显修齐书，不全袭前人也。"

稿纸(A)25×20=500

143.

④吴均著《齐春秋》三十卷

吴均字叔庠，吴兴故鄣人。《梁书》卷49《吴均传》："均表求撰《齐春秋》，书成奏之。高祖以其书不实，使中书舍人刘之遴诘问数条，竟支离无对，敕付省焚之。坐免职。……普通元年（梁武帝，520）卒，时年五十二。……均……著《齐春秋》三十卷，……"（生于宋明帝泰始五年，469）《南史》卷72《吴均传》："先是，均将著史以自名，欲撰《齐书》，求借齐起居注及群臣行状，[梁]武帝不许，遂私撰《齐春秋》，奏之。书称帝为齐明帝佐命，帝恶其实录；以其书不实，……敕付省焚之。……"

《史通·古今正史篇》："时奉朝请吴均亦表请撰齐史，乞给起居注并群臣行状。有诏：'齐氏故事，布在流俗，闻见既多，可自搜访也。'均遂撰《齐春秋》三十篇。其书称梁帝为齐明佐命，帝恶其实，诏燔之。然其私本，竟能与萧氏所撰（指萧子显《齐书》）并传于后。"

⑤梁刘陟著《齐纪》十卷。（见编年557年）

⑥许亨著齐书五十卷——隋书卷58许善心传："善心父[亨]……。善心……曰：'先君昔在梁代，早怀述作，凡撰齐书为五十卷。'……"

3. 梁史

①何之元著《梁典》三十卷

《史通·古今正史篇》："梁史：武帝时沈约与给事中周兴嗣、步兵校尉鲍行卿、秘书监谢昊，相承撰录，已有百篇。值承圣（元帝年号）沦没，并从焚荡。庐江何之元、沛国刘璠，以所闻见，究其始末，合（应作各）撰《梁典》三十篇。"

《陈书》卷三十四《何之元传》："何之元，庐江灊人也。

稿纸(A)25×20=500

陈书卷58许善心传："……祖(父)亨撰著梁史，未就而殁。善心述成父志，修续家书，其序传末述制作之意曰：'……先君昔在前代，早怀述作，凡撰齐书为五十卷，梁书纪传随事勒成及阙而未就者，目录注为一百八卷。梁室交丧，坟籍销尽。……所撰之书，一时亡散。有陈初建，诏为史官，补阙拾遗，心识口诵，依旧目录更加修撰，且成百卷，已有六帙五十八卷上秘阁讫。善心……方轸……仰成先志。……值本邑沦覆，他乡播迁，……一家史四书，旦亡焚荡。今止有六十八卷在，又并缺落失次。自入京已来，随见补葺，略成七十卷。……凡《终史》足者，皆先君所定；下《终》名《叢》者，并善心补阙。别为叙论一篇，记于叙传之末。'"

参阅陈书许亨传及编年稿(陈)

中国史籍编年一卷(陈)

……太建八年（陈宣帝年号，公元576年），除中卫府功曹参军，寻迁谘议参军。及叔陵诛（案：始兴王陈叔陵被杀在太建十四年，582），之元乃屏绝人事，锐精著述。以为梁氏肇自武皇，终于敬帝，其兴亡之运、盛衰之迹，足以垂鉴戒、定褒贬，究其始终，起自永元元年，迄于王琳遇获，七十五年行事，草创为三十卷，号曰《梁典》。其序曰："……案三皇之简为三坟，五帝之策为五典，此典义所由生也。至乃尚书述唐帝为尧典，虞帝为舜典，斯又经文明据。是以典之为义久矣哉！……唯何法盛晋书变帝纪为帝典，既云师古，在理为优，故今之所作，称为梁典。……窃惑萧氏梁史无裁断，就起居注耳。"……隋开皇十三年卒于家。"

② 刘璠著《梁典》三十卷

《周书》卷42《刘璠传》："刘璠字宝义，沛国沛人也。……天和三年（北周武帝年号，568）卒，时年五十九。著《梁典》三十卷。……(子)祥字休征，……初，璠所撰《梁典》始就，未及刊定，卒。临终谓休征曰：'能成我志，其在此书乎！'休征治定缮写，勒成一家，行于世。"

④ 后梁萧欣著《梁史》百卷，遭乱失本。（见编年584年）

⑤ 陈阴僧仁著《梁撮要》三十卷。（见编年589年）

③ 许亨著《梁史》。（见编年570年）

⑥ 姚察著梁书：史通古今正史篇："纪传之书，未有其作。陈祠部郎中姚察有志撰勒，施功未周。但既当朝务，兼知国史，至于陈亡，其书不就。"

4. 陈史

《史通·古今正史篇》："陈史：初有吴郡顾野王、北地傅縡，各为撰史学士，其武、文二帝纪即顾、傅所修。太建初（陈宣帝年号），中书郎陆琼续撰诸篇，事伤烦杂；姚察就加删改，粗有条贯。及江东不守，持以入关。隋文帝尝索梁、陈事迹，察具以所成每篇续奏，而依违荏苒，竟未绝笔。"

曾巩陈书序："始，思廉父察，梁陈之史官也，录二代之事，未就而陈亡。"

稿纸(A)25×20=500

145

魏道武帝拓跋珪天兴元年（398），"太祖定中原，擢（邓渊）为著作郎。……太祖诏渊撰国纪。渊造十余卷，惟次年月起居行事而已，未有体例。"（魏书卷24邓渊传）

魏太武帝神䴪二年（429）崔浩等撰著魏史。魏书卷35崔浩传："初，太祖诏尚书郎邓渊著《国记》十余卷，编年次事，体例未成。逮于太宗，废而不述。神䴪二年，诏集诸文人撰录国书，浩及弟览、高谠、邓颖、晁继、范亨、黄辅等共参著作，叙成国书三十卷。"

魏太武帝太延五年（439）灭北凉后，又命崔浩与高允、张伟撰修魏史。魏书35崔浩传："乃诏浩曰：……今当留台，综理史务，述成此书，务从实录。"浩于是监秘书事，以中书侍郎高允、散骑侍郎张伟参著作，续成前纪。至于损益褒贬，折中润色，浩所总焉。"

六、北朝史

共10种，现存北齐魏收著魏书。

魏太武帝太平真君十一年（450），崔浩因将其所撰魏史刊刻于石，以垂不朽，遂触魏太武帝之怒，崔浩被诛，史官宗钦、段承根等亦同时被诛。魏因此废史官之职。

魏文成帝和平元年（460）六月，魏复置史官。"以高允典著作，修国记。允年已九十，手目俱衰；时有校书郎刘模，长于缉缀，乃令执笔而口占授之。如是者五六岁，所成篇卷，模有力焉。"（史通古今正史篇）（魏书48高允传）

1. 北魏史

① 魏收著《魏书》

魏收传略及其撰修《魏书》的经过：

魏收字伯起，小字佛助，钜鹿下曲阳人。生于北魏宣武帝正始三年（公元506年），卒于北齐后主武平三年（公元572年），六十七岁。

收父子建，元魏庄帝时官左光禄大夫，加散骑常侍、骠骑大将军。收少机警，年十五颇已属文，以文华显。初以父功除太学博士。吏部尚书李神儁重收才学，奏授司徒记室参军。孝庄帝永安三年（530）除北主客郎中。节闵帝立（魏节闵帝普泰元年）……迁散骑侍郎，寻敕典起居注，并修国史，俄兼中书侍郎，年仅二十六。

魏收于二十六岁时（公元531年）任散骑侍郎，掌起居注并与阳休之、李同轨等修国史。（北史56本传及北齐书42阳休之传）东魏时（534—550）历任中外府主簿、散骑常侍、中书侍郎、著作郎、秘书监、定州大中正、中书令，并参加修国史的工作。北齐文宣帝天保元年（550）除中书令，仍兼著作郎。天保二年（公元551年），年四十六，开始撰修魏史。553年，四十八岁，与房延祐等专力撰修魏史。公元554年（北齐文宣帝天保五年），魏收著成《魏书》，凡十二纪、九十二列传、十志，共一百三十卷。

秋除梁州刺史。收以志未成奏请终业，许之。十一月，复奏十志，凡二十卷，续于纪传，合一百三十卷。收好声乐，善胡舞。

公元560年（北齐孝昭帝皇建元年），魏收奉命修改《魏书》。566年（北齐后主天统二年），因"群臣多言魏史不实"，魏收再度奉命修改《魏书》。

列传九十二，为卷九十六，以景穆十二王传分上中下三卷，献文六王传、外戚传各分两卷也。其以种类为标题者：①后妃 ②外戚 ③儒林 ④文苑 ⑤孝感 ⑥节义 ⑦良吏 ⑧酷吏 ⑨逸士 ⑩术艺 ⑪列女 ⑫恩倖 ⑬阉官 ⑭序传。其列传八十三至九十一凡九卷，记列国之君主，（[illegible]列传，以其篡篡也。）各以种名地名或国名（亦有仅举国名、种名者，如高句丽、蠕蠕之类）。

魏收在北齐修魏书，欲以齐继魏为正统，故自孝武后，即以东魏孝静帝继之，而孝武后诸帝不复作纪。故今之魏书乃兼及东魏之史也。

"帝纪十二，为卷十四，以世祖太武帝（拓跋焘）高祖孝文帝（元宏）两纪各分上下卷也。"

"帝纪首列序纪，自称其先出于黄帝少子昌意之后，然六十七世……凡十四帝。拓跋珪建国称帝，尊追其先为皇帝，又尊其始祖力微为神元皇帝……至什翼犍凡十三帝，其谥号名讳皆出追制，可谓不经之尤矣。（史中称……五凡可五卷）（[illegible]）

[illegible]："魏书最为芜秽，尤可厌者，一人立传，则其子孙……"

"累魏书附传可分二类：……"

"魏书书东晋之帝即位为司马叡僭大号于江南……"

参看赵翼的廿二史劄记

魏孝文帝太和十一年（487），高允死。李彪与崔光继续撰修魏史，并改原修之编年体为纪传体。太和二十一年（497），李彪被免除史官职务，崔光专任修史之事。太和二十三年（499），李彪又以白衣于秘书省撰修魏史。魏宣武帝景明二年（501），李彪卒。魏孝明帝正光五年（524），崔光死后，崔鸿撰修魏史。次年，崔鸿死。（下接魏收）

稿纸（1）25×20=500

"廿五史中元最为芳时，厥为魏书……其实魏书极有价值，为研究北方民族史、道教、佛教史之重要资料。且南北朝二百余年间，流传至今之书仅五六部，而以魏书为最巨。……魏书十志后成，官氏志、释老志为前史所无。刘知几讥魏书，李延寿北史多依据而成卷之，王鸣盛十七史商榷亦推为良史。"（张之恺…概论）

146

杨翼骧先生

中国史学史手稿存真

"范祖禹魏书序："魏书十二纪、九十二列传、十志，凡一百三十四篇，旧分为一百三十卷，北齐中书令兼仆射魏收撰。初，魏史官邓渊、崔浩、高允皆作编年书，遗落时事，三不存一。太和中李彪、崔光始分纪传表志之目。……北齐文宣天保二年（551）诏魏收修魏史，博访百家谱状，搜采遗轶，包举一代始终，颇为详悉。收所取史官，本欲才不逮己，故房延祐、辛元植、眭仲、刁柔、裴昂之、高孝干皆不工纂述，其三十五例、二十五序、九十四论、前后二表、一启，皆出于收。五年表上之，悉焚崔李旧书。收党齐毁魏，褒贬肆情，时论以为不平。文宣命收于尚书省与诸家子孙诉讼者百余人评论，收始亦辨答，后不能抗。范阳卢斐、顿丘李庶、太原王松年并坐谤史受鞭配甲坊，或致死者。众口沸腾，号为秽史。……群臣竞攻其失，武成复敕收更易刊正。收既以魏史招众怨咎，齐亡之岁，盗发其冢，弃骨于外。"

北史卷56魏收传："始，魏初邓彦海撰《代记》十余卷，其后崔浩典史，游（游雅）、允（高允）、程骏、李彪、崔光、李琰之徒，世修其业。浩为编年体，彪始分作纪、表、志、传，书犹未出。宣武时，命邢峦追撰孝文起居注，书至太和十四年；又命崔鸿、王遵业补续焉。下讫孝明，事甚委悉；济阴王晖业撰《辨宗室录》三十卷。收于是与通直常侍房延祐、司空司马辛元植、国子博士刁柔、裴昂之、尚书郎高孝干专总斟酌，以成《魏书》。辨定名称，随条甄举；又搜采亡遗，缀续后事，备一代史籍。表而上闻之，勒成一代大典，凡十二纪、九十二列传，合一百一十卷。〔天保〕五年三月奏上之。秋，除梁州刺史。收以志未成，奏请终业，许之。十一月，复奏十志：天象四卷，地形三卷，律历二卷，礼乐四卷（今魏书目录礼四卷乐一卷），食货一卷，刑罚一卷，灵征二卷，官氏二卷（今魏书官氏仅一卷），释老一卷，凡二十卷，续于纪传合一百三十卷，分为十二帙。其史三十五例、二十五序、九十四论、前后二表一启，皆独出于收。收所引史官，恐其陵逼，唯取学流先相依附者。其房延祐、辛元植、眭仲让虽夙涉朝位，并非史才；刁柔、裴昂之以儒业见知，全不堪编辑；高孝干以左道求进。修史诸人宗祖姻戚多被书录，饰以美言。收颇急，不甚能平，夙有怨者多没其善，每言：'何

廿二史考异云："按魏收上十志启，所未列名者有辛元植、刁柔、高孝干，而无房延祐、裴昂之，又多前西河太守綦毋怀文一人。"

点校说明："纂魏书十志后于纪传完成，故列纪传之后。又本传谓礼乐四卷、官氏二卷，考之志文，则礼志四卷，乐志一卷，凡五卷，官氏志仅一卷，两不相符，且依本传为志仅九，不得云十志，当是本传记载有误。"

"志目新创者有官氏、释老二志，余则改天文为天象，地理为地形，祥瑞为灵征，余均相同。官氏志本于薛宗之志百官，魏书改为官氏，并列官制，后列氏族，仍详于官中略于氏。"

稿紙(A)25×20=500

北齐书37魏收传："收性颇急，不甚能平，夙有怨者多没其善。每言何物小子，敢共魏收作色？举之则使上天，按之当使入地。"

"魏书104收之序传及北齐书37收传皆已佚，后人取北史56收传割裂补之。故今但引一以北史本传为据。"

魏收在史职23载。

何物小子，敢共魏收作色？举之则使上天，按之当使入地！'……时论既言收著史不平，文宣诏收于尚书省与诸家子孙共加论讨，前后投诉百有余人，或云遗其家世职位，或云其家不见记录，或云妄有非毁。收皆随状答之。范阳卢斐父同附出族祖玄传下，顿丘李庶家传称其本是梁国家人，斐、庶讥议云：'史书不直'。……时太原王松年亦谤史，及斐、庶并获罪，各被鞭配甲坊，或因以致死；卢思道亦抵罪。然犹以群口沸腾，敕魏史且勿施行，令群官博议，听有家事者入署，不实者陈牒。于是众口喧然，号为秽史。投牒者相次，收无以抗之。……"

北史卷56魏收传论："伯起少颇疏放，不拘行检，及折节读书，郁为伟器。学博今古，才极纵横，体物之旨，尤为富赡，足以入相如之室，游尼父之门，勒成魏籍，追踪班马，婉而有则，繁而不芜，持论序言，钩深致远。但意存实录，好抵阴私，至于亲故之家，一无所说，不平之议，见于斯矣。"

魏收《前上十志启》："……窃谓志之为用，网罗遗逸，载纪不可，附传非宜；理切必在甄明，事重尤应标著；搜猎上下，总括代终，置之众篇之后，一统天人之迹。（是以晚始撰录，弥历炎凉，采旧增新，今乃断笔。时移世易，理不刻船，登阁含毫，论叙殊致。）偏心未识，辄在于此。……河沟往时之切，释老当今之重，艺文前志可寻，官氏魏代之急，去彼取此，敢率愚心。谨成十志二十卷，请续于传末，并前例目合一百三十卷。……"

帝纪十四卷，列传九十六卷，志二十卷，共一百三十卷。

"书中保存了不少有关北方民族活动的史实，和道武帝以前的世系，特别是释老志，为前此所无，为宗教史的……入门。"（佛教）

陔余丛考："魏书自道武帝诏邓渊著代记十余卷……作史之权舆也。"萧魏收志颇直笔东观，……则其实移深得十有八九而已也。（范氏琴略）　郑二云：魏书秽（见宾方眉书）

四库提要："收以是书为世所诟厉，号为秽史……"

稿纸(A)25×20=500

宋范祖禹等魏书序录说魏书"数十年间，亡逸不完者无虑三十卷，今各疏于逐篇之末。"（宋者所补之史时二诏收更阙纪二卷、传二十二卷）案魏书残阙者凡二十九卷，三十余卷，举成数也。兹列其篇目于下：……（范氏琴略）

四库提要云："今所行本为宋刘恕、范祖禹等所校定——此则据何书以补阙则恕等未言。"盖魏澹、魏彦深、魏收三家之书，篇第相乱，宋初已不能辨，故刘恕等亦不能言也。（范氏琴略）

148、

2. 西魏史

①薛寘著西魏史

周书卷38薛寘传："薛寘，河东汾阴人也。……魏废帝元年除著作佐郎，修国史。寻拜中书侍郎，修起居注。……又撰《西京记》三卷，引据该洽，世称其博闻焉。"

3. 北齐史

①魏收、阳休之先后监修北齐史。

北史卷56魏收传："[天保]八年夏，除太子少傅，监国史。"（北齐文宣帝）（557）

北齐书卷42阳休之传："天统初，征为光禄卿，监国史。"（北齐后主）（565）

②祖孝征、陆元规著北齐史。

史通卷12古今正史篇："高齐史：天统初，太常少卿祖孝征述献武起居，名曰《黄初传天录》。时中书侍郎陆元规，常从文宣征讨，著《皇帝实录》，惟记行师，不载他事。"

③李德林与魏澹撰修齐史

隋书卷42李德林传："寻除中书侍郎，诏令修国史。"（案：本传叙此事于武平三年之后、五年之前，应在武平四年（北齐后主武平四年，公元573年）。）

史通卷12古今正史篇："李（德林）在齐预修国史，

稿紙(A)25×20=500

149

创纪传书二十七卷。"

隋书卷58魏澹传："（魏澹在北齐）与李德林俱修国史。"

④杜台卿著《齐纪》

史通卷12古今正史篇："高齐史：……自武平后，史官阳休之、杜台卿、祖崇儒、崔子发等相继注记，逮于齐灭。"

隋书卷58杜台卿传："杜台卿，字少山，……仕齐奉朝请，历司空……著作郎、中书黄门侍郎，……撰《齐纪》二十卷。"

⑤崔子发著《齐纪》

隋书经籍志：史部古史类："《齐纪》三十卷，纪高齐事，崔子发撰。"

⑥荣建绪著《齐纪》

隋书卷66荣毗传："毗兄建绪……仕周为载师下大夫仪同三司。及平齐之始，留镇邺城，因著《齐纪》三十卷。"

稿纸(A)25×20=500

150.

第三节 通史的编纂

自班固著《汉书》以来，史家都从事于断代史的著作，没有人再写通史。直到南北朝时期，才又有人编写通史，其中以梁武帝命臣下写成的《通史》及北魏元晖所著的《科录》最为著名。南朝陈时顾野王也曾撰写《通史要略》一百卷，但未写成。

一、梁武帝時吴均等著《通史》

梁武帝時命吴均等人撰写了一部上起三皇时期，下讫萧齐时期的纪传体的《通史》，历時约三十余年始成。(？)

史通卷一六家篇："至梁武帝，又敕其群臣，上自太初，下终齐室，撰成《通史》六百二十卷。其书自秦以上，皆以《史记》为本，而别采他说，以广异闻；至两汉已还，则全录当时纪传，而上下通达，臭味相依。又吴、蜀二主皆入世家，五胡及拓跋氏列于夷狄传。大抵其体皆如《史记》，其所为异者，唯无表而已。"

梁书卷49吴均传："寻有敕召见，使撰《通史》，起三皇，讫齐代。均草本纪、世家，功已毕，唯列传未就。普通元年（公元520年）卒，时年五十二。"

梁书卷35《萧子恪传附萧子显传》："高祖（梁武帝）……尝从容谓子显曰：'我造《通史》，此书若成，众史可废。'。"

稿紙(A)25×20=500

151.

梁书卷3武帝纪下："又造《通史》，躬制赞序。凡六百卷。"

梁书武帝纪："太清二年（548），《通史》成，躬制赞序。凡六百卷。"（此字待查）

胡三省通鉴注序："梁武帝通史六百卷，侯景之乱，王僧辩平建业，与文德殿书七万卷俱西，江陵之陷（554年），其书烬焉。"（与梁元帝同烬于江陵）

文史通义释通："梁武帝以迁固而下，断代为书，于是上起三皇，下讫梁代，撰为通史一编，欲以包罗众史。史籍标通，此滥觞也。嗣是而后，源流渐别，……综其要起，虽不能一律以绳，要皆仿萧梁通史之义，而取便耳目。史部流别，不可不知也。"

不但史籍标通自此始，以史名书也自此始。以前都称为"书"、"纪"、"志"等。

稿纸(A)25×20=500

152.

东汉卫飒著史要，以类相从。

二、元晖著科录

（按著作年代，科录应在梁武帝通史之前）

~~北史~~魏书卷15昭成子孙传："（元）晖字景袭，……晖颇爱文学，招集儒士崔鸿等撰录百家要事，以类相从，名为《科录》，凡二百七十卷。上起伏羲，迄于晋宋（北史卷15魏诸宗室传无"宋"字。），凡十四代。晖疾笃，表上之。神龟元年（魏孝明帝，518）卒。"

北史卷15魏诸宗室传："常山王遵曾孙晖，雅好文学，招集儒士崔鸿等，撰录百家要事，以类相从，名为《科录》，凡二百七十卷。上起伏羲，下迄于晋，凡十四代，表上之。"

史通卷1六家篇："其后元魏济阴王晖业（案：此误以元晖业为元晖）又著《科录》二百七十卷，其断限亦起自上古而终于宋年，其编次多依放（仿）通史，而取其行事尤相似者共为一科，故以《科录》为号。"

稿纸(A)25×20=500

153.

三、张彝著《历帝图》

过去刘知几著史通，只认为梁武帝的通史与元晖的科录是通史，今考魏书卷64张彝传，张彝所著《历帝图》，也应属于通史的著作。

魏书卷64张彝传："张彝字庆宾，清河东武城人。……[世宗（魏宣武帝）时]上表曰：'……辄私访旧书，窃观图史，其帝皇兴起之元，配天隆家之业，修造益民之奇，龙麟云凤之瑞，卑宫爱物之仁，释网改祝之泽，前歌后舞之应，囹圄寂寥之美，可为辉风景行者，辄谨编丹青，以标睿范。至如太康好田，遇穷后之祸；武丁逸禽，罹震雷暴酷；夏桀淫乱，南巢有非命之诛；殷纣昏酣，牧野有倒戈之陈；周厉逐兽，灭不旋踵；幽王遇惑，死亦相寻；暨于汉成失御，亡新篡夺；桓灵不纲，魏武迁鼎；晋惠暗弱，骨肉相屠，终使聪、曜鸱视并州，勒、虎狼据燕赵。若此之辈，罔不毕载。起元庖牺，终于晋末，凡十六代，百二十八帝，历三千二百七年，杂事五百八十九，合成五卷，名曰《历帝图》。……'世宗善之。"

张彝奏上《历帝图》不详在何年，仅知在魏宣武帝时。因魏宣武帝卒于延昌四年（公元515年），则张彝奏上所为必在是年之前。较通史、科录成书均早。

稿紙(A)25×20=500

154.

李泰棻:方志学 第一章通论 第一节方志之定义:"方志者,即地方之志,盖以区别国史也。依诸向例,在中央者谓之史,在地方者谓之志,故志即史。如某省志即某省史,而某县志亦即某县史也。"

傅振伦:中国方志学通论·自序:"周官外史掌四方之志,……四方之志也,方志也,皆列国之志,亦即地方之史也。"

同上书:篇一、章三、方志之性质:"一、方志为记述一域地理及史事之书。二、方志志在垂训,今备褒贬无文。三、方志记事周备,为国史约取之资。四、方志记事,古今并载,尤侧重现在,切乎实用,为地方行政之借镜。五、现存之人,事例年例已备,即可入诸志书,艺文亦不以作者之存亡为限。六、方志体裁繁多,烦简详略不一,体裁各异。"

卢中岳:地方志史论(1961.11.19.人民日报):"地方志是记载一个地区有关地理、历史方面的历史性资料,是我国文化遗产的一个重要方面。我国的地方志起源很早。在春秋战国时代,已有地方史记之类的书籍。它的体例导源于禹贡、山海经等古代地理书,最初仅记载方域、山川、风俗、物产等。至汉隋之间,地方志的编纂逐渐兴盛起来,东汉会稽(今浙江绍兴)袁康撰修《越绝书》(相当于浙江省志),距今约二千年了,记载山川、城郭、冢墓及传记,历来被公认为现存最早的地方志。"

志

第四节 地方史的发展

地方史是记载某一地方史事的著作(书籍),述当称为地方志或方志。东汉初年袁康的《越绝书》(记今浙江一带)、赵晔的《吴越春秋》,都属于此类。但除地理情况外,多为小说、杂语、神话的记载,史事很少,还不能成为正式的地方史。

至此时期,西晋时潘岳著关中记、陆机著洛阳记,东晋时庾仲雍著会稽典录,也属于地方史的著作。但它们只记载京都一地,而且限于地理及京都的繁华。~~地方上的一部分事情,如地理、当时情况或人物传记等,~~不全面,能全面记载一地方的历史事情的专著,以东晋时常璩所著的《华阳国志》最为著名。

(杨方著《吴越春秋削繁》)

常璩字道将,蜀郡江原人,仕于李蜀,官至散骑常侍。著《华阳国志》十二卷,记巴蜀一方之史事,肇自开辟,讫于东晋穆帝永和三年(公元347年),为地方的通史。其称华阳者,晋代梁、益、宁三州,故禹贡梁州之域,为今四川省及云南并陕西汉中迤南之境,因摘禹贡"华阳黑水惟梁州"句之二字以名之也。东距华山之阳,西至黑水。

他在《序志》篇中自叙说:"巴蜀厥初开国,载在书籍,或因文纬,或见史记,久远隐没,实多疏略。……惧益遐弃,城陴靡闻。迺考诸旧纪,先宿所传,并南裔志,验以《汉书》,取其近是,及自所闻,以著斯篇;又略言三杰述、蜀书、咸熙以来君纪之事,约取耆旧士女英彦,又肇自开辟,终乎永和三年。凡十篇号曰华阳国志。"

《华阳国志》的内容分三部分:①本地的地理、物产、风俗等情况,其目有巴志、汉中、蜀志、南中志,都以郡为单位(以为郡、县;梁州、益州、宁州)。②政权的历史,其目为公孙述、刘二牧(刘焉、刘璋)、刘先主(刘备)、后主(刘禅)、大同志(晋灭蜀后事)、李特、雄、期、寿、势志(即"十六国时期的蜀国,亦称成汉。")。③人物传记——自汉至西晋,人物三百九十多人,其中妇女五十余人(其目为先贤士女总赞论(自汉至三国)、后贤志(西晋人物)、三州士女目录,"一篇有多耽,主所不弃。")。④《华阳国志》十二卷,流传至今。

"三国志纪诸葛亮南征,只有二十字,而华阳国志南中志便多至七百余字,叙述这一战争的经过,缕为详备。"

稿紙(A)25×20=500

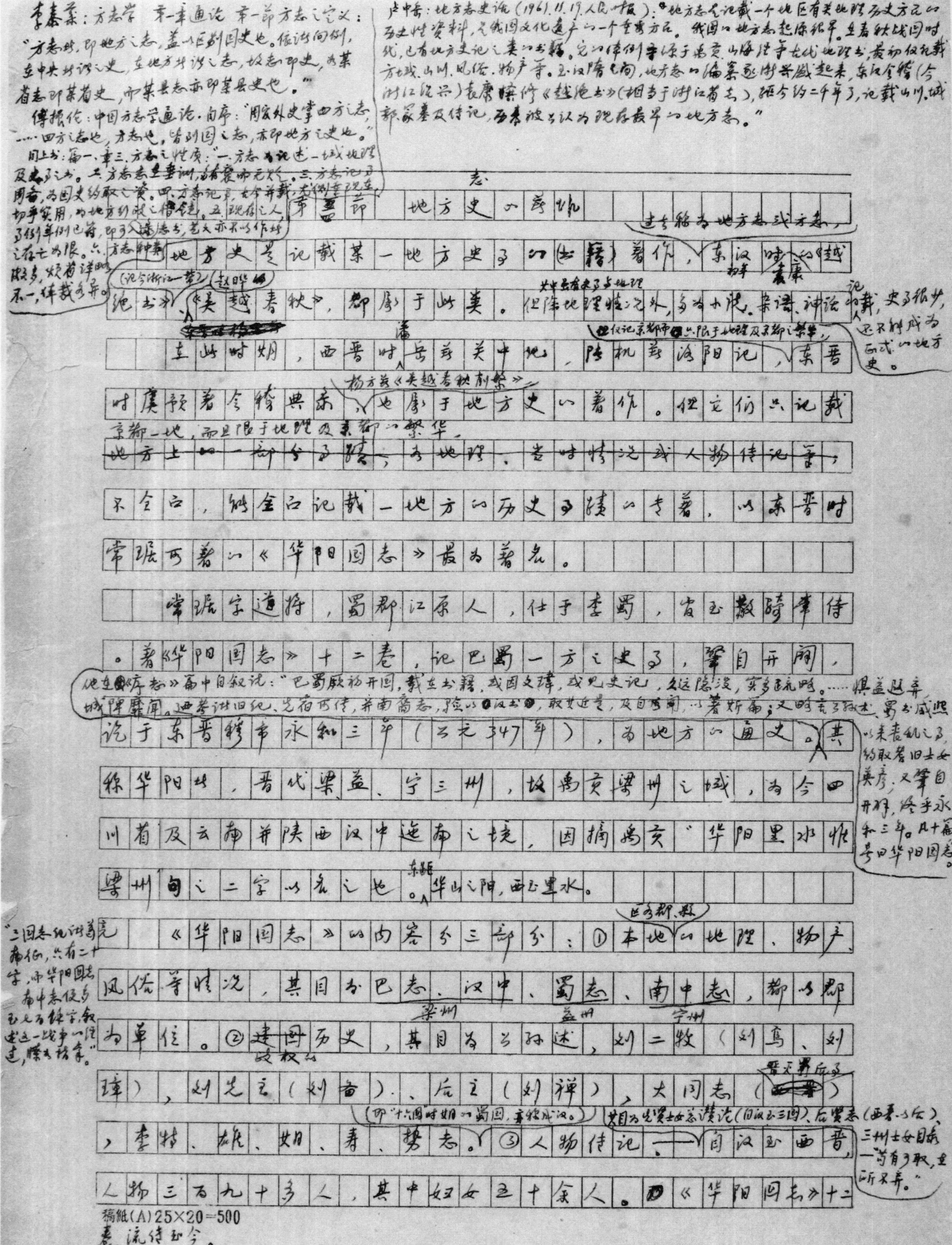

方志为一地的历史，可补一般历史书的不足。方志自宋而盛，至元代而后，以至清代，方志极多。如省志（通志）、州志、府志、县志，甚至而乡志、镇志都有。抗战前朱士嘉著《中国地方志综录》，现存者不下五千余种，九万多卷，对研究历史有极大的史料价值。许多重要而具体的史实不见于一般史书者，均详于方志之中。

方志学为史学领域的一门学问。

地方史写好了，可为国史所取资。

"以地区为中心，专详于某一地区的风俗、民情、方言、古迹以及疆域、人物等等，其中又依时代先后叙述各事物的发展变化，这便是地方志书，也简称方志。"

隋书经籍志史部地理类："晋世挚虞，依禹贡、周官作畿服经，其州郡及县分野、封略、事业、国邑、山陵、水泉、乡亭、城道里、土田、民物、风俗、先贤、旧好，靡不具悉，凡一百七十卷，今亡。"

稿纸(A)25×20=500

156.

隋书经籍志杂传类叙："后汉光武始诏南阳撰作风俗，故沛、三辅有耆旧节士之序，鲁、庐江有名德先贤之赞。郡国之书，由是而作。"

第五節　传记的发展

东汉末年，品评人物之风气盛行，地主阶级藉此以选拔人才，魏国更依此。有许劭月旦评，刘邵著人物志。

魏晋南北朝时期传记盛兴，清人丁国钧、文廷式诸家之补晋书艺文志中可列都百数十种，大别言之，可分四类：

1. 个人的传记——称为别传。在政治、学术、操行多方面有特殊表现的人物，都有别传，如曹瞒传、荀勗别传、山涛别传、葛洪别传、向秀别传、嵇绍别传等。但此类传记的作者姓名没有留传下来。

2. 家族的传记——称为家传。如诸虞传、裴氏家传等。

3. 同一地域人物的传记——如三国时吴人谢承《会稽先贤传》、陆凯著《吴国先贤传》，西晋人陈寿著《益部耆旧传》，东晋人习凿齿著《襄阳耆旧传》，范瑗著《交州先贤传》等。

4. 同一类型人物的传记——如西晋时皇甫谧所著的《高士传》、《逸士传》、《列女传》，葛洪所著的《良吏传》、《隐逸传》，东晋时袁宏所著的《竹林名士传》等。

传记可供给纪传体史书以资料，后来又发展为年谱。(?)

魏晋南北朝时期传记盛兴，著作繁富，是当时门阀制度的反映，也是以人物为中心的历史学发展的结果。传记绝大部分是世家大族的人物，但也可以从中反映了当时社会的一部分情况。

稿纸(A)25×20=500

东汉以来人物为历史之中心，但历史不能无人物。

157

第六节 史注的发展

史注是对于过去历史著作的注解、解释，是帮助人们阅读历史著作、正确理解历史著作的内容的。自东汉以来，不少学者做了这种工作，如东汉人应劭的《汉书集解音义》，三国吴人韦昭的《国语解》，西晋人杜预的《春秋左氏经传集解》，东晋人徐广的《史记音义》，东晋人蔡谟的《汉书集解》，刘宋人裴骃（裴松之之子）的《史记集解》等，这些注的都是限于文字上的解释，包括字音、字义、名词、地理、典故等。还有一种为史书作的注，不仅解释音义、典故等文字上的疑难，而且对史事做了许多补充、考证，对于阅读、研究历史的人，帮助更大，价值更高。在这方面做出杰出的贡献的，是南朝宋人裴松之所作的《三国志注》。

刘昭《续汉书注》，晋灼、臣瓒、蔡谟《汉书注》。

一、裴松之的生平及著作

裴松之，字世期，其先世原为河东郡闻喜县（今山西省闻喜县）人，自西晋末年以后移居江南。他生于东晋简文帝咸安二年（公元372年），卒于宋文帝元嘉二十八年（451年），享寿八十岁。

裴松之出身于世代官僚家庭，自幼读书，八岁时已学通《论语》和《毛诗》，后来博读典籍，学识益进。二十岁开始做官，在东晋孝武帝时历任殿中将军、员外散骑侍郎，晋安帝时历任吴兴郡故鄣县令、尚书祠部郎。

晋安帝义熙十二年（416年），太尉刘裕兼领司州刺史，率军北伐，以松之为州主簿，转治中从事史。晋军攻占洛阳后，松之即在洛阳任职。不久，又被召回江南，历任世子洗马、零陵内史、国子博士等职。

晋恭帝元熙二年（420年），刘裕代晋称帝，建立宋朝，这时松之已四十九岁。

宋文帝于元嘉三年（426年）派遣十六人为大使，分巡各州。松之是其中之一，被派赴湘州。自湘州巡行归来后，又任中书侍郎、司冀二州大中正，并被封为西乡侯。

宋文帝以陈寿所著《三国志》记载过于简略，乃令松之为之补注。松之广搜资料，精心撰作，于元嘉六年（429年）七月写成《三国志注》。宋文帝看过后称赞说："此为不朽矣！"（《宋书》本传）这时他已五十八岁了。

在《三国志注》撰成后，松之历任永嘉太守、通直散骑常侍、南琅邪太守。元嘉十四年（437年）致仕，又历为中散大夫、太中大夫，并兼领国子博士。

元嘉二十八年（451年），松之已八十岁，奉命继续何承天撰述本朝历史，但未及动笔就去世了。

裴松之的儿子裴骃，博采典籍，撰《史记集解》；曾孙裴子野，剪裁刘宋一代史料，撰编年史《宋略》（已佚），都为史部名著，对史学有重要的贡献。

稿紙(A)25×20=500

159

裴松之一生的著作，除了《三国志注》外，尚有《晋纪》、《宋元嘉起居注》、《裴氏家传》、《集注丧服经传》、《裴松之集》等五种，但是这五种著作都早已亡佚，我们研究他的史学，只有依靠现存的《三国志注》了。

二、《三国志注》的内容

裴松之在《上三国志注表》中曾将《三国志注》的内容作了概括的叙述。他说："其寿所不载，事宜存录者，则罔不毕取，以补其阙；或同说一事而辞有乖杂，或出事本异疑不能判，并皆抄内，以备异闻；若乃纰缪显然，言不附理，则随违矫正，以惩其妄；其时事当否及寿之小失，颇以愚意有所论辩。"简言之，即补阙、备异、矫妄、论辩四类。后来清朝人撰《四库全书总目提要》，述及《三国志注》的内容时又说："综其大致，约有六端：一曰引诸家之论以辩是非；一曰参诸书之说以核讹异；一曰传所有之事详其委曲；一曰传所无之事补其阙佚；一曰传所有之人详其生平；一曰传所无之人附以同类。"（史部正史类《三国志》提要）实际上是将裴氏自述的次序加以变换外，又将"补阙"分而为四，"矫妄"与"论辩"合而为一。我们现在重新研究《三国志注》的内容，认为可以分为如下八类：

稿纸(A)25×20=500

160.

1、关于文字上的解释，即字音、文义、校勘、名物、地理、典故等方面的注文

注明字音的，如《魏志·武帝纪注》："眭，申随反。""泒音孤。"《吴志·刘繇传注》："笮音壮力反。"《吴志·朱然传注》："《襄阳记》曰：柤音如租税之租。"等等。也有对注文中的字加以注音的，如《蜀志·庞统传注》中引蒋济《万机论》之文后注云："胲音改。"

解释文义的，如《魏志·文帝纪》"款塞内附"注："应劭《汉书注》曰：款，叩也，皆叩塞门来服从。"《蜀志·秦宓传注》："笏，手版也。"……

校勘文字的，如《蜀志·向朗传》"自去长史，优游无事垂三十年"《注》："案朗坐马谡免长史，则建兴六年中也，朗至延熙十年卒，整二十年耳。此云三十，字之误也。"……

注解名物的，如《魏志·齐王芳纪注》中引《异物志》、《傅子》、《搜神记》、《神异经》之文以解释"火浣布"；《蜀志·诸葛亮传注》引《魏氏春秋》之文以解释"连弩"，又引《诸葛亮集》之文以解释"木牛"及"流马"；……

注释地理的，如《魏志·王朗传注》："禦儿，吴界

稿紙(A)25×20=500

边戍之地者。"……

注释典故的，如在《魏志·武帝纪注》中引《公羊传》及何休《注》以释"缀旒"，引《尚书·盘庚》及郑玄《注》以释"播人昏作"；……

这一类是一般注书的内容，在裴注中有相当多的数量，但《上三国志注表》中并未叙及，这是什么缘故呢？《四库全书总目提要》曾作这样解说：" 其初意似亦欲如应劭之注《汉书》，考究训诂，引证故实。……盖欲为之而未竟，又惜所已成，不欲删弃，故或详或略，或有或无，亦颇为例不纯。"（史部正史类《三国志》提要）这个~~推测~~解释是否符实，已无法证明。但是裴氏自言"奉诏使采三国异同，以注陈寿国志"（《上三国志注表》），可知作注的目的主要是增广事实，而这一类的注解不过是附带的工作，诚如侯康《三国志补注续自叙》所说："至于笺注名物，训释文义，裴注间有之而不详，盖非其宗旨所存。"因而也就不在上表中叙及了。

2、补充记载简略处

陈寿《三国志》记载简略，对许多重要史事的过程和人物的事迹都叙述不明。裴氏广征博引，悉心增补，使读者得知比较详细的具体事实。这一类的注文最多，也是最

稿纸(A)25×20=500

162.

主要的部分。随便举几个例，为……，而且还有时说明其补充材料的理由，为……。

3、补充记载遗漏处

陈寿《三国志》不但记载简略，而且往往将许多重要史料和人物传记完全遗漏。裴氏蒐集资料予以补充，使读者得到比较完备的历史知识。为……

4、考辨记载的讹误

裴氏不但补充了大量的历史材料，而且对记载也做了考辨讹误的工作，这一类的注文可分为两种：

一种是对陈寿记载的考辨。为……。也有引用其他史家的考证以辨明陈寿记载的错误的，为……。

一种是对其他史家记载的考辨。为……。

5、对于各家不同的记载的意见

三国时代的历史事迹，各家记载往往不同。裴氏对于这些不同的记载，经过比较研究之后，写出自己的意见。这一类的注文可分为三种：

一种是陈寿记载正确，而其他记载错误的。为……。也有引录其他史家对于不同的记载的意见的，为……。

一种是陈寿记载错误，而其他记载正确的。为……。也有引录其他史家的意见的。

稿纸(A)25×20=500

163.

一种是各家记载虽不同，但不能判断孰是孰非的。裴氏对于这种情况，常分别加以"未详"、"未详孰是"、"未知何者为误"等案语，如……。或仅分别注以"与……不同"、"与……违"、"与……反"等语，而不再加以论断，如……。

6、对于史事及人物的评论

裴氏在注文中不但补充事实，而且常有对于史事及人物的评论。这一类的注文可分为两种，一种是裴氏自己的评论，一种是引录其他史家的评论。

裴氏自己的评论，如……。

裴氏引录其他史家的评论，如……。其中以引录孙盛及习凿齿二人的较多。

这一类的注文，表露了裴氏及其他史家对于历史事件和历史人物的看法，可以唤起读者的兴趣，并供后来研究历史的人参考。

7、对于陈寿的批评

裴松之对于陈寿《三国志》一书，在《上三国志注表》中作了总的评价，指出它的优点是："铨叙可观，事多审正，诚游览之苑囿，近世之嘉史。"缺点是："失在于略，时有所脱漏。"在注文中，裴氏对于《三国志》的具体内容时常有所评论。曾指出陈寿的记载优于其他史家之处，

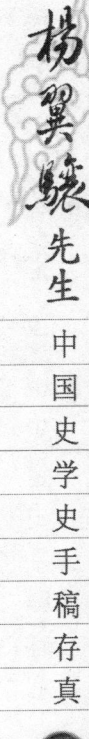

稿纸(A)25×20=500

如……等；而对于陈寿著作中的缺点，又悉心指出，予以批评。裴氏对于陈氏缺点的批评，可约为三种：一是记事的不当，一是编纂的不当，一是评论的不当。

批评陈寿记事不当的，如——。

批评陈寿编纂不当的，如——。

批评陈寿评论不当的，如——。

8、对于其他史家的批评

裴氏在征引三国两晋时代史家的著作时，对他们常有所批评。这一类的注文，约可分为三种：一种是对其著作的总评，一种是对某些记载的批评，一种是对某些议论的批评。

属于总评的，如——。

属于对某些记载的批评的，如——。

属于对某些议论的批评的，如——。

《三国志注》的内容，可归纳为以上八类，由此可见其包罗之丰富。晁公武《郡斋读书志》（正史类卷二上）谓松之"博采群说，分入书中，其多过本书数倍。"殿本《三国志》李龙官等校刊识语云："裴松之注更三倍于正文。"我们现在统计，陈寿本文约二十万字左右，而裴氏注文约五十四万字左右。以将及三倍的篇幅为《三国志》

作《注》，可以说基本上弥补了陈寿记载简略的缺陷了。

《三国志注》所征引的材料是非常广博的，而且都注明了出处。（只有《蜀志·法正传评》后所注"先主与曹公争势……"一条未注明出处，或系抄写脱漏。）清人钱大昕、赵翼等曾对裴氏所引书目做过统计，钱氏说"凡百四十余种，其与史家无涉者不在数内"（《廿二史考异》卷15）；赵氏说凡一百五十余种（《廿二史劄记》卷六。原文为"凡五十余种"，柳诒徵先生曾指出排印时"误脱'五十余种'上之'一百'二字"，见《三国志裴注义例》）。近人沈家本编《三国志注所引书目》，并"依《隋书·经籍志》之例分为四部：计经部廿二家，史部一百四十二家，子部廿三家，集部廿三家，凡二百十家"（《沈寄簃先生遗书乙种·三国志注所引书目序》）。今人王祖彝又编《三国志裴注引用书目》（《三国志人名录·附录》），说除"诸家评论与裴氏自注傅子、袁子、孙盛、习凿齿等论注以及引古书为诠释者不计"外，"裴注征引之书凡百五十六种"（《三国志人名录·凡例》九）。诸氏的统计虽互有参差，亦均有遗漏或重复，但总数相差不多。以裴氏所引书目全部而言，为二百一十余种；若除去关于诠释文字及评论方面的，则为一百五十余种。由此不但可知裴氏之博览穷通，他作《注》时所费的辛勤劳动也可以想见了。

稿紙(A)25×20=500

166.

三.《三国志注》的价值

过去的学者对于裴松之《三国志注》的评价，大概有三种意见：一种是褒誉的，如胡应麟说："裴松之之注《三国》也，刘孝标之注《世说》也，偏记杂谈，旁收博采，迨今借以传焉。非直有功二氏，亦大有造诸家乎！若其综核精严，缴驳平允，允哉史之忠臣，古之益友也。"（《少室山房笔丛》卷十三）侯康说："陈承祚《三国志》世称良史，裴《注》尤博赡可观。"（《三国志补注续·自叙》）一种是贬责的，如刘知几说："少期（黄叔琳《史通训故补》云：裴松之字世期，此云少期，避太宗讳也。）集注《国志》，以广承祚所遗，而喜聚异同，不加刊定，恣其击难，坐长烦芜。观其书成表献，自比蜜蜂兼采，但甘苦不分，难以味同萍实者矣。"（《史通·补注》）陈振孙说："松之在元嘉时承诏为之注，鸠集传记，增广异文。大抵本书固率略，而注又繁芜。"（《直斋书录解题》卷四）一种是褒贬相兼的，如《四库全书总目提要》的作者说："宋元嘉中，裴松之受诏为注，所注杂引诸书，亦时下己意。……其中往往嗜奇爱博，颇伤芜杂，……凿空语怪凡十余处，悉与本事无关，而深于史法有碍，殊为瑕颣。……然网罗繁富，凡六朝旧籍今所不传者，尚一一见其崖略；又多首尾完具，不似郦道元《水经注》、李善《文选注》

稿紙(A)25×20=500

皆剪裁割裂之文，故考证之家取材不竭，转相引据者，反多于陈寿本书焉。"（史部正史类《三国志》提要）杨文荪说："盖承祚之书，简质有法，实良史也。逮裴世期受诏作注，复为博广异闻，捃摭繁富，于是讲求史学者，订讹考异，益究心焉。惟承祚之书，间有抵牾，而世期注征引太博，亦不免芜杂之病。"（《三国志旁证序》）

我们现在看来，裴《注》的成绩是巨大的。虽然也有缺点，但不能因而抹煞其价值。它的最主要的价值，在于广辑资料，提供了大量的具体事实，使后人获得比较丰富的历史知识，在进行三国时代历史的研究时得到很大的便利。

裴氏在《上三国志注表》中说他"奉旨寻详，务在周悉。上搜旧闻，傍摭遗逸"。又说："窃惟缋事以众色成文，蜜蜂以兼采为味，故能使绚素有章，甘逾本质。"在这个宗旨之下，他作《注》时尽可能地博引记载三国时代历史的著作。由于那些著作到后来都陆续亡佚，而陈寿的《三国志》又太简略，所以后人只有依靠裴氏的《注》，才对历史事件的发展过程和历史人物的生平事迹知道得更加详备了，对历史现象的认识愈为清楚了。我们可以分别举几个例子来说明。

在重大的历史事件方面，如关于曹操于建安元年（196年）

稿紙(A)25×20=500

在许昌实行屯田事，陈寿在《魏志·武帝纪》中仅用了“是岁用枣祗、韩浩等议，始兴屯田”这十三个字来叙述，读此书者不能了解其底蕴；在《魏志·任峻传》中虽又用了“是时岁饥旱，军食不足，羽林监颍川枣祗建置屯田，太祖以峻为典农中郎将。数年中，所在积粟，仓廪皆满”四十一字，也太简单。而裴氏在《武帝纪注》中引用王沈《魏书》的记载，补充了一百四十七字；在《任峻传注》中引《魏武故事》所载曹操令以补充枣祗事迹，其中关于屯田的有一百八十二字。经过裴氏的补充，把曹操实行屯田的原因、目的、措施及效果都明白叙述出来，使后人解决有关屯田的重大问题。如果不是裴氏补充这些史料，我们现在研究屯田问题不知要耗费多少心思去猜测揣摸了。

　　在重要的历史人物方面，如关于著名哲学家王弼的生平事迹，陈寿在《魏志·钟会传附王弼传》中记载：“弼好论儒道，辞才逸辩，注《易》及《老子》，为尚书郎，年二十余卒。”仅用了寥寥二十三字，至为疏略。而裴氏则引何劭《王弼传》补充其生平事迹及思想学说，共有七百五十余字，比陈寿所记大为详备，为后人研究王弼提供了宝贵的资料。若非裴氏作《注》，则后人对王弼不知其详，在学术研究上当也很受损失。又如著名科学技术家马钧

稿纸(A)25×20=500

，陈寿在书中只字未提，而裴氏除在《魏志·明帝纪注》引《魏略》述其制作外，又在《杜夔传注》中引傅玄所述马钧的生平事迹及其创造发明，共一千二百余字，因而表彰了他的科学成就。若非裴氏作《注》，这一代大科学技术家将埋没无闻于后世，岂不大为遗憾！

在边疆各族及外国方面，有关于西北及西方各族各国的情况，陈寿仅在《魏志》的《乌丸传》、《鲜卑传》、《东夷传》中轻轻带过，未作专篇叙述；而裴氏则引《魏略·西戎传》之文，对氐、匈奴、羌、西域诸国、大秦及大秦属国作了重要的补充，尤其对大秦的记载，颇为详细地叙述了地理、交通、风俗、习惯、物产等情况，都是非常珍贵的资料。这不能不使后人感激裴氏博采勤求之功。

裴氏除了征引典籍外，还记述了他亲身见闻的资料，如《魏志·齐王纪注》引《搜神记》载魏明帝诏三公曰：“先帝昔著《典论》，不朽之格言，其刊石于庙门之外及太学，与石经并，以永示来世。”裴氏即据自己所见所闻以证其不实，云：“松之昔从征西至洛阳，历观旧物，见《典论》石在太学者尚存，而庙门外无之，问诸长老，云：‘晋初受禅，即用魏庙，移此石于太学，非两处立也。’”。又如《蜀志·李恢传注》解释“康降都督”云：“松之

稿紙(A)25×20=500

170.

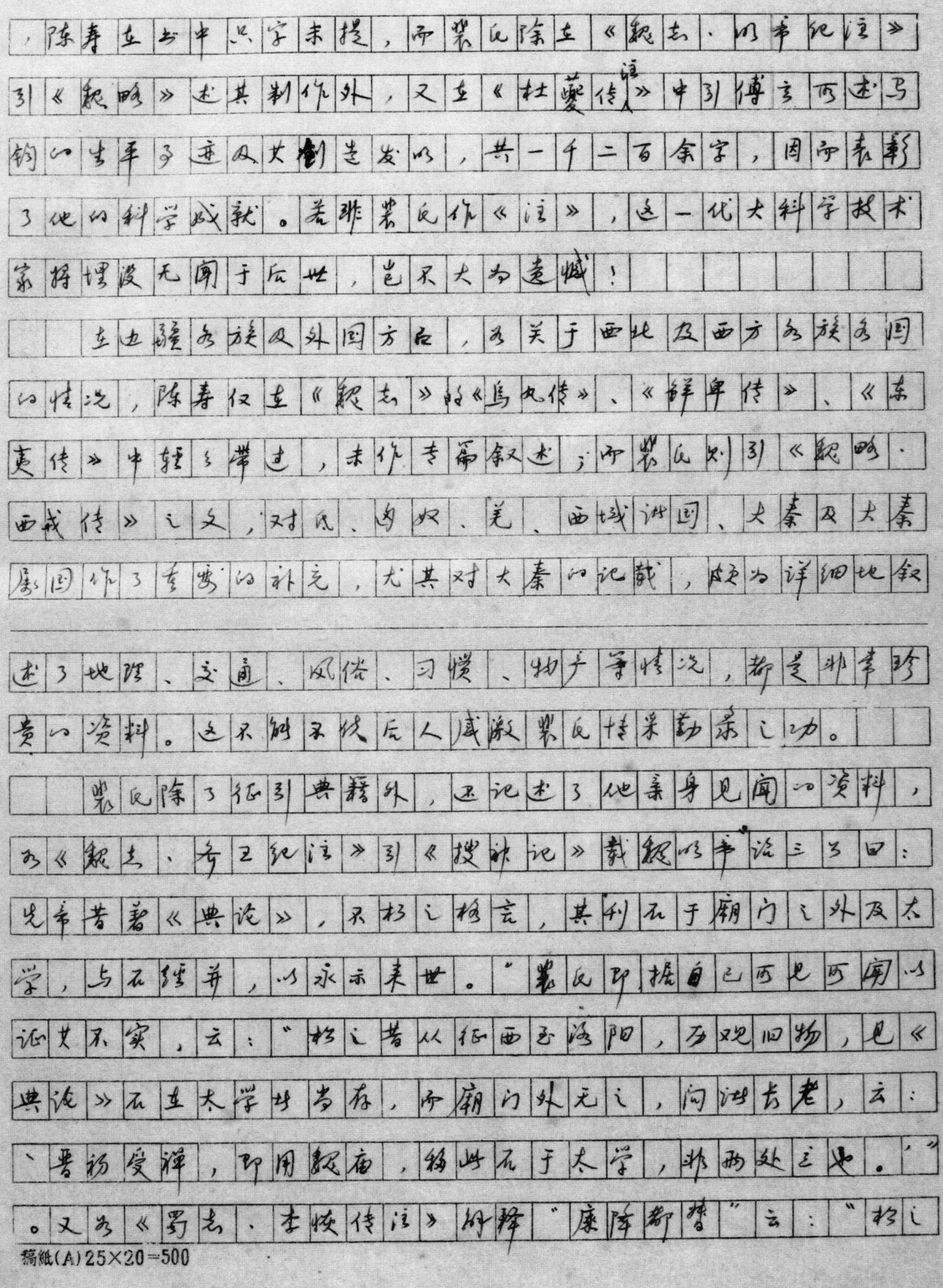

讥之蜀人云：康降，地名，去蜀二千余里。时未有宁州，号为南中，立此职以总摄之。晋泰始中，始分为宁州。"又如《吴志·孙权传注》云："松之案：孙皓者，东州人；非权之宗也。"裴氏用自己搜访得来的材料，以纠正典籍记载的错误，更为可贵，由此也可见他平时对史学的细心研覈了。

过去学者指责裴《注》的缺点，往往以"芜杂"讥之。实际上，裴氏在征引材料时是经过精心选择的，有其体例和法度。近人对此已有辩说，如沈家本云："今观其征引繁富之中，时寓矜慎之意，并非蔓引滥登；其所引多述首尾完具，不似他书之割裂剪裁。"（《三国志注所引书目序》）柳诒徵云："裴注有详有略，非专繁博也。……故读裴注宜先注意其所未注不注之例，以见其审慎之意。……其剪裁论述，皆有用意；时自发例，明其特载之故。……参伍观之，始知裴之精心撰注；非漫为捃摭缀拾者比也。"（《三国志裴注义例》）柳氏所谓"未注不注之例"，如"子墨不书"（见《魏志·钟繇传注》及《陈思王植传注》）、"文多不载"（见《吴志·孙权传注》）、"文多不悉载"（见《吴志·孙皓传注》。此据百衲本。殿本脱"载"字，柳文亦无"载"字。）"余语略同者删"（见《魏志·公孙瓒传注》及《荀彧传注》）等；所谓"明其所载之故"，为"异于余工者哉"（见《魏志·袁绍传注》）、"本传不称等哉"（见《魏志·荀彧传注》）、"分别先后"（见《魏志·高贵乡公纪注》）等。可以看出，《注》文的剪裁去取，确实是煞费苦心的。

以上所说，是裴《注》最主要的价值。其次，在《注》中还订正了一些记载的错误和歧异，这也有助于后人了解史事的真相。

由于三国时代是分裂割据的政治局面，时有战争发生，又上与东汉、下与西晋相交错，情况复杂，以致当时各国官方记载既竞自宣扬，诬蔑敌国；而私家撰述又以交通阻隔，闻见不同。因此，各种历史著作的记载常有错误和歧异之处，如裴氏在《上三国志注表》中所说："三国虽历年不远，而事关汉晋；首尾所涉，出入百载。注记纷错，每多舛互。"于是，对于这些记载，若不考校其异同，辨别其真伪，读者就会对史事认识错乱。裴氏在《注》中订正了不少记载的错误，辨明了史事的真相，有益于读者很大。对有疑问而不能解决的歧异之处，也都列举指示，分别加以"不同"、"未详"、"未详孰是"、"未知何者为误"等案语，以~~[illegible]~~发读者的注意，留待后人的研究。而且，这种"知之为知之，不知为不知"的诚实治学态度，也是值得后人学习的。

稿紙(A)25×20=500

再者，在《注》中也保存了三国两晋时代的学者对于三国历史的研究成果，反映了当时的史学水平。

在三国两晋时代，从事于三国历史的研究和著作的人很多，如专述魏国历史的有鱼豢著《魏略》、王沈著《魏书》、阴澹著《魏纪》、孙盛著《魏氏春秋》及《魏世谱》等；专述吴国历史的有韦曜著《吴书》、胡冲著《吴历》、环济著《吴纪》、张勃著《吴录》等；专述蜀国历史的有王隐著《蜀记》、孙盛著《蜀世谱》等；总述三国历史的除陈寿著《三国志》外，尚有习凿齿著《汉晋春秋》（其中包括三国历史）等；此外还有专门评论史料及史事的著作如孙盛《异同杂语》、徐众《三国评》等；至于著东汉或西晋史书而涉及三国史事的更不胜列举。总的说来，可谓蔚然大观，成果累累。他们不但各自搜集材料、考证事实以编纂史书，并对三国的事件和人物加以评论，还对他人的记载和评论予以批评，发表了各种不同的意见，宣扬了他们的治史方法、历史观点和史学思想。这都是研究三国两晋时代史学发展的具体材料，足以了解当时的史学水平。可惜的是他们的著作大都久已亡佚了，我们现在不能窥其全貌。但是，由于裴氏在《注》中较多地引录了他们的著作，我们便可以大概了解其研究成果和史学水平，在

稿紙(A)25×20=500

173.

史学史的研究上得到不少有益的资料。

当然，裴《注》也是有缺点的。如在补充事迹方面，确实不免有芜杂之处，如《四库全书总目提要》（史部正史类《三国志》提要）所指出的："《袁绍传》中之胡母班，本因为董卓使绍而见，乃注曰：'班尝见太山府君及河伯，事在《搜神记》，语多不载。'斯已赘矣；《钟繇传》中乃引陆氏《异林》一条，载繇与鬼妇狎昵事；《蒋济传》中引《列异传》一条，载济子死为泰山伍伯，迎孙阿为泰山令事"等。在考辨事实方面，裴氏也有错误之处，如在《魏志·张鲁传注》中引《典略》所记东汉末年太平道与五斗米道情况中有"汉中有张脩"之语，裴氏注云："张脩应是张衡，非《典略》之失，则传写之误。"实则原文不误，清人钱大昕已辨之，云"按张鲁本传，鲁即张衡之子，又云益州牧刘焉以鲁为督义司马，与别部司马张脩将兵击汉中太守苏固。《典略》所云汉中张脩，即刘焉之别部司马，亦为五斗米道，《后汉书·灵帝纪》所谓巴郡妖巫也，安得以张鲁之父当之？裴说非是。"（《三国志辨疑》卷一）不过，这种缺点是很少的。而且，就在比较芜杂的注文中，仍然有可以反映当时社会情况的地方，也并非完全没有资料价值。

裴注虽然如此详尽，但仍不免有遗漏之处。如清人

稿紙(A)25×20=500

174.

赵翼云：“裴松之注三国，号称详核。……然钟繇书法妙绝古今，本传不载，注中自应补入，而裴注不及一字；华歆从逆篡位，管幼安视之犹粪土，则其割席拾金之事，亦应附载，以见两人品识之相悬。本传既遗，而注亦并不及，则其他之脱漏亦多矣。”（《陔余丛考》卷六“三国志”条）

而且，裴氏对《三国志》并非每篇都有注文。案《三国志》有纪、传三百二十，附传一百四十八，共四百六十八篇，裴氏虽然绝大部分都作了注，但还有六十一篇是通篇无注的。计《魏志》中有三十四篇，为《乐进传》、《许褚传》、《典韦传》、《阎温传》、《武文世王公传》中《丰愍王昂传》等二十二人《传》、《孙礼传》、《王观传》、《朱建平传》、《周宣传》、《高句丽传》、《挹娄传》、《辰韩传》、《弁辰传》（《魏志》卷三十有两《弁辰传》，前者当为“弁韩”，见殿本《三国志考证》；此指后者。）；《蜀志》中有十六篇，为《后主敬哀皇后传》、《刘永传》、《刘理传》、《黄忠传》、《伊籍传》、《陈震传》、《吕乂传》、《刘琰传》、《王连传》、《杜微传》、《杜琼传》、《李譔传》、《蒋琬传》、《蒋斌传》、《蒋显传》、《刘敏传》；《吴志》中有十一篇，为《吴主权王夫人（南阳人）传》、《孙瑜传》、《孙皎传》、《顾承传》、《潘璋传》、《丁奉传》、《朱绩传》、《吕据传》、《孙霸传》、《刘惇传》、《华覈传》。这些列传之所以无《注》，或系没有另外的材料可以补充，或系裴氏搜采尚有未周之处。但如魏之乐进、许褚、典韦，蜀之黄忠、蒋琬，吴之潘璋、丁奉等都是在政治、军事上比较重要的人物，其事迹当不止陈寿所记，而裴氏竟只字未注，终不免使后世读者感到遗憾了。

四、裴松之在史学史上的贡献

裴松之的著作不仅对三国历史的研究有其不朽的价值，而且，从整个中国史学的发展上看，也有重要的贡献。因限于篇幅，本文不能详论，仅略述其要端如下：

1．开创了史注新法

在裴氏以前，为史书作注的已有很多，如马融、郑玄注《尚书》，贾逵、服虔、杜预注《左传》，贾逵、韦昭注《国语》，高诱注《战国策》、徐广注《史记》，服虔、应劭、韦昭、晋灼、蔡谟注《汉书》等，但都不外音义、名物、地理及典故的解释。到了裴氏注《三国志》，除包有前人作注的内容外，又补充事实、列举异同、考辨真伪、发表评论，实为前所未有的开创之作。

这样注史，应当说是过去最好的办法，在清代学者的著述中已曾指出，如《四库全书总目提要》云："昔陈寿

稿紙(A)25×20=500

176.

作《三国志》，裴松之注之，详引诸书错互之文，折衷以归一是，其例最善。”（史部编年类《通鉴考异》提要）李慈铭《越缦堂日记》（咸丰己未十月初三日）云：“裴松之《注》博采异闻，而多所折衷，在诸史注中为最善，注家亦绝少此体。”而尤以钱大昕在《三国志辨疑·自序》中所论为精辟，云：“注史与注经不同。……注史以达事为主。事不明，训诂虽精无益也。尝怪服虔、应劭之于《汉书》，裴骃、徐广之于《史记》，其时去古未远，稗官载记碑刻尚多，不能会而通之，考异质疑，而徒戋戋于训诂，岂若世期之博引载籍，增广异闻，是是非非，使天下后世读者昭然共见乎！”然而，象裴氏这样作注，并非容易的事。因为，作者除对原书有透彻的了解之外，必须掌握其他的大量史料，并加以综合、分析和考核，还要对历史事件和历史人物有自己的研究和见解。这就不是一般所能做到的了。

自从裴氏开创了这种史注新法，后人颇有仿效的，如宋人王皞（宋仁宗时）的《唐余录史》、陶岳（宋真宗时）的《五代史补》、清人彭元瑞的《五代史记注》、吴士鉴的《晋书斠注》等，其成就虽不及裴氏，但因在搜集资料和考辨讹异方面都费了辛勤的功力，也都对历史的研究有相当的贡献。

2、提高了审查史料的意见

书录解题：“益都王皞撰唐余录史三十卷，有纪、有志、有传，又博采诸家小说，仿裴松之三国志注，附其下方。”

朱彝尊之注五代史：“朱竹垞、钟渊映用裴注之例，注欧阳五代史未成，乾隆末年南昌彭氏元瑞、萍乡刘氏凤诰，复得竹垞原稿，广续四部，成书七十四卷……裴氏。王皞之书既不传，此为体例矣。”

王海竹：“礼部中，陶岳撰五代史补五卷可录采。”陶岳与王皞均见编年宋代1014及1039年。

厉鹗辽史拾遗亦用裴注之法。

×20=500

177.

前人的记载，后人即视为史料。但那些史料是否符合事实，读者必须注意审查，不能笼统地认为都是可信的，所谓"尽信书不如无书"。裴氏对待史料的态度是非常慎重的，绝不轻信。他根据自己的研究，对一些不可靠的史料提出了审查的意见，约可归为以下几项：

碑铭及家传不可轻信：裴氏认为私家对其祖先的记载，多系虚自标榜之作，难以取信。其弊可述，当他在东晋任尚书祠部郎的时候，就曾上表建议禁立私碑，说："勒铭寡取信之实，刊石成虚伪之常。"并引过去"孔悝之铭，行是人非；蔡邕制文，每有愧色"的事例为证。在《魏志·刘放传附孙资传注》中又指出："[孙]资之别传，出自其家，欲以是言掩其大失。此恐负国之玷，终莫能磨也。"

作者妄加修饰之言不符事实：史家在从事著作时，往往在文字上刻意模仿古人，或擅自改易辞句，以致不符事实。如《魏志·武帝纪（建安五年）注》引孙盛《魏氏春秋》有云："[曹操]答诸将曰：'刘备，人杰也，将生忧寡人。'"裴氏借此提出意见，云："史之记言，既多润色，故前载所述有非实者矣；后之作者又生意改之，于失实也，不亦弥远乎！凡孙盛制书，多用左氏以易旧文，如此者非一。嗟乎！后之学者将何取信哉？"又在《魏志·陈群传附陈泰传注》引孙盛《魏氏春秋》记陈泰对司马昭之语后，评云："孙盛改易泰言，虽为小胜；然检盛言，诸所改易皆非别有异闻，率更自以意制，多不如旧。凡记言之体，当使若出其口，辞胜而违实，固君子所不取；况复不胜，而徒长虚妄哉？"

自相歧异的记载必有讹误：在同一作者的著作中，往往对一桩史事而有不同的记载，则其中必有讹误。如裴氏在《魏志·张郃传注》中指出，陈寿所记张郃投降曹操事，《张郃传》与《武帝纪》、《袁绍传》"为参错不同"；又在《吴志·鲁肃传注》中指出，陈寿所记刘备与孙权并力共拒曹操的计谋，与《蜀志·诸葛亮传》所记不同，云："今此二书同出一人，而舛互若此，非载述之体也。"又在《蜀志·董允传注》有引习凿齿《襄阳记》载董恢教费祎之语，裴氏指出："《汉晋春秋》亦载此语，不云董恢所教，辞亦小异。此二书俱出习氏，而不同若此！"

孤立的记载不足置信：有的记载在叙述某一史事时，与其他记载都不相同，则不足置信。如《魏志·王凌传注》引习凿齿《汉晋春秋》所载王广对王凌之言，裴氏评云："如此言之类，皆前史所不载，而独出习氏；且制言法体不似于昔，疑悉凿齿所自造也。"又如《蜀志·诸葛亮

稿纸(A)25×20=500

传注》中评郭冲所述诸葛亮五事云："孙盛、习凿齿搜求异同，罔有所遗，而并不多载，冲言知其乖刺多矣。"

敌国传闻之言不可轻信：在分裂割据的政治局面中，各国成敌对状态，以致有些记载或系虚自夸大，或因传闻失实，都不可轻信。如《蜀志·诸葛亮传注》引王沈《魏书》记载诸葛亮"粮尽势穷，忧虑呕血"云云，裴氏认为"亮在渭滨，魏人蹑迹，胜负之形未可测量，而云呕血，盖因亮自亡而自夸大也。夫以孔明之略，岂为仲达呕血乎？"又如在《蜀志·魏延传注》中评鱼豢《魏略》所记魏延与杨仪之事，云："此盖敌国传闻之言，不得与本传争审。"

裴氏所提出的这些审查史料的意见，基本上都是正确的，对于后人治史有重要的启发，从而丰富了史料学的内容。

、3、发展了历史考证学

历史家在从事著作时，对于有疑问的材料，必须要经过考证才能决定取舍。如司马迁、班固、陈寿等，都一定下过不少的考证工夫，但是他们都没有把考证的经过和取舍的理由写出来。在裴氏以前，关于考证的专门著作还不多，较早的要算三国蜀人谯周的《古史考》及西晋司马彪对《古史考》的考辨。《晋书·司马彪传》云："初，谯

稿紙(A)25×20=500

周以司马迁《史记》书周秦以上，或采俗语百家之言，不专据正经。周于是作《古史考》二十五篇，皆凭旧典，以纠迁之谬误。彪复以周为未尽善也，条《古史考》中凡百二十二事为不当，多据《汲冢纪年》之义。"后来东晋人孙盛著《异同杂语》（亦称《异同评》，见章宗源《隋书经籍志考证》及沈家本《三国志注所引书目》），其中也有一部分是对史事的考证。裴氏对三国史料进行过全面的研究，下过很大的考证功夫，所以在《三国志注》里有许多关于考证的文字，叙述了他的考证方法和结果。如他根据有关事实及人情事理，辨明乐资《山阳公载记》所载关羽和张飞欲杀马超之事的错误（见《蜀志·马超传注》），即至为确当；而尤以引用多方面的材料和理由，以辨明郭冲所述诸葛亮五事之不足信（见《蜀志·诸葛亮传注》），精细严密，令人钦服。裴氏在考证上的高深造诣和卓越成绩，实为历史考证学的一大发展。

4、开展了史学批评

史学批评是促进史学发展的重要因素。在裴氏以前，已有人致力于史学批评，如东汉人班彪"斟酌前史而讥正得失"（《后汉书·班彪传》），东晋人干宝"历诋诸家而独归美左传"（《史通·烦省》）等。及裴氏作《三国志注》，又对三国

稿紙(A)25×20=500

两晋时代的史家广泛地开展了史学批评。

裴氏进行批评的概况，已见前述；而其主要矛头，是对不符合事实的记载，如鱼豢的“妄说”（《蜀志·后主传注》），谢承的“妄记”（《魏志·董卓传注》），王隐的“虚说”（《魏志·庞悳传注》），干宝的“疏谬”（《魏志·王粲传附嵇康传注》），张骘的“虚伪妄作”（《魏志·王粲传注》）等；而尤以对乐资、袁暐二人的批评为最尖锐、最严厉，如在《魏志·袁绍传注》中云：“不知资、暐之徒，竟为何人，未能识别然否，而轻弄翰墨，妄生异端，以行其书。如此之类，正足以诬罔视听，疑误后生矣！寔史籍之罪人，达学之所不取者也！”

三国两晋时代的史家，大多遭受了裴氏的批评。这些批评固然有的未免过分，但由此可见裴氏维护史实的高度热情与嫉恨虚妄的斗争精神，这种精神也是值得珍视的。

稿纸(A)25×20=500

182.

后汉书卷89张衡传："因为侍中，上疏请得专事东观，收检遗文，毕力补缀。又条上司马迁、班固所叙与典籍不合者十余事；又以为王莽本传但应载篡事而已，至于编年月、纪灾祥，宜为元后本纪；又更始居位，人无异望，光武初为其将，然后即真，宜以更始之号，建于光武之初。书数上，竟不听。"

第七节　史考的出现

西汉以前还没有专门历史考证的著作，到东汉开始出现，如王充《论衡》中有《书虚》、《儒虚》等篇，多考证古事；其后应劭作《风俗通》，为考证礼俗的书；蔡邕作《独断》，为考证典制的书。自此以后，考证之学渐为世重。

三国时蜀人谯周著《古史考》二十五篇，是这时期对于史事考证最早的一部专著。《晋书·司马彪传》云："初，谯周以司马迁史记书周秦以上，或采俗语百家之言，不专据正经。周于是作古史考二十五篇，皆凭旧典以纠迁之谬误。"《史通·古今正史篇》也有这样的叙述。~~西晋时司马~~《隋书·经籍志》列之于~~杂史家~~正史类，《旧唐书·经籍志》及《新唐书·艺文志》都列入杂史类。以《古史考》的内容来说，并不是系统地叙述史事，而是论断的研究史料与考校史实，自以列于杂史类较为适宜。~~彪又根据当时新发现的《竹书纪年》以纠正谯周《古史考》的错误。~~谯周字允南，巴西西充国人，为蜀国的学术权威。当时有志向学的青年多入其门下，著名的史家陈寿便是他的得意弟子。除了《古史考》外，他还著有《蜀本纪》及《益州志》等书，也是史部之书。蜀亡之后，晋朝屡要以官职，但他并未就任。死于晋武帝泰始六年（公元270年），七十岁。隋唐志著录《古史考》，都题"晋散骑常侍谯周撰"，其实他在晋并没有就散骑常侍之职，自应是三国时代的史家。~~《晋书·司马彪传》："初，谯周以司马迁史记书周秦以上，或采俗语百家之言，不专据正经。周于是作《古史考》二十五篇，皆凭旧典以纠迁之谬误。"~~

谯周所作的《古史考》，探讨司马迁《史记》中材料的来源，而纠正其错误，对于史学的贡献很大。据章宗源《隋书经籍志考证》："愚按文选王元长曲水诗注引司马彪述蜀任，蜀人任永托目盲一事，其书兼及东京，不徒纠迁史之谬。"

"彪复以周为未尽善也"，继谯周之后，西晋人司马彪又根据当时新发现的《竹书纪年》以纠正谯周《古史考》的错误。《晋书·司马彪传》云："条《古史考》中凡百二十二事为不当，多据汲冢《纪年》之义，亦行于世。"朱希祖《汲冢书考·汲冢书校理人物考第五》云："案束皙考定汲冢纪年，盖当成于惠帝永康元年（公元300年），至惠帝末年司马彪之卒（光熙元年，公元306年）不过五年。彪之据汲冢纪年以条驳古史考有百二十二事之多，必在此五年之内可知。"

"历史的考证学，在中国当以谯周与司马彪为始。史通正史篇称谯周之书与史记并行，可见当时对此书之被重视。"

东晋时孙盛著《异同评》（亦称《异同杂语》），也有对史事的考证。

以上三书都已亡佚。

其后考证史事的人渐多，如裴松之在《三国志注》中有很多考证，已见前述。

稿紙(A)25×20=500

第八节　史学评论的开展

关于史学评论的专著，可说从班彪的《前史略论》开始。班彪对以前的史书，主要是对司马迁的《史记》，进行了评论。

三国以后，由于历史著作增多，史学有了进一步的发展，于是对史学——史书的体例和内容等——的评论也逐渐开展起来，出现了许多这方面的专著。

西晋时傅玄著《傅子》，其中对《史记》、《汉书》、《东观汉记》评断得失。

（旁注：文心雕龙史传篇："傅玄讥后汉之尤烦。"史通·书事篇："傅玄之贬班固也，论国体则饰主阙而折忠臣，叙世教则贵取容而贱直节，述时务则谨辞章而略事实。此其所失也。"）

（旁注：晋书傅玄传："撰论经国九流及三史故事，评断得失，各为区例，名为傅子，为内外中篇，凡有四部六录，合百四十首，数十万言，并文集百余卷，行于世。"）

西晋时张辅曾评论司马迁、班固二人著作，后人称为《马班优劣论》。

（旁注：晋书卷60张辅传："(辅)尝论班固司马迁云：迁之著述，辞约而事举，叙三千年事唯五十万言，班固叙二百年事乃八十万言，烦省不同，不如迁一也。良史述事，善足以奖劝，恶足以监诫，人道之常，中流小事，亦无取焉，而班皆书之，不如二也。毁败晁错，伤忠臣之道，不如三也。迁既造创，固又因循，难易益不同矣。又迁为苏秦、张仪、范雎、蔡泽作传，逞辞流离，亦足以明其大才，故述辩士则辞藻华靡，叙实录则隐核名检，此所以迁称良史也。"）

东晋时关于史学评论的著作增多，有干宝的《史议》、孙盛的异同评(?)，王涛的《三国志序评》三卷，徐众的《三国志评》三卷，何琦的《三国评论》（也称《论三国志》，见《隋书·经籍志》杂史类）九卷。~~其中有评论~~

（旁注：张辅班马优劣论之不当：①"叙三千年事……不如迁一也。"史通杂说篇："若使马迁易地而处，撰成汉书，将恐多言费辞，有逾班氏。"②"人道之常，中流小事，亦无取焉。而班皆书之，不如二也。"所谓人道之常，中流小事，往往反映社会情况之重要资料。③"毁败晁错……不如三也。"赞中虽责错之不能[illegible]，但云："晁错锐于为国，……错虽不终，世哀其忠。"亦非毁败之谈。"）

南朝梁人刘勰著《文心雕龙》，其中有《史传》一篇，专门评论过去史学著作的体例与内容，对较重要的史书都有简单的评论，可说是对以前史学著作的一篇简单的总结。史传篇，按历代重要史书之次序予以批评，评及者有古书春秋、左传、战国策、楚汉春秋、史记、汉书、东观汉记、袁山松后汉书、张莹后汉南纪、薛莹后汉书、谢承后汉书、司马彪续汉书、华峤汉后书、孙盛魏氏春秋、鱼豢魏略、虞溥江表传、张勃吴录、陈寿三国志、陆机晋纪、王韶之晋安帝阳秋、干宝晋纪、孙盛晋阳秋、邓粲晋纪等，均有简单的评论。后一段论述史书编纂的原则及史书的作用。

25×20=500

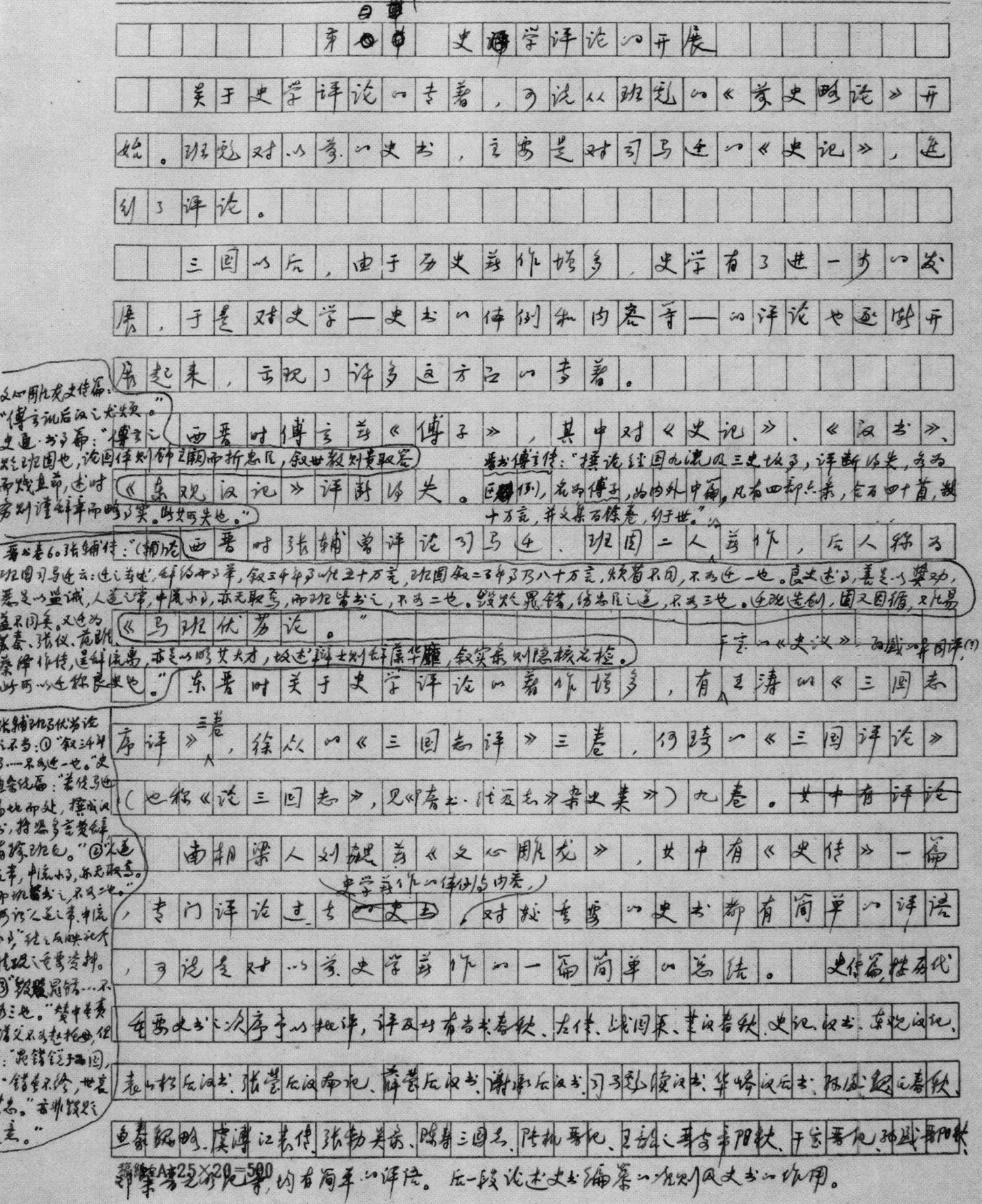

在三国两晋南北朝时期，历史著作兴盛，研究史学的人增多，对于史学的评论也比较热烈地开展起来。评论的中心是怎样编写历史的问题。

历史书应该怎样编写，学者们发表了不同的意见，可分为三个问题：

1、烦与省的问题

烦省的问题，也就是文字多少的问题。编写历史，是用的文字多了好，还是少了好？这是一个争论比较热烈的问题，有的主张简，有的主张详。

西晋陈寿是主简的。

西晋的张辅和东晋的干宝都是主张文字越少越好的，可说是这一派的代表。“其书（晋纪）简略”

西晋人张辅在评论司马迁与班固的优劣时，即以文字的多少为标准的。他说：“迁之著述，辞约而事举，叙三千年事唯五十万言，班固叙二百年事乃八十万言，烦省不同，不如迁一也。”（《晋书》卷60《张辅传》）

东晋人干宝在他所著的《史议》中，“历诋诸家而独归美左传，云丘明能以三十卷之约，括囊二百四十年之事，靡有孑遗，斯盖立言之高标，著作之良模也。”（《史通·烦省》）他所著的《晋纪》也是模仿《左传》的，后人称为“其书简略，直而能婉，咸称良史。”（《晋书》卷82《干宝传》）

稿纸(A)25×20=500

185.

裴松之是主张文字应多、事迹应详的。他认为陈寿的《三国志》"失在于略"，他作注是"奉旨寻详，务在周悉。"（《上三国志注表》）范晔称赞班固《汉书》的优点也是"文赡而事详"。（《后汉书·班固传论》）

大概编写或称赞编年史的人主张简，编写或称赞纪传体的人主张详（烦）。而且事实上编年史的文字数量及卷数多实甚比纪传体少，如干宝和王隐是同时人，干宝写的编年体《晋纪》只有二十卷，而王隐写的纪传体《晋书》则有八十九卷。

文字的多少只是数量问题，一部书写得好不好、有无价值，还必要看其质量如何。诚如刘知几所说："夫论史之烦省者，但当要其事有妄载，苦于榛芜；言有阙书，伤于简略，斯则可矣。必量世事之厚薄，限篇第以多少，理则不然。"（《史通·烦省》）

张辅对于司马迁与班固的评论曾引起不少人的指责，认为他所说的不合事实。因为司马迁的《史记》总字数虽然不及《汉书》多，但其大部分是汉初百年之间的事迹的，而班固的《汉书》则有不少文字是叙述西汉以前的事迹的，若以汉初百年之间的事迹相较，恐怕司马迁所用的文字要比班固为多。况且，评论著作的优劣，是不能单凭以

稿纸(A)25×20=500

文字的多少来衡量的。史通杂说上篇引了张辅论马班优劣说云："称太史公书上起轩辕……"

不过，一般说来，文字多，所记载的史事也多；文字少，所记载的史事也少。记载的史事多，对后来研究历史的人，能够提供更多的资料，更大的便利。

2．实录与虚说（直书与曲笔）的问题

评论一部史书的优劣，它的记载是否合乎事实，是一条公认的标准。这在当时已是明确了的道理，如当时人批评王沈所著的《魏书》"多为时讳，未若陈寿之实录。"（晋书王沈传）裴松之评论三国两晋时期的史家，指出最严重的缺点是"妄记"、"虚说"、"虚伪妄作"，对这些不合事实的记载给予严厉的斥责。其他如沈约、魏收等也因记载有些不实之处而受到当时及后人的指责。写历史应当力求"实录"而不应"虚妄"，已成为当时公认的原则，连一些帝王将相也不能否认，如东晋丞相王导说："务以实录为后代之准。"（《晋书干宝传》）魏孝文帝拓跋宏对史官说："直书时事，无讳国恶。"（魏书高祖纪）

但是，虽然如此，大家口头上、道理上承认实录是编写历史书的准则，可是在实际上仍有很多虚妄的记载。这有两个原因：一是政治上的原因：有些作史的人，因受政治的压力，不得不受皇帝或当权大臣的指使，或出以修魏收："何物小子！举之则使上天，按之则使入地！"

史来奉迎帝王将相，以保全或图谋自身的利益，因而在修史时歪曲事实，讳恶隐善。如三国时吴国史官韦曜撰写《吴书》，孙皓指使为其父孙和立纪，韦曜以孙和未登帝位（为太子时被废），不应立纪，孙皓怒，将韦下狱致死；又如东晋时孙盛著《晋阳秋》，记桓温枋头失败之事，桓温不愿记载他的不光采的历史，强令孙盛改写。孙盛坚持不改。象韦曜和孙盛这种在政治压力之下不屈服的人是很少的，绝大多数的人都在政治压力下歪曲事实，以致不能实录。一是由于作者嗜奇爱博，好引杂说，喜传异闻，以炫耀于人，如刘勰在《文心雕龙·史传》中所说："若夫追述远代，代远多伪。公羊高云：传闻异辞。荀况称录远略近。盖文疑则阙，贵信史也。然俗皆爱奇，莫顾实理，传闻而欲伟其事，录远而欲详其迹。于是弃同即异，穿凿傍说，旧史所无，我书则传。此讹滥之本源，而述远之巨蠹也。"

3. 正统问题　正闰—闰者偏也，余也（犹剩余）。

正统问题，是从三国历史开始出现的。在分裂割据的政治局面下，两个以上的政权并存，究竟以哪一个政权为正统呢？这个问题在以前是没有的。春秋、战国当为割据局面，但在各国之上还有一个周天子，虽然有名无实，但这个名还是有用的，正统还在周朝。

东汉王朝灭亡之后，三国鼎立，在三国之中以哪一国为正统呢？吴国不能为正统，是为大家公认的了，问题在

稿纸(A)25×20=500

于魏、蜀两国。

陈寿著《三国志》是以魏为正统的，因陈寿虽本为蜀人蜀官，但他在西晋为史官，当然以西晋统一政权为正统，而西晋政权是脱胎于魏的，当然是以魏为正统的。从实际情况来看，魏上承东汉，下开西晋，而且在三国中疆域最大，势力最强，居正统之位也是满有道理的。所以，在西晋时，对于陈寿以魏为正统，是没有人提出异议的。

到东晋时，习凿齿著《汉晋春秋》，开始提出正统的问题。他认为不应以魏为正统，而应以蜀为正统，“于三国之时，蜀以宗室为正；魏武虽受汉禅晋，尚为篡逆；至文帝平蜀，乃为汉亡，而晋始兴焉。”（《晋书》卷82《习凿齿传》）

他认为蜀是汉朝的继续，蜀亡乃为汉亡，所以名其书曰《汉晋春秋》。习氏自云：“每谓皇晋宜越魏继汉，不应以魏后为三恪，……怀抱愚情三十余年。”（《晋书·习凿齿传》）又云：“吴魏犯顺而强，蜀人杖正而弱。”（同上）

东晋时期，北方各族的统治者也认为自己的政权是正统，如羯族的石勒、氐族的苻坚都是。

南北朝时期，史家也展开正统之争，所谓“南谓北为索虏，北谓南为岛夷”。如南朝齐沈约著《宋书》，立《索虏传》以记北魏，梁萧子显著《南齐书》，立《魏虏传》以记北魏；而北朝北齐魏收著《魏书》，为东晋立传称

稿紙(A)25×20=500

189

"僭晋司马睿"，为南朝之传称。"岛夷刘裕"、"岛夷萧道成"、"岛夷萧衍"等。

隋初，文帝命魏澹等撰魏书92卷，以西魏为正，东魏为伪。

4. 史学之作用问题

晋书陈寿传："梁州大中正尚书郎范頵等上表曰：……辞多劝诫，明乎得失，有益风化。……"

袁宏后汉纪自序："夫史传之兴，所以通古今而笃名教也。……"

刘勰文心雕龙史传篇："夫子闵王道之缺，伤斯文之坠，……于是就太师以正雅颂，因鲁史以修春秋，举得失以表黜陟，徵存亡以标劝戒。褒见一字，贵逾轩冕；贬在片言，诛深斧钺。……原夫载籍之作也，必贯乎百氏，被之千载，表徵盛衰，殷鉴兴废，使一代之制，共日月而长存；王霸之迹，并天地而久大。……是立义选言，宜依经以树则；劝戒与夺，必附圣以居宗。……若乃尊贤隐讳，固尼父之圣旨；……奸慝惩戒，实良史之直笔。……然史之为任，乃弥纶（经理，综理）一代，负海内之责，而赢是非之尤（最），秉笔荷担，莫此之劳。……"

稿紙(A)25×20=500

晋书职官志："著作郎，周左史之任也。汉东京图籍在东观，故使名儒著作东观，有其名，尚未有官。魏明帝太和中，诏置著作郎，于此始有其官。"

九节

~~第五章~~ 专职史官之设置

西汉时期的太史令，虽然担任史官的工作，记载时事，但还兼管天文、历法、图书等，不是专职的史官。

东汉时期的太史令，只管天文、历法、地震的，根本不管史事了。

第一节 三国时期史官的建置与官修国史的继续

一、史官的建置

东汉前期，国家藏书的地方叫做兰台，奉命修史的人，便在那里从事撰述。如汉明帝以班固为兰台令史，与陈宗、尹敏、孟异等共修《世祖本纪》。章帝、和帝以后，典籍文书聚于东观，常选派名儒硕学专撰述国史，称为"著作东观"。所以刘珍等连续写成的东汉诸朝的历史，后人称为《东观汉记》。但当时所谓著作东观的人，都是以其他的官职来兼任，虽然负荷着修史的任务，并没有专任史官的职位。到了曹魏称帝，在明帝太和年间（公元　　　），才正式设置了专门掌管修史的官员，叫做"著作郎"，属于中书省。中书省的长官是中书令。中书令下面有秘书监，总管国家的典籍。因为修史的工作是离不开典籍的，所以秘书监就是著作郎的顶头上司。从此以后，著作郎便成了史官的专称，经过两晋南北朝隋唐一直到宋代，都被沿用着。

吴国也有专任的史官，担当修史的工作，称做"左国史"

稿紙(A) 25×20=500

191.

和"右国史"。从陈寿的《三国志》里，我们知道薛莹曾任左国史，韦曜曾任右国史，华覈曾以东观令兼领右国史；刘知几的《史通》里，又有周处自左国史迁为东观令的记载。大概孙吴藏书的地方，也沿用东汉的名称，叫做东观，东观令相当于曹魏的秘书监。左国史和右国史同隶属于东观令之下，在班秩上并没有高低之分，只是仿效从前"左史记言，右史记事"的意义，而各有记述的专责而已。

至于蜀国有没有史官呢？陈寿《三国志·后主传评》里说："国不置史，注记无官，是以行事多遗，灾异靡书，诸葛亮虽达于为政，凡此之类，犹有未周焉。"但刘知几不以为然，在《史通·曲笔》篇里说："陈氏国志刘后主传云：'蜀无史职，故灾祥靡闻。案黄气见于秭归，群鸟堕于江水，成都言有景星出，益州言无宰相气。若史官不置，此事从何而书？"又在《史官建置》篇里说："案《蜀志》称王崇补东观，许慈掌礼仪，又郤正为秘书郎，广求益部书籍，斯则典校无阙，属辞有所矣。而陈寿评云蜀不置史官者，得非厚诬诸葛乎！"刘知几强调说蜀国也有史官的设置，批驳陈寿的话，认为是对诸葛亮有意的诬谤。然而，我们仔细考察，陈寿的话是不错的。因为陈寿本是蜀人，又在蜀国做过官，对于蜀国的情形身经目睹，书我知道的确实。他以蜀国的人来撰著《三国志》，而蜀事的记载反不如魏吴两国之详备，这就因蜀国没有专门记注的史官，以致史料缺乏，使后来写史的人无所取资，所以他对于诸葛亮不置史官很抱遗憾。至于刘知几的说法，并不能驳倒陈寿。所谓灾祥的记载，仅是星历之官的职掌，并不是撰修国史的史官所负的任务。若以为有这等记载就是有史官的例证，那是把观测星象记录灾祥与撰修国史混为一谈了。刘氏又言《蜀志》有"王崇补东观，许慈掌礼仪"的记载，但陈寿的《蜀志》里并没有提及，只有常璩的《华阳国志》里记载王崇曾在蜀为东观郎，当是刘氏误记。但即使王崇、郤正曾做过掌管典籍的官，并不能证明蜀国也设置了专门记事修史的史官，因为管理图书和撰修国史也不是一回事。所以我们仍然相信陈寿的话，蜀国没有和魏吴两国一样的设置史官。大概因为蜀国的规模较小，诸葛亮又忙于整军经武，志在平灭曹魏，兴复汉室，未暇顾及修史的工作；诸葛死后，蒋琬、费祎只能谨守成规；琬、祎以后，内政日见衰败，所以始终没有正式设置修史记事的史官。

二、官修国史的经过

魏文帝（曹丕）黄初末年，曾令卫觊与缪袭二人修勒李

稿紙(A)25×20=500

国的史事，撰作本纪及列传。但经过数载，到了明帝（曹叡）太和年间还未写成。明帝之后，又命韦诞、应璩、王沈、荀顗、阮籍、孙该、傅玄等共同修撰，这些人虽都是当时的文士大儒，可是也未修成。大概因为人手众多，意见不能一致；又多半是以其他的职官来兼任此事，不能专心全力，遂推托拖延而无结果。最后还是由王沈独自负责，撰成一部四十四卷的《魏书》。这便是曹魏修史的概况。

吴大帝（孙权）的末年，曾命太史令丁孚与郎中项峻，撰集本国的历史。但是这两人都非修史之才，写出的文字不足以留存观览。少帝（孙亮）时候，诸葛恪辅政，又使韦曜与周昭、薛莹、梁广、华覈等五人访求遗闻旧事，撰述吴国的史书，大概的规模已经具备。到了孙皓时代，因为周昭、梁广已先死去；韦曜以罪废黜；薛莹被派出到武昌治军，又负罪流徙广州。这几个具有修史之才的学者既然星散，修史的工作也随之中止。当时只有华覈在朝，以东观令兼领右国史，深怕多年来集数人之功力而撰修的吴史从此委弃，遂又恳切地表请孙皓把薛莹召回，恢复韦曜的官职，以便继续完成修史的大业。幸好孙皓听从他的建议，重令薛莹、韦曜担任史官的职务。后来这部吴国的史书算是大致修成了，以韦曜的功力居多，便题名韦曜吴书，共

稿纸(A)25×20=500

194.

有五十五卷。孙吴修史的情形，大概如此。

蜀国没有正式设立史官，也没有撰修国史的了。刘知几虽然称说蜀也有史官，而且"典校无阙，属辞有所"，但是《史通·古今正史》篇里无一字叙及刘蜀修史的情形，可见蜀国是没有做过修史的工作的。

第二节 两晋时期的史官

（晋书职官志）

西晋建立后，沿袭曹魏的史官制度，设置著作郎，属于中书省。如晋武帝以缪徵为中书著作郎。不久，即开始命史官撰录本朝的大事。

《晋书》卷三《武帝纪》："泰始六年……诏曰：'自泰始以来大事皆撰录，秘书写副；后有其事，辄宜缀集，以为常。'"

到了晋惠帝元康二年（公元292年），史官制度有了重要的改变：

《晋书》卷24《职官志》："元康二年，诏曰：'著作旧属中书，而秘书既典文籍，今改中书著作为秘书著作。'于是改隶秘书省。后别自置省，而犹隶秘书。著作郎一人，谓之大著作郎，专掌史任。又置佐著作郎八人。著作郎始到职，必撰名臣传一人。"《宋书》卷40《百官志》下："晋制，著作佐郎始到职，必撰名臣传一人。"（案：二书不同，当出文意，应以宋书为是，晋书遗一佐字。）

《史通》卷十一《史官建置》篇："旧事：佐郎职知博采，正郎资以草传，如正佐有失，则秘监职思其忧。其有才堪撰述，学综文史，虽居他官或兼领著作，亦有虽为秘书监而仍领著作郎者。……又案《晋令》：'著作郎掌

稿紙(A)25×20=500

起居集注，撰录诸言行勋伐旧载史籍者。'"

至于史官之待遇，大概~~起初~~东西晋时是优裕的，~~以后逐渐萧落了，~~如《晋书》卷48《閻纘传》云："国子祭酒邹湛以纘才堪佐著，荐于秘书监华峤，峤曰：'此职闲廪重，贵势多争之，不暇求其才。'遂不能用。"但到东晋时就萧落了，如王隐虽为东晋的著作郎，但在遭受虞预的排斥后，"黜归于家，贫无资用，书遂不就。乃依征西将军庾亮于武昌，亮供其纸笔，书乃得成。"（晋书82王隐传）干宝于晋元帝时为史官，"领国史，以家贫求补山阴令，迁始安太守。"（晋书82干宝传）孙盛"起家佐著作郎，以家贫亲老，求为小邑，出补浏阳令。"（晋书82孙盛传）

西晋灭亡后，晋元帝司马睿在建康建立政权后，听从领中书监王导的建议，于公元317年（晋元帝建武元年）建置史官，并以著作郎干宝掌修国史。

《晋书》卷6《元帝纪》："建武元年，……置史官。"

《晋书》卷65《王导传》："王导……及帝登尊号，……进骠骑大将军仪同三司，……进位侍中、司空、假节、录尚书、领中书监。……时，中兴草创，未置史官，导始启立，于是典籍颇具。"

《晋书》卷82《干宝传》："干宝……少勤学，博览书记，以才器召为著作郎。中兴草创，未置史官，中书监王导上书曰：'夫帝王之迹，莫不必书，著为令典，垂之无穷。宣皇帝廓定四海，武皇帝受禅于魏，至德大勋，等纵上圣。而纪传不存于王府，德音未被乎管弦。陛下圣明，当中兴之盛，宜建立国史，撰集帝纪，上敷祖宗之烈，下纪佐命之勋。务以实录为后代之准，厌率土之望，悦人神之

稿紙(A) 25×20=500

196.

之心。斯诚雍熙之至美，王者之弘基也。宜备史官，敕佐著作郎干宝等渐就撰集。'元帝纳焉。宝于是始领国史。"

干宝所撰的国史，以编年体写成。约于公元323年（晋明帝太宁元年）以后开始撰写。（见《编年》323年）

自此之后，撰修本朝史事的工作又告停顿，到了晋哀帝隆和元年（361年），大臣桓温又建议选任史官，撰修国史。《晋书》卷98《桓温传》："隆和初，……[温]又上疏陈便宜七事：'……其七：宜选建史官，以成晋书。'有司皆奏行之。"

经过桓温的建议，大概晋哀帝以前的晋史写成了，但后来修史的工作又告停顿。到了晋安帝义熙二年（406年），尚书又奏请著作郎徐广撰修国史。《晋书》卷82《徐广传》："[义熙]二年，尚书奏曰：'臣闻左史述言，右官书事；《乘》、《志》显于晋郑，《阳秋》著乎鲁史。自皇代有造，中兴晋祀，道风帝典，焕乎史策。而太和以降，世历三朝，玄风圣迹，倏为畴古。臣等参详，宜敕著作郎徐广撰成国史。'诏曰：'先朝至德光被，未著方策，宜流风缉代，永贻将来者也。'便敕撰集。"经过十年，徐广于义熙十二年（416）著成《晋纪》四十六卷，表上之。（《晋书》卷82《徐广传》）

徐广《晋纪》中只记载晋安帝以前的事，至于晋安帝

稿紙(A)25×20=500

时期的事迹，又由王韶之撰修。

《宋书》卷60《王韶之传》："王韶之，字休泰，琅邪临沂人也。……父伟之。……伟之少有志尚，当世诏命表奏辄自书写；泰元、隆安时事，小大悉撰录之。韶之因此私撰《晋安帝阳秋》。既成，时人谓宜居史职，即除著作佐郎，使续后事，讫义熙九年。善叙事，辞论可观，为后代佳史。"

《隋书经籍志·古史类》："《晋纪》十卷，宋吴兴太守王韶之撰。"章宗源《隋书经籍志考证》："愚按世说注、初学记所引，并题韶之《晋安帝纪》。……今以《初学记》……合他书征引，大抵皆安帝事，故题《晋安帝纪》。"案：《晋纪》、《晋安帝纪》、《晋安帝阳秋》书名虽异，实为一书。

第三节 "十六国"时期的史家

《史通》卷11《史官建置》篇："伪汉（前赵）嘉平初（公元311），公师彧，以太中大夫领左国史，撰其国君臣纪传。"

《晋书》卷105《石勒载记》下："太兴二年（319），勒伪称赵王。……任播、崔濬为史学祭酒。……命记室佐明楷、程机撰上党国记，中大夫傅彪、贾蒲、江轨撰大将军起居注，参军石泰、石同、石谦、孔隆撰大单于志。"又："于是擢拜太学生五人为佐著作郎，录述时事。"（案：此事当在石勒建平三年，即晋成帝咸和七年，公元332年。）

稿紙(A)25×20=500

198

《晋书》卷121《李雄载记》："雄乃兴学校，置史官。"

《史通》卷11《史官建置》篇："蜀李……记事委之门下。"

《史通》卷12《古今正史》篇："前秦史官初有赵渊、车敬、梁熙、韦谭相继著述，苻坚尝取而观之，见苟太后幸李威事，怒而焚灭其本。后著作郎董谊追录旧语，十不一存。"

《晋书》卷113《苻坚载记》上：有"史官载之"、"太检史官"、"著作郎赵泉（即赵渊）、车敬等已死"诸语。

《史通》卷11《史官建置篇》："南凉主乌孤初定霸基（397），欲造国纪，以其参军郭韶为国纪祭酒，使撰录时事。"

《晋书》卷87（西凉）《凉武昭王（李暠）传》："群下……请史官记其事，玄盛（李暠字）从之。"《史通》卷11《史官建置》篇："西凉……记事委之门下。"

《隋书·经籍志·霸史类》：（后凉）"凉记十卷，记吕光事，伪凉著作佐郎段龟龙撰。"

夏，曾拜赵逸（字思群）为著作郎，撰修国史。（见魏书52赵逸传及史通古今正史篇）

第四节 南朝的史官

刘宋建国后，史官制度沿袭晋朝，仅稍有改易。

《宋书》卷40《百官志下》："著作郎谓之大著作，专掌史任。晋制：著作佐郎始到职，必撰名臣传一人。宋氏初，国朝始建，未有合撰者，此制遂替矣。"

《史通》卷11《史官建置》篇："（晋置佐著作郎八人）宋齐以来，以佐名施于作下。"

稿纸(A)25×20=500

（原注：改佐著作郎为著作佐郎）

199.

南齐于齐高帝建元二年（480）初置史官，以江淹檀超共掌史职，并立修史条例：“开元纪号不取宋年；封爵各详本传，无假年表；立十志：律历、礼乐、天文、五行、郊祀、刑法、艺文依班固；朝会、舆服依蔡邕、司马彪；州郡依徐爰；百官依范晔，合州郡。班固五星载天文，日蚀载五行，改日蚀入天文志。以建元为始。帝女体自皇宗，立传以备甥舅之重；又立处士、列女传。”（南齐书卷52檀超传）高帝下诏朝臣详细讨论。左仆射王俭提出异议，说“金粟之重，八政所先，食货通则国富民实，宜加编录，以崇务本。朝会志前史不书，蔡邕称先师胡广说汉旧仪，此乃伯喈一家之意，曲碎小仪无烦录，宜立食货，省朝会。洪范九畴，一曰五行，五行之本先乎水火之精，是为日月五行之宗也，今宜宪章前轨，无所改革。又立帝女传亦非浅识所安，若有高德异行，自当载在列女；若止于常美，则仍旧不书。”（同上檀超传）结果，下诏“日月灾隶天文，余如俭议。”（同上）（南史卷72檀超传亦载此事，文字简略）此外，袁彖也提出不同的意见，认为“天文志纪纬序位度，五行志载当时详沴，二篇所记，事用相悬，日蚀为灾，宜居五行。”（南齐书卷48袁彖传）檀超欲立处士传，彖曰：‘夫事关业用，方得列其名行。今栖遁之士，排斥皇王，陵轹

稿纸(A)25×20=500

200.

将相，此偏介之列，不足移风易俗，故迁书未传，班史莫编，一介之善，无缘顿略，宜列其姓业，附出他篇。”（同上袁彖传）

《史通》卷11《史官建置》篇云：“齐梁二代，又置修史学士。”

梁朝建立后设置史官。《隋书》卷26《百官志》云：“著作郎一人，佐郎八人，掌国史，集注起居。著作郎谓之大著作，梁初周舍、裴子野皆以他官领之。又有撰史学士，亦知史书。佐郎为起家之选。”

陈朝仍按前朝设置史官著作郎及著作佐郎，并亦置修史学士。《史通》卷11《史官建置》篇：“齐梁二代又置修史学士，陈氏因循，无所变革。”

第五节　北朝的史官

北魏自道武帝（拓跋珪）天兴元年始置史官，撰修国史。《魏书》卷24《邓渊传》：“邓渊……太祖定中原，擢为著作郎。……太祖诏渊撰国记，渊造十余卷，惟次年月起居行事而已；未有体例。”

史通卷11史官建置篇：“元魏初称制即有史臣，杂取他官，不恒厥职，故如崔浩、高闾之徒，唯知著述而未列名号。其后始于秘书置著作局，正郎二人，佐郎四人，其佐著史者不过一二而已。”

稿纸(A)25×20=500

2

魏太武帝（拓跋焘）太平真君十一年（公元450年），崔浩被诛，魏废史官。

魏文成帝和平元年（公元460年），魏复置史官。

魏书卷5高宗纪：“和平元年六月……崔浩之诛也，史官遂废，至是复置。”

魏孝文帝太和十四年（公元490年），魏定起居注制。

魏书卷7下高祖纪：“初诏定起居注制。”

史通卷11史官建置篇：“元魏置起居令史，每行幸燕会，则在御左右，记录帝言及宾客酬对。后别置修起居注二人，多以余官兼掌。”

魏孝文帝太和十五年（491），分置左右史官。（魏书卷7下高祖纪：是年正月，“初分置左右史官。”）

魏孝文帝“尝从容谓史官曰：‘直书时事，无讳国恶。人君威福自己，史复不书，将何所惧？’”

北齐文宣帝（高洋）于天保元年（550）下诏征求史料。

北齐建国后，继续北魏的史官制度，设置著作郎。

西魏初亦继续北魏的史官制度，到西魏恭帝三年（556），初建六官，改著作郎为著作上士，著作佐郎为著作下士。

史通卷11史官建置篇：“暨周建六官，改著作之丞郎为上士，佐郎为下士。名号虽易，而班秩不殊。”

北周继续西魏的史官制度，无变更。

魏晋南北朝时期史学总结

一、魏晋南北朝时期治史风气高涨，史学著作众多，盛况空前。惟此时期著作虽多，而大都久已亡佚，存者绝少，诚为大憾。

二、此时期之特色：①断代史特多 ②传记之发达 ③方志、史注之创始 ④通史之倡修。均为史学史上之要项。

三、断代史不出纪传、编年二体，除王劭隋书外，绝少创造性之体例。

四、此期断代史，纪传体多于编年，推其原因，约有数端：①纪传史各自为篇，可不相联系，作者可广搜史料，分篇编辑，无需细加整理。②东汉后传记众多，而纪传史以人为主，易于搜集史料。③编年体按年编排，一方必须确定其年月，而前后联系亦须注意；其年月不明者，必须加以考证；与残亡零星者，必须加以鉴别整理。而浮言杂说，不能羼入其列，以增篇幅。故编年史卷数虽少，而费力特多。袁宏后汉纪自序云："经营八年，疲而不能定。"盖整理史料之难也。④纪传体便于发挥己见，杂以议论及浮言琐事，盖人物传记，容易将此等材料列入，而编年史则难以随意置入。⑤编年史以按年月记事为主，质胜于文；纪传史则各自为篇，不相连属，可以发挥文采，故上四书后人所笔多有描写特佳之文字。而此时作史者又多为文学家，一面写历史，一面又可以作其文章。基上五因，纪传史多于编年史，实以纪传史易为而编年史难理也。

五、魏晋南北朝时期，政治上分裂最久，社会经济之变动亦大，整个文化上儒道佛鼎立，而玄学创兴，史学之在思想上道统上之束缚减轻，故百家争鸣，著作繁多，成为中国史学史上之灿烂时代。

稿紙(A)25×20=500